알기쉬운

부 동 산 공 법

—이론과 연습—

행정학박사 변 동 식
경영학박사 이 옥 동 공저

남두도서

남두(南斗) : 남두육성(南斗六星)

은하의 중심인 사수자리에 있는 국자모양의 여섯 개의 별로서, 인간의 탄생을 결정하는 별로 알려져 있다.

□ 머리말

필자는 1986년 성균관대학교 (경영)대학원 부동산학과에 입학한 이래 석·박사 과정을 거치면서 약 25년 동안 부동산학 특히 부동산공법에 대한 연구에 매진해 왔습니다. 또한 그 동안 성균관대학교 사회과학부(행정학과), 행정대학원(부동산행정학과)·국정관리대학원, 단국대학교 행정법무대학원(부동산법학과), 단국대학교·경기대학교 평생교육원(부동산개발컨설턴트과정 및 공인중개사과정), 국토해양인재개발원, 한국생산성본부(부동산컨설턴트과정), MBN TV 등에서 행정법, 부동산공법(이론 및 실무) 또는 부동산학개론을 강의해 왔습니다.

이러한 연구실적과 강의경험을 바탕으로 그 동안 공인중개사 「부동산공법」을 집필하여 출간하였고, 이어서 「부동산공법 이론의 이해」 및 「부동산공법 실무의 이해」를 집필하여 출간하였습니다. 이러한 책에 대한 독자들의 호평에 힘입어 그 성원에 보답하기 위하여 이번에는 대학교재 및 공인중개사 시험대비 알기쉬운 「부동산공법연습 －이론과 연습－」을 집필하여 출간하기에 이르렀습니다.

이 책에서 필자는 부동산공법의 기초이론을 통하여 구조적 접근에 의한 공법지식의 이론적 체계화와 주요내용에 대한 기초지식 함양을 도모하고, 연습문제에서는 주관식문제 및 단답식문제분석을 통하여 논점파악과 실무적용능력 배양을 도모하며, 객관식문제 풀이를 통하여 공인중개사 시험대비 실전능력 및 응용능력 배양을 도모하도록 편집하였습니다.

부동산공법은 이론적 체계가 정립되어 있지 않고 실정법도 필요에 따라 수시로 개정되고 있어서 수험생 여러분들이 공부하기에 가장 어려운 과목으로 알고 있습니다. 이러한 과목의 특성에 비추어 보면, 단순히 교과서에 의한 이론적 접근에만 치중하여서는 부동산공법을 제대로 이해하거나 합격점을 얻기가 어렵고, 주·객관식연습문제 분석을 통한 실전응용능력 배양이 병행되어야만 공법의 이해와 시험의 합격을 보장받을 수 있으리라 생각합니다.

모쪼록 수험생 여러분들의 기대에 어긋나지 않도록 대학교재와 시험합격의 길잡이로서 그 역할을 다할 것을 다짐하면서 머리말에 대신합니다.

새천년 열두 번째 해를 맞이하여, 항상 마음을 함께하며 격려해 주신 분들께 이 책을 드립니다.

「가장 아름다운 열매를 위하여 이 비옥한 시간을 가꾸게 하소서!」라는 시귀를 생각하며……

2012. 2. 10

저자 드림

□ 차례

제 I 편 부동산공법 이론과 연습__기초이론과 연습문제 / 11

제 I 편

부동산공법 이론과 연습

- 기초이론과 연습문제 -

제 1 장 총 론
제 2 장 국토의계획및이용에관한법률
제 3 장 건축법
제 4 장 도시개발법
제 5 장 도시및주거환경정비법
제 6 장 주택법
제 7 장 농지법
제 8 장 토지이용규제기본법

01 총 론

제1절 부동산공법의 의의

1. 개 념

부동산공법(不動産公法)이란 부동산에 대한 공법적 규율을 가하는 법규의 총체를 말한다. 부동산공법은 헌법의 하위 법이며 행정법의 한 형태라 할 수 있다.

2. 부동산에 대한 법적 규율

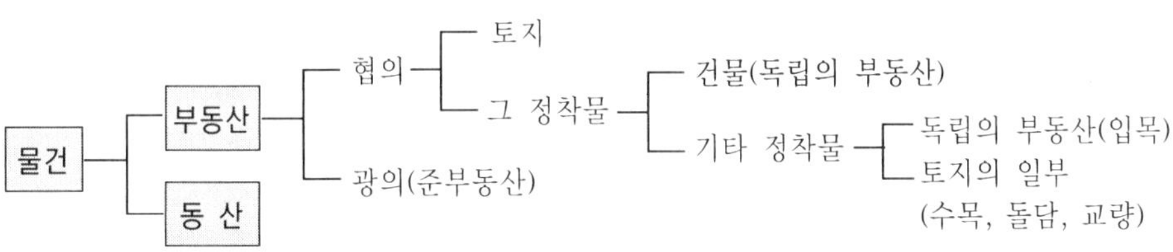

1) 헌법(憲法)

① 재산권의 내용과 한계(제23조1항)

② 국민의 자유와 권리는 국가안전보장, 질서유지, 공공복리를 위하여 필요한 경우에 법률로써 제한할 수 있다(제37조2항).

③ 국토의 균형 있는 개발과 이용을 위한 계획 수립(제120조2항), 국토의 효율적이고 균형 있는 이용 · 개발 · 보전을 위한 제한과 의무 조)

④ 주택개발정책을 통한 쾌적한 주거생활 도모(제35조3항)

2) 사법(私法)

① **민법** : 소유물의 사용 · 수익 · 처분권(제211조), 토지소유권의 범위(제212조)
② **주택임대차보호법** : 상가건물임대차보호법
③ **집합건물의소유및관리에관한법률**

3) 공법(公法)

－기능에 따른 분류－

① **소유제한** : 농지법(농지소유상한제 원칙적 폐지), 택지소유상한에관합법률(폐지), 지방세법(종합부동산세)
② **거래규제** : 국토의계획및이용에관한법(토지거래허가제), 주택법(주택의 공급제한, 주택거래신고제), 건축물의 분양에 관한 법률
③ **이용계획과 제한** : 국토의계획및이용에관한법률(도시관리계획 - 용도지역·지구제에 의한 행위제한), 건축법(건축제한), 토지이용규제기본법(용도지역 · 지구 → 행위제한)
④ **개발** : 국토의계획및이용에관한법률(개발행위허가), 국토의계획및이용에관한법률(도시계획시설사업 - 공용수용), 도시개발법(도시개발사업 - 공용수용 또는 공용환지), 도시및주거환경정비법(정비사업 - 공용환권, 환지 또는 수용), 택지개발촉진법, 주택법, 임대주택법
⑤ **보전** : 농지법, 산지관리법
⑥ **개발이익환수** : 개발이익환수에관한법률, 토지초과이득세법(폐지)
⑦ **공공용지취득** : 공익사업을위한토지등의취득및보상에관한법률(공용수용), 국토의계획및이용에관한법률(선매)

3. 부동산공법의 특색

부동산공법은 단일법전(單一法典) 없이 이용, 거래, 개발, 보전, 관리 등 다양한 내용을 갖는 수많은 법으로 구성되어 있다.

1) 사법에 대한 특색

① **형식상** : 성문성
② **성질상** ┌ 획일 · 강제성
　　　　　└ 기술성

③ 내용상 ┬ 행정주체의 우월성
　　　　　└ 공익우선성(공익성)

2) 행정법에 대한 특색

① 성질상 : 기술적 색채가 더욱 강하다.

② 규제수단 : 계획의 비중이 크다(계획재량).

③ 내용상 : 복리국가원리의 지배를 더욱 많이 받는다(토지공개념 → 공익우선성).

제2절 부동산공법의 구조

1. 부동산공법의 구성체계

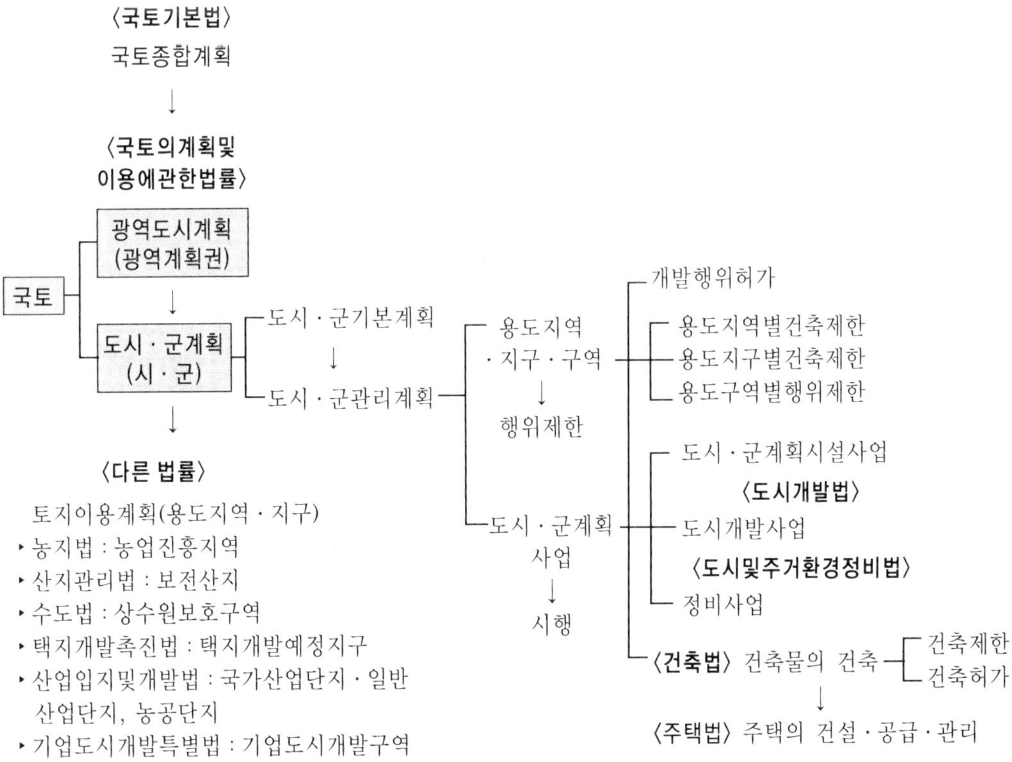

2. 토지이용계획의 법체계

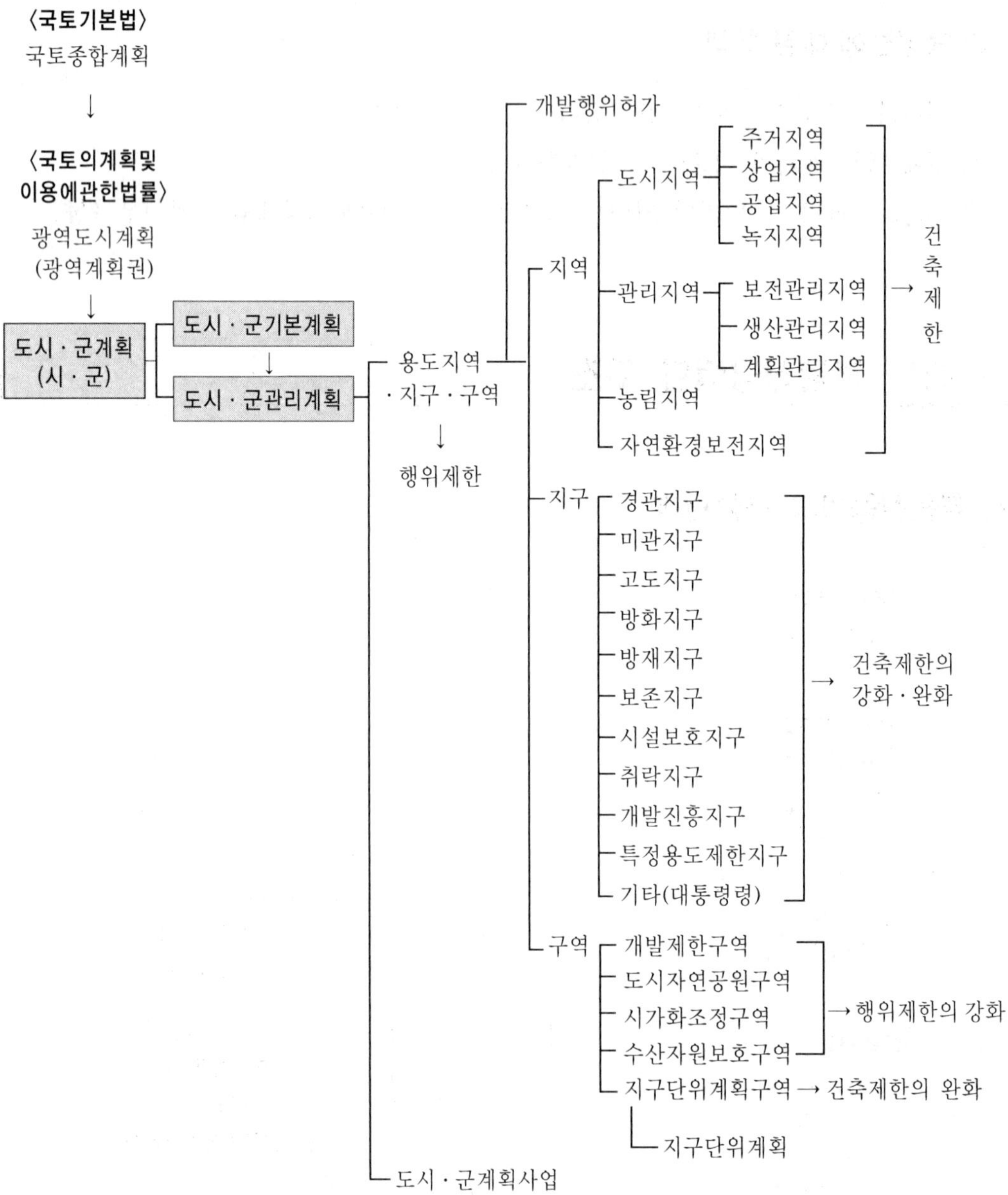

3. 개발사업의 법체계

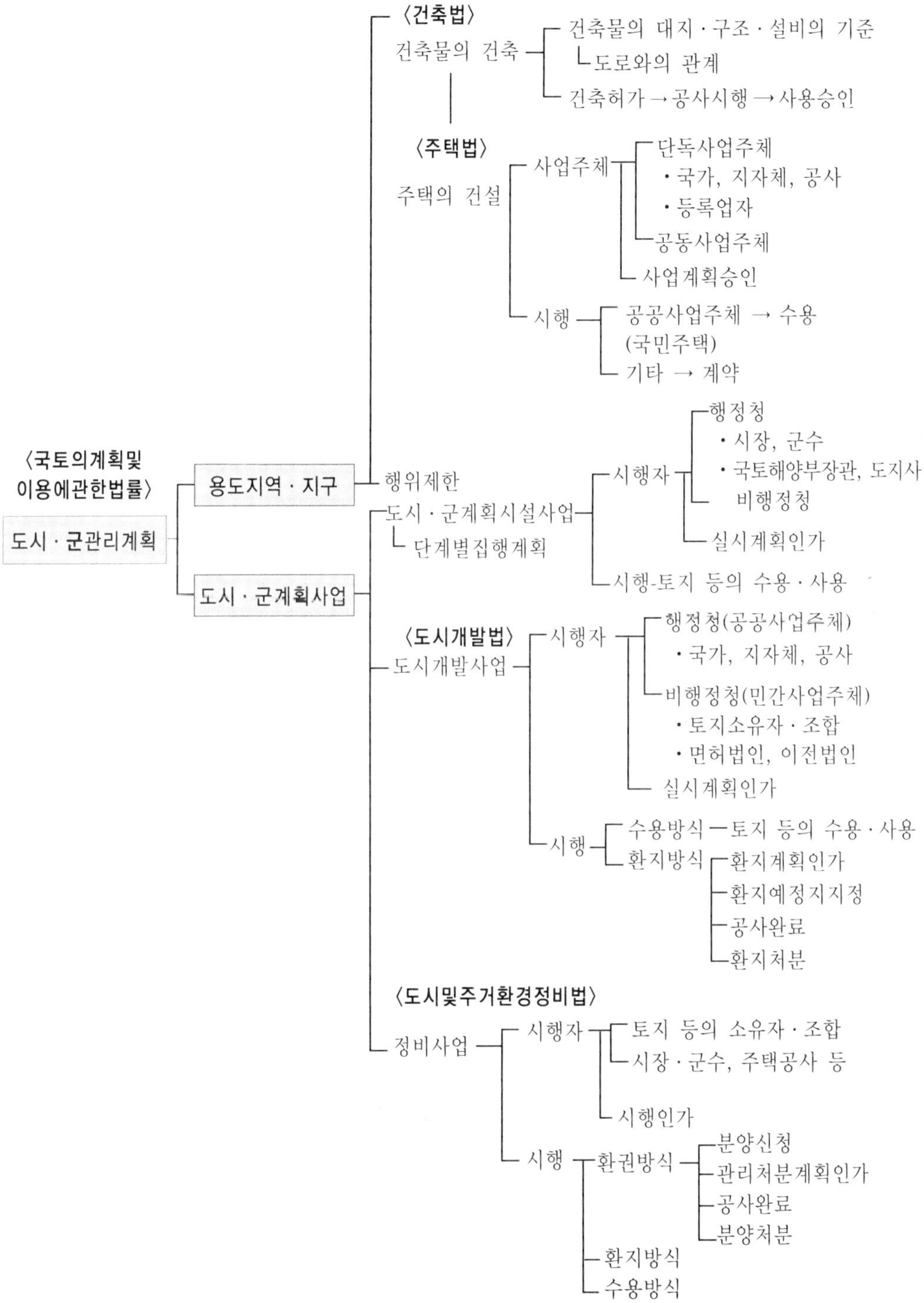
〈국토의계획및 이용에관한법률〉
도시 · 군관리계획
용도지역 · 지구
도시 · 군계획사업
〈건축법〉
건축물의 건축
건축물의 대지 · 구조 · 설비의 기준
도로와의 관계
건축허가 → 공사시행 → 사용승인
〈주택법〉
주택의 건설
사업주체
단독사업주체
· 국가, 지자체, 공사
· 등록업자
공동사업주체
사업계획승인
시행
공공사업주체 → 수용
(국민주택)
기타 → 계약
행위제한
도시 · 군계획시설사업
단계별집행계획
시행자
행정청
· 시장, 군수
· 국토해양부장관, 도지사
비행정청
실시계획인가
시행-토지 등의 수용 · 사용
〈도시개발법〉
도시개발사업
시행자
행정청(공공사업주체)
· 국가, 지자체, 공사
비행정청(민간사업주체)
· 토지소유자 · 조합
· 면허법인, 이전법인
실시계획인가
시행
수용방식 — 토지 등의 수용 · 사용
환지방식
환지계획인가
환지예정지지정
공사완료
환지처분
〈도시및주거환경정비법〉
정비사업
시행자
토지 등의 소유자 · 조합
시장 · 군수, 주택공사 등
시행인가
시행
환권방식
분양신청
관리처분계획인가
공사완료
분양처분
환지방식
수용방식

연습문제 | 제1장 총 론

■ 주관식 문제 ■

01 토지이용계획의 법체계를 설명하시오.

02 부동산개발사업의 법체계를 설명하시오.

03 토지의 이용제한과 거래규제의 내용을 설명하시오.

04 역대 정부의 부동산정책을 토지공개념 관련입법의 범위와 한계라는 관점에서 논하고, 주택공개념의 도입 가능성에 대하여 언급하시오.

■ 객관식 문제 ■

01 다음 중 '토지(土地)의 공개념(公槪念)' 과 직접적인 관계가 없는 것은?

① 지가공시제도　　② 토지거래의 허가제도

③ 적정한 손실보상제도　　④ 토지의 소유와 이용의 분리제도

⑤ 개발이익의 사회적 환수제도

풀이 토지공개념이란, 토지는 자연의 시혜물로서 유한한 자원이며 인간의 생활과 생산을 위한 불가결의 기반이기 때문에, 본질적으로 국민 모두의 것이고 어느 개인에게 독점될 수 없으며 그 토지가 가지는 기능과 적성 및 위치에 따라서 가장 효율적으로 이용되도록 국가의 공권력에 의한 적정한 규제가 가하여지지 않으면 안 된다는 이념을 말한다. 요컨대, 토지공개념은 토지재산권에 대하여 가중된 사회성·공공성을 요구하는 이론으로서, 현행법상 관련제도로서는 ① 지가공시제도, ② 토지거래허가제도, ④ 토지의 소유와 이용의 분리제도(대리경작제) ⑤ 개발이익의 사회적 환수제도 등을 들 수 있다. 그 밖에도 토지선매제도, 종합부동산세제, 용도지역·지구제 등도 그 예에 속한다고 볼 수 있지만, ③ 적정한 손실보상제도는 토지 「재산권」의 수용·사용 또는 제한에 대하여 정당한 보상을 지급하는 제도로서, 특별히 「토지」재산권에 대하여 요구되는 토지공개념과는 직접적인 관련성이 없다.

정답 **01** ③

02 도시 · 군관리계획 등의 계획제한으로 국민의 토지재산권을 침해하는 경우 계획입안자 또는 결정권자가 고려하여야 할 가장 합리적인 근거를 기술한 것은?

① 공공복리의 증진을 위하여 토지공개념을 적극적으로 확대 적용한다.

② 공공복리의 증진을 위하여 토지재산권에는 사회의 내재적 제약을 무제한적으로 인정하여야 한다.

③ 공공복리의 증진을 위한다 하더라도 공익목적 실현보다는 사유재산권의 보호가 더욱 존중되어야 한다.

④ 공공복리의 증진을 위해서는 공익목적 실현의 절대적 우선으로 토지재산권의 침해는 불가피하다고 보아야 한다.

⑤ 공공복리의 증진을 위한다 하더라도 사회의 내재적 제약과 우연 · 특별한 희생과는 비교 · 형량되어야 한다.

풀이 공용수용 · 사용 및 제한은 개인의 사유재산권에 대한 침해를 정당화시킬 만큼 공공복리의 증진에 기여하는 경우에만 인정될 수 있고, ⑤ 결국 공익과 사익을 비교 · 형량하여, 재산권의 사회적 내재적 제약과 개인에게 가해지는 특별한 희생을 비교 · 형량하여 결정할 것이다.

03 다음 중 현행법상의 제도가 아닌 것은?

① 토지거래허가제　　② 주택거래신고제도

③ 농지취득자격증명제　　④ 임야매매증명제

⑤ 검인계약서제도

풀이 ④ 임야매매증명제는 1997년에 폐지되었다.

04 일반국민에 대하여 구속력(拘束力)이 없는 계획은?

① 도시기본계획　　② 지구단위계획

③ 수도권정비계획　　④ 도시관리계획

⑤ 군관리계획

풀이 ① 국토종합계획 · 광역도시계획 · 도시 · 군기본계획 · 주택종합계획 · 산림기본계획 등은 행정구속적 계획으로서 일반국민에 대하여 구속력이 없다.

정답 02 ⑤ 03 ④ 04 ①

02 국토의계획및이용에관한법률

제1절 서 론

1. 의 의

1) 법의 목적

이 법은 국토의 이용·개발 및 보전을 위한 계획의 수립 및 집행 등에 관하여 필요한 사항을 정하여 공공복리를 증진시키고 국민의 삶의 질을 향상시키는 것을 목적으로 한다(법 제1조).

2) 법의 성격

국토의계획및이용에관한법률은, 구 국토이용관리법과 구 도시계획법을 통합하여 제정된 법률(제정 2002.2.4. 법률 제6655호)로서, 계획법이며 공간규제법으로서의 성격뿐만 아니라 사업법으로서의 성격도 지닌다.

2. 법체계상의 지위

1) 헌법적 근거

① 국토와 자원은 국가의 보호를 받으며 국가는 그 균형 있는 개발과 이용을 위하여 필요한 계획을 수립한다(헌법 제120조제2항).

② 국가는 국민 모두의 생산 및 생활의 기반이 되는 국토의 효율적이고 균형 있는 이용·개발과 보전을 위하여 법률이 정하는바에 의하여 그에 관한 필요한 제한과 의무를 과할 수 있다(헌법 제122조).

2) 다른 부동산공법과의 관계

국토의계획및이용에관한법률은 국토기본법에 대하여 하위법적 성격을 지니나, 다른 부동산공법에 대하여서는 상위법적 · 일반법적 성격을 지닌다. 즉, 이 법에 의한 도시 · 군계획은 국토기본법에 의한 국토종합계획에 대해서는 하위계획적 성격을 지니나, 다른 법률에 의한 토지이용계획에 대해서는 상위계획적 성격을 지닌다(다만, 수도권정비계획은 도시 · 군계획에 우선한다). 따라서 이 법에 의한 도시 · 군계획은 특별시 · 광역시 · 시 또는 군의 관할구역에서 수립되는 다른 법률에 의한 토지의 이용 · 개발 및 보전에 관한 계획의 기본이 된다(법 제4조제1항).

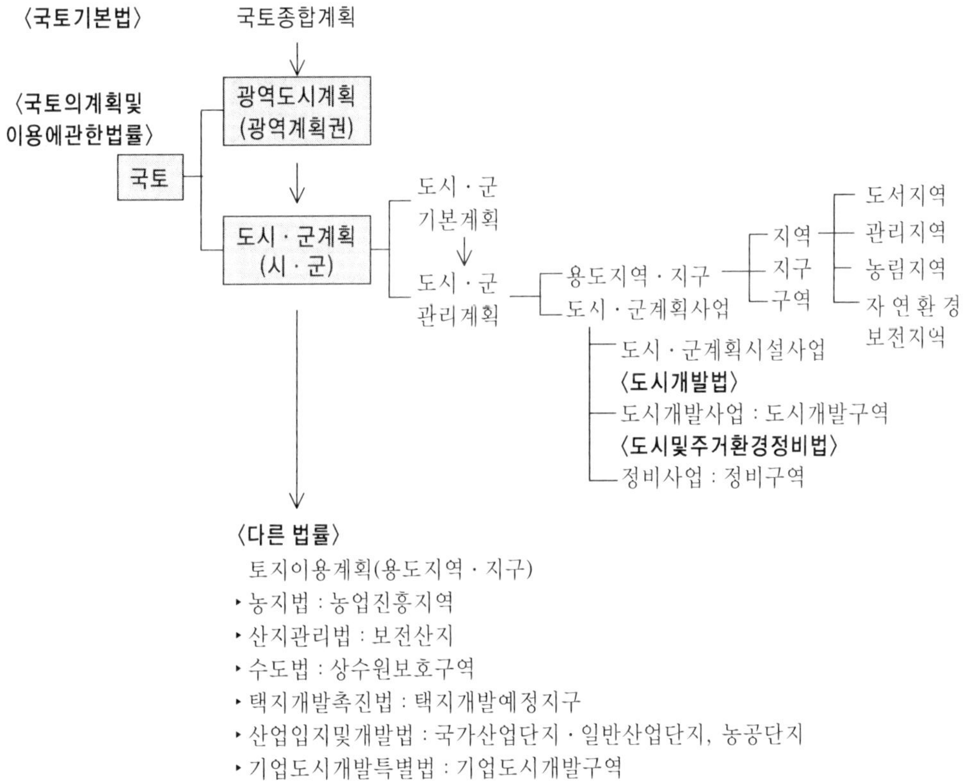

3. 법의 적용범위

국토의계획및이용에관한법률은 전국의 토지를 적용대상으로 하여 국토의 이용 · 개발 및 보전을 위한 계획의 수립 및 집행 등에 관하여 규율하고 있다.

4. 법의 주요내용

1) 토지이용계획

- 국토
  - 〈광역계획권〉 광역도시계획
    - ↓
  - 〈시 · 군〉 도시 · 군계획
    - 도시 · 군기본계획
      - ↓
    - 도시 · 군관리계획
      - 용도지역 · 지구 (행위제한)
        - 지역
          - 도시지역
          - 관리지역
          - 농림지역
          - 자연환경보전지역
        - 지구
        - 구역
      - 도시 · 군 계획사업
        - 기반시설→도시 · 군계획시설사업(수용)
        - 도시개발사업
        - 정비사업

2) 토지거래허가

- 허가구역의 지정
  - 요건
    - 지정권자 : 국토해양부장관
    - 대상지역 : 토지의 투기적거래가 성행하거나 지가가 급격히 상승하는 지역과 그러한 우려가 있는 지역
    - 지정기간 : 5년 이내
  - 절차
    - 심의 : 중앙 도시계획위원회
    - 지정 · 공고 : 국토해양부장관
- 토지거래계약 허가
  - 요건
    - 허가권자 : 시장 · 군수 · 구청장
    - 대상권리 : 소유권, 지상권의 이전 · 설정(유상계약)
    - 대상규모 : 기준면적 초과
  - 절차
    - 당사자의 허가신청(→ 선매)
    - 허가 · 불허가처분 : 허가심사기준
  - 효력
    - 허가받은 자 : 허가받은 목적대로 이용할 의무
    - 불허가 받은 자 : 매수청구권
    - 무허가거래계약 : 무효(유동적 무효설)

5. 국토의 계획 및 이용 · 개발

1) 토지이용계획

(1) 광역도시계획

"광역도시계획"이란 제10조에 따라 지정된 광역계획권의 장기발전방향을 제시하는 계획을 말한다(법 제2조제1호).

(2) 도시 · 군계획

"도시 · 군계획"이란 특별시 · 광역시 · 특별자치시 · 특별자치도 · 시 또는 군(광역시의 관할구역 안에 있는 군을 제외한다)의 관할구역에 대하여 수립하는 공간구조와 발전방향에 대한 계획으로서 도시 · 군기본계획과 도시 · 군관리계획으로 구분한다(법 제2조제2호).

① 도시 · 군기본계획

"도시 · 군기본계획"이라 함은 특별시 · 광역시 · 특별자치시 · 특별자치도 · 시 또는 군의 관할구역에 대하여 기본적인 공간구조와 장기발전방향을 제시하는 종합계획으로서 도시 · 군관리계획수립의 지침이 되는 계획을 말한다(법 제2조제3호).

② 도시 · 군관리계획

"도시 · 군관리계획"이라 함은 특별시 · 광역시 · 특별자치시 · 특별자치도 · 시 또는 군의 개발 · 정비 및 보전을 위하여 수립하는 토지이용, 교통, 환경, 경관, 안전, 산업, 정보통신, 보건, 복지, 안보, 문화 등에 관한 다음 각 목의 계획을 말한다(법 제2조제4호).

㉠ 용도지역 · 용도지구의 지정 또는 변경에 관한 계획
㉡ 개발제한구역, 도시자연공원구역, 시가화조정구역, 수산자원보호구역의 지정 또는 변경에 관한 계획
㉢ 기반시설의 설치 · 정비 또는 개량에 관한 계획
㉣ 도시개발사업이나 정비사업에 관한 계획
㉤ 지구단위계획구역의 지정 또는 변경에 관한 계획과 지구단위계획

(3) 국가계획

"국가계획"이란 중앙행정기관이 법률에 따라 수립하거나 국가의 정책적인 목적을 이루기 위하여 수립하는 계획 중 도시 · 군기본계획의 내용에 속하는 사항 또는 도시 · 군관리계획으로 결정하여야 할 사항이 포함된 계획을 말한다(법 제2조제14호).

(4) 도시 · 군계획 등의 명칭

① 행정구역의 명칭이 특별시 · 광역시 · 특별자치도 · 시인 경우 도시 · 군계획, 도시 · 군기본계획, 도시 · 군관리계획의 명칭은 각각 "도시계획", "도시기본계획", "도시관리계획"으로 한다(법 제5조제1항).

② 행정구역의 명칭이 군인 경우 도시 · 군계획, 도시 · 군기본계획 및 도시 · 군관리계획의 명칭은 각각 "군계획", "군기본계획" 및 "군관리계획"으로 한다(법 제5조제2항).

2) 용도지역 · 지구

(1) 용도지역

"용도지역"이란 토지의 이용 및 건축물의 용도 · 건폐율(건축법 제55조의 건폐율을 말한다) · 용적률(건축법 제56조의 용적률을 말한다) · 높이 등을 제한함으로써 토지를 경제적 · 효율적으로 이용하고 공공복리의 증진을 도모하기 위하여 서로 중복되지 아니하게 도시 · 군관리계획으로 결정하는 지역을 말한다(법 제2조제15호).

(2) 용도지구

"용도지구"란 토지의 이용 및 건축물의 용도 · 건폐율 · 용적률 · 높이 등에 대한 용도지역의 제한을 강화하거나 완화하여 적용함으로써 용도지역의 기능을 증진시키고 미관 · 경관 · 안전 등을 도모하기 위하여 도시 · 군관리계획으로 결정하는 지역을 말한다(법 제2조제16호).

(3) 용도구역

"용도구역"이란 토지의 이용 및 건축물의 용도 · 건폐율 · 용적률 · 높이 등에 대한 용도지역 및 용도지구의 제한을 강화하거나 완화하여 따로 정함으로써 시가지의 무질서한 확산방지, 계획적이고 단계적인 토지이용의 도모, 토지이용의 종합적 조정 · 관리 등을 위하여 도시 · 군관리계획으로 결정하는 지역을 말한다(법 제2조제17호).

3) 개발사업

(1) 도시 · 군계획시설

(a) 기반시설

"기반시설"이란 다음 각 목의 시설로서 대통령령으로 정하는 시설을 말한다(법 제2조제6호, 영 제2조제1항).

㉠ 도로 · 철도 · 항만 · 공항 · 주차장 등 교통시설
㉡ 광장 · 공원 · 녹지 등 공간시설
㉢ 유통업무설비, 수도 · 전기 · 가스공급설비, 방송 · 통신시설, 공동구 등 유통 · 공급시설
㉣ 학교 · 운동장 · 공공청사 · 문화시설 · 체육시설 등 공공 · 문화체육시설
㉤ 하천 · 유수지 · 방화설비 등 방재시설
㉥ 화장시설 · 공동묘지 · 봉안시설 등 보건위생시설
㉦ 하수도 · 폐기물처리시설 등 환경기초시설

(b) 도시 · 군계획시설

"도시 · 군계획시설"이란 기반시설 중 도시 · 군관리계획으로 결정된 시설을 말한다(법 제2조제7호).

(2) 도시 · 군계획사업

"도시 · 군계획사업"이란 도시 · 군관리계획을 시행하기 위한 사업으로서 도시 · 군계획시설사업, 도시개발법에 따른 도시개발사업 및 도시및주거환경정비법에 따른 정비사업을 말한다(법 제2조제11호). "도시 · 군계획사업시행자"란 이 법 또는 다른 법률에 따라 도시 · 군계획사업을 하는 자를 말한다(법 제2조제12호).

① "도시 · 군계획시설사업"이란 도시 · 군계획시설을 설치 · 정비 또는 개량하는 사업을 말한다(법 제2조제10호).
② 도시개발사업이란 도시개발구역 안에서 주거 · 상업 · 산업 · 유통 · 정보통신 · 생태 · 문화 · 보건 및 복지 등의 기능을 가지는 단지 또는 시가지를 조성하기 위하여 시행하는 사업을 말한다(도시개발법 제2조제1항제2호).
③ 정비사업이란 도시기능을 회복하기 위하여 정비구역 안에서 정비기반시설을 정비하고 주택 등 건축물을 개량하거나 건설하는 사업을 말한다(도시및주거환경정비법 제2조제2호).

(3) 도시 · 군계획시설 등의 명칭

① 행정구역의 명칭이 특별시 · 광역시 · 특별자치시 · 특별자치도 · 시인 경우 도시 · 군계획시설, 도시 · 군계획시설사업, 도시 · 군계획사업의 명칭은 각각 "도시계획시설", "도시계획시설사업", "도시계획사업"으로 한다(법 제5조제1항).
② 행정구역의 명칭이 군인 경우 도시계획시설, 도시계획시설사업 및 도시계획사업의 명칭은 각각 "군계획시설", "군계획시설사업" 및 "군계획사업"으로 한다(법 제5조제2항).

6. 국토의 이용 및 관리

1) 국토이용 및 관리의 기본원칙

2) 도시의 지속 가능성 평가

3) 도시 · 군계획 등의 지위

① 도시 · 군계획은 특별시 · 광역시 · 시 또는 군의 관할구역에서 수립되는 다른 법률에 의한 토지의 이용 · 개발 및 보전에 관한 계획의 기본이 된다(법 제4조제1항).

② 광역도시계획 및 도시 · 군계획은 국가계획에 부합되어야 하며, 광역도시계획 또는 도시 · 군계획의 내용이 국가계획의 내용과 다를 때에는 국가계획의 내용이 우선한다(법 제4조제2항).

③ 광역도시계획이 수립되어 있는 지역에 대하여 수립하는 도시 · 군기본계획은 그 광역도시계획에 부합되어야 하며, 도시 · 군기본계획의 내용이 광역도시계획의 내용과 다를 때에는 광역도시계획의 내용이 우선한다(법 제4조제3항)

④ 특별시장 · 광역시장 · 특별자치시장 · 특별자치도지사 · 시장 또는 군수가 관할구역에 대하여 다른 법률에 따른 환경 · 교통 · 수도 · 하수도 · 주택 등에 관한 부문별 계획을 수립할 때에는 도시 · 군기본계획의 내용에 부합되게 하여야 한다(법 제4조제4항).

7. 도시계획위원회

1) 중앙도시계획위원회

2) 지방도시계획위원회

(1) 시 · 도 도시계획위원회

(2) 시 · 군 · 구 도시계획위원회

8. 시범도시 등

1) 시범도시의 지정 · 지원

① 국토해양부장관은 도시의 경제 · 사회 · 문화적인 특성을 살려 개성 있고 지속 가능한 발전을 촉진하기 위하여 필요하면 직접 또는 관계 중앙행정기관의 장이나 시 · 도

지사의 요청에 의하여 경관, 생태, 정보통신, 과학, 문화, 관광, 그 밖에 대통령령으로 정하는 분야(교육 · 안전 · 교통 · 경제활력 · 도시재생 및 기후변화)별로 시범도시(시범지구나 시범단지를 포함한다)를 지정할 수 있다(법 제127조제1항, 영 제126조).

② 국토해양부장관, 관계 중앙행정기관의 장 또는 시 · 도지사는 위의 규정(제1항)에 따라 지정된 시범도시에 대하여 예산 · 인력 등 필요한 지원을 할 수 있다(법 제127조제2항).

2) 전문기관에의 자문 등

9. 토지에의 출입 등

1) 타인토지에의 출입 등

국토해양부장관, 시 · 도지사, 시장 또는 군수나 도시 · 군계획시설사업의 시행자는 도시 · 군계획 · 광역도시계획에 관한 기초조사, 개발밀도관리구역, 기반시설부담구역 및 기반시설설치계획(제67조제4항)에 관한 기초조사, 지가의 동향 및 토지거래의 상황에 관한 조사 또는 도시 · 군계획시설사업에 관한 조사 · 측량 또는 시행을 위하여 필요하면 타인의 토지에 출입하거나 타인의 토지를 재료적치장 또는 임시통로로 일시사용할 수 있으며, 특히 필요한 경우에는 나무, 흙, 돌, 그 밖의 장애물을 변경하거나 제거할 수 있다(법 제130조제1항).

(1) 타인토지에의 출입권

(2) 장애물의 변경 · 제거권

2) 권리 · 의무의 승계 등

제2절 광역도시계획 및 도시 · 군기본계획

▌행정구속적 계획

1. 광역도시계획의 수립

1) 광역도시계획의 의의

(1) 의 의

광역도시계획이란 국토해양부장관 또는 도지사가 인접한 2 이상의 시 · 군을 대상으로 지정한 광역계획권의 장기발전방향을 제시하는 계획으로서 행정구속적 행정계획에 속한다(법 제2조제1호).

(2) 광역도시계획의 내용

광역도시계획에는 다음 각 호의 사항 중 그 광역계획권의 지정목적을 이루는 데 필요한 사항에 대한 정책방향이 포함되어야 한다(법 제12조제1항).

① 광역계획권의 공간구조와 기능분담에 관한 사항
② 광역계획권의 녹지관리체계와 환경보전에 관한 사항
③ 광역시설의 배치 · 규모 · 설치에 관한 사항
④ 경관계획에 관한 사항
⑤ 그 밖에 광역계획권에 속하는 특별시 · 광역시 · 특별자치시 · 특별자치도 · 시 또는 군 상호간의 기능연계에 관한 사항으로서 대통령령으로 정하는 사항

(3) 광역도시계획의 수립기준

광역도시계획의 수립기준 등은 대통령령으로 정하는 바에 따라 국토해양부장관이 정한다(법 제12조제2항).

2) 광역계획권의 지정

국토해양부장관 또는 도지사는 둘 이상의 특별시 · 광역시 · 특별자치시 · 특별자치도 · 시 또는 군의 공간구조 및 기능을 상호 연계시키고 환경을 보전하며 광역시설을 체계적으로 정비하기 위하여 필요한 경우에는 다음 각 호의 구분에 따라 인접한 둘 이상의 특별시 · 광역시 · 특별자치시 · 특별자치도 · 시 또는 군의 관할구역의 전부 또는 일부를 대통령령으로 정하는 바에 따라 광역계획권으로 지정할 수 있다(법 제10조제1항).

① 광역계획권이 둘 이상의 특별시·광역시·특별자치시·도 또는 특별자치도(이하 "시·도"라 한다)의 관할구역에 걸쳐 있는 경우 : 국토해양부장관이 지정(제1호)
② 광역계획권이 도의 관할구역에 속하여 있는 경우 : 도지사가 지정(제2호)

3) 광역도시계획의 수립

(1) 수립권자 및 대상지역

수립권자		사유(대상지역)
① 시장·군수 또는 시·도지사	시장·군수 공동수립	광역계획권이 같은 도의 관할구역에 속하는 경우
	시·도지사 공동수립	광역계획권이 둘 이상의 시·도에 걸치는 경우
② 도지사 또는 국토해양부장관	도지사 단독수립	• 광역계획권 지정일부터 3년 이내에 시장·군수의 승인신청이 없는 경우 • 시장·군수가 협의를 거쳐 요청하는 경우
	도지사와 시장·군수 공동수립	• 시장·군수의 요청이 있는 경우 • 그 밖에 필요한 경우
	국토해양부장관 단독수립	• 국가계획과 관련된 경우 • 광역계획권지정일로부터 3년 이내에 시·도지사의 승인신청이 없는 경우
	국토해양부장관과 시·도지사 공동수립	• 시·도지사의 요청이 있는 경우 • 그 밖에 필요한 경우

광역도시계획은 원칙적으로 시장·군수 또는 시·도지사가 수립하여 도지사 또는 국토해양부장관의 승인을 얻어야 한다.

① 국토해양부장관, 시·도지사, 시장 또는 군수는 다음 각 호의 구분에 따라 광역도시계획을 수립하여야 한다(법 제11조제1항).
 ㉠ 광역계획권이 같은 도의 관할구역에 속하여 있는 경우 : 관할 시장 또는 군수가 공동으로 수립(제1호)
 ㉡ 광역계획권이 둘 이상의 시·도의 관할구역에 걸쳐 있는 경우 : 관할 시·도지사가 공동으로 수립(제2호)
 ㉢ 광역계획권을 지정한 날부터 3년이 지날 때까지 관할 시장 또는 군수로부터 광역도시계획의 승인신청이 없는 경우 : 관할 도지사가 수립(제3호)
 ㉣ 국가계획과 관련된 광역도시계획의 수립이 필요한 경우나 광역계획권을 지정한 날부터 3년이 지날 때까지 관할 시·도지사로부터 광역도시계획의 승인신청(제16조제1항)이 없는 경우 : 국토해양부장관이 수립(제4호)

② 국토해양부장관은 시·도지사가 요청하는 경우와 그 밖에 필요하다고 인정되는 경

우에는 위의 규정(제1항)에도 불구하고 관할 시·도지사와 공동으로 광역도시계획을 수립할 수 있다(법 제11조제2항).

③ 도지사는 시장 또는 군수가 요청하는 경우와 그 밖에 필요하다고 인정되는 경우에는 위의 규정(제1항)에도 불구하고 관할 시장 또는 군수와 공동으로 수립할 수 있으며, 시장 또는 군수가 협의를 거쳐 요청하는 경우에는 단독으로 수립할 수 있다(제11조제3항).

(2) 수립절차

① 기초조사

국토해양부장관, 시·도지사, 시장 또는 군수는 광역도시계획을 수립하거나 변경하고자 하려면 미리 인구, 경제, 사회, 문화, 토지이용, 환경, 교통, 주택, 그 밖에 대통령령으로 정하는 사항 중 그 광역도시계획의 수립 또는 변경에 필요한 사항을 대통령령으로 정하는 바에 따라 조사하거나 측량하여야 한다(법 제13조제1항).

② 공청회 개최

국토해양부장관, 시·도지사, 시장 또는 군수는 광역도시계획을 수립하거나 변경하려면 미리 공청회를 열어 주민과 관계 전문가 등으로부터 의견을 들어야 하며, 공청회에서 제시된 의견이 타당하다고 인정하면 광역도시계획에 반영하여야 한다(법 제14조제1항).

③ 지방자치단체의 의견청취

㉠ 시·도지사, 시장 또는 군수는 광역도시계획을 수립하거나 변경하려면 미리 관계 시·도, 시 또는 군의 의회와 관계 시장 또는 군수의 의견을 들어야 한다(법 제15조제1항).

㉡ 국토해양부장관은 광역도시계획을 수립하거나 변경하려면 관계 시·도지사에게 광역도시계획안을 송부하여야 하며, 관계 시·도지사는 그 시·도의 의회와 관계 시장 또는 군수의 의견을 들은 후 국토해양부장관에게 제출하여야 한다(법 제15조제2항).

④ 국토해양부장관 또는 도지사의 승인

㉠ 시·도지사는 광역도시계획을 수립하거나 변경하려면 국토해양부장관의 승인을 받아야 한다(법 제16조제1항, 영 제13조).

㉡ 국토해양부장관은 위의 규정(제1항)에 따라 광역도시계획을 승인하거나 직접 광역도시계획을 수립 또는 변경(시·도지사와 공동으로 수립 변경하는 경우를 포함한다)하려면 관계 중앙행정기관의 장과 협의한 후 중앙도시계획위원회의 심의

를 거쳐야 한다(법 제16조제2항).

㉢ 시장 또는 군수는 광역도시계획을 수립하거나 변경하려면 도지사의 승인을 얻어야 한다(법 제16조제5항).

㉣ 도지사가 광역도시계획을 승인하거나 직접 광역도시계획을 수립 또는 변경하려면 행정기관의 장과 협의한 후 지방도시계획위원회의 심의를 거쳐야 한다(법 제16조제6항).

⑤ 공고 및 열람

(3) **광역도시계획의 조정**

2. 도시 · 군기본계획의 수립

1) 도시 · 군기본계획의 의의

(1) 의 의

도시 · 군기본계획이란 특별시 · 광역시 · 특별자치시 · 특별자치도 · 시 또는 군의 관할구역에 대하여 기본적인 공간구조(空間構造)와 장기발전방향을 제시하는 종합계획으로서 도시 · 군관리계획 수립의 지침이 되는 계획을 말한다(법 제2조제3호).

도시 · 군기본계획은 국토종합계획의 지침을 수용 · 발전시켜 도시의 장기적인 개발방향과 미래상을 제시하는 행정구속적 계획으로서 일반국민에 대하여는 직접 구속력을 가지지 않는다.

(2) 도시 · 군기본계획의 내용

도시 · 군기본계획에는 다음 각 호의 사항에 대한 정책방향이 포함되어야 한다(법 제19조제1항, 영 제15조).

① 지역적 특성 및 계획의 방향 · 목표에 관한 사항(제1호)
② 공간구조, 생활권의 설정 및 인구의 배분에 관한 사항(제2호)
③ 토지의 이용 및 개발에 관한 사항(제3호)
④ 토지의 용도별 수요 및 공급에 관한 사항(제4호)
⑤ 환경의 보전 및 관리에 관한 사항(제5호)
⑥ 기반시설에 관한 사항(제6호)
⑦ 공원 · 녹지에 관한 사항(제7호)
⑧ 경관에 관한 사항(제8호)

⑨ 기후변화대응 및 에너지절약에 관한 사항(제8호의2)

⑩ 방재 및 안전에 관한 사항(제8호의3)

⑪ 위(제2호~제8호, 제8호의2, 제8호의3)에 규정된 사항의 단계별 추진에 관한 사항(제9호)

⑫ 그 밖에 대통령령으로 정하는 사항(제10호)

(3) 도시 · 군기본계획의 수립기준

도시기본계획의 수립기준 등은 대통령령으로 정하는 바에 따라 국토해양부장관이 정한다(법 제19조제3항).

2) 도시 · 군기본계획의 수립

(1) 수립권자 및 대상지역

수립권자	대상지역
시장 · 군수 (특별시장 · 광역시장 · 시장 또는 군수)	관할구역에 대하여 도시 · 군기본계획을 수립하여야 한다.
	다음과 같은 경우에는 도시 · 군기본계획을 수립하지 아니할 수 있다. • 수도권에 속하지 아니하고 광역시와 경계를 같이 하지 아니한 시 · 군으로서 인구 10만명 이하인 경우 • 관할구역 전부에 대하여 광역도시계획이 수립되어 있는 시 · 군으로서 그 광역도시계획에 도시 · 군기본계획의 내용이 포함되어 있는 경우
	지역여건상 필요한 경우에는 인접한 시 · 군의 관할구역의 전부 또는 일부를 포함하여 도시 · 군기본계획을 수립할 수 있다.

도시 · 군기본계획은 특별시장 · 광역시장이 관할구역에 대하여 수립하고, 시장 또는 군수는 관할구역에 대하여 수립하여 도지사의 승인을 얻어야 한다.

① 특별시장 · 광역시장 · 특별자치시장 · 특별자치도지사 · 시장 또는 군수는 관할구역에 대하여 도시 · 군기본계획을 수립하여야 한다(법 제18조제1항 본문). 다만, 시 또는 군의 위치, 인구의 규모, 인구감소율 등을 감안하여 다음과 같이 대통령령으로 정하는 시 또는 군은 도시 · 군기본계획을 수립하지 아니할 수 있다(법 제18조제1항 단서, 영 제14조).

㉠ 수도권정비계획법(제2조제1호)의 규정에 의한 수도권(이하 "수도권"이라 한다)에 속하지 아니하고 광역시와 경계를 같이하지 아니한 시 또는 군으로서 인구 10만명 이하인 시 또는 군

㉡ 관할구역 전부에 대하여 광역도시계획이 수립되어 있는 시 또는 군으로서 당해 광역도시계획에 법 제19조제1항 각 호의 사항(도시 · 군기본계획의 내용)이 모두 포함되어 있는 시 또는 군

② 특별시장 · 광역시장 · 특별자치시장 · 특별자치도지사 · 시장 또는 군수는 지역여건상 필요하다고 인정하면 인접한 특별시 · 광역시 · 특별자치시 · 특별자치도 · 시 또는 군의 관할구역의 전부 또는 일부를 포함하여 도시 · 군기본계획을 수립할 수 있다(법 제18조제2항).

③ 특별시장 · 광역시장 · 특별자치시장 · 특별자치도지사 · 시장 또는 군수는 위의 규정(제2항)에 따라 인접한 특별시 · 광역시 · 특별자치시 · 특별자치도 · 시 또는 군의 관할구역을 포함하여 도시 · 군기본계획을 수립하려면 미리 그 특별시장 · 광역시장 · 특별자치시장 · 특별자치도지사 · 시장 또는 군수와 협의하여야 한다(법 제18조제3항).

(2) 수립절차

① 기초조사 및 공청회

도시 · 군기본계획을 수립하거나 변경하는 경우에는 광역도시계획의 수립에 있어서 기초조사와 공청회개최에 관한 규정(제13조와 제14조의 규정)을 준용한다. 이 경우 "국토해양부장관, 시 · 도지사, 시장 또는 군수"는 "특별시장 · 광역시장 · 특별자치시장 · 특별자치도지사 · 시장 또는 군수"로, "광역도시계획"은 "도시 · 군기본계획"으로 본다(법 제20조).

다만, 도시기본계획의 수립에 있어서 공청회를 열지 아니하였더라도 절차상의 위법으로서 취소사유에 불과하고, 그 하자가 도시기본계획의 결정을 무효라고 할 수 있을 정도로 중대하고도 명백하다고 할 수 없다(대판 1990.1.23, 97누947).

② 지방의회의 의견청취

㉠ 특별시장 · 광역시장 · 특별자치시장 · 특별자치도지사 · 시장 또는 군수는 도시 · 군기본계획을 수립하거나 변경하려면 미리 그 특별시 · 광역시 · 특별자치시 · 특별자치도 · 시 또는 군의 의회의 의견을 들어야 한다(법 제21조제1항).

㉡ 위의 규정(제1항)에 따른 특별시 · 광역시 · 특별자치시 · 특별자치도 · 시 또는 군의 의회는 특별한 사유가 없으면 30일 이내에 특별시장 · 광역시장 · 특별자치시장 · 특별자치도지사 · 시장 또는 군수에게 의견을 제시하여야 한다(법 제21조제2항).

③ 특별시 · 광역시 도시 · 군기본계획의 확정

㉠ 특별시장 · 광역시장 · 특별자치시장 · 특별자치도지사는 도시 · 군기본계획을 수립하거나 변경하려면 관계 행정기관의 장(국토해양부장관 포함)과 협의한 후 지방도시계획위원회의 심의를 거쳐야 한다(법 제22조제1항).

㉡ 위의 규정(제1항)에 따라 협의 요청을 받은 관계 행정기관의 장은 특별한 사유가 없으면 그 요청을 받은 날부터 30일 이내에 특별시장 · 광역시장 · 특별자치시장 · 특별자치도지사에게 의견을 제시하여야 한다(법 제22조제2항).

④ 시 · 군 도시 · 군기본계획의 승인

㉠ 시장 또는 군수는 도시 · 군기본계획을 수립하거나 변경하려면 대통령령으로 정하는 바에 따라 도지사의 승인을 받아야 한다(법 제22조의2제1항).

㉡ 도지사는 위의 규정(제1항)에 따라 도시 · 군기본계획을 승인하려면 관계 행정기관의 장과 협의한 후 지방도시계획위원회의 심의를 거쳐야 한다(법 제22조의2제2항). 이러한 협의요청을 받은 관계 행정기관의 장은 특별한 사유가 없으면 30일 이내에 도지사에게 의견을 제시하여야 한다(법 제22조의2제3항).

⑤ 공고 및 열람

(3) 효력(도시 · 군기본계획의 정비)

① 특별시장 · 광역시장 · 특별자치시장 · 특별자치도지사 · 시장 또는 군수는 5년마다 관할구역의 도시 · 군기본계획에 대하여 그 타당성 여부를 전반적으로 재검토하여 정비하여야 한다(법 제23조제1항).

② 특별시장 · 광역시장 · 특별자치시장 · 특별자치도지사 · 시장 또는 군수는 도시 · 군기본계획의 내용에 우선하는 광역도시계획(제19조제2항)의 내용 및 도시기본계획에 우선하는 국가계획(제22조제5항)의 내용을 도시기본계획에 반영하여야 한다(법 제23조의3제2항).

제3절 도시 · 군관리계획

▌국민구속적 계획

1. 도시 · 군관리계획의 의의

1) 의 의

도시 · 군관리계획이란 특별시 · 광역시 · 특별자치시 · 특별자치도 · 시 또는 군의 개발 · 정비 및 보전을 위하여 수립하는 토지이용, 교통, 환경, 경관, 안전, 산업, 정보통신, 보건, 복지, 안보, 문화 등에 관한 계획으로서 국민구속적 계획에 속한다(법 제12조제4호).

2) 도시 · 군관리계획의 내용

국토의이용및관리에관한법률상 도시 · 군관리계획은 용도지역 · 지구 · 구역의 지정 · 변경에 관한 계획과 도시계획사업에 관한 계획으로 구분된다. 이러한 도시관리계획의 내용을 도해하면 다음 그림과 같다.

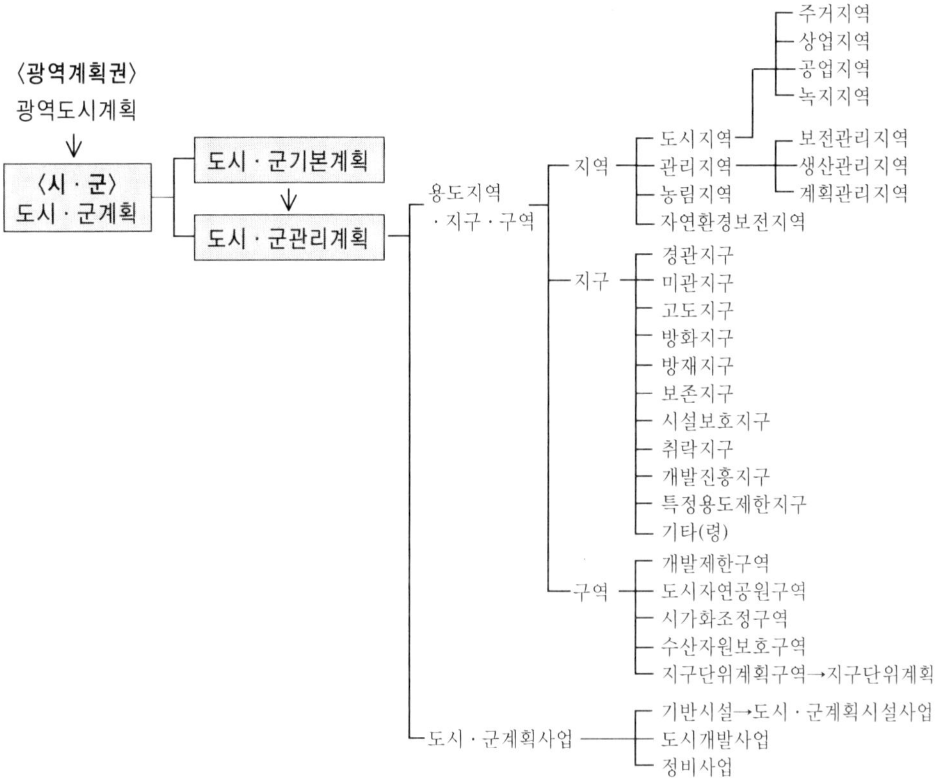

도시 · 군관리계획의 내용을 구분하여 설명하면 다음 표와 같다.

구 분	내 용	효 력
용도지역 · 지구의 지정에 관한 계획	① 용도지역 · 지구의 지정 · 변경에 관한 계획 ② 개발제한구역 · 도시자연공원구역 · 시가화조정구역 · 수산자원보호구역의 지정 · 변경에 관한 계획 ③ 지구단위계획구역의 지정 · 변경에 관한 계획과 지구단위계획	용도지역 · 지구 · 구역별로 일정한 행위제한의 효력이 발생하나, 사업의 시행이 수반되지는 않는다.
도시 · 군계획사업에 관한 계획	① 기반시설의 설치 · 정비 또는 개량에 관한 계획→도시 · 군계획시설사업에 관한 계획	국토의계획및이용에관한법률이 정한 절차와 방법에 따라 사업의 시행이 수반된다.
	② 도시개발사업 · 정비사업에 관한 계획	개별법(도시개발법 · 도시및주거환경정비법)이 정하는 절차와 방법에 따라 사업의 시행이 수반된다.

2. 도시 · 군관리계획의 수립

도시 · 군관리계획은 원칙적으로 시장 · 군수가 입안하여 시 · 도지사가 도시계획위원회의 심의를 거쳐 결정한다(법 제24조 및 제30조).

1) 도시 · 군관리계획의 입안

(1) 입안권자 및 대상지역

<table>
<tr><th colspan="3">입안권자</th><th>대상지역</th></tr>
<tr><td rowspan="3">① 시장 · 군수</td><td>단독</td><td>특별시장 · 광역시장 · 시장 또는 군수</td><td>관할구역에 대하여 도시 · 군관리계획을 입안하여야 한다.</td></tr>
<tr><td rowspan="2">협의</td><td>관계시장 · 군수가 협의하여 공동으로 입안하거나 입안할 자를 정한다.</td><td rowspan="2">다음에 해당하는 경우에는 인접한 시 · 군의 관할구역의 전부 또는 일부를 포함하여 도시관리계획을 입안할 수 있다
• 지역여건상 필요하여 미리 인접한 시장 · 군수와 협의한 경우
• 시장 · 군수가 지역여건상 필요하여 인접한 시 · 군의 관할구역을 포함하여 도시기본계획을 수립한 경우</td></tr>
<tr><td>협의가 성립되지 아니하는 경우 같은 도에 속하면 도지사가, 2 이상의 시 · 도에 걸치면 국토해양부장관(다만, 수산자원보호구역의 경우 농림수산식품부장관)이 입안할 자를 지정 · 고시한다.</td></tr>
<tr><td rowspan="2">② 국토해양부장관 · 도지사</td><td colspan="2">국토해양부장관(다만, 수산자원보호구역의 경우 농림수산식품부장관)</td><td>• 국가계획과 관련된 경우
• 2 이상의 시 · 도에 걸치는 용도지역 · 지구 · 구역과 사업의 계획에 관한 사항이 있는 경우
• 시장 · 군수가 국토해양부장관의 조정요구에 따라 정비하지 아니하는 경우</td></tr>
<tr><td colspan="2">도지사</td><td>• 2 이상의 시 · 군에 걸치는 용도지역 · 지구 · 구역과 사업의 계획에 관한 사항이 있는 경우
• 도지사가 직접 수립하는 사업의 계획에 관한 사항이 있는 경우</td></tr>
</table>

① 시장 · 군수의 입안

㉠ 특별시장 · 광역시장 · 특별자치시장 · 특별자치도지사 · 시장 또는 군수는 관할구역에 대하여 도시 · 군관리계획을 입안하여야 한다(법 제24조제1항).

㉡ 특별시장 · 광역시장 · 특별자치시장 · 특별자치도지사 · 시장 또는 군수는 다음 각 호의 어느 하나에 해당하면 인접한 특별시 · 광역시 · 특별자치시 · 특별자치도 · 시 또는 군의 관할구역의 전부 또는 일부를 포함하여 도시 · 군관리계획을

입안할 수 있다(법 제24조제2항).

ⓐ 지역여건상 필요하다고 인정하여 미리 인접한 특별시장 · 광역시장 · 특별자치시장 · 특별자치도지사 · 시장 또는 군수와 협의한 경우(제1호)

ⓑ 특별시장 · 광역시장 · 특별자치시장 · 특별자치도지사 · 시장 또는 군수가 지역여건상 필요하다고 인정하여 인접한 특별시 · 광역시 · 특별자치시 · 특별자치도 · 시 또는 군의 관할구역을 포함하여 도시 · 군기본계획을 수립한 경우(제18조제2항)(제2호)

㉢ 위의 규정(제2항)에 따른 인접한 특별시 · 광역시 · 특별자치시 · 특별자치도 · 시 또는 군의 관할구역에 대한 도시 · 군관리계획은 관계 특별시장 · 광역시장 · 특별자치시장 · 특별자치도지사 · 시장 또는 군수가 협의하여 공동으로 입안하거나 입안할 자를 정한다(법 제24조제3항).

㉣ 위의 규정(제3항)에 따른 협의가 성립되지 아니하는 경우 도시 · 군관리계획을 입안하려는 구역이 같은 도의 관할구역에 속할 때에는 관할 도지사가, 둘 이상의 시 · 도의 관할구역에 걸쳐있을 때에는 국토해양부장관(수산자원보호구역의 경우 농림수산식품부장관)이 입안할 자를 지정하고 이를 고시하여야 한다(법 제24조제4항).

② 국토해양부장관 또는 도지사의 입안

㉠ 국토해양부장관(수산자원보호구역의 경우 농림수산식품부장관)은 위의 규정(제1항 또는 제2항)에도 불구하고 다음 각 호의 어느 하나에 해당하는 경우에는 직접 또는 관계 중앙행정기관의 장의 요청에 의하여 도시 · 군관리계획을 입안할 수 있다. 이 경우 국토해양부장관은 관할 시 · 도지사 및 시장 · 군수의 의견을 들어야 한다(법 제24조제5항).

ⓐ 국가계획과 관련된 경우(제1호)

ⓑ 둘 이상의 시 · 도에 걸쳐 지정되는 용도지역 · 용도지구 또는 용도구역과 둘 이상의 시 · 도에 걸쳐 이루어지는 사업의 계획 중 도시 · 군관리계획으로 결정하여야 할 사항이 있는 경우(제2호)

ⓒ 특별시장 · 광역시장 · 특별자치시장 · 특별자치도지사 · 시장 또는 군수가 도시 · 군계획의 수립 및 운영에 관한 감독 및 조정(제138조)의 규정에 따른 기한까지 국토해양부장관의 도시 · 군관리계획의 조정요구에 따라 도시 · 군관리계획을 정비하지 아니하는 경우(제3호)

㉡ 도지사는 위의 규정(제1항 또는 제2항)에도 불구하고 다음 각 호 어느 하나의 경우에는 직접 또는 시장이나 군수의 요청에 의하여 도시 · 군관리계획을 입안할 수 있

다. 이 경우 도지사는 관계 시장 또는 군수의 의견을 들어야 한다(법 제24조제6항).

ⓐ 둘 이상의 시·군에 걸쳐 지정되는 용도지역·용도지구 또는 용도구역과 둘 이상의 시·군에 걸쳐 이루어지는 사업의 계획 중 도시·군관리계획으로 결정하여야 할 사항이 포함되어 있는 경우(제1호)

ⓑ 도지사가 직접 수립하는 사업의 계획으로서 도시·군관리계획으로 결정하여야 할 사항이 포함되어 있는 경우(제2호)

(2) 입안기준

① 도시·군관리계획은 광역도시계획과 도시·군기본계획에 부합되어야 한다(법 제25조제1항).

② 국토해양부장관(수산자원보호구역의 경우 농림수산식품부장관), 시·도지사, 시장 또는 군수는 도시·군관리계획을 입안할 때에는 대통령령으로 정하는 바에 따라 도시·군관리계획도서(계획도 및 계획조서를 말한다)와 이를 보조하는 계획설명서(기초조사결과·재원조달방안 및 경관계획 등을 포함한다)를 작성하여야 한다(법 제25조제2항).

(3) 입안절차

① 주민제안

㉠ 주민(이해관계자를 포함한다)은 다음 각 호의 사항에 대하여 위의 규정(제24조)에 따라 도시·군관리계획을 입안할 수 있는 자에게 도시·군관리계획의 입안을 제안할 수 있다. 이 경우 제안서에는 도시·군관리계획도서와 계획설명서를 첨부하여야 한다(법 제26조제1항).

ⓐ 기반시설의 설치·정비 또는 개량에 관한 사항

ⓑ 지구단위계획구역의 지정 및 변경과 지구단위계획의 수립 및 변경에 관한 사항

㉡ 위의 규정(제1항)에 따라 도시·군관리계획의 입안을 제안받은 자는 그 처리결과를 제안자에게 알려야 한다(법 제26조제2항).

㉢ 위의 규정(제1항)에 따라 도시·군관리계획의 입안을 제안받은 자는 제안자와 협의하여 제안된 도시·군관리계획의 입안 및 결정에 필요한 비용의 전부 또는 일부를 제안자에게 부담시킬 수 있다(법 제26조제3항).

② 기초조사 등

㉠ 도시·군관리계획을 입안하는 경우에는 광역도시계획의 수립에 있어서 기초조사에 관한 규정(제13조)을 준용한다. 다만, 대통령령으로 정하는 경미한 사항을

입안하는 경우에는 그러하지 아니하다(법 제27조제1항).

㉡ 국토해양부장관, 시 · 도지사, 시장 또는 군수는 위의 규정(제1항)에 의한 기초조사의 내용에 도시 · 군관리계획이 환경에 미치는 영향 등에 대한 환경성 검토를 포함하여야 한다(법 제27조제2항).

㉢ 국토해양부장관, 시 · 도지사, 시장 또는 군수는 위의 규정(제1항)에 따른 기초조사의 내용에 국토해양부장관이 정하는 바에 따라 실시하는 토지의 토양, 입지, 활용 가능성 등 토지의 적성에 대한 평가를 포함하여야 한다(법 제27조제3항).

㉣ 지구단위계획구역으로 지정하고자 하는 구역이나 지구단위계획을 입안하는 구역이 도심지에 위치하거나 개발이 끝나 나대지가 없는 등 대통령령으로 정하는 요건에 해당하면 위의 규정(제1항부터 제3항까지)에 따른 기초조사, 환경성 검토 또는 토지의 적성에 대한 평가를 하지 아니할 수 있다(법 제27조제4항).

③ 공고와 주민 및 지방의회의 의견청취

㉠ 국토해양부장관(수산자원보호구역의 경우 농림수산식품부장관), 시 · 도지사, 시장 또는 군수는 위의 규정(제25조)에 따라 도시 · 군관리계획을 입안할 때에는 주민의 의견을 들어야 하며, 그 의견이 타당하다고 인정되면 이를 도시 · 군관리계획안에 반영하여야 한다. 다만, 국방상 또는 국가안전보장상 기밀을 지켜야 할 필요가 있는 사항(관계중앙행정기관의 장이 요청하는 것만 해당한다)이거나 대통령령으로 정하는 경미한 사항(제25조제3항 각 호 및 동조 제4항 각 호의 사항 : 행정기관의 장과의 협의 및 도시계획위원회의 심의생략사항)인 경우에는 그러하지 아니하다(법 제28조제1항, 영 제22조제4항).

이러한 공고 및 공람 절차에 하자가 있는 도시관리계획의 결정은 위법한 것이 되며, 주민의견청취 절차를 전혀 거치지 않고 입안된 도시관리계획 결정은 위법으로서 무효라고 본다(대판 2000.3.24, 98두2768 및 대판 1988.5.24, 287누388).

ⓐ 국토해양부장관이나 도지사는 위의 규정(제24조제5항 및 제6항)에 따라 도시 · 군관리계획을 입안하려면 주민의 의견청취 기한을 밝혀 도시 · 군관리계획안을 관계 특별시장 · 광역시장 · 특별자치시장 · 특별자치도지사 · 시장 또는 군수에게 송부하여야 한다(법 제28조제2항).

ⓑ 위의 규정(제2항)에 따라 도시 · 군관리계획안을 받은 특별시장 · 광역시장 · 특별자치시장 · 특별자치도지사 · 시장 또는 군수는 명시된 기한까지 그 도시 · 군관리계획안에 대한 주민의 의견을 들어 그 결과를 국토해양부장관이나 도지사에게 제출하여야 한다(법 제28조제3항).

ⓒ 위의 규정(제1항)에 따른 주민의 의견청취에 필요한 사항은 대통령령으로 정

하는 기준에 따라 해당 지방자치단체의 조례로 정한다(법 제28조제4항).

• 특별시장 · 광역시장 · 특별자치시장 · 특별자치도지사 · 시장 또는 군수는 도시 · 군관리계획의 입안에 관하여 주민의 의견을 청취하고자 하는 때에는 도시 · 군관리계획안의 주요내용을 해당 특별시 · 광역시 · 특별자치시 · 특별자치도 · 시 또는 군의 지역을 주된 보급지역으로 하는 2 이상의 일간신문과 해당 시 · 군의 인터넷 홈페이지 등에 공고하고 도시 · 군관리계획안을 14일 이상 일반이 열람할 수 있도록 하여야 한다(영 제22조제2항).

• 공고된 도시 · 군관리계획안의 내용에 대하여 의견이 있는 자는 열람기간 내에 특별시장 · 광역시장 · 특별자치시장 · 특별자치도지사 · 시장 또는 군수에게 의견서를 제출할 수 있다(영 제22조제3항).

• 국토해양부장관, 시 · 도지사, 시장 또는 군수는 제출된 의견을 도시 · 군관리계획안에 반영할 것인지 여부를 검토하여 그 결과를 열람기간이 종료된 날부터 60일 이내에 당해 의견을 제출한 자에게 통보하여야 한다(영 제22조제4항).

㉡ 국토해양부장관, 시 · 도지사, 시장 또는 군수는 도시 · 군관리계획을 입안하려면 대통령령으로 정하는 사항에 대하여 해당 지방의회의 의견을 들어야 한다(법 제28조제5항).

ⓐ 국토해양부장관이나 도지사가 위의 규정(제5항)에 따라 지방의회의 의견을 듣는 경우에는 도시관리계획안의 송부와 결과제출(제2항과 제3항)의 규정을 준용한다. 이 경우 "주민"은 "지방의회"로 본다(법 제28조제6항).

ⓑ 특별시장 · 광역시장 · 특별자치시장 · 특별자치도지사 · 시장 또는 군수가 위(제5항)의 규정에 따라 지방의회의 의견을 들으려면 의견제시 기한을 밝혀 도시관리계획안을 송부하여야 한다. 이 경우 해당 지방의회는 명시된 기한까지 특별시장 · 광역시장 · 특별자치시장 · 특별자치도지사 · 시장 또는 군수에게 의견을 제시하여야 한다(법 제28조제7항).

2) 도시 · 군관리계획의 결정

(1) 결정권자 및 대상지역

결정권자	대 상 지 역
① 시 · 도지사(다만, 대도시의 경우에는 대도시시장)	도시 · 군관리계획은 시 · 도지사가 직접 또는 시장 · 군수의 신청에 의하여 결정한다.
② 국토해양부장관(다만, 수산자원보호구역의 경우 농림수산식품부장관)	다음에 해당하는 경우에는 국토해양부장관이 결정한다. • 국토해양부장관이 입안한 도시 · 군관리계획 • 개발제한구역 · 시가화조정구역 · 수산자원보호구역의 지정 · 변경

① 시 · 도지사의 결정

도시 · 군관리계획은 시 · 도지사가 직접 또는 시장 · 군수의 신청에 따라 결정한다. 다만, 지방자치법(제175조)에 따른 서울특별시와 광역시 및 특별자치시를 제외한 인구 50만명 이상의 대도시(이하 "대도시"라 한다)의 경우에는 해당 시장(이하 "대도시시장"이라 한다)이 직접 결정한다(법 제29조제1항).

② 국토해양부장관의 결정

위의 규정(제1항)에도 불구하고 다음 각 호의 도시 · 군관리계획은 국토해양부장관(다만, 수산자원보호구역의 경우 농림수산식품부장관)이 결정한다(법 제29조제2항).

㉠ 국토해양부장관이 입안(제24조제5항)한 도시 · 군관리계획
㉡ 개발제한구역의 지정 및 변경(제38조)에 관한 도시 · 군관리계획
㉢ 시가화조정구역의 지정 및 변경(제39조)에 관한 도시 · 군관리계획
㉣ 수산자원보호구역의 지정 및 변경(제40조)에 관한 도시 · 군관리계획

(2) 결정절차

① 행정기관의 장과의 협의

㉠ 시 · 도지사는 도시 · 군관리계획을 결정하려면 관계 행정기관의 장과 미리 협의하여야 하며, 국토해양부장관(수산자원보호구역의 경우 농림수산식품부장관)은 도시 · 군관리계획을 결정하려면 관계 중앙행정기관의 장과 미리 협의하여야 한다. 이 경우 협의요청을 받은 기관의 장은 특별한 사유가 없으면 그 요청을 받은 날부터 30일 이내에 의견을 제시하여야 한다(법 제30조제1항).

㉡ 시 · 도지사는 국토해양부장관이 입안(제24조제5항)하여 결정한 도시 · 군관리계획을 변경하거나 그 밖에 대통령령으로 정하는 중요한 사항에 관한 도시 · 군관리계획을 결정하려면 미리 국토해양부장관과 협의하여야 한다(법 제30조제2항).

② 도시계획위원회의 심의

국토해양부장관(수산자원보호구역의 경우 농림수산식품부장관)은 도시 · 군관리계획을 결정하려면 중앙도시계획위원회의 심의를 거쳐야 하며, 시 · 도지사가 도시 · 군관리계획을 결정하려면 시 · 도도시계획위원회(제113조제1항)의 심의를 거쳐야 한다. 다만, 시 · 도지사는 지구단위계획 중 다음 각 호의 어느 하나의 사항에 대하여는 대통령령으로 정하는 바에 따라 시 · 도에 두는 건축위원회(건축법 제4조)와 시 · 도도시계획위원회가 공동으로 하는 심의를 거쳐야 한다(법 제30조제3항).

㉠ 지구단위계획의 내용(제52조제1항제4호) 중 건축물 높이의 최고한도 또는 최저

한도에 관한 사항(제1종지구단위계획만 해당한다)

㉡ 지구단위계획의 내용(제52조제1항제5호) 중 건축물의 배치·형태·색채 또는 건축선에 관한 계획에 관한 사항

㉢ 지구단위계획의 내용(제52조제1항제6호) 중 경관계획에 관한 사항

③ 결정·고시 및 열람

국토해양부장관(수산자원보호구역의 경우 농림수산식품부장관)이나 시·도지사는 도시·군관리계획을 결정하면 대통령령으로 정하는 바에 따라 그 결정을 고시하고, 국토해양부장관이나 도지사는 관계 서류를 관계 특별시장·광역시장·특별자치시장·특별자치도지사·시장 또는 군수에게 송부하여 일반이 열람할 수 있도록 하여야 하며, 특별시장·광역시장·특별자치시장·특별자치도지사는 관계 서류를 일반이 열람할 수 있도록 하여야 한다(법 제30조제6항).

대도시시장이 도시·군관리계획을 결정하는 경우에는 위(제1항~제6항)의 규정을 준용한다. 이 경우 시·도지사는 "대도시시장"으로, 시·도도시계획위원회는 "시·군·구도시계획위원회"로, 시·도에 두는 건축위원회는 "대도시에 두는 건축위원회"로, 특별시장·광역시장·특별자치시장·특별자치도지사는 "대도시시장"으로 본다(법 제30조제7항).

④ 절차의 생략

⑤ 계획의 변경

3) 도시관리계획입안의 특례

국토해양부장관, 시·도지사, 시장 또는 군수는 도시·군관리계획을 조속히 입안하여야 할 필요가 있다고 인정되면 광역도시계획이나 도시·군기본계획을 수립할 때에 도시·군관리계획을 함께 입안할 수 있다(법 제35조제1항).

3. 도시·군관리계획결정의 효력

1) 효력발생시기 등

(1) 효력발생시기

① 국토해양부장관, 시·도지사 또는 대도시시장은 도시·군관리계획을 결정하면 그 결정을 고시하여야 하는데(제30조제6항 및 제7항), 도시·군관리계획결정은 이러한 고시가 된 날부터 5일 후에 그 효력이 발생한다(법 제31조제1항).

여기서 고시는 도시관리계획결정의 효력발생요건으로서 비록 적법한 절차를 거쳐 도시관리계획결정을 하였더라도 이를 관보에 고시하지 않은 이상 대외적으로 아무런 효력이 생기지 않는다고 본다(대판 1985.12.10, 85누186).

② 도시 · 군관리계획결정 당시 이미 사업이나 공사에 착수한 자(이 법 또는 다른 법률에 따라 허가 · 인가 · 승인 등을 받아야 하는 경우에는 그 허가 · 인가 · 승인 등을 받아 사업이나 공사에 착수한 자를 말한다)는 그 도시 · 군관리계획결정에 관계없이 그 사업이나 공사를 계속할 수 있다. 다만, 시가화조정구역이나 수산자원보호구역의 지정에 관한 도시 · 군관리계획결정이 있는 경우에는 대통령령으로 정하는 바에 따라 특별시장 · 광역시장 · 특별자치시장 · 특별자치도지사 · 시장 또는 군수에게 신고하고 그 사업이나 공사를 계속할 수 있다(법 제31조제2항).

(2) 도시 · 군관리계획의 정비(타당성 검토)

특별시장 · 광역시장 · 특별자치시장 · 특별자치도지사 · 시장 또는 군수는 5년마다 관할 구역의 도시 · 군관리계획에 대하여 대통령령으로 정하는 바에 따라 그 타당성 여부를 전반적으로 재검토하여 이를 정비하여야 한다(법 제34조).

2) 지적고시(지형도면의 삭성 · 승인 및 고시)

(1) 의 의

지적고시(地籍告示)란 도시 · 군관리계획결정 사항을 지형도면(地形圖面)에 명시하여 고시함으로써 토지소유자 등에게 토지이용행위에 대한 규제내용을 알리는 절차로서, 이러한 지적고시에 의하여 도시 · 군관리계획결정이 확정된다.

도시관리계획결정의 효력은 도시관리계획결정 · 고시로 인하여 생기나, 지적고시 없이 도시관리계획결정 · 고시의 도면만으로는 그 구체적인 범위나 개별토지의 도시관리계획선을 특정할 수 없으므로 결국 도시관리계획결정효력의 구체적 · 개별적 범위는 지적고시도면에 의하여 확정된다고 본다(대판 1994.7.29, 94누3483).

(2) 절 차

① 지형도면의 작성 · 승인

㉠ 특별시장 · 광역시장 · 특별자치시장 · 특별자치도지사 · 시장 또는 군수는 도시 · 군관리계획결정이 고시(제30조제6항)되면 대통령령으로 정하는 바에 따라 지적이 표시된 지형도에 도시 · 군관리계획사항을 자세히 밝힌 도면을 작성하여야 한다(법 제32조제1항 본문). 이러한 규정(법 제32조제1항 본문)에 따라 지적이 표

시된 지형도에 도시·군관리계획사항을 명시한 도면을 작성할 때에는 축척 500분의 1 내지 1천500분의 1(녹지지역 안의 임야, 관리지역, 농림지역 및 자연환경보전지역은 축척 3천분의 1 내지 6천분의 1로 할 수 있다)로 작성하여야 한다. 다만, 고시하고자 하는 토지의 경계가 행정구역의 경계와 일치하는 경우와 도시계획사업·산업단지조성사업 또는 택지개발사업이 완료된 구역인 경우에는 지적도 사본에 도시·군관리계획사항을 명시한 도면으로 이에 갈음할 수 있다(영 제27조제1항).

다만, 도시지역 외의 지역으로서 해당 토지에 도시·군계획시설이 결정되지 아니한 경우 등 대통령령으로 정하는 경우에는 지적이 표시되지 아니한 지형도에 도시·군관리계획사항을 자세히 밝힌 도면을 작성할 수 있다(법 제32조제1항 단서). 이러한 규정(법 제32조제1항 단서)에 의하여 도시지역 외의 지역에서 도시·군계획시설이 결정되지 아니한 토지에 대하여는 지적이 표시되지 아니한 축척 5천분의 1 이상(축척 5천분의 1 이상의 지형도가 간행되어 있지 아니한 경우에는 축척 2만5천분의 1 이상)의 지형도(해면부는 해도·해저지형도 등의 도면으로 지형도에 갈음할 수 있다)에 도시·군관리계획사항을 명시한 도면을 작성할 수 있다(영 제27조제4항).

ⓛ 시장(대도시시장은 제외)이나 군수는 위의 규정(제1항)에 따른 지형도에 도시·군관리계획사항을 자세히 밝힌 도면(이하 "지형도면"이라 한다)을 작성하면 도지사의 승인을 받아야 한다. 이 경우 지형도면의 승인신청을 받은 도지사는 그 지형도면과 결정·고시된 도시·군관리계획을 대조하여 착오가 없다고 인정되면 대통령령으로 정하는 기간에 그 지형도면을 승인하여야 한다(법 제32조제2항).

ⓒ 국토해양부장관(수산자원보호구역의 경우 농림수산식품부장관)이나 도지사는 도시·군관리계획을 직접 입안한 경우에는 위의 규정(제1항 및 제2항)에도 불구하고 관계 특별시장·광역시장·특별자치시장·특별자치도지사·시장 또는 군수의 의견을 들어 직접 지형도면을 작성할 수 있다(법 제32조제3항).

② 지형도면의 고시 및 열람

㉠ 국토해양부장관, 시·도지사 또는 대도시시장은 직접 지형도면을 작성하거나 지형도면을 승인한 경우에는 대통령령으로 정하는 바에 따라 그 사실을 고시하고, 국토해양부장관이나 도지사는 관계 서류를 관계 특별시장·광역시장·특별자치시장·특별자치도지사·시장 또는 군수에게 송부하여 일반이 열람할 수 있도록 하여야 하며, 특별시장·광역시장·특별자치시장·특별자치도지사 또는 대도시시장은 관계 서류를 일반이 열람할 수 있도록 하여야 한다(법 제32조제4항).

㉡ 대통령령으로 정하는 축척 이상의 지형도를 사용하여 도시·군관리계획결정을 고시한 경우에는 지형도면을 따로 작성하지 아니하고 그 도시·군관리계획결정의 고시로써 위의 규정(제4항)에 따른 고시를 갈음할 수 있다. 이 경우 도시·군관리계획결정의 고시내용에는 지형도면을 따로 작성하여 고시하지 아니한다는 것을 분명하게 기록하여야 한다(법 제32조제5항).

(3) 효력(도시·군관리계획결정의 실효)

㉠ 도시·군관리계획결정의 고시일부터 2년이 되는 날까지 위의 규정(제32조제4항)에 따른 지형도면의 고시가 없는 경우(제32조제5항에 따라 지형도면의 고시를 갈음하는 경우는 제외한다)에는 그 2년이 되는 날의 다음 날에 그 도시·군관리계획결정은 효력을 잃는다(제33조제1항).

㉡ 국토해양부장관(수산자원보호구역의 경우 농림수산식품부장관), 시·도지사 또는 대도시시장은 위의 규정(제1항)에 따라 도시·군관리계획결정이 효력을 잃게 된 때에는 대통령령으로 정하는 바에 따라 지체 없이 그 사실을 고시하여야 한다(제33조제2항).

제4절 용도지역·지구제

1. 의 의

(1) 국토의계획및이용에관한법률상 용도지역·지구제(用途地域·地區制)란 전국의 토지를 시·군 단위로 그 위치와 기능 및 적성에 따라 여러 가지 지역·지구 또는 구역으로 구분·획정하여 그 지역·지구 또는 구역별로 적절한 용도를 부여하고 그 용도에 맞는 토지이용행위는 허용하되, 그 용도에 어긋나는 토지이용행위는 규제함으로써 토지의 효율적 이용과 도시기능의 증진을 유도하는 제도를 말한다.

(2) 용도지역·지구·구역의 지정에 관한 도시·군관리계획이 결정되면, 각 지역·지구 또는 구역 안에서 토지소유자 등은 그 지정목적에 따라 건축행위를 비롯한, 일정한 토지이용행위에 대하여 공법상의 제한을 받게 된다. 이러한 공법상의 행위제한을 용도지역·지구 또는 구역별 행위제한이라고 부른다. 이러한 지역·지구·구역별 행위제한은, 일반적 행위제한(개발행위허가)이 모든 토지에 대하여 가하여지는 토지형질변경, 건축물의 건축, 토지의 분할 등 개발행위 일반에 대한 일차적 행위제한의 성격

을 띠고 있는 반면에, 각 지역 · 지구 또는 구역 내의 토지에 대하여 국지적으로 가하여지는 주로 건축행위에 대한 이차적 행위제한의 성격을 띠고 있다 하겠다.

(3) 도시 · 군관리계획에 의하여 ① 용도지역 · 지구가 지정되면, 그 지역 · 지구별 행위제한은 주로 건축물의 용도 · 종류 및 규모(건폐율 · 용적률) 등의 건축제한을 그 내용으로 하며, 용도지역별 행위제한은 대통령령이 그 내용을 정하도록 규정하고 있고, 용도지구별 행위제한은 특별한 규정이 없으면 대통령령이 정하는 기준에 따라 시 · 군의 조례로 정할 수 있도록 규정하고 있다(법 제76조~제78조).

② 용도구역이 지정되면, 그 구역별 행위제한은 건축제한 기타 각종 토지이용행위제한을 그 내용으로 하며, 지구단위계획구역 안에서는 지구단위계획이 정하는 바에 따라 지역 · 지구별 건축제한을 완화할 수 있도록 규정하고 있고, 시가화조정구역 안에서의 행위제한은 이 법 및 대통령령이 그 내용을 직접 규정하고 있으나(법 제52조 및 제81조 내지 제82조), 개발제한구역, 도시자연공원구역 및 수산자원보호구역의 지정 및 그 구역 안에서의 행위제한은 따로 법률로 정하도록 규정하고 있다(법 제38조 및 제80조).

다만, 용도지역 · 지구별 건축제한(건축물의 용도 · 종류 및 규모제한)은 도시의 계획적 · 단계적 개발 · 정비를 목적으로 하며, 이러한 건축제한에 적합한 경우에도 다시 개별건축물의 안전 · 기능 · 미관을 위한 건축법상의 건축제한(건축물의 대지 · 구조 및 설비의 기준 등)을 받게 된다.

2. 용도지역의 지정과 건축제한

1) 용도지역제의 의의

용도지역제(用途地域制)는 전국의 토지를 시 · 군 단위로 여러 개의 지역으로 구분 · 지정하여 그 지정목적에 따라 건축물의 용도와 규모(면적 및 높이) 등의 건축행위를 규제하는 제도로서, 토지의 효율적 이용을 위한 용도중심의 평면적인 토지이용제한이다.

전국의 모든 토지는 시 · 군 단위로 원칙적으로 하나의 지역으로 지정되며, 하나의 토지에 대하여 2 이상의 지역이 중복지정 될 수는 없다. 다만, 지역의 지정이 없는 토지도 있을 수 있으며, 하나의 토지에 대하여 지역과 지구 또는 지역과 구역 상호간에는 서로 중복지정 될 수 있다.

2) 국토의 용도구분(용도지역별 지정목적)

국토는 토지의 이용실태 및 특성, 장래의 토지이용방향 등을 고려하여 다음과 같은 용도지역으로 구분한다(법 제6조).

용도지역	지정목적(법 제6조)
① 도시지역	인구와 산업이 밀집되어 있거나 밀집이 예상되어 그 지역에 대하여 체계적인 개발 · 정비 · 관리 · 보전 등이 필요한 지역
② 관리지역	도시지역의 인구와 산업을 수용하기 위하여 도시지역에 준하여 체계적으로 관리하거나 농림업의 진흥, 자연환경 또는 산림의 보전을 위하여 농림지역 또는 자연환경보전지역에 준하여 관리할 필요가 있는 지역
③ 농림지역	도시지역에 속하지 아니하는 농지법에 따른 농업진흥지역 또는 산지관리법에 따른 보전산지 등으로서 농립업을 진흥시키고 산림을 보전하기 위하여 필요한 지역
④ 자연환경보전지역	자연환경 · 수자원 · 해안 · 생태계 · 상수원 및 문화재의 보전과 수산자원의 보호 · 육성 등을 위하여 필요한 지역

3) 용도지역의 지정

(1) 용도지역의 지정(구분지정) · 변경

국토해양부장관, 시 · 도지사 또는 대도시시장은 다음 각 호의 어느 하나에 해당하는 용도지역의 지정 또는 변경을 도시 · 군관리계획으로 결정한다(법 제36조제1항).

용도지역	구분지정(법 제36조제1항)	
① 도시지역(제1호)	다음 각 목의 어느 하나로 구분하여 지정한다(제1호).	
	주거지역	거주의 안녕과 건전한 생활환경의 보호를 위하여 필요한 지역(가목)
	상업지역	상업이나 그 밖의 업무의 편익을 증진하기 위하여 필요한 지역(나목)
	공업지역	공업의 편익을 증진하기 위하여 필요한 지역(다목)
	녹지지역	자연환경 · 농지 및 산림의 보호, 보건위생, 보안과 도시의 무질서한 확산을 방지하기 위하여 녹지의 보전이 필요한 지역(라목)
② 관리지역(제2호)	다음 각 목의 어느 하나로 구분하여 지정한다(제2호).	
	보전관리지역	자연환경보호, 산림보호, 수질오염방지, 녹지공간 확보 및 생태계 보전 등을 위하여 보전이 필요하나, 주변의 용도지역과의 관계 등을 고려할 때 자연환경보전지역으로 지정하여 관리하기가 곤란한 지역(가목)
② 관리지역(제2호)	생산관리지역	농업 · 임업 · 어업생산 등을 위하여 관리가 필요하나, 주변 용도지역과의 관계 등을 고려할 때 농림지역으로 지정하여 관리하기가 곤란한 지역(나목)
	계획관리지역	도시지역으로의 편입이 예상되는 지역이나 자연환경을 고려하여 제한적인 이용 · 개발을 하려는 지역으로서 계획적 · 체계적인 관리가 필요한 지역(다목)
③ 농림지역(제3호)		
④ 자연환경보전지역(제4호)		

(2) 용도지역의 세분

국토해양부장관, 시 · 도지사 또는 대도시시장은 대통령령으로 정하는 바에 따라 위(제1항 각 호 및 각 호 각 목)의 용도지역을 도시 · 군관리계획결정으로 다시 세분하여 지정하거나 변경할 수 있다(법 제36조제2항).

국토해양부장관, 시 · 도지사 또는 대도시시장은 법 제36조제2항에 따라 도시 · 군관리계획결정으로 주거지역 · 상업지역 · 공업지역 및 녹지지역을 다음 각 호와 같이 세분하여 지정할 수 있다(영 제30조).

용도지역	세분지정(영 제30조)	
① 주거지역	㉠ 전용주거지역	양호한 주거환경을 보호하기 위하여 필요한 지역
	•제1종전용주거지역	단독주택 중심의 양호한 주거환경을 보호하기 위하여 필요한 지역
	•제2종전용주거지역	공동주택 중심의 양호한 주거환경을 보호하기 위하여 필요한 지역
	㉡ 일반주거지역	편리한 주거환경을 조성하기 위하여 필요한 지역
	•제1종일반주거지역	저층주택을 중심으로 편리한 주거환경을 조성하기 위하여 필요한 지역
	•제2종일반주거지역	중층주택을 중심으로 편리한 주거환경을 조성하기 위하여 필요한 지역
	•제3종일반주거지역	중고층주택을 중심으로 편리한 주거환경을 조성하기 위하여 필요한 지역
	㉢ 준주거지역	주거기능을 위주로 이를 지원하는 일부 상업기능 및 업무기능을 보완하기 위하여 필요한 지역
② 상업지역	㉠ 중심상업지역	도심 · 부도심의 상업기능 및 업무기능의 확충을 위하여 필요한 지역
	㉡ 일반상업지역	일반적인 상업기능 및 업무기능을 담당하게 하기 위하여 필요한 지역
	㉢ 근린상업지역	근린지역에서의 일용품 및 서비스의 공급을 위하여 필요한 지역
	㉣ 유통상업지역	도시 내 및 지역 간 유통기능의 증진을 위하여 필요한 지역
③ 공업지역	㉠ 전용공업지역	주로 중화학공업, 공해성 공업 등을 수용하기 위하여 필요한 지역
	㉡ 일반공업지역	환경을 저해하지 아니하는 공업의 배치를 위하여 필요한 지역
	㉢ 준공업지역	경공업 그 밖의 공업을 수용하되, 주거기능 · 상업기능 및 업무기능의 보완이 필요한 지역
④ 녹지지역	㉠ 보전녹지지역	도시의 자연환경 · 경관 · 산림 및 녹지공간을 보전할 필요가 있는 지역
	㉡ 생산녹지지역	주로 농업적 생산을 위하여 개발을 유보할 필요가 있는 지역
	㉢ 자연녹지지역	도시의 녹지공간의 확보, 도시확산의 방지, 장래 도시용지의 공급 등을 위하여 보전할 필요가 있는 지역으로서 불가피한 경우에 한하여 제한적인 개발이 허용되는 지역

(3) 용도지역지정의 의제

① 공유수면매립지의 경우

㉠ 공유수면(바다만 해당한다)의 매립목적이 그 매립구역과 이웃하고 있는 용도지역의 내용과 같으면 도시·군관리계획의 입안 및 결정(제25조와 제30조)의 규정에도 불구하고 도시·군관리계획의 입안 및 결정절차 없이 그 매립준공구역은 그 매립의 준공인가일부터 이와 이웃하고 있는 용도지역으로 지정된 것으로 본다. 이 경우 관계 특별시장·광역시장·특별자치시장·특별자치도지사·시장 또는 군수는 그 사실을 지체 없이 고시하여야 한다(법 제41조제1항).

㉡ 공유수면의 매립목적이 그 매립구역과 이웃하고 있는 용도지역의 내용과 다른 경우 및 그 매립구역이 둘 이상의 용도지역에 걸쳐 있거나 이웃하고 있는 경우 그 매립구역이 속할 용도지역은 도시·군관리계획결정으로 지정하여야 한다(법 제41조제2항).

㉢ 관계 행정기관의 장이 공유수면관리및매립에관한법률에 따른 공유수면매립의 준공검사를 하면 국토해양부령으로 정하는 바에 따라 지체 없이 관계 특별시장·광역시장·특별자치시장·특별자치도지사·시장 또는 군수에게 통보하여야 한다(법 제41조제3항).

② 도시지역의 지정의제

다음 각 호의 어느 하나의 구역 등으로 지정·고시된 지역은 이 법에 따른 도시지역으로 결정·고시된 것으로 본다(법 제42조제1항).

㉠ 항만법(제2조제4호)에 따른 항만구역으로서 도시지역에 연접한 공유수면

㉡ 어촌·어항법(제17조제1항)에 따른 어항구역으로서 도시지역에 연접한 공유수면

㉢ 산업입지및개발에관한법률(제2조제5호 가목부터 다목까지)에 따른 국가산업단지 및 일반산업단지 및 도시첨단산업단지

㉣ 택지개발촉진법(제3조)에 따른 택지개발예정지구

㉤ 전원개발촉진법(제5조 및 동법 제11조)에 따른 전원개발사업구역 및 예정구역(수력발전소 또는 송·변전설비만을 설치하기 위한 전원개발사업구역 및 예정구역은 제외한다)

③ 농림지역·자연환경보전지역의 지정의제

관리지역에서 농지법에 따른 농업진흥지역으로 지정·고시된 지역은 이 법에 따른 농림지역으로, 관리지역의 산림 중 산지관리법에 따라 보전산지로 지정·고시된 지역은 그 고시에서 구분하는 바에 따라 이 법에 따른 농림지역 또는 자연환경보전지역으로 결정·

고시된 것으로 본다(법 제42조제2항).

④ 지형도면 등에의 표시

관계 행정기관의 장은 용도지역지정 등의 의제(제1항과 제2항)의 규정에 해당하는 항만구역, 어항구역, 산업단지, 택지개발예정지구, 전원개발사업구역 및 예정구역, 농업진흥지역 또는 보전산지를 지정한 경우에는 국토해양부령으로 정하는 바에 따라 지형도면의 고시 등(제32조)의 규정에 따라 고시된 지형도면 또는 지형도에 그 지정사실을 표시하여 그 지역을 관할하는 특별시장 · 광역시장 · 특별자치시장 · 특별자치도지사 · 시장 또는 군수에게 통보하여야 한다(법 제42조제3항).

4) 용도지역별 관리의무

국가 또는 지방자치단체는 국토의 용도구분(제6조)의 규정에 따라 정하여진 용도지역의 효율적인 이용 및 관리를 위하여 다음 각 호에서 정하는 바에 따라 그 용도지역에 관한 개발 · 정비 및 보전에 필요한 조치를 마련하여야 한다(법 제7조).

용도지역	관리의무 및 조치내용(법 제7조)
① 도시지역	이 법 또는 관계 법률에서 정하는 바에 따라 그 지역이 체계적이고 효율적으로 개발 · 정비 · 보전될 수 있도록 미리 계획을 수립하고 그 계획을 시행하여야 한다.
② 관리지역	이 법 또는 관계 법률에서 정하는 바에 따라 필요한 보전조치를 취하고 개발이 필요한 지역에 대하여는 계획적인 이용과 개발을 도모하여야 한다.
③ 농림지역	이 법 또는 관계 법률에서 정하는 바에 따라 농림업의 진흥과 산림의 보전 · 육성에 필요한 조사와 대책을 마련하여야 한다.
④ 자연환경보전지역	이 법 또는 관계 법률에서 정하는 바에 따라 환경오염방지, 자연환경 · 수질 · 수자원 · 해안 · 생태계 및 문화재의 보전과 수산자원의 보호 · 육성을 위하여 필요한 조사와 대책을 마련하여야 한다.

5) 용도지역별 건축제한

(1) 용도지역 · 지구별 건축제한

(a) 지역 · 지구별 건축제한의 원칙

① 제36조에 따라 지정된 용도지역에서의 건축물이나 그 밖의 시설의 용도 · 종류 및 규모 등의 제한에 관한 사항은 대통령령으로 정한다(법 제76조제1항).

② 제37조에 따라 지정된 용도지구에서의 건축물이나 그 밖의 시설의 용도 · 종류 및 규모 등의 제한에 관한 사항은 이 법 또는 다른 법률에 특별한 규정이 있는 경우

외에는 대통령령으로 정하는 기준에 따라 특별시·광역시·특별자치시·특별자치도·시 또는 군의 조례로 정할 수 있다(법 제76조제2항).

③ 위의 규정(제1항 및 제2항)에 따른 건축물이나 그 밖의 시설의 용도·종류 및 규모 등의 제한은 해당 용도지역과 용도지구의 지정목적에 적합하여야 한다(법 제76조제3항).

(b) 지역·지구별 건축제한의 예외

① 다음 각 호의 어느 하나에 해당하는 경우의 건축물이나 그 밖의 시설의 용도·종류 및 규모 등의 제한에 관하여는 위의 규정(제1항 내지 제4항)에도 불구하고 다음 각 호에서 정하는 바에 따른다(법 제76조제5항).

㉠ 취락지구(제37조제1항제8호)에서는 취락지구의 지정목적 범위에서 대통령령으로 따로 정한다(제1호).

㉡ 산업입지및개발에관한법률(제2조제8호라목)에 따른 농공단지에서는 같은 법에서 정하는 바에 따른다(제2호).

㉢ 농림지역 중 농업진흥지역, 보전산지 또는 초지인 경우에는 각각 농지법, 산지관리법 또는 초지법에서 정하는 바에 따른다(제3호).

㉣ 자연환경보전지역 중 자연공원법에 따른 공원구역, 수도법에 따른 상수원보호구역, 문화재보호법에 따라 지정된 지정문화재 또는 천연기념물과 그 보호구역, 해양생태계의보전및관리에관한법률에 따른 해양보호구역인 경우에는 각각 자연공원법, 수도법 또는 문화재보호법 또는 해양생태계의보전및관리에관한법률에서 정하는 바에 따른다(제4호).

㉤ 자연환경보전지역 중 수산자원보호구역의 경우에는 수산자원관리법에서 정하는 바에 따른다(제5호).

② 보전관리지역이나 생산관리지역에 대하여 농림수산식품부장관·환경부장관 또는 산림청장이 농지보전, 자연환경보전, 해양환경보전 또는 산림보전에 필요하다고 인정하는 경우에는 농지법, 자연환경보전법, 야생동·식물보호법, 해양생태계의보전및관리에관한법률 또는 산림자원의조성및관리에관한법률에 따라 건축물이나 그 밖의 시설의 용도·종류 및 규모 등을 제한할 수 있다. 이 경우 이 법에 따른 제한의 취지와 형평을 이루도록 하여야 한다(법 제76조제6항).

(2) 용도지역별 건축제한(건축물의 용도·종류 및 규모 제한)

건축법은 건축물의 용도의 개념을 정의하고(법 제2조제1항제2호의2), 그 용도를 건축물의 종류에 따라 27가지로 분류하고 있으며(법 제2조제2항, 영 제3조의4 및 별표1), 국토의계획및이용에관한법률은 용도지역 · 지구별 건축제한의 내용(용도제한, 건폐율, 용적률)을 규정하고 있다(법 제76조제1항, 영 제135조).

제71조 및 별표2~22, 영 제78조 및 별표23, 영 제88조, 제89조 및 별표24, 25, 영 제91조 및 별표26).

용도지역(제36조)에서 건축물이나 그 밖의 시설의 용도 · 종류 및 규모 등의 제한은 다음과 같이 대통령령으로 정하는 바에 따른다(법 제76조제1항, 영 제71조 및 별표2 내지 별표22).

■ 용도지역별 건축물의 용도제한 ■

용도지역	허용되는 건축물(영 제71조제1항)		금지되는 건축물
	령	조 례	
제1종 전용 주거지역 [별표 2]	• 단독주택 (단독주택, 다중주택, 공관) • 제1종근린생활시설 (슈퍼마켓, 일용품소매점, 휴게음식점, 의원, 동사무소 등)	• 단독주택(다가구주택) • 공동주택(연립주택 및 다세대주택) • 제1종근린생활시설(변전소 등) • 제2종근린생활시설 중 종교집회장 • 문화집회시설 중 박물관 등 • 종교시설 • 교육연구시설 중 초 · 중 · 고등학교 • 노유자시설 • 주차장	• 아파트 • 제2종근린생활시설 • 업무시설 • 판매시설 • 운수시설 • 문화 · 집회시설 • 위락시설 • 숙박시설 • 공장 • 의료시설
제2종 전용 주거지역 [별표 3]	• 단독주택 • 공동주택 • 제1종근린생활시설	• 제2종근린생활시설 중 종교집회장 • 문화집회시설 중 박물관 등 • 종교시설 • 교육연구시설 중 초 · 중 · 고등학교, • 노유자시설 • 주차장	• 제2종근린생활시설 • 업무시설 • 판매시설 • 운수시설 • 문화 · 집회시설 • 위락시설 • 숙박시설 • 공장 • 의료시설
제1종 일반 주거지역 [별표 4] ※ 4층 이하 (단지형 연립주택 및 다세대주택 5층 이하)	• 단독주택 • 공동주택(아파트 제외) • 제1종근린생활시설 • 교육연구시설 중 초 · 중 · 고등학교 • 노유자시설	• 제2종근린생활시설(단란주점, 안마시술소 제외) • 문화집회시설(공연장, 관람장 제외) • 종교시설 • 판매시설 중 소매시장 및 상점 • 의료시설(격리병원 제외) • 수련시설 • 운동시설 • 업무시설 중 오피스텔 • 공장(유해물질 배출시설 등 제외) • 창고시설	• 아파트 • 위락시설 • 숙박시설 • 단란주점, 안마시술소 • 격리병원, 장례식장

<table>
<tr><th rowspan="2">용도지역</th><th colspan="2">허용되는 건축물(영 제71조제1항)</th><th rowspan="2">금지되는 건축물</th></tr>
<tr><th>령</th><th>조 례</th></tr>
<tr><td>제2종 일반 주거지역 [별표 5] ※18층 이하 (둘 이상의 건축물을 함께 건축하는 경우 평균층수가 18층 이하)</td><td>• 단독주택
• 공동주택
• 제1종근린생활시설
• 종교시설
• 교육연구시설 중 초 · 중 · 고등학교
• 노유자시설</td><td>• 제2종근린생활시설(단란주점, 안마시술소 제외)
• 문화집회시설(관람장 제외)
• 판매시설 중 소매시장 및 상점
• 의료시설(격리병원, 제외)
• 교육연구시설
• 수련시설
• 운동시설
• 업무시설 중 청사, 오피스텔, 금융업소, 사무소
• 공장
• 창고시설</td><td>• 위락시설
• 숙박시설
• 단란주점, 안마시술소
• 격리병원, 장례식장</td></tr>
<tr><td>제3종 일반 주거지역 [별표 6]</td><td>• 단독주택
• 공동주택
• 제1종근린생활시설
• 종교시설
• 교육연구시설 중 초 · 중 · 고등학교
• 노유자시설</td><td>• 제2종근린생활시설(단란주점, 안마시술소 제외)
• 문화집회시설(관람장 제외)
• 판매시설 중 소매시장 및 상점
• 의료시설(격리병원 제외)
• 교육연구시설
• 수련시설
• 운동시설
• 업무시설
• 공장
• 창고시설</td><td>• 위락시설
• 숙박시설
• 단란주점, 안마시술소
• 격리병원, 장례식장</td></tr>
<tr><td>준주거지역 [별표 7]</td><td>• 단독주택
• 공동주택
• 제1종근린생활시설
• 제2종근린생활시설(단란주점, 안마시술소 제외)
• 종교시설
• 의료시설(격리병원 제외)
• 교육연구시설
• 노유자시설
• 수련시설
• 운동시설</td><td>• 제2종근린생활시설 중 안마시술소
• 문화집회시설
• 판매시설
• 운수시설
• 업무시설
• 공장
• 창고시설
• 장례식장</td><td>• 위락시설
• 숙박시설
• 단란주점
• 격리병원</td></tr>
<tr><td>중심 상업지역 [별표 8]</td><td>• 제1종근린생활시설
• 제2종근린생활시설
• 문화집회시설
• 종교시설
• 판매시설
• 운수시설
• 업무시설
• 숙박시설(단, 일반숙박시설은 주거지역으로부터의 거리제한)
• 위락시설(주거지역으로부터의 거리제한)</td><td>• 단독주택(주상복합)
• 공동주택(주상복합 : 주거용부분 90% 미만)
• 의료시설
• 교육연구시설
• 노유자시설
• 수련시설
• 운동시설
• 공장
• 창고시설
• 장례식장</td><td>• 주거전용의 단독주택 및 공동주택</td></tr>
</table>

용도지역	허용되는 건축물(영 제71조제1항)		금지되는 건축물
	령	조 례	
일반 상업지역 [별표 9]	• 공동주택(주상복합 : 주거용 부분 90% 미만) • 제1종근린생활시설 • 제2종근린생활시설 • 문화집회시설 • 종교시설 • 판매시설 • 운수시설 • 의료시설 • 업무시설 • 숙박시설(단, 일반숙박시설은 주거지역으로부터의 거리제한) • 위락시설(주거지역으로부터의 거리제한) • 창고시설 • 장례식장	• 단독주택 • 공동주택 • 교육연구시설 • 공장 • 노유자시설 • 수련시설 • 운동시설	
근린상업지역 [별표10]	• 단독주택 • 공동주택(주상복합 : 주거용 부분 90% 미만) • 제1종근린생활시설 • 제2종근린생활시설 • 종교시설 • 판매시설 • 운수시설(3천㎡ 미만) • 의료시설(격리병원 제외) • 교육연구시설 • 노유자시설 • 수련시설 • 운동시설 • 숙박시설(단, 일반숙박시설은 주거지역으로부터의 거리제한) • 장례식장	• 공동주택 • 문화 및 집회시설(종교집회장 제외) • 판매시설 • 운수시설 • 업무시설 • 위락시설(주거지역으로부터의 거리제한) • 공장 • 창고시설	
유통상업지역 [별표11]	• 제1종근린생활시설 • 판매시설 • 운수시설 • 창고시설	• 제2종근린생활시설 • 문화집회시설 • 종교시설 • 교육연구시설 • 노유자시설 • 수련시설 • 업무시설 • 숙박시설(단, 일반숙박시설은 주거지역으로부터의 거리제한) • 위락시설(주거지역으로부터의 거리제한) • 장례식장	• 모든 주택 (단독주택 및 공동주택) • 공장

용도지역	허용되는 건축물(영 제71조제1항)		금지되는 건축물
	령	조 례	
전용공업지역 [별표12]	• 제1종근린생활시설 • 제2종근린생활시설(일반음식점, 휴게음식점, 단란주점, 노래연습장 등 제외) • 공장 • 창고시설	• 공동주택 중 기숙사 • 제2종근린생활시설 중 일반음식점, 휴게음식점, 노래연습장 등 • 문화집회시설 중 산업전시장, 박람회장 • 판매시설(그 지역에 소재하는 공장에서 생산되는 경우) • 의료시설 • 운수시설 • 교육연구 시설 중 직업훈련소, 공업관련연구소 등 • 노유자시설	• 단독주택 • 공동주택 (아파트, 연립주택, 다세대주택) • 위락시설 • 숙박시설 • 단란주점 • 업무시설
일반공업지역 [별표13]	• 제1종근린생활시설 • 제2종근린생활시설(단란주점, 안마시술소 제외) • 판매시설(그 지역에 소재하는 공장에서 생산되는 경우) • 운수시설 • 공장 • 창고시설	• 단독주택 • 공동주택 중 기숙사 • 제2종근린생활시설 중 안마시술소 • 문화집회시설 중 전시장 • 종교시설 • 의료시설 • 교육연구시설 • 노유자시설 • 수련시설 • 상례식장	• 공동주택 (아파트, 연립주택, 다세대주택) • 위락시설 • 숙박시설 • 단란주점 • 업무시설
준공업지역 [별표14]	• 공동주택 중 기숙사 • 제1종근린생활시설 • 제2종근린생활시설(단란주점, 안마시술소 제외) • 판매시설(그 지역에 소재하는 공장에서 생산되는 경우) • 운수시설 • 의료시설 • 교육연구시설 • 노유자시설 • 수련시설 • 공장(5천m² 미만) • 창고시설 • 장례식장	• 단독주택 • 공동주택(기숙사 제외) • 제2종근린생활시설 중 안마시술소 • 문화집회시설 • 종교시설 • 판매시설 • 운동시설 • 업무시설 • 숙박시설 • 공장(5천m² 이상)	• 위락시설 • 단란주점
보전녹지지역 [별표15] ※ 4층 이하	• 교육연구시설 중 초등학교 • 창고시설 중 창고(농림축수산업용)	• 단독주택(다가구주택 제외) • 제1종근린생활시설(500m² 미만) • 제2종근린생활시설 중 종교집회장 • 문화집회시설 중 전시장 • 종교시설 • 의료시설 • 교육연구시설 중 중·고등학교 • 노유자시설 • 장례식장	• 다가구주택 • 공동주택 • 제2종근린생활시설(휴게음식점, 일반음식점, 단란주점, 안마시술소) • 위락시설 • 숙박시설 • 공장

<table>
<tr><th rowspan="2">용도지역</th><th colspan="2">허용되는 건축물(영 제71조제1항)</th><th rowspan="2">금지되는 건축물</th></tr>
<tr><th>령</th><th>조 례</th></tr>
<tr><td>생산녹지지역
[별표16]
※ 4층 이하</td><td>• 단독주택
• 제1종근린생활시설
• 교육연구시설 중 유치원 · 초등학교
• 창고시설 중 창고(농림축수산업용)</td><td>• 공동주택(아파트 제외)
• 제2종근린생활시설(1천㎡ 미만 : 단란주점 제외)
• 문화집회시설 중 집회장, 전시장
• 판매시설(농업 · 임업 · 축산업 · 수산업용)
• 의료시설
• 교육연구시설 중 중 · 고등학교, 교육원, 직업훈련소
• 운동시설(운동장 제외)
• 공장 중 도정공장, 식품공장 등
• 창고시설
• 장례식장</td><td>• 아파트
• 위락시설
• 숙박시설
• 단란주점</td></tr>
<tr><td>자연녹지지역
[별표17]
※ 4층 이하</td><td>• 단독주택
• 제1종근린생활시설
• 제2종근린생활시설(휴게음식점, 일반음식점, 단란주점, 안마시술소 제외)
• 의료시설(종합병원, 병원, 치과병원, 한방병원 제외)
• 교육연구시설(직업훈련소, 학원 제외)
• 노유자시설
• 수련시설
• 운동시설
• 창고시설 중 창고(농림축수산업용)
• 장례식장</td><td>• 공동주택(아파트 제외)
• 제2종근린생활시설 중 휴게음식점, 일반음식점, 안마시술소
• 문화집회시설
• 종교시설
• 판매시설 중 농수산물 공판장 등
• 운수시설
• 의료시설 중 종합병원, 병원, 치과병원, 한방병원
• 교육연구시설 중 직업훈련소, 학원
• 숙박시설(관광지, 관광단지)
• 공장 중 첨단업종의 공장, 지식산업센터, 도정공장, 식품공장 등
• 창고시설</td><td>• 아파트
• 위락시설
• 단란주점</td></tr>
<tr><td>보전관리지역
[별표18]
※ 4층 이하</td><td>• 단독주택
• 교육연구시설 중 초등학교</td><td>• 제1종근린생활시설(휴게음식점 및 제과점 제외)
• 제2종근린생활시설(휴게음식점, 제조업소, 일반음식점, 단란주점 제외)
• 종교시설 중 종교집회장
• 의료시설
• 교육연구시설 중 유치원 · 중 · 고등학교
• 노유자시설
• 창고시설(농림축수산업용)
• 장례식장</td><td>• 공동주택
• 위락시설
• 숙박시설
• 휴게음식점, 일반음식점, 단란주점
• 공장</td></tr>
</table>

용도지역	허용되는 건축물(영 제71조제1항)		금지되는 건축물
	령	조 례	
생산관리지역 [별표19] ※ 4층 이하	• 단독주택 • 제1종근린생활시설 중 슈퍼마켓, 소매점, 변전소 등 • 교육연구시설 중 초등학교 • 운동시설 중 운동장 • 창고시설 중 창고(농림축수산업용)	• 공동주택(아파트 제외) • 제1종근린생활시설(슈퍼마켓, 소매점, 휴게음식점, 변전소 등 제외) • 제2종근린생활시설(휴게음식점, 제조업소, 일반음식점, 단란주점 등 제외) • 판매시설(농업 · 임업 · 축산업 · 어업용) • 의료시설 • 교육연구시설 중 유치원 · 중 · 고등학교 등 • 노유자시설 • 수련시설 • 공장 중 도정공장, 식품공장 등 • 장례식장	• 아파트 • 위락시설 • 숙박시설 • 휴게음식점, 일반음식점, 단란주점
계획관리지역 [별표20] ※ 4층 이하	• 단독주택 • 제1종근린생활시설(휴게음식점 제외) • 제2종근린생활시설(휴게음식점, 제조업소, 일반음식점, 단란주점, 안마시술소 제외) • 의료시설(종합병원, 병원, 치과병원, 한방병원 제외) • 교육연구시설 중 학교, 교육원, 도서관 • 노유자시설 • 수련시설 • 운동시설 중 운동장 • 공장 • 창고시설 중 창고(농림축수산업용) • 장례식장	• 공동주택(아파트 제외) • 제1종근린생활시설 중 휴게음식점 • 제2종근린생활시설 중 휴게음식점, 제조업소, 일반음식점, 안마시술소 • 문화집회시설 • 종교시설 • 운수시설 • 의료시설 중 종합병원, 병원, 치과병원, 한방병원 • 교육연구시설 중 직업훈련소, 학원, 연구소 • 운동시설 • 숙박시설(660㎡ 이하, 3층 이하) • 공장(부지면적 1만㎡ 이상) • 창고시설	• 아파트 • 위락시설 • 단란주점
농림지역 [별표21]	• 농어가주택(단독주택) • 제1종근린생활시설 중 변전소 등 • 교육연구시설 중 초등학교 • 창고시설 중 창고(농림축수산업용)	• 제1종근린생활시설(휴게음식점, 변전소 등 제외) • 제2종근린생활시설(휴게음식점, 제조업소, 단란주점, 안마시술소 제외) • 문화집회시설 중 동 · 식물원 • 종교시설 • 의료시설 • 수련시설 • 장례식장	• 단독주택 • 공동주택 • 위락시설 • 숙박시설 • 휴게음식점, 일반 음식점, 단란주점, 안마시술소 • 공장

<table>
<tr><th rowspan="2">용도지역</th><th colspan="2">허용되는 건축물(영 제71조제1항)</th><th rowspan="2">금지되는 건축물</th></tr>
<tr><th>령</th><th>조 례</th></tr>
<tr><td>자연환경
보전지역
[별표22]</td><td>• 농어가주택(단독주택)
• 교육연구시설 중 초등학교</td><td>• 제1종근린생활시설 중 슈퍼마켓, 소매점, 동사무소, 변전소 등
• 제2종근린생활시설 중 종교집회장(지목 : 종교용지)
• 종교시설(지목 : 종교용지)</td><td>• 단독주택
• 공동주택
• 위락시설
• 숙박시설
• 제2종근린생활시설(휴게음식점, 일반음식점, 단란주점, 안마시술소)
• 공장</td></tr>
</table>

(3) 건폐율에 의한 면적제한

(a) 건폐율의 의의

(b) 용도지역별 건폐율(법률에 의한 최대한도)

제36조에 따라 지정된 용도지역에서 건폐율의 최대한도는 관할구역의 면적과 인구규모, 용도지역의 특성 등을 고려하여 다음 각 호의 범위에서 대통령령으로 정하는 기준에 따라 특별시·광역시·특별자치시·특별자치도·시 또는 군의 조례로 정한다(법 제77조제1항).

<table>
<tr><th colspan="2">용도지역</th><th>건폐율의 최대한도(법 제77조제1항)</th></tr>
<tr><td rowspan="4">① 도시지역</td><td>주거지역</td><td>70% 이하</td></tr>
<tr><td>상업지역</td><td>90% 이하</td></tr>
<tr><td>공업지역</td><td>70% 이하</td></tr>
<tr><td>녹지지역</td><td>20% 이하</td></tr>
<tr><td rowspan="3">② 관리지역</td><td>보전관리지역</td><td>20% 이하</td></tr>
<tr><td>생산관리지역</td><td>20% 이하</td></tr>
<tr><td>계획관리지역</td><td>40% 이하</td></tr>
<tr><td colspan="2">③ 농림지역</td><td>20% 이하</td></tr>
<tr><td colspan="2">④ 자연환경보전지역</td><td>20% 이하</td></tr>
</table>

(c) 세분된 지역별 건폐율(대통령령에 의한 최대한도)

제36조제2항에 따라 세분된 용도지역에서의 건폐율에 관한 기준은 위의 규정(제1항 각 호)의 범위에서 대통령령으로 따로 정한다(법 제77조제2항).

① 법 제77조제1항 및 제2항의 규정에 의한 건폐율은 다음 각 호의 범위 안에서 특별시·광역시·특별자치시·특별자치도·시 또는 군의 도시계획조례가 정하는 비율을 초과하여서는 아니 된다(영 제84조제1항).

세분된 용도지역		건폐율의 최대한도(영 제84조제1항)
주거지역	제1종전용주거지역	50% 이하
	제2종전용주거지역	50% 이하
	제1종일반주거지역	60% 이하
	제2종일반주거지역	60% 이하
	제3종일반주거지역	50% 이하
	준주거지역	70% 이하
상업지역	중심상업지역	90% 이하
	일반상업지역	80% 이하
	근린상업지역	70% 이하
	유통상업지역	80% 이하
공업지역	전용공업지역	70% 이하
	일반공업지역	70% 이하
	준공업지역	70% 이하
녹지지역	보전녹지지역	20% 이하
	생산녹지지역	20% 이하
	자연녹지지역	20% 이하
관리지역	보전관리지역	20% 이하
	생산관리지역	20% 이하
	계획관리지역	40% 이하
농림지역		20% 이하
자연환경보전지역		20% 이하

② 위의 규정(제1항)에 따라 도시계획조례로 용도지역별 건폐율을 정함에 있어서 필요한 경우에는 당해 지방자치단체의 관할구역을 세분하여 건폐율을 달리 정할 수 있다(영 제84조제2항).

(d) 건폐율의 완화 및 강화

① 다음 각 호의 어느 하나에 해당하는 지역에서의 건폐율에 관한 기준은 위의 규정(제1항 및 제2항)에도 불구하고 80% 이하의 범위에서 다음과 같이 대통령령으로 정하는 기준에 따라 특별시 · 광역시 · 특별자치시 · 특별자치도 · 시 또는 군의 조례로 따로 정한다(법 제77조제3항, 영 제84조제3항).

㉠ 취락지구(제37조제1항제8호)(제1호) : 60% 이하. 다만, 집단취락지구는 특별조치법이 정하는 바에 의한다.

㉡ 개발진흥지구(도시지역 외의 지역에 지정된 경우)(제37조제1항제9호)(제2호) : 40% 이하

㉢ 수산자원보호구역(제40조)(제3호) : 40% 이하

㉣ 자연공원법에 의한 자연공원(제4호) : 60% 이하

㉤ 산업입지및개발에관한법률(제2조제8호라목)에 따른 농공단지(제5호) : 70% 이하

㉥ 공업지역에 있는 산업입지및개발에관한법률(제2조제8호 가목부터 다목까지)에 따른 국가산업단지, 일반산업단지 및 도시첨단산업단지와 준산업단지(제6호와 제7호) : 80% 이하

② 다음 각 호의 어느 하나에 해당하는 경우로서 대통령령으로 정하는 경우에는 위의 규정(제1항)에도 불구하고 다음과 같이 대통령령으로 정하는 기준에 따라 특별시·광역시·시 또는 군의 조례로 건폐율을 따로 정할 수 있다(법 제77조제4항, 영 제84조제4항 내지 제6항).

㉠ 토지이용의 과밀화를 방지하기 위하여 건폐율을 강화할 필요가 있는 경우 : 40% 이상

㉡ 주변여건을 고려하여 토지의 이용도를 높이기 위하여 건폐율을 완화할 필요가 있는 경우 : 준주거지역·일반상업지역·근린상업지역 중 방화지구의 건축물로서 주요구조부가 내화구조인 것인 경우 등 80% 이상 90% 이하

㉢ 보전관리지역, 생산관리지역, 농림지역 또는 자연환경보전지역에서 농업·임업·어업용이나 주민생활의 편익을 증진하기 위한 건축물을 건축하려는 경우 : 농지법(제32조제1항)에 따라 건축할 수 있는 건축물인 경우 60% 이하

(4) 용적률에 의한 면적·높이 제한

(a) 용적률의 의의

(b) 용도지역별 용적률(법률에 의한 최대한도)

제36조에 따라 지정된 용도지역에서 용적률의 최대한도는 관할구역의 면적 및 인구규모, 용도지역의 특성 등을 고려하여 다음 각 호의 범위에서 대통령령으로 정하는 기준에 따라 특별시·광역시·특별자치시·특별자치도·시 또는 군의 조례로 정한다(법 제78조제1항).

용도지역		용적률의 최대한도(법 제78조제1항)
① 도시지역	주거지역	500% 이하
	상업지역	1천500% 이하
	공업지역	400% 이하
	녹지지역	100% 이하
② 관리지역	보전관리지역	80% 이하
	생산관리지역	80% 이하
	계획관리지역	100% 이하
③ 농림지역		80% 이하
④ 자연환경보전지역		80% 이하

(c) 세분된 지역별 용적률(대통령령에 의한 최대한도)

제36조제2항에 따라 세분된 용도지역에서의 용적률에 관한 기준은 위의 규정(제1항 각호)의 범위에서 대통령령으로 따로 정한다(법 제78조제2항).

① 법 제78조제1항 및 제2항의 규정에 의한 용적률은 다음 각 호의 범위 안에서 관할구역의 면적, 인구규모 및 용도지역의 특성 등을 감안하여 특별시 · 광역시 · 특별자치시 · 특별자치도 · 시 또는 군의 도시계획조례가 정하는 비율을 초과하여서는 아니 된다(영 제85조제1항).

세분된 용도지역		용적률의 최대한도(영 제85조제1항)
주거지역	제1종전용주거지역	50% 이상 100% 이하
	제2종전용주거지역	100% 이상 150% 이하
	제1종일반주거지역	100% 이상 200% 이하
	제2종일반주거지역	150% 이상 250% 이하
	제3종일반주거지역	200% 이상 300% 이하
	준주거지역	200% 이상 500% 이하
상업지역	중심상업지역	400% 이상 1천 500% 이하
	일반상업지역	300% 이상 1천 300% 이하
	근린상업지역	200% 이상 900% 이하
	유통상업지역	200% 이상 1천 100% 이하
공업지역	전용공업지역	150% 이상 300% 이하
	일반공업지역	200% 이상 350% 이하
	준공업지역	200% 이상 400% 이하
녹지지역	보전녹지지역	50% 이상 80% 이하
	생산녹지지역	50% 이상 100% 이하
	자연녹지지역	50% 이상 100% 이하
관리지역	보전관리지역	50% 이상 80% 이하
	생산관리지역	50% 이상 80% 이하
	계획관리지역	50% 이상 100% 이하
농림지역		50% 이상 80% 이하
자연환경보전지역		50% 이상 80% 이하

② 위의 규정(제1항)에 의하여 도시계획조례로 용도지역별 용적률을 정함에 있어서 필요한 경우에는 당해 지방자치단체의 관할구역을 세분하여 용적률을 달리 정할 수 있다(영 제85조제2항).

③ 위의 규정(제1항)에 불구하고 전용주거지역 · 일반주거지역 · 준주거지역(제1항제1호부터 제6호까지)에서는 위의 규정(제1항)에 의한 용적률의 20% 이내의 범위 안에서 임대주택(임대주택법 제12조제1항에 의하여 임대의무기간이 10년 이상인 경우)의 추가건설을 허용할 수 있다(영 제85조제3항).

(d) 용적률의 완화 및 배제

① 개발진흥지구 · 수산자원보호구역, 자연공원 및 공원보호구역, 농공단지(제77조제3항제2호부터 제5호까지에 해당하는 지역)에서의 용적률에 대한 기준은 위의 규정(제1항 및 제2항)에도 불구하고 200% 이하의 범위에서 다음과 같이 대통령령으로 정하는 기준에 따라 특별시 · 광역시 · 특별자치시 · 특별자치도 · 시 또는 군의 조례로 따로 정한다(법 제78조제3항, 영 제85조제5항).

㉠ 도시지역 외의 지역에 지정된 개발진흥지구 : 100% 이하

㉡ 수산자원보호구역 : 80% 이하

㉢ 자연공원법에 의한 자연공원 : 100% 이하. 다만, 자연공원법에 의한 공원밀집마을지구의 경우에는 150% 이하, 공원집단시설지구의 경우에는 200% 이하로 한다.

㉣ 산업입지및개발에관한법률(제2조제8호다목)의 규정에 의한 농공단지(도시지역 외의 지역에 지정된 농공단지에 한한다) : 150% 이하

② 건축물의 주위에 공원 · 광장 · 도로 · 하천 등의 공지가 있거나 이를 설치하는 경우에는 위의 규정(제1항)에도 불구하고 다음과 같이 대통령령으로 정하는 바에 따라 특별시 · 광역시 · 특별자치시 · 특별자치도 · 시 또는 군의 조례로 용적률을 따로 정할 수 있다(법 제78조제4항, 영 제85조제6항, 제7항).

㉠ 준주거지역 · 중심상업지역 · 일반상업지역 · 근린상업지역 · 전용공업지역 · 일반공업지역 또는 준공업지역 안의 건축물로서 건축이 금지된 공지에 접한 도로를 전면도로로 하는 건축물 등 : 경관 · 교통 · 방화 및 위생상 지장이 없다고 인정되는 경우에는 해당 용적률의 120퍼센트 이하(영 제85조제6항).

㉡ 상업지역 또는 주택재개발사업, 도시환경정비사업 및 주택재건축사업을 시행하기 위한 정비구역 안에서 건축물을 건축하고자 하는 자가 그 대지의 일부를 공공시설부지로 제공하는 경우 : 해당 용적률의 200퍼센트 이하(영 제85조제7항).

③ 위(제1항 및 제4항)의 규정에도 불구하고 도시지역(녹지지역만 해당한다), 관리지역에서는 창고 등 대통령령으로 정하는 용도의 건축물 또는 시설물은 특별시 · 광역시 · 시 또는 군의 조례로 정하는 높이로 규모 등을 제한할 수 있다(법 제78조제5항).

(5) 미지정지역에 대한 건축제한

① 용도지역 미지정지역에서의 행위제한

도시지역, 관리지역, 농림지역 또는 자연환경보전지역으로 용도가 지정되지 아니한 지역에 대하여는 용도지역 · 지구별 건축물의 용도 · 종류 및 규모, 건폐율, 용적률 제한(제76조부터 제78조까지)의 규정을 적용할 때 자연환경보전지역에 관한 규정을 적용한다(법 제79조제1항).

② 미세분지역에서의 행위제한

도시지역 또는 관리지역(제36조)이 세부용도지역(제36조제1항 각 호 각 목)으로 지정되지 아니한 경우에는 용도지역 · 지구별 건축물의 용도 · 종류 및 규모, 건폐율, 용적률 제한(제76조부터 제78조까지)의 규정을 적용할 때에 해당 용도지역이 도시지역인 경우에는 녹지지역 중 보전녹지지역에 관한 규정을 적용하고, 관리지역인 경우에는 보전관리지역에 관한 규정을 적용한다(법 제79조제2항, 영 제86조).

3. 용도지구의 지정과 건축제한

1) 용도지구제의 의의

용도지구제(用途地區制)는 시 · 군 단위의 토지 중 일부 토지에 대하여 지역과는 별도로 필요에 따라 어떤 지구로 지정하여 그 지정목적에 따라 건축물의 용도, 규모 및 형태 등 건축행위를 규제하는 제도로서, 도시기능의 증진을 위한 국지적이고 부가적이며 입체적인 규제이다.

하나의 토지는 원칙적으로 하나의 지역으로 지정되나, 이러한 지역의 기초위에 어떤 토지는 어느 하나의 지구로 지정될 수도 있고 아무런 지구도 지정되지 않을 수도 있으며 2개 이상의 지구로 중복지정 될 수도 있다. 또한 어느 지구는 어느 특정지역 또는 특정구역에만 지정될 수 있는 것은 아니다. 다만 취락지구는 녹지지역 · 관리지역 · 농림지역 · 자연환경보전지역 또는 개발제한구역에만 지정될 수 있다.

2) 용도지구의 지정

(1) 용도지구의 지정 · 변경

국토해양부장관, 시 · 도지사 또는 대도시시장은 다음 각 호의 어느 하나에 해당하는 용도지구의 지정 또는 변경을 도시 · 군관리계획으로 결정한다(법 제37조제1항, 영 제31조제1항).

용도지구	지정목적(법 제37조제1항 및 영 제31조제1항)
① 경관지구	경관을 보호 · 형성하기 위하여 필요한 지구(제1호)
② 미관지구	미관을 유지하기 위하여 필요한 지구(제2호)
③ 고도지구	쾌적한 환경조성 및 토지의 효율적 이용을 위하여 건축물 높이의 최저한도 또는 최고한도를 규제할 필요가 있는 지구(제3호)
④ 방화지구	화재의 위험을 예방하기 위하여 필요한 지구(제4호)
⑤ 방재지구	풍수해, 산사태, 지반의 붕괴, 그 밖의 재해를 예방하기 위하여 필요한 지구(제5호)
⑥ 보존지구	문화재, 중요 시설물 및 문화적 · 생태적으로 보존가치가 큰 지역의 보호와 보존을 위하여 필요한 지구(제6호)
⑦ 시설보호지구	학교시설 · 공용시설 · 항만 또는 공항의 보호, 업무기능의 효율화, 항공기의 안전운항 등을 위하여 필요한 지구(제7호)
⑧ 취락지구	녹지지역 · 관리지역 · 농림지역 · 자연환경보전지역 · 개발제한구역 또는 도시자연공원구역 안의 취락을 정비하기 위한 지구(제8호)
⑨ 개발진흥지구	주거기능 · 상업기능 · 공업기능 · 유통물류기능 · 관광기능 · 휴양기능 등을 집중적으로 개발 · 정비할 필요가 있는 지구(제9호)
⑩ 특정용도제한지구	주거기능 보호나 청소년 보호 등의 목적으로 청소년 유해시설 등 특정시설의 입지를 제한할 필요가 있는 지구(제10호)
⑪ 그 밖에 대통령령으로 정하는 지구	

(2) 용도지구의 세분 등

① 국토해양부장관, 시 · 도지사 또는 대도시시장은 필요하다고 인정되면 대통령령으로 정하는 바에 따라 위(제1항 각 호)의 용도지구를 도시 · 군관리계획결정으로 다시 세분하여 지정하거나 변경할 수 있다(제37조제2항).

즉, 국토해양부장관, 시 · 도지사 또는 대도시시장은 법 제37조제2항의 규정에 의하여 도시 · 군관리계획결정으로 경관지구 · 미관지구 · 고도지구 · 보존지구 · 시설보호지구 · 취락지구 및 개발진흥지구를 다음 각 호와 같이 세분하여 지정할 수 있다(영 제31조제2항).

용도지구	세분지정(영 제31조제2항)	
① 경관지구	㉠ 자연경관지구	산지 · 구릉지 등 자연경관의 보호 또는 도시의 자연풍치를 유지하기 위하여 필요한 지구
	㉡ 수변경관지구	지역 내 주요 수계의 수변 자연경관을 보호 · 유지하기 위하여 필요한 지구
	㉢ 시가지경관지구	주거지역의 양호한 환경조성과 시가지의 도시경관을 보호하기 위하여 필요한 지구
② 미관지구	㉠ 중심지미관지구	토지의 이용도가 높은 지역의 미관을 유지 · 관리하기 위하여 필요한 지구
	㉡ 역사문화미관지구	문화재와 문화적으로 보존가치가 큰 건축물 등의 미관을 유지 · 관리하기 위하여 필요한 지구
	㉢ 일반미관지구	중심지미관지구 및 역사문화미관지구 외의 지역으로서 미관을 유지 · 관리하기 위하여 필요한 지구
③ 고도지구	㉠ 최고고도지구	환경과 경관을 보호하고 과밀을 방지하기 위하여 건축물 높이의 최고한도를 정할 필요가 있는 지구
	㉡ 최저고도지구	토지이용을 고도화하고 경관을 보호하기 위하여 건축물높이의 최저한도를 정할 필요가 있는 지구
④ 보존지구	㉠ 문화자원보존지구	문화재 · 전통사찰 등 역사 · 문화적으로 보존가치가 큰 시설 및 지역의 보호와 보존을 위하여 필요한 지구
	㉡ 중요시설물보존지구	국방상 또는 안보상 중요한 시설물의 보호와 보존을 위하여 필요한 지구
	㉢ 생태계보존지구	야생동식물서식처 등 생태적으로 보존가치가 큰 지역의 보호와 보존을 위하여 필요한 지구
⑤ 시설보호지구	㉠ 학교시설보호지구	학교의 교육환경을 보호 · 유지하기 위하여 필요한 지구
	㉡ 공용시설보호지구	공용시설을 보호하고 공공업무기능을 효율화하기 위하여 필요한 지구
	㉢ 항만시설보호지구	항만기능을 효율화하고 항만시설을 관리 · 운영하기 위하여 필요한 지구
	㉣ 공항시설보호지구	공항시설의 보호와 항공기의 안전운항을 위하여 필요한 지구
⑥ 취락지구	㉠ 자연취락지구	녹지지역 · 관리지역 · 농림지역 또는 자연환경보전지역 안의 취락을 정비하기 위하여 필요한 지구
	㉡ 집단취락지구	개발제한구역 안의 취락을 정비하기 위하여 필요한 지구

용도지구	세분지정(영 제31조제2항)	
⑦ 개발진흥지구	㉠ 주거개발진흥지구	주거기능을 중심으로 개발·정비할 필요가 있는 지구
	㉡ 산업개발진흥지구	공업기능을 중심으로 개발·정비할 필요가 있는 지구
	㉢ 유통개발진흥지구	유통·물류기능을 중심으로 개발·정비할 필요가 있는 지구
	㉣ 관광·휴양개발진흥지구	관광·휴양기능을 중심으로 개발·정비할 필요가 있는 지구
	㉤ 복합개발진흥지구	주거기능, 공업기능, 유통·물류기능 및 관광·휴양기능 중 2 이상의 기능을 중심으로 개발·정비할 필요가 있는 지구
	㉥ 특정개발진흥지구	주거기능, 공업기능, 유통·물류기능 및 관광·휴양기능 외의 기능을 중심으로 특정한 목적을 위하여 개발·정비할 필요가 있는 지구

② 시·도지사 또는 대도시시장은 지역여건상 필요하면 대통령령으로 정하는 기준에 따라 그 시·도 또는 대도시의 조례로 용도지구의 명칭 및 지정목적, 건축이나 그 밖의 행위의 금지 및 제한에 관한 사항 등을 정하여 위(제1항 각 호)의 용도지구 외의 용도지구의 지정 또는 변경을 도시·군관리계획으로 결정할 수 있다(법 제37조제3항).

③ 시·도지사 또는 대도시시장은 지역여건상 필요한 때에는 해당 시·도 또는 대도시의 조례로 정하는 바에 따라 경관지구 및 미관지구(영 제2항제1호 및 제2호)를 추가적으로 세분하거나 특정용도제한지구(법 제37조제1항제10호)를 세분하여 지정할 수 있다(영 제31조제3항).

3) 용도지구별 건축제한

－용도지구별 건축물의 용도·종류 및 규모제한－

용도지구 안에서의 건축물 그 밖의 시설의 용도·종류 및 규모 등의 제한은 이 법 또는 다른 법률에 특별한 규정이 있는 경우를 제외하고는 다음과 같이 대통령령이 정하는 기준에 따라 특별시·광역시·특별자치시·특별자치도·시 또는 군의 조례가 정하는 바에 의한다(법 제76조제2항, 영 제72조 내지 제82조).

■ 용도지구별 건축제한 ■

<table>
<tr><th colspan="2">용도지구</th><th colspan="3">건축물의 건축제한(영 제72조 내지 제82조)</th></tr>
<tr><td colspan="2">경관지구</td><td colspan="3">도시 · 군계획조례에 의한다.</td></tr>
<tr><td colspan="2">미관지구</td><td colspan="3">도시 · 군계획조례에 의한다.</td></tr>
<tr><td colspan="2">고도지구</td><td colspan="3">도시 · 군관리계획으로 정하는 높이를 초과하거나 미달할 수 없다.</td></tr>
<tr><td colspan="2">방재지구</td><td colspan="3">도시 · 군계획조례에 의한다.</td></tr>
<tr><td colspan="2">보존지구</td><td colspan="3">도시 · 군계획조례에 의한다.</td></tr>
<tr><td rowspan="2">시설
보호지구</td><td>학교 · 공용 · 항만
시설보호지구</td><td colspan="3">도시 · 군계획조례에 의한다.</td></tr>
<tr><td>공항시설
보호지구</td><td colspan="3">항공법이 정하는 바에 의한다.
(다만, 용도 · 형태 등의 제한은 도시 · 군계획조례로 정하다)</td></tr>
<tr><td rowspan="4">취락지구</td><td rowspan="3">자연취락지구
[별표23]
※ 4층 이하</td><td colspan="2">허용되는 건축물</td><td rowspan="2">금지되는
건축물</td></tr>
<tr><td>령</td><td>조례</td></tr>
<tr><td>• 단독주택
• 제1종근린생활시설
• 제2종근린생활시설(휴게음식점, 일반음식점, 단란주점, 안마시술소 제외)</td><td>• 공동주택(아파트 제외)
• 제2종근린생활시설 중 휴게음식점, 일반음식점, 안마시술소
• 문화집회시설
• 종교시설
• 판매영업시설 중 농수산물공판장 등
• 의료시설 중 종합병원, 병원, 치과병원, 한방병원
• 교육연구시설
• 노유자시설
• 수련시설
• 숙박시설(관광지, 관광단지)
• 공장 중 도정공장, 식품공장, 첨단공장 등)</td><td>• 아파트
• 위락시설
• 단란주점</td></tr>
<tr><td>집단취락지구</td><td colspan="3">개발제한구역 특조법령이 정하는 바에 의한다.</td></tr>
<tr><td colspan="2">개발진흥지구</td><td colspan="3">지구단위계획 또는 관계법률에 의한 개발계획에 위반할 수 없다(다만, 이러한 계획이 수립되기 전에는 도시 · 군계획조례가 정하는 바에 의한다).</td></tr>
<tr><td colspan="2">특정용도제한지구</td><td colspan="3">도시 · 군계획조례에 의한다.</td></tr>
<tr><td colspan="2">기타지구(방화지구)</td><td colspan="3">도시 · 군계획조례로 정한다.</td></tr>
</table>

4) 용도지역 · 지구별 건축제한의 특례

(a) 도시 · 군계획시설

용도지역 · 용도지구 안에서의 도시 · 군계획시설에 대하여는 지역별 건축제한(용도 · 종류 및 규모제한)과 지구별 건축제한(제71조 내지 제82조)의 규정을 적용하지 아니한다(영 제83조제1항).

(b) 경관 · 미관 · 고도지구 안에서의 리모델링

경관지구 · 미관지구 또는 고도지구 안에서의 건축법시행령(제6조제1항제5호)의 규정에 의한 리모델링이 필요한 건축물에 대하여는 지구별 건축제한(제72조 내지 제74조)의 규정에 불구하고 동시행령(제6조제1항제5호)의 규정에 의하여 건축물의 높이 · 규모 등의 제한을 완화하여 제한할 수 있다(영 제83조제2항).

4. 용도구역의 지정과 행위제한

1) 의 의

(1) 용도구역제의 의의

용도구역제(用途區域制)는 시 · 군 단위의 토지 중 일부토지에 대하여 지역 · 지구와는 별도로 필요에 따라 어떤 구역으로 지정하여 그 지정목적에 따라 건축물의 용도와 규모 등의 건축행위 및 토지형질변경 등의 행위를 규제하는 제도로서, 도시의 균형 있는 발전을 위한 독자적 규제이다.

하나의 토지는 원칙적으로 하나의 지역으로 지정되나, 이러한 지역의 기초위에 어떤 토지는 다시 하나의 구역으로 지정될 수 있고 아무런 구역으로도 지정되지 않을 수도 있으나 2개 이상의 구역으로 중복지정 될 수는 없다(다만, 개발제한구역과 도시자연공원구역 간에는 중복지정 될 수 있다).

(2) 구역별 지정목적

용도구역	지 정 목 적
① 개발제한구역	• 도시의 무질서한 확산방지 • 도시주변의 자연환경 보전 • 도시민의 건전한 생활환경 확보 • 보안상 도시개발의 제한
② 도시자연공원구역	• 도시의 자연환경 및 경관보호 • 도시민의 건전한 여가 · 휴식공간 제공 • 도시지역 안의 식생이 양호한 산지개발의 제한
③ 시가화조정구역	• 도시지역과 그 주변지역의 무질서한 시가화 방지 • 계획적 · 단계적인 개발도모 • 일정기간 시가화의 유보
④ 수산자원보호구역	• 수산자원의 보호 · 육성 • 공유수면 또는 그에 인접된 토지
⑤ 지구단위계획구역	• 도시 · 군계획수립대상 지역의 일부지역 • 지역의 토지이용의 합리화 • 지역의 기능증진, 미관개선 및 양호한 환경확보 • 지역의 체계적 · 계획적 관리

2) 개발제한구역

(1) 헌법불합치 결정

구 도시계획법상의 개발제한구역제도에 대한 헌법불합치결정(헌재 1998.12. 24, 97헌바78등)의 취지(개발제한구역 내에서 건축물의 건축 등을 금지하고 있는 그린벨트제도는 원칙적으로 합헌이지만, 개발제한구역의 지정으로 인하여 예외적으로 토지를 종래의 목적대로 사용할 수 없게 되거나 토지의 사용 가능성이 없게 된 경우에까지 보상을 하지 않는 것은 위헌이다)를 반영하여, 국토의계획및이용에관한법률과 별도로 개발제한구역의지정및관리에관한특별조치법이 제정되어 있다.

(2) 구역의 지정

(a) 국토의계획및이용에관한법률

① 국토해양부장관은 도시의 무질서한 확산을 방지하고 도시주변의 자연환경을 보전하여 도시민의 건전한 생활환경을 확보하기 위하여 도시의 개발을 제한할 필요가 있거나 국방부장관의 요청이 있어 보안상 도시의 개발을 제한할 필요가 있다고 인정되면 개발제한구역의 지정 또는 변경을 도시 · 군관리계획으로 결정할 수 있다(법제38조제1항).

② 개발제한구역의 지정 또는 변경에 관하여 필요한 사항은 따로 법률로 정한다(법 제38조제2항).

(b) 개발제한구역특별조치법

이 법은 국토의계획및이용에관한법률에 의한 개발제한구역의 지정과 개발제한구역에서의 행위제한, 주민에 대한 지원, 토지의 매수 기타 개발제한 구역의 효율적인 관리를 위하여 필요한 사항을 정함으로써 도시의 무질서한 확산을 방지하고 도시주변의 자연환경을 보전하여 도시민의 건전한 생활환경을 확보함을 목적으로 한다(동법 제1조).

국토해양부장관은 도시의 무질서한 확산을 방지하고 도시주변의 자연환경을 보전하여 도시민의 건전한 생활환경을 확보하기 위하여 도시의 개발을 제한할 필요가 있거나 국방부장관의 요청이 있어 보안상 도시의 개발을 제한할 필요가 있다고 인정되는 경우에는 개발제한구역의 지정 및 해제를 도시·군관리계획으로 결정할 수 있다(동법 제3조제1항).

① **도시·군관리계획의 입안**

개발제한구역의 지정 및 해제에 관한 도시관리계획은 해당 지역을 관할하는 특별시장·광역시장·특별자치도지사·시장 또는 군수가 입안한다. 다만 국가계획과 관련된 경우에는 국토해양부장관이 직접 도시·군관리계획을 입안하거나 관계 행정기관의 장의 요청에 따라 관할 시·도지사(특별시장·광역시장·도지사·특별자치도지사), 시장 및 군수의 의견을 들은 후 입안할 수 있으며, 광역도시계획과 관련된 경우에는 도지사가 직접 입안하거나 관계시장·군수의 요청에 따라 시장이나 군수의 의견을 들은 후 입안할 수 있다(동법 제4조제1항).

② **도시·군관리계획의 결정**

도시·군관리계획은 국토해양부장관이 결정·고시한다(동법 제8조제1항 및 제6항). 도시·군관리계획 결정은 고시를 한 날부터 5일 후에 그 효력이 발생한다(동법 제8조제7항).

특별시장·광역시장·특별자치도지사·시장 또는 군수는 도시·군관리계획 결정이 고시되면 해당 도시지역의 토지에 관하여 지적이 표시된 지형도에 도시·군관리계획사항을 명시한 도면을 작성하여야 한다(동법 제9조제2항). 국토해양부장관이 도시·군관리계획을 직접 입안하면 관계 특별시장·광역시장·특별자치도지사·시장 또는 군수의 의견을 들어 직접 지형도면을 작성할 수 있다(동법 제9조제3항).

(3) 구역의 관리

① 관리계획의 수립

개발제한구역을 관할하는 특별시장 · 광역시장 또는 도지사(시 · 도지사)는 개발제한구역을 종합적으로 관리하기 위하여 5년 단위로 다음 각 호의 사항이 포함된 개발제한구역관리계획(관리계획)을 수립하여 국토해양부장관의 승인을 얻어야 한다(동법 제10조제1항, 영 제10조).

㉠ 개발제한구역의 관리의 목표와 기본방향
㉡ 개발제한구역의 현황 및 실태의 조사
㉢ 개발제한구역의 토지이용 및 보전
㉣ 개발제한구역 안에서 국토의계획및이용에관한법률에 의한 도시계획시설의 설치
㉤ 개발제한구역 안에서 연면적 3,000㎡ 이상인 건축물의 건축 및 면적 1만㎡ 이상의 토지의 형질변경
㉥ 취락지구의 지정 및 정비(제14조)
㉦ 주민지원사업(제15조)
㉧ 개발제한구역의 관리 및 주민지원사업에 필요한 재원의 조달 및 운용
㉨ 기타 개발제한구역의 합리적인 관리를 위하여 대통령령으로 정하는 사항

② 계획의 의한 관리

시 · 도지사 및 시장 · 군수 · 구청장은 건축물 · 공작물의 설치허가, 토지의 형질변경허가, 취락지구의 지정(제14조) 및 주민지원사업의 시행(제15조) 등 개발제한구역을 관리함에 있어 관리계획에 위반하여서는 아니 된다(동법 제10조제8항).

(4) 구역 안에서의 행위제한

(a) 국토의계획및이용에관한법률

개발제한구역에서의 행위제한 그 밖에 개발제한구역의 관리에 필요한 사항은 따로 법률로 정한다(법 제80조).

(b) 개발제한구역특별조치법

개발제한구역에서는 원칙적으로 건축물의 건축 및 용도변경, 공작물의 설치, 토지의 형질변경, 죽목의 벌채, 토지의 분할, 물건을 쌓아놓는 행위 또는 국토의계획및이용에관한법률(제2조제11호)의 규정에 따른 도시 · 군계획사업의 시행을 할 수 없다. 다만, 예외적으로 공공용시설, 농림어업용시설, 주택 및 근린생활시설, 공익시설의 설치 등 일정한 행위를 하고자 하는 자는 특별자치도지사 · 시장 · 군수 또는 구청장(이하 "시장 · 군수 ·

구청장"이라 한다)의 허가를 받아 그 행위를 할 수 있다(동법 제12조제1항).

① 도시 · 군계획사업의 금지

개발제한구역 안에서는 도시 · 군계획사업(국토의계획및이용에관한법률 제2조제11호)의 시행을 할 수 없다(동법 제12조제1항 후단).

② 행위제한의 강화

㉠ 개발제한구역에서는 건축물의 건축 및 용도변경, 공작물의 설치, 토지의 형질변경, 죽목의 벌채, 토지의 분할, 물건을 쌓아놓는 행위 등의 행위를 할 수 없다(동법 제12조제1항 전단).

㉡ 다만, 다음에 해당하는 일정한 행위를 하고자 하는 자는 시장 · 군수 또는 구청장의 허가를 받아 이를 행할 수 있다(동법 제12조제1항 단서, 영 제13조~제18조).

■ 개발제한구역 안에서 허가받아 할 수 있는 행위 ■

동법 제12조제1항 및 제6항	영 제13조~제18조 및 [별표 1]
i) 다음 각 목의 어느 하나에 해당하는 건축물 또는 공작물로서 대통령령이 정하는 건축물의 건축 또는 공작물의 설치와 이에 따르는 토지의 형질변경 ㉠ 도로 · 철도 및 상 · 하수도 등 공공용시설 ㉡ 축사 및 창고 등 농림수산업을 영위하기 위한 건축물 및 공작물 ㉢ 주택 및 근린생활시설 ㉣ 농로 · 제방 · 마을회관 등 구역의 주민이 공동으로 이용하는 시설 ㉤ 실외체육시설 ㉥ 휴양림 · 수목원 등 도시민의 여가활용을 위한 시설 ㉦ 국방 · 군사에 관한 시설 ㉧ 학교 · 폐기물처리시설 및 전기공급시설 등 공익시설	• 철도, 도로 및 광장, 하천 및 운하, 수도 및 하수도, 주차장, 공공공지 및 녹지, 공동구 등(도시계획시설에 한한다)의 설치 • 구역 안에서 농림 · 수산업에 종사하는 자가 설치하는, 일정한 규모의 축사 · 잠실 등 동물관련시설, 버섯재배사 · 퇴비사 등 식물관련시설, 창고 등 농수산물 보관 및 가공관련시설, 관리용 건축물 등의 설치 • 주택(단독주택)의 신축 : 구역지정 당시부터 지목이 대인 토지(이축된 건축물이 있었던 토지의 경우에는 구역지정 당시부터 그 토지의 소유자와 건축물의 소유자가 다른 경우)와 기존주택(건축물대장에 등재된 것)이 있는 토지에 한한다. • 근린생활시설(휴게음식점 · 일반음식점, 이용원 · 미용원, 의원 · 한의원, 금융업소 · 부동산중개업소 등)의 증축 : 주택을 용도 변경한 것 및 1999년 6월 24일 이후 신축된 것에 한한다. • 근린생활시설의 신축 : 위 주택의 신축이 가능한 토지에 한한다. • 주민공동이용시설(농로 · 제방, 마을공동회관, 공동구판장 · 농기계수리소, 퇴비장, 목욕장 등)의 설치 • 등산로 · 산책로 · 어린이놀이터, 배구장 · 테니스장, 골프장 등의 설치 • 휴양림 · 수목원, 청소년 수련시설, 도시공원, 박물관 · 미술관 등의 설치 • 학교, 폐기물처리시설, 전기 · 가스공급시설, 보건소 · 노인치매요양병원 · 경찰파출소 · 공공도서관 등 지역공공시설, 시 · 군 · 구 단위의 공공청사 등의 설치
ii) 구역 안의 건축물로서 취락지구 안으로의 이축	

동법 제12조제1항 및 제6항	영 제13조~제18조 및 [별표 1]
iii) 구역 안에서의 공익사업(수용법 제3조)의 시행으로 인하여 철거된 건축물의 이축을 위한 이주단지의 조성	
iv) 건축물의 건축을 수반하지 아니하는 토지의 형질변경으로서 영농을 위한 경우 등 대통령령이 정하는 토지의 형질변경	• 농림 · 수산업을 위한 개간 또는 초지조성 • 농로 · 임도의 설치를 위한 토지형질변경 • 경작 중인 논 · 밭의 환토 · 객토용 토석의 채취 • 논을 밭으로 변경하기 위한 토지형질변경 • 주택 또는 근린생활시설 및 주민공동이용시설의 진입로 설치를 위한 토지형질변경 • 공익사업시행을 위한 토석의 채취
v) 벌채면적 및 수량 기타 대통령령이 정하는 규모 이상의 죽목의 벌채	• 벌채면적 500㎡ 또는 수량 5㎥ 이상의 죽목의 벌채
vi) 대통령령이 정하는 범위의 토지의 분할	• 분할 후 각 필지의 면적이 200㎡ 이상(지목이 대인 토지를 주택 · 근린생활시설의 건축을 위하여 분할하는 경우에는 330㎡ 이상)
vii) 모래 · 자갈 · 토석 등 대통령령이 정하는 물건을 대통령령이 정하는 기간 동안 쌓아놓는 행위	• 중량 50t 초과 또는 부피 50㎥ 초과인 모래 · 자갈 · 토석 · 석재 · 목재 · 철재 · 컨테이너 · 콘크리트제품 · 드럼통 · 병 등의 적치
viii) 공공용시설 · 농림수산업용 건축물 등(제1호) 또는 존속 중인 건축물 등(제12조)인 건축물 중 대통령령이 정하는 건축물을 근린생활시설 등 대통령령이 정하는 용도로 용도변경하는 행위	• 주택과 근린생활시설(제소입소 제외 · 주택에서 용도변경되었거나 1999년 6월 24일 이후 신축된 근린생활시설) 간의 용도변경 • 주택을 고아원 · 양로시설 또는 종교시설로의 용도변경 • 주택을 용도변경한 건축물을 다시 주택으로 용도변경

ⓒ 위의 규정(제1항 단서)에 불구하고 주택 및 근린생활시설의 대수선 등 대통령령이 정하는 경미한 행위는 시장 · 군수 또는 구청장에게 신고하고 할 수 있다(동법 제12조제2항 및 제6항, 영 제19조).

■ 개발제한구역 안에서 신고하고 할 수 있는 행위 ■

동법 제12조제2항	영 제19조
주택 및 근린생활시설의 대수선 등 대통령령이 정하는 경미한 행위	• 주택 및 근린생활시설의 증축 · 개축 및 대수선되는 연면적의 합계가 85㎡ 이하인 경우 • 기존면적을 포함한 연면적의 합계 100㎡ 이하인 주택 및 근린생활시설의 증축 · 개축 및 대수선 • 일정한 농림수산업용 건축물 또는 공작물의 증축 · 개축 및 대수선되는 건축면적 또는 바닥면적의 합계가 50㎡ 이하인 경우 • 축사 · 퇴비사 등의 기존면적을 포함한 연면적의 합계 200㎡ 미만인 증축 · 개축 및 대수선 • 근린생활시설 상호간의 용도변경. 다만, 휴게음식점 · 일반음식점 또는 제조업소로 용도변경하는 경우를 제외

③ 행위허가의 절차 · 기준

■ 개발제한구역 안에서의 행위허가의 기준 ■

건축물의 최소대지면적 (60㎡ 이상)	건축물을 건축하기 위한 대지면적이 60㎡ 미만인 경우에는 건축물의 건축을 허가하여서는 아니 된다. 다만, 기존건축물을 개축 · 재축하는 경우에는 이를 적용하지 아니한다.
건폐율(60% 이하) 용적률(300% 이하)	건폐율 및 용적률은 각각 100분의 60 이하, 300% 이하로 한다. 다만, 주택 및 근린생활시설을 건축하는 경우에는 다음과 같다. ㉠ 건폐율을 100분의 60 이하로 건축하는 경우 : 높이 3층 이하, 용적률 300% 이하로서 기존면적 포함 연면적 200㎡ 이하 ㉡ 건폐율을 100분의 20 이하로 건축하는 경우 : 높이 3층 이하, 용적률 100% 이하
토지의 형질변경면적 (건축물의 건축면적의 2배 이하)	토지의 형질변경면적은 건축물의 건축면적 및 공작물의 바닥면적의 2배 이하로 한다. 다만, 다음 각 호의 어느 하나에 해당하는 경우에는 그 해당면적으로 한다. ㉠ 주택 또는 근린생활시설의 건축을 위하여 대지를 조성하는 경우에는 기존면적 포함 330㎡ 이하 ㉡ 일정한 건축물 및 공작물(별표 1)과 관련하여 다른 법령에서 토지형질변경을 수반하는 시설을 설치할 것을 따로 규정하는 경우

④ 행위허가의 특례(취락지구에 대한 특례)

시 · 도지사는 개발제한구역에서 주민이 집단적으로 거주하는 취락(제12조제1항제3호에 따른 이주단지를 포함)을 국토의계획및이용에관한법률 제37조에 따른 취락지구로 지정할 수 있다(동법 제15조제1항).

■ 취락지구의 지정기준 ■

주택의 수 (10호 이상)	취락을 구성하는 주택의 수가 10호 이상일 것(영 제27조제1항제1호).
호수밀도 (1만㎡당 10호 이상)	호수밀도(1만㎡당 주택의 수)가 10호 이상일 것. 다만 상수원보호구역에 해당하거나 이축수요를 수용할 필요가 있는 등 지역의 특성상 필요한 경우 시 · 도지사가 국토해양부장관과 협의한 후 조례가 정하는 바에 따라 5호 이상으로 할 수 있다.

■ 취락지구 안에서의 행위허가의 기준 ■

용도변경	주택 또는 공장 등 신축이 금지된 건축물을 제1종 및 제2종근린생활시설(안마시술소 · 단란주점 등을 제외) 및 세차장, 병원, 치과병원, 한방병원 등으로 용도변경하는 경우
건폐율	주택 또는 근린생활시설을 건축하는 경우 ㉠ 건폐율 100분의 60 이하로 건축하는 경우 : 높이 3층 이하, 용적률 300% 이하로서 기존면적 포함 연면적 300㎡ 이하 ㉡ 건폐율 100분의 40 이하로 건축하는 경우 : 높이 3층 이하, 용적률 100% 이하

(5) 행위제한의 효과

① 토지매수의 청구

㉠ 개발제한구역의 지정에 따라 개발제한구역의 토지를 종래의 용도로 사용할 수 없어 그 효용이 현저히 감소된 토지나 그 토지의 사용 및 수익이 사실상 불가능하게 된 토지(매수대상토지)의 소유자로서 다음 각 호의 어느 하나에 해당하는 자는 국토해양부장관에게 그 토지의 매수를 청구할 수 있다(동법 제17조제1항).

ⓐ 개발제한구역으로 지정될 당시부터 계속하여 해당 토지를 소유한 자(제1호)

ⓑ 토지의 사용·수익이 사실상 불가능하게 되기 전에 해당 토지를 취득하여 계속 소유한 자(제2호)

ⓒ 위(제1호 또는 제2호)에 해당하는 자로부터 해당 토지를 상속받아 계속 소유한 자

㉡ 국토해양부장관은 위의 규정(제1항)에 따라 매수청구를 받은 토지가 대통령령으로 정하는 매수판정 기준에 해당되면 그 토지를 이를 매수하여야 한다(동법 제17조제2항 및 제3항).

즉, 매수대상토지의 구체적인 판정기준은 다음 각 호와 같다. 이 경우 토지의 효용감소, 사용·수익의 불가능 등에 대하여 본인의 귀책사유가 없어야 한다(동법 제17조제3항, 영 제28조).

ⓐ 종래의 용도대로 사용할 수 없어 그 효용이 현저히 감소된 토지 : 매수청구 당시 대상토지를 개발제한구역 지정이전 토지의 지목대로 사용할 수 없어 매수청구일 현재 해당 토지의 개별공시지가(부동산가격공시및감정평가에관한법률 제11조)가 그 토지가 있는 읍·면·동에 지정된 개발제한구역의 같은 지목의 개별공시지가 평균치의 50% 미만일 것

ⓑ 사용 또는 수익이 사실상 불가능한 토지 : 구역 안의 행위제한(법 제12조 및 제13조)으로 해당 토지의 사용 또는 수익이 불가능할 것

㉢ 국토해양부장관은 토지의 매수를 청구받은 날부터 2개월 이내에 매수대상여부와 매수예상가격 등을 매수청구인에게 알려주어야 한다(동법 제18조제1항).

㉣ 국토해양부장관은 매수대상토지임을 알린 때에는 5년의 범위 내에서 대통령령으로 정하는 기간(알린 날부터 3년) 내에 매수계획을 수립하여 그 매수대상토지를 매수하여야 한다(동법 제18조제2항, 영 제29조).

㉤ 매수대상토지를 매수하는 가격(매수가격)은 부동산가격공시및감정평가에관한법률(제2조제5호)에 따른 공시지가를 기준으로 해당 토지의 위치·형상·환경 및 이용상황 등을 고려하여 평가한 금액으로 한다. 이 경우 매수가격의 산정시기

및 산정방법 등은 대통령령으로 정한다(동법 제18조제3항, 영 제30조제1항).

ⓐ 매수가격은 매수청구 당시의 표준지 공시지가를 기준으로 그 공시기준일부터 매수청구인에게 매수금액을 지급하려는 날까지의 기간 동안 해당 토지의 위치·형상·환경 및 이용상황, 지가변동률 및 생산자물가상승률 등(국토의계획및이용에관한법률시행령 제125조제1항)을 고려하여 산정한 가격으로 한다(영 제30조제1항).

ⓑ 매수가격은 표준지 공시지가를 기준으로 감정평가업자 2인 이상이 평가한 금액의 산술평균치로 한다(영 제30조제2항).

ⓗ 위 규정에 따라 매수한 토지는 국가균형발전특별법에 따른 국가균형발전특별회계의 재산으로 귀속된다(동법 제18조제4항).

ⓢ 통보받은 매수여부에 관한 결정 또는 매수가격에 이의가 있는 자는 공익사업을위한토지등의취득및보상에관한법률에 따른 중앙토지수용위원회에 이의신청을 할 수 있다(동법 제27조제1항).

② 협의에 의한 토지의 매수

③ 개발제한구역훼손부담금

3) 도시자연공원구역

(1) 구역의 지정

(a) 국토의계획및이용에관한법률

① 시·도지사 또는 대도시시장은 도시의 자연환경 및 경관을 보호하고 도시민에게 건전한 여가·휴식공간을 제공하기 위하여 도시지역 안에서 식생이 양호한 산지의 개발을 제한할 필요가 있다고 인정하면 도시자연공원구역의 지정 또는 변경을 도시·군관리계획으로 결정할 수 있다(법 제38조의2 제1항).

② 도시자연공원구역의 지정 또는 변경에 관하여 필요한 사항은 따로 법률로 정한다(법 제38조의2 제2항).

(b) 도시공원및녹지등에관한법률

① 도시자연공원구역의 지정 및 변경의 기준은 대상도시의 인구·산업·교통 및 토지이용 등 사회경제적 여건과 지형·경관 등 자연환경적 여건 등을 종합적으로 감안하여 대통령령으로 정한다(동법 제26조).

② 시·도지사는 법 제26조의 규정에 따라 도시자연공원구역을 지정하거나 변경할 때에는 다음 각 호의 구분에 따른 기준에 따라야 한다(영 제25조 제1항)

ⓐ 지정에 관한 기준

- 도시지역 안의 식생이 양호한 수림의 훼손을 유발하는 개발을 제한할 필요가 있는 지역 등 도시의 자연환경 및 경관을 보호하고 도시민에게 건전한 여가 · 휴식공간을 제공할 수 있는 지역을 대상으로 지정할 것
- 환경성 평가지도, 생태 · 자연도, 녹지자연도, 임상도 및 토지적성에 따른 평가결과 등을 고려하여 지정할 것

ⓑ 변경 · 해제에 관한 기준

③ 도시자연공원구역의 지정 및 변경의 구체적 기준에 관하여는 국토해양부장관이 정하여 고시한다(영 제25조제2항).

(2) 구역 안에서의 행위제한

(a) 국토의계획및이용에관한법률

도시자연공원구역에서의 행위제한 등 도시자연공원구역의 관리에 필요한 사항은 따로 법률로 정한다(법 제80조의 2).

(b) 도시공원및녹지등에관한법률

도시자연공원구역에서는 원칙적으로 건축물의 건축 및 용도변경, 공작물의 설치, 토지의 형질변경, 토석의 채취, 토지의 분할, 죽목의 벌채, 물건의 적치 또는 국토의계획및이용에관한법률(제2조제11호)의 규정에 의한 도시 · 군계획사업의 시행을 할 수 없다. 다만, 예외적으로 공공용시설, 도시민의 여가활용시설, 체력단련시설, 공익시설, 주택 · 근린생활시설의 설치 등 일정한 행위를 하고자 하는 자는 특별시장 · 광역시장 · 특별자치시장 · 특별자치도지사 · 시장 또는 군수의 허가를 받아 이를 할 수 있다(동법 제27조제1항).

① 도시 · 군계획사업의 금지

도시자연공원구역 안에서는 도시 · 군계획사업(국토의계획및이용에관한법률 제2조제11호)의 시행을 할 수 없다(동법 제27조제1항 후단).

② 행위제한의 강화

ⓐ 도시자연공원구역 안에서는 건축물의 건축 및 용도변경, 공작물의 설치, 토지의 형질변경, 토석의 채취, 토지의 분할, 죽목의 벌채, 물건의 적치 등의 행위를 할 수 없다(동법 제27조제1항 전단).

ⓑ 다만, 다음에 해당하는 일정한 행위를 하고자 하는 자는 특별시장 · 광역시장 · 특별자치시장 · 특별자치도지사 · 시장 또는 군수의 허가를 받아 이를 할 수 있다(동법 제27조제1항 단서, 영 제26조).

■ 도시자연공원구역 안에서 허가받아 할 수 있는 행위 ■

동법 제27조제1항	영 제26조 및 [별표 2]
i) 다음 각 목의 어느 하나에 해당하는 건축물 또는 공작물로서 대통령령이 정하는 건축물의 건축 또는 공작물의 설치와 이에 따르는 토지의 형질변경(제1호) ㉠ 도로·철도 등 공공용시설 ㉡ 임시건축물 또는 임시공작물 ㉢ 휴양림·수목원 등 도시민의 여가활용시설 ㉣ 등산로·철봉 등 체력단련시설 ㉤ 전기·가스관련시설 등 공익시설 ㉥ 주택·근린생활시설	• 도로 및 교량, 철도 및 궤도, 선착장, 수도관 및 하수도관, 공동구 등(도시계획시설에 한한다) • 농업·임업·수산업 또는 광업을 위한 관리용가설건축물, 사무소 등의 용도별 가설건축물 • 관람·전시용 단기 가설공작물, 비상재해용 가설공작물 • 휴양림 및 수목원, 골프장 • 등산로·산책로·어린이놀이터·간이휴게소 등의 시설 • 전주·전신·변전소, 가스관 및 가스정압시설, 취수 및 배수시설, 경찰관파출소·초소·표지·등대 • 주택(단독주택)의 신축(취락지구에 한함) : 구역결정 당시부터 지목이 대인 토지와 주택이 있는 토지인 경우
ii) 기존건축물 또는 공작물의 개축·재축·증축 또는 대수선(제2호)	
iii) 건축물의 건축을 수반하지 아니하는 토지의 형질변경(제3호)	• 농사 및 식목용 임업을 목적으로 한 개간 또는 초지의 조성 • 농도·임도의 설치를 위한 토지의 형질변경 • 논을 밭으로 변경하기 위한 토지의 형질변경 • 취락지구 정비사업의 시행을 위한 토지의 형질변경
iv) 대통령령이 정하는 토석의 채취, 죽목의 벌채 및 물건의 적치(제4호)	• 경작 중인 논·밭의 환토·객토용 토석의 채취 • 벌채면적 500㎡ 또는 수량 5㎥ 미만의 죽목의 벌채 • 총중량 50t 이하 또는 총부피 50㎥ 이하인 모래·자갈·토석·석재·목재·철재·컨테이너·콘크리트 제품·드럼통·병 등의 적치

③ 행위허가의 기준

④ 행위허가의 특례(취락지구에 대한 특례)

(3) 행위제한의 효과

① 토지매수의 청구

㉠ 도시자연공원구역의 지정으로 인하여 도시자연공원구역 안의 토지를 종래의 용도로 사용할 수 없어 그 효용이 현저하게 감소된 토지 또는 당해 토지의 사용 및 수익이 사실상 불가능한 토지(매수대상토지)의 소유자로서 다음 각 호의 어느 하나에 해당하는 자는 당해 도시자연공원구역을 관할하는 특별시장·광역시장·특별자치시장·특별자치도지사·시장 또는 군수에게 당해 토지의 매수를 청구할 수 있다(동법 제29조제1항).

ⓐ 도시자연공원구역의 지정 당시부터 당해 토지를 계속 소유한 자

ⓑ 토지의 사용·수익이 사실상 불가능하게 되기 전에 당해 토지를 취득하여 계속 소유한 자

ⓒ 위(제1호 또는 제2호)의 자로부터 당해 통지를 상속받아 계속 소유한 자

㉡ 특별시장·광역시장·특별자치시장·특별자치도지사·시장 또는 군소는 위(제1항)의 규정에 의하여 매수청구를 받은 토지가 다음(제3항)의 규정에 의한 기준에 해당되는 때에는 이를 매수하여야 한다.

㉢ 매수대상토지의 구체적인 판정기준은 대통령령으로 정한다(동법 제29조제3항).

㉣ 특별시장·광역시장·특별자치시장·특별자치도지사·시장 또는 군수는 토지의 매수 청구를 받은 날로부터 1년 이내에 매수대상 여부 및 매수예상가격 등을 매수청구인에게 통보하여야 한다(법 제30조제1항).

㉤ 특별시장·광역시장·특별자치시장·특별자치도지사·시장 또는 군수는 위(제1항)의 규정에 의하여 매수대상토지로 통보를 한 토지에 대하여는 3년 이내의 범위에서 대통령령이 정하는 기간 이내에 매수계획을 수립하여 당해 매수대상토지를 매수하여야 한다(동법 제30조제2항).

㉥ 매수대상토지의 매수가격은 부동산가격공시및감정평가에관한법률에 의한 공시지가를 기준으로 당해 토지의 위치·형상·환경 및 이용상황 등을 고려하여 평가한 금액으로 한다. 이 경우 매수가격의 산정시기 및 산정방법 등은 대통령령으로 정한다(동법 제30조제3항).

② 협의에 의한 토지의 매수

③ 도시자연공원구역의 출입제한 등

4) 시가화조정구역

(1) 구역의 지정

(a) 시가화조정구역의 지정·변경

국토해양부장관은 직접 또는 관계 행정기관의 장의 요청을 받아 도시지역과 그 주변지역의 무질서한 시가화를 방지하고 계획적·단계적인 개발을 도모하기 위하여 대통령령으로 정하는 기간 동안 시가화를 유보할 필요가 있다고 인정되면 시가화조정구역의 지정 또는 변경을 도시·군관리계획으로 결정할 수 있다(법 제39조제1항).

(b) 시가화 유보기간

법 제39조제1항에서 “대통령령으로 정하는 일정기간”이라 함은 5년 이상 20년 이내의 기간을 말한다(영 제32조제1항).

(c) 구역지정의 효력상실

시가화조정구역의 지정에 관한 도시 · 군관리계획의 결정은 위의 규정(제1항)에 따른 시가화 유보기간이 끝난 날의 다음 날부터 그 효력을 잃는다. 이 경우 국토해양부장관은 대통령령으로 정하는 바에 따라 그 사실을 고시하여야 한다(법 제39조제2항).

(2) 구역 안에서의 행위제한

시가화조정구역으로 지정되면, 원칙적으로 도시 · 군계획사업이 금지되고 행위제한이 강화되어 원칙적으로 개발행위가 금지된다. 다만, 대통령령이 정하는 도시 · 군계획사업에 한하여 이를 시행할 수 있고, 법정된 일부 개발행위에 한하여 시장 · 군수의 허가를 받아 이를 할 수 있다(법 제81조).

(a) 도시 · 군계획사업의 제한

제39조에 따라 지정된 시가화조정구역에서의 도시 · 군계획사업은 대통령령으로 정하는 사업만 시행할 수 있다(법 제81조제1항). 즉, 시가화조정구역 안에 서는 국방상 또는 공익상 시가화조정구역 안에서의 사업시행이 불가피한 것으로서 관계 중앙행정기관의 장의 요청에 의하여 국토해양부장관이 시가화조정구역의 지정목적달성에 지장이 없다고 인정하는 도시 · 군계획사업에 한하여 시행할 수 있다(영 제87조).

(b) 행위제한의 강화

① 허가대상행위

시가화조정구역에서는 개발행위허가 및 용도지역 · 지구 안에서의 건축제한(제56조 및 제76조)의 규정에 불구하고 위의 규정(제1항)에 따른 도시 · 군계획사업의 경우 외에는 다음 각 호의 어느 하나에 해당하는 행위에 한정하여 특별시장 · 광역시장 · 특별자치시장 · 특별자치도지사 · 시장 또는 군수의 허가를 받아 그 행위를 할 수 있다(법 제81조제2항, 영제88조 및 별표24).

㉠ 농업 · 임업 또는 어업용의 건축물 중 대통령령으로 정하는 종류와 규모의 건축물이나 그 밖의 시설을 건축하는 행위(제1호)

㉡ 마을공동시설, 공익시설 · 공공시설, 광공업 등 주민의 생활을 영위하는 데에 필요한 행위로서 대통령령으로 정하는 행위(제2호)

㉢ 입목의 벌채, 조림, 육림, 토석의 채취, 그 밖에 대통령령으로 정하는 경미한 행위(제3호)

법 제81조제2항의 규정에 따라 시가화조정구역에서 특별시장 · 광역시장 · 특별자치시장 · 특별자치도지사 · 시장 또는 군수의 허가를 받아 할 수 있는 행위는 별표 24와 같다(영 제88조).

시가화조정구역 안에서 할 수 있는 행위(제88조관련) 【별표24】

법 제81조제2항	영 제88조
i) 농업·임업 또는 어업용 건축물 등 대통령령이 정하는 종류와 규모의 건축물 그 밖의 시설을 건축하는 행위	농업·임업 또는 어업을 영위하는 자가 축사·퇴비사·잠실·창고(저장 및 보관시설을 포함한다)·생산시설(단순가공시설을 포함한다)·관리용 건축물(기존 관리용 건축물의 면적을 포함하여 33㎡ 이하인 것)·양어장에 해당하는 건축물 그 밖의 시설의 건축
ii) 마을공동시설, 공익시설·공공시설, 광공업 등 주민의 생활을 영위하는 데 필요한 행위로서 대통령령이 정하는 행위	㉠ 주택 및 그 부속건축물의 건축으로서 다음의 1에 해당하는 행위 • 주택의 증축(기존주택의 면적을 포함하여 100㎡ 이하에 해당하는 면적의 증축을 말한다) • 부속건축물의 건축(주택 또는 이에 준하는 건축물에 부속되는 것에 한하되, 기존건축물의 면적을 포함하여 33㎡ 이하에 해당하는 면적의 신축·증축·재축 또는 대수선을 말한다) ㉡ 마을공동시설의 설치로서 다음의 1에 해당하는 행위 • 농로·제방 및 사방시설의 설치 • 새마을회관의 설치 • 기존정미소(개인소유의 것을 포함한다)의 증축 및 이축(인접지에서 시행하는 공공사업으로 인하여 시가화조정구역 안으로 이전하는 경우를 포함한다) • 정자 등 간이휴게소의 설치 • 농기계수리소 및 농기계용 유류판매소(개인소유의 것을 포함한다)의 설치 • 선착장 및 물양장의 설치 ㉢ 공익시설·공용시설 및 공공시설 등의 설치로서 다음의 1에 해당하는 행위 • 공익사업을위한토지등의취득및보상에관한법률(제4조)에 해당하는 공익사업을 위한 시설의 설치 • 문화재의 복원과 문화재관리용 건축물의 설치 • 보건소·경찰파출소·소방파출소·우체국 및 읍·면·동사무소의 설치 • 공공도서관·전신전화국·직업훈련소·연구소·양수장·초소·대피소 및 공중화장실과 예비군운영에 필요한 시설의 설치 • 농업협동조합법에 의한 조합, 산림조합 및 수산업협동조합의 공동구판장·하치장 및 창고의 설치 • 사회복지시설의 설치 기타 ㉣ 광공업 등을 위한 건축물 및 공작물의 설치로서 다음의 1에 해당하는 행위 • 시가화조정구역 지정 당시 이미 외국인투자기업이 경영하는 공장, 수출품의 생산 및 가공공장, 중소기업협동화실천계획의 승인을 얻어 설립된 공장 그 밖에 수출진흥과 경제발전에 현저히 기여할 수 있는 공장의 증축(증축면적은 기존시설 연면적의 100퍼센트에 해당하는 면적 이하로 하되, 증축을 위한 토지의 형질변경은 증축할 건축물의 바닥면적의 200퍼센트를 초과할 수 없다)과 부대시설의 설치 • 이미 관계 법령의 규정에 의하여 설치된 공장의 부대시설의 설치 • 이미 관계 법령의 규정에 의하여 설치된 공장의 부대시설의 설치 • 이미 설정된 광업권의 대상이 되는 광물의 개발에 필요한 가설건축물 또는 공작물의 설치 • 토석의 채취에 필요한 가설건축물 또는 공작물의 설치

<table>
<tr><th colspan="2">시가화조정구역 안에서 할 수 있는 행위(제88조관련) 【별표24】</th></tr>
<tr><th>법 제81조제2항</th><th>영 제88조</th></tr>
<tr><td></td><td>ⓜ 기존 건축물의 동일한 용도 및 규모 안에서의 개축·재축 및 대수선
ⓑ 시가화조정구역 안에서 허용되는 건축물의 건축 또는 공작물의 설치를 위한 공사용 가설건축물과 그 공사에 소요되는 블록·시멘트벽돌·쇄석·레미콘 및 아스콘 등을 생산하는 가설공작물의 설치
ⓢ 다음의 1에 해당하는 용도변경행위
• 관계 법령에 의하여 적법하게 건축된 건축물의 용도를 시가화조정구역 안에서의 신축이 허용되는 건축물로 변경하는 행위
• 공장의 업종변경
• 공장·주택 등 시가화조정구역 안에서의 신축이 금지된 시설의 용도를 일정한 근린생활시설 또는 종교시설로 변경하는 행위
ⓞ 종교시설의 증축(새로운 대지조성은 허용되지 아니하며, 증축면적은 종교시설 연면적의 200퍼센트를 초과할 수 없다)</td></tr>
<tr><td>iii) 입목의 벌채, 조림, 육림, 토석의 채취 그 밖의 대통령령이 정하는 경미한 행위</td><td>ⓖ 입목의 벌채, 조림, 육림, 토석의 채취
ⓝ 다음의 1에 해당하는 토지의 형질변경
• 위(제1호 및 제2호)의 규정에 의한 건축물의 건축 또는 공작물의 설치를 위한 토지의 형질변경
• 공익사업을 수행하기 위한 토지의 형질변경
• 농업·임업 및 어업을 위한 개간과 축산을 위한 초지조성을 목적으로 하는 토지의 형질변경
• 설정된 광업권의 대상이 되는 광물의 개발을 위한 토지의 형질변경
ⓓ 토지의 합병 및 분할</td></tr>
</table>

② 허가의 기준 및 절차

③ 허가의 효력

5) 수산자원보호구역

(1) 구역의 지정 및 관리

(a) 구역의 지정(국토의계획및이용에관한법률)

농림수산식품부장관은 직접 또는 관계 행정기관의 장의 요청을 받아 수산자원을 보호·육성하기 위하여 필요한 공유수면이나 그에 인접한 토지에 대한 수산자원보호구역의 지정 또는 변경을 도시·군관리계획으로 결정할 수 있다(국토계획법 제40조).

(b) 구역의 관리(수산자원관리법)

수산자원보호구역은 그 구역을 관할하는 특별시장·광역시장·특별자치도지사·시장 또는 군수(이하 "관리청"이라 부른다)가 관리한다(수산자원관리법 제51조제1항).

(2) 구역 안에서의 행위제한

수산자원보호구역으로 지정되면, 원칙적으로 도시 · 군계획사업이 금지되고, 행위제한이 강화되어 원칙적으로 개발행위가 금지된다. 다만 대통령령이 정하는 도시 · 군계획사업에 한하여 시행할 수 있고, 법정된 일부 개발행위에 한하여 관리청장의 허가를 받아 할 수 있다(동법 제52조).

(a) 도시 · 군계획사업의 제한

수산자원보호구역에서의 도시 · 군계획사업은 대통령령이 정하는 사업에 한하여 이를 시행할 수 있다(동법 제52조제1항).

(b) 행위제한의 강화

① 허가대상행위

수산자원보호구역 안에서는 개발행위허가 및 용도지역 · 지구 안에서의 건축제한(제56조 및 제76조)의 규정에 불구하고 위의 규정(제1항)의 도시 · 군계획사업에 의하는 경우를 제외하고는 다음 각 호의 어느 하나에 해당하는 행위에 한하여 관리청장의 허가를 받아 이를 할 수 있다(동법 제52조제2항).

㉠ 수산자원의 보호 또는 수산자원의 육성 등을 위하여 필요한 건축물 그 밖의 시설 중 대통령령이 정하는 종류와 규모의 건축물이나 그 밖의 시설을 건축하는 행위(제1호)

㉡ 주민의 생활을 영위하는 데 필요한 건축물이나 그 밖의 시설을 설치하는 행위로서 대통령령이 정하는 행위(제2호)

㉢ 산림자원의조성및관리에관한법률 또는 산지관리법에 의한 조림 · 육림 · 임도의 설치 그 밖의 대통령령이 정하는 경미한 행위(제3호)

② 허가의 기준 및 절차

③ 허가의 효력

6) 지구단위계획구역

종전의 도시계획법에 이어 새로운 국토의계획및이용에관한법률에서는 구 도시계획법상의 상세계획구역제도와 구 건축법상의 도시설계구역제도를 통합하여 지구단위계획구역제도를 규정하고 있는데, 지구단위계획은 하위도시 · 군관리계획으로서 도시 · 군관리계획에 의한 지역 · 지구 안에서의 행위제한을 세분화 · 구체화하고 완화할 수 있다.

(1) 구역의 지정 등

(a) 지구단위계획구역 및 지구단위계획의 결정

지구단위계획구역 및 지구단위계획은 도시·군관리계획으로 결정한다(법 제50조).

(b) 지구단위계획의 수립

① "지구단위계획"이란 도시·군계획 수립대상 지역의 일부에 대하여 토지이용을 합리화하고 그 기능을 증진시키며 미관을 개선하고 양호한 환경을 확보하며, 그 지역을 체계적·계획적으로 관리하기 위하여 수립하는 도시관리계획을 말한다(법 제2조제5호).

지구단위계획은 다음 각 호의 사항을 고려하여 수립한다(법 제49조제1항).

㉠ 도시의 정비·관리·보전·개발 등 지구단위계획구역의 지정목적

㉡ 주거·산업·유통·관광·휴양·복합 등 지구단위계획구역의 중심기능

㉢ 해당 용도지역의 특성

㉣ 그 밖에 대통령령으로 정하는 사항

② 지구단위계획의 수립기준 등은 대통령령으로 정하는 바에 따라 국토해양부장관이 정한다(법 제49조제2항).

(c) 구역지정의 실효

지구단위계획구역의 지정에 관한 도시·군관리계획결정의 고시일부터 3년 이내에 그 지구단위계획구역에 관한 지구단위계획이 결정·고시되지 아니하면 그 3년이 되는 날의 다음 날에 그 지구단위계획구역의 지정에 관한 도시·군관리계획결정은 그 효력을 잃는다. 다만, 다른 법률에서 지구단위계획의 결정(결정된 것으로 보는 경우를 포함한다)에 관하여 따로 정한 경우에는 그 법률에 따라 지구단위계획을 결정할 때까지 지구단위계획구역의 지정은 그 효력을 유지한다(법 제53조제1항).

(2) 구역의 지정대상

① 국토해양부장관, 시·도지사 또는 대도시시장은 다음 각 호의 어느 하나에 해당하는 지역의 전부 또는 일부에 대하여 지구단위계획구역을 지정할 수 있다(법 제51조제1항).

ⓐ 제37조에 따라 지정된 용도지구(제1호)

ⓑ 도시개발법(제3조)에 따라 지정된 도시개발구역(제2호)

ⓒ 도시및주거환경정비법(제4조)에 따라 지정된 정비구역(제3호)

ⓓ 택지개발촉진법(제3조)에 따라 지정된 택지개발예정지구(제4호)

ⓔ 주택법(제16조)에 따른 대지조성사업지구(제5호)

ⓕ 산업입지및개발에관한법률(제2조제8호)에 따른 산업단지와 준산업단지(제6호)

ⓖ 관광진흥법(제52조, 제70조)에 따라 지정된 관광지와 관광특구(제7호)

ⓗ 개발제한구역 · 도시자연공원구역 · 시가화조정구역 또는 공원에서 해제되는 구역, 녹지지역에서 주거 · 상업 · 공업지역으로 변경되는 구역과 새로 도시지역으로 편입되는 구역 중 계획적인 개발 또는 관리가 필요한 지역(제8호)

ⓘ 도시지역 내 주거 · 상업 · 업무 등의 기능을 결합하는 등 복합적인 토지이용을 증진시킬 필요가 있는 지역으로서 대통령령으로 정하는 요건에 해당하는 지역

ⓙ 도시지역 내 유휴토지를 효율적으로 개발하거나 교정시설, 군사시설, 그밖에 대통령령으로 정하는 시설을 이전 또는 재배치하여 토지이용을 합리화하고, 그 기능을 증진시키기 위하여 집중적으로 정비가 필요한 지역으로서 대통령령으로 정하는 요건에 해당하는 지역

ⓚ 도시지역의 체계적 · 계획적인 관리 또는 개발이 필요한 지역(제9호)

ⓛ 그 밖에 양호한 환경의 확보나 기능 및 미관의 증진 등을 위하여 필요한 지역으로서 대통령령으로 정하는 지역(제10호)(영 제43조제1항)

- 시범도시(법 제127조제1항)
- 개발행위허가제한지역(법 제63조제2항)
- 지하 및 공중공간을 효율적으로 개발하고자 하는 지역
- 용도지역의 지정 · 변경에 관한 도시관리계획을 입안하기 위하여 열람공고된 지역
- 공장 · 학교 · 군부대 · 시장 등 대규모 시설물의 이전 또는 폐지로 인하여 발생하는 부지와 그 주변지역
- 주택재건축사업에 의하여 공동주택을 건축하는 지역
- 제1종지구단위계획구역으로 지정하고자 하는 토지와 접하여 공공시설을 설치하고자 하는 자연녹지지역
- 그 밖에 양호한 환경의 확보 또는 기능 및 미관의 증진 등을 위하여 필요한 지역으로서 특별시 · 광역시 · 시 또는 군의 도시계획조례가 정하는 지역

② 국토해양부장관, 시 · 도지사 또는 대도시시장은 다음 각 호의 어느 하나에 해당하는 지역은 지구단위계획구역으로 지정하여야 한다. 다만, 관계 법률에 따라 그 지역에 토지이용과 건축에 관한 계획이 수립되어 있는 경우에는 그러하지 아니하다(법 제51조제2항).

ⓐ 정비구역 · 택지개발예정지구(제1항제3호 및 제4호)의 지역에서 시행되는 사업이 끝난 후 10년이 지난 지역(제1호)

ⓑ 위의 구역지정 대상지역(제1항 각 호) 중 체계적 · 계획적인 개발 또는 관리가 필요한 지역으로서 대통령령으로 정하는 지역(제2호) : 다음 각 호의 지역으로서 면적이 30만㎡ 이상인 지역(영 제43조제2항)

- 시가화조정구역 또는 공원에서 해제되는 지역. 다만, 녹지지역으로 지정 또는 존치되거나 법 또는 다른 법령에 의하여 도시계획사업 등 개발계획이 수립되지 아니하는 경우를 제외한다.
- 녹지지역에서 주거지역 · 상업지역 또는 공업지역으로 변경되는 지역

③ 도시지역 외의 지역을 지구단위계획구역으로 지정하려는 경우 다음 각 호의 어느 하나에 해당하여야 한다(법 제51조제3항).

ⓐ 지정하려는 구역 면적의 50/100 이상이 계획관리지역으로서 대통령령으로 정하는 요건에 해당하는 지역

ⓑ 개발진흥지구로서 대통령령으로 정하는 요건에 해당하는 지역

ⓒ 용도지구를 폐지하고 그 용도지구에서의 행위제한 등을 지구단위계획으로 대체하려는 지역

(3) 지구단위계획의 내용

① 지구단위계획구역의 지정목적을 이루기 위하여 지구단위계획에는 다음 각 호의 사항 중 제2호와 제4호의 사항을 포함한 둘 이상의 사항이 포함되어야 한다. 다만, 기존의 용도지구를 폐지하는 경우에는 그러하지 아니하다(법 제52조제1항, 영 제45조제1항).

㉠ 용도지역이나 용도지구를 대통령령으로 정하는 범위에서 세분하거나 변경하는 사항(제1호) : 제30조 각 호의 용도지역 또는 제31조제2항 각 호의 용도지구(고도지구 제외)를 그 각 호의 범위(도시계획조례로 세분되는 용도지구를 포함한다) 안에서 세분 또는 변경하는 것(영 제45조제2항)

㉡ 기존의 용도지구를 폐지하고 그 용도지구에서의 건축물이나 그 밖의 시설의 용도 · 종류 및 규모 등의 제한을 대체하는 사항

㉢ 대통령령으로 정하는 기반시설의 배치와 규모(제2호)

㉣ 도로로 둘러싸인 일단의 지역 또는 계획적인 개발 · 정비를 위하여 구획된 일단의 토지의 규모와 조성계획(제3호)

㉤ 건축물의 용도제한, 건축물의 건폐율 또는 용적률, 건축물의 높이의 최고한도 또는 최저한도(제4호)

㉥ 건축물의 배치 · 형태 · 색채 또는 건축선에 관한 계획(제5호)

㉦ 환경관리계획 또는 경관계획(제6호)

⑥ 교통처리계획(제7호)

⑦ 그 밖에 토지이용의 합리화, 도시나 농 · 산 · 어촌의 기능증진 등에 필요한 사항으로서 대통령령으로 정하는 사항(제8호)

② 지구단위계획은 도로, 상 · 하수도 등 대통령령으로 정하는 도시계획시설의 처리 · 공급 및 수용능력이 지구단위계획구역 안에 있는 건축물의 연면적, 수용인구 등 개발밀도와 적절한 조화를 이룰 수 있도록 하여야 한다(법 제52조제2항).

(4) 구역 안에서의 행위제한

(a) 지구단위계획에 의한 건축 등

지구단위계획구역에서 건축물을 건축하거나 건축물의 용도를 변경하려면 그 지구단위계획에 맞게 건축하거나 용도를 변경하여야 한다. 다만, 지구단위계획이 수립되어 있지 아니한 경우와 지구단위계획의 범위에서 시차를 두어 단계적으로 건축물을 건축하는 경우에는 그러하지 아니하다(법 제54조).

(b) 건축제한의 완화

지구단위계획구역에서는 용도지역 · 지구 안에서의 건축물의 용도 · 종류 및 규모 등의 제한, 용도지역 안에서의 건폐율 및 용적률(제76조부터 제78조까지)과 건축법상의 대지안의 조경, 대지와 도로의 관계, 건축물의 높이제한, 공개공지 등의 확보(제42조 · 제43조 · 제44조 · 제60조 및 제61조), 주차장법 제19조 및 제19조의2의 규정을 대통령령으로 정하는 범위에서 지구단위계획으로 정하는 바에 따라 완화하여 적용할 수 있다(법 제52조제3항).

5. 타 법률에 따른 용도구역 등의 지정과의 관계

1) 다른 법률에 따른 토지이용에 관한 구역 등의 지정제한

중앙행정기관의 장이나 지방자치단체의 장은 다른 법률에 따라 토지의 이용에 관한 지역 · 지구 · 구역 또는 구획 등(이하 "구역 등"이라 한다)을 지정하려면 그 구역 등의 지정목적이 이 법에 따른 용도지역 · 용도지구 및 용도구역의 지정목적에 부합되도록 하여야 한다(법 제8조제1항).

2) 다른 법률에 따른 도시 · 군관리계획의 변경제한

중앙행정기관의 장이나 지방자치단체의 장은 다른 법률에서 이 법에 따른 용도지역 ·

용도지구 또는 용도구역의 지정 또는 변경에 대한 도시·군관리계획의 결정을 의제하는 내용이 포함되어 있는 계획을 허가·인가·승인 또는 결정하려면 대통령령으로 정하는 바에 따라 중앙도시계획위원회 또는 지방도시계획위원회(이하 "지방도시계획위원회"라 한다)의 심의를 받아야 한다(법 제9조 본문, 영 제6조). 다만, 국토해양부장관의 협의 또는 승인(제8조제2항)을 받거나 도시기본계획에 반영된 경우(제8조제2항제1호) 경우에는 그러하지 아니하다(제9조 단서).

3) 도시지역에서의 다른 법률의 적용배제

도시지역에 대하여는 다음 각 호의 법률의 규정을 적용하지 아니한다(법 제83조).

① 도로법 제49조(접도구역)

② 고속국도법 제8조(접도구역)

③ 농지법 제8조(농지취득자격증명), 다만 녹지지역의 농지로서 도시·군계획시설사업에 필요하지 아니한 농지에 대하여는 그러하지 아니하다.

6. 용도지역·지구 안에서 행위제한의 특례

1) 기존건축물에 대한 특례

① 법령의 제정·개정이나 그 밖에 대통령령으로 정하는 사유로 기존건축물이 이 법에 맞지 아니하게 된 경우에는 대통령령으로 정하는 범위에서 증축, 개축, 재축 또는 용도변경을 할 수 있다(법 제82조).

② 다음 각 호의 어느 하나에 해당하는 사유로 인하여 기존의 건축물이 용도지역·지구별 건축제한(제71조에서 제89조까지, 수산자원관리법 시행령 제40조)의 규정에 따른 건폐율·용적률 및 높이 등의 규모기준에 부적합하게 된 경우에도 재축(건축법 제2조제1항제8호) 또는 대수선(동법 제2조제1항제9호 : 건폐율·용적률이 증가되지 아니하는 범위)은 할 수 있으며, 증축 또는 개축(건축법 제2조제1항제8호)은 증축 또는 개축하고자 하는 부분이 위 용도지역·지구별 건축제한의 규정에 따른 건폐율·용적률 및 높이 등의 규모기준에 적합한 경우에는 이를 할 수 있다(영 제93조제1항).

㉠ 법령 또는 도시·군계획조례의 제정·개정

㉡ 도시·군관리계획의 결정·변경 또는 행정구역의 변경

㉢ 도시·군계획시설의 설치, 도시·군계획사업의 시행 또는 도로법에 의한 도로의 설치

2) 대지가 둘 이상의 용도지역 · 지구 · 구역에 걸치는 경우

① 대지가 둘 이상의 용도지역 · 지구 또는 구역에 걸치는 경우

하나의 대지가 둘 이상의 용도지역 · 용도지구 또는 용도구역에 걸치는 경우 그 대지 중 용도지역 · 용도지구 또는 용도구역에 있는 부분의 규모가 330㎡(단, 도로변에 띠 모양으로 지정된 상업지역에 걸쳐 있는 필지의 경우에는 660㎡를 말한다) 이하인 토지부분에 대하여는 그 대지 중 가장 넓은 면적이 속하는 용도지역 · 용도지구 또는 용도구역에 관한 규정을 적용한다(법 제84조제1항 본문, 영 제94조).

② 건축물이 고도지구 · 미관지구에 걸치는 경우

다만, 건축물이 미관지구나 고도지구에 걸쳐 있는 경우에는 그 건축물 및 대지의 전부에 대하여 미관지구나 고도지구의 건축물 및 대지에 관한 규정을 적용한다(법 제84조제1항 단서).

③ 건축물이 방화지구에 걸치는 경우

하나의 건축물이 방화지구와 그 밖의 용도지역 · 용도지구 또는 용도구역에 걸쳐 있는 경우에는 위의 규정(제1항)에도 불구하고 그 전부에 대하여 방화지구의 건축물에 관한 규정을 적용한다. 다만, 그 건축물이 있는 방화지구와 그 밖의 용도지역 · 용도지구 또는 용도구역의 경계가 건축법(제50조제2항)에 따른 방화벽으로 구획되는 경우 그 밖의 용도지역 · 용도지구 또는 용도구역에 있는 부분에 대하여는 그러하지 아니하다(법 제84조제2항).

④ 대지가 녹지지역과 그 밖의 용도지역 · 지구 · 구역에 걸치는 경우

하나의 대지가 녹지지역과 그 밖의 용도지역 · 용도지구 또는 용도구역에 걸쳐 있는 경우에는 위의 규정(제1항)에도 불구하고 각각의 용도지역 · 용도지구 또는 용도구역의 건축물 및 대지에 관한 규정을 적용한다. 다만, 녹지지역의 건축물이 미관지구 · 고도지구 또는 방화지구에 걸쳐 있는 경우에는 위의 규정(제1항 단서나 제2항)에 따른다(법 제84조제3항).

제5절 개발행위의 허가 등

Ⅰ 일반적 행위제한

1. 의 의

토지소유자 등은 건축물의 건축 또는 공작물의 설치, 토지의 형질변경, 토석의 채취, 토지분할, 물건적치 등 일정한 토지이용행위에 대하여 공법상의 제한을 받게 된다. 즉 시장·군수의 허가 없이는 위와 같은 각종의 토지이용행위를 할 수 없게 되는데, 이러한 공법상의 행위제한은 원칙적으로 모든 토지에 대한 일반적 토지이용행위제한으로서 도시·군관리계획에 의하여 지정된 용도지역·지구(제36조 및 제37조) 안의 토지에 대한 용도지역·지구별 건축행위제한(제76조 내지 제79조)과는 구별되는데, 이를 개발행위의 허가(법 제56조)라 부른다.

종전의 도시계획법상의 개발행위허가(제46조)는 도시계획구역 안의 토지만을 대상으로 하였으나 새로운 국토의계획및이용에관한법률법상의 개발행위허가는 원칙적으로 용도지역을 묻지 않고 국토 전부를 대상으로 하고 있다. 다만, 용도지역별로 토지형질변경 등 개발행위 허가의 대상규모를 달리하고 있고, 그동안 토지분할은 도시지역 안의 토지만을 대상으로 하고 있었으나 최근에 비도시지역 안의 토지도 허가대상으로 확대하였으며, 물건적치는 녹지지역·관리지역 또는 자연환경보전지역 안의 토지만을 허가대상으로 하고 있다.

2. 개발행위허가의 내용

1) 허가대상행위

(1) 시장·군수의 허가대상행위

(a) 법률에 의한 허가대상행위

다음 각 호의 어느 하나에 해당하는 행위로서 대통령령으로 정하는 행위(이하 "개발행위"라 한다)를 하려는 자는 특별시장·광역시장·특별자치시장·특별자치도지사·시장 또는 군수의 허가(이하 "개발행위허가"라 한다)를 받아야 한다. 다만, 도시·군계획사업에 의한 행위는 그러하지 아니하다(법 제56조제1항).

① 건축물의 건축 또는 공작물의 설치(제1호)

② 토지의 형질변경(경작을 위한 토지의 형질변경은 제외한다)(제2호)

③ 토석의 채취(제3호)

④ 토지분할(건축법 제57조에 따른 건축물이 있는 대지는 제외한다)(제5호)

⑤ 녹지지역 · 관리지역 또는 자연환경보전지역에 물건을 1개월 이상 쌓아놓는 행위(제5호)

(b) 대통령령에 의한 허가대상행위

법 제56조제1항의 규정에 따라 대통령령이 정하는 개발행위허가를 받아야 하는 행위는 다음 각 호와 같다(영 제51조).

■ 개발행위허가를 받아야 하는 행위 ■

법 제56조제1항	영 제51조
① 건축물의 건축	건축법 제2조제1항제2호에 따른 건축물의 건축
② 공작물의 설치	인공을 가하여 제작한 시설물(건축법 제2조제1항제2호에 따른 건축물을 제외한다)의 설치
③ 토지의 형질변경	절토 · 성토 · 정지 · 포장 등의 방법으로 토지의 형상을 변경하는 행위와 공유수면의 매립(경작을 위한 토지의 형질변경을 제외한다)
④ 토석채취	흙 · 모래 · 자갈 · 바위 등의 토석을 채취하는 행위. 다만, 토지의 형질변경을 목적으로 하는 것을 제외한다.
⑤ 토지분할	다음 각 목의 어느 하나에 해당하는 토지의 분할(건축법 제57조에 따른 건축물이 있는 대지는 제외한다) • 녹지지역 · 관리지역 · 농림지역 및 자연환경보전지역 안에서 관계 법령에 따른 허가 · 인가 등을 받지 아니하고 행하는 토지의 분할 • 건축법 제57조제1항에 따른 분할제한면적 미만으로의 토지의 분할 • 관계 법령에 의한 허가 · 인가 등을 받지 아니하고 행하는 너비 5미터 이하로의 토지의 분할
⑥ 물건을 쌓아놓는 행위	녹지지역 · 관리지역 또는 자연환경보전지역 안에서 건축물의 울타리 안(적법한 절차에 의하여 조성된 대지에 한한다)에 위치하지 아니한 토지에 물건을 1월 이상 쌓아놓는 행위

(2) 산림자원의조성및관리에관한법률 등과의 관계

위의 규정(제1항)에도 불구하고 토지의 형질변경 및 토석의 채취(제1항제2호 및 제3호)의 개발행위 중 도시지역과 계획관리지역의 산림에서의 임도의 설치와 사방사업에 관하여는 각각 산림자원의조성및관리에관한법률과 사방사업법에 따르고, 보전관리지역 · 생산관리지역 · 농림지역 및 자연환경보전지역의 산림에서의 토지의 형질변경(농업 · 임업 · 어업 목적) 및 토석의 채취(제1항제2호 및 제3호)의 개발행위에 관하여는 산지관리법에 따른다(법 제56조제3항).

(3) 허가받은 사항의 변경

개발행위허가를 받은 사항을 변경하는 경우에는 위(제1항)의 규정을 준용한다. 다만, 대통령령으로 정하는 경미한 사항을 변경하는 경우에는 그러하지 아니하다(법 제56조제2항).

2) 예외적 허용행위

다음 각 호의 어느 하나에 해당하는 행위는 위의 규정(제1항)에도 불구하고 개발행위허가를 받지 아니하고 할 수 있다. 다만, 응급조치(제1호)를 한 경우에는 1개월 이내에 특별시장 · 광역시장 · 특별자치시장 · 특별자치도지사 · 시장 또는 군수에게 신고하여야 한다(법 제56조제4항).

① 재해복구나 재난수습을 위한 응급조치(제1호)

② 건축법에 따라 신고하고 설치할 수 있는 건축물의 개축 · 증축 또는 재축과 이에 필요한 범위에서의 토지의 형질변경(도시 · 군계획시설사업이 시행되지 아니하고 있는 도시 · 군계획시설의 부지인 경우만 가능하다)(제2호)

③ 그 밖에 대통령령으로 정하는 경미한 행위(제3호)

법 제56조제4항제3호에서 "그 밖에 대통령령으로 정하는 경미한 행위"란 다음 각 호의 행위를 말한다. 다만, 다음 각 호에 규정된 범위에서 특별시 · 광역시 · 특별자치시 · 특별자치도 · 시 또는 군의 도시계획조례로 따로 정하는 경우에는 그에 따른다(영 제53조).

■ 개발행위허가를 받지 않고 할 수 있는 행위 ■

법 제56조제4항제3호	영 제53조
① 건축물의 건축	건축법(제11조제1항 또는 제14조제1항)에 따른 건축허가 또는 건축신고 대상에 해당하지 아니하는 건축물의 건축
② 공작물의 설치	• 도시지역 또는 지구단위계획구역에서 무게가 50톤 이하, 부피가 50㎥ 이하, 수평투영면적이 25㎡ 이하인 공작물의 설치. 다만, 건축법시행령(제118조제1항 각 호의 어느 하나)에 해당하는 공작물의 설치는 제외한다. • 도시지역 · 자연환경보전지역 및 지구단위계획구역 외의 지역에서 무게가 150톤 이하, 부피가 150㎥ 이하, 수평투영면적이 75㎡ 이하인 공작물의 설치. 다만, 건축법시행령 제118조제1항 각 호의 어느 하나에 해당하는 공작물의 설치는 제외한다. • 녹지지역 · 관리지역 또는 농림지역 안에서의 농림어업용 비닐하우스(비닐하우스 안에 설치하는 육상어류양식장을 제외한다)의 설치

법 제56조제4항제3호	영 제53조
③ 토지의 형질변경	• 높이 50㎝ 이내 또는 깊이 50㎝ 이내의 절토 · 성토 · 정지 등(포장을 제외하며, 주거지역 · 상업지역 및 공업지역 외의 지역에서는 지목변경을 수반하지 아니하는 경우에 한한다) • 도시지역 · 자연환경보전지역 및 지구단위계획구역 외의 지역에서 면적이 660㎡ 이하인 토지에 대한 지목변경을 수반하지 아니하는 절토 · 성토 · 정지 · 포장 등(토지의 형질변경 면적은 형질변경이 이루어지는 당해 필지의 총면적을 말한다. 이하 같다) • 조성이 완료된 기존 대지에 건축물 그 밖의 공작물을 설치하기 위한 토지의 형질변경(절토 및 성토는 제외) • 국가 또는 지방자치단체가 공익상의 필요에 의하여 직접 시행하는 사업을 위한 토지의 형질변경
④ 토석채취	• 도시지역 또는 지구단위계획구역에서 채취면적이 25㎡ 이하인 토지에서의 부피 50㎥ 이하의 토석채취 • 도시지역 · 자연환경보전지역 및 지구단위계획구역 외의 지역에서 채취면적이 250㎡ 이하인 토지에서의 부피 500㎥ 이하의 토석채취
⑤ 토시분할	• 사도법에 의한 사도개설허가를 받은 토지의 분할 • 토지의 일부를 공공용지 또는 공용지로 하기 위한 토지의 분할 • 행정재산 중 용도폐지되는 부분의 분할 또는 잡종재산을 매각 · 교환 또는 양여하기 위한 분할 • 토지의 일부가 도시계획시설로 지형도면고시가 된 당해 토지의 분할 • 너비 5미터 이하로 이미 분할된 토지의 건축법(제57조제1항)에 따른 분할제한 면적 이상으로의 분할
⑥ 물건을 쌓아놓는 행위	• 녹지지역 또는 지구단위계획구역에서 물건을 쌓아놓는 면적이 25㎡ 이하인 토지에 전체무게 50톤 이하, 전체부피 50㎥ 이하로 물건을 쌓아놓는 행위 • 관리지역(지구단위계획구역으로 지정된 지역을 제외한다)에서 물건을 쌓아놓는 면적이 250㎡ 이하인 토지에 전체무게 500톤 이하, 전체부피 500㎥ 이하로 물건을 쌓아놓는 행위

3) 개발행위허가의 기준

(1) 일반적 허가기준

① 특별시장 · 광역시장 · 특별자치시장 · 특별자치도지사 · 시장 또는 군수는 개발행위허가의 신청내용이 다음 각 호의 기준에 맞는 경우에만 개발행위허가를 하여야 한다(법 제58조제1항, 영 제55조).

㉠ 용도지역별 특성을 고려하여 대통령령으로 정하는 개발행위의 규모에 적합할 것(제1호).

ⓐ 법 제58조제1항제1호에서 "대통령령이 정하는 개발행위의 규모"라 함은 다음 각 호에 해당하는 토지의 형질변경면적을 말한다. 다만, 관리지역 및 농림지역에 대하여는 다음(제2호 및 제3호)의 규정에 의한 면적의 범위 안에서 당해 특별시·광역시·시 또는 군의 도시계획조례로 따로 정할 수 있다(영 제55조제1항).

■ 개발행위의 규모 ■

용도지역	토지형질변경의 기준면적
① 도시지역	• 주거지역·상업지역·자연녹지지역·생산녹지지역 : 1만㎡ 미만 • 공업지역 : 3만㎡ 미만 • 보전녹지지역 : 5천㎡ 미만
② 관리지역	3만㎡ 미만
③ 농림지역	3만㎡ 미만
④ 자연환경보전지역	5천㎡ 미만

ⓑ 위의 규정(제1항)의 규정을 적용함에 있어서 개발행위허가의 대상인 토지가 둘 이상의 용도지역에 걸치는 경우에는 각각의 용도지역에 위치하는 토지부분에 대하여 각각의 용도지역의 개발행위의 규모에 관한 규정을 적용한다. 다만, 개발행위허가의 대상인 토지의 총면적이 당해 토지가 걸쳐 있는 용도지역 중 개발행위의 규모가 가장 큰 용도지역의 개발행위의 규모를 초과하여서는 아니 된다(영 제55조제2항).

㉡ 도시·군관리계획의 내용에 배치되지 아니할 것(제2호)

㉢ 도시·군계획사업의 시행에 지장이 없을 것(제3호)

㉣ 주변지역의 토지이용실태 또는 토지이용계획, 건축물의 높이, 토지의 경사도, 수목의 상태, 물의 배수, 하천·호소·습지의 배수 등 주변환경 또는 경관과 조화를 이룰 것(제4호)

㉤ 당해 개발행위에 따른 기반시설의 설치 또는 그에 필요한 용지의 확보계획이 적정할 것(제5호)

② 특별시장·광역시장·특별자치시장·특별자치도지사·시장 또는 군수는 개발행위허가를 하려면 그 개발행위가 도시계획사업의 시행에 지장을 주는지에 관하여 해당 지역에서 시행되는 도시계획사업의 시행자의 의견을 들어야 한다(법 제58조제2항).

(2) 개별적 허가기준

개발행위허가의 기준 등에 관하여 필요한 세부사항은 대통령령으로 정한다(법 제58조 제3항, 영 제56조 및 별표 1-2).

4) 개발행위허가의 제한 등

(1) 개발행위허가의 제한

① 국토해양부장관, 시·도지사, 시장 또는 군수는 다음 각 호의 어느 하나에 해당되는 지역으로서 도시·군관리계획상 특히 필요하다고 인정되는 지역에 대하여는 대통령령으로 정하는 바에 따라 중앙도시계획위원회나 지방도시계획위원회의 심의를 거쳐 1회에 한하여 3년 이내의 기간 동안 개발행위허가를 제한할 수 있다. 다만, 제3호부터 제5호까지에 해당하는 지역에 대하여는 1회에 한하여 2년 이내의 기간 동안 개발행위허가의 제한을 연장할 수 있다(법 제63조제1항).

㉠ 녹지지역이나 계획관리지역으로서 수목이 집단적으로 자라고 있거나 조수류 등이 집단적으로 서식하고 있는 지역 또는 우량농지 등으로 보전할 필요가 있는 지역(제1호)

㉡ 개발행위로 인하여 주변의 환경·경관·미관·문화재 등이 크게 오염되거나 손상될 우려가 있는 지역(제2호)

㉢ 도시·군기본계획이나 도시·군관리계획을 수립하고 있는 지역으로서 당해 도시·군기본계획이나 도시·군관리계획이 결정될 경우 용도지역·용도지구 또는 용도구역의 변경이 예상되고 그에 따라 개발행위허가의 기준이 크게 달라질 것으로 예상되는 지역(제3호)

㉣ 지구단위계획구역으로 지정된 지역(제4호)

㉤ 기반시설부담구역으로 지정된 지역(제5호)

② 국토해양부장관, 시·도지사, 시장 또는 군수는 위의 규정(제1항)에 따라 개발행위허가를 제한하려면 대통령령으로 정하는 바에 따라 제한지역·제한사유·제한대상행위 및 제한기간을 미리 고시하여야 한다(법 제63조제2항).

(2) 도시계획시설부지에서의 개발행위

(a) 건축허가의 금지

특별시장·광역시장·특별자치시장·특별자치도지사·시장 또는 군수는 도시·군계획시설의 설치장소로 결정된 지상·수상·공중·수중 또는 지하에 대하여는 그 도시·군계획시설이 아닌 건축물의 건축이나 공작물의 설치를 허가하여서는 아니 된다. 다만, 대통령령으로 정하는 경우에는 그러하지 아니하다(법 제64조제1항).

(b) 가설건축물 등의 건축허가

㉠ 특별시장 · 광역시장 · 특별자치시장 · 특별자치도지사 · 시장 또는 군수는 도시 · 군계획시설결정의 고시일부터 2년이 지날 때까지 그 시설의 설치에 관한 사업이 시행되지 아니한 도시 · 군계획시설 중 단계별집행계획(제85조)이 수립되지 아니하거나 단계별집행계획에서 제1단계집행계획(단계별집행계획을 변경한 경우에는 최초의 단계별집행계획을 말한다)에 포함되지 아니한 도시 · 군계획시설의 부지에 대하여는 위의 규정(제1항)에도 불구하고 다음 각 호의 개발행위를 허가할 수 있다(법 제64조제2항).

ⓐ 가설건축물의 건축과 이에 필요한 범위에서의 토지의 형질변경(제1호)

ⓑ 도시 · 군계획시설의 설치에 지장이 없는 공작물의 설치와 이에 필요한 범위에서의 토지의 형질변경(제2호)

ⓒ 건축물의 개축 또는 재축과 이에 필요한 범위에서의 토지의 형질변경(제56조제4항제2호의 예외적 허용행위에 해당하는 경우는 제외한다)(제3호)

㉡ 특별시장 · 광역시장 · 특별자치시장 · 특별자치도지사 · 시장 또는 군수는 위의 규정(제2항제1호 또는 제2호)에 따라 가설건축물의 건축이나 공작물의 설치를 허가한 토지에서 도시 · 군계획시설사업이 시행되는 경우에는 그 시행예정일 3개월 전까지 가설건축물이나 공작물 소유자의 부담으로 그 가설건축물이나 공작물의 철거 등 원상회복에 필요한 조치를 명하여야 한다. 다만, 원상회복이 필요하지 아니하다고 인정되는 경우에는 그러하지 아니하다(법 제64조제3항).

㉢ 특별시장 · 광역시장 · 특별자치시장 · 특별자치도지사 · 시장 또는 군수는 위의 규정(제3항)에 따른 원상회복의 명령을 받은 자가 원상회복을 하지 아니하면 행정대집행법에 따른 행정대집행에 따라 원상회복을 할 수 있다(법 제64조제4항).

3. 개발행위허가의 절차

1) 행위허가신청

개발행위를 하려는 자는 그 개발행위에 따른 기반시설의 설치나 그에 필요한 용지의 확보, 위해방지, 환경오염방지, 경관, 조경 등에 관한 계획서를 첨부한 신청서를 개발행위허가권자에게 제출하여야 한다. 이 경우 개발밀도관리구역 안에서는 기반시설의 설치나 그에 필요한 용지의 확보에 관한 계획서를 제출하지 아니한다. 다만 건축물의 건축 또는 공작물의 설치(제56조제1항제1호)의 행위 중 건축법의 적용을 받는 건축물의 건축 또는 공작물의 설치를 하려는 자는 건축법에서 정하는 절차에 따라 신청서류를 제출하여야 한다(법 제57조제1항).

2) 행위허가

(1) 허가 · 불허가처분

① 특별시장 · 광역시장 · 특별자치시장 · 특별자치도지사 · 시장 또는 군수는 위의 규정(제1항)에 따른 개발행위허가의 신청에 대하여 특별한 사유가 없으면 대통령령으로 정하는 기간(15일) 이내에 허가 또는 불허가의 처분을 하여야 한다(법 제57조제2항, 영 제54조제1항).

② 특별시장 · 광역시장 · 특별자치시장 · 특별자치도지사 · 시장 또는 군수는 위의 규정(제2항)에 따라 허가 또는 불허가의 처분을 하는 때에는 지체 없이 그 신청인에게 허가증을 교부하거나 불허가처분사유를 서면으로 통지하여야 한다(법 제57조제3항).

(2) 도시계획위원회의 심의

① 관계 행정기관의 장은 건축물의 건축, 토지의 형질변경, 토석의 채취(제56조제1항제1호부터 제3호의 1까지) 중 어느 하나에 해당하는 행위로서 대통령령으로 정하는 행위를 이 법에 따라 허가하거나 다른 법률에 따라 인가 · 허가 · 승인 또는 협의를 하려면 대통령령으로 정하는 바에 따라 중앙도시계획위원회나 지방도시계획위원회의 심의를 거쳐야 한다(법 제59조제1항).

② 위의 규정(제1항)에도 불구하고 다음 각 호의 어느 하나에 해당하는 개발행위의 경우에는 중앙도시계획위원회와 지방도시계획위원회의 심의를 거치지 아니한다(법 제59조제2항).

㉠ 제8조, 제9조 또는 다른 법률에 따라 도시계획위원회의 심의를 받는 구역에서 하는 개발행위

㉡ 지구단위계획을 수립한 지역에서 하는 개발행위

㉢ 주거지역 · 상업지역 · 공업지역에서 시행하는 개발행위 중 특별시 · 광역시 · 특별자치시 · 특별자치도 · 시 또는 군의 조례로 정하는 규모 · 위치 등에 해당하지 아니하는 개발행위

㉣ 환경영향평가법에 따라 환경영향평가를 받은 개발행위

㉤ 도시교통촉진법에 따라 교통영향분석 · 개선대책에 대한 검토를 받은 개발행위

ⓗ 농어촌정비법(제2조제4호)에 따른 농어촌정비사업 중 대통령령으로 정하는 사업을 위한 개발행위

ⓢ 산림자원의조성및관리에관한법률에 따른 산림사업 및 사방사업법에 따른 사방사업을 위한 개발행위

③ 국토해양부장관이나 지방자치단체의 장은 위의 규정(제2항)에도 불구하고´환경 영향평가를 받는 행위(제2항제4호)에 해당하는 개발행위가 도시·군계획에 포함되지 아니한 경우에는 관계 행정기관의 장에게 대통령령으로 정하는 바에 따라 중앙도시계획위원회나 지방도시계획위원회의 심의를 받도록 요청할 수 있다. 이 경우 관계 행정기관의 장은 특별한 사유가 없으면 요청에 따라야 한다(법 제59조제3항).

(3) 조건부허가

① 허가의 조건(기반시설의 설치 등)

특별시장·광역시장·특별자치시장·특별자치도지사·시장 또는 군수는 개발행위허가를 하는 경우에는 대통령령으로 정하는 바에 따라 그 개발행위에 따른 기반시설의 설치 또는 그에 필요한 용지의 확보, 위해방지, 환경오염방지, 경관, 조경 등에 관한 조치를 할 것을 조건으로 개발행위허가를 할 수 있다(법 제57조제4항).

② 이행보증금의 예치(이행보증)

3) 준공검사

4. 개발행위허가의 효력

1) 인·허가 등의 의제

① 개발행위허가를 할 때에 특별시장·광역시장·특별자치시장·특별자치도지사·시장 또는 군수가 그 개발행위에 대한 다음 각 호의 인가·허가·승인·면허·협의·해제·신고 또는 심사 등(이하 "인·허가 등"이라 한다)에 관하여 미리 관계 행정기관의 장과 협의한 사항(제3항)에 대하여는 그 인·허가 등을 받은 것으로 본다(법 제61조제1항).

㉠ 공유수면 점용·사용의 허가, 실시계획의 승인 또는 신고, 공유수면매립의 면허, 실시계획의 승인(공유수면관리매립법 제8조, 제17조, 제28조, 제38조)

㉡ 채광계획의 인가(광업법 제42조)

ⓒ 농업생산기반시설의 목적 외 사용의 승인(농어촌정비법 제23조)
ⓔ 농지전용의 허가 또는 협의, 농지전용의 신고, 농지의 타용도 일시사용의 허가 또는 협의(농지법 제34조, 제35조, 제36조)
ⓜ 도로공사시행의 허가, 도로점용의 허가(도로법 제34조, 제38조)
ⓗ 무연분묘의 개장허가(장사등에관한법률 제27조제1항).
ⓢ 사도개설의 허가(사도법 제4조)
ⓞ 토지의 형질변경 등의 허가, 사방지지정의 해제(사방사업법 제14조, 제20조)
ⓙ 공장설립 등의 승인(산업집적활성화및공장설립에관한법률 제13조)
ⓒ 산지전용의 허가 및 산지전용 신고, 산지일시사용 허가 · 신고, 토석채취 허가 또는 토사채취 신고 및 입목벌채 등의 허가 · 신고(산지관리법 제14조 · 제15조, 제15조의2, 제25조 및 산림자원조성관리법 제36조)
ⓚ 전용상수도설치 및 전용공업용수도설치의 인가(수도법 제52조, 제54조)
ⓣ 초지전용의 허가, 신고 또는 협의(초지법 제23조)
ⓟ 공공하수도에 관한 공사시행의 허가(하수도법 제16조)
ⓗ 하천공사시행의 허가, 하천점용의 허가(하천법 제30조, 제33조)
㉮ 체육시설 사업계획의 승인(체육시설의설치 · 이용에관한법률 제12조)
㉯ 기타

② 위의 규정(제1항)에 따른 인 · 허가 등의 의제를 받으려는 자는 개발행위허가를 신청할 때에 해당 법률에서 정하는 관련 서류를 함께 제출하여야 한다(법 제61조제2항).

③ 특별시장 · 광역시장 · 특별자치시장 · 특별자치도지사 · 시장 또는 군수는 개발행위허가를 할 때에 그 내용에 위(제1항) 각 호의 어느 하나에 해당하는 사항이 있으면 미리 관계 행정기관의 장과 협의하여야 한다(법 제61조제3항).

2) 원상회복명령

특별시장 · 광역시장 · 특별자치시장 · 특별자치도지사 · 시장 또는 군수는 개발행위허가를 받지 아니하고 개발행위를 하거나 허가내용과 다르게 개발행위를 하는 자에게는 그 토지의 원상회복을 명할 수 있다(법 제60조제3항).

3) 공공시설의 귀속 등

(1) 공공시설의 의의

"공공시설"이란 도로 · 공원 · 철도 · 수도, 그 밖에 대통령령으로 정하는 공공용 시설을 말한다(법 제2조제13호, 영 제4조).

① 항만 · 공항 · 운하 · 광장 · 녹지 · 공공공지 · 공동구 · 하천 · 유수지 · 방화설비 · 방풍설비 · 방수설비 · 사방설비 · 방조설비 · 하수도 · 구거

② 행정청이 설치하는 주차장 · 운동장 · 저수지 · 화장시설 · 공동묘지 · 봉안시설

③ 유비쿼터스 도시의 관리 · 운영에 관한 시설

(2) 공공시설의 귀속

(a) 개발행위허가를 받은 자가 행정청인 경우

개발행위허가를 받은 자가 행정청인 경우 개발행위허가를 받은 자가 새로 공공시설을 설치하거나 기존의 공공시설에 대체되는 공공시설을 설치한 경우에는 국유재산법과 공유재산및물품관리법에도 불구하고 새로 설치한 공공시설은 그 시설을 관리할 관리청에 무상으로 귀속되고, 종래의 공공시설은 개발행위허가를 받은 자에게 무상으로 귀속된다(법 제65조제1항).

(b) 개발행위허가를 받은 자가 비행정청인 경우

개발행위허가를 받은 자가 행정청이 아닌 경우 개발행위허가를 받은 자가 새로 설치한 공공시설은 그 시설을 관리할 관리청에 무상으로 귀속되고, 개발행위로 용도가 폐지되는 공공시설은 국유재산법과 공유재산및물품관리법에도 불구하고 새로 설치한 공공시설의 설치비용에 상당하는 범위에서 개발행위허가를 받은 자에게 무상으로 양도할 수 있다(법 제65조제2항).

(c) 개발행위허가의 절차

① 관리청의 의견청취

② 등기원인을 증명하는 서면

5. 개발행위에 따른 기반시설의 설치

1) 의 의

2) 개발밀도관리구역

(1) 의 의

"개발밀도관리구역"이란 개발로 인하여 기반시설이 부족할 것이 예상되나 기반시설의 설치가 곤란한 지역을 대상으로 건폐율이나 용적률을 강화하여 적용하기 위하여 제66조

에 따라 지정하는 구역을 말한다(법 제2조제18호).

(2) 구역의 지정

① 특별시장 · 광역시장 · 특별자치시장 · 특별자치도지사 · 시장 또는 군수는 주거 · 상업 또는 공업지역에서의 개발행위로 기반시설(도시계획시설을 포함한다)의 처리 · 공급 또는 수용능력이 부족할 것으로 예상되는 지역 중 기반시설의 설치가 곤란한 지역을 개발밀도관리구역으로 지정할 수 있다(법 제66조제1항).

② 특별시장 · 광역시장 · 특별자치시장 · 특별자치도지사 · 시장 또는 군수는 개발밀도관리구역에서는 대통령령으로 정하는 범위(당해 용도지역에 적용되는 용적률의 최대한도의 50%)에서 제77조나 제78조에 따른 건폐율 또는 용적률을 강화하여 적용한다(법 제66조제2항, 영 제62조제1항).

3) 기반시설부담구역

(1) 의 의

"기반시섬부담구역"이란 개발밀도관리구역 외의 지역으로서 개발로 인하여 도로, 공원, 녹지 등 대통령령으로 정하는 기반시설의 설치가 필요한 지역을 대상으로 기반시설을 설치하서나 그에 필요한 지역을 대상으로 기반시설을 설치하거나 그에 필요한 용지를 확보하기 위하여 제67조에 따라 지정 · 고시하는 구역을 말한다(법 제2조제9호).

(2) 구역의 지정

① 특별시장 · 광역시장 · 특별자치시장 · 특별자치도지사 · 시장 또는 군수는 다음 각 호의 어느 하나에 해당하는 지역에 대하여는 기반시설부담구역으로 지정하여야 한다. 다만, 개발행위가 집중되어 특별시장 · 광역시장 · 시장 또는 군수가 해당 지역의 계획적 관리를 위하여 필요하다고 인정하면 다음 각 호에 해당하지 아니하는 경우라도 기반시설부담구역으로 지정할 수 있다(법 제67조제1항, 영 제64조).

㉠ 이 법 또는 다른 법령의 제정 · 개정으로 인하여 행위제한이 완화되거나 해제되는 지역

㉡ 이 법 또는 다른 법령에 따라 지정된 용도지역 등이 변경되거나 해제되어 행위제한이 완화되는 지역

㉢ 개발행위허가 현황 및 인구증가율 등을 고려하여 대통령령으로 정하는 지역

② 특별시장 · 광역시장 · 특별자치시장 · 특별자치도지사 · 시장 또는 군수는 기반시설부담구역을 지정 또는 변경하고자 하려면 주민의 의견을 들어야 하며, 해당 지방자

치단체에 설치된 지방도시계획위원회의 심의를 거쳐 대통령령으로 정하는 바에 따라 이를 고시하여야 한다(법 67조제2항).

③ 특별시장 · 광역시장 · 특별자치시장 · 특별자치도지사 · 시장 또는 군수는 위(제2항)의 규정에 따라 기반시설부담구역이 지정되면 대통령령으로 정하는 바에 따라 기반시설설치계획을 수립하여야 하며, 이를 도시 · 군관리계획에 반영하여야 한다(법 제67조제4항, 영 제65조).

(3) 기반시설설치비용의 부과 및 납부

(a) 기반시설설치비용의 의의

"기반시설설치비용"이란 단독주택 및 숙박시설 등 대통령령으로 정하는 시설의 신 · 증축 행위로 인하여 유발되는 기반시설을 설치하거나 그에 필요한 용지를 확보하기 위하여 제69조에 따라 부과 · 징수하는 금액을 말한다(법 제2조제20호). 여기서 대통령령으로 정하는 시설이란 건축법 시행령 별표 1에 따른 용도별 건축물을 말한다. 다만 별표 1(기반시설을 유발하는 시설에서 제외되는 건축물)의 건축물은 제외한다(영 제4조의3).

(b) 기반시설설치비용의 부과대상 및 산정기준

① 기반시설부담구역에서 기반시설설치비용의 부과대상인 건축행위는 위(제2조제20호)의 규정에 따른 시설로서 200제곱미터(기존 건축물의 연면적을 포함한다)를 초과하는 건축물의 신 · 증축 행위로 한다. 다만, 기존 건축물을 철거하고 신축하는 경우에는 기존 건축물의 건축연면적을 초과하는 건축행위만 부과대상으로 한다(법 제68조제1항).

② 기반시설설치비용은 기반시설을 설치하는 데 필요한 기반시설 표준시설비용과 용지비용을 합산한 금액에 위(제1항)의 규정에 따른 부과대상 건축연면적과 기반시설 설치를 위하여 사용되는 총비용 중 국가 · 지방자치단체의 부담분을 제외하고 민간개발사업자가 부담하는 부담률을 곱한 금액으로 한다(법 제68조제2항, 영 제67조).

(c) 기반시설설치비용의 납부 및 체납처분

① 위(제68조제1항)의 규정에 따른 건축행위를 하는 자(건축행위의 위탁자 또는 지위의 승계자 등 대통령령으로 정하는 자를 포함한다)는 기반시설설치비용을 내야 한다(법 제69조제1항, 영 제70조의2).

② 특별시장 · 광역시장 · 특별자치시장 · 특별자치도지사 · 시장 또는 군수는 납부의무자가 국가 또는 지방자치단체로부터 건축허가를 받은 날부터 2개월 이내에 기반시설설치비용을 부과하여야 하고, 납부의무자는 사용승인 신청 시까지 이를 내야 한다(법 제69조제2항).

제6절 도시·군계획시설의 설치

1. 도시·군계획시설의 의의

1) 의 의

도시·군계획시설이란 기반시설 중 제30조의 규정에 의한 도시·군관리계획으로 결정된 시설을 말한다(법 제2조제7호).

2) 기반시설의 구분

(1) 기반시설의 종류

기반시설이란 대통령령이 정하는 다음 각 호의 시설(당해 시설 그 자체의 기능발휘와 이용을 위하여 필요한 부대시설 및 편익시설을 포함한다)을 말한다(법 제2조제6호, 영 제2조제1항).

구 분	기반시설의 종류(법 제2조제6호 및 영 제2조제1항)
① 교통시설	도로·철도·항만·공항·주차장·자동차정류장·궤도·삭도·운하, 자동차 및 건설기계검사시설, 자동차 및 건설기계운전학원
② 공간시설	광장·공원·녹지·유원지·공공공지
③ 유통·공급시설	유통업무설비, 수도·전기·가스·열공급설비, 방송·통신시설, 공동구·시장, 유류저장 및 송유설비
④ 공공·문화체육시설	학교·운동장·공공청사·문화시설·체육시설·도서관·연구시설·사회복지시설·공공직업훈련시설·청소년수련시설
⑤ 방재시설	하천·유수지·저수지·방화설비·방풍설비·방수설비·사방설비·방조설비
⑥ 보건위생시설	화장시설·공동묘지·봉안시설·자연장지·장례식장·도축장·종합의료시설
⑦ 환경기초시설	하수도·폐기물처리시설·수질오염방지시설·폐차장

(2) 기반시설의 세분

① 기반시설 중 도로·자동차정류장 및 광장은 다음 각 호와 같이 세분할 수 있다(영 제2조제2항).

기반시설의 종류	기반시설의 세분(영 제2조제2항)
도 로	• 일반도로 • 자동차전용도로 • 보행자전용도로 • 자전거전용도로 • 고가도로 • 지하도로
자동차정류장	• 여객자동차터미널 • 화물터미널 • 공영차고지 • 공동차고지
광 장	• 교통광장 • 일반광장 • 경관광장 • 지하광장 • 건축물부설광장

② 기반시설의 추가적인 세분 및 구체적인 범위는 국토해양부령으로 정한다(영 제2조 제3항).

2. 도시 · 군계획시설의 설치 · 관리

1) 도시 · 군관리계획의 결정

(1) 도시 · 군관리계획에 의한 시설의 설치

지상 · 수상 · 공중 · 수중 또는 지하에 기반시설을 설치하고자 하는 때에는 그 시설의 종류 · 명칭 · 위치 · 규모 등을 미리 도시 · 군관리계획으로 결정하여야 한다(법 제43조제1항 본문).

(2) 도시 · 군관리계획에 의하지 아니할 수 있는 경우

다만, 용도지역 · 기반시설의 특성 등을 감안하여 다음과 같이 대통령령이 정하는 경우에는 그러하지 아니하다(법 제43조제1항 단서, 영 제35조).

① 도시지역 또는 지구단위계획구역에서 다음 각 목의 기반시설을 설치하고자 하는 경우(제1호)

㉠ 자동차 및 건설기계검사시설, 자동차 및 건설기계운전학원, 공공공지, 열공급설비, 방송 · 통신시설, 시장 · 공공청사 · 문화시설 · 체육시설 · 도서관 · 연구시설 ·

사회복지시설 · 공공직업훈련시설 · 청소년수련시설 · 저수지 · 방화설비 · 방풍설비 · 방수설비 · 사방설비 · 방조설비 · 장례식장 · 종합의료시설 · 폐차장(가목)

ⓛ 도시공원및녹지등에관한법률의 규정에 의하여 점용허가대상이 되는 공원 안의 기반시설(나목)

ⓒ 그 밖에 국토해양부령이 정하는 시설(다목)

- 도심공항터미널
- 주차장
- 광장(건축물부설)
- 여객자동차터미널
- 전기 · 가스공급설비
- 유치원 · 특수학교
- 기타

② 도시지역 및 지구단위계획구역 외의 지역에서 다음 각 목의 기반시설을 설치하고자 하는 경우(제2호)

㉠ 제1호가목 및 나목의 기반시설(가목)

ⓛ 궤도 및 전기공급설비(나목)

ⓒ 그 밖에 국토해양부령이 정하는 시설(다목)

- 주차장
- 자동차정류장
- 광장
- 도시공항터미널
- 가스공급설비
- 유치원 · 특수학교
- 기타

2) 시설의 설치기준

(1) 일반적 설치기준

도시 · 군계획시설의 결정 · 구조 및 설치의 기준 등에 관하여 필요한 사항은 국토해양부령(도시계획시설의결정 · 구조및설치기준에관한규칙)으로 정하고, 그 세부사항은 국토해양부령으로 정하는 범위에서 시 · 도의 조례로 정할 수 있다. 다만, 다른 법률에 특별한 규정이 있는 경우에는 그 법률에 따른다(법 제43조제2항).

(2) 공중 · 지하에의 설치기준과 보상

도시 · 군계획시설을 공중 · 수중 · 수상 또는 지하에 설치하는 경우 그 높이나 깊이의 기준과 그 설치로 인하여 토지나 건물의 소유권 행사에 제한을 받는 자에 대한 보상 등에 관하여는 따로 법률로 정한다(법 제46조).

3) 시설의 관리

위의 규정(제1항)에 따라 설치한 도시 · 군계획시설의 관리에 관하여 이 법 또는 다른 법률에 특별한 규정이 있는 경우 외에는 국가가 관리하는 경우에는 대통령령으로, 지방자치단체가 관리하는 경우에는 그 지방자치단체의 조례로 도시 · 군계획시설의 관리에 관한 사항을 정한다(법 제43조제3항). 여기서 국가가 관리하는 도시 · 군계획시설은 국유재산법(제2조제11호)에 따른 중앙관서의 장이 관리한다(영 제35조제2항).

4) 장기미집행 도시 · 군계획시설

(1) 헌법불합치결정

구 도시계획법상의 장기미집행 도시계획시설 관련규정(제4조)에 대한 헌법불합치결정(헌재 1999.10.21, 헌바26)의 취지[도시계획시설결정으로 당해 토지의 사적 이용권이 배제되거나 소유자가 토지를 종래 허용된 용도대로 사용할 수 없어 현저한 재산상의 손실이 발생하는 경우에는 보상이 필요하며, 10년 이상 아무런 보상 없이 수인하도록 하는 것은 과도한 제한으로서 헌법에 불합치한다. 즉, 나대지의 경우에는 임야나 전답의 경우와는 달리, 종래 허용된 용도(건축)대로 사용할 수 없으므로 보상이 필요하다.]를 반영하여 개정 도시계획법에 이어 국토의계획및이용에관한법률에서는 다음과 같은 규정을 두고 있다.

(2) 도시 · 군계획시설부지의 매수청구

① 매수청구

도시 · 군계획시설에 대한 도시 · 군관리계획의 결정(이하 "도시 · 군계획시설결정"이라 한다)의 고시일부터 10년 이내에 당해 도시 · 군계획시설의 설치에 관한 도시 · 군계획시설사업이 시행되지 아니하는 경우(제88조에 따른 실시계획의 인가나 그에 상당하는 절차가 행하여진 경우는 제외한다) 그 도시 · 군계획시설의 부지로 되어 있는 토지 중 지목이 대인 토지(당해 토지에 있는 건축물 및 정착물을 포함한다)의 소유자는 대통령령으로 정하는 바에 따라 특별시장 · 광역시장 · 특별자치시장 · 특별자치도지사 · 시장 또는 군수에게 그 토지의 매수를 청구할 수 있다. 다만, 다음 각 호의 어느 하나에 해당하는 경우에는 그에 해당하는 자(특별시장 · 광역시장 · 특별자치시장 · 특별자치도지사 · 시장 또는 군수를 포함한다. 이 조에서 "매수의무자"라 한다)에게 당해 토지의 매수를 청구할 수 있다(법 제47조제1항, 영 제41조제1항).

㉠ 이 법에 따라 해당 도시 · 군계획시설사업의 시행자가 정하여진 경우에는 그 시행자

㉡ 이 법 또는 다른 법률에 의하여 도시 · 군계획시설을 설치하거나 관리하여야 할 의무가 있는 자가 있으면 그 의무가 있는 자. 이 경우 도시 · 군계획시설을 설치하거나 관리하여야 할 의무가 있는 자가 서로 다른 경우에는 설치하여야 할 의무가 있는 자에게 매수청구하여야 한다.

② 매수결정

매수의무자는 위의 규정(제1항)에 따른 매수청구를 받은 날부터 6개월 이내에 매수여부를 결정하여 토지소유자와 특별시장 · 광역시장 · 특별자치시장 · 특별자치도지사 · 시장 또는 군수(매수의무자가 특별시장 · 광역시장 · 특별자치시장 · 특별자치도지사 · 시장 또는 군수인 경우는 제외한다)에게 알려야 하며, 매수하기로 결정한 토지는 매수결정을 알린 날부터 2년 이내에 매수하여야 한다(법 제47조제6항).

③ 매수방법

㉠ 매수의무자는 매수청구(제1항)를 받은 토지를 매수할 때에는 현금으로 그 대금을 지급한다. 다만, 다음 각 호의 어느 하나에 해당하는 경우로서 매수의무자가 지방자치단체인 경우에는 채권(이하 "도시 · 군계획시설채권"이라 한다)을 발행하여 지급할 수 있다(법 제47조제2항).

ⓐ 토지소유자가 원하는 경우

ⓑ 대통령령으로 정하는 부재부동산소유자의 토지 또는 비업무용토지로서 매수대금이 대통령령으로 정하는 금액(3천만원)을 초과하여 그 초과하는 금액을 지급하는 경우

㉡ 도시 · 군계획시설채권의 상환기간은 10년 이내로 하며, 그 이율은 채권발행 당시 은행법에 따른 인가를 받은 은행 중 전국을 영업으로 하는 은행이 적용하는 1년 만기 정기예금금리의 평균 이상이어야 하며, 구체적인 상환기간과 이율은 특별시 · 광역시 · 특별자치시 · 특별자치도 · 시 또는 군의 조례로 정한다(법 제47조제3항).

㉢ 매수청구된 토지의 매수가격 · 매수절차 등에 관하여 이 법에 특별한 규정이 있는 경우 외에는 공익사업을위한토지등의취득및보상에관한법률을 준용한다(법 제47조제4항).

㉣ 도시 · 군계획시설채권의 발행절차나 그 밖에 필요한 사항에 관하여 이 법에 특별한 규정이 있는 경우 외에는 공유재산및물품관리법에서 정하는 바에 따른다(법 제47조제5항).

④ 개발행위허가

매수청구(제1항)를 한 토지의 소유자는 다음 각 호의 어느 하나에 해당하는 경우 개발행위의 허가(제56조)의 규정에 따른 허가를 받아 대통령령으로 정하는 건축물[3층 이하의 단독주택, 제1종근린생활시설 또는 제2종근린생활시설(단란주점, 노래연습장, 안마시술소는 제외)] 또는 공작물을 설치할 수 있다(법 제47조제7항 전단, 영 제41조제5항). 이

경우 개발행위허가의 기준과 도시 · 군계획시설부지에서의 개발행위(제58조와 제64조)의 규정은 적용하지 아니한다(법 제47조제7항 후단).

㉠ 위의 규정(제6항)에 따라 매수하지 아니하기로 결정한 경우

㉡ 매수결정(제6항)을 알린 날부터 2년이 지날 때까지 해당 토지를 매수하지 아니하는 경우

(3) 도시 · 군계획시설결정의 실효

도시 · 군계획시설결정이 고시된 도시 · 군계획시설에 대하여 그 고시일부터 20년이 지날 때까지 그 시설의 설치에 관한 도시 · 군계획시설사업이 시행되지 아니하는 경우 그 도시 · 군계획시설결정은 그 고시일부터 20년이 되는 날의 다음 날에 그 효력을 잃는다(법 제48조제1항).

5) 공동구

(1) 공동구의 의의

"공동구(共同溝)"란 지하매설물(전기 · 가스 · 수도 등의 공급설비, 통신시설, 하수도시설 등)을 공동수용함으로써 미관의 개선, 도로구조의 보전 및 교통의 원활한 소통을 기하기 위하여 지하에 설치하는 시설물을 말한다(법 제2조제9호).

(2) 공동구의 설치 · 관리

6) 광역시설

(1) 광역시설의 의의

"광역시설"이란 기반시설 중 광역적인 정비체계가 필요한 다음 각 목의 시설로서 대통령령으로 정하는 시설을 말한다(법 제2조제8호, 영 제3조).

① 2 이상의 특별시 · 광역시 · 특별자치시 · 특별자치도 · 시 또는 군의 관할구역에 걸치는 시설	도로 · 철도 · 운하 · 광장 · 녹지, 수도 · 전기 · 가스 · 열공급설비, 방송 · 통신시설, 공동구, 유류저장 및 송유설비, 하천 · 하수도(하수종말처리시설을 제외한다)
② 2 이상의 특별시 · 광역시 · 특별자치시 · 특별자치도 · 시 또는 군이 공동으로 이용하는 시설	항만 · 공항 · 자동차정류장 · 공원 · 유원지 · 유통업무설비 · 운동장 · 문화시설 · 체육시설 · 사회복지시설 · 공공직업훈련시설 · 청소년수련시설 · 유수지 · 화장장 · 공동묘지 · 봉안시설 · 도축장 · 하수도(하수종말처리시설에 한한다) · 폐기물처리시설 · 수질오염방지시설 · 폐차장

(2) **광역시설의 설치 · 관리**

① 광역시설의 설치 및 관리는 도시 · 군계획시설의 설치 · 관리에 관한 규정(제43조)에 따른다(법 제45조제1항).

② 관계 특별시장 · 광역시장 · 특별자치시장 · 특별자치도지사 · 시장 또는 군수는 협약을 체결하거나 협의회 등을 구성하여 광역시설을 설치 · 관리할 수 있다. 다만, 협약의 체결이나 협의회 등의 구성이 이루어지지 아니하는 경우 그 시 또는 군이 같은 도에 속할 때에는 관할 도지사가 광역시설을 설치 · 관리할 수 있다(법 제45조제2항).

제7절 도시 · 군계획시설사업의 시행

1. 도시 · 군계획시설사업의 의의

1) 의 의

도시 · 군계획시설사업이란 도시 · 군계획사업의 하나로서 도시 · 군계획시설을 설치 · 정비 또는 개량하는 사업을 말한다(법 제2조제10호). 도시 · 군계획시설이란 기반시설 중 도시 · 군관리계획으로 결정된 시설을 말하는데(법 제2조제7호), 이러한 도시 · 군계획시설을 설치 · 정비 또는 개량하는 사업을 도시 · 군계획시설사업이라 부른다.

2) 도시 · 군계획사업의 분류

도시 · 군계획사업은 도시 · 군관리계획을 시행하기 위한 사업으로서 도시 · 군계획시설사업, 도시개발법에 따른 도시개발사업, 도시및주거환경정비법에 따른 정비사업을 말한다(법 제2조제11호).

이 중 ① 도시 · 군계획시설사업은 국토의계획및이용에관한법률이 그 집행절차와 방법을 직접 규정하고 있으나, ② 도시개발사업과 ③ 정비사업은 각각 도시개발법과 도시및주거환경정비법에서 따로 그 집행절차와 방법을 규정하고 있다.

〈국토의계획및이용에관한법률〉

- 도시 · 군관리계획
  - 용도지역 · 지구
  - 도시 · 군계획사업
    - 도시 · 군계획시설사업 – 수용
    - 〈도시개발법〉 도시개발사업
      - 수용
      - 환지
    - 〈도시및주거환경정비법〉 정비사업
      - 환권
      - 환지
      - 수용

- 도시 · 군관리계획
  - 도시 · 군계획 시설사업
    - 시행자
      - 행정청
        - 시장 · 군수
        - 국토해양부장관, 도지사
      - 비행정청(사인 : 시장 · 군수 등의 지정)
      - 사업실시계획의 작성 · 인가 → 시 · 도지사 등의 인가
    - 사업의 시행
      - 사업의 준비
        - 타인토지에의 출입 등
        - 관계서류의 열람 등
      - 수용방식 – 토지등의 수용 · 사용 → 공익사업을위한토지등의취득및보상에관한법률에대한특례(사업인정, 재결신청, 지대사용)

2. 단계별집행계획의 수립

1) 의 의

단계별집행계획이란 도시 · 군계획시설사업을 구체적으로 집행하기 위한 계획으로서 재원조달계획 · 보상계획 등을 그 내용으로 한다.

2) 계획의 수립 · 공고

① 특별시장 · 광역시장 · 특별자치시장 · 특별자치도지사 · 시장 또는 군수는 도시 · 군계획시설에 대하여 도시 · 군계획시설결정의 고시일부터 2년 이내에 대통령령으로 정하는 바에 따라 재원조달계획 · 보상계획 등을 포함하는 단계별 집행계획을 수립하여야 한다(법 제85조제1항). 특별시장 · 광역시장 · 특별자치시장 · 특별자치도지

사 · 시장 또는 군수는 단계별 집행계획을 수립하고자 하는 때에는 미리 관계 행정기관의 장과 협의하여야 한다(영 제95조제1항).

② 국토해양부장관이나 도지사가 직접 입안한 도시 · 군관리계획인 경우 국토해양부장관이나 도지사는 단계별 집행계획을 수립하여 해당 특별시장 · 광역시장 · 특별자치시장 · 특별자치도지사 · 시장 또는 군수에게 송부할 수 있다(법 제85조제2항).

③ 단계별집행계획은 제1단계집행계획과 제2단계집행계획으로 구분하여 수립하되, 3년 이내에 시행하는 도시 · 군계획시설사업은 제1단계집행계획에, 3년 후에 시행하는 도시 · 군계획시설사업은 제2단계집행계획에 포함되도록 하여야 한다(법 제85조제3항). 특별시장 · 광역시장 · 특별자치시장 · 특별자치도지사 · 시장 또는 군수는 매년 제2단계집행계획을 검토하여 3년 이내에 도시 · 군계획시설사업을 시행할 도시 · 군계획시설은 이를 제1단계집행계획에 포함시킬 수 있다(영 제95조제2항).

④ 특별시장 · 광역시장 · 특별자치시장 · 특별자치도지사 · 시장 또는 군수는 위의 규정(제1항 또는 제2항)에 의하여 단계별 집행계획을 수립하거나 송부받은 때에는 대통령령이 정하는 바에 따라 지체 없이 이를 공고(지방자치단체의 공보에 게재)하여야 한다(법 제85조제4항, 영 제95조제3항).

3. 사업의 시행자

도시 · 군계획시설사업은 원칙적으로 시장 · 군수가 시행하지만 예외적으로 국토해양부장관 또는 도지사가 직접 사업을 시행할 수 있는 경우도 있고, 그 밖에 제3자인 사인 등이 시행자로 지정받아 사업을 시행할 수도 있다.

1) 행정청인 시행자

(1) 시장 · 군수의 시행

① 시장 · 군수의 시행

특별시장 · 광역시장 · 특별자치시장 · 특별자치도지사 · 시장 또는 군수는 이 법 또는 다른 법률에 특별한 규정이 있는 경우 외에는 관할구역 안의 도시 · 군계획시설사업을 시행한다(제86조제1항).

② 둘 이상의 시 · 군에 걸치는 경우

㉠ 도시 · 군계획시설사업이 둘 이상의 특별시 · 광역시 · 특별자치시 · 특별자치도 · 시 또는 군의 관할구역에 걸쳐 시행되게 되는 때에는 관계 특별시장 · 광역시

장 · 특별자치시장 · 특별자치도지사 · 시장 또는 군수가 서로 협의하여 시행자를 정한다(법 제86조제2항).

㉡ 위의 규정(제2항)에 따른 협의가 성립되지 아니하는 경우 도시 · 군계획시설사업을 시행하려는 구역이 같은 도의 관할구역에 속하는 경우에는 관할 도지사가, 둘 이상의 시 · 도의 관할구역에 걸치는 경우에는 국토해양부장관이 시행자를 지정한다(법 제86조제3항).

㉢ 국토해양부장관, 도지사가 위의 규정(제2항, 제3항)에 따라 도시 · 군계획시설사업의 시행자를 지정한 경우에는 국토해양부령으로 정하는 바에 따라 그 지정내용을 고시하여야 한다(법 제86조제6항).

(2) 국토해양부장관 또는 도지사의 시행

위의 규정(제1항부터 제3항까지)에도 불구하고 ① 국토해양부장관은 국가계획과 관련되거나 그 밖에 특히 필요하다고 인정하는 경우에는 관계 특별시장 · 광역시장 · 특별자치시장 · 특별자치도지사 · 시장 또는 군수의 의견을 들어 직접 도시 · 군계획시설사업을 시행할 수 있으며, ② 도지사는 광역도시계획과 관련되거나 특히 필요하다고 인정되는 경우에는 관계 시장 또는 군수의 의견을 들어 직접 도시 · 군계획시설사업을 시행할 수 있다(법 제86조제4항).

2) 비행정청(사인 등)인 시행자

㉠ 위의 규정(제1항부터 제4항까지)에 따라 시행자가 될 수 있는 자 외의 자는 대통령령으로 정하는 바에 따라 국토해양부장관, 시 · 도지사, 시장 또는 군수로부터 시행자로 지정을 받아 도시 · 군계획시설사업을 시행할 수 있다(법 제86조제5항).

㉡ 국가 또는 지방자치단체, 대통령령으로 정하는 공공기관, 그 밖에 대통령령으로 정하는 자(지방공사 등)에 해당하지 아니하는 자가 위의 규정(제5항)에 따라 도시 · 군계획시설사업의 시행자로 지정을 받으려면 도시계획시설사업의 대상인 토지(국 · 공유지는 제외한다)의 소유면적 및 토지소유자의 동의비율에 관하여 대통령령으로 정하는 요건을 갖추어야 한다(법 제86조제7항). 즉, 도시 · 군계획시설사업의 대상인 토지(국 · 공유지를 제외한다)면적의 3분의 2 이상에 해당하는 토지를 소유하고, 토지소유자 총수의 2분의 1 이상에 해당하는 자의 동의를 얻어야 한다(영 제96조제2항).

4. 사업실시계획의 작성 · 인가

1) 의 의

시행자가 도시 · 군계획시설사업을 시행하고자 할 때에는 먼저 그 사업의 실시계획을 작성하여 국토해양부장관, 시 · 도지사 또는 대도시시장의 인가를 받아야 한다(법 제88조제1항 내지 제3항). 실시계획에는 사업시행에 필요한 설계도서 · 자금계획 및 시행기간 그 밖에 대통령령이 정하는 사항을 명시하거나 첨부하여야 한다(법 제88조제5항).

2) 실시계획의 작성

① 도시 · 군계획시설사업의 시행자는 대통령령으로 정하는 바에 따라 그 도시 · 군계획시설사업에 관한 실시계획(이하 "실시계획"이라 한다)을 작성하여야 한다(법 제88조제1항).

② 실시계획에는 사업시행에 필요한 설계도서, 자금계획, 시행기간 그 밖에 대통령령으로 정하는 사항을 자세히 밝히거나 첨부하여야 한다(법 제88조제4항).

3) 실시계획의 인가

도시 · 군계획시설사업의 시행자(국토해양부장관, 시 · 도지사와 대도시시장은 제외한다)는 위의 규정(제1항)에 따라 실시계획을 작성하면 대통령령으로 정하는 바에 따라 국토해양부장관, 시 · 도지사 또는 대도시시장의 인가를 받아야 한다(법 제88조제2항 전단).

(1) 인가의 조건

① 기반시설의 설치 등

국토해양부장관, 시 · 도지사 또는 대도시시장은 도시 · 군계획시설사업의 시행자가 작성한 실시계획이 제43조제2항에 따른 도시 · 군계획시설의 결정 · 구조 및 설치의 기준 등에 맞다고 인정하는 경우에는 실시계획을 인가하여야 한다(법 제88조제3항 전단).

이 경우 국토해양부장관, 시 · 도지사 또는 대도시시장은 기반시설의 설치나 그에 필요한 용지의 확보, 위해방지, 환경오염방지, 경관조성, 조경 등의 조치를 할 것을 조건으로 실시계획을 인가할 수 있다(법 제88조제3항 후단).

② 이행보증금의 예치(이행담보)

특별시장 · 광역시장 · 특별자치시장 · 특별자치도지사 · 시장 또는 군수는 기반시설의 설치나 그에 필요한 용지의 확보, 위해방지, 환경오염방지, 경관조성, 조경 등을 위하여 필요하다고 인정되는 경우로서 대통령령으로 정하는 경우에는 그 이행을 담보하기 위하여 도시·군계획시설사업의 시행자에게 이행보증금을 예치하게 할 수 있다.

(2) 인가의 절차

① 서류의 공고·열람 및 의견제출

㉠ 국토해양부장관, 시·도지사 또는 대도시시장은 실시계획을 인가(제88조제3항)하려면 미리 대통령령으로 정하는 바에 따라 그 사실을 공고하고, 관계 서류의 사본을 20일 이상 일반이 열람할 수 있도록 하여야 한다(법 제90조제1항).

㉡ 도시·군계획시설사업의 시행지구의 토지·건축물 등의 소유자 및 이해관계인은 위의 규정(제1항)에 따른 열람기간 이내에 국토해양부장관, 시·도지사, 대도시시장 또는 도시·군계획시설사업의 시행자에게 의견서를 제출할 수 있으며, 국토해양부장관, 시·도지사, 대도시시장 또는 도시·군계획시설사업의 시행자는 제출된 의견이 타당하다고 인정되면 그 의견을 실시계획에 반영하여야 한다(법 제90조제2항).

② 고시

4) 작성·인가의 효과

(1) 사업시행권의 설정

실시계획 작성·인가를 받은 자는 해당 도시·군계획시설사업을 시행할 수 있는 권리를 취득하게 된다. 따라서 실시계획인가의 학문적 성격은 도시계획시설사업의 시행권이라는 권리를 설정하는 특허(형성적 행위)에 해당한다 할 것이다.

(2) 사업인정의제

실시계획의 작성·인가를 받아 고시하면 공익사업을위한토지등의취득및보상에관한법률(제20조제1항 및 제22조)의 규정에 의한 사업인정 및 그 고시가 있은 것으로 본다(법 제96조제2항).

(3) 관련 인·허가 등의 의제

국토해양부장관, 시·도지사 또는 대도시시장이 실시계획의 작성 또는 인가(제88조)를 할 때에 그 실시계획에 대한 다음 각 호의 인·허가 등에 관하여 관계 행정기관의 장과 협의(제3항)한 사항에 대하여는 해당 인·허가 등을 받은 것으로 보며, 실시계획을 고시(제91조)한 경우에는 관계 법률에 따른 인·허가 등의 고시·공고 등이 있은 것으로 본다(법 제92조제1항).

5. 사업의 시행

1) 타인 토지에의 출입 등

2) 관계서류의 열람 등

(1) 관계서류의 열람 · 등본청구

도시 · 군계획시설사업의 시행자는 도시 · 군계획시설사업을 시행하기 위하여 필요하면 등기소나 그 밖의 관계 행정기관의 장에게 필요한 서류의 열람 또는 복사나 그 등본 또는 초본의 발급을 무료로 청구할 수 있다(법 제93조).

(2) 서류의 송달(공시송달)

① 도시 · 군계획시설사업의 시행자는 이해관계인에게 서류를 송달할 필요가 있으나 이해관계인의 주소 또는 거소가 불분명하거나 그 밖의 사유로 서류를 송달할 수 없는 경우에는 대통령령으로 정하는 바에 따라 그 서류의 송달을 갈음하여 그 내용을 공시할 수 있다(법 제94조제1항).

② 위의 규정(제1항)에 따른 서류의 공시송달에 관하여는 민사소송법의 공시송달의 예에 따른다(법 제94조제2항).

3) 토지 등의 수용 · 사용

(1) 수용방식의 적용

- 공익사업을위한토지등의취득및보상에관한법률의 적용 -

도시 · 군계획시설사업은 공용수용방식에 의하여 시행한다.

① 도시 · 군계획시설사업의 시행자는 도시 · 군계획시설사업에 필요한 다음 각 호의 물건 또는 권리를 수용하거나 사용할 수 있다(법 제95조제1항).

㉠ 토지 · 건축물 또는 그 토지에 정착된 물건

㉡ 토지 · 건축물 또는 그 토지에 정착된 물건에 관한 소유권 외의 권리

② 위의 규정(제95조)에 따른 수용 및 사용에 관하여는 이 법에 특별한 규정이 있는 경우 외에는 공익사업을위한토지등의취득및보상에관한법률을 준용한다(법 제96조제1항).

(2) 공익사업을위한토지등의취득및보상에관한법률에 대한 특례

국토의계획및이용에관한법률은 공익사업을위한토지등의취득및보상에관한법률에 대한

특례로서 사업인정, 재결신청, 확장사용에 대하여 다음과 같이 규정하고 있다.

① 사업인정의제

위의 규정(제1항)에 따라 공익사업을위한토지등의취득및보상에관한법률을 준용할 때에 실시계획을 고시(제91조)한 경우에는 같은 법(공익사업을위한토지등의취득및보상에관한법률 제20조제1항과 제22조)에 따른 사업인정 및 그 고시가 있었던 것으로 본다(법 제96조제2항 전단).

② 재결신청

다만, 재결신청은 공익사업을위한토지등의취득및보상에관한법률(제23조제1항과 제28조제1항 : 시행자가 사업인정고시일로부터 1년 이내에 관할 토지수용위원회에 재결신청을 하지 아니한 때에는 1년 되는 날의 다음 날에 사업인정은 그 효력을 상실한다. 사업인정을 받은 시행자와 토지소유자 등과의 협의가 성립되지 아니하거나 협의를 할 수 없는 때에는 시행자는 사업인정고시일로부터 1년 이내에 관할 토지수용위원회에 재결을 신청할 수 있다)의 규정에도 불구하고 실시계획에서 정한 도시 · 군계획시설사업의 시행기간에 하여야 한다(법 제96조제2항 후단).

③ 지대사용(확장사용)

도시 · 군계획시설사업의 시행자는 사업시행을 위하여 특히 필요하다고 인정되면 도시계획시설에 인접한 토지 · 건축물 또는 그 토지에 정착된 물건이나 그 토지 · 건축물 또는 물건에 관한 소유권 외의 권리를 일시 사용할 수 있다(법 제95조제2항).

4) 공사완료공고 등

(1) 준공검사

(2) 공사완료공고

5) 국 · 공유지의 처분제한 등

(1) 국 · 공유지의 처분제한

① 도시 · 군관리계획결정을 고시(제30조제6항)한 경우에는 국 · 공유지로서 도시 · 군계획시설사업에 필요한 토지는 그 도시 · 군관리계획으로 정하여진 목적 외의 목적으로 매각하거나 양도할 수 없다(법 제97조제1항).

② 위의 규정(제1항)에 위반한 행위는 무효로 한다(법 제97조제2항).

(2) 국 · 공유조성대지의 처분(국유재산법 등과의 관계)

도시 · 군계획시설사업으로 조성된 대지와 건축물 중 국가나 지방자치단체의 소유에 속하는 재산을 처분하려면 국유재산법과 공유재산및물품관리법에도 불구하고 대통령령으로 정하는 바에 따라 다음 각 호의 순위에 따라 처분할 수 있다(제100조).

㉠ 해당 도시 · 군계획시설사업의 시행으로 수용된 토지 또는 건축물 소유자에의 양도

㉡ 다른 도시 · 군계획시설사업에 필요한 토지와의 교환

6) 공공시설 등의 귀속

도시 · 군계획시설사업에 의하여 새로 공공시설을 설치하거나 기존의 공공시설에 대체되는 공공시설을 설치한 경우에는 개발행위허가에 의하여 설치한 공공시설의 귀속에 관한 규정(제65조)을 준용한다.

7) 사업의 분할시행

8) 행정심판

이 법에 따른 도시 · 군계획시설사업 시행자의 처분에 대하여는 행정심판법에 따라 행정심판을 제기할 수 있다. 이 경우 행정청이 아닌 시행자의 처분에 대하여는 그 시행자를 지정한 자(제86조제5항)에게 행정심판을 제기하여야 한다(법 제134조).

6. 비 용

1) 시행자부담의 원칙

광역도시계획 및 도시 · 군계획의 수립과 도시 · 군계획시설사업에 관한 비용은 이 법 또는 다른 법률에 특별한 규정이 있는 경우 외에는 국가가 행하는 경우에는 국가예산에서, 지방자치단체가 하는 경우에는 해당 지방자치단체가, 행정청이 아닌 자가 하는 경우에는 그 자가 부담함을 원칙으로 한다(법 제101조).

2) 수익자부담의 경우

(1) 지방자치단체의 부담

(2) 공공시설관리자의 부담

3) 보조 및 융자

4) 취락지구에 대한 지원

제8절 토지거래허가제

1. 의 의

1) 토지거래허가제의 의의

토지거래허가제란 소위 토지공개념(土地公概念) 관련입법의 예로서 토지거래허가구역 내에서 토지거래계약을 체결하고자 하는 자는 사전에 행정관청의 허가를 받도록 하는 제도이다.

토지거래허가제는 토지의 투기억제 등 거래질서확립에도 그 목적이 있으나, 궁극적으로는 토지의 효율적·합리적 이용을 도모하고자 하는 제도라 하겠다.

2) 토지거래계약허가의 법적 성격

토지거래계약허가(土地去來契約許可)의 학문상 성격에 대하여 허가설(許可說)도 있으나, 다수설·판례는 인가설(認可說)을 취하고 있다. 인가설에 의하면, 허가구역 내의 토지거래계약에 있어서 허가는 효력요건으로서 사전에 허가를 받지 않고 토지거래계약을 체결한 경우에는 그 계약은 효력을 발생하지 아니한다. 다만, 판례는 사전에 허가를 받지 않았더라도 허가받을 것을 전제로 하고 계약을 체결하고 사후에 허가를 받았다면 소급하여 효력을 발생한다고 보고 있다. 즉, 무허가 토지거래계약은 원칙적으로 무효이나, 허가받을 것을 전제로 하고 계약을 체결하고 사후에 허가를 받았다면 유효하게 된다는 유동적 무효설(流動的無效說)을 취하고 있다.

2. 토지거래허가구역의 지정

1) 지정요건

(1) 지정권자

토지거래허가구역은 국토해양부장관이 지정한다(법 제117조).

(2) 대상지역

국토해양부장관은 국토의 이용 및 관리에 관한 계획의 원활한 수립 및 집행, 합리적

토지이용 등을 위하여 토지의 투기적인 거래가 성행하거나 지가가 급격히 상승하는 지역과 그러한 우려가 있는 지역으로서 다음과 같이 대통령령으로 정하는 지역에 대하여는 5년 이내의 기간을 정하여 제118조제1항에 따른 토지거래계약에 관한 허가구역(이하 "허가구역"이라 한다)으로 지정할 수 있다(법 제117조제1항, 영 제116조제1항).

① 광역도시계획 · 도시 · 군기본계획 · 도시 · 군관리계획 등 토지이용계획이 새로이 수립되거나 변경되는 지역
② 법령의 제정 · 개정 또는 폐지나 그에 의한 고시 · 공고로 인하여 토지이용에 대한 행위제한이 완화되거나 해제되는 지역
③ 법령에 의한 개발사업이 진행 중이거나 예정되어 있는 지역과 그 인근지역
④ 그 밖에 국토해양부장관이 투기우려가 있다고 인정하는 지역 또는 관계 행정기관의 장이 특별히 투기가 성행할 우려가 있다고 인정하여 국토해양부장관에게 요청하는 지역

(3) 지정기간

국토해양부장관이 5년 이내의 기간을 정하여 지정하여야 하고 5년을 초과하여 지정할 수는 없다(법 제117조제1항).

다만, 지정기간 내에 지정사유가 소멸하면 구역의 지정을 해제하거나 구역의 일부를 축소하여야 하고(법 제117조제6항), 지정기간 만료 후에도 지정사유가 존속하면 재지정할 수 있다(법 제117조제2항 단서).

(4) 지정해제 및 구역축소

국토해양부장관은 허가구역의 지정사유가 없어졌다고 인정되거나 관계 시 · 도지사, 시장 · 군수 또는 구청장으로부터 허가구역의 지정해제 또는 축소 요청이 이유 있다고 인정되면 지체 없이 허가구역의 지정을 해제하거나 지정된 허가구역의 일부를 축소하여야 한다(법 제117조제6항).

2) 지정절차

허가구역은 국토해양부장관이 중앙도시계획위원회의 심의를 거쳐 지정 · 공고한다.

① 지가동향조사

국토해양부장관이나 시 · 도지사는 토지거래허가제도를 실시하거나 그 밖에 토지정책의 수행을 위한 자료를 수집하기 위하여 대통령령으로 정하는 바에 따라 지가의 동향 및 토지거래의 상황을 조사하여야 하며, 관계 행정기관이나 그 밖의 필요한 기관에 이에 필

요한 자료를 제출하도록 요청할 수 있다. 이 경우 자료 제출을 요청받은 기관은 특별한 사유가 없으면 요청에 따라야 한다(법 제125조).

② 도시계획위원회의 심의

국토해양부장관이 위의 규정(제1항)에 따라 허가구역으로 지정하려면 중앙도시계획위원회의 심의를 거쳐야 한다(법 제117조제2항 본문). 또한 허가구역의 지정을 해제하거나 구역의 일부를 축소하는 경우에도 중앙도시계획위원회의 심의를 거쳐야 한다(법 제117조제7항). 다만, 지정기간이 끝나는 허가구역을 계속하여 다시 허가구역으로 지정하려면 중앙도시계획위원회의 심의 전에 미리 시 · 도지사 및 시장 · 군수 또는 구청장의 의견을 들어야 한다(법 제117조제2항 단서).

③ 지정 · 공고

국토해양부장관이 위의 규정(제1항)에 따라 허가구역으로 지정한 때에는 지체 없이 대통령령으로 정하는 사항을 공고하고, 그 공고내용을 시 · 도지사에게 통지하여야 한다(법 제117조제3항). 즉, 토지거래에 관한 허가구역을 지정한 때에는 법 제117조제3항의 규정에 의하여 허가구역의 범위 · 지정기간 및 허가를 요하지 아니하는 토지의 면적(제118조제1항)을 공고하여야 한다(영 제116조제2항). 허가구역의 지정을 해제하거나 축소하는 경우에도 또한 같다(법 제117조제7항).

④ 통지 및 열람

3) 지정의 효과

(1) 효력발생시기

허가구역의 지정은 위의 규정(제3항)에 따라 허가구역의 지정을 공고한 날부터 5일후에 그 효력이 발생한다(법 제117조제5항).

(2) 토지거래계약의 허가

허가구역으로 지정되면, 그 구역 안에서 토지거래계약을 체결하고자 하는 자는 시장 · 군수 · 구청장의 허가를 받아야 한다. 즉, 허가구역에 있는 토지에 관한 소유권 · 지상권(소유권 · 지상권의 취득을 목적으로 하는 권리를 포함한다)을 이전하거나 설정(대가를 받고 이전 또는 설정하는 경우만 해당한다)하는 계약(예약을 포함한다. 이하 "토지거래계약"이라 한다)을 체결하려는 당사자는 공동으로 대통령령으로 정하는 바에 따라 시장 · 군수 또는 구청장의 허가를 받아야 한다. 허가받은 사항을 변경하려는 경우에도 또한 같다(법 제118조제1항).

3. 토지거래계약의 허가

1) 허가요건

(1) 허가권자

허가구역 안에 있는 토지에 관한 거래계약을 체결하고자 하는 자는 관할 시장 · 군수 또는 구청장의 허가를 받아야 한다(법 제118조제1항).

(2) 허가대상권리

토지의 관한 소유권 · 지상권 및 그러한 권리의 취득을 목적으로 하는 권리를 대가를 받고 이전 또는 설정하는 계약 및 그 예약을 체결하고자 하는 경우에 허가를 받아야 한다(법 제118조제1항). 따라서 허가대상 권리에는 소유권의 이전, 지상권의 설정은 포함되지만, 저당권 · 전세권 · 임차권은 포함되지 않으며, 유상계약에 한하므로 매매 · 교환은 해당되지만 증여 · 상속 · 수용 · 경매 · 환매 등은 해당되지 않는다. 또한, 현물출자 · 유저당은 허가대상에 속하나 명의신탁해지(대판91다 29378, 91.10.25 : 비록 허가구역 내의 토지라도 대가관계 없이 신탁자의 일방적인 의사표시에 의한 명의신탁해지로 인한 소유권 이전등기청구는 토지거래계약에 해당되지 않는다)는 속하지 않는다고 본다.

(3) 허가대상규모(기준면적)

다음과 같이 대통령령으로 정하는 용도별 기준면적을 초과하는 토지에 대한 거래계약을 체결하고자 하는 경우에 허가를 받아야 한다. 즉, 경제 및 지가의 동향과 거래단위면적 등을 종합적으로 고려하여 대통령령으로 정하는 용도별 면적 이하의 토지에 대한 토지거래계약에 관하여는 위의 규정(제1항)에 따른 허가가 필요하지 아니하며(법 제118조제2항), 사후에 신고할 필요도 없다.

위(제1항)의 규정에 따른 토지의 면적 산정방법에 관하여 필요한 사항은 대통령령으로 정한다(법 제118조제7항).

① 법 제118조제2항의 규정에 의하여 토지거래계약의 허가를 요하지 아니하는 토지의 면적은 다음 각 호와 같다. 다만, 국토해양부장관이 허가구역을 지정할 당시 당해 지역에서의 거래실태 등에 비추어 다음 각 호의 면적으로 하는 것이 타당하지 아니하다고 인정하여 당해 기준면적의 10% 이상 300% 이하의 범위에서 따로 정하여 공고한 경우에는 그에 의한다(영 제118조제1항).

■ 토지거래허가의 기준면적 ■

용도지역		기준면적(허가를 요하지 아니하는 토지의 면적)
① 도시지역	주거지역	180㎡ 이하
	상업지역	200㎡ 이하
	공업지역	660㎡ 이하
	녹지지역	100㎡ 이하
	용도지역의 지정이 없는 구역	90㎡ 이하
② 도시지역 외의 지역		250㎡ 이하. 다만, 농지의 경우는 500㎡ 이하로 하고, 임야의 경우는 1천㎡ 이하로 한다.

② 위의 규정(제1항)에 따른 면적을 산정할 때는 일단의 토지이용을 위하여 토지거래계약을 체결한 후 1년 이내에 일단의 토지의 전부 또는 일부에 대하여 토지거래계약을 체결한 경우에는 그 일단의 토지 전체에 대한 거래로 본다(영 제118조제2항).

③ 허가구역을 지정할 당시(제1항)에 규정된 면적을 초과하는 토지는 허가구역의 지정 후 당해 토지가 분할된 경우에도 그 분할된 토지에 대한 토지거래계약을 체결함에 있어서는 분할 후 최초의 거래에 한하여 위(제1항)에 규정된 면적을 초과하는 토지거래계약을 체결하는 것으로 본다. 허가구역의 지정 후 당해 토지가 공유지분으로 거래되는 경우에도 또한 같다(영 제118조제3항).

(4) 허가심사기준(불허가 처분사유)

토지거래계약허가의 심사기준은 ① 실수요성, ② 토지이용계획에의 적합성, ③ 면적의 적정성으로 구분되며, 이 기준 중 어느 하나에라도 적합하지 않으면 허가할 수 없다. 즉, 시장·군수 또는 구청장은 허가신청(제118조)이 다음 각 호의 어느 하나에 해당하면 허가를 하여서는 아니 된다(법 제119조).

① 실수요성의 기준

토지거래계약을 체결하려는 자의 토지이용목적이 다음 각 목의 어느 하나에 해당되지 아니하는 경우(제1호)

㉠ 자기의 거주용 주택용지로 이용하려는 것인 경우(가목)

㉡ 허가구역을 포함한 지역의 주민을 위한 복지시설 또는 편익시설로서 관할 시장·군수 또는 구청장이 확인한 시설의 설치에 이용하려는 것인 경우(나목)

㉢ 허가구역에 거주하는 농업인·임업인·어업인 또는 대통령령으로 정하는 자가 그 허가구역에서 농업·축산업·임업 또는 어업을 영위하기 위하여 필요한 것인 경우(다목)

여기서 "대통령령이 정하는 자"라 함은 다음 각 호의 1에 해당하는 자를 말한다(영 제119조제1항).

- 농어업 · 농어촌및식품산업기본법(제3조제2호)에 따른 농어업인 또는 임업및산촌진흥촉진에관한법률(제2조제2호)에 따른 임업인(이하 "농업인등"이라 한다)으로서 그가 거주하는 특별시 · 광역시 · 시 또는 군에 소재하는 토지에 관한 소유권 · 지상권 또는 소유권 · 지상권의 취득을 목적으로 하는 권리를 이전 또는 설정(이하 "토지의 취득"이라 한다)하고자 하는 자
- 농업인등으로서 그가 거주하는 주소지로부터 20킬로미터 이내에 소재하는 토지를 취득하려는 자. 다만 공익사업용으로 농지(농지법 제2조제1호)를 협의양도하거나 농지가 수용된 자(경작자)가 협의양도하거나 수용된 날로부터 3년 이내에 대체농지를 취득하려는 경우 등의 경우에는 주소지로부터 80킬로미터 안에 소재하는 농지를 취득할 수 있으며 이때 행정기관의 장이 대체농지의 취득을 알선하는 경우를 제외하고는 새로 취득하는 농지의 가액(공시지가 기준의 가액)은 종전의 토지가액 이하이어야 한다.
- 위(제1호 및 제2호)에 해당하지 아니하는 자로서 거주지 · 거주기간 등 국토해양부령이 정하는 요건을 갖춘 자

㉣ 공익사업을위한토지등의취득및보상에관한법률이나 그 밖의 법률에 따라 토지를 수용하거나 사용할 수 있는 사업을 시행하는 자가 그 사업을 시행하기 위하여 필요한 것인 경우(라목)

㉤ 허가구역을 포함한 지역의 건전한 발전을 위하여 필요하고 관계 법률에 따라 지정된 지역 · 지구 · 구역 등의 지정목적에 적합하다고 인정되는 사업을 시행하는 자나 시행하려는 자가 그 사업에 이용하려는 것인 경우(마목)

㉥ 허가구역의 지정 당시 그 구역이 속한 시 · 군 또는 인접 시 · 군에서 사업을 시행하고 있는 자가 그 사업에 이용하려는 것인 경우나 그 자의 사업과 밀접한 관련이 있는 사업을 하는 자가 그 사업에 이용하려는 것인 경우(바목)

㉦ 허가구역에 거주하고 있는 자의 일상생활과 통상적인 경제활동에 필요한 것 등으로서 대통령령으로 정하는 용도에 이용하려는 것인 경우(사목)

여기서 "대통령령으로 정하는 용도에 이용하려는 것인 경우"란 다음 각 호에 해당하는 경우를 말한다(영 제119조제2항).

- 공익사업을위한토지등의취득및보상에관한법률 그 밖의 법령에 따라 농지(농지법 제2조제1호) 외의 토지를 공익사업용으로 협의양도하거나 수용된 자가 그 협의양도 또는 수용된 날부터 3년 이내에 당해 허가구역 안에서 양도 또는 수용된 토지에 대체되는 토지를 취득하려는 경우. 이 경우 새로 취득하는 토지

의 가액(공시지가를 기준으로 하는 가액을 말한다)은 종전의 토지가액 이하이어야 한다.

- 관계 법령에 의하여 개발 · 이용행위가 제한 또는 금지된 토지로서 국토해양부령이 정하는 토지에 대하여 현상보존의 목적으로 토지의 취득을 하고자 하는 경우
- 임대사업자 등(임대주택법 제2조제4호) 관계법률에 따라 임대사업을 할 수 있는 자가 임대사업을 위하여 건축물과 그에 딸린 토지를 취득하는 경우

② 토지이용계획에의 적합성

토지거래계약을 체결하려는 자의 토지이용목적이 다음 각 목의 어느 하나에 해당되는 경우(제2호)

㉠ 도시계획이나 그 밖에 토지의 이용 및 관리에 관한 계획에 맞지 아니한 경우

㉡ 생태계의 보전과 주민의 건전한 생활환경 보호에 중대한 위해를 끼칠 우려가 있는 경우

③ 면적의 적정성

그 면적이 그 토지의 이용목적으로 보아 적합하지 아니하다고 인정되는 경우(제3호)

2) 허가절차

(1) 허가신청

토지거래계약의 허가(제1항)를 받으려는 자는 그 허가신청서에 계약내용과 그 토지의 이용계획, 취득자금조달계획 등을 적어 시장 · 군수 또는 구청장에게 제출하여야 한다. 이 경우 토지이용계획, 취득자금조달계획 등에 포함되어야 할 사항은 국토해양부령으로 정한다(법 제118조제3항).

토지거래계약을 체결하고자 하는 당사자는 공동으로 다음 각 호의 사항을 기재한 허가신청서에 국토해양부령이 정하는 서류를 첨부하여 그 토지를 관할하는 시장 · 군수 또는 구청장에게 제출하여야 한다(영 제117조제1항).

① 당사자의 성명 및 주소(법인인 경우에는 법인의 명칭 및 소재지와 대표자의 성명 및 주소)

② 토지의 지번 · 지목 · 면적 · 이용현황 및 권리설정현황

③ 토지의 정착물인 건축물 · 공작물 및 입목 등에 관한 사항

④ 이전 또는 설정하고자 하는 권리의 종류

⑤ 계약예정금액

⑥ 토지의 이용에 관한 계획
⑦ 토지취득에 필요한 자금조달계획

(2) 허가 또는 불허가처분

시장 · 군수 또는 구청장은 위의 규정(제3항)에 따른 허가신청서를 받으면 민원사무처리에관한법률에 따른 처리기간에 허가 또는 불허가의 처분을 하고, 그 신청인에게 허가증을 발급하거나 불허가처분사유를 서면으로 알려야 한다. 다만, 선매협의절차(제122조)가 진행 중인 경우에는 위의 기간 내에 그 사실을 신청인에게 알려야 한다(법 제118조제4항).

(3) 허가처분의 의제

위의 규정(제4항)에 따른 기간에 허가증의 교부 또는 불허가처분사유의 통지가 없거나 선매협의사실의 통지가 없는 경우에는 그 기간이 만료한 날의 다음 날에 토지거래계약의 허가(제1항)가 있는 것으로 본다. 이 경우 시장 · 군수 또는 구청장은 지체 없이 신청인에게 허가증을 발급하여야 한다(법 제118조제5항).

3) 허가의 효과

(1) 거래계약의 효력

① 허가거래계약의 효력

허가구역 안에 있는 토지에 대한 거래계약은 허가를 받고 계약을 체결하여야 그 계약은 채권적 · 물권적 효력이 발생한다.

허가받은 자는 대통령령이 정하는 사유가 있는 경우를 제외하고는 그 토지를 허가받은 목적대로 이용하여야 한다(법 제124조제1항). 다만, 허가받아 취득한 토지를 그 이용목적대로 이용하지 아니하는 경우에는 선매의 대상이 될 수 있다(법 제122조제1항).

② 무허가거래계약의 효력(무효)

위의 규정(제1항)에 따른 허가를 받지 아니하고 체결한 토지거래계약은 그 효력이 발생하지 아니한다(법 제118조제6항).

허가를 받지 아니하고 체결한 토지거래계약은 채권적 효력이 발생하지 않는 것은 물론, 물권적 효력도 발생하지 아니한다. 따라서, 권리의 이전 또는 설정에 관한 어떠한 내용의 이행청구도 할 수 없고 채무불이행을 이유로 계약해제나 손해배상을 청구할 수도 없다(대판 2000.1.28, 99다40524). 또한, 설사 착오로 등기가 되었더라도 그 등기는 무효이다.

다만, 판례는 유동적 무효의 법리에 의하여 허가받을 것을 전제로 하고 계약을 체결하고 사후에 허가를 받았다면, 계약체결시에 소급하여 효력을 발생한다고 보고 있다. 즉, 허가받을 것을 전제로 하고 계약을 체결한 경우에는 계약체결시부터 허가·불허가 처분시까지 유동적 무효의 상태에 있으며, 허가시에는 계약체결시에 소급하여 유효하나, 불허가시에는 소급하여 확정적으로 무효로 된다고 보고 있다(대판 1993.7.27, 91다33766). 그러나 처음부터 허가를 배제하거나 잠탈하는 내용의 계약을 체결한 경우에는 계약체결시부터 확정적으로 무효라고 보고 있다(대판 1996.6.28, 95다 54501).

토지거래계약이 유동적 무효의 상태에 있는 한, 그에 기하여 임의로 지급한 계약금 등은 부당이득으로서 반환청구할 수 없고, 중도금 지급 등에 대한 이행지체도 성립할 수 없으며 따라서 채무불이행을 원인으로 한 계약의 해제도 있을 수 없다.

③ 불법거래계약

허가를 받지 아니하고 토지거래계약을 체결하거나 사위 기타 부정한 방법으로 토지거래계약허가를 받은 자는 2년 이하의 징역 또는 토지가격(개별공시지가를 기준으로 하여 산정)의 30%에 상당하는 금액이하의 벌금에 처한다(법 제141조).

(2) 처분을 받은 자의 권리·의무

① 이의신청

㉠ 위의 규정(제118조)에 따른 처분에 이의가 있는 자는 그 처분을 받은 날부터 1개월 이내에 시장·군수 또는 구청장에게 이의를 신청할 수 있다(법 제120조제1항).

㉡ 위의 규정(제1항)에 따른 이의 신청을 받은 시장·군수 또는 구청장은 시·군·구도시계획위원회의 심의를 거쳐 그 결과를 이의신청인에게 알려야 한다(법 제120조제2항).

② 불허가처분을 받은 자의 매수청구권

㉠ 토지거래계약 허가신청(제118조제1항)에 대하여 불허가처분을 받은 자는 그 통지를 받은 날부터 1개월 이내에 시장·군수 또는 구청장에게 해당 토지에 관한 권리의 매수를 청구할 수 있다(법 제123조제1항). 시장·군수 또는 구청장에게 매수청구를 하고자 하는 자는 토지에 관한 권리의 종류 및 내용, 그 토지의 면적 그 밖에 국토해양부령이 정하는 사항을 기재한 토지매수청구서를 시장·군수 또는 구청장에게 제출하여야 한다(영 제123조).

㉡ 위의 규정(제1항)에 따른 매수청구를 받은 시장·군수 또는 구청장은 국가, 지방자치단체, 한국토지공사, 그 밖에 대통령령으로 정하는 공공투자기관 또는 공공단체 중에서 매수할 자를 지정하여, 매수할 자로 하여금 예산의 범위에서 공시

지가를 기준으로 하여 해당 토지를 매수하게 하여야 한다. 다만, 토지거래계약 허가신청서에 적힌 가격이 공시지가보다 낮은 경우에는 허가신청서에 적힌 가격으로 매수할 수 있다(법 제123조제2항).

③ 허가처분을 받은 자의 토지이용의무

토지거래계약을 허가 받은 자(제118조)는 대통령령으로 정하는 사유가 있는 경우 외에는 5년의 범위에서 대통령령으로 정하는 기간에 그 토지를 허가받은 목적대로 이용하여야 한다(법 제124조제1항).

④ 이행강제금

㉠ 시장 · 군수 또는 구청장은 토지의 이용의무(제124조제1항 : 허가처분을 받은 자는 허가받은 목적대로 토지를 이용하여야 한다)를 이행하지 아니한 자에 대하여는 상당한 기간을 정하여 토지의 이용의무를 이행하도록 명할 수 있다(법 제124조의2제1항).

㉡ 시장 · 군수 또는 구청장은 위(제1항)의 규정에 따른 이행명령이 정하여진 기간에 이행되지 아니한 경우에는 토지취득가액의 10/100의 범위에서 대통령령으로 정하는 금액의 이행강제금을 부과한다(법 제124조의2제2항).

4) 허가의 특례

(1) 국가 등이 거래계약이 당사자인 경우

(2) 토지의 수용 등의 경우

공익사업을위한토지등의취득및보상에관한법률에 따른 토지의 수용, 민사집행법에 따른 경매, 그 밖에 대통령령으로 정하는 경우에는 토지거래계약 허가(제118조)의 규정을 적용하지 아니한다(법 제121조제2항, 영 제121조).

(3) 다른 법률과의 관계

① 농지법과의 관계

농지에 대하여 토지거래계약 허가(제118조)를 받은 경우에는 농지법(제8조)에 따른 농지취득자격증명을 받은 것으로 본다.

② 부동산등기특별조치법과의 관계

토지거래계약 허가(제118조제4항 및 제5항)의 규정에 따라 허가증을 발급받은 경우에는 부동산등기특별조치법(제3조)에 따른 검인을 받은 것으로 본다.

4. 선매제도

1) 의 의

시장·군수 또는 구청장은 토지거래계약에 관한 허가신청(제118조제1항)이 있는 경우 다음 각 호의 어느 하나에 해당하는 토지에 대하여 국가, 지방자치단체, 한국토지주택공사, 그 밖에 대통령령으로 정하는 공공기관 또는 공공단체가 그 매수를 원하는 경우에는 이들 중에서 해당 토지를 매수할 자(이하 "선매자"라 한다)를 지정하여 그 토지를 협의매수하게 할 수 있다(법 제122조제1항).

① 공익사업용 토지(제1호)
② 토지거래계약 허가(제118조제1항)를 받아 취득한 토지를 그 이용목적대로 이용하고 있지 아니한 토지(제2호)

2) 선매의 요건

(1) 대상토지

선매는 토지거래허가구역 안의 토지를 대상으로 한다. 즉, 토지거래허가신청이 있는 경우 그 토지가 공익사업용토지에 해당하거나 토지거래계약허가를 받아 취득한 토지를 그 이용목적대로 이용하고 있지 아니한 토지에 해당하여야 한다(법 제118조제1항).

(2) 선매자 및 대상권리

시장·군수·구청장은 국가, 지방자치단체, 한국토지공사, 그 밖에 대통령령으로 정하는 공공기관 및 공공단체가 선매대상 토지의 매수를 원하는 때에는 이들 중에서 그 토지를 매수할 선매자를 지정하여 협의매수(協議買收)하게 할 수 있다(법 제122조제1항).

선매협의의 대상은 그 거래계약이 토지의 소유권 이전을 목적으로 하는 경우에 한하며, 지상권·전세권의 설정, 임대차 등의 경우에는 이에 속하지 않는다.

(3) 선매가격

선매자가 위의 규정(제1항 및 제2항)에 따라 토지를 매수할 때의 가격은 부동산가격공시및감정평가에관한법률에 따라 감정평가업자가 감정평가한 감정가격을 기준으로 하되, 토지거래계약 허가신청서에 적힌 가격이 감정가격보다 낮은 경우에는 허가신청서에 적힌 가격으로 할 수 있다(법 제122조제3항).

3) 선매의 절차

① 선매자의 지정 · 통지

시장 · 군수 또는 구청장은 위의 토지(제1항 각 호의 어느 하나에 해당하는 토지)에 대하여 토지거래계약 허가신청이 있는 경우에는 그 신청이 있는 날부터 1개월 이내에 선매자를 지정하여 토지소유자에게 이를 알려야 한다(법 제122조제2항 전단).

② 선매협의

선매자는 지정통지를 받은 날부터 1개월 이내에 그 토지소유자와 대통령령으로 정하는 바에 따라 선매협의를 끝내야 한다(법 제122조제2항 후단). 즉, 선매자로 지정된 자는 그 지정일부터 15일 이내에 매수가격 등 선매조건을 기재한 서면을 토지소유자에게 통지하여 선매협의를 하여야 하며, 지정일부터 30일 이내에 국토해양부령이 정하는 바에 따라 선매협의조서를 시장 · 군수 또는 구청장에게 제출하여야 한다(영 제122조).

③ 협의가 불성립한 경우

시장 · 군수 또는 구청장은 위의 규정(제2항)에 따른 선매협의가 이루어지지 아니한 경우에는 지체 없이 허가 또는 불허가의 여부를 결정하여 통보하여야 한다(법 제122조제4항).

제9절 기 타

1. 권한의 위임 · 감독 등

1) 권한의 위임 및 위탁

2) 보고 및 검사 등

3) 감독 및 조정

2. 위법행위에 대한 처분 · 벌칙

1) 법률 등의 위반자에 대한 처분

(1) 인허가 취소 · 시정명령

(2) 청 문

2) 벌 칙

【부칙】

〈법률 제6655호, 2002.2.4〉

① 시행일

이 법은 2003년 1월 1일부터 시행한다(제1조).

② 다른 법률의 폐지

국토이용관리법 및 도시계획법은 이를 각각 폐지한다(제2조).

③ 일반적 경과조치

이 법 시행 당시 또는 이 법 시행 후 종전의 국토이용관리법 또는 도시계획법의 규정에 의한 결정 · 처분 · 절차 그 밖의 행위는 이 법의 규정에 의하여 행하여진 것으로 본다(제10조).

④ 계획에 관한 경과조치

계 획	종전의 계획
1. 광역도시계획 2. 도시기본계획 3. 도시관리계획 4. 제1종지구단위계획	1. 광역도시계획 2. 도시기본계획 3. 도시계획, 국토이용계획 4. 지구단위계획

⑤ 지역 · 지구 등에 관한 경과조치

용도지역 · 용도지구 · 용도구역	종전의 지역 · 지구
1. 관리지역	1. 준도시지역 및 준농림지역
2. 취락지구	2. 도시계획법 제33조제8호의 규정에 의한 취락지구
3. 개발진흥지구	3. 개발촉진지구, 국토이용관리법령에 의한 취락지구, 시설용지지지구 중 제2항(체육시설)에 해당하지 아니하는 시설용지구, 산업촉진지구
4. 수산자원보호구역	4. 수산자원보전지구

〈법률 제9861호, 2009.12.29 일부개정〉

〈법률 제10599호, 2011.4.14 일부개정〉

이 법은 공포 후 1년이 경과한 날부터 시행한다. 다만, 특별자치시와 특별자치시장에 관한 규정은 2012년 7월 1일부터 시행한다.

연습문제 | 제2장 국토의계획및이용에관한법률

■ 주관식 문제 ■

01 도시 · 군관리계획의 입안, 결정 절차와 내용을 설명하시오.

02 용도지역, 지구와 구역의 개념 및 상호간의 관계를 설명하시오.

03 개발행위허가의 내용을 설명하시오.

04 도시 · 군기본계획의 법적성격과 도시 · 군관리계획의 법적 성격을 비교하여 설명하시오.

05 도시 · 군관리계획의 내용을 설명하고 그 입안 · 결정 절차에 있어서 토지소유자 등 주민의 참여에 대하여 언급하시오.

06 국토의계획및이용에관한법률상 용도지역과 용도지구 및 용도구역 상호간의 관계를 시례를 대입하여 설명하시오.

08 도시 · 군기본계획의 수립절차와 도시 · 군관리계획의 수립절차를 비교하여 설명하시오.

09 홍길동은 도시지역 중 자연녹지지역 안에서 소지(素地) 상태의 땅 20,000만㎡를 소유하고 있다. 홍길동이 이 토지의 전부 또는 일부를 택지로 조성하고자 하는 경우 공법상의 근거를 제시하고 이러한 개발행위 또는 개발사업의 방법과 절차에 대하여 논하시오.

10 지구단위계획구역의 지정대상 및 지구단위계획의 내용을 설명하시오.

11 도시 · 군계획사업의 개념과 종류를 설명하고 사업의 시행자, 시행방식과 절차를 비교하여 약술하시오.

12 토지거래계약허가의 대상권리를 설명하시오.

13 토지거래계약허가의 심사기준을 설명하시오.

■ 단답식 문제 ■

01 (　　)이란 기반시설 중 도시 · 군관리계획(법 제30조)으로 결정된 시설을 말한다.

02 도시지역 · 관리지역 · 농림지역 또는 자연환경보전지역으로 용도가 지정되지 아니한 경우에는 건축제한(건축물의 용도, 건폐율, 용적률)의 규정을 적용함에 있어서 (　　)에 관한 규정을 적용한다.

03 제3종 일반주거지역 안에서는 건폐율 (　　)%, 용적률 (　~　)%의 건축제한을 받는다.

04 경관지구 안에서의 건축제한은 도시 · 군계획조례가 정하는 바에 따르나, 고도지구 안에서는 (　　)으로 정하는 높이를 초과하거나 미달할 수 없다.

05 도시 · 군계획사업이란 (　　)을 시행하기 위한 사업으로서 (　　), 도시개발사업 및 (　　)을 말한다.

06 하나의 대지가 2 이상의 용도지역, 지구, 구역에 걸치는 경우 그 대지 중 지역, 지구 또는 구역에 있는 부분의 규모가 (　　)제곱미터 〈단 도로변에 띠 모양으로 지정된 (　　) 지역에 걸쳐 있는 대지의 경우에는 660제곱미터를 말한다〉 이하인 토지부분에 대하여는 그 대지 중 (　　)이 속하는 지역, 지구, 또는 구역에 관한 규정을 적용한다. 다만 (　　)이 (　　) 또는 (　　)에 걸쳐 있는 경우에는 그 건축물 및 대지의 전부에 대하여 (　　) 또는 (　　) 안의 건축물 및 대지에 관한 규정을 적용한다.

07 경관지구는 자연경관지구, (　　), 시가지경관지구로 세분될 수 있다.

08 개발행위허가 중 토지형질변경허가의 기준면적은 주거지역, 상업지역은 (　　)제곱미터 미만이고, 공업지역, (　　) 및 (　　)은 30,000제곱미터미만이다.

09 제2종 일반주거지역의 건폐율은 (　　)% 이하이고, 용적률은 (　　)% 이상 (　　)% 이하이다.

10 도시관리계획은 결정 · (　　)일로부터 (　　)일 후에 그 효력이 발생한다.

11 도시지역 또는 관리지역이 세부용도지역으로 지정되지 아니한 경우에는 용도지역 · 지구별 건축물의 용도 · 종류 및 규모, 건폐율, 용적률제한 등의 규정을 적용함에 있어서 도시지역인 경우에는 (　　) 중 (　　)에 관한 규정을 적용하고, 관리지역인 경우에는 (　　)에 관한 규정을 적용한다.

단답식 정 답

01 도시 · 군계획시설
02 자연환경보전녹지지역
03 50, 200~300
04 도시 · 군관리계획
05 도시 · 군관리계획, 도시 · 군계획시설사업, 도시 및 주거환경 정비사업
06 330, 상업, 가장 넓은 면적, 건축물, 미관지구, 고도지구, 미관지구, 고도지구
07 수변경관지구
08 10,000, 관리지역, 농림지역
09 60, 150, 250
10 고시, 5
11 녹지지역, 보전녹지지역, 보전관리지역

■ 객관식 문제 ■

01 도시 · 군관리계획에 관한 설명 중 틀린 것은?

① 도시 · 군관리계획은 전국의 토지를 대상으로 시 · 군 단위로 수립한다.
② 도시 · 군관리계획에는 용도지역 · 지구의 지정과 용도지역 · 지구별 행위제한에 관한 사항이 포함되어야 한다.
③ 도시 · 군관리계획결정의 효력은 결정 · 고시일부터 5일 후에 발생한다.
④ 도시 · 군관리계획을 변경하고자 할 때에도 원칙적으로 도시계획위원회의 심의를 거쳐야 한다.
⑤ 시장 · 군수는 도시 · 군관리계획의 결정 · 고시일부터 일정기간 이내에 지형도면을 작성하여 도지사의 승인을 얻어야 한다.

풀이 ② 도시 · 군관리계획의 내용에는 용도지역 · 지구의 지정 · 변경은 포함되지만, 용도지역 · 지구별 건축물의 용도 · 종류 및 규모 제한 등 행위제한은 그 효력으로서 용도지역 · 지구에 따라 국토의계획및이용에관한법률 또는 관계 개별법이 정하는 바에 의하고 원칙적으로 도시 · 군관리계획에 포함되는 것은 아니다. 다만, 고도지구 안에서의 건축제한은 도시 · 군관리계획이 정하는 바에 의하고, 지구단위계획구역 안에서의 건축제한은 지구단위계획이 정하는 바에 의하는 등 예외가 있다.

02 국토의계획및이용에관한법률상의 용도지역 또는 용도지구가 아닌 것이 포함된 것은?

① 계획관리지역, 자연환경보전지역, 특정용도제한지구
② 농림지역, 생산관리지역, 수산자원보전지구
③ 시설보호지구, 자연환경보전지역, 도시지역

정답 **01** ② **02** ②

④ 도시자연공원구역, 복합개발진흥지구, 리모델링지구

⑤ 방화지구, 녹지지역, 농림지역

풀이 ② 종전의 국토이용관리법상의 자연환경보전지역 중 수산자원보호지구는 폐지되었고 대신에 새로운 법에서 수산자원보호구역이 도입되었다. 국토의계획및이용에관한법률상 용도지역·용도지구 및 용도구역을 정리해 보면 다음 표와 같다.

<table>
<tr><th colspan="5">국토의계획및이용에관한법률(시행령)</th></tr>
<tr><th colspan="3">용도지역</th><th>용도지구</th><th>용도구역</th></tr>
<tr><td rowspan="4">도시지역</td><td>① 주거지역</td><td>ⓐ 제1종전용주거지역
ⓑ 제2종전용주거지역
ⓒ 제1종 일반주거지역
ⓓ 제2종 일반주거지역
ⓔ 제3종 일반주거지역
ⓕ 준주거지역</td><td rowspan="7">① 경관지구
• 자연경관지구
• 수변경관지구
• 시가지경관지구
② 미관지구
• 중심지미관지구
• 역사문화미관지구
• 일반미관지구
③ 고도지구
• 최고고도지구
• 최저고도지구
④ 방화지구
⑤ 방재지구
⑥ 보존지구
• 문화자원보존지구
• 중요시설물보존지구
• 생태계보존지구
⑦ 시설보호지구
• 학교시설보호지구
• 공용시설보호지구
• 항만시설보호지구
• 공항시설보호지구
⑧ 취락지구
• 자연취락지구
• 집단취락지구
⑨ 개발진흥지구
• 주거개발진흥지구
• 산업개발진흥지구
• 유통개발진흥지구
• 관광·휴양개발진흥지구
• 복합개발진흥지구
• 특정개발진흥지구
⑩ 특정용도제한지구</td><td rowspan="7">① 시가화조정구역
② 도시자연공원구역
③ 개발제한구역
④ 수산자원보호구역
⑤ 지구단위계획구역</td></tr>
<tr><td>② 상업지역</td><td>ⓐ 중심상업지역
ⓑ 일반상업지역
ⓒ 근린상업지역
ⓓ 유통상업지역</td></tr>
<tr><td>③ 공업지역</td><td>ⓐ 전용공업지역
ⓑ 일반공업지역
ⓒ 준공업지역</td></tr>
<tr><td>④ 녹지지역</td><td>ⓐ 보전녹지지역
ⓑ 생산녹지지역
ⓒ 자연녹지지역</td></tr>
<tr><td>관리지역</td><td>① 보전관리지역
② 계획관리지역
③ 생산관리지역</td><td></td></tr>
<tr><td>농림지역</td><td></td><td></td></tr>
<tr><td>자연환경보전지역</td><td></td><td></td></tr>
</table>

03 도시 · 군관리계획에 의하여 지정되는 용도지역 · 지구 중 세분이 가능한 용도지역 · 지구에 해당되지 않는 것은?

① 특정용도제한지구 ② 방화지구
③ 취락지구 ④ 전용주거지역
⑤ 관리지역

풀이 ②③ 용도지구 중 경관지구, 미관지구, 고도지구, 보존지구, 시설보호지구, 취락지구, 개발진흥지구 등은 대통령령이 정하는 바에 따라 세분이 가능하나, 방화지구, 방재지구 등은 세분할 수 없다. 다만, ① 경관지구, 미관지구는 도시 · 군계획조례가 정하는 바에 따라 추가적으로 세분하여 지정할 수 있고 특정용도제한지구는 조례가 정하는 바에 따라 세분하여 지정할 수 있다.

04 국토의계획및이용에관한법률상의 용도지역 중 자연환경보전지역 안에서 불가능한 행위는?

① 묘지관련시설 ② 농어가주택, 초등학교
③ 동사무소, 마을공회당 ④ 양어장, 양식장
⑤ 휴게음식점, 의원

풀이 자연환경보전지역에서는 ①②③④ 농어가주택, 초등학교, 양어장, 종교시설, 묘지관련시설, 제1종근린생활시설 중 슈퍼마켓, 일용품소매점, 동사무소 등은 설치할 수 있으나, ⑤ 휴게음식점, 이용원, 의원 등은 설치할 수 없다.

05 토지거래허가구역의 지정·해제·변경에 대한 설명으로 타당한 것은?

① 허가구역의 해제와 축소는 국토해양부장관의 승인만 있으면 도지사도 행할 수 있다.
② 허가구역의 지정은 시 · 도 도시계획위원회와 국무회의의 심의를 거쳐야 한다.
③ 허가구역은 지정 · 공고되면 5년간 유효하다.
④ 허가구역의 해제와 축소의 효력은 공고일로부터 발생한다는 규정은 없다.
⑤ 허가구역지정의 효력은 공고일로부터 발생한다.

풀이 ①② 토지거래허가구역의 지정 · 변경 · 해제는 국토해양부장관이 중앙도시계획위원회의 심의를 거쳐 행한다. 다만, 허가구역을 재지정하는 때에는 심의 전에 미리 시 · 도지사 및 시장 · 군수 · 구청장의 의견을 들어야 한다(법 제117조제2항). ③ 허가구역 지정의 효력기간은 5년 이내의 기간으로 지정 당시 정한 기간 동안만 유효하다. ④⑤ 구법에서는 허가구역의 지정에 있어서 최초지정 · 확대지정의 경우에는 공고일로부터 5일 후에 효력이 발생하고, 재지정 · 축소지정 · 해제의 경우에는 공고일로부터 효력이 발생한다라고 규정하였으나, 신법에서는 허가구역의 지정은 지정공고일로부터 5일 후에 효력이 발생한다라고만 규정하고 있고, 제지정 · 축소지정 · 해제의 경우에 대하여는 명문규정이 삭제되어 해석상 의문이 있다.

정답 03 ② 04 ⑤ 05 ④

06 토지거래허가구역 안에서 토지거래계약 허가대상은?

① 건물에 대한 전세권의 설정
② 지역권의 설정
③ 토지에 대한 상속
④ 토지에 대한 지상권설정의 예약
⑤ 토지에 대한 증여

풀이 토지거래허가구역 내에서 토지거래허가대상은 일정규모를 초과하는 토지에 관한 소유권의 이전 및 지상권의 설정에 관한 유상계약 및 그 예약이다. 따라서 ④ 토지에 관한 매매·교환 등 소유권의 이전계약, 지상권의 설정 및 그 예약은 해당되지만, ①②저당권, 전세권, 지역권의 설정 또는 임대차 계약 등은 해당되지 않으며, ③⑤ 상속, 증여, 수용, 경매 및 환매 등도 포함되지 않는다.

07 다음은 국토의계획및이용에관한법률에 의한 허가구역 안에서 토지거래규제에 관한 설명이다. 옳지 않은 것은?

① 허가구역 안에서 기준면적을 초과하는 토지를 거래하는 경우에는 계약을 체결하기 전에 허가를 받아야 한다.
② 허가구역 안에서 기준면적 이하의 토지를 거래하는 경우에는 계약을 체결한 후 신고하여야 한다.
③ 허가구역 안에서 허가대상인 토지를 허가받지 아니하고 거래한 경우 그 계약은 무효이다.
④ 허가구역 안에서 농지에 대하여 토지거래허가를 받으면 농지취득자격증명을 발급받은 것으로 본다.
⑤ 허가구역 안에서는 토지거래허가증을 받으면 검인을 받은 것으로 본다.

풀이 ② 허가구역 안에서 기준면적 이하의 토지를 거래하는 경우에는 허가는 물론, 사후신고도 필요 없다(법 제118조제2항). ④ 농지로서 토지거래계약 허가를 받은 경우에는 농지법에 의한 농지취득자격증명을 받은 것으로 본다. ⑤ 토지거래허가증을 교부받은 경우에는 부동산등기특별조치법에 의한 검인을 받은 것으로 본다.

08 다음은 도시·군계획에 관한 설명이다. 맞는 것은?

① 도시·군계획은 광역도시계획과 도시·군기본계획으로 구분한다.
② 도시·군기본계획은 관할 도지사가 입안·고시한다.
③ 국토의계획및이용에관한법률에 따라 결정된 도시·군계획은 특별시·광역시·시 또는 군의 관할구역에서 수립되는 다른 법률에 따른 토지의 이용·개발 및 보전에 관한 계획의 기본이 된다.
④ 도시·군관리계획에서 지정하는 용도지역은 도시지역, 관리지역, 농업진흥지역, 준농

정답 06 ④ 07 ② 08 ③

림지역, 자연환경보전지역이다.

⑤ 도시계획의 기초가 되는 토지수급계획은 국토종합계획의 내용에 적합하도록 국토종합계획심의회의 심의를 거쳐 수립한다.

풀이 도시 · 군계획은 특별시 · 광역시 · 특별자치시 · 특별자치도 · 시 또는 군의 관할구역에서 수립되는 다른 법률에 따른 토지의 이용 · 개발 및 보전에 관한 계획의 기본이 된다(법 제4조제1항). ⑤ 토지수급계획제도는 신법에서 폐지되었다.

09 국토의계획및이용에관한법률상 개발진흥지구의 세분에 해당하지 아니하는 것은?

① 주거개발진흥지구
② 관광휴양개발진흥지구
③ 복합개발진흥지구
④ 상업개발진흥지구
⑤ 산업개발진흥지구

풀이 개발진흥지구는 주거개발진흥지구, 산업개발진흥지구, 유통개발진흥지구, 관광 · 휴양개발진흥지구, 복합개발진흥지구 및 특정개발진흥지구로 세분될 수 있다.

10 국토의계획및이용에관한법률령상 토지거래계약허가에 관한 설명 중 가장 타당하지 않은 것은?

① 시장 · 군수 또는 구청장이 토지거래계약에 관한 허가구역(이하 "허가구역"이라 한다) 안의 토지에 관한 거래계약허가신청서를 받은 때에는 신청서를 받은 날부터 5일 이내에 허가증의 교부 또는 불허가처분 사유 통보 등을 하여야 한다.

② 허가구역을 지정한 때에는 허가구역의 범위 · 지정기간 등 대통령령이 정하는 사항을 공고하여야 한다.

③ 허가구역을 최초로 지정하는 경우 그 지정의 효력발생일은 그 지정을 공고한 날부터 5일이 경과한 날이다.

④ 용도별 일정면적 이하의 토지에 대한 토지거래계약에 대하여는 허가를 받을 필요가 없다.

⑤ 허가구역의 지정에 관한 통지를 받은 시장 · 군수 또는 구청장은 지체 없이 이를 일정기간(7일 이상) 공고하고, 공고내용을 15일간 일반에게 보이도록 하여야 한다.

풀이 시장 · 군수 · 구청장은 토지거래허가구역 안의 토지에 관한 토지거래계약 허가신청서를 받은 날로부터 민원사무처리에관한법률의 규정에 의한 처리기간 내에 허가 또는 불허가의 처분을 하고 허가증을 교부하거나 불허가처분사유를 서면으로 통지하여야 한다. 다만, 선매협의 절차가 진행 중인 때에는 위의 기간 이내에 그 사실을 신청인에게 통지하여야 한다.

정답 **09** ④ **10** ①

11 도시 · 군관리계획에 의한 용도지역 · 지구제에 관한 다음의 설명 중 맞는 것은?

① 전국의 토지는 반드시 용도지역 · 지구 · 구역제가 시행된다.

② 도시관리계획의 단위구역은 시 · 군의 행정구역과 일치하게 된다.

③ 용도지역과 지역은 서로 중복지정 될 수 없으나, 용도지역과 지구 또는 구역은 서로 중복지정 될 수 있다.

④ 용도지역 · 지구가 시 · 군 단위로 지정되면 지역 · 지구별로 건축법에 의한 건축제한(건축물의 용도제한, 건폐율, 용적률)을 받게 된다.

⑤ 도시지역 내의 토지는 도로법에 의한 접도구역제가 적용된다.

풀이 ① 도시 · 군관리계획에 의한 용도지역 · 지구 · 구역제는 반드시 시행하는 것이 아니라 필요에 따라서 지정을 하는 것이다. 다만, 지역제는 전국토를 대상으로 시 · 군 단위로 하나의 토지에는 하나의 지역이 지정되는 것이지만 아직 용도가 지정되지 아니한 지역도 있을 수 있다. ②③ 도시 · 군관리계획의 단위구역은 반드시 시 · 군의 행정구역과 일치하는 것은 아니다(인접한 시 · 군의 관할구역을 포함하여 도시관리계획을 입안할 수 있다). ④ 용도지역 · 지구별 건축행위제한은 건축법에서 규정하지 않고, 대부분 국토의 이용및계획에관한법령이 직접 규정하고 있다. 건축법은 개별건축물의 건축제한(대지와 도로의 관계, 건축물의 구조, 설비의 기준, 건축물의 용도분류)에 대하여 규정하고 있다. ⑤ 도시지역 내에서는 도로법 중 접도구역, 고속국도법 중 접도구역 및 농지법 중 농지취득자격증명 등의 규정이 적용되지 아니한다(법 제83조).

12 국토의계획및이용에관한법률상 도시 · 군기본계획에 대한 설명으로서 틀린 것은?

① 도시 · 군기본계획을 수립하고자 할 때에는 공청회를 거쳐야 한다.

② 도시 · 군기본계획에 대하여 특별시장 · 광역시장 · 특별자치시장 · 특별자치도지사 · 시장 또는 군수는 10년마다 그 타당성 여부를 검토하여 도시관리계획의 입안에 반영하여야 한다.

③ 도시 · 군기본계획은 도시의 기본적인 공간구조와 장기발전 방향을 제시하고, 도시관리계획수립의 지침이 된다.

④ 도시 · 군기본계획의 내용이 광역도시계획의 내용과 다른 때에는 광역도시계획의 내용이 우선한다.

⑤ 시장 또는 군수는 도시 · 군기본계획을 수립하려면 도지사의 승인을 받아야 한다.

풀이 ② 도시 · 군기본계획은 도시 · 군의 기본적인 공간구조와 장기발전 방향 및 도시 · 군관리계획수립의 지침이 되는 계획으로서 시장 · 군수(특별시장 · 광역시장 · 특별자치시장 · 특별자치도지사 · 시장 또는 군수)는 도시 · 군기본계획에 대하여 5년마다 그 타당성 여부를 재검토하여 이를 정비하여야 한다(도시 · 군기본계획에 반영하여야 한다)(법 제23조제1항).

정답 11 ③ 12 ②

13 도시 · 군기본계획에 관한 설명 중 바른 것은?

① 도시 · 군기본계획은 국토해양부장관이 특별시장 · 광역시장 · 시장 또는 군수의 의견을 들어 수립한다.

② 도시 · 군기본계획은 용도지역 · 지구 · 구역의 지정과 도시 · 군계획사업에 관한 사항을 주내용으로 한다.

③ 도시 · 군기본계획은 20년을 단위로 하여 수립한다.

④ 도시 · 군기본계획의 경우에는 도시 · 군관리계획과는 달리 도시계획위원회의 심의를 거칠 필요가 없다.

⑤ 도시 · 군기본계획에 관하여는 행정쟁송을 제기할 수 없다.

풀이 ①③ 도시기본계획은 특별시장 · 광역시장 · 특별자치시장 · 특별자치도지사가 관할구역에 대하여 수립하고, 시장 또는 군수는 관할구역에 대하여 수립하여 도지사의 승인을 받아야 하나, 단위계획기간은 최근에 삭제되었으며, ④ 특별시장 · 광역시장 · 특별자치시장 · 특별자치도지사가 도시 · 군기본계획을 수립하고자 할 때 또는 시장 · 군수가 수립한 기본계획을 도지사가 승인하고자 할 때에는 지방도시계획위원회의 심의를 거쳐야 한다. ② 도시 · 군기본계획에는 장래의 도시의 장기적인 개발 방향과 미래상이 제시되어야 하며, 도시의 지역적 특성, 도시공간구조, 생활권설정, 인구배분, 토지이용 · 개발 및 환경보전 등의 사항이 포함되어야 한다. 용도지역 · 지구 · 구역의 지정과 도시 · 군계획사업에 관한 사항은 도시 · 군기본계획이 아니라 도시 · 군관리계획의 내용에 해당된다. ⑤ 도시 · 군기본계획은 행정구속적 계획으로 대국민적 구속력이 없으며, 따라서 행정쟁송의 대상이 되지 아니한다.

14 도시지역 중 녹지지역을 주거지역으로 변경하는 절차를 설명한 내용으로서 가장 옳은 것은?

① 도시 · 군기본계획의 변경절차와 동일하다.

② 시장 · 군수가 입안하여 국토해양부장관의 승인을 받아야 한다.

③ 관할 시장 · 군수가 변경 · 결정한다.

④ 반드시 공청회를 거쳐야 한다.

⑤ 도시계획위원회의 심의를 거쳐 시 · 도지사가 결정 · 고시한다.

풀이 ⑤ 도시지역 안에서 녹지지역을 주거지역으로 변경하기 위해서는 도시 · 군관리계획변경절차를 거쳐야 하는데, 이러한 변경절차는 도시 · 군관리계획결정절차와 동일하다.

도시 · 군관리계획은 원칙적으로 시장 · 군수(특별시장 · 광역시장 · 특별자치시장 · 특별자치도지사 · 시장 또는 군수)가 입안하여 시 · 도지사(특별시장 · 광역시장 · 특별자치시장 · 특별자치도지사)가 지방(시 · 도)도시계획위원회의 심의를 거쳐 결정 · 고시한다.

정답 13 ⑤ 14 ⑤

①②③④ 도시 · 군기본계획은 특별시장 · 광역시장(특별시장 · 광역시장 · 특별자치시장 · 특별자치도지사)이 관할구역에 대하여 수립하고, 그 밖의 시장 또는 군수는 관할구역에 대하여 수립하여 도지사가 지방도시계획위원회의 심의를 거쳐 승인한다.

15 국토의계획및이용에관한법률상의 토지형질변경허가의 기준면적에 관한 다음 설명 중 틀린 것은?

① 주거지역 : 1만m^2 미만

② 상업지역 · 관리지역 : 3만m^2 미만

③ 공업지역 · 농림지역 : 3만m^2 미만

④ 생산녹지지역 및 자연녹지지역 : 1만m^2 미만

⑤ 보전녹지지역 · 자연환경보전지역 : 5천m^2 미만

풀이 ①② 주거지역 및 상업지역에서는 1만m^2 미만의 토지에 대하여 토지형질변경허가를 할 수 있다(영 제55조제1항).

16 제1종 전용주거지역과 관련된 건축규제의 내용 중 옳은 것은?

① 용적률은 생산녹지지역보다 높다.

② 건폐율은 준공업지역과 동일하다.

③ 전용주거지역 안에서 건축하는 건축물은 일조권에 의한 높이제한을 받지 아니한다.

④ 초등학교 · 중학교 · 고등학교를 설치할 수 있다.

⑤ 건축물은 2층 이하 또는 높이 8m이하로 건축하여야 한다.

풀이 ① 제1종전용주거지역의 용적률은 50% 이상 100% 이하이고, 생산녹지지역의 용적률도 50% 이상 100% 이하이다. 제2종전용주거지역의 용적률은 100% 이상 150% 이하이다. ② 제1종전용주거지역의 건폐율은 제2종전용주거지역과 같이 50/100 이하이고, 준공업지역의 건폐율은 70/100 이하이다. ③ 전용주거지역 및 일반주거지역 안에서 건축하는 건축물의 높이는 일조 등의 확보를 위하여 정북방향의 인접대지 경계선으로부터의 거리에 따라 대통령령이 정하는 높이 이하로 하여야 한다. ④ 제1종전용주거지역에서는 제2종전용주거지역과 같이, 도시 · 군계획조례에서 정하는 바에 의하여 교육연구시설 중 초 · 중 · 고등학교와 노유자시설 등을 설치할 수 있다. ⑤ 전용주거지역 안에서 건축물의 절대높이제한은 폐지되었다.

17 국토의계획및이용에관한법률상의 지구제에 관한 다음 설명 중 타당하지 않은 것은?

① 용도지역에 의한 규제만으로 달성할 수 없는 특수목적(도시기능의 증진)을 위해 지정된다.

정답 15 ② 16 ④ 17 ②

② 지구는 각각 특정된 관련 용도지역 안에서만 지정된다.
③ 용도지역의 제한을 강화 또는 완화하여 적용함으로써 용도지역의 기능을 증진시키기 위하여 국토해양부장관, 시·도지사 또는 대도시시장이 도시관리계획으로 지정한다.
④ 지구로 지정되면 그 안의 토지소유자 등에게 부가적으로 일정한 건축제한의 효력이 발생한다.
⑤ 자연취락지구는 녹지지역·관리지역·농림지역 또는 자연환경보전지역 안에만 지정할 수 있다.

풀이 ② 국토의계획및이용에관한법률상의 용도지구는 용도지역의 기능을 보완하는 역할을 하면서도 용도지역을 세분한 것이 아니며, 또한 반드시 특정지역에 관련되어 그 지역에만 지정할 수 있는 것은 아니다. ⑤ 다만 자연취락지구는 녹지지역·관리지역·농림지역 및 자연환경보전지역 안에만 지정할 수 있고, 집단취락지구는 개발제한구역 안에만 지정할 수 있다.

18 시가화조정구역에 관한 설명 중 맞는 것은?
① 시가화조정구역은 보안상의 필요에 의하여 도시의 개발을 제한하기 위하여 지정한다.
② 시가화 유보기간은 20년으로 한다.
③ 시가화 조정구역 안에서 설치가 금지되는 건축물은 공장·학교·중앙도매시장·백화점 및 자동차정류장이다.
④ 시장 또는 군수는 시가화조정구역 안에 적용할 도시관리계획이 수립될 때까지는 국토의계획및이용에관한법률 제56조의 규정에 의한 개발행위 허가를 거부할 수 있다.
⑤ 시가화조정구역 안에서 소규모의 축사·퇴비사·잠실·창고 등 농어업에 직접 이용되는 간이건축물을 건축하고자 할 때에도 허가를 받아야 한다.

풀이 ②④⑤ 시가화조정구역 안에서는 5년 이상 20년 이내의 범위 안에서 정한 시가화유보기간 동안에는 원칙적으로 개발행위허가의 내용이 되는 행위는 금지되지만, 기존면적 포함 33㎡ 이하의 농·림·어업용 축사, 퇴비사, 잠실, 창고 등의 건축물의 건축행위 등 일부 경미한 행위는 시장·군수의 허가를 받으면 할 수 있다(법 제81조제2항, 영 제88조).

19 개발제한구역의 지정목적이 아닌 것은?
① 도시지역의 지가억제와 투기억제
② 국방부장관의 요청에 의한 보안상의 도시개발제한
③ 도시의 무질서한 확산방지
④ 도시주변의 자연환경보전
⑤ 도시민의 건전한 생활환경확보

정답 18 ⑤ 19 ①

풀이 개발제한구역은 ③ 도시의 무질서한 확산을 방지하고, ④ 도시주변의 자연환경을 보전하여, ⑤ 도시민의 건전한 생활환경을 확보하기 위하여 도시의 개발을 제한할 필요가 있거나 ② 국방부장관의 요청이 있어 보안상 도시의 개발을 제한할 필요가 있다고 인정되는 때 국토해양부장관이 도시관리계획으로 지정할 수 있다(개발제한구역의지정및관리에관한특별조치법 제3조). ① 도시지역의 지가억제와 투기억제는 개발제한구역의 직접적인 지정목적이라고 할 수 없으며, 부수적 효과라 하겠다.

20 개발제한구역 안에서 도시계획사업 또는 토지형질변경 등의 개발행위에 대한 설명으로서 옳은 것은?

① 도시계획사업은 일체 금지된다.
② 도시계획사업은 제한 없이 시행할 수 있다.
③ 토지형질변경 등의 개발행위는 원칙적으로 할 수 없다.
④ 토지형질변경 등의 행위는 시장 · 군수 · 구청장의 허가만 있으면 행할 수 있다.
⑤ 개발제한구역의 지정 당시 착수한 공사 또는 사업은 원칙적으로 금지된다.

풀이 ①② 개발제한구역이 지정되면 당해 구역 안에서 도시계획사업은 원칙적으로 금지된다. 다만, 구역의 지정목적에 위배되지 않는 경우에는 시행할 수 있다. 또한, ⑤ 개발제한구역의 지정 당시에 이미 관계법령에 의하여 허가를 받아 공사 또는 사업에 착수한 자는 이를 계속 시행할 수 있다. ③④ 토지형질변경, 건축물의 건축 및 용도변경, 공작물의 설치, 죽목의 벌채, 토지의 분할, 물건을 쌓아 놓는 행위 등의 개발행위는 원칙적으로 금지되는 행위이나, 예외적으로 일정한 행위의 경우에는 시장 · 군수 · 구청장(특별자치도지사 · 시장 · 군수 또는 구청장)의 허가를 받아 할 수 있다.

21 지구단위계획구역의 지정대상지역으로서 가장 타당하지 않은 것은?

① 택지개발촉진법에 의한 택지개발예정지구
② 산업입지및개발에관한법률에 의한 산업단지
③ 도시및주거환경정비법에 의한 정비구역
④ 국토의계획및이용에관한법률에 의한 용도지구
⑤ 국토의계획및이용에관한법률에 의한 시가화조정구역

풀이 종전에는 지구단위계획구역을 제1종과 제2종으로 구분하여 제1종지구단위계획구역은 ① 택지개발예정지구, ② 산업단지, ③ 정비구역, ④ 용도지구, 개발행위허가 제한지역(국토의계획및이용에관한법률), 도시개발구역, 개발제한구역 · 도시자연공원지역 · 시가화조정구역 또는 공원에서 해제되는 구역 등이 그 지정대상이었고, 계획관리지역(3만㎡ 이상 단, 아파트 · 연립주택건설계획이 포함된 경우에는 30만㎡ 이상)은 개발진흥지구와 함께 제2종 지구단위계획구역의 지정대상에 속하였다. 그러나 최근 개정법령에서는 이

정답 **20** ③ **21** ⑤

러한 제1종과 제2종의 구분을 폐지하였다. 다만, 도시지역 외의 지역을 지구단위계획구역으로 지정하려는 경우에는 지정하려는 구역면적의 50/100 이상이 계획관리지역으로서 대통령령으로 정하는 요건에 해당하는 지역, 개발진흥지구로서 대통령령으로 정하는 요건에 해당하는 지역, 또는 용도지구를 폐지하고 용도지구에서의 행위제한 등을 지구단위계획으로 대체하려는 지역에 해당하여야 한다.

22 도시 · 군계획시설의 결정 및 설치에 관한 설명 중 옳지 않은 것은?

① 지상 · 수상 · 공중 · 수중 또는 지하의 기반시설은 원칙적으로 도시 · 군관리계획에 의하여 설치되어야 한다.

② 행정청이 아닌 자도 도시 · 군계획시설을 설치할 수 있다.

③ 도시 · 군계획시설의 결정 · 구조 및 설치의 기준 등에 관하여 필요한 사항은 국토해양부령으로 정한다.

④ 시장, 공공청사, 연구시설, 유치원, 장례식장 등은 도시 · 군관리계획결정절차를 거치지 않고도 설치할 수 있다.

⑤ 도시 · 군계획시설에 대하여는 지역 · 지구 안에서의 건축제한에 관한 규정이 적용된다.

풀이 ①④ 기반시설은 원칙적으로 도시 · 군관리계획에 의하여 설치하여야 하나, 예외적으로 대통령령으로 정하는 시설은 그러하지 아니하다(법 제43조제1항, 영 제35조). ⑤ 지역 · 지구 안에서 도시 · 군계획시설에 대하여는 지역 · 지구 안에서의 건축제한(지역별 용도제한, 지구별 건축제한 : 제71조 내지 제82조)을 적용하지 아니한다(영 제83조제1항).

23 도시 · 군계획사업에 관한 설명 중 틀린 것은?

① 도시개발사업은 도시 · 군계획사업의 하나로서 도시개발법에 의하여 시행한다.

② 정비사업은 도시 · 군계획사업의 하나로서 도시및주거환경정비법에 의하여 시행한다.

③ 주택건설사업은 도시 · 군계획사업의 하나로서 주택법에 의하여 시행한다.

④ 도시개발사업은 수용방식 또는 환지방식에 의하여 시행한다.

⑤ 도시 · 군계획시설사업은 수용방식에 의하여 시행한다.

풀이 ⑤ 도시 · 군계획시설사업은 도시 · 군계획사업의 하나로서 국토의계획및이용에관한법률에 의하여 도시 · 군관리계획결정절차를 거치는 것은 물론 그 사업의 집행절차와 방법도 국토의계획및이용에관한법률에 의하여 시행한다. ①② 도시개발사업과 정비사업도 도시 · 군계획사업의 하나이지만, 그 사업의 집행절차와 방법은 각각 도시개발법과 도시및주거환경정비법에 따라 시행한다. ③ 주택건설사업은 도시 · 군계획사업에 속하지 않는다.

정답 22 ⑤ 23 ③

24 도시 · 군계획시설사업의 시행에 관한 기술이다. 옳은 것은?

① 도시 · 군계획시설사업은 그 행정구역을 관할하는 시장 · 군수만이 이를 시행할 수 있다.

② 도시 · 군계획시설사업의 시행자는 그 시행에 착수하기 전에 실시계획을 작성하여 국토해양부장관, 시 · 도지사 또는 대도시시장의 인가를 받아야 한다.

③ 실시계획을 변경하거나 폐지하고자 하는 때에는 그 사실을 신고하여야 한다.

④ 실시계획의 인가를 받은 시행자가 타인의 토지 등을 수용할 필요가 있는 경우에는 공익사업을위한토지등의취득및보상에관한법률상의 사업인정을 받아야 한다.

⑤ 도시 · 군계획사업의 공사를 완료한 때에는 공사완료보고서를 제출하여야 하며, 이 경우 준공검사를 받은 것으로 본다.

풀이 ① 도시 · 군계획시설사업은 원칙적으로 관할 시장 · 군수(특별시장 · 광역시장 · 특별자치시장 · 특별자치도지사 · 시장 또는 군수)가 이를 시행하지만, 도시 · 군계획시설사업이 2 이상의 시 · 군의 관할구역에 걸쳐 시행하는 경우에는 관계 시장 · 군수가 협의에 의하여 시행자를 정하고, 국가계획 또는 광역도시계획과 관련되거나 기타 필요하다고 인정하는 때에는 국토해양부장관 또는 도지사가 직접 시행할 수 있으며, 행정청이 아닌 자도 국토해양부장관, 시 · 도지사 또는 시장 · 군수로부터 시행자지정을 받으면 사업을 시행할 수 있는 등 예외가 인정되고 있다(법 제86조). ②③ 도시 · 군계획시설사업의 시행자는 행정청, 비행정청을 불문하고 그 사업의 실시계획을 작성하여 국토해양부장관, 시 · 도지사 또는 대도시시장의 인가를 받아야 하며, 인가받은 실시계획을 변경 또는 폐지하고자 할 때에도 또한 같다(법 제88조). ④ 실시계획의 고시가 있은 때에는 공익사업을위한토지등의취득및보상에관한법률에 의한 사업인정 및 그 고시가 있은 것으로 본다(법 제96조2항).

25 국토의계획및이용에관한법률상의 도시계획시설사업에 필요한 토지등의 수용 및 사용에 관한 설명으로서 가장 옳은 것은?

① 행정청인 시행자만이 도시계획시설사업의 시행을 위하여 토지를 수용 또는 사용할 수 있다.

② 도시계획시설사업의 실시계획인가를 얻은 자는 공익사업을위한토지등의취득및보상에관한법률에 의한 사업인정도 받아야 수용 또는 사용할 수 있다.

③ 도시계획시설사업의 시행을 위하여 필요하다고 인정할 때에는 그 도시계획시설에 인접한 토지 · 건축물 또는 그 토지에 정착된 물건이나 그 토지 · 건축물 또는 물건에 관한 소유권 이외의 권리를 수용 또는 사용할 수 있다.

④ 공익사업을위한토지등의취득및보상에관한법률에 의한 모든 잔여지의 수용 또는 사용은 그 토지의 소유자 및 이해관계인이 시행자에게 청구할 수 있다.

⑤ 토지를 수용하는 경우에는 도시계획시설사업의 시행기간이 경과하면 재결신청을 할 수 없다.

정답 24 ② 25 ⑤

풀이 ① 국토의계획및이용에관한법률상의 도시계획시설사업의 시행자는 행정정 또는 비행정청을 불문하고 토지 · 건축물 등을 수용 또는 사용할 수 있다. ② 도시계획시설사업의 실시계획의 고시를 공익사업을위한토지등의취득및보상에관한법률상의 사업인정 및 그 고시로 보므로, 별도의 사업인정을 받지 않더라도 시행자는 토지를 수용 또는 사용할 수 있다. ③ 도시계획시설사업 시행자는 도시계획시설에 인접한 토지 등을 일시 사용할 수는 있으나, 수용할 수는 없다. ④ 토지소유자는 잔여지를 종래의 목적으로 사용하는 것이 현저히 곤란한 때에 한하여 사업시행자에게 토지 전부의 수용을 청구할 수 있다(공익사업을위한토지등의취득및보상에관한법률 제74조). ⑤ 재결신청의 기간은 공익사업을위한토지등의취득및보상에관한법률상으로는 사업인정고시일로부터 1년 이내에 하여야 하지만, 국토의계획및이용에관한법률에서는 특례를 인정하여 도시계획시설사업의 시행기간 내에 하면 된다.

26 도시계획과 관련하여 불이익이 발생한 경우에 손실보상을 받을 수 있는 경우로서 맞는 것은?

① 도시관리계획상 도로예정지로 편입되어 있어 장기간 이용 또는 처분의 제한을 받는 토지의 경우

② 행정청이 아닌 자가 도시계획사업을 위하여 타인이 점유하는 토지를 일시 사용하는 경우

③ 개발제한구역이 되어 토지가격이 하락한 경우

④ 공장을 설치하려고 하였는데 이미 적용되는 행정규제로 설치가 제한된 경우

⑤ 주거지역이 공업지역으로 변경된 경우

풀이 헌법에서는 공공의 필요에 의한 수용 · 사용 · 제한 및 보상은 법률에 의하도록 하고 있다. 그러나 현행 법률에서는 공용수용 · 사용에 대한 보상은 인정하고 있으나, ①③⑤ 공용제한 중 계획제한에 대해서는 일반적으로 보상을 인정하고 있지 않다. 즉 용도지역 · 지구 · 구역 등의 지정 · 변경에 의한 행위제한에 대해서는 보상에 관한 규정이 없다. 다만, 최근에 헌법재판소의 헌법불합치결정과 관련하여 ③ 개발제한구역 안의 토지와 ① 장기미집행 도시계획시설부지에 대하여 일정한 경우에 매수청구권을 인정하고 있고, 도시자연공원구역 안의 토지에 대하여도 개발제한구역과 비슷하게 매수청구권을 인정하고 있다. 그러나, ② 타인토지의 출입 · 사용은 공용제한 중 사용제한으로서 그로 인한 손실에 대하여는 보상을 하도록 규정하고 있다.

27 국토의계획및이용에관한법률의 규정과 관련하여 토지소유자가 불이익을 받았을 때 손실보상을 받을 수 있는 경우는?

① 도시계획상 도로 · 녹지 · 도시공원 등의 결정으로 장기간 토지이용이 제한된 때

정답 **26** ② **27** ②

② 도시계획에 관한 조사를 하기 위하여 타인토지에 출입 · 사용하거나 지장물을 제거한 때
③ 도시자연공원구역의 지정으로 상대적으로 지가가 하락한 때
④ 시가화조정구역의 지정으로 건축행위가 제한된 때
⑤ 주거지역을 녹지지역으로 변경하여 토지이용행위가 제한된 때

풀이 현행법상 ①③④⑤ 공용제한 중 계획제한에 대하여는 일반적으로 보상이 인정되지 않고 있으며, ② 사용제한(공용사용)에 대하여는 보상이 인정되고 있다.

28 광역도시계획의 수립에 관한 절차내용으로서 옳은 것은?
① 시장이나 군수도 시 · 도지사의 승인절차를 거친 경우에는 수립권자가 될 수 있다.
② 국토해양부장관은 시 · 도지사와 공동으로 수립할 수도 있다.
③ 광역도시계획은 원칙적으로 20년을 단위로 하지만, 필요에 따라 10년을 단위로 할 수도 있다.
④ 광역도시계획의 작성기준에 대하여는 국토의계획및이용에관한법률시행령에 따라 조례가 정하도록 되어 있다.
⑤ 광역도시계획을 수립한 후에는 지방의회의 승인을 얻어야 한다.

풀이 ② 광역도시계획은 광역계획권이 같은 도의 관할구역에 속하는 경우에는 관할 시장 또는 군수가 공동으로 수립하고 둘 이상의 시 · 도의 관할구역에 걸치는 경우에는 관할 시 · 도지사가 공동으로 수립하며, 국가계획과 관련되거나 광역계획권지정일로부터 3년이 경과할 때까지 관할 시 · 도지사로부터 승인신청이 없는 경우에는 국토해양부장관이 수립하여야 한다. 다만, 국토해양부장관은 시 · 도지사의 요청이 있거나 필요하다고 인정되는 때에는 관할 시 · 도지사와 공동으로 수립할 수 있다. ④ 광역 도시계획의 수립기준은 대통령령이 정하는 바에 따라 국토해양부장관이 정한다(법 제12조제2항).

29 다음은 도시 · 군관리계획결정으로 지구를 다시 세분하여 지정하는 것에 관한 설명이다. 틀린 것은?
① 미관지구를 중심지미관지구, 역사문화미관지구, 일반미관지구로 세분하여 지정할 수 있다.
② 보존지구를 문화자원보존지구, 중요시설물보존지구, 생태계보존지구로 세분하여 지정할 수 있다.
③ 자연취락지구를 주거취락지구, 집단취락지구로 세분하여 지정할 수 있다.
④ 시설보호지구를 학교시설보호지구, 공용시설보호지구, 항만시설보호지구, 공항시설보호지구로 세분하여 지정할 수 있다.
⑤ 고도지구를 최고고도지구, 최저고도지구로 세분하여 지정할 수 있다.

정답 28 ② 29 ③ 30 ②

풀이 ③ 국토해양부장관, 시 · 도지사 또는 대도시시장은 취락지구를 자연취락지구와 집단취락지구로 도시 · 군관리계획결정으로 세분하여 지정할 수 있다.

30 다음은 국토의계획및이용에관한법률상의 지구에 관한 설명이다. 틀린 것은?

① 지구 안에서의 건축제한은 원칙적으로 도시 · 군계획조례가 정하는 바에 의한다.

② 최저고도지구에서는 도시 · 군계획조례로 정하는 높이에 미달하는 건축물을 건축할 수 없다.

③ 지역에 의한 규제만으로는 달성할 수 없는 특정한 목적을 달성하기 위하여 지정된다.

④ 다른 지역 · 지구와 중복하여 지정될 수 있다.

⑤ 특정한 지구는 필요한 경우 시 · 도의 조례가 정하는 바에 의하여 세분하여 지정할 수 있다.

풀이 ② 최저고도지구에서는 도시 · 군관리계획으로 정하는 높이에 미달하는 건축물을 건축할 수 없다. 대부분의 용도지구 안에서의 건축제한은 대통령령이 정하는 기준에 따라 특별시 · 광역시 · 시 또는 군의 도시 · 군계획조례가 정하는 바에 따르지만, 고도지구 안에서는 도시 · 군관리계획으로 정하는 높이를 초과하거나 미달하는 건축물을 건축할 수 없고, 개발진흥지구 안에서는 지구단위계획 또는 관계법률에 의한 개발계획에 위반하여 건축물을 건축할 수 없는 등 예외가 있다(법 제76조제2항, 영 제72조 내지 제78조).

31 다음 중 국토이계획및이용에관한법률에서 규정하고 있는 도시 · 군관리계획의 내용이 아닌 것이 포함된 것은?

① 도시지역의 지정 또는 변경에 관한 계획

② 용도지역 · 지구의 지정 또는 변경에 관한 계획

③ 개발제한구역의 지정 또는 변경에 관한 계획과 개발제한구역관리계획

④ 지구단위계획구역의 지정 또는 변경에 관한 계획과 지구단위계획

⑤ 도시개발사업 · 정비사업에 관한 계획

풀이 도시 · 군관리계획의 내용에는 ①② 용도지역 · 지구의 지정 · 변경에 관한 계획, ③ 개발제한구역 · 도시자연공원지역 · 시가화 조정구역 · 수산자원보호구역의 지정 · 변경에 관한 계획, ④ 지구단위계획구역의 지정 · 변경에 관한 계획과 지구단위계획, 기반시설의 설치 등에 관한 계획, ⑤ 도시개발사업 · 정비사업에 관한 계획은 포함되지만, ③개발제한구역관리계획은 포함되지 않는다.

32 개발제한구역 안의 토지매수청구 또는 대상토지 등에 대한 설명이다. 가장 타당하지 않은 것은?

① 개발제한구역의 지정으로 인하여 구역 안의 토지를 종래의 용도로 사용할 수 없어 효용이 현저히 감소한 토지

정답 **31** ③ **32** ④

② 개발제한구역의 지정으로 인하여 당해 토지의 사용 및 수익이 사실상 불가능한 토지
③ 매수청구를 받은 날로부터 2개월 이내에 매수대상 여부 및 매수예상가격을 매수청구자에게 통보하여야 한다.
④ 국토해양부장관은 매수대상토지를 통보한 날로부터 2년 이내에 매수계획을 수립하고, 매수대상토지를 매수하여야 한다.
⑤ 매수가격은 부동산가격공시및감정평가등의평가에관한법률의 규정에 의한 공시지가를 기준으로 한다.

풀이 ①② 개발제한구역의 지정으로 인하여 구역 안의 토지를 종래의 용도로 사용할 수 없어 효용이 현저히 감소하거나 사용·수익이 사실상 불가능하게 된 경우에 토지소유자는 국토해양부장관에게 그 토지의 매수를 청구할 수 있다. ③ 국토해양부장관은 매수청구를 받은 날로부터 2월 이내에 매수대상여부 및 매수예상가격 등을 매수청구인에게 통보하여야 하고, ④ 매수대상토지로 통보한 때에는 3년 이내에 매수하여야 한다.

33 국토의계획및이용에관한법령상 주민은 도시·군관리계획 입안권자에게 도시·군관리계획의 입안을 제안할 수 있다. 이에 대한 설명으로 가장 적합하지 않은 것은?
① 지구단위계획구역의 지정 및 변경과 지구단위계획의 수립에 관한 사항을 제안할 수 있다.
② 제안자는 당해 도시·군관리계획의 입안 및 결정에 필요한 비용의 전부를 부담하여야 한다.
③ 기반시설의 설치·정비 및 개량에 관한 사항을 제안할 수 있다.
④ 도시·군관리계획입안의 제안을 받은 국토해양부장관, 시·도지사, 시장 또는 군수는 열람기간이 종료된 날부터 60일 이내에 도시·군관리계획입안에의 반영여부를 제안자에게 통보하여야 한다.
⑤ 제안서에는 도시·군관리계획도서와 계획설명서를 첨부하여야 한다.

풀이 ② 도시·군관리계획의 입안을 제안 받은 자는 제안자와 협의하여 도시·군관리계획의 입안 및 결정에 필요한 비용의 전부 또는 일부를 제안자에게 부담시킬 수 있다(법 제26조제3항).

34 다음 중 국토의계획및이용에관한법률상 도시·군관리계획의 효력 발생시기는?
① 도시·군관리계획 결정고시부터 5일 후
② 도시·군관리계획 결정고시 다음 날
③ 도시·군관리계획 결정고시일
④ 도시·군관리계획 결정고시부터 7일 후
⑤ 도시·군관리계획 결정고시부터 30일 후

정답 33 ② 34 ①

풀이 국토해양부장관, 시 · 도지사 또는 대도시시장은 도시 · 군관리계획을 결정한 때에는 이를 고시하여야 하는데, 이러한 고시가 있은 날로부터 5일 후에 그 효력이 발생한다(법 제31조제1항).

35 국토의계획및이용에관한법률상 지구단위계획구역의 지정에 관한 도시 · 군관리계획결정의 고시일부터 ( ) 이내에 당해 지구단위계획구역에 관한 지구단위계획이 결정 · 고시되지 아니하는 경우에는 그 ( )이 되는 날의 다음 날에 당해 지구단위계획구역의 지정에 관한 도시 · 군관리계획결정은 그 효력을 상실한다. ( ) 안에 알맞은 것들은?

① 1년, 2년
② 3년, 5년
③ 2년, 5년
④ 3년, 3년
⑤ 1년, 3년

풀이 ④ 지구단위계획구역 지정 · 고시일로부터 3년 이내에 그 구역에 관한 지구단위계획이 결정 · 고시되지 아니하면, 구역지정의 효력이 상실된다.

36 도시 · 군계획의 지위에 관한 다음 설명 중 틀린 것은?

① 도시 · 군계획은 시 · 군의 관할구역에서 수립되는 다른 법률에 의한 토지의 이용개발 및 보전에 관한 계획의 기본이 된다.
② 도시 · 군관리계획은 도시 · 군기본계획의 하위에 있는 계획이다.
③ 도시 · 군기본계획과 상이한 도시 · 군관리계획은 효력이 없다.
④ 도시 · 군기본계획은 광역도시계획에 부합되어야 한다.
⑤ 광역도시계획 및 도시 · 군계획은 국가계획에 부합되어야 한다.

풀이 ① 도시 · 군계획은 특별시 · 광역시 · 특별자치시 · 특별자치도 · 시 또는 군의 관할구역에서 수립되는 다른 법률에 의한 토지의 이용 · 개발 및 보전에 관한 계획의 기본이 된다. ② 도시 · 군관리계획은 도시 · 군기본계획의 하위계획으로서 도시 · 군기본계획의 내용에 적합하게 입안되어야 한다. 그러나 ③ 도시 · 군기본계획은 대외적 구속력이 없으므로 도시 · 군관리계획이 도시 · 군기본계획의 내용과 상이하더라도 도시 · 군관리계획의 효력에는 직접 영향을 미치지 못한다(도시 · 군기본계획의 내용과 상이한 도시 · 군관리계획은 당연 무효는 아니고 도시 · 군관리계획결정 취소 · 변경의 대상은 될 수 있다).

37 다음 중 도시 · 군관리계획의 내용으로서 맞는 것은?

① 2 이상의 시 · 군의 기능연계
② 도시의 기본적인 공간구조
③ 도시개발사업의 시행
④ 토지거래허가
⑤ 용도지역 · 지구의 지정

정답 **35** ④ **36** ③ **37** ⑤

풀이 ⑤ 도시 · 군관리계획은 시 · 군의 개발 · 정비 및 보전을 위하여 수립하는 계획으로서 용도지역 · 지구 · 구역의 지정 또는 기반시설의 설치 · 도시개발사업 · 정비사업에 관한 계획을 그 내용으로 한다.

38 국토의계획및이용에관한법률상 계획관리지역 안에서 허용되는 행위는?

① 건폐율 40%를 초과하는 건축물의 건축 ② 단란주점의 설치

③ 아파트의 건축 ④ 숙박시설의 설치

⑤ 면적 3만㎡ 이상의 토지형질변경

풀이 계획관리지역 안에서는 ② 제2종근린생활시설 중 일반음식점 · 휴게음식점 등은 조례가 정하는 바에 따라 건축할 수 있으나, 단란주점은 금지되어 있다. ③ 위락시설은 금지되어 있으나 숙박시설(바닥면적 합계 660㎡ 이하, 3층 이하) · 창고시설은 조례에 의하여 건축할 수 있다.

39 토지거래허가제도에 관한 설명으로 틀린 것은?

① 토지거래허가구역은 토지의 투기적 거래가 성행하거나 성행할 우려가 있는 지역에 대하여 5년 이내의 기간을 정하여 국토해양부장관이 지정한다.

② 시장 · 군수 · 구청장은 토지거래허가신청의 내용이 허가기준에 적합하지 아니하면 허가할 수 없다.

③ 토지거래허가 신청을 받은 허가권자는 민원사무처리기간(민원사무처리에관한법률) 이내에 허가 또는 불허가의 처분을 하여야 한다.

④ 토지거래허가의 심사기준은 실수요성, 토지이용계획에의 적합성, 면적의 적정성 등을 들 수 있다.

⑤ 허가를 받지 않고 체결한 거래계약의 채권적 효력은 무효이나, 등기를 하면 물권변동의 효력에는 아무런 영향을 미치지 아니한다.

풀이 ⑤ 허가를 받지 않고 체결한 토지거래계약은 채권적 효력뿐만 아니라 물권적 효력도 발생하지 아니한다.

40 토지거래계약허가의 심사기준(불허가처분사유)에 해당하지 아니하는 것은?

① 토지의 이용목적이 자기의 주거용 주택용지에 이용하고자 하는 것이 아닌 때

② 토지의 이용목적이 당해 지역의 도시계획 등 토지의 이용 및 관리에 관한 계획에 적합하지 아니한 때

③ 토지의 이용목적이 생태계보전 및 주민의 건전한 생활환경보호에 중대한 위해를 초래할 우려가 있는 경우

정답 38 ④ 39 ⑤ 40 ④

④ 계약예정금액이 공시지가에 의한 기준금액을 초과한 때

⑤ 거래면적이 그 토지의 이용목적에 비추어 적합하지 아니하다고 인정되는 경우

풀이 ④ 계약예정금액은 허가신청서의 기재사항에는 속하나, 허가심사기준에는 해당되지 아니한다. 허가심사기준으로는 ① 실수요성, ②③ 토지이용계획에의 적합성, ⑤ 면적의 적정성 등을 들 수 있다.

41 도시 · 군관리계획의 대상지역에 관한 설명 중 틀린 것은?

① 원칙적으로 시(특별시 · 광역시 포함) 또는 군의 관할구역을 대상으로 입안한다.

② 관할 시 · 군 이외의 구역으로서 인접한 시 · 군의 관할구역의 전부 또는 일부를 포함하여 입안할 수 있다.

③ 도시 · 군관리계획에 의한 용도지역은 서로 중복되게 지정될 수 없다.

④ 대상구역에 해당하더라도 도시 · 군관리계획결정절차에 따라 용도지역이 지정되기 전에는 지역별 건축제한이 적용될 수 없다.

⑤ 용도지구의 지정은 도시지역 안에서만 할 수 있는 것은 아니다.

풀이 ④ 용도지역이 미지정된 지역에 대한 건축제한은 자연환경보전지역에 관한 규정이 적용된다.

42 도시 · 군기본계획에 대한 설명으로서 틀린 것은?

① 도시 · 군기본계획은 특별시 · 광역시 · 시 또는 군의 기본적인 공간구조와 장기발전방향 및 도시 · 군관리계획 수립의 지침이 되는 계획이다.

② 특별시장 · 광역시장 · 시장은 도시지역에 대하여 도시 · 군기본계획을 수립하여야 한다.

③ 도지사는 시(특별시 · 광역시 제외) · 군의 도시기본계획을 승인한 때에는 관계서류를 시장 · 군수에게 송부하여야 하고, 시장 · 군수는 그 계획을 공고하고 일반이 열람할 수 있도록 하여야 한다.

④ 시장 · 군수는 도시 · 군기본계획에 대하여 5년마다 그 타당성 여부를 검토하여 정비하여야 한다.

⑤ 도시 · 군기본계획은 행정기관에 대한 대내적 구속력은 있으나, 일반국민에 대한 대외적 구속력은 인정되지 않는다.

풀이 ② 시장 · 군수(특별시장 · 광역시장 · 특별자치시장 · 특별자치도지사 · 시장 또는 군수)는 관할구역에 대하여 도시 · 군기본계획을 수립하여야 한다. 다만, 관할구역 전부에 대하여 광역도시계획(도시 · 군기본계획의 내용 포함)이 수립되어 있는 경우와 수도권에 속하지 아니하고 광역시와 경계를 같이 하지 아니한 시 또는 군으로서 인구 10만 이하인 경우에는 수립하지 아니할 수 있다.

정답 **41** ④ **42** ② **43** ⑤

43 도시 · 군관리계획의 입안에 관한 설명 중 틀린 것은?

① 원칙적으로 관할 특별시장 · 광역시장 · 시장 또는 군수가 입안한다.

② 국가계획과 관련된 경우에는 국토해양부장관이 입안할 수 있다.

③ 인접한 특별시 · 광역시 · 시 또는 군의 관할구역의 전부 또는 일부를 포함하는 경우에는 관계 특별시장 · 광역시장 · 시장 또는 군수가 협의에 의하여 공동으로 입안하거나 입안할 자를 정한다.

④ 위의 협의가 성립하지 아니하는 경우에는 국토해양부장관 또는 도지사가 입안할 자를 지정하는 경우도 있다.

⑤ 행정청이 아닌 자도 시장 · 군수의 지정을 받아 입안할 수 있다.

풀이 ⑤ 행정청이 아닌 자가 도시계획을 입안할 수 있는 경우는 없다. 다만, 행정청이 아닌 자도 시장 · 군수 등으로부터 사업시행자의 지정을 받으면 도시계획시설사업을 시행할 수는 있다.

44 단계별 집행계획에 대한 기술로서 옳은 것은?

① 단계별 집행계획은 도시 · 군계획사업에 관한 도시 · 군관리계획의 결정 · 고시일로부터 2년 이내에 수립하여야 한다.

② 단계별집행계획을 수립하고자하는 경우에는 중앙도시계획위원회의 의결을 거쳐야 한다.

③ 2년 이내에 시행할 도시 · 군계획시설사업은 제1단계 집행계획으로 하여야 한다.

④ 단계별 집행계획은 국토해양부장관이 수립 · 공고하여야 한다.

⑤ 단계별 집행계획은 도지사가 수립하는 경우도 있다.

풀이 ① 단계별 집행계획은 도시 · 군계획시설 결정(기반시설의 설치 · 정비 · 개량에 관한 도시 · 군관리계획 결정)의 고시일로부터 2년 이내에 수립하여야 한다(법 제85조). ② 단계별 집행계획은 도시 · 군계획시설사업의 세부적인 집행계획으로서 중앙도시계획위원회의 의결을 거칠 필요가 없다. ③ 단계별 집행계획은 3년 이내에 시행하는 도시 · 군계획시설사업은 제1단계 집행계획에 포함되며, 3년 이후에 시행하는 도시 · 군계획시설사업은 제2단계 집행계획에 포함된다(영 제10조의 2 제3항). ④⑤ 단계별 집행계획은 원칙적으로 시장 · 군수가 수립 · 공고하여야 한다. 다만, 예외적으로 국토해양부장관 또는 도지사가 입안한 도시 · 군관리계획에 대하여는 국토해양부장관 또는 도지사가 수립하여 시장 · 군수에게 송부할 수 있고, 송부받은 시장 · 군수는 이를 지체 없이 공고하여야 한다.

45 도시 · 군관리계획결정의 효과에 관한 설명 중 틀린 것은?

① 국토의계획및이용에관한법률에는 도시 · 군관리계획결정의 효력발생시기에 관하여 명문의 규정은 없으나, 결정 · 고시일로부터 효력이 발생하는 것으로 해석된다.

② 도시 · 군관리계획에 의한 용도지역 · 지구 · 구역이 지정되면, 토지소유자 등에게 건

정답 44 ⑤ 45 ①

축 등 일정한 행위제한이 가해진다.

③ 도시 · 군관리계획의 결정 · 고시일로부터 2년 이내에 지형도면의 고시가 없는 경우에는, 2년이 되는 날의 다음 날에 그 도시 · 군관리계획결정의 효력은 상실된다.

④ 시장 · 군수는 도시 · 군계획시설결정의 고시일로부터 2년 이내에 단계별집행계획을 수립하여야 한다.

⑤ 도시 · 군관리계획 결정고시가 있는 때에는 국 · 공유지로서 도시 · 군계획시설사업에 필요한 토지를 당해 도시 · 군관리계획으로 정하여진 목적 이외의 목적으로 매각한 경우에는 그 계약은 무효이다.

풀이 ① 도시 · 군관리계획은 시 · 도지사(특별시장 · 광역시장 · 특별자치시장 · 도지사 · 특별자치도지사)가 직접 또는 시장 · 군수의 신청에 따라 결정한다. 다만, 대도시(서울특별시와 광역시를 제외한 인구 50만 이상의 대도시)의 경우에는 대도시시장이 결정한다(법 제29조제1항). 도시 · 군관리계획결정은 결정 · 고시일로부터 5일후에 그 효력이 발생한다(법 제31조제1항). ⑤ 도시 · 군관리계획결정의 고시가 있는 때에는 국 · 공유지로서 도시 · 군관리계획시설사업에 필요한 토지는 당해 도시 · 군관리계획에서 정한 목적 이외의 목적으로 매각하거나 양도할 수 없으며, 이러한 규정에 위반한 행위는 무효이다(법 제69조).

46 다음 중 시장 · 군수의 허가 없이 할 수 있는 개발행위에 해당하는 것은?

① 허가 · 신고대상이 아닌 건축물의 건축

② 건축물의 개축

③ 녹지지역에서 물건을 1월 이상 쌓아 놓는 행위

④ 토지의 분할

⑤ 토석의 채취

풀이 ② 건축물의 건축, 공작물의 설치, 토지의 형질변경, ⑤ 토석의 채취, ④ 토지의 분할, ⑤ 녹지지역 · 관리지역 · 자연환경 보전지역 안에 물건을 쌓아 놓는 행위 등은 시장 · 군수의 허가를 받아야만 할 수 있다. 그러나, ① 건축법상의 허가 · 신고대상이 아닌 건축물의 건축, 경작을 위한 토지형질변경, 신고대상 건축물의 개 · 재 · 증축, 재난복구 · 재난수습을 위한 응급조치 등의 행위는 허가 없이 할 수 있다.

47 국토의계획및이용에관한법률상 용도지역 · 지구 · 구역의 지정에 관한 설명으로 옳지 않은 것은?

① 국토해양부장관 또는 시 · 도지사가 도시 · 군관리계획으로 지정하여야 하며 용도지역 · 지구 · 구역은 필요에 따라 순차적으로 지정할 수 있다.

② 용도지역제는 시 · 군의 관할구역 내의 토지 전부에 대한 평면적 규제이고, 용도지구제는 시 · 군의 관할구역 내의 토지의 일부에 대하여 특정목적에 따른 국지적 · 부가적 규

정답 46 ① 47 ④

제이며, 용도구역제는 시·군의 관할구역 내의 토지의 일부에 대한 독자적 규제이다.

③ 용도지역·지구·구역은 국토의계획및이용에관한법률에 법정된 것 외에는 임의로 지정할 수 없다.

④ 국토의계획및이용에관한법률에 의하여 용도지역·지구·구역이 지정되면 그에 따른 건축물의 용도·종류 및 규모제한 등 건축행위에 대한 규제는 건축법의 규정에 의한다.

⑤ 용도지역과 용도지역, 용도구역과 용도구역은 중복지정이 불가능하나, 그 이외에는 중복지정이 가능하다.

풀이 ④ 용도지역·지구별 건축물의 용도·종류·규모 등의 건축제한은 대부분 국토의계획및이용에관한법률에서 직접 규정하고 있다. 다만, 건축물의 대지·구조·설비의 기준 등 개별건축물에 대한 건축제한은 건축법에서 규정하고 있다. ⑤ 용도지구와 용도지구는 중복지정이 가능하나, 용도지역과 용도지역 또는 용도구역과 용도구역은 중복지정이 불가능하다. 다만 최근에 도입된 도시자연공원구역은 개발제한구역과 중복지정이 가능하다.

48 주거지역에 대한 기술로서 옳지 않은 것은?

① 주거지역은 거주의 안녕과 건전한 생환환경의 보호를 위하여 필요한 때에 지정되며, 국토해양부장관 또는 도지사는 대통령령이 정하는 바에 따라 도시관리계획결정으로 다시 세분하여 지정할 수 있다.

② 제2종전용주거지역은 저층주택 중심의 편리한 주거환경을 조성하기 위하여 필요한 때 지정한다.

③ 제2종일반주거지역은 중층주택 중심의 편리한 주거환경을 조성하기 위하여 필요한 때에 지정한다.

④ 제3종일반주거지역은 중고층주택 중심의 편리한 주거환경을 조성하기 위하여 필요한 때에 지정한다.

⑤ 준주거지역은 주거기능을 위주로 하되 일부 상업·업무기능의 보완이 필요한 때에 지정한다.

풀이 ② 제1종전용주거지역은 단독주택 중심의 양호한 주거환경을 보호하기 위하여 지정하고, 제2종전용주거지역은 공동주택 중심의 양호한 주거환경을 보호하기 위하여 필요한 지역에 대하여 지정하며, 제1종 일반주거지역이 저층주택 중심이 편리한 주거환경을 조성하기 위하여 지정한다(영 제30조).

49 국토의계획및이용에관한법률상의 용도지역·용도지구 및 용도구역에 관한 기술로서 틀린 것은?

① 유통상업지역은 도시 안 및 지역 간 유통기능의 증진을 위하여 필요한 때에 지정한다.

② 미관지구는 중심지미관지구, 역사문화미관지구, 일반미관지구로 세분된다.

정답 48 ② 49 ⑤

③ 생산녹지지역은 주로 농업적 생산을 위하여 개발을 유보할 필요가 있을 때 지정한다.

④ 도시자연공원구역은 도시의 자연환경 및 경관을 보호하고 도시민에게 건전한 휴식공간을 제공하기 위하여 도시지역 안의 식생이 양호한 산지의 개발을 제한할 필요가 있는 경우에 지정한다.

⑤ 취락지구는 녹지지역 또는 개발제한구역 안에서만 지정하여야 한다.

풀이 ⑤ 취락지구는 녹지지역 · 관리지역 · 농림지역 · 자연환경보전지역 또는 개발제한구역 안의 취락을 정비하기 위하여 필요한 경우에 지정한다.

50 유통상업지역(流通商業地域) 안에 건축할 수 있는 시설이 아닌 것은?

① 제2종근린생활시설　② 숙박시설

③ 판매 및 영업시설　④ 단독주택

⑤ 위락시설

풀이 ②④ 유통상업지역 안에는 공동주택뿐만 아니라 단독주택도 건축할 수 없으나, 숙박시설은 건축할 수 있다.

51 지구단위계획구역(地區單位計劃區域)에 대한 설명 중 틀린 것은?

① 지구단위계획구역으로 지정되면 2년 이내에 지구단위계획을 수립하여야 한다.

② 지구단위계획구역은 국토해양부장관 또는 시 · 도지사가 도시 · 군관리계획결정으로 지정한다.

③ 지구단위계획구역은 토지이용을 합리화하고 그 기능을 증진시키고 미관을 개선하며 양호한 환경을 확보하기 위하여 필요한 때에 지정한다.

④ 지구단위계획구역은 택지개발예정지구, 도시개발구역, 정비구역, 용도지구 등을 대상으로 지정한다.

⑤ 지구단위계획구역 안에서는 건축제한이 완화될 수 있다.

풀이 지구단위계획구역의 지정 · 고시일로부터 3년 이내에 그 구역에 관한 지구단위계획이 결정 · 고시되지 아니하는 경우에는 그 3년이 되는 날의 다음 날에 구역지정에 관한 도시 · 군관리계획 결정은 실효된다.

52 기반시설(基盤施設)이 아닌 것은?

① 방송 · 통신시설　② 학교, 도서관, 연구시설

③ 도로, 하천, 공동구　④ 시장, 공원, 녹지

⑤ 아파트, 군사시설

풀이 ⑤ 아파트나 군사시설은 기반시설에 해당되지 않는다.

정답 50 ④　51 ①　52 ⑤

53 도시 · 군계획사업에 관한 설명으로 옳지 않은 것은?

① 도시 · 군계획사업이란 도시 · 군관리계획을 시행하기 위한 사업으로서 도시 · 군계획시설사업 · 도시개발사업 및 정비사업을 말한다.

② 도시 · 군관리계획이 결정되었다고 하여 반드시 도시 · 군계획사업이 시행되는 것은 아니다.

③ 도시개발사업과 정비사업도 도시 · 군계획사업의 하나이지만, 그 시행절차와 방법은 국토의계획및이용에관한법률이 아니라 도시개발법과 도시및주거환경정비법에 의한다.

④ 도시개발사업을 시행할 수 있는 자는 행정청에 한하지 않으며, 토지소유자 · 조합, 면허법인, 지정개발자 등도 시행자 지정을 받으면 사업을 시행할 수 있다.

⑤ 정비사업은 원칙적으로 환권방식에 의하지만, 그 사업을 위하여 필요한 토지 등을 환지 또는 수용할 수 있는 경우도 있다.

풀이 ④ 토지소유자 · 조합 등 행정청이 아닌 자도 시 · 도지사 등 지정권자로부터 사업시행자의 지정을 받으면 도시개발사업을 시행할 수 있다. 다만, 지정개발자는 정비사업의 시행자에 속한다.

54 도시계획시설사업에 관한 다음 설명 중 틀린 것은?

① 행정청이 아닌 자도 시장 · 군수 등으로부터 시행자로 지정되면 도시계획시설사업을 시행할 수 있다. 다만, 시행자로 지정받기 위해서는 도시계획시설사업의 대상인 토지면적의 2/3 이상을 소유하고 토지소유자 총수의 1/2 이상에 해당하는 자의 동의를 얻어야 한다.

② 시행자(국토해양부장관 및 시 · 도지사 제외)는 일정기간 내에 실시계획을 작성하여 시 · 도지사 등의 인가를 받아야 한다.

③ 도시계획시설사업을 위하여 토지수용이 가능하며, 수용에 관하여는 국토의계획및이용에관한법률에 특별한 규정이 있는 경우를 제외하고는 공익사업을위한토지등의취득및보상에관한법률을 준용한다.

④ 도시계획시설사업을 위한 토지수용에 있어서는 실시계획의 고시를 공익사업을위한토지등의취득및보상에관한법률상의 사업인정 및 그 고시로 본다.

⑤ 도시계획시설사업을 위한 토지수용에 있어서도 공익사업을위한토지등의취득및보상에관한법률에 의한 재결신청기간은 그대로 준용된다.

풀이 ⑤ 도시계획시설사업의 경우 재결신청은 공익사업을위한토지등의취득및보상에관한법률의 규정에 불구하고 실시계획에서 정한 사업의 시행기간 내에 하면 된다.

정답 **53** ④ **54** ⑤

03 건 축 법

제1절 서 론

1. 법의 목적

건축법(建築法)은 건축물의 대지 · 구조 · 설비 기준 및 용도 등을 정하여 건축물의 안전 · 기능 · 환경 및 미관을 향상시킴으로써 공공복리의 증진에 이바지하는 것을 목적으로 한다(법 제1조).

2. 법체계상의 지위

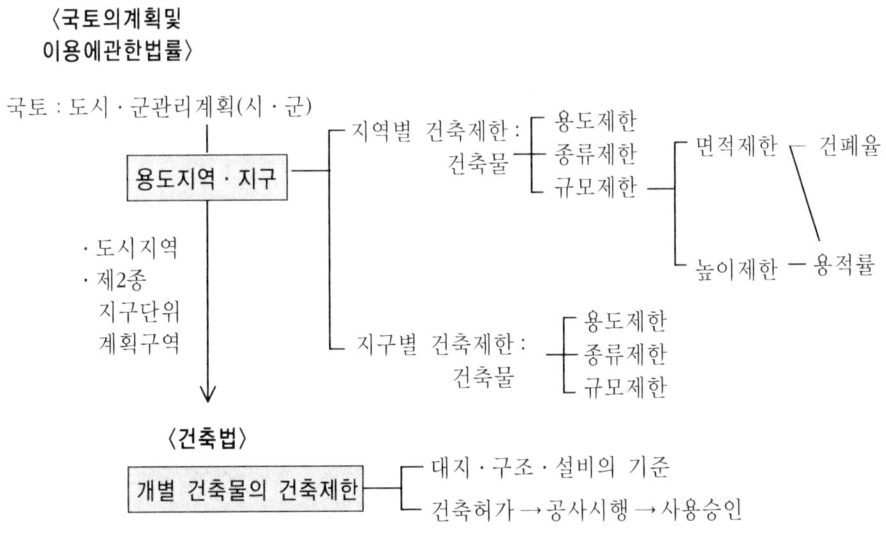

국토의계획및이용에관한법률상 도시·군관리계획에 의한 용도지역·지구의 지정 및 그로 인한 건축물의 용도·종류 및 규모제한 등의 건축행위제한은 국토의 균형 있는 발전 또는 도시의 기능증진 및 단계적 개발·정비를 목적으로 하며, 이러한 계획적 차원의 건축제한 이외에도, 건축법은 개별 건축물의 안전·기능·미관을 향상시키기 위하여 건축물의 대지·구조 및 설비의 기준과 건축허가 등에 의한 건축제한을 규정하고 있다.

3. 법의 적용범위

1) 적용대상지역

국토의계획및이용에관한법률에 따른 도시지역 및 지구단위계획구역 외의 지역으로서 동이나 읍(동이나 읍에 속하는 섬의 경우에는 인구가 500인 이상인 경우만 해당된다)이 아닌 지역에 대하여는 제44조부터 제47조까지, 제51조 및 제57조를 적용하지 아니한다(법 제3조제2항).

(1) 전면적 적용지역

다음 지역에 대하여는 건축법이 전면적으로 적용된다.

① 국토의계획및이용에관한법률에 의한 도시지역, 지구단위계획구역(법 제3조제2항)

② 동 또는 읍의 지역(다만, 섬의 경우에는 인구 500인 이상)(법 제3조제2항)

(2) 일면적 적용지역

(a) 위 지역 이외의 지역

위 지역 이외의 지역에 대하여는 건축법 중 다음과 같은 규정이 적용되지 아니한다(법 제3조제2항).

① 대지와 도로의 관계(제44조), 도로의 지정·폐지 또는 변경(제45조)

② 건축선의 지정(제46조), 건축선에 의한 건축제한(제47조)

③ 방화지구 안의 건축물(제51조)

④ 대지의 분할제한(제57조)

(b) 도로예정지

장기미집행 도시·군계획시설부지에 대한 매수청구가 성립하지 아니하여 일정한 건축물이나 공작물을 도시·군계획시설로 결정된 도로의 예정지에 허가를 받아 건축하는 경우(국토의계획및이용에관한법률 제47조제7항)에는 다음과 같은 규정이 적용되지 아니한다(법 제3조제3항).

① 도로의 지정·폐지 또는 변경(제45조)
② 건축선의 지정(제46조), 건축선에 의한 건축제한(제47조)

2) 적용대상물건

건축법은 건축물뿐만 아니라 건축물의 대지, 구조 및 건축설비에 대하여도 규율하고 있으며, 일정한 공작물에 대하여는 일부규정이 준용된다.

(1) 건축물

① 건축법은 건축물에 대하여 적용된다.

건축물이란 토지에 정착(定着)하는 공작물(工作物) 중 지붕과 기둥 또는 벽이 있는 것과 이에 딸린 시설물(대문, 담장 등), 지하나 고가(高架)의 공작물에 설치하는 사무소·공연장·점포·차고·창고, 그 밖에 대통령령으로 정하는 것을 말한다(법 제2조제2호).

부속건축물이란 같은 대지에서 주된 건축물과 분리된 부속용도의 건축물로서 주된 건축물을 이용 또는 관리하는 데에 필요한 건축물을 말한다(영 제2조제1항제12호).

초고층건축물이란 층수가 50층 이상이거나 높이가 200m 이상인 건축물을 말한다. 한옥이란 기둥 및 보가 목구조방식이고 한식지붕틀로 된 구조로서 한식기와, 볏짚, 목재, 흙 등 자연재료로 마감된 우리나라 전통양식이 반영된 건축물 및 그 부속건축물을 말한다.

② 그러나 다음 각 호의 어느 하나에 해당하는 건축물에 대하여는 건축법을 적용하지 아니한다(법 제3조).
㉠ 문화재보호법(文化財保護法)에 따른 지정·가지정문화재
㉡ 철도나 궤도의 선로부지에 있는 다음 각 목의 시설
ⓐ 운전보안시설
ⓑ 철도선로의 위나 아래를 가로지르는 보행시설
ⓒ 플랫폼
ⓓ 당해 철도 또는 궤도사업용 급수·급탄 및 급유시설
㉢ 고속도로 통행료 징수시설
㉣ 컨테이너를 이용한 간이창고[산업집적활성화및공장설립에관한법률(제2조제1호)에 따른 공장의 용도로만 사용되는 건축물의 대지에 설치하는 것으로서 이동이 쉬운 것만 해당된다]

(2) 공작물

공작물에 대하여는 원칙적으로 건축법이 적용되지 아니하지만, 일정한 공작물에 대하여는 건축법 중 일부규정이 준용된다(법 제83조, 영 제118조).

① 대지를 조성하기 위한 옹벽, 굴뚝, 광고탑, 고가수조, 지하대피소, 그 밖에 이와 유사한 것으로서 대통령령으로 정하는 공작물을 축조하려는 자는 대통령령으로 정하는 바에 따라 특별자치도지사 또는 시장·군수·구청장에게 신고하여야 한다(법 제83조제1항).

즉, 다음과 같은 공작물을 축조(건축물과 분리하여 축조하는 것을 말함) 하고자 하는 경우에는 특별자치도지사 또는 시장·군수·구청장에게 신고하여야 한다(영 제118조제1항).

㉠ 높이 2m를 넘는 옹벽, 담장
㉡ 높이 4m를 넘는 광고탑·광고판 등
㉢ 높이 6m를 넘는 굴뚝, 장식탑·기념탑 등
㉣ 높이 8m를 넘는 고가수조 등
㉤ 바닥면적 30㎡를 넘는 지하대피호
㉥ 기타

② 위와 같은 공작물에 대하여는 대통령령으로 정하는 바에 따라 건축법 중 건축신고(제14조), 착공신고(제21조제3항), 건축물의 유지·관리(제35조), 대지의 안전(법 제40조제4항), 건축선에 의한 건축제한(제47조), 건폐율(제55조), 높이제한(제60조 및 제61조), 지역·지구 안에서의 건축제한(국토의계획및이용에관한법률 제76조) 등의 규정이 준용된다(법 제83조제2항).

(3) 대 지

① 건축법상 대지란 측량·수로조사및지적에관한법률에 의하여 각 필지로 나눈 토지를 말한다(법 제2조제1항제1호 본문).

② 다만, 대통령령으로 정하는 토지는 둘 이상의 필지를 하나의 대지로 하거나 하나 이상의 필지의 일부를 하나의 대지로 할 수 있다(법 제2조제1항제1호 단서, 영 제3조제1항).

(4) 건축설비

건축설비란 건축물에 설치하는 전기·전화설비, 초고속정보통신설비, 지능형홈네트워크설비, 가스·급수(給水)·배수(配水)·배수(排水)·환기·난방·소화(消火)·배연(排

煙) 및 오물처리의 설비, 굴뚝, 승강기, 피뢰침, 국기게양대, 공동시청안테나, 유선방송수신시설, 우편함, 저수조, 그 밖에 국토해양부령으로 정하는 설비를 말한다(법 제2조제1항제4호).

3) 적용대상행위

건축법은 건축물 등의 건축행위 뿐만 아니라 대수선, 용도변경 및 유지·관리행위 등을 규율하고 있다.

(1) 건 축

건축(建築)이란 건축물을 신축·증축·개축·재축하거나 건축물을 이전하는 것을 말한다(법 제2조제1항제8호, 영 제2조).

① 신축(新築) : 건축물이 없는 대지(기존 건축물이 철거 또는 멸실된 대지를 포함한다)에 새로 건축물을 축조하는 것(부속건축물만 있는 대지에 새로 주된 건축물을 축조하는 것을 포함하되, 개축 또는 재축하는 것은 제외한다)을 말한다.

② 증축(增築) : 기존 건축물이 있는 대지에서 건축물의 건축면적, 연면적, 층수 또는 높이를 늘리는 것을 말한다.

③ 개축(改築) : 기존 건축물의 전부 또는 일부[내력벽·기둥·보·지붕틀(한옥의 경우 서까래는 제외) 중 셋 이상이 포함되는 경우를 말한다]를 철거하고 그 대지에 종전과 같은 규모의 범위에서 건축물을 다시 축조하는 것을 말한다.

④ 재축(再築) : 건축물이 천재지변이나 그 밖의 재해로 멸실된 경우 그 대지에 종전과 같은 규모의 범위에서 다시 축조하는 것을 말한다.

⑤ 이전(移轉) : 건축물의 주요구조부를 해체하지 아니하고 같은 대지의 다른 위치로 옮기는 것을 말한다.

(2) 대수선

대수선(大修繕)이란 건축물의 기둥, 보, 내력벽, 주계단 등의 구조나 외부형태를 수선·변경하거나 증설하는 것으로서 대통령령으로 정하는 것을 말한다. 대통령령으로 정하는 것이란 다음 각 호의 어느 하나에 해당하는 것으로서 증축·개축 또는 재축에 해당하지 아니하는 것을 말한다(법 제2조제1항제9호 및 제7호, 영 제3조의2).

① 내력벽을 증설 또는 해체하거나 그 벽면적을 30㎡ 이상 수선 또는 변경하는 것

② 기둥을 증설 또는 해체하거나 세 개 이상 수선 또는 변경하는 것

③ 보를 증설 또는 해체하거나 세 개 이상 수선 또는 변경하는 것

④ 지붕틀(한옥의 경우 서까래는 제외)을 증설 또는 해체하거나 세 개 이상 수선 또는 변경하는 것
⑤ 방화벽 또는 방화구획을 위한 바닥 또는 벽을 증설 또는 해체하거나 수선 또는 변경하는 것
⑥ 주계단 · 피난계단 또는 특별피난계단을 증설 또는 해체하거나 수선 또는 변경하는 것
⑦ 미관지구에서 건축물의 외부형태(담장을 포함)를 변경하는 것
⑧ 다가구주택의 가구간 경계벽 또는 다세대주택의 세대간 경계벽을 증설 또는 해체하거나 수선 또는 변경하는 것

(3) 리모델링

리모델링이란 건축물의 노후화를 억제하거나 기능향상 등을 위하여 대수선하거나 일부 증축하는 행위를 말한다(법 제2조제1항제10호).

(4) 용도변경

용도변경(用途變更)이란 사용승인을 받은 건축물의 용도를 당초의 용도가 아닌 다른 용도로 사용하는 것을 말한다.

4. 법의 주요내용

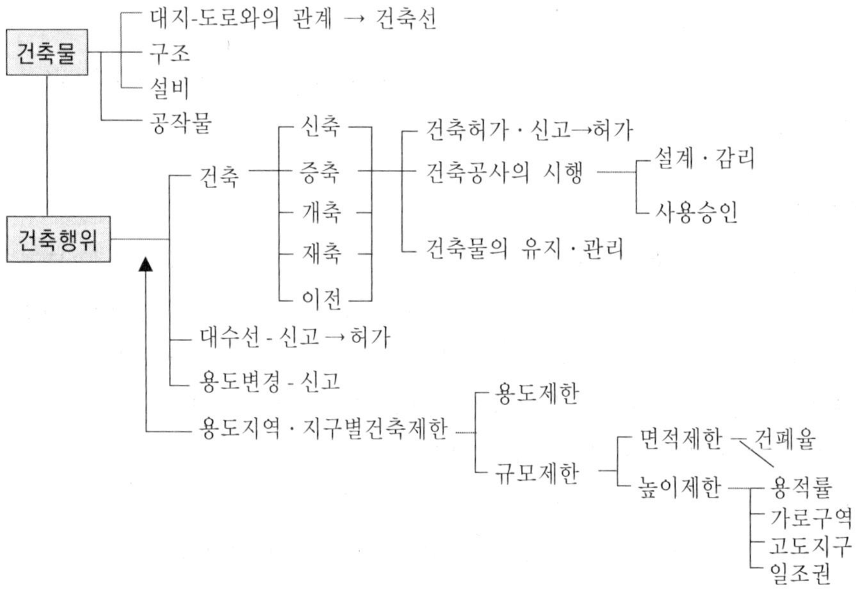

5. 건축위원회

1) 중앙건축위원회

2) 지방건축위원회

6. 건축법의 적용특례

1) 건축법(건축기준)의 완화적용

(1) 건축관계자의 요청

(2) 통일성의 유지를 위한 도의 조례(條例)

(3) 기존건축물 등에 대한 특례

(4) 리모델링에 대비한 특례

2) 다른 법령의 적용배제

(1) 민법(제244조제1항)

(2) 하수도법(제38조)

제2절 건축물의 건축

1. 건축허가 · 신고

1) 건축허가의 의의

(1) 의 의

건축허가(建築許可)는 건축물의 건축행위에 있어서 건축법규에 의한 일반적 · 상대적 금지(부작위의무)를 특정한 경우에 해제하여 자연의 자유를 회복시켜주는 행정청의 행위(행정처분)이다. 따라서, 건축허가를 받은 자는 적법하게 건축행위를 할 수 있게 되며, 허가를 받지 않고 건축행위를 하면, 위법한 행위로서 처벌의 대상은 되지만 건축행위 자체가 무효로 되지는 않는다.

(2) 법적 성격

건축허가의 학문적 성격은 허가(許可)이다.

① 법률행위적 행정행위 중 명령적 행정행위에 속하는 허가이며, 형성적 행정행위에 속하는 인가 또는 특허가 아니다. 따라서, 적법요건으로서 효력요건이 아니며 권리를 설정하는 것도 아니다.

② 수익적 행정행위(복효적 행위)이며 부담적 행위가 아니다. 다만, 건축허가로 인하여 얻는 이익은 반사적 이익(법적 이익)이며 권리를 설정하는 것이 아니다.

③ 기속행위(기속재량행위)이며 (자유)재량행위가 아니다. 따라서, 건축법 등 관계법규에서 정하고 있는 건축허가의 요건이 충족되는 이상, 허가관청은 건축주의 허가신청을 받아들여 허가처분을 하여야 한다.

④ 신청에 의한 쌍방적 행정행위이며 서면에 의한 요식행위이다.

⑤ 건축물의 구조라는 객관적요소를 대상으로 하는 대물적 허가로서 건축물이 이전되면 허가도 이전된다.

2) 건축허가의 대상

건축물을 건축하거나 대수선하려는 자는 특별자치도지사 또는 시장·군수·구청장의 허가를 받아야 한다. 다만, 21층 이상의 건축물 등 대통령령으로 정하는 용도 및 규모의 건축물을 특별시나 광역시에 건축하려면 특별시장이나 광역시장의 허가를 받아야 한다(법 제11조제1항).

3) 건축신고의 대상

(1) 건축신고의 대상

위(제11조)와 같은 허가대상 건축물이라고 하더라도 다음 각 호의 어느 하나에 해당하는 경미한 사항의 경우에는, 미리 특별자치도지사 또는 시장·군수·구청장에게 국토해양부령으로 정하는 바에 따라 신고를 하면 건축허가를 받은 것으로 본다(법 제14조제1항, 영 제11조).

① 바닥면적의 합계가 85㎡ 이내의 증축·개축 또는 재축(제1호)

② 국토의계획및이용에관한법률에 따른 관리지역, 농림지역 또는 자연환경보전지역에서 연면적 200㎡ 미만이고 3층 미만인 건축물의 건축(다만, 지구단위계획구역에서의 건축은 제외한다)(제2호)

③ 연면적 200㎡ 미만이고 3층 미만인 건축물의 대수선(제3호)
④ 주요 구조부의 해체가 없는 등 대통령령으로 정하는 대수선(제4호)(영 제11조1항)
 ㉠ 내력벽의 벽면적을 30㎡ 이상 수선하는 것
 ㉡ 기둥을 세 개 이상 수선하는 것
 ㉢ 보를 세 개 이상 수선하는 것
 ㉣ 지붕틀을 세 개 이상 수선하는 것
 ㉤ 방화벽 또는 방화구획을 위한 바닥 또는 벽을 수선하는 것
 ㉥ 주계단 · 피난계단 또는 특별피난계단을 수선하는 것
⑤ 그 밖에 소규모건축물로서 대통령령으로 정하는 건축물의 건축(제5호)(영 제11조2항)
 ㉠ 연면적의 합계가 100㎡ 이하인 건축물
 ㉡ 건축물의 높이를 3m 이하의 범위에서 증축하는 건축물
 ㉢ 표준설계도서에 따라 건축하는 건축물로서 그 용도 및 규모가 주위환경이나 미관에 지장이 없다고 인정하여 건축조례로 정하는 건축물
 ㉣ 공업지역, 제2종지구단위계획구역 및 산업단지에서 건축하는 2층 이하인 건축물로서 연면적의 합계가 500㎡ 이하인 공장
 ㉤ 농업이나 수산업을 경영하기 위하여 읍 · 면지역에서 건축하는 연면적 200㎡ 이하의 창고 및 연면적 400㎡ 이하의 축사 · 작물재배사

(2) 건축신고의 효과

① 위(제1항)의 규정에 따른 건축신고에 관하여는 건축허가에 의한 인 · 허가 의제(제11조제5항)의 규정을 준용한다(법 제14조제2항).
② 건축신고를 한 자가 신고일부터 1년 이내에 공사에 착수하지 아니하면 그 신고의 효력은 없어진다(법 제14조제3항).

4) 허가권자

대상지역	허가권자	
특별시 · 광역시	원칙	구청장의 허가
	예외	특별시장 · 광역시장의 허가
		• 층수가 21층 이상인 건축물 • 연면적의 합계 10만㎡ 이상인 건축물 등
기타 시 · 군	원칙	시장 · 군수의 허가
	예외	도지사의 승인 → 시장 · 군수의 허가
		• 층수가 21층 이상인 건축물 • 연면적의 합계 10만㎡ 이상인 건축물 등 • 자연환경 · 수질보호상 3층 이상 또는 1,000㎡ 이상의 위락 · 숙박시설 등 • 주거환경 · 교육환경보호상 위락 · 숙박시설

① 건축물을 건축하거나 대수선하려는 자는 특별자치도지사 또는 시장·군수·구청장의 허가를 받아야 한다(법 제11조제1항 본문).

② 다만, 21층 이상의 건축물 등 대통령령으로 정하는 다음과 같은 용도 및 규모의 건축물을 특별시나 광역시에 건축하려면 특별시장이나 광역시장의 허가를 받아야 한다(법 제11조제1항 단서, 영 제8조제1항).

㉠ 층수가 21층 이상이거나 연면적의 합계가 10만㎡ 이상인 건축물(공장, 창고 등을 제외한다)의 건축

㉡ (연면적의 10분의 3 이상을 증축하여 층수가 21층 이상으로 되거나 연면적의 합계가 10만㎡ 이상으로 되는 건축물의 경우를 포함한다)

③ 또한, 시장·군수는 위의 규정(제11조제1항)에 따라 다음 각 호에 해당하는 건축물의 건축을 허가하려면 미리 건축계획서와 국토해양부령으로 정하는 건축물의 용도, 규모 및 형태가 표시된 기본설계도서를 첨부하여 도지사의 승인을 받아야 한다(법 제11조제2항, 영 제8조제3항).

㉠ 층수가 21층 이상인 건축물 또는 연면적의 합계가 10만㎡ 이상인 건축물 등(제11조제1항 단서에 해당하는 건축물)

㉡ 자연환경·수질보호를 위하여 도지사가 지정·공고하는 구역에 건축하는 3층 이상 또는 연면적의 합계 1,000㎡ 이상인 건축물로서 위락시설과 숙박시설 등 대통령령으로 정하는 용도에 해당하는 건축물(공동주택, 제2종근린생활시설 중 일반음식점, 업무시설 중 일반업무시설, 숙박시설, 위락시설)

㉢ 주거환경이나 교육환경 등 주변환경을 보호하기 위하여 도지사가 지정·공고한 구역에 건축하는 위락시설 및 숙박시설에 해당하는 건축물

5) 허가의 절차

(1) 사전결정

① 건축관련 입지와 규모의 사전결정신청

건축허가대상 건축물을 건축하려는 자는 건축허가를 신청하기 전에 허가권자에게 그 건축물을 해당대지에 건축하는 것이 이 법 또는 다른 법령에서 허용되는지에 대한 사전결정을 신청할 수 있다(법 제10조제1항).

② 교통영향평가 신청 등

㉠ 위(제1항)의 규정에 따른 사전결정을 신청하는 자(사전결정신청자)는 건축심의회 심의와 도시교통정비촉진법에 의한 교통영향분석·개선대책의 검토를 동시

에 신청할 수 있다(법 제10조제2항).

ⓛ 허가권자는 위(제1항)의 규정에 따라 사전결정이 신청된 건축물의 대지면적이 환경영향평가법(제43조)에 따른 소규모환경영향평가 대상사업인 경우 환경부장관이나 지방환경관서의 장과 소규모환경영향평가에 관한 협의를 하여야 한다(법 제10조제3항).

③ 사전결정통지

㉠ 허가권자는 위(제1항 및 제2항)의 규정에 따른 신청을 받으면 입지, 건축물의 규모, 용도 등을 사전결정한 후 사전결정 신청자에게 알려야 한다(법 제10조제4항).

ⓛ 위(제4항)의 규정에 따른 사전결정 통지를 받은 경우에는 다음 각 호의 허가를 받거나 신고 또는 협의를 한 것으로 본다(법 제10조제6항).

- 개발행위허가(국토의계획및이용에관한법률 제56조)
- 산지전용허가와 신고, 산지일시사용 허가 · 신고(다만, 보전산지인 경우에는 도시지역에 한한다)(산지관리법 제14조 · 제15조, 제15조의2)
- 농지전용허가 · 신고 및 협의(농지법 제36조 · 제37조 및 제45조)
- 하천점용허가(하천법 제33조)

㉢ 허가권자는 위(제6항) 각 호의 어느 하나에 해당되는 내용이 포함된 사진결정을 하려면 미리 관계행정기관의 장과 협의하여야 하며, 협의요청을 받은 관계행정기관의 장은 요청받은 날로부터 15일 이내에 의견을 제출하여야 한다(법 제10조제7항).

④ 사전결정실효

사전결정신청자는 위(제4항)의 규정에 따른 사전결정을 통지받은 날로부터 2년 이내에 건축허가(제11조)를 신청하여야 하며, 이 기간에 건축허가를 신청하지 아니하면 사전결정의 효력이 상실된다(법 제10조제8항).

(2) 허가신청

건축허가를 받으려는 자는 허가신청서에 국토해양부령으로 정하는 설계도서를 첨부하여 허가권자에게 제출하여야 한다(법 제11조제3항, 영 제9조제1항).

(3) 허가처분

① 건축복합민원 일괄협의회

② 건축허가서의 교부

허가권자는 건축허가를 하였으면 국토해양부령으로 정하는 바에 따라 건축허가서를 신청인에게 발급하여야 한다(영 제9조제2항).

③ 건축공사현장 안전관리예치금 등

(4) 허가의 제한 등

① 국토해양부장관은 국토관리를 위하여 특히 필요하다고 인정하거나 주무부장관이 국방, 문화재보존, 환경보전 또는 국민경제를 위하여 특히 필요하다고 인정하여 요청하면 허가권자의 건축허가나 허가를 받은 건축물의 착공을 제한할 수 있다(법 제18조제1항).

② 시·도지사는 지역계획이나 도시·군계획에 특히 필요하다고 인정하면 시장·군수·구청장의 건축허가나 허가를 받은 건축물의 착공을 제한할 수 있다(법 제18조제2항).

③ 위의 규정(제1항 또는 제2항)에 따라 건축허가 또는 건축물의 착공을 제한하는 경우 제한기간은 2년 이내로 한다. 다만 1회에 한하여 1년 이내의 범위에서 제한기간을 연장할 수 있다(법 제18조제3항).

④ 허가권자는 위락시설이나 숙박시설에 해당하는 건축물의 건축을 허가하는 경우 해당 대지에 건축하려는 건축물의 용도·규모 또는 형태가 주거환경이나 교육환경 등 주변환경을 고려할 때 부적합하다고 인정하면 건축위원회의 심의를 거쳐 허가하지 아니할 수 있다(법 제11조제4항).

6) 허가의 효과

(1) 적법한 건축행위

건축허가를 받은 자는 적법하게 건축물의 건축행위를 할 수 있게 된다.

(2) 다른 법령에 의한 인·허가 등의 의제

건축허가를 받으면 다음 각 호와 같이 다른 법령에 의한 허가 등을 받거나 신고를 한 것으로 보며, 공장건축물의 경우에는 산업집적활성화및공장설립에관한법률(제13조의2와 제14조)에 따라 관련법률의 인·허가 등을 받은 것으로 본다(제8조제6항).

㉠ 공사용가설건축물 축조신고(건축법 제20조제2항)

㉡ 공작물의 축조신고(건축법 제83조)

㉢ 개발행위의 허가(국토의계획및이용에관한법률 제56조), 도시계획시설사업 시행

자지정(국토의계획및이용에관한법률 제86조제5항) 및 도시계획시설사업 실시계획인가(국토의계획및이용에관한법률 제88조제2항)

㉣ 산지전용허가와 신고, 산지일시사용 허가 · 신고(다만, 보전산지인 경우에는 도시지역에 한한다)(산지관리법 제14조 · 제15조, 제15조의2)

㉤ 사도개설허가(사도법 제4조)

㉥ 농지전용허가 · 신고 또는 협의(농지법 제34조 · 제35조 및 제43조)

㉦ 도로점용허가(도로법 제38조), 비관리청 공사시행허가 및 도로의 연결허가(도로법 제34조 및 제64조제2항)

㉧ 하천점용허가(하천법 제33조)

㉨ 배수설비의 설치신고(하수도법 제27조) 및 개인하수처리시설의 설치신고(하수도법 제34조제2항)

㉩ 수도사업자가 지방자치단체인 경우 그 조례에 따른 상수도공급신청(수도법 제38조)

㉪ 자가용 전기설비 공사계획의 인가 또는 신고(전기사업법 제62조)

㉫ 수질오염물질배출시설 설치의 허가 · 신고, 대기오염물질 배출시설 설치의 허가 신고, 소음진동 배출시설 설치의 허가 · 신고(수질및수생태계보전에관한법률, 대기환경보전법, 소음진동관리법)

㉬ 기타

(3) 허가의 취소

허가권자는 건축허가를 받은 자가 허가를 받은 날부터 1년 이내에 공사에 착수하지 아니한 경우이거나 공사에 착수하였으나 공사의 완료가 불가능하다고 인정되는 경우에는 허가를 취소하여야 한다. 다만, 1년 이내에 공사에 착수하지 아니한 경우로서 정당한 이유가 있다고 인정되면 1년의 범위에서 공사의 착수기간을 연장할 수 있다(법 제11조제7항).

7) 허가 · 신고사항의 변경

8) 가설건축물의 건축

(1) 건축허가

도시 · 군계획시설 또는 도시 · 군계획시설예정지에서 가설건축물을 건축하는 경우에는 국토계획법 제64조에 적합하여야 하고, 3층 이하로서 대통령령으로 정하는 기준의 범위에서 조례가 정하는 바에 따라 특별자치도지사 또는 시장 · 군수 · 구청장의 허가를 받아야 한다(법 제20조제1항, 영 제15조제1항).

① 철근콘크리트조 또는 철골 · 철근콘크리트조가 아닐 것
② 존치(存置)기간은 3년 이내일 것(단, 도시계획사업이 시행될 때까지 그 기간을 연장할 수 있음)
③ 전기 · 수도 · 가스 등 새로운 간선공급설비의 설치를 필요로 하지 아니할 것
④ 공동주택 · 판매시설 · 운수시설 등으로서 분양을 목적으로 건축하는 건축물이 아닐 것

(2) 축조신고

위와 같은 건축허가대상 가설건축물 외에 재해복구, 흥행, 전람회, 공사용 가설건축물, 전시용 견본주택 등 대통령령으로 정하는 용도의 가설건축물을 축조하려는 자는 대통령령으로 정하는 존치기간(2년 이내), 설치 기준 및 절차에 따라 특별자치도지사 또는 시장 · 군수 · 구청장에게 신고한 후 착공하여야 한다(법 제20조제2항, 영 제15조제7항).

(3) 일부규정의 적용배제

9) 용도변경

(1) 용도변경의 허가 · 신고

① 건축물의 용도제한 기준

건축물의 용도변경은 변경하려는 용도의 건축기준에 맞게 하여야 한다(법 제19조제1항).

② 용도변경의 허가 · 신고

사용승인(제22조)을 받은 건축물의 용도를 변경하려는 자는 다음 각 호의 구분에 따라 국토해양부령으로 정하는 바에 따라 특별자치도지사 또는 시장 · 군수 · 구청장의 허가를 받거나 신고를 하여야 한다(법 제19조제2항).

㉠ 허가대상

다음(제4항) 각 호의 어느 하나에 해당하는 시설군에 속하는 건축물의 용도를 상위군(제4항 각 호의 번호가 용도변경하려는 건축물이 속하는 시설군보다 작은 시설군을 말한다)에 해당하는 용도로 변경하는 경우(제1호)

㉡ 신고대상

다음(제4항) 각 호의 어느 하나에 해당하는 시설군에 속하는 건축물의 용도를 하위군(제4항 각 호의 번호가 용도변경하려는 건축물이 속하는 시설군보다 큰 시설군을 말한다)에 해당하는 용도로 변경하는 경우(제2호)

③ 건축물대장 기재사항 변경

다음(제4항)의 규정에 따른 시설군 중 같은 시설군 안에서 용도를 변경하려는 자는 국

토해양부령으로 정하는 바에 따라 특별자치도지사 또는 시장 · 군수 · 구청장에게 건축물 대장 기재내용의 변경을 신청하여야 한다. 다만, 대통령령으로 정하는 변경(별표1의 같은 호에 속하는 건축물 상호간 또는 제1종근린생활시설과 제2종근린생활시설 상호간의 용도변경)의 경우에는 그러하지 아니하다(법 제19조3항, 영 제14조제4항).

(2) 시설군의 분류

시설군은 다음 각 호와 같이 자동차관련 시설군, 산업 등 시설군, 전기통신시설군, 문화집회시설군, 영업시설군, 교육 및 복지시설군, 근린생활시설군, 주거업무시설군, 그 밖의 시설군 등 9가지로 분류되며, 각 시설군에 속하는 건축물의 세부용도는 다음과 같이 대통령령으로 정한다(법 제19조제4항, 영 제14조제5항).

시설군의 분류(법 제19조제4항)	건축물의 용도(영 제14조제5항)
① 자동차관련 시설군	㉠ 자동차관련 시설
② 산업 등 시설군	㉠ 운수시설 ㉡ 창고시설 ㉢ 공장 ㉣ 위험물저장 및 처리시설 ㉤ 분뇨 및 쓰레기처리시설 ㉥ 묘지관련시설 ㉦ 장례식장
③ 전기통신시설군	㉠ 방송통신시설 ㉡ 발전시설
④ 문화집회시설군	㉠ 문화 및 집회시설 ㉡ 종교시설 ㉢ 위락시설 ㉣ 관광휴게시설
⑤ 영업시설군	㉠ 판매시설 ㉡ 운동시설 ㉢ 숙박시설 ㉣ 제2종근린생활시설 중 고시원
⑥ 교육 및 복지시설군	㉠ 의료시설 ㉡ 교육연구시설 ㉢ 노유자시설 ㉣ 수련시설
⑦ 근린생활시설군	㉠ 제1종근린생활시설 ㉡ 제2종근린생활시설(고시원 제외)
⑧ 주거업무시설군	㉠ 단독주택 ㉡ 공동주택 ㉢ 업무시설 ㉣ 교정 및 군사시설
⑨ 그 밖의 시설군	㉠ 동물 및 식물관련시설

(3) 일부규정의 준용

2. 건축공사의 시행

1) 건축주와의 계약 등

2) 건축물의 설계 · 감리

(1) 건축사(建築士)의 설계

건축허가(제11조제1항)를 받아야 하거나 건축신고(제14조제1항)를 하여야 하는 건축물 또는 사용승인(제22조)을 받은 후 20년 이상이 지난 건축물로서 주택법(제42조제2항 또는 제3항)에 따른 리모델링을 하는 건축물의 건축 등을 위한 설계는 건축사가 아니면 이를 할 수 없다. 다만, 다음 각 호의 어느 하나에 해당하는 경우에는 그러하지 아니하다(법 제23조제1항, 영 제18조).

㉠ 바닥면적의 합계가 85㎡ 미만인 증축 · 개축 또는 재축

㉡ 연면적이 200㎡ 미만이고 층수가 3층 미만인 건축물의 대수선

㉢ 그 밖에 건축물의 특수성과 용도 등에 비추어 대통령령이 정하는 건축물의 건축

(2) 건축물의 공사감리

3) 착공신고

건축법에 의하여 건축허가(제11조, 제20조제1항)를 받거나 신고(제14조)를 한 건축물의 공사를 착수하려는 건축주는 국토해양부령으로 정하는 바에 따라 허가권자에게 공사계획을 신고하여야 한다. 다만, 건축물의 철거를 신고(제36조)할 때에 착공예정일을 기재한 경우에는 그러하지 아니하다(법 제21조제1항).

4) 건축시공

5) 사용승인

(1) 사용승인의 신청

건축주가 건축허가를 받았거나 신고를 한 건축물의 건축공사를 완료한 후 그 건축물을 사용하려면 공사감리자가 작성한 감리완료보고서와 국토해양부령이 정하는 공사완료도서를 첨부하여 허가권자에게 사용승인을 신청하여야 한다(법 제22조제1항).

(2) 사용승인서의 교부

① 허가권자는 사용승인신청을 받은 경우에는 국토해양부령이 정하는 기간(신청서를 받은 날로부터 7일) 안에 다음 각 호의 사항에 대한 검사를 실시하고, 검사에 합격된 건축물에 관하여는 사용승인서를 내주어야 한다(법 제22조제2항 본문, 규칙 제16조제2항).

㉠ 사용승인을 신청한 건축물이 이 법에 따라 허가 또는 신고한 설계도서 대로 시공되었는지의 여부

㉡ 감리완료보고서, 공사완료도서 등의 서류 및 도서가 적합하게 작성되었는지 여부

② 다만, 해당 지방자치단체의 조례로 정하는 건축물은 사용승인을 위한 검사를 실시하지 아니하고 사용승인서를 내줄 수 있다(법 제18조제2항 단서).

(3) 사용승인의 효과

① 건축물의 사용

건축주는 위(제2항)의 규정에 따라 사용승인을 받은 후가 아니면 건축물을 사용하거나 사용하게 할 수 없다. 다만, 다음 각 호의 어느 하나에 해당하는 경우에는 그러하지 아니하다(법 제22조제3항, 영 제17조제2항).

㉠ 허가권자가 위(제2항)의 규정에 따른 기간 내에 사용승인서를 교부하지 아니한 경우

㉡ 사용승인서를 교부받기 전에 공사가 완료된 부분에 건폐율, 용적률, 설비, 피난·방화 등 국토해양부령으로 정하는 기준에 적합한 경우로서 기간을 정하여 대통령령으로 정하는 바에 따라 임시로 사용승인을 한 경우

② 준공검사 등의 의제

건축주가 사용승인을 받은 경우에는 다음 각 호에 따른 사용승인·준공검사 또는 등록신청 등을 받거나 한 것으로 보며, 공장건축물의 경우에는 산업집적활성화및공장설립에관한법률(법 제14조의2)에 의하여 관련법률의 검사 등을 받은 것으로 본다(법 제22조제4항).

㉠ 배수설비의 준공검사 및 개인하수처리시설의 준공검사(하수도법 제27조 및 제37조)

㉡ 지적공부변동사항의 등록신청(측량·수로조사및지적에관한법률 제3조)

㉢ 승강기 완성검사(승강기시설안전관리법 제13조)

㉣ 보일러 설치검사(에너지이용합리화법 제39조)

㉤ 전기설비 사용전검사(전기사업법 제63조)

㉥ 정보통신공사 사용전검사(정보통신공사업법 제36조)

㉦ 도로점용공사 완료확인(도로법 제38조제3항)

ⓞ 개발행위의 준공검사, 도시계획시설사업의 준공검사(국토의계획및이용에관한법률 제62조 및 제98조)

ⓧ 수질오염물질 배출시설의 가동개시의 신고, 대기오염물질 배출시설의 가동개시의 신고(수질및수생태계보전에관한법률, 대기환경보전법)

③ 건축물대장의 기재

㉠ 특별자치도지사 또는 시장 · 군수 · 구청장은 사용승인서를 내준 경우에는 건축물대장에 건축물과 그 대지에 관한 현황을 적어서 이를 보관하여야 한다(법 제38조제1항제1호).

㉡ 특별시장 또는 광역시장은 사용승인을 한 때에는 지체 없이 그 사실을 군수 · 구청장에게 알려서 건축물대장에 적게 하여야 한다(법 제22조제6항).

(4) **임시사용승인**

① 건축주가 사용승인서를 받기 전에 공사가 완료된 부분에 대한 임시사용승인을 받으려는 경우에는 임시사용승인 신청서를 허가권자에게 제출하여야 한다(법 제22조제3항제2호, 영 제17조제2항).

② 허가권자는 임시사용승인 신청서를 접수한 경우에는 공사가 완료된 부분이 임시사용승인에 관한 규정(법 제22조제3항제2호)에 따른 기준에 적합한 경우만 임시사용을 승인할 수 있다(영 제17조제3항).

③ 임시사용승인의 기간은 2년 이내로 한다. 다만 대형건축물 또는 암반공사 등으로 인하여 공사기간이 긴 건축물에 대하여는 그 기간을 연장할 수 있다(영 제17조제4항).

6) 건축행정의 전산화

3. 건축물의 유지 · 관리

1) 유지 · 관리의무

2) 철거 · 멸실신고

(1) **철거신고(撤去申告)**

건축물의 소유자나 관리자는 허가대상 건축물을 철거하려면 철거를 하기 전에 철거예정일 7일 전까지 특별자치도지사 또는 시장 · 군수 · 구청장에게 신고하여야 한다(법 제36조제1항, 칙 제24조제1항).

(2) 멸실신고(滅失申告)

건축물의 소유자나 관리자는 허가대상 건축물이 재해로 멸실된 경우에는 멸실 후 30일 이내에 특별자치도지사 또는 시장 · 군수 · 구청장에게 신고하여야 한다(법 제36조제2항, 규칙 제24조).

3) 건축물대장

(1) 건축물대장의 기재 · 보관

특별자치도지사 또는 시장 · 군수 · 구청장은 건축물의 소유 · 이용상태를 확인하거나 건축정책의 기초자료로 활용하기 위하여 다음 사항에 해당하면 건축물대장에 건축물과 그 대지의 현황을 적어서 이를 보관하여야 한다(법 제38조제1항, 영 제25조).

① 건축법(제22조제2항)에 따라 사용승인서를 내준 경우
② 건축법에 따른 건축허가대상(신고대상 건축물 포함) 외의 건축물의 공사를 끝낸 후 기재를 요청한 경우
③ 그 밖에 대통령령으로 정하는 경우(영 제25조)
㉠ 집합건물의소유및관리에 관한 법률(제56조 및 제57조)에 따른 건축물대장의 신규등록 및 변경등록의 신청이 있는 경우
㉡ 법 시행일 전에 법령 등에 적합하게 건축되고 유지 · 관리된 건축물의 소유자가 그 건축물의 건축물관리대장이나 그 밖에 이와 비슷한 공부를 건축물대장에 옮겨 적을 것을 신청한 경우
㉢ 그 밖에 기재내용의 변경 등이 필요한 경우로서 국토해양부령으로 정하는 경우

(2) 등기 촉탁

특별자치도지사 또는 시장 · 군수 · 구청장은 다음 각 호의 어느 하나에 해당하는 사유로 건축물대장의 기재내용이 변경되는 경우 관할 등기소에 그 등기를 촉탁할 수 있다(법 제39조 전단).

㉠ 지번이나 행정구역의 명칭이 변경된 경우
㉡ 사용승인을 받은 건축물로서 사용승인 내용 중 면적 · 구조 · 용도 및 층수가 변경된 경우
㉢ 건축물의 철거신고에 따라 철거한 경우
㉣ 건축물의 멸실 후 멸실신고를 한 경우

4) 건축지도원

제3절 건축물의 대지 및 도로

1. 건축물의 대지

1) 대지의 의의

(1) 건축법상 대지(垈地)란 측량·수로조사및지적에관한법률에 따라 각 필지(筆地)로 나눈 토지를 말한다(법 제2조제1항제1호 본문).

(2) 다만, 다음과 같이 대통령령이 정하는 토지는 둘 이상의 필지를 하나의 대지로 하거나 하나 이상의 필지의 일부를 하나의 대지로 할 수 있다(법 제2조제1항제1호 단서, 영 제3조).

① 다음과 같은 경우에는 둘 이상의 필지를 하나의 대지로 할 수 있다(영 제3조1항).

㉠ 하나의 건축물을 두 필지 이상에 걸쳐 건축하는 경우 : 그 건축물이 건축되는 각 필지의 토지를 합한 토지

㉡ 측량·수로조사및지적에관한법률(제80조제3항)에 따라 합병이 불가능한 경우 중 다음에 해당하는 경우 : 그 합병이 불가능한 필지의 토지를 합한 토지(다만, 토지의 소유자가 서로 다르거나 소유권 외의 권리관계가 서로 다른 경우는 제외)

ⓐ 각 필지의 지번부여지역이 서로 다른 경우

ⓑ 각 필지의 도면의 축적이 다른 경우

ⓒ 서로 인접하고 있는 필지로서 각 필지의 지반이 연속되지 아니한 경우

㉢ 국토의계획및이용에관한법률에 따른 도시계획시설에 해당하는 건축물을 건축하는 경우 : 그 도시계획시설이 설치되는 일단의 토지

㉣ 주택법(제16조)에 따른 사업계획의 승인을 얻어 주택과 그 부대시설 및 복리시설을 건축하는 경우 : 같은 법(제2조제6호)에 따른 주택단지

㉤ 도로의 지표 아래 건축하는 건축물의 경우 : 특별시장·광역시장·특별자치도지사·시장·군수 또는 구청장(자치구의 구청장)이 그 건축물이 건축되는 토지로 정하는 토지

㉥ 사용승인을 신청할 때에 둘 이상의 필지를 하나의 필지로 합칠 것을 조건으로 건축허가를 하는 경우 : 그 필지가 합쳐지는 토지

② 또한 다음과 같은 경우에는 하나 이상의 필지의 일부를 하나의 대지로 할 수 있다(영 제3조2항).

㉠ 하나 이상의 필지의 일부에 대하여 도시계획시설이 결정 · 고시된 경우 그 결정 · 고시가 있은 부분의 토지
㉡ 하나 이상의 필지의 일부에 대하여 농지법에 따른 농지전용허가를 받은 경우 그 허가받은 부분의 토지
㉢ 이상의 필지의 일부에 대하여 산지관리법에 따른 산지전용허가를 받은 경우 그 허가받은 부분의 토지
㉣ 하나 이상의 필지의 일부에 대하여 국토의계획및이용에관한법률에 따른 개발행위허가를 받은 경우 그 허가받은 부분의 토지
㉤ 사용승인을 신청할 때 필지를 나눌 것을 조건으로 건축허가를 하는 경우 그 필지가 나누어지는 토지

2) 대지의 안전 등

(1) 저지대

(2) 습지 · 매립지에 대한 조치

(3) 배수시설의 설치

(4) 옹벽(擁壁)의 설치

3) 토지 굴착부분에 대한 조치 등

4) 대지 안의 조경

2. 도 로

1) 도로의 의의

(1) 도로의 정의

① 건축법상 도로란 보행과 자동차 통행이 가능한 너비 4m 이상의 도로로서 다음 각 목의 어느 하나에 해당하는 도로나 그 예정도로를 말한다(제2조제1항제11호).
㉠ 국토의계획및이용에관한법률 · 도로법 · 사도법, 그 밖에 관계법령에 따라 신설 또는 변경에 관한 고시가 된 도로
㉡ 건축허가 또는 신고시 특별시장 · 광역시장 · 도지사 · 특별자치도지사(이하 "시 ·

도지사"라 한다) 또는 시장 · 군수 · 구청장(자치구의 구청장)이 위치를 지정하여 공고한 도로

② 다만, 지형적으로 자동차통행이 불가능한 경우와 막다른 도로의 경우에는, 다음과 같이 대통령령으로 정하는 구조와 너비의 도로를 포함한다(법 제2조제1항제11호, 영 제3조의3).

㉠ 특별자치도지사 또는 시장 · 군수 · 구청장이 지형적 조건으로 차량통행을 위한 도로의 설치가 곤란하다고 인정하여 그 위치를 지정 · 공고하는 구간의 너비 3m 이상(길이가 10m 미만인 막다른 도로의 경우에는 너비 2m 이상)인 도로

㉡ 위 구간에 해당하지 아니하는 막다른 도로로서 당해 도로의 너비가 그 길이에 따라 각각 다음 표에 정하는 기준 이상인 도로

막다른 도로의 길이	도로의 너비
10m 미만	2m
10m 이상 35m 미만	3m
35m 이상	6m(도시지역이 아닌 읍 · 면지역은 4m)

(2) 도로의 지정 및 폐지 · 변경

① 도로의 지정

허가권자는 도로의 위치를 지정 · 공고하려면 국토해양부령이 정하는 바에 따라 당해 도로에 대한 이해관계인의 동의를 얻어야 한다(법 제35조제1항 본문). 다만, 이해관계인이 해외에 거주하는 등의 사유로 동의를 받기가 곤란한 경우 또는 주민이 오랫동안 통행로로 이용하고 있는 사실상의 통로로서 조례로 정한 것인 경우에는 동의를 얻지 아니하고 건축심의회의 심의를 거쳐 도로를 지정할 수 있다(법 제45조제1항 단서).

② 도로의 폐지 · 변경

허가권자는 지정한 도로를 폐지 · 변경하고자 할 때에는 이해관계인의 동의를 받아야 한다(법 제35조제2항 전단). 그 도로에 편입된 토지의 소유자, 건축주 등이 허가권자에게 지정된 도로의 폐지 · 변경을 신청하는 경우에도 또한 같다(법 제35조제2항 후단).

2) 대지와 도로의 관계(대지와 도로의 접면기준)

① 건축물의 대지는 2m 이상이 도로(자동차만의 통행에 사용되는 도로는 제외)에 접하여야 한다(법 제33조제1항 본문). 다만, 해당 건축물의 출입에 지장이 없다고 인정되는 경우 또는 건축물의 주변에 대통령령으로 정하는 공지(광장 · 공원 · 유원지

그 밖에 관계법령에 따라 건축이 금지되고 공중의 통행에 지장이 없는 공지로서 허가권자가 인정한 것)가 있는 경우에는 그러하지 아니하다(법 제44조제1항 단서, 영 제28조제1항).

② 건축물의 대지가 접하는 도로의 너비, 대지가 도로에 접하는 부분의 길이, 그 밖에 그 대지와 도로의 관계에 관하여 필요한 사항은 대통령령으로 정하는 바에 따른다. 즉, 연면적의 합계가 2,000㎡ 이상인 건축물의 대지는 너비 6m 이상의 도로에 4m 이상 접하여야 한다(법 제44조제2항, 영 제28조제2항).

3) 건축선

(1) 건축선의 의의

건축선(建築線)이란 도로와 접한 부분에 건축물을 건축할 수 있는 선으로서(법 제46조제1항 본문 전단), 대지에 건축물 또는 공작물을 설치할 수 있는 한계선을 말한다.

건축법은 건축물의 안전·기능 및 미관을 위하여 대지와 도로의 관계를 설정하는 차원에서, 위에서 살펴본 대지와 도로의 접면기준과 더불어, 건축선의 지정 및 건축선에 의한 건축제한에 관하여 규정하고 있다.

(2) 건축선의 결정

① 건축선은 원칙적으로 대지와 도로의 경계선으로 한다(법 제46조제1항 본문 후단).

② 다만, 소요너비(제2조제1항제11호)에 미달되는 너비의 도로인 경우와 도로의 모퉁이에 있어서는 일정한 거리를 후퇴하여 건축선으로 하고, 그 밖에 시장·군수·구청장이 건축선을 따로 지정할 수 있는 경우도 있다(법 제46조제1항 단서 및 제2항, 영 제31조).

㉠ 대지가 소요너비에 미달되는 도로에 접한 경우

대지가 소요너비(4m)에 못 미치는 도로에 접하였을 경우에는 다음 표에서 정하는 바에 의한다(법 제46조제1항 단서).

대지와 도로와의 관계	건축선의 후퇴
도로 양측에 대지가 있을 경우	그 도로의 중심선으로부터 소요너비의 2분의 1의 수평거리(2m) 만큼 물러난 선을 건축선으로 한다.
다만, 그 도로의 반대쪽에 경사지, 하천, 철도, 선로부지, 그 밖에 이와 유사한 것이 있는 경우	그 경사지 등이 있는 쪽의 도로경계선에서 소요너비에 해당하는 수평거리(4m)의 선을 건축선으로 한다.

㉡ 대지가 도로 모퉁이에 위치한 경우

너비 8m 미만인 도로의 모퉁이에 위치한 대지의 도로모퉁이 부분의 건축선은 그 대지에 접한 도로경계선의 교차점으로부터 도로경계선에 따라 다음의 표에 따른 거리를 각각 후퇴한 두 점을 연결한 선으로 한다(영 제31조제1항).

도로의 교차각	당해 도로의 너비		교차되는 도로의 너비
	6m 이상 8m 미만	4m 이상 6m 미만	
90° 미만	4	3	6m 이상 8m 미만
	3	2	4m 이상 6m 미만
90° 이상 120° 미만	3	2	6m 이상 8m 미만
	2	2	4m 이상 6m 미만

㉢ 시장 · 군수 · 구청장이 지정하는 경우

특별자치도지사 또는 시장 · 군수 · 구청장은 시가지 안에서 건축물의 위치나 환경을 정비하기 위하여 필요하다고 인정하면 도시지역에는 4m 이하의 범위에서 건축선을 따로 지정할 수 있다(법 제46조제2항, 영 제31조제2항). 위의 규정(제2항)에 따라 건축선을 지정하려면 미리 그 내용을 공보, 일간신문 또는 인터넷 홈페이지 등에 30일 이상 공고하여야 하며, 의견이 있는 자는 공고기간에 특별자치도지사 또는 시장 · 군수 · 구청장에게 의견을 제출할 수 있다(영 제31조제3항). 특별자치도지사 또는 시장 · 군수 · 구청장은 위의 규정(제2항)에 따라 건축선을 지정하면 지체 없이 이를 고시하여야 한다(법 제46조제3항).

(3) 건축선에 의한 건축제한

① 건축물과 담장은 건축선의 수직면을 넘어서는 아니 된다. 다만, 지표 아래 부분은 그러하지 아니하다(제47조제1항).

② 도로면으로부터 높이 4.5m 이하에 있는 출입구, 창문, 그 밖에 이와 유사한 구조물은 열고 닫을 때 건축선의 수직면을 넘지 않는 구조로 하여야 한다(법 제47조제2항).

제4절 용도지역 · 지구 안에서의 건축제한

1. 의 의

국토의계획및이용에관한법률은 전국의 모든 토지에 대하여 토지의 형질변경, 건축물의 건축 또는 공작물의 설치, 토석채취, 토지분할 등의 개발행위를 시장 · 군수의 허가를 받아야 할 수 있도록 하는 일반적 행위제한(제56조~제62조)에 관하여 규정하고, 용도지역 · 지구별 행위제한에 대하여도 규정하고 있으나, 지역 · 지구별 행위제한은 주로 건축행위에 대한 제한으로서 건축물의 용도, 종류 및 규모에 대한 제한을 그 내용으로 하고 있다.

건축법은 건축물의 규모제한 중 건축물의 건폐율(제55조) · 용적률(제56조) 등의 제한에 대하여서는 국토의계획및이용에관한법률의 규정에 의하도록 하고 있으나, 대지의 분할제한(제57조), 건축물의 높이제한(제60조 및 제61조) 및 건축제한의 특례(제43조, 제54조, 제69조~제77조)에 대하여는 직접 규정하고 있다.

2. 지역별 건축물의 용도제한

건축법은 건축물의 용도의 개념을 정의하고(법 제2조제1항제3호) 그 용도를 분류하고 있으나(법 제2조제2항, 영 제3조의4 및 별표1), 용도지역 · 지구별 건축물의 용도제한은 국토의계획및이용에관한법률(제76조제1항, 영 제71조 및 별표2~27)에서 규정하고 있다. 즉, 국토의계획및이용에관한법률에 의하여 지정된 지역(제32조)에서의 건축물의 용도 · 종류 및 규모 등의 제한에 관하여는 대통령령으로 정하는 바에 의하지만, 이러한 건축제한은 당해 지역의 지정목적에 적합하여야 한다(국토의계획및이용에관한법률 제76조제1항 및 제3항).

1) 건축물의 용도의 의의 및 분류

건축물의 용도란 건축물의 종류를 유사한 구조, 이용목적 및 형태별로 묶어 분류한 것을 말한다(법 제2조제1항제3호). 건축물의 용도는 다음과 같이 27개와 그 밖에 대통령령으로 정하는 시설로 분류되는데(법 제2조제2항), 각 용도에 속하는 건축물의 종류를 정리하면 다음 표와 같다(영 제3조의4, 별표1).

용도분류	건축물의 종류(영 제3조의4 및 【별표 1】)
① 단독주택	단독주택의 형태를 갖춘 가정어린이집 · 공동생활가정 · 지역아동센터 및 노인복지시설(노인복지주택 제외)을 포함한다. ⓐ 단독주택(가목) ⓑ 다중주택 : 다음의 요건을 모두 갖춘 주택을 말한다(나목). · 학생 또는 직장인 등 여러 사람이 장기간 거주할 수 있는 구조로 되어 있을 것 · 독립된 주거의 형태를 갖추지 아니한 것(각 실별로 욕실은 설치할 수 있으나 취사시설은 설치하지 아니한 것) · 연면적이 330㎡ 이하이고 층수가 3개층 이하일 것 ⓒ 다가구주택 : 다음의 요건을 모두 갖춘 주택으로서 공동주택에 해당하지 아니하는 것을 말한다(다목). · 주택으로 쓰는 층수(지하층은 제외)가 3개층 이하일 것. 다만, 1층의 바닥면적 1/2 이상을 필로티구조로 하여 주차장으로 사용하고 나머지 부분을 주택 외의 용도로 쓰는 경우에는 해당 층을 주택의 층수에서 제외한다. · 1개동의 주택으로 쓰는 바닥면적(지하주차장 면적 제외)의 합계가 660㎡ 이하일 것 · 19세대 이하가 거주할 수 있을 것 ⓓ 공관(라목)
② 공동주택	공동주택의 형태를 갖춘 가정어린이집 · 공동생활가정 · 지역아동센터 · 노인복지시설(노인복지주택 제외) 및 원룸형주택을 포함한다. 다만, 가목이나 나목에서 층수를 산정할 때 1층 전부를 필로티구조로 하여 주차장으로 사용하는 경우에는 필로티부분을 층수에서 제외하고, 다목에서 층수를 산정할 때 1층의 바닥면적 1/2 이상을 필로티구조로 하여 주차장으로 사용하고 나머지 부분을 주택 외의 용도로 쓰는 경우에는 해당층을 주택의 층수에서 제외한다. ⓐ 아파트 : 주택으로 쓰는 층수가 5개층 이상인 주택(가목) ⓑ 연립주택 : 주택으로 쓰는 1개동의 바닥면적(지하주차장 면적 제외) 합계가 660㎡를 초과하고 층수가 4개층 이하인 주택(나목) ⓒ 다세대주택 : 주택으로 쓰는 1개동의 바닥면적 합계가 660㎡ 이하이고, 층수가 4개층 이하인 주택(2개 이상의 동을 지하주차장으로 연결하는 경우에는 각각의 동으로 보며, 지하주차장 면적은 바닥면적에서 제외한다)(다목) ⓓ 기숙사 : 학교 또는 공장 등의 학생 또는 종업원 등을 위하여 쓰는 것으로서 공동취사 등을 할 수 있는 구조를 갖추되, 독립된 주거의 형태를 갖추지 아니한 것(학생복지주택 포함)(라목)
③ 제1종근린생활시설	ⓐ 슈퍼마켓과 일용품(식품 · 잡화 · 의류 · 완구 · 서적 · 건축자재 · 의약품 · 의료기기 등) 등의 소매점으로서 같은 건축물(하나의 대지에 두 동 이상의 건축물이 있는 경우에는 이를 같은 건축물로 본다)에 해당 용도로 쓰는 바닥면적의 합계가 1,000㎡ 미만인 것(가목) ⓑ 휴게음식점 또는 제과점으로서 같은 건축물에 해당 용도로 쓰는 바닥면적의 합계가 300㎡ 미만인 것(나목) ⓒ 이용원 · 미용원 · 목욕장 및 세탁소(공장이 부설된 것과 배출시설설치허가 · 신고의 대상이 되는 것은 제외)(다목) ⓓ 의원 · 치과의원 · 한의원 · 침술원 · 접골원 · 조산소 및 안마원(라목) ⓔ 탁구장 및 체육도장으로서 같은 건축물에서 해당 용도로 쓰는 바닥면적의 합계가 500㎡ 미만인 것(마목)

용도분류	건축물의 종류(영 제3조의4 및 【별표 1】)
③ 제1종근린생활시설	ⓕ 지역자치센터, 파출소, 지구대, 소방서, 우체국, 방송국, 보건소, 공공도서관, 지역건강보험조합, 그 밖에 이와 비슷한 것으로서 같은 건축물에 해당 용도로 쓰는 바닥면적의 합계가 1,000㎡ 미만인 것(바목) ⓖ 마을회관, 마을공동작업소, 마을공동구판장, 그 밖에 이와 비슷한 것(사목) ⓗ 변전소, 양수장, 정수장, 대피소, 공중화장실, 그 밖에 이와 비슷한 것(아목) ⓘ 지역아동센터(단독주택과 공동주택에 해당하지 아니하는 것) ⓙ 가스배관시설
④ 제2종근린생활시설	ⓐ 일반음식점, 기원(가목) ⓑ 휴게음식점 또는 제과점으로서 제1종근린생활시설에 해당하지 아니하는 것(나목) ⓒ 서점으로서 제1종근린생활시설에 해당하지 아니하는 것(다목) ⓓ 테니스장, 체력단련장, 에어로빅장, 볼링장, 당구장, 실내낚시터, 골프연습장, 물놀이형시설, 그 밖에 기타 이와 비슷한 것으로서 같은 건축물에 해당 용도로 쓰는 바닥면적의 합계가 500㎡ 미만인 것(라목) ⓔ 공연장(극장, 영화관, 연예장, 음악당, 서커스장, 비디오물감상실 등, 그 밖에 이와 비슷한 것), 종교집회장(교회, 성당, 사찰, 기도원, 수도원, 수녀원, 재실, 사당, 그 밖에 이와 비슷한 것)으로서 같은 건축물에 해당 용도로 쓰는 바닥면적의 합계가 300㎡ 미만인 것(마목) ⓕ 금융업소, 사무소, 부동산중개사무소, 결혼상담소 등 소개업소, 출판사, 그 밖에 이와 비슷한 것으로서 같은 건축물에 해당 용도로 쓰는 바닥면적의 합계가 500㎡ 미만인 것(바목) ⓖ 제조업소, 수리점, 세탁소, 그 밖에 이와 비슷한 것으로서 같은 건축물에 해당 용도로 쓰이는 바닥면적의 합계가 500㎡ 미만이고, 대기환경보전법, 수질및수생태계보전법 또는 소음·진동관리법에 따른 배출시설의 설치허가 또는 신고의 대상이 아닌 것 등(사목) ⓗ 게임제공업시설 등으로서 같은 건축물에 해당 용도로 쓰는 바닥면적의 합계가 500㎡ 미만인 것과 인터넷게임제공업시설로서 300㎡ 미만인 것 등(아목) ⓘ 사진관, 표구점, 학원(같은 건축물에 해당 용도로 쓰이는 바닥면적의 합계가 500㎡ 미만인 것만 해당되며, 자동차학원 및 무도학원은 제외), 직업훈련소(같은 건축물에 그 용도로 쓰는 바닥면적의 합계가 500㎡ 미만인 것을 말하되, 운전·정비관련 직업훈련소는 제외), 장의사, 동물병원, 독서실, 총포판매소, 그 밖에 이와 비슷한 것(자목) ⓙ 단란주점으로서 같은 건축물에 해당 용도로 쓰는 바닥면적의 합계가 150㎡ 미만인 것(차목) ⓚ 의약품판매소, 의료기기판매소 및 자동차영업소로서 같은 건축물에 해당 용도로 쓰는 바닥면적의 합계가 1천㎡ 미만인 것(카목) ⓛ 안마시술소 및 노래연습장(타목) ⓜ 고시원(다중이용업 중 고시원업의 시설로서 독립된 주거의 형태를 갖추지 아니한 것)으로서 바닥면적의 합계가 500㎡ 미만인 것
⑤ 문화 및 집회시설	ⓐ 공연장으로서 제2종근린생활시설에 해당하지 아니하는 것(나목) ⓑ 집회장(예식장, 공회당, 회의장, 마권 장외발매소, 마권전화투표소, 그 밖에 이와 비슷한 것)으로서 제2종근린생활시설에 해당하지 아니하는 것(다목) ⓒ 관람장(경마장, 경륜장, 경정장, 자동차경기장, 그 밖에 이와 비슷한 것과 체육관 및 운동장으로서 바닥면적의 합계 1,000㎡ 이상인 것)(라목) ⓓ 전시장(박물관, 미술관, 과학관, 문화관, 체험관, 기념관, 산업전시장, 박람회장, 그 밖에 이와 비슷한 것)(마목) ⓔ 동·식물원(동물원·식물원·수족관 기타 이와 유사한 것)(바목)

용도분류	건축물의 종류(영 제3조의4 및 【별표 1】)
⑥ 종교시설	ⓐ 종교집회장으로서 제2종근린생활시설에 해당하지 아니하는 것(가목) ⓑ 종교집회장(제2종근린생활시설에 해당하지 아니하는 것)에 설치하는 봉안당(나목)
⑦ 판매시설	ⓐ 도매시장(농수산물도매시장, 공판장, 그 밖에 이와 비슷한 것을 말하며, 그 안에 있는 근린생활시설 포함)(가목) ⓑ 소매시장(유통산업발전법에 따른 대규모점포, 그 밖에 이와 비슷한 것을 말하며 그 안에 있는 근린생활시설 포함)(나목) ⓒ 상점(그 안에 있는 근린생활시설을 포함)으로서 슈퍼마켓과 일용품 등의 소매점에 해당하는 용도(서점 제외)로서 제1종근린생활시설에 해당하지 아니하는 것 또는 게임제공업의 시설로서 제2종근린생활시설에 해당하지 아니하는 것(다목)
⑧ 운수시설	ⓐ 여객자동차터미널(가목) ⓑ 철도시설(나목) ⓒ 공항시설(다목) ⓓ 항만시설(라목)
⑨ 의료시설	ⓐ 병원(종합병원, 병원, 치과병원, 한방병원, 정신병원 및 요양병원)(가목) ⓑ 격리병원(전염병원, 마약진료소, 그 밖에 이와 비슷한 것)(나목)
⑩ 교육연구시설	제2종근린생활시설에 해당하는 것을 제외한다. ⓐ 학교(유치원, 초등학교, 중학교, 고등학교, 전문대학, 대학, 대학교, 그 밖에 이에 준하는 각종 학교)(가목) ⓑ 교육원(연수원, 그 밖에 이와 비슷한 것을 포함)(나목) ⓒ 직업훈련소(운전 및 정비관련 직업훈련소를 제외)(다목) ⓓ 학원(자동차학원 및 무도학원은 제외)(라목) ⓔ 연구소(연구소에 준하는 시험소와 계측계량소를 포함)(마목) ⓕ 도서관(바목)
⑪ 노유자시설	ⓐ 아동관련시설(어린이집, 아동복지시설, 그 밖에 이와 비슷한 것으로서 단독주택, 공동주택 및 제1종근린생활시설에 해당하지 아니하는 것)(가목) ⓑ 노인복지시설(단독주택과 공동주택에 해당하지 아니하는 것)(나목) ⓒ 그 밖에 다른 용도로 분류되지 아니한 사회복지시설 및 근로복지시설(다목)
⑫ 수련시설	ⓐ 생활권수련시설(청소년수련관, 청소년문화의 집, 청소년특화시설, 그 밖에 이와 비슷한 것)(가목) ⓑ 자연권수련시설(청소년수련원·청소년야영장 그 밖에 이와 비슷한 것(나목) ⓒ 유스호스텔
⑬ 운동시설	ⓐ 탁구장, 체육도장, 테니스장, 체력단련장, 에어로빅장, 볼링장, 당구장, 실내낚시터, 골프연습장, 물놀이형 시설, 그 밖에 이와 비슷한 것으로서 제1종근린생활시설 및 제2종근린생활시설에 해당하지 아니하는 것(가목) ⓑ 체육관으로서 관람석이 없거나 관람석의 바닥면적이 1,000㎡ 미만인 것(나목) ⓒ 운동장(육상장, 구기장, 볼링장, 수영장, 스케이트장, 승마장, 사격장, 궁도장, 골프장 등과 이에 딸린 건축물)으로서 관람석이 없거나 관람석의 바닥면적이 1,000㎡ 미만인 것(다목)1
⑭ 업무시설	ⓐ 공공업무시설 : 국가 또는 지방자치단체의 청사와 외국공관의 건축물로서 제1종근린생활시설에 해딩하지 아니하는 것(가목) ⓑ 일반업무시설 : 금융업소, 사무소, 신문사, 오피스텔(업무를 주로 하며 일부의 구획에서 숙식을 할 수 있는 건축물로서 국토해양부장관이 고시하는 기준에 적합한 것), 그 밖에 이와 비슷한 것으로서 제2종근린생활시설에 해당하지 아니하는 것(나목)

용도분류	건축물의 종류(영 제3조의4 및 【별표 1】)
⑮ 숙박시설	ⓐ 일반숙박시설(호텔·여관 및 여인숙)(가목) ⓑ 관광숙박시설(관광호텔, 수상관광호텔, 한국전통호텔, 가족호텔 및 휴양콘도미니엄)(나목) ⓒ 고시원(제2종근린생활시설에 해당하지 아니하는 것)(다목) ⓓ 그 밖에 위(가목~다목)의 시설과 비슷한 것(라목)
⑯ 위락시설	ⓐ 단란주점으로서 제2종근린생활시설에 해당하지 아니하는 것(가목) ⓑ 유흥주점이나 그 밖에 이와 비슷한 것(나목) ⓒ 유원시설업의 시설, 그 밖에 이와 비슷한 시설(제2종근린생활시설과 운동시설에 해당하는 것은 제외)(라목) ⓓ 무도장, 무도학원(마목) ⓔ 카지노영업소(바목)
⑰ 공장	물품의 제조·가공(염색·도장·표백·재봉·건조·인쇄 등을 포함) 또는 수리에 계속적으로 이용되는 건축물로서 제1종근린생활시설, 제2종근린생활시설, 위험물저장 및 처리시설, 자동차관련시설, 분뇨 및 쓰레기처리시설 등으로 따로 분류되지 아니한 것
⑱ 창고시설	위험물저장 및 처리시설 또는 그 부속용도에 해당하는 것은 제외한다. ⓐ 창고(물품저장시설로서 일반창고와 냉장 및 냉동고를 포함)(가목) ⓑ 하역장(나목) ⓒ 물류터미널(다목) ⓓ 집배송시설(라목)
⑲ 위험물저장 및 처리시설	위험물안전관리법, 석유및석유대체연료사업법, 도시가스사업법, 고압가스안전관리법, 액화석유가스의안전관리및사업법, 총포·도검·화약류등단속법 또는 유해화학물질관리법 등에 따라 설치 또는 영업의 허가를 받아야 하는 건축물로서 다음 각 목의 어느 하나에 해당하는 것. 다만, 자가난방·자가발전과 이와 비슷한 목적으로 쓰는 저장시설을 제외한다. ⓐ 주유소(기계식 세차설비를 포함) 및 석유판매소(가목) ⓑ 액화석유가스 충전소·판매소·저장소(나목) ⓒ 위험물제조소·저장소·취급소(다목) ⓓ 액화가스취급소·판매소(라목) ⓔ 유독물보관·저장판매시설(마목) ⓕ 고압가스충전소·판매소·저장소(바목) ⓖ 도료류판매소(사목) ⓗ 도시가스제조시설(아목) ⓘ 화학류저장소(자목) ⓙ 그 밖에 위의 시설(가목~자목)과 비슷한 것(차목)
⑳ 자동차 관련 시설	건설기계관련시설을 포함한다. ⓐ 주차장(가목) ⓑ 세차장(나목) ⓒ 폐차장(다목) ⓓ 검사장(라목) ⓔ 매매장(마목) ⓕ 정비공장(바목) ⓖ 운전학원 및 정비학원(운전 및 정비관련 직업훈련시설을 포함)(사목) ⓗ 차고 및 주기장(아목)

용도분류	건축물의 종류(영 제3조의4 및 【별표 1】)
㉑ 동물 및 식물 관련시설	ⓐ 축사(양잠 · 양봉 · 양어시설 및 부화장 등을 포함)(가목) ⓑ 가축시설(가축용운동시설, 인공수정센터, 관리사, 가축용 창고, 가축시장, 동물검역소, 실험동물사육시설, 그 밖에 이와 비슷한 것)(나목) ⓒ 도축장(다목) ⓓ 도계장(라목) ⓔ 작물재배사(마목) ⓕ 종묘배양시설(바목) ⓖ 화초 및 분재 등의 온실(사목) ⓗ 식물관련 위의 시설(마목~사목)과 비슷한 것(동 · 식물원은 제외)(아목)
㉒ 분뇨 및 쓰레기 처리시설	ⓐ 분뇨처리시설(가목) ⓑ 고물상(나목) ⓒ 폐기물처리 및 감량화시설(다목)
㉓ 교정 및 군사 시설	제1종근린생활시설에 해당하는 것은 제외한다. ⓐ 교정시설(보호감호소, 구치소 및 교도소)(가목) ⓑ 보호관찰소, 갱생보호소, 그 밖에 범죄자의 갱생 · 보육 · 교육 · 보건 등의 용도로 쓰는 시설(나목) ⓒ 소년원 및 소년분류심사원(다목) ⓓ 국방 · 군사시설(라목)
㉔ 방송통신 시설	제1종근린생활시설에 해당하는 것을 제외한다. ⓐ 방송국(방송프로그램제작시설 및 송신 · 수신 · 중계시설을 포함)(가목) ⓑ 전신전화국(나목) ⓒ 촬영소(다목) ⓓ 통신용시설(라목) ⓔ 그 밖에 위의 시설(가목~라목)과 비슷한 것(마목)
㉕ 발전시설	ⓐ 발전소(집단에너지 공급시설을 포함)로 사용되는 건축물로서 제1종근린생활시설에 해당하지 아니하는 것
㉖ 묘지관련 시설	ⓐ 화장시설(가목) ⓑ 봉안당(종교시설에 해당하는 것은 제외)(나목) ⓒ 묘지와 자연장지에 부수되는 건축물(다목)
㉗ 관광휴게 시설	ⓐ 야외음악당(가목) ⓑ 야외극장(나목) ⓒ 어린이회관(다목) ⓓ 관망탑(라목) ⓔ 휴게소(마목) ⓕ 공원 · 유원지 또는 관광지에 부수되는 시설(바목)
㉘ 장례식장(령)	의료시설의 부수시설에 해당하는 것은 제외한다.

2) 지역별 용도 및 종류제한

국토의계획및이용에관한법률(제36조)에 의하여 지정된 지역에서의 건축물의 용도·종류 및 규모 등의 제한에 관하여는 대통령령으로 정한다(국토의계획및이용에관한법률 제76조제1항).

3. 지역별 건축물의 규모제한

건축법은 면적 및 높이 등의 개념을 정의하고 있으나(법 제84조), 용도지역별 건축물의 건폐율·용적률 등의 규모제한에 관하여는 국토의계획및이용에관한법률이 정하도록 규정하고 있다(법 제55조 및 제56조).

지역 안에서의 건축물의 규모제한은 건폐율에 의한 면적제한, 용적률에 의한 면적 및 높이제한, 가로구역(전면도로) 및 일조권에 의한 높이제한 등으로 나누어 볼 수 있다.

1) 면적 및 높이의 의의

건축물의 대지면적, 연면적, 바닥면적, 높이, 처마, 천장, 바닥 및 층수의 산정방법은 대통령령으로 정한다(법 제84조, 영 제119조).

(1) 면적(面積)

① 대지면적

대지면적(垈地面積)은 대지의 수평투영면적(水平投影面積)으로 한다. 다만, 대지가 소요너비에 미달되는 도로 또는 모퉁이 도로에 접한 경우 건축선이 후퇴하여 대지에 건축선이 정하여진 경우에는, 그 건축선과 도로 사이의 면적은 대지면적에서 제외하고, 대지에 도시계획시설인 도로·공원 등이 있는 경우에는 그 도시계획시설에 포함되는 면적도 대지면적에 포함시키지 않는다(영 제119조제1항제1호).

그러나 시장·군수·구청장이 건축물의 위치를 정비하거나 환경을 정비하기 위하여 건축선을 따로 지정한 경우에는(법 제46조제2항) 그 건축선과 도로 사이의 면적도 대지면적에 포함시킨다.

② 건축면적

건축면적(建築面積)은 건축물(지표면으로부터 1m 이하에 있는 부분 등은 제외)의 외벽(외벽이 없는 경우 외곽부분의 기둥)의 중심선[처마, 차양, 부연, 그 밖에 이와 비슷한 것으로서 그 외벽의 중심선으로부터 수평거리 1m 이상 돌출된 부분이 있는 경우에는 그 끝부분으로부터 수평거리 1m(한옥의 경우에는 2m 등)를 후퇴한 선]으로 둘러싸인 부분의 수평투영면적으로 한다(영 제119조제1항제2호).

③ 바닥면적

바닥면적은 건축물의 각 층 또는 그 일부로서 벽 · 기둥, 그 밖에 이와 비슷한 구획의 중심선으로 둘러싸인 부분의 수평투영면적으로 한다. 다만, 다음 각 목의 어느 하나에 해당하는 경우에는 각 목에서 정하는 바에 따른다(영 제119조제1항제3호).

㉠ 벽 · 기둥의 구획이 없는 건축물은 그 지붕 끝부분으로부터 수평거리 1m를 후퇴한 선으로 둘러싸인 수평투영면적으로 한다.

㉡ 주택의 발코니 등 건축물의 노대, 그 밖에 이와 비슷한 것(노대 등)의 바닥은 난간 등의 설치여부와 관계없이 노대 등의 면적(외벽의 중심선으로부터 노대 등의 끝부분까지의 면적을 말한다)에서 노대 등이 접한 가장 긴 외벽에 접한 길이에 1.5m를 곱한 값을 뺀 면적을 바닥면적에 산입한다.

㉢ 필로티나 그 밖에 이와 비슷한 구조(벽면적의 1/2 이상이 그 층의 바닥면에서 위층 바닥아래면까지 공간으로 된 것만 해당한다)의 부분은 그 부분이 공중의 통행이나 차량의 통행 또는 주차에 전용되는 경우와 공동주택의 경우에는 바닥면적에 산입하지 아니한다.

㉣ 승강기탑, 계단탑, 장식탑, 다락[층고가 1.5m(경사진 형태의 지붕인 경우에는 1.8m)이하인 것만 해당한다], 건축물의 외부 또는 내부에 설치하는 굴뚝, 더스트슈트, 설비덕트 등과 옥상 · 옥외 또는 지하에 설치하는 물탱크, 기름탱크, 냉각탑, 정화조 등을 설치하기 위한 구조물은 바닥면적에 산입하지 아니한다.

㉤ 공동주택으로서 지상층에 설치한 기계실, 전기실, 어린이놀이터 및 조경시설의 면적은 바닥면적에 산입하지 아니한다.

④ 연면적

연면적(延面積)은 하나의 건축물 각 층의 바닥면적의 합계로 하되, 용적률을 산정할 때에는 지하층의 면적, 지상층의 주차용으로 쓰는 면적, 공동주택의 주민공동시설의 면적 또는 초고층건축물의 피난안전구역의 면적 등은 제외한다(영 제119조제1항제4호).

(2) 높 이

① 건축물의 높이

건축물의 높이는 지표면으로부터 당해 건축물의 상단까지의 높이(건축물의 1층 전체에 필로티가 설치되어 있는 경우에는 필로티의 층고를 제외한 높이)로 한다. 다만, 옥상에 설치되는 승강기탑 · 계단탑 · 망루 · 장식탑 · 옥탑 등으로서 그 수평투영면적의 합계가 해당 건축물의 건축면적의 1/8이하(주택법에 따른 사업계획승인 대상인 공동주택 중 세대별 전용면적이 85㎡ 이하인 경우에는 1/6 이하)인 경우로서 그 부분의 높이가 12m를 넘는 경우에는, 그 넘는 부분만 해당하여 건축물의 높이에 산입하는 등 단서규정이 있다(영 제119조제1항제5호).

② 처마높이

지표면으로부터 건축물의 지붕틀 또는 이와 비슷한 수평재를 지지하는 벽·깔도리 또는 기둥의 상단까지의 높이로 한다(영 제119조제1항제6호).

③ 반자높이

방의 바닥면으로부터 반자까지의 높이로 한다(영 제119조제1항제7호).

④ 층고(층의 높이)

방의 바닥구조체 윗면으로부터 위층 바닥구조체의 윗면까지의 높이로 한다(영 제119조제1항제8호).

⑤ 층수

승강기탑, 계단탑, 망루, 장식탑, 옥탑, 그 밖에 이와 비슷한 건축물의 옥상부분으로서 그 수평투영면적의 합계가 해당 건축물 건축면석의 8분의 1 이하(공동주택 중 세대별 전용면적이 85㎡ 이하인 경우에는 1/6 이하)인 것과 지하층은 건축물의 층수(層數)에 산입하지 아니하고, 층의 구분이 명확하지 아니한 건축물은 그 건축물의 높이 4m마다 하나의 층으로 보고 그 층수를 산정하며, 건축물이 부분에 따라 그 층수가 다른 경우에는 그 중 가장 많은 층수를 그 건축물의 층수로 본다(영 제119조제1항제9호).

2) 건폐율에 의한 면적제한

(1) 건폐율(建蔽率)의 의의

건폐율이란 대지면적에 대한 건축면적(대지에 2 이상의 건축물이 있는 경우에는 이들 건축면적의 합계로 함)의 비율을 말한다(법 제55조).

(2) 건폐율의 최대한도

건폐율의 최대한도는 국토의계획및이용에관한법률 제77조의 규정에 따른 건폐율의 기준에 따른다(법 제55조 본문). 다만, 이 법에서 그 기준을 완화하거나 강화하여 적용하도록 규정한 경우에는 그에 따른다(법 제55조 단서).

3) 용적률에 의한 면적 및 높이제한

(1) 용적률의 의의

용적률(容積率)이란 대지면적에 대한 건축물의 연면적(대지에 2 이상의 건축물이 있는 경우에는 이들 연면적의 합계로 함)의 비율을 말한다(법 제56조).

(2) 용적률의 최대한도

용적률의 최대한도는 국토의계획및이용에관한법률 제78조의 규정에 따른 용적률의 기준에 따른다(법 제56조 본문). 다만, 이 법에서 그 기준을 완화하거나 강화하여 적용하도록 규정한 경우에는 그에 따른다(법 제56조 단서).

4) 건축물이 있는 대지의 분할제한

① 건축물이 있는 대지는 다음과 같이 대통령령으로 정하는 범위에서 해당 지방자치단체의 조례로 정하는 면적에 못 미치게 분할할 수 없다(법 제57조제1항 영 제80조).
   ㉠ 주거지역 : 60㎡ 이상
   ㉡ 상업지역 : 150㎡ 이상
   ㉢ 공업지역 : 150㎡ 이상
   ㉣ 녹지지역 : 200㎡ 이상
   ㉤ 위 지역에 해당하지 아니하는 지역 : 60㎡ 이상

② 건축물이 있는 대지는 다음의 규정에 따른 기준에 못 미치게 분할할 수 없다(법 제49조제2항).
   ㉠ 대지와 도로의 관계(제44조)
   ㉡ 건폐율(제55조)
   ㉢ 용적률(제56조)
   ㉣ 대지 안의 공지(제58조)
   ㉤ 가로구역 및 일조권에 의한 높이제한(제60조 및 제61조)

5) 대지 안의 공지

건축물을 건축하는 경우에는 국토의계획및이용에관한법률에 의한 용도지역·용도지구, 건축물의 용도 및 규모 등에 따라 건축선 및 인접대지경계선으로부터 6m 이내의 범위에서 대통령령으로 정하는 바에 따라 당해 지방자치단체의 조례로 정하는 거리 이상을 띄워야 한다(법 제58조, 영 제80조의2 및 별표2).

6) 건축물의 높이제한

(1) 높이제한의 형태

건축물의 높이제한에는 가로구역에 대한 제한(법 제60조), 일조권에 의한 제한(법 제61조), 고도지구(최저 · 최고고도지구)에 의한 제한, 용적률에 의한 제한 등이 있다.

(2) 가로구역에 대한 최고높이 제한

① 허가권자의 지정에 의한 제한

허가권자는 가로구역(도로로 둘러싸인 일단의 지역)을 단위로 하여 다음과 같이 대통령으로 정하는 기준과 절차에 따라 건축물의 최고높이를 지정 · 공고할 수 있다(법 제60조제1항 본문, 영 제82조).

다만, 특별자치도지사 또는 시장 · 군수 · 구청장은 가로구역의 최고높이를 완화하여 적용할 필요가 있다고 판단되는 대지에 대하여는 대통령령으로 정하는 기준과 절차에 따라 건축위원회의 심의를 거쳐 최고높이를 완화하여 적용할 수 있다(법 제60조제1항 단서, 영 제82조). 또한, 특별시장이나 광역시장은 도시관리를 위하여 필요하면 위(제1항)의 규정에 의한 가로구역별 건축물의 최고높이를 특별시나 광역시의 조례로 정할 수 있다(법 제60조제2항).

㉠ 허가권자는 가로구역별로 건축물의 최고높이를 지정 · 공고할 때에는 다음 각 호의 사항을 고려하여야 한다(영 제82조제1항).

ⓐ 도시관리계획 등의 토지이용계획

ⓑ 해당 가로구역이 접하는 도로의 너비

ⓒ 해당 가로구역의 상 · 하수도 등 간선시설의 수용능력

ⓓ 도시미관 및 경관계획

ⓔ 해당 도시의 장래 발전계획

㉡ 허가권자는 가로구역별 건축물의 최고높이를 지정하려면 지방건축위원회의 심의를 거쳐야 한다. 이 경우 주민의 의견청취절차 등은 토지이용규제법 제8조에 따른다(영 제82조제2항).

㉢ 허가권자는 가로구역에서 건축물의 용도 및 형태에 따라 건축물의 높이를 다르게 정할 수 있다(영 제82조제3항).

② 전면도로에 의한 제한

허가권자에 의하여 최고높이가 정하여지지 아니한 가로구역의 경우에는, 건축물의 각 부분의 높이는 그 부분으로부터 전면도로의 반대쪽 경계선까지의 수평거리의 1.5배를 초

과할 수 없다(법 제60조제3항 본문). 다만, 대지가 둘 이상의 도로, 공원, 광장, 하천 등에 접하는 경우에는 건축물의 높이를 해당 지방자치단체의 조례로 따로 정할 수 있다(법 제51조제3항 단서).

(3) 일조권에 의한 제한

① 전용주거지역 및 일반주거지역 안의 건축물

㉠ 전용주거지역과 일반주거지역에서 건축하는 건축물의 높이는 일조 등의 확보를 위하여 정북방향의 인접대지경계선으로부터의 거리에 따라 다음과 같이 대통령령으로 정하는 높이 이하로 하여야 한다(법 제61조제1항, 영 제86조제1항). 즉, 전용주거지역이나 일반주거지역에서 건축물을 건축하는 경우에는 건축물의 각 부분을 정북방향으로의 인접대지경계선으로부터 다음 각 호의 범위에서 건축조례로 정하는 거리 이상을 띄어 건축하여야 한다. 다만, 건축물의 미관향상을 위하여 너비 20m 이상의 도로(자동차·보행자·자전거 전용도로를 포함)로서 건축조례가 정하는 도로에 접한 대지(도로와 대지 사이에 도시계획시설인 완충녹지가 있는 경우에는 그 대지를 포함)상호간에 건축하는 건축물의 경우 그러하지 아니한다(영 제86조제1항).

ⓐ 높이 4m 이하인 부분 : 인접대지경계선으로부터 1m 이상

ⓑ 높이 8m이하인 부분 : 인접대지경계선으로부터 2m 이상

ⓒ 높이 8m를 초과하는 부분 : 인접대지경계선으로부터 해당 건축물 각 부분의 높이의 2분의 1 이상

㉡ 다만, 다음 각 호의 어느 하나에 해당하면 위(제1항)의 규정에 불구하고 건축물의 높이를 정남방향의 인접대지경계선으로부터의 거리에 따라 대통령령으로 정하는 높이 이하로 하여야 한다(법 제61조제3항).

ⓐ 택지개발예정지구(택지개발촉진법 제3조), 대지조성사업지구(주택법 제16조), 광역개발권역 및 개발촉진지구(지역균형개발및중소기업육성에관한법률), 국가산업단지·일반산업단지·도시첨단산업단지 및 농공단지(산업입지및개발에관한법률), 도시개발구역, 정비구역 등인 경우

ⓑ 정북방향으로 도로·공원·하천 등 건축이 금지된 공지에 접하는 대지인 경우

ⓒ 정북방향으로 접하고 있는 대지의 소유자와 합의한 경우

ⓓ 그 밖에 대통령령으로 정하는 경우

㉢ 2층 이하로서 높이가 8m 이하인 건축물에 대하여는 당해 지방자치단체의 조례가 정하는 바에 의하여 위(제1항 내지 제3항)의 규정을 적용하지 아니할 수 있다(법 제61조제4항).

② 공동주택

공동주택(일반상업지역 · 중심상업지역에 건축하는 것 제외)의 높이는 위(제1항)의 규정에 따른 기준에 맞아야 할뿐만 아니라 다음과 같이 대통령령이 정하는 다음 각 호의 높이 이하로 하여야 한다(법 제61조제2항, 영 제86조제2항).

㉠ 건축물(기숙사 제외)의 각 부분의 높이는 그 부분으로부터 채광을 위한 창문 등이 있는 벽면에서 직각 방향으로 인접대지경계선까지의 수평거리의 2배(근린상업지역 또는 준주거지역의 건축물은 4배) 이하로 할 것(제1호)(다만, 채광을 위한 창문 등이 있는 벽면에서 직각방향으로 인접대지경계선까지의 수평거리가 1m 이상으로서 건축조례로 정하는 거리 이상인 다세대주택은 제1호를 적용하지 아니한다).

㉡ 같은 대지에서 두 동 이상의 건축물이 서로 마주보고 있는 경우(한 동의 건축물 각 부분이 서로 마주보고 있는 경우를 포함)에 건축물 각 부분 사이의 거리는 다음 각 목의 거리 이상을 띄어 건축할 것. 다만, 그 대지의 모든 세대가 동지를 기준으로 9시에서 15시 사이에 2시간 이상을 계속하여 일조를 확보할 수 있는 거리 이상으로 할 수 있다(제2호).

ⓐ 채광을 위한 창문 등이 있는 벽면으로부터 직각방향으로 건축물 각 부분의 높이의 0.5배(도시형 생활주택의 경우 0.25배) 이상[다만, 서로 마주보는 건축물 중 남쪽방향의 건축물 높이가 낮고 주된 개구부의 방향이 남측을 향하는 경우에는 높은 건축물을 각 부분의 높이의 0.4배(도시형 생활주택의 경우 0.2배) 이상이고 낮은 건축물 각 부분의 높이의 0.5배(도시형 생활주택의 경우 0.25배) 이상]

ⓑ 채광창(창 넓이 0.5㎡ 이상)이 없는 벽면과 측면이 마주 보는 경우에는 8m 이상

ⓒ 측벽과 측벽이 마주보는 경우에는 4m 이상

4. 지구별 건축물의 용도 및 규모제한

용도지구별 건축물의 용도 · 종류 및 규모 제한은 국토의계획및이용에관한법률에서 규정하고 있다. 즉, 국토의계획및이용에관한법률(제37조제1항)에 의하여 지정된 용도지구 안에서의 건축물 그 밖의 시설의 용도 · 종류 및 규모 등의 제한에 관하여는 국토의계획및이용에관한법률 또는 다른 법률에 특별한 규정이 있는 경우를 제외하고는 대통령령이 정하는 기준에 따라 특별시 · 광역시 · 시 또는 군의 조례가 정하는 바에 의한다(국토의계획및이용에관한법률 제76조제2항).

다만, 방화지구 안에서의 건축물의 구조 및 설비에 대한 건축제한에 대하여는 건축법이 다음과 같이 규정하고 있다.

1) 방화지구 안의 건축물

① 방화지구 안에서는 건축물의 주요구조부와 외벽은 내화구조로 하여야 한다. 다만, 다음과 같이 대통령령으로 정하는 경우에는 그러하지 아니하다(법 제51조제1항, 영 제58조).

㉠ 연면적이 30㎡ 미만인 단층의 부속건축물로서 외벽 및 처마면이 내화구조 또는 불연재료로 된 것

㉡ 도매시장의 용도에 쓰는 건축물로서 주요구조부가 불연재료로 된 것

② 방화지구 안의 공작물로서 간판, 광고탑, 그 밖에 대통령령으로 정하는 공작물 중 건축물의 지붕위에 설치하는 공작물이나 높이 3m 이상의 공작물은 주요부를 불연재료로 하여야 한다(법 제51조제2항).

③ 방화지구 안의 지붕 · 방화문 및 인접대지경계선에 접하는 외벽은 국토해양부령이 정하는 구조 및 재료로 하여야 한다(법 제51조제3항).

2) 기타 지구 안의 건축제한

방화지구 안의 건축물에 관한 위의 규정 이외에는 용도지구별 건축제한에 관하여 국토의계획및이용에관한법률(제76조제2항)이 규정하고 있다.

5. 용도지역 · 지구 안에서 건축제한의 특례

건축법은 공개공지 등에 대하여 규정하고 이러한 구역 안에서는 건축제한을 강화 또는 완화하고 있다.

1) 공개공지 등

(1) 공개공지 등의 확보

① 다음 각 호의 어느 하나에 해당하는 지역의 환경을 쾌적하게 조성하기 위하여 대통령령으로 정하는 용도와 규모의 건축물(연면적의 합계 5,000㎡ 이상인 문화 및 집회시설, 종교시설, 판매시설, 운수시설, 업무시설 및 숙박시설, 그 밖에 다중이 이용하는 시설로서 건축조례로 정하는 건축물 등)은 일반이 사용할 수 있도록 대통령령으

로 정하는 기준에 따라 소규모 휴식시설 등의 공개공지(空地 : 공터) 또는 공개공간을 설치하여야 한다(법 제43조제1항, 영 제27조의2제1항).

㉠ 일반주거지역, 준주거지역

㉡ 상업지역

㉢ 준공업지역

㉣ 특별자치도지사 또는 시장·군수·구청장이 도시화의 가능성이 크다고 인정하여 지정·공고하는 지역

② 위와 같은 공개공지나 공개공간의 면적은 대지면적의 10/100 이하의 범위에서 건축조례로 정한다(영 제27조의2제2항).

(2) 건축제한의 완화

공개공지나 공개공간을 설치하는 경우에는 건폐율(제55조), 용적률(제56조) 및 높이제한(제60조) 등을 대통령령으로 정하는 바에 따라 완화하여 적용할 수 있다(법 제43조제2항).

2) 건축물의 대지가 지역·지구 또는 구역에 걸치는 경우

(1) 대지가 둘 이상의 지역·지구 또는 구역에 걸치는 경우

① 대지가 건축법이나 다른 법률에 따른 지역·지구(녹지지역과 방화지구 제외)또는 구역에 걸치는 경우에는, 대통령령으로 정하는 바에 따라 그 건축물과 대지의 전부에 대하여 그 대지의 과반이 속하는 지역·지구 또는 구역 안의 건축물 및 대지 등에 관한 이 법의 규정을 적용한다(제54조제1항 본문, 영 제77조).

② 다만, 건축물이 미관지구에 걸치는 경우에는 건축물과 대지의 전부에 대하여 미관지구 안의 건축물과 대지 등에 관한 이 법의 규정을 적용한다(제54조제1항 단서).

③ 그러나, 해당 대지의 규모와 그 대지가 속한 용도지역·지구 또는 구역의 성격 등 그 대지에 관한 주변여건상 필요하다고 인정하여 해당 지방자치단체의 조례로 적용방법을 따로 정하는 경우에는 그에 따른다(법 제54조제4항).

(2) 건축물이 방화지구와 그 밖의 구역에 걸치는 경우

① 하나의 건축물이 방화지구와 그 밖의 구역에 걸치는 경우에는 그 전부에 대하여 방화지구 안의 건축물에 관한 이 법의 규정을 적용한다(제54조제2항 본문).

② 다만, 건축물의 방화지구에 속한 부분과 그 밖의 구역에 속한 부분의 경계가 방화벽으로 구획되는 경우 그 밖의 구역에 있는 부분에 대하여는 그러하지 아니하다(제54조제2항 단서).

(3) 대지가 녹지지역과 그 밖의 지역 · 지구 또는 구역에 걸치는 경우

① 대지가 녹지지역과 그 밖의 지역 · 지구 또는 구역에 걸치는 경우에는 각 지역 · 지구 또는 구역 안의 건축물과 대지에 관한 이 법의 규정을 적용한다(법 제54조제3항 본문).

② 다만, 녹지지역 안의 건축물이 미관지구나 방화지구에 걸치는 경우에는 위의 규정(제1항 단서 또는 제2항)에 따른다(법 제54조제3항 단서).

3) 특별건축구역 안에서의 건축제한

제5절 건축물의 구조 및 설비

1. 건축물의 구조 및 재료

1) 구조안전

(1) 구조내력(構造耐力)

(2) 구조안전의 확인

건축허가(제11조제1항)를 받아 건축물을 건축하거나 대수선하는 경우에는 대통령령으로 정하는 바에 따라 구조의 안전을 확인하여야 한다(법 제48조제2항, 영 제32조).

① 구조계산에 따른 구조안전의 확인

② 지진에 대한 안전여부의 확인

2) 피난 및 소화

대통령령으로 정하는 용도 및 규모의 건축물과 그 대지에는 국토해양부령으로 정하는 바에 따라 복도, 계단, 출입구, 그 밖의 피난시설과 소화전, 저수조, 그 밖의 소화설비 및 대지 안의 피난과 소화에 필요한 통로를 설치하여야 한다(법 제49조제1항).

① 직통계단 및 피난계단

② 출구

③ 옥상광장 등

3) 안전, 위생 및 방화

4) 건축물의 마감재료

5) 지하층

지하층이란 건축물의 바닥이 지표면 아래에 있는 층으로서 그 바닥에서 지표면까지 평균높이가 해당 층 높이의 2분의 1 이상인 것을 말한다(법 제2조제1항제5호).

2. 건축설비

1) 건축설비의 의의

건축설비란 건축물에 설치하는 전기·전화설비, 초고속정보통신설비, 지능형홈네트워크설비, 가스·급수·배수(配水)·배수(排水)·환기·난방·소화·배연 및 오물처리의 설비와 굴뚝, 승강기, 피뢰침, 국기게양대, 공동시청안테나, 유선방송수신시설, 우편함, 저수조, 그 밖에 기타 국토해양부령으로 정하는 설비를 말한다(법 제2조제1항제4호).

2) 건축설비 설치의 기준

3) 온돌 및 난방설비 등의 시공

4) 승강기의 설치

(1) 승용승강기

건축주는 6층 이상으로서 연면적 2,000㎡ 이상인 건축물(대통령령으로 정하는 건축물은 제외)을 건축하고자 하는 경우에는 승강기를 설치하여야 하며, 승강기의 규모 및 구조는 국토해양부령으로 정한다(법 제64조제1항).

(2) 비상용 승강기

높이 31미터를 초과하는 건축물에는 대통령령으로 정하는 바에 따라 승강기뿐만 아니라 비상용승강기를 추가로 설치하여야 한다(법 제64조제2항).

5) 친환경건축물의 인증

6) 건축물의 에너지효율등급 인증

제6절 건축물의 분양

1. 건축물의 공급(분양)에 관한 원칙

부동산공법은 국토의계획및이용에관한법률 및 건축법등에서 건축물의 건축 등에 관하여 제한을 가하고 있으나, 건축물의 공급(분양)에 관하여는 원칙적으로 사법상의 계약자유의 원칙에 맡기고 있다. 다만, 주택법과 건축물의분양에관한법률에서 예외적으로 계약자유의 원칙을 제한하고 있다.

2. 건축물의 분양에 대한 제한

1) 주택법상의 제한

주택법은 건축물 중 20호 이상의 단독주택 또는 20세대 이상의 공동주택은 건축법상의 건축허가가 아니라 주택법상의 사업계획승인을 받아 건설하도록 규정하고, 이러한 주택의 공급(분양)에 대하여는 분양시기와 분양방법 등에 관하여 규제를 가하고 있다. 즉, 원칙적으로 입주자 저축에 가입한 자에게 분양신청자격을 주고 입주자 모집공고를 하여 당첨자를 정하도록 하는 등 계약자유의 원칙을 배제하고 있다.

2) 건축물의분양에관한법률에 의한 분양제한

최근에는 건축물의분양에관한법률이 제정되어 건축허가를 받아 건축하는 건축물 중에서 바닥면적의 합계 3,000㎡ 이상인 건축물 등의 공급(분양)에 대하여는 분양시기와 분양방법 등에 대하여 규제하고 있는 등 계약자유의 원칙을 배제하고 있다.

3. 건축물의분양에관한법률의 내용

1) 적용범위

(1) 적용대상건축물

이 법은 건축법(제11조)에 의한 건축허가를 받아 건축하여야 하는 다음 각 호의 어느 하나에 해당하는 건축물로서 사용승인 전에 분양하는 건축물에 대하여 적용한다(분양법

제3조제1항, 영 제2조).

① 분양하는 부분의 바닥면적의 합계가 3,000㎡ 이상인 건축물

② 업무시설 등 대통령령이 정하는 용도 및 규모의 건축물

- 일반업무시설 중 오피스텔로서 20실 이상일 것
- 주택 외의 시설과 주택을 동일 건축물로 건축하는 건축물 중 주택 외의 용도에 쓰이는 바닥면적의 합계가 3,000㎡ 이상일 것
- 바닥면적의 합계가 3,000㎡ 이상으로서 임대 후 분양전환을 조건으로 임대하는 것

(2) 적용배제

위의 규정에 불구하고 다음 각 호의 어느 하나에 해당하는 건축물에 대하여는 이 법을 적용하지 아니한다.

① 주택 및 복리시설(주택법)

② 지식산업센터(산업적할성화및공장설립에관한법률)

③ 관광숙박시설(관광진흥법)

④ 노인복지시설(노인복지법)

2) 분양시기 및 방법 등

(1) 분양시기 등

① 분양사업자는 다음 각 호의 구분에 따라 건축물을 분양하여야 한다(분양법 제4조제1항).

㉠ 신탁업자(자본시장과금융투자업에관한법률)와 신탁계약 및 대리사무계약을 체결한 경우 또는 금융기관 등으로부터 분양보증을 받은 경우 : 착공신고(건축법 제16조) 후

㉡ 당해 건축물에 대하여 다른 건설업자 2인 이상의 연대보증을 받아 이를 공증받은 경우 : 골조공사의 2/3 이상 완료 후

② 분양사업자는 다음의 요건을 갖추어야 건축물을 분양할 수 있다.

㉠ 분양사업자는 건축물을 분양하고자 하는 때에는 건축할 대지의 소유권을 확보하여야 한다. 다만, 대지의 소유권이 국가 · 지방자치단체에 있거나 그 밖에 대통령령이 정하는 경우에는 그러하지 아니하다(분양법 제4조제5항).

㉡ 분양사업자는 소유권을 확보한 대지에 저당권 · 가등기담보권 · 전세권 · 지상권 및 등기되어 있는 부동산임차권이 설정되어 있는 때에는 이를 말소하여야 한다. 다만, 분양사업자가 국가 · 지방자치단체인 경우 등 대통령령이 정하는 경우에는 그러하지 아니하다(분양법 제4조제6항).

(2) 분양신고

분양사업자는 건축물을 분양하고자 하는 때에는 허가권자(건축법 제11조)에게 신고하여야 한다(분양법 제5조제1항).

(3) 분양방법 등

① 분양사업자는 분양신고의 수리사실을 통보받은 후 분양광고에 의하여 분양받을 자를 공개모집하여야 한다(분양법 제6조제1항).
② 분양사업자가 피분양자로부터 받는 분양대금은 계약금 · 중도금 및 잔금으로 구분한다(분양법 제8조제1항).

3) 분양계약 등

(1) 분양계약의 체결

(2) 분양건축물의 전매행위 제한

제7절 기 타

1. 감 독

1) 일반적 감독

(1) 국토해양부장관의 감독

(2) 시 · 도지사의 감독

(3) 건축행정 지도계획

2) 위반건축물 등에 대한 조치

(1) 허가취소 · 시정명령

① 허가권자는 대지나 건축물이 건축법 또는 이 법에 따른 명령이나 처분에 위반되면 허가 또는 승인을 취소하거나 그 건축물의 건축주 등(공사시공자 · 현장관리인 · 소

유자 · 관리자 · 점유자)에 대하여 그 공사의 중지를 명하거나 상당한 기간을 정하여 그 건축물의 철거 · 개축 · 증축 · 수선 · 용도변경 · 사용금지 · 사용제한, 그 밖에 필요한 조치를 명할 수 있다(법 제79조제1항).

② 허가권자는 시정명령을 하는 경우 국토해양부령으로 정하는 표지를 그 위반건축물이나 그 대지에 설치하여야 하며, 국토해양부령으로 정하는 바에 따라 건축물대장에 위반내용을 적어야 한다(법 제79조제4항). 누구든지 위(제1항)의 표지설치를 거부 또는 방해하거나 이를 훼손하여서는 아니 된다(법 제79조제5항).

③ 허가권자는 허가 또는 승인을 취소하고자 하는 경우에는 청문을 실시하여야 한다(법 제86조).

(2) 영업불허

① 허가권자는 허가나 승인이 취소된 건축물 또는 시정명령을 받고 이행하지 아니한 건축물에 대하여는 다른 법령에 따른 영업이나 그 밖의 허가를 하지 아니하도록 요청할 수 있다. 다만, 허가권자가 기간을 정하여 그 사용 또는 영업, 그 밖의 행위를 허용한 주택과 대통령령으로 정하는 경우에는 그러하지 아니하다(법 제79조제2항).

② 위(제2항)의 요청을 받은 자는 특별한 이유가 없으면 요청에 따라야 한다(법 제79조제3항).

3) 이행강제금

(1) 이행강제금의 부과대상

허가권자는 위반건축물에 대한 시정명령(제79조제1항)을 받은 후 시정기간 내에 시정명령을 이행하지 아니한 건축주 등에 대하여는 그 시정명령의 이행에 필요한 상당한 이행기간을 정하여 그 기한까지 시정명령을 이행하지 아니하면 다음 각 호의 이행강제금을 부과한다. 다만, 연면적(공동주택의 경우 세대면적 기준) 85㎡ 이하인 주거용 건축물과 제2호 중 주거용 건축물로서 대통령령으로 정하는 경우에는 다음 각 호의 어느 하나에 해당하는 금액의 1/2의 범위에서 해당 지방자치단체의 조례로 정하는 금액을 부과한다(법 제80조제1항, 영 제115조의2제1항, 제2항 및 별표15).

① 건축물이 건폐율(제55조) 또는 용적률(제56조)을 초과하여 건축된 경우 또는 허가를 받지 아니하거나 신고를 하지 아니하고 건축된 경우에는 지방세법에 의하여 해당 건축물에 적용되는 1㎡의 시가표준액의 100분의 50에 해당하는 금액에 위반면적을 곱한 금액 이하(제1호)

② 건축물이 위(제1호) 외의 위반건축물에 해당하는 경우에는 지방세법에 따라 그 건

축물에 적용되는 시가표준액에 해당하는 금액의 100분의 10의 범위에서 위반내용에 따라 대통령령으로 정하는 금액(제2호)

(2) 이행강제금의 부과절차 및 방법

① 부과절차 및 방법

㉠ 허가권자는 이행강제금을 부과하기 전에 이행강제금을 부과·징수한다는 뜻을 미리 문서로써 계고하여야 한다(법 제80조제2항).

㉡ 이행강제금의 부과 및 징수절차는 국토해양부령으로 정한다(영 제115조의2제3항).

② 부과방법

㉠ 허가권자는 이행강제금을 부과하는 경우 금액, 부과사유, 납부기한, 수납기관, 이의제기방법 및 이의제기기관 등을 구체적으로 밝힌 명시한 문서로 하여야 한다(법 제80조제3항).

㉡ 허가권자는 최초의 시정명령이 있었던 날을 기준으로 하여 1년에 2회 이내의 범위에서 그 시정명령이 이행될 때까지 반복하여 이행강제금을 부과·징수할 수 있다. 다만, 연면적 85㎡ 이하인 주거용건축물 등(제1항 각 호 외의 부분 단서)에 해당하면 총 부과횟수가 5회를 넘지 아니하는 범위에서 조례로 부과횟수를 따로 정할 수 있다(법 제80조제4항).

㉢ 허가권자는 시정명령을 받은 자가 이를 이행하면 새로운 이행강제금의 부과를 즉시 중지하되, 이미 부과된 이행강제금은 징수하여야 한다(법 제80조제5항).

4) 기존건축물에 대한 조치

(1) 시정명령

① 특별자치도지사 또는 시장·군수·구청장은 기존건축물이 국가보안상 이유가 있거나 대지 및 도로(제4장 제40조~제47조)에 관한 규정을 위반하여 대통령령으로 정하는 기준에 해당하면, 해당 건축물의 철거·개축·증축·수선·용도변경·사용금지·사용제한, 그 밖에 필요한 조치를 명할 수 있다(법 제81조제1항).

② 특별자치도지사 또는 시장·군수·구청장은 미관지구 또는 풍치지구(경관지구) 안의 건축물로서 도시미관이나 주거환경상 현저히 장애가 된다고 인정하는 경우에는 건축위원장의 의견을 들어 개축 또는 수선을 하게 할 수 있다(법 제70조제2항).

③ 특별자치도지사 또는 시장·군수·구청장은 위의 규정에 따라 필요한 조치를 명하면 대통령령으로 정하는 바에 따라 정당한 보상을 하여야 한다(법 제70조제3항).

(2) 안전점검

① 특별자치도지사 또는 시장 · 군수 · 구청장이 위해의 우려가 있다고 인정하여 지정하는 건축물의 건축주 등은 대통령령으로 정하는 바에 따라 건축사협회나 그 밖에 전문인력을 갖춘 법인 또는 단체로 하여금 건축물의 구조안전여부를 조사하게 하고, 그 결과를 특별자치도지사 또는 시장 · 군수 · 구청장에게 보고하여야 한다(법 제81조제4항).

② 특별자치도지사 또는 시장 · 군수 · 구청장은 조사결과에 따라 필요하다고 인정하면 해당 건축물의 철거 · 개축 · 수선 · 용도변경 · 사용금지 · 사용제한, 그 밖에 필요한 조치를 명할 수 있다(법 제81조제5항).

2. 건축분쟁전문위원회

3. 벌 칙

1) 행정벌

건축법 제77조의2, 제77조의3 및 제78조~제81조에서 규정하고 있다.

2) 행정질서벌(과태료)

건축법 제82조에서 규정하고 있다.

【부칙】

〈법률 제4381호, 1991.5.31〉

〈법률 제9858호, 2009.12.29 일부개정〉

〈법률 제10331호, 2010.5.31 타법개정〉

〈법률 제11057호, 2011.9.16 일부개정〉

이 법은 공포 후 6개월이 경과한 날부터 시행한다.

연습문제 | 제3장 건축법

■ 주관식 문제 ■

01 건축법의 적용범위를 설명하시오.

02 국토의계획및이용에관한법률과 건축법의 상호관계를 설명하고 용도지역 · 지구별 건축제한의 내용을 기술하시오.

03 건축법상 건축의 개념을 대수선과 구분하여 설명하고 건축허가의 절차를 설명하시오.

04 갑은 도시지역 중 제2종 일반주거지역에서 부지 1,000제곱미터를 매입하여 연립주택 18세대를 건설하여 분양하고자 한다. 갑이 이러한 건축행위를 하고자 할 때, 공법상 법적 근거를 제시하고 건축제한의 내용과 시행절차를 설명하시오.

05 건축법상 건축허가의 법적 성격을 논하고, 허가권자에 대하여 설명하시오.

06 건축법상 대지와 도로의 관계(접면기준)를 설명하고 건축선의 결정 및 후퇴에 대하여 사례를 들어 설명하시오.

07 건축법상 용도변경의 허가 및 신고에 대하여 사례를 들어 설명하시오.

08 건축허가의 제한사유를 설명하시오.

■ 단답식 문제 ■

01 건축법은 건축물의 ( ) · 구조 및 설비의 기준과 건축물의 ( ) 등을 정하여 건축물의 안전 · 기능 · 환경 및 미관을 향상시킴으로써 공공복리의 증진에 이바지함을 목적으로 한다.

02 건축허가의 법적 성격은 법률행위적 행정행위 중 ( ) 행정행위에 속하는 ( )이며, 형성적 행정행위에 속하는 인가 또는 특허가 아니다. 또한 건축허가는 ( ) 행정행위이고 부담적 행정행위가 아니며, ( ) 행정행위로서 건축물이 이전되면 허가도 이전된다.

03 건축물을 건축 또는 ( )하고자 하는 자는 특별자치도지사 또는 시장 · 군수 · ( )의 허가를 받아야 한다. 다만, ( ) 이상의 건축물 등 대통령령이 정하는 용도 및 규모의 건축물을 특별시 또는 광역시에 건축하고자 하는 경우에는 ( ) 또는 ( )의 허가를 받아야 한다.

04 사용승인을 받은 건축물의 용도를 변경하고자 하는 자는 어느 하나의 시설군에 속하는 건축물의 용도를 상위시설군에 해당하는 용도로 변경하는 경우에는 특별자치도지사 또는 시장 · 군수 · 구청장의 ( )를 받아야 하고, 하위시설군에 해당하는 용도로 변경하는 경우에는 특별자치도지사 또는 시장 · 군수 · 구청장에게 ( )하여야 하며, 동일한 시설군 내에서 용도를 변경하는 경우에는 특별자치도지사 또는 시장 · 군수 · 구청장에게 ( )기재사항의 변경을 신청하여야 한다.

05 건축물의 소유자 또는 관리자는 허가대상 건축물을 철거하는 경우에는 철거예정일 ( )일 전까지 특별자치도지사 또는 시장 · 군수 · 구청장에게 ( )하여야 하고, 허가대상 건축물이 재해로 인하여 멸실된 경우에는 멸실 후 ( ) 이내에 ( )하여야 한다.

단답식 정답

01 대지, 용도
02 명령적, 허가, 수익적, 대물적
03 대수선, 구청장, 21층, 특별시장, 광역시장
04 허가, 신고, 건축물대장
05 7, 신고, 30일, 신고

■ 객관식 문제 ■

01 다음 중 건축법이 전부 적용되는 지역은?

① 도시지역에 속하지 아니하는 공원의 구역
② 국토의계획및이용에관한법률에 의한 지구단위계획구역 중 개발진흥지구
③ 고속국도법에 의한 고속국도의 경계선으로부터 양측 100m 이내의 구역
④ 기반시설 부담구역
⑤ 도로법에 의한 일반국도의 경계선으로부터 양측 50m 이내의 구역

풀이 건축법은 ①, ② 국토의계획및이용에관한법률에 의한 도시지역 및 지구단위계획구역과 동 또는 읍의 지역(섬의 경우에는 인구 500인 이상)에 전면적으로 적용된다. 종전의 건축법에서는 건축허가의 대상지역으로서 도시지역 · 지구단위계획구역과 함께 ③, ④, ⑤ 고속국도 · 철도의 경계선으로부터 양측 100m 이내의 구역과 일반국도의 경계선으로부터 양측 50m 이내의 구역 및 기반시설 부담구역 등을 규정하였으나 최근에 삭제되었다.

02 건축법상 건축에 관한 설명으로 옳은 것은?

① 건축물의 리모델링 또는 용도를 변경하는 행위도 건축물의 건축으로 본다.
② 하나의 대지 안에서 기존의 주된 건축물과 별도로 떨어져서 부속건축물을 축조하는 것은 신축에 해당된다.
③ 기존 건축물을 철거하고 그 위에 종전보다 큰 규모의 건축물을 축조하여도 개축에 해당된다.
④ 건축물이 천재 · 지변 기타 재해에 의해 멸실된 경우에 그 대지 안에 종전과 동일한 규모의 범위 안에서 다시 축조하는 것은 개축에 해당된다.
⑤ 기존 건축물 한 층의 중간부분을 막아 사실상 두 층으로 만든 경우에도 증축에 해당된다.

풀이 ① 건축이란 건축물을 신축 · 증축 · 개축 · 재축 또는 이전하는 것을 말한다. 한 때 있었던 건축물의 용도를 변경하는 행위는 건축물의 건축으로 본다는 규정은 삭제되었다. 리모델링이란 건축물의 노후화억제 또는 기능향상 등을 위하여 대수선 또는 일부 증축하는 행위를 말한다. ② 하나의 대지 안에서 기존의 주된 건축물과 별도로 떨어져서 부속건축물을 축조하는 것은 증축에 해당한다. ③ 기존 건축물을 철거하고 그 위에 종전보다 큰 규모의 건축물을 축조하는 행위는 신축에 해당된다. ④ 건축물이 천재 · 지변 기타 재해에 의하여 멸실된 경우에 그 대지 안에 종전과 동일한 규모의 범위 안에서 다시 축조하는 것은 재축에 해당된다.

정답 **01** ② **02** ⑤

03 건축법의 용어를 설명한 것 중 옳지 않은 것은?

① 건폐율 – 건축면적의 대지면적에 대한 비율

② 용적률 – 건축 연면적의 대지면적에 대한 비율

③ 건축면적 – 건축물의 외벽의 중심선으로 둘러싸인 수평투영면적

④ 지하층 – 건축물의 바닥이 지표면 아래에 있는 층으로서 바닥으로부터 지표면까지의 높이가 당해 층 높이의 3분의 2 이상인 것

⑤ 연면적 – 하나의 건축물의 각층의 바닥면적의 합계

풀이 ④ 지하층이라 함은 건축물의 바닥이 지표면 아래에 있는 층으로서 그 바닥으로부터 지표면까지의 평균높이가 당해 층 높이의 2분의 1 이상인 것을 말한다.

04 건축허가에 대한 다음의 설명 중 옳지 않은 것은?

① 건축법상 건축허가권자는 원칙적으로 시장 · 군수 또는 구청장이다.

② 21층 이상의 건축물 등 대통령령이 정하는 용도 · 규모의 건축물을 허가하고자 하는 경우에는, 시장 · 군수는 허가 전에 대통령령이 정하는 바에 의하여 도지사의 승인을 얻어야 한다.

③ 건축허가는 원칙상 재량행위이다.

④ 21층 이상의 건축물 등 대통령령이 정하는 용도 · 규모의 건축물을 특별시 · 광역시에 건축하고자 하는 경우에는 특별시장 · 광역시장의 허가를 받아야 한다.

⑤ 건축허가를 받은 자가 허가를 받은 날로부터 1년 이내에 공사에 착수하지 아니하거나, 공사에 착수하였으나 공사의 완료가 불가능하다고 인정되는 경우에는 그 허가를 취소하여야 한다.

풀이 ③ 건축허가는 행정청의 재량행위가 아니라 법적 요건을 갖춘 경우에는 반드시 허가를 하여야 하는 기속행위이다.

05 건축허가에 관한 설명 중 틀린 것은?

① 도시 · 군계획시설 또는 그 예정지에 건축하는 가설건축물은 건축허가를 받는 대신 신고하고 건축할 수 있다.

② 건축허가를 받은 때에는 산지전용허가가 있은 것으로 본다.

③ 건축허가를 받은 자로부터 허가대상건축물을 양도받은 자는 건축주 명의변경신고를 하여야 한다.

④ 국토해양부장관은 국토관리상 필요하다고 인정할 때에는 2년 이내의 기간 동안 건축허가를 제한할 수 있다.

정답 03 ④ 04 ③ 05 ①

⑤ 건축허가를 받은 후 1년 이내에 공사에 착수하지 아니하면 건축허가가 취소된다. 다만, 정당한 이유가 있는 때에는 1년의 범위 안에서 공사착수기간을 연장할 수 있다.

풀이 ① 시장·군수·구청장은 도시·군계획시설 또는 도시·군계획시설예정지에 있어서 가설건축물의 건축을 허가할 수 있으나(법 제20조제1항), 일반적으로 가설건축물을 허가 대신 신고에 의하여 건축할 수는 없다. 다만, 재해복구·흥행·전람회·공사용가설건축물 등은 신고하고 축조할 수 있다(법 제20조제2항). ④ 국토해양부장관은 국토관리상 특히 필요하다고 인정하거나 주무부장관이 국방문화재보존, 환경보존 또는 국민경제상 특히 필요하다고 인정하여 요청하는 경우에는 허가권자의 건축허가나 허가받은 건축물의 착공을 제한할 수 있다(법 제18조제1항). 시·도지사는 지역계획 또는 도시·군계획상 특히 필요하다고 인정하는 경우에는 시장·군수·구청장의 건축허가나 허가받은 건축물의 착공을 제한할 수 있다(법 제18조제2항). 위의 규정에 따라 건축허가 또는 건축물의 착공을 제한하는 경우 그 제한기간은 2년 이내로 한다. 다만, 1회에 한하여 1년 이내의 범위 안에서 그 제한기간을 연장할 수 있다(법 제12조제3항).

06 하나의 대지가 2 이상의 지역·지구·구역(녹지지역 및 방화지구 제외)에 걸치는 경우의 건축법 적용에 관한 설명으로 옳은 것은?

① 당해 지방자치단체의 조례로 정한다.

② 전부에 대하여 행위제한의 규제내용이 강한 지역·지구·구역의 규정이 적용된다.

③ 시장·군수가 특례규정을 정하여 규제할 수 있다.

④ 지역·지구·구역별로 각각 적용된다.

⑤ 그 건축물 및 대지의 전부에 관하여 그 대지의 과반이 속하는 지역·지구 또는 구역 내의 건축물 및 대지에 관한 규정이 적용된다.

풀이 ⑤ 대지가 건축법 또는 다른 법률에 의한 지역·지구(녹지지역 및 방화지구 제외) 또는 구역에 걸치는 경우에는 대통령령이 정하는 바에 의하여 그 건축물 및 대지의 전부에 대하여 그 대지의 과반이 속하는 지역·지구·구역 안의 건축물 및 대지 등에 관한 이 법의 규정을 적용한다. 다만, 건축물이 미관지구에 걸치는 경우에는, 그 건축물 및 대지의 전부에 대하여 미관지구 안의 건축물 및 대지 등에 관한 규정을 적용한다. 또한, 하나의 건축물이 방화지구와 그 밖의 구역에 걸치는 경우에는 그 전부에 대하여 방화지구 안의 건축물에 관한 이 법의 규정을 적용한다. 그리고, 대지가 녹지지역과 그 밖의 지역·지구 또는 구역에 걸치는 경우에는 각 지역·지구 또는 구역 안의 건축물 및 대지에 관한 이 법의 규정을 적용한다. 다만, 녹지지역 안의 건축물이 미관지구 또는 방화지구에 걸치는 경우에는 위의 규정에 의한다(법 제54조).

정답 **06** ⑤

07 건축법상 2개 이상의 필지를 하나의 대지로 취급하는 경우가 아닌 것은?

① 지적법(측량 · 수로조사및지적에관한법률)상 각 필지의 지번지역이 달라서 토지합병이 불가능한 경우

② 하나의 건축물을 2필지 이상에 걸쳐 건축하는 경우

③ 도시 · 군계획시설에 해당하는 건축물이 설치되는 일단의 토지

④ 도로의 지표하에 건축하는 건축물로서 시장 · 군수 · 구청장이 정하는 토지

⑤ 도시및주거환경정비법에 의하여 주택을 건설하는 경우 관리처분계획으로 정하는 일단의 토지

풀이 ⑤ 도시및주거환경정비법에 의한 관리처분계획으로 정하는 일단의 토지는 하나의 대지로 할 수 없고, 주택법에 의한 사업계획승인을 얻어 주택 등을 건축하는 경우의 일단의 토지 또는 사용승인을 신청하는 때에 합필을 조건으로 건축허가를 하는 경우의 합필대상토지는 하나의 대지로 할 수 있다(법 제2조제1호, 영 제3조제1항).

08 건축법상 도로에 관한 다음 설명 중 예외가 없는 것은 어느 것인가?

① 도로는 폭이 4m 이상이어야 한다.

② 허가권자가 도로의 위치를 지정 · 공고하고자 할 때에는 이해관계인의 동의를 얻어야 한다.

③ 도로는 자동차통행이 가능하여야 한다.

④ 도로는 국토의계획및이용에관한법률 · 도로법 · 사도법 등 관계법령에 의하여 신실 · 변경에 관한 고시가 있어야 한다.

⑤ 도로는 보행자의 통행이 가능하여야 한다.

풀이 ① 지형적 조건으로 자동차통행이 불가능한 경우와 막다른 도로의 경우에는 대통령령이 정하는 구조 및 너비의 도로이면, 4m 이상이 아니어도 건축법상 도로가 된다. ② 이해관계인이 해외에 거주하는 등 동의를 얻기가 곤란한 경우 또는 주민이 장기간 통행로로 이용하고 있는 사실상의 통로로서 조례로 정한 경우에는, 이해관계인의 동의를 얻지 아니하고 건축위원회의 심의를 거쳐 도로를 지정할 수 있다. ③ 자동차의 통행이 불가능한 경우에는 폭 3m 이상이면 도로가 되지만, ⑤ 보행자의 통행이 불가능한 경우에는 건축법상 도로가 될 수 없다. ④ 건축허가 또는 건축신고 시 시 · 도지사 또는 시장 · 군수 · 구청장이 위치를 지정 · 공고한 도로는 도로가 된다.

09 건축선에 관한 다음 설명 중 옳지 않은 것은?

① 특별자치도지사 또는 시장 · 군수 · 구청장은 시가지에서 건축물의 위치를 정비하거나 환경을 정비하기 위하여 필요하다고 인정할 때에는, 도시지역 안에서 4m 이내의 범위 안에서 건축선을 따로 지정할 수 있다.

정답 **07** ⑤ **08** ⑤ **09** ④

② 도로면으로부터 4.5m 이하의 높이에 있는 출입구나 창문은 개폐시라도 건축선의 수직면을 넘는 구조로 하여서는 안 된다.
③ 원칙적으로 건축선은 대지와 도로의 경계선으로 한다.
④ 지표하의 부분에서 건축물과 담장은 건축선의 수직면을 넘을 수 없다.
⑤ 소요폭에 미달되는 폭의 도로에 있어서는 그 중심선으로부터 당해 소요폭의 2분의 1에 상당하는 수평거리를 후퇴하여 건축선으로 한다.

풀이 ④ 원칙적으로 건축물 및 담장은 건축선의 수직면을 넘어서는 안 되지만, 지표하의 부분은 그러하지 아니하다(법 제47조제1항).

10 다음은 건축법령상 건축허가에 관한 설명이다. 틀린 것은?
① 건축물을 건축하거나 대수선하고자 하는 자는 특별자치도지사 또는 시장 · 군수 · 구청장의 허가를 받아야 한다.
② 층수가 21층 이상이거나 연면적의 합계가 10만㎡ 이상인 건축물(공장을 제외한다)을 건축하고자 하는 경우에는 특별시장 · 광역시장 또는 도지사의 허가를 받아야 한다.
③ 국토의계획및이용에관한법률상 지구단위계획구역에서 건축물을 대수선하고자 하는 경우 시장 · 군수 · 구청장에게 신고하면 허가받은 것으로 본다.
④ 건축물의 건축허가를 받고자 하는 자는 건축허가 신청서에 국토해양부령이 정하는 설계도서를 첨부하여야 한다.
⑤ 건축허가를 받은 경우에는 국토의계획및이용에관한법률의 규정에 의한 개발행위허가를 받은 것으로 본다.

풀이 ①, ② 건축물을 건축하거나 대수선하고자 하는 경우에는 특별자치도지사 또는 시장 · 군수 · 구청장의 허가를 받아야 한다. 다만, 층수 21층 이상 또는 연면적의 합계 10만㎡ 이상인 건축물을 특별시 · 광역시에 건축하고자 하는 경우에는 특별시장 · 광역시장의 허가를 받아야 하고, 기타 시 · 군에 건축하고자 하는 경우에는 도지사의 승인을 얻어 시장 · 군수의 허가를 받아야 한다. ③ 다만, 바닥면적합계 85㎡ 이내의 증 · 개 · 재축, 연면적 200㎡ 미만이고 3층 미만인 건축물의 대수선 등 경미한 경우에는 신고함으로써 허가받은 것으로 본다.

11 다음은 건축법령상의 "대수선"의 의미와 관련된 내용이다. 틀린 것은?
① "대수선"이라고 하기 위해서는 건축물의 주요구조부(기둥, 보, 내력벽, 주계단 등의 구조)에 대한 수선 · 변경이거나 외부형태의 수선 · 변경 중 대통령령이 정하는 것에 한한다.

정답 10 ②, ③ 11 ③

② 피난계단을 증설·해체하거나 수선·변경하는 것은 대수선이다.
③ 벽면적을 30㎡ 이상 해체하여 수선 또는 변경하는 것은 대수선이다.
④ 방화구획을 위한 바닥을 해체하여 수선 또는 변경하는 것은 대수선이다.
⑤ 지붕틀을 3개 이상 해체하여 수선 또는 변경하는 것은 대수선이다.

풀이 ③ 내력벽을 증설·해체하거나 내력벽의 면적을 30㎡ 이상 수선·변경하는 것이 대수선에 해당한다. 그 밖에 미관지구에서 건축물의 외부형태(담장포함)를 변경하는 것 또는 다가구주택 및 다세대주택의 가구 및 세대간 주요구조부인 경계벽을 증설·해체하거나 수선·변경하는 것도 대수선에 해당한다.

12 건축법령상 건축물의 용도와 각 용도에 속하는 건축물의 종류가 틀리게 짝지어진 것은?
① 공동주택 – 다세대주택, 연립주택
② 제1종근린생활시설 – 이용원, 일반목욕장
③ 제2종근린생활시설 – 의원, 한의원
④ 제2종근린생활시설 – 일반음식점, 기원
⑤ 판매시설 – 도매시장, 소매시장(시장·대형점·백화점·쇼핑센터 등)

풀이 ③ 슈퍼마켓, 일용품소매점, 이용원, 세탁소, 의원, 한의원 등은 제1종근린생활시설에 속하고, 일반음식점, 부동산중개업소, 노래연습장 등은 제2종근린생활시설에 속한다.

13 다음은 건축법령상 건축허가의 제한에 관한 설명이다. 틀린 것은?
① 국토해양부장관은 국토관리상 특히 필요한 경우에는 시장·군수·구청장의 건축허가를 제한할 수 있다.
② 건축허가를 제한할 경우 그 기간은 2년 이내로 정하는 것이 원칙이다.
③ 시·도지사는 지역계획 또는 도시·군계획상 특히 필요한 경우에는 시장·군수·구청장의 건축허가를 제한할 수 있다.
④ 주무부장관은 국방, 문화재보존, 환경보전 또는 국민경제를 위하여 특히 필요한 경우에는 국토해양부장관에게 건축허가의 제한을 요청할 수 있다.
⑤ 시·도지사가 시장·군수·구청장의 건축허가를 제한할 경우에는 그 기간, 대상지역 등을 정하여 사전에 국토해양부장관의 승인을 얻어야 한다.

풀이 ⑤ 국토해양부장관 또는 시·도지사가 허가권자(시장·군수·구청장 등)의 건축허가를 제한할 경우에는 그 기간, 대상지역 등을 정하여 사전에 허가권자에게 통보하여야 한다.

정답 12 ③ 13 ⑤

14 다음은 건축법령상 건축물의 높이제한에 관한 설명이다. 틀린 것은?

① 전용주거지역 및 일반주거지역 안에서 건축하는 건축물의 높이는 일조 등의 확보를 위하여 정남방향의 인접대지 경계선으로부터 거리에 따라 대통령령이 정하는 높이 이하로 하여야 한다.

② 공동주택(일반상업지역과 중심상업지역에 건축하는 것을 제외한다)은 대통령령이 정하는 높이 이하로 하여야 한다.

③ 2층 이하로서 높이가 8미터 이하인 건축물은 조례가 정하는 바에 의하여 일조 등의 확보를 위한 높이제한에 관한 규정을 적용하지 않을 수 있다.

④ 허가권자는 가로구역을 단위로 하여 건축물의 최고 높이를 지정·공고할 수 있다.

⑤ 건축물의 각 부분의 높이는 그 부분으로부터 전면도로의 반대쪽 경계선까지의 수평거리의 1.5배를 초과할 수 없다.

풀이 ① 전용주거지역 및 일반주거지역 안에서 건축하는 건축물의 높이는 일조 등의 확보를 위하여 정북방향의 인접대지 경계선으로부터의 거리에 따라 대통령령이 정하는 높이 이하로 하여야 한다. 다만, 택지개발예정지구, 대지조성사업시행지구, 개발촉진지구, 산업단지 및 농공단지 등의 경우에는 정남방향의 인접대지경계선으로부터의 거리에 따라 대통령령이 정하는 높이 이하로 할 수 있다.

15 건축물의 용도를 변경할 때 시설군의 분류와 이에 속하는 건축물의 용도간 연결이 잘못된 것은?

① 영업시설군 – 창고시설
② 문화집회시설군 – 위락시설
③ 산업등시설군 – 운수시설
④ 주거업무시설군 – 교정 및 군사시설
⑤ 교육 및 복지시설군 – 노유자시설

풀이 ① 영업시설군에는 판매시설, 운동시설, 숙박시설, 제2종근린생활시설 중 고시원 등이 속하고, ③ 공장, 위험물저장시설, 창고시설, 운수시설 등은 산업등시설군에 속한다.

16 다음 중 건축법령상 용도변경에 관한 설명 중 가장 타당하지 아니한 것은?

① 용도변경행위는 원칙적으로 특별자치도지사 또는 시장·군수·구청장의 허가를 받거나 신고를 하여야 한다.

② 하위시설군에서 상위시설군으로 건축물의 용도를 변경하고자 하는 경우에는 특별자치도지사 또는 시장·군수·구청장의 허가를 받아야 한다.

③ 용도변경 전의 용도로 다시 변경하는 용도변경행위는 허가 또는 신고의 대상이 되지 않는다.

정답 14 ① 15 ① 16 ③

④ 상위시설군에서 하위시설군으로 건축물의 용도를 변경하고자 하는 경우에는 특별자치도지사 또는 시장. · 군수 · 구청장에게 신고하여야 한다.

⑤ 같은 시설군 안에서 용도를 변경하고자 하는 자는 시장 · 군수 · 구청장에게 건축물대장 기재사항의 변경을 신청하여야 한다.

풀이 ①②④ 사용승인을 얻은 건축물의 용도를 변경하고자 하는 자는 특별자치도지사 또는 시장 · 군수 · 구청장의 허가를 받거나 신고하여야 한다(법 제9조제2항). ③ 다만, 종전의 건축법에서는 건축물의 용도를 변경하고자 하는 자는 시장 · 군수 · 구청장에게 신고하여야 하지만, 동일한 시설군에 해당하는 건축물의 용도를 변경하는 경우, 상위시설군에 속하는 건축물의 용도를 하위시설군에 속하는 용도로 변경하는 경우, 그 용도로 변경되기 전의 용도로 다시 변경하는 경우, 변경하고자 하는 부분의 바닥면적의 합계가 100㎡ 미만인 경우, 동일한 건축물 안에서 면적의 증가 없이 위치를 변경하는 경우에는 신고하지 아니하고 변경할 수 있도록 규정하였으나 이러한 규정은 개정되었다. 현행 법령에 따르면, 어느 하나의 시설군에 해당하는 건축물의 용도를 상위군에 해당하는 용도로 변경하는 경우에는 허가를 받아야 하고, 하위군에 해당하는 용도로 변경하는 경우에는 신고를 하여야 하며, 같은 시설군 안에서 용도를 변경하려는 경우에는 건축물대장 기재내용 변경신청을 하여야 한다.

17 건축법령상 건축물이 있는 대지의 분할제한에 관한 내용 중 면적이 작은 것에서 큰 순으로 올바르게 나타낸 것은?

① 상업지역 – 주거지역 – 녹지지역
② 녹지지역 – 상업지역 – 주거지역
③ 공업지역 – 녹지지역 – 주거지역
④ 주거지역 – 상업지역 – 녹지지역
⑤ 주거지역 – 공업지역 – 상업지역

풀이 ④ 건축물이 있는 대지는 주거지역 60㎡ 이상, 상업지역 · 공업지역 150㎡ 이상, 녹지지역 200㎡ 이상의 범위 안에서 조례가 정하는 면적에 미달되게 분할할 수 없다.

18 건축법상의 용어에 관한 설명으로서 타당하지 않은 것은?

① 대지라 함은 지적법에 의하여 각 필지로 구획된 토지를 말한다.

② 지하층이라 함은 바닥이 지표면 아래에 있는 층으로서 바닥으로부터 지표면까지의 높이가 당해 층높이의 1/2 이상인 것을 말한다.

③ 건축물이라 함은 토지에 정착하는 공작물 중 지붕과 기둥 및 벽이 있는 것을 말한다.

④ 건축이라 함은 건축물을 신축, 증축, 개축, 재축 또는 이전하는 것을 말한다.

⑤ 거실이라 함은 건축물 안에서 거주, 집무, 작업, 집회, 오락 기타 이와 유사한 목적을 위하여 사용되는 방을 말한다.

정답 17 ④ 18 ③

풀이 ③ 건축물이란 토지에 정착하는 공작물 중 지붕과 기둥 또는 벽이 있는 것과 이에 부수되는 시설물, 지하 또는 고가의 공작물에 설치하는 사무소 · 공연장 · 점포 · 차고 · 창고 등을 말한다(법 제2조제1항제1호).

19 건축물의 사용승인(使用承認)에 관한 설명 중 틀린 것은?

① 허가권자는 건축물에 대한 사용승인신청을 받은 때에는, 신청서를 받은 날로부터 7일 이내에 사용승인을 위한 검사를 하여야 하며, 합격된 건축물에 대하여는 사용승인서를 교부하여야 한다.

② 원칙적으로 사용승인서를 교부받아야 건축물을 사용할 수 있다.

③ 허가권자가 7일 이내에 사용승인서를 교부하지 아니하면 임시사용승인을 받아 건축물을 사용하여야 한다.

④ 임시사용승인의 기간은 2년 이내로 한다.

⑤ 임시사용승인을 받기 위하여는 건축물 및 대지가 국토해양부령이 정하는 건축기준에 적합여야 한다.

풀이 ③ 허가권자가 사용승인신청일로부터 7일 이내에 사용승인서를 교부하지 아니하면 임시 사용승인을 받지 않고도 건축물을 사용할 수 있다.

20 제1종근린생활시설에 해당하지 않는 것은?

① 목욕장
② 동사무소(바닥면적 합계 1,000㎡ 미만)
③ 마을공회당
④ 한의원
⑤ 일반음식점

풀이 ⑤ 일반음식점은 제2종근린생활시설에 속한다.

21 건폐율에 관한 설명 중 옳지 않은 것은?

① 건폐율은 대지면적에 대한 건축연면적의 비율로서 건축물의 과밀화를 방지하여 최소한의 대지 내 공간을 확보하려는 것이다.

② 건폐율의 최대한도는 국토의계획및이용에관한법률 제77조의 규정에 의한다. 다만, 건축법에서 그 기준을 완화 또는 강화하여 적용하도록 규정한 경우에는 그에 의한다.

③ 개발진흥지구(도시지역 외의 지역에 지정된 경우) 안에서의 건폐율은 40% 이하의 범위 안에서 조례로 정하는 바에 따라 완화할 수 있다.

④ 농림지역과 자연환경보전지역 안에서의 건폐율은 다 같이 20% 이하의 범위 안에서 시 · 군의 조례가 정하는 비율을 초과할 수 없다.

정답 19 ③ 20 ⑤ 21 ①

⑤ 건폐율산정에 있어서 건축면적은 대지에 2 이상의 건축물이 있는 경우에는 이들 건축면적의 합계로 한다.

풀이 ① 건폐율은 대지면적에 대한 건축면적의 비율을 말한다.

22 용적률에 관한 설명 중 타당치 않은 것은?

① 용적률은 대지면적에 대한 건축물의 연면적의 비율이다.

② 용적률을 산정함에 있어서 지하층의 면적은 연면적에 포함하지 않는다.

③ 유통상업지역 안에서의 용적률은 200% 이상 1100% 이하의 범위 안에서 시 · 군의 조례가 정하는 비율을 초과할 수 없다.

④ 보전관리지역 · 생산관리지역 · 농림지역 · 자연환경보전지역 안에서의 용적률은 40%의 범위 안에서 대통령령이 정하는 기준에 따라 시 · 군 조례로 정한다.

⑤ 건축물의 연면적은 대지에 2 이상의 건축물이 있는 경우에는 이들 연면적의 합계로 한다.

풀이 ④ 보전관리지역 · 생산관리지역 · 농림지역 · 자연환경보전지역 안에서의 용적률은 50% 이상 80% 이하의 범위 안에서 대통령령이 정하는 기준에 따라 특별시 · 광역시 · 시 또는 군의 조례로 정한다.

23 건축법상 도로에 대한 설명으로 타당하지 않은 것은?

① 원칙적으로 보행 및 자동차 통행이 가능한 너비 4m 이상의 도로이어야 한다.

② 국토의계획및이용에관한법률에 의해 신설 · 고시된 도로도 건축법상의 도로이다.

③ 지형적 조건으로 자동차통행이 불가능한 경우와 막다른 도로의 경우에는 너비 3m 이상의 도로이어야 한다.

④ 건축허가 또는 신고시에 시 · 도지사(특별시장 · 광역시장 · 도지사 · 특별자치도지사) 또는 시장 · 군수 · 구청장이 그 위치를 지정 · 공고한 도로도 포함된다.

⑤ 건축법상 도로에는 예정도로도 포함이 된다.

풀이 ③ 지형적 조건으로 자동차통행이 불가능한 경우와 막다른 도로의 경우에는, 다음과 같이 대통령령이 정하는 구조 및 너비의 도로이면 건축법상의 도로에 포함된다. ㉠ 지형적 조건으로 차량통행을 위한 도로의 설치가 곤란하다고 인정하여 특별자치도지사 또는 시장 · 군수 · 구청장이 그 위치를 지정 · 공고하는 구간 안의 너비 3미터 이상(길이가 10미터 미만인 막다른 도로인 경우에는 너비 2미터 이상)인 도로 ㉡ 위에 해당하지 아니하는 막다른 도로로서 당해 도로의 너비가 그 길이에 따라 각각 다음 표에 정하는 기준 이상인 도로

정답 **22** ④ **23** ③

막다른 도로의 길이	도로의 너비
10m 미만	2m
10m 이상 35m 미만	3m
35m 이상	6m(도시지역이 아닌 읍·면지역은 4m)

24 대지와 도로의 관계에 관한 설명 중 타당하지 않은 것은?

① 원칙적으로 대지는 도로(자동차만의 통행에 사용되는 도로를 제외)에 2m 이상을 접하여야 한다.

② 당해 건축물의 출입에 지장이 없다고 인정되는 경우에는 2m 이상을 도로에 접하지 않아도 된다.

③ 건축물의 주변에 대통령령이 정하는 공지가 있는 경우에는 2m 이상을 도로에 접하지 않아도 된다.

④ 연면적이 1,000㎡ 이상인 건축물의 대지는 너비 4m 이상의 도로에 접하여야 한다.

⑤ 건축허가신청 또는 건축신고시에 허가권자가 도로의 위치를 지정 · 공고 하고자 할 때에는 이해관계인의 동의를 얻어야 한다.

풀이 ④ 연면적의 합계가 2,000㎡ 이상인 건축물의 대지는 너비 6m 이상의 도로에 4m 이상 접하여야 한다(법 제33조제2항, 영 제28조제2항).

25 건축법상 건축선에 관한 기술 중 틀린 것은?

① 건축선은 원칙적으로 대지와 도로의 경계선으로 한다.

② 소요폭에 미달되는 도로에 있어서 건축선의 지정은 당해 도로의 중심선으로부터 소요너비(4m)의 1/2에 상당하는 수평거리를 후퇴한 선으로 한다.

③ 특별자치도지사 또는 시장 · 군수 · 구청장은 시가지 안에 있어서 건축물의 위치를 정비하거나 환경을 정비하기 위하여 필요하다고 인정할 때에는 대통령령이 정하는 범위 안에서 건축선을 따로 지정할 수 있다.

④ 건축물 및 담장은 건축선의 수직면을 넘어서는 안 된다. 다만, 지표하의 부분은 그러하지 아니하다.

⑤ 도로면으로부터 높이 5m 이하에 있는 출입구, 창문 기타 이와 유사한 건축물은 개폐시에도 건축선의 수직면을 넘는 구조로 하여서는 안 된다.

풀이 ⑤ 도로면으로부터 높이 4.5m이하에 있는 출입구 · 창문 기타 이와 유사한 구조물은 개폐 시에 건축선의 수직면을 넘는 구조로 하여서는 아니 된다(법 제37조제2항).

정답 **24** ④ **25** ⑤

04 도시개발법

제1절 서 론

1. 법의 목적

도시개발법(都市開發法)은 도시개발에 관하여 필요한 사항을 규정하여 계획적이고 체계적인 도시개발을 도모하고 쾌적한 도시환경의 조성과 공공복리의 증진에 이바지함을 목적으로 한다(법 제1조).

2. 법체계상의 지위

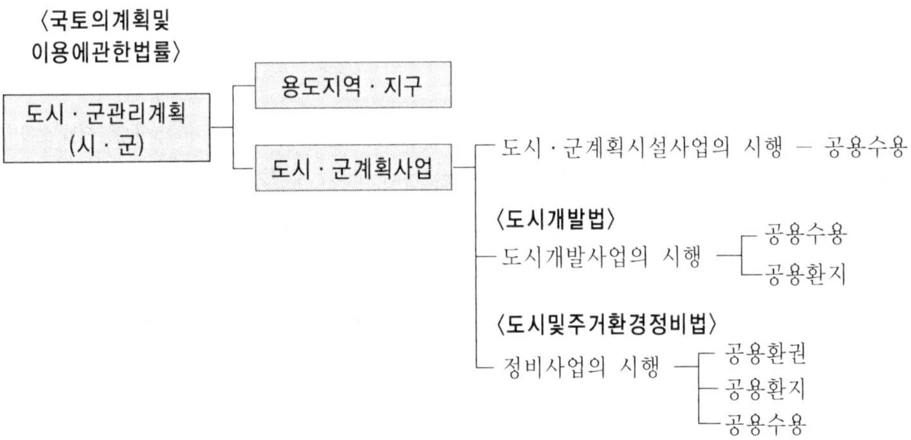

도시개발사업은 도시·군관리계획에 의한 도시·군계획사업의 하나로서 도시개발법에 의하여 도시개발구역을 지정하고 이 법에 의한 집행절차와 방법에 따라 사업을 시행하게 된다. 다만, 도시개발법에 의하여 도시개발구역이 지정·고시되면 국토의계획및이용에관한법률에 의한 도시지역과 대통령령이 정하는 지구단위계획구역으로 결정·고시된 것으로 본다(법 제9조제2항).

3. 법의 적용범위

1) 적용대상지역(시행지구)

도시개발법은 일정한 지역에 대하여 도시개발구역을 지정하여 그 지역을 적용대상으로 한다. 도시개발법은 원칙적으로 도시개발구역 안에서만 적용된다.

다만, 도시개발구역밖의 지역에서 도시개발구역의 이용에 제공되는 기반시설을 설치하는 등 도시개발사업에 직접 관련되는 사업의 시행을 위하여 필요한 경우에는 도시개발법의 일부규정(제3조 내지 제52조, 제63조 내지 제75조)을 준용한다(법 제78조).

도시개발사업은 도시개발구역에 대하여 이를 시행한다(법 제2조).

2) 적용대상사업(도시개발사업)

도시개발법은 도시개발사업 및 그 부대사업을 적용대상으로 한다.

도시개발사업은 물적 공용부담 중 공용수용(公用收用) 또는 공용환지(公用換地)라는 방식에 의하여 시행한다. 즉, 시행지구 내의 토지에 관한 권리를 강제적으로 취득하거나 교환·변경하는 방식에 의한다.

도시개발법은 구 도시계획법상의 수용방식에 의한 일반적 도시계획사업(일단의 주택지조성사업, 시가지조성사업, 일단의 공업용지조성사업)과 구 토지구획정리사업법상의 환지방식에 의한 토지구획정리사업을 통폐합하여 도시개발사업으로 단일화하면서 그 사업의 시행방식을 수용방식 또는 환지방식 중에서 선택하거나 양자를 혼용할 수 있도록 규정하고 있다. 나아가 단계적으로는 택지개발촉진법에 의한 택지개발사업 또는 산업입지및개발에관한법률에 의한 산업단지개발사업도 관계법령을 폐지하고 도시개발사업에 흡수될 전망이다.

4. 법의 주요내용

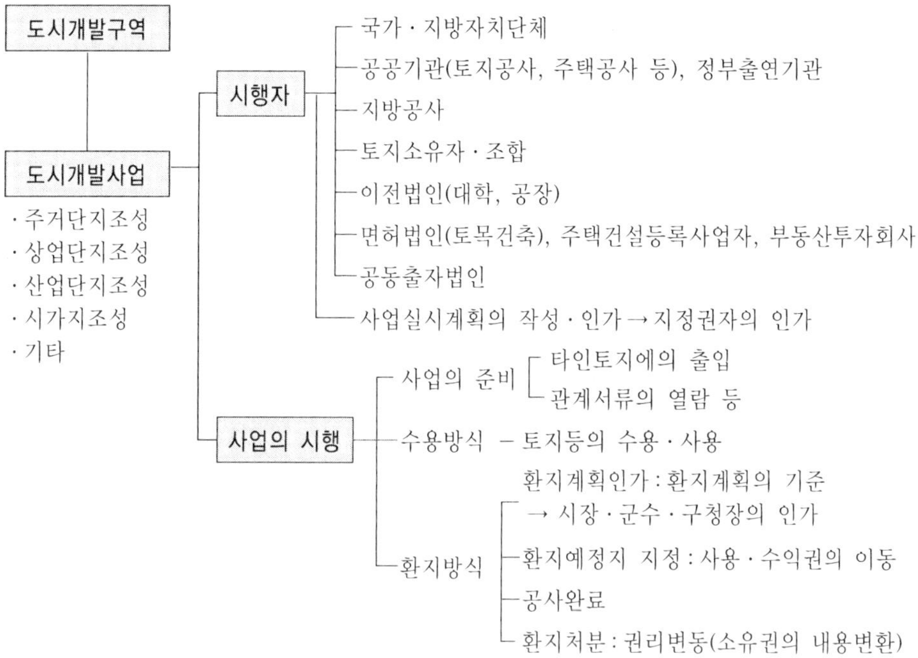

5. 도시개발사업 등

1) 도시개발사업

(1) 의 의

도시개발사업(都市開發事業)이란 도시개발구역에서 주거 · 상업 · 산업 · 유통 · 정보통신 · 생태 · 문화 · 보건 및 복지 등의 기능이 있는 단지 또는 시가지를 조성하기 위하여 시행하는 사업을 말한다(법 제2조제1항제2호).

(2) 사업의 시행방식

① 도시개발사업은 시행자가 도시개발구역의 토지 등을 수용 또는 사용하는 방식이나 환지방식 또는 이를 혼용하는 방식으로 시행할 수 있다(법 제21조제1항).

② 위의 규정에 따른 수용 또는 사용하는 방식이나 환지방식 또는 이를 혼용할 수 있는 도시개발구역의 요건, 그 밖에 필요한 사항은 대통령령으로 정한다(법 제21조제3항).

㉠ 시행자는 도시개발구역으로 지정하려는 지역에 대하여 다음 각 호에서 정하는 바에 따라 도시개발사업의 시행방식을 정함을 원칙으로 하되, 사업의 용이성 ·

규모 등을 고려하여 필요하면 국토해양부장관이 정하는 기준에 따라 도시개발사업의 시행방식을 정할 수 있다(영 제43조제1항).

ⓐ 환지방식 : 대지로서의 효용증진과 공공시설의 정비를 위하여 토지의 교환·분합, 그 밖의 구획변경, 지목 또는 형질의 변경이나 공공시설의 설치·변경이 필요한 경우 또는 도시개발사업을 시행하는 지역의 지가가 인근의 다른 지역에 비하여 현저히 높아 수용 또는 사용방식으로 시행하는 것이 어려운 경우(제1호)

ⓑ 수용 또는 사용방식 : 계획적이고 체계적인 도시개발 등 집단적인 조성과 공급이 필요한 경우(제2호)

ⓒ 혼용방식 : 도시개발구역으로 지정하려는 지역이 부분적으로 위의 어느 방식(제1호 또는 제2호)에 해당하는 경우(제3호)

㉡ 시행자는 도시개발사업을 혼용방식으로 시행하려는 경우에는 수용 또는 사용방식이 적용되는 구역과 환지방식이 적용되는 구역을 사업시행지구로 각각 분할하여 시행할 수 있다(영 제43조제2항).

ⓐ 사업시행지구를 분할하여 시행하는 경우에는 각 사업지구에서 부담하여야 하는 기반시설의 설치비용 등을 명확히 구분하여 실시계획에 반영하여야 한다(영 제43조제3항).

ⓑ 사업시행의 방법 등에 관하여 필요한 세부한 사항은 국토해양부장관이 정한다(영 제43조제4항).

2) 국토의계획및이용에관한법률과의 관계

국토의계획및이용에관한법률에서 사용하는 용어는 이 법으로 특별히 정하는 경우 외에는 이 법에서 이를 적용한다(법 제2조제2항).

제2절 도시개발구역의 지정

1. 개발계획의 수립

(1) 개발계획의 수립 및 변경

① 도시개발법(제3조)에 따라 도시개발구역을 지정하는 자(이하 "지정권자"라 한다)는

도시개발구역을 지정하려면 해당 도시개발구역에 대한 도시개발사업의 계획(이하 개발계획이라 한다)을 수립하여야 한다(법 제4조제1항 본문). 다만, 아래 규정(제2항)에 따라 개발계획을 공모하거나 다음과 같이 대통령령으로 정하는 지역에 도시개발구역을 지정할 때에는 구역을 지정한 후에 개발계획을 수립할 수 있다(법 제4조제1항 단서, 영 제6조).

㉠ 자연녹지지역

㉡ 생산녹지지역(생산녹지지역이 도시개발구역 지정면적의 30/100 이하인 경우)(영 제2조제1항제1호라목)

㉢ 도시지역 외의 지역

㉣ 국토해양부장관이 국가균형발전을 위하여 관계행정기관의 장과 협의하여 도시개발구역으로 지정하고자 하는 지역(자연환경보전지역 제외)(영 제2조제3항제3호)

㉤ 해당 도시개발구역에 포함되는 주거지역·상업지역·공업지역의 면적의 합계가 전체 도시개발구역 지정면적의 30/100 이하인 지역

② 지정권자는 대통령령으로 정하는 바에 따라 개발계획안을 공모하여 선정된 안을 개발계획에 반영할 수 있다. 이 경우 선정된 개발계획안의 응모자가 자격요건을 갖춘 자인 경우에는 해당 응모자를 우선하여 시행자로 지정할 수 있다(법 제4조제2항).

③ 지정권자는 직접 또는 관계중앙행정기관의 장, 시장(대도시시장 제외)·군수·구청장 또는 시행자의 요청을 받아 개발계획을 변경할 수 있다(법 제4조제3항).

④ 지정권자는 환지방식의 도시개발사업에 대한 개발계획을 수립하려면 환지방식이 적용되는 지역의 토지면적의 3분의 2 이상에 해당하는 토지소유자와 그 지역의 토지소유자 총수의 2분의 1 이상의 동의를 받아야 한다(법 제4조제4항 전단, 영 제6조제2항 및 제3항).

⑤ 지정권자는 도시개발사업을 환지방식으로 시행하려고 개발계획을 수립하거나 변경할 때에 도시개발사업의 시행자가 국가 또는 지방자치단체(제11조제1항제1호에 해당하는 자)이면 위(제3항)의 규정에도 불구하고 토지소유자의 동의를 받을 필요가 없다(법 제4조제5항).

⑥ 지정권자가 도시개발사업의 전부를 환지방식으로 시행하려고 개발계획을 수립하거나 변경할 때에 도시개발사업의 시행자가 조합(제11조제1항제6호)에 해당하는 경우로서 조합이 성립된 후 총회에서 도시개발구역의 토지면적의 3분의 2 이상에 해당하는 조합원과 그 지역의 조합원 총수의 2분의 1 이상의 찬성으로 수립 또는 변경을 의결한 개발계획을 지정권자에게 제출한 경우에는 위(제4항)의 규정에도 불구하고 토지소유자의 동의를 얻은 것으로 본다(법 제4조제6항).

(2) 개발계획의 내용

① 개발계획에는 다음 각 호의 사항이 포함되어야 한다. 다만, 일정한 사항(제13호와 제14호에 해당하는 사항)은 도시개발구역을 지정한 후에 개발계획에 포함시킬 수 있다(법 제5조제1항, 영 제8조).

ⓐ 도시개발구역의 명칭와 위치와 면적(제1호)

ⓑ 도시개발구역의 지정목적과 도시개발사업의 시행기간(제2호)

ⓒ 도시개발구역을 둘 이상의 사업시행지구로 분할하거나 둘 이상의 지역을 하나의 구역으로 결합하여 도시개발사업을 시행하는 경우에는 그 분할이나 결합에 관한 사항(제3호)

ⓓ 도시개발사업의 시행자에 관한 사항(제4호)

ⓔ 도시개발사업의 시행방식(제5호)

ⓕ 인구수용계획(제6호)

ⓖ 토지이용계획(제7호)

ⓗ 원형지로 공급될 대상토지 및 개발방향(제7호의2)

ⓘ 교통처리계획(제8호)

ⓙ 환경보전계획(제9호)

ⓚ 보건의료시설 및 복지시설의 설치계획(제10호)

ⓛ 도로, 상·하수도 등 주요 기반시설의 설치계획(제11호)

ⓜ 재원조달계획(제12호)

ⓝ 도시개발구역 밖의 지역에 기반시설을 설치하여야 하는 경우에는 그 시설의 설치에 필요한 비용의 부담계획(제13호)

ⓞ 수용 또는 사용의 대상이 되는 토지·건축물 또는 토지에 정착한 물건과 이에 관한 소유권 외의 권리, 광업권, 어업권, 물의 사용에 관한 권리(이하 토지등이라 한다)가 있는 경우에는 그 세부목록(제14호)

ⓟ 임대주택건설 등 세입자 등의 주거 및 생활안정대책(제15호)

ⓠ 순환개발 단계적 사업이 필요한 경우 사업추진계획 등에 관한 사항(제16호)

ⓡ 그 밖에 대통령령으로 정하는 사항(제17호)

② 도시개발구역의 지정 후에 개발계획을 수립하는 경우(법 제4조제1항 단서)에는 구역을 지정할 때 지정목적, 시행방식 및 인구수용계획 등 대통령령으로 정하는 사항(구역의 명칭·위치 및 면적, 지정목적, 시행방식, 시행자, 개략적인 인구수용계획, 토지이용계획)에 관한 계획을 수립하여야 한다(법 제5조제3항, 영 제9조제1항).

(3) 계획의 작성기준

① 국토의계획및이용에관한법률에 따른 광역도시계획이나 도시·군기본계획이 수립되어 있는 지역에 대하여 개발계획을 수립하려면 개발계획의 내용이 해당 광역도시계획 또는 도시·군기본계획에 들어맞도록 하여야 한다(법 제5조제2항).

② 면적이 330만㎡ 이상인 도시개발구역에 관한 개발계획을 수립할 때에는 해당 구역 안에서 주거, 생산, 교육, 유통, 위락 등의 기능이 상호 조화를 이루도록 노력하여야 한다(법 제5조제4항, 영 제9조제3항).

2. 도시개발구역의 지정

1) 도시개발구역의 의의

도시개발구역(都市開發區域)이란 도시개발사업을 시행하기 위하여 도시개발법(제3조와 제9조)에 따라 지정·고시된 구역을 말한다(법 제2조제1항제1호).

2) 도시개발구역의 지정권자 및 대상지역

(1) 구역지정의 제안

① 공공기관·정부출연기관 및 지방공사(제1항제2호~제4호), 도시개발구역의 토지소유자[수용 또는 사용의 방식으로 제안하는 경우에는 구역의 국·공유지를 제외한 토지면적의 3분의 2 이상을 사용할 수 있는 대통령령으로 정하는 권원(토지사용승낙서 및 토지매매계약서)을 가지고 2분의 1 이상을 소유한 자를 말한다] 또는 이전법인·주택건설 등록사업자·면허법인·부동산투자회사 및 공동출자법인(제1항제7호~제11호)은 대통령령으로 정하는 바에 따라 특별자치도지사·시장·군수 또는 구청장에게 도시개발구역의 지정을 제안할 수 있다(법 제11조제5항 본문, 영 제23조제4항). 다만, 국토해양부장관의 구역지정사유(제3조제3항)에 해당하는 경우에는 국토해양부장관에게 직접 제안할 수 있다(법 제11조제5항 단서).

② 토지소유자(제1항제5호) 또는 이전법인 등[제1항제7호부터 제11호까지(다만, 제11호에서는 제1호에서 제4호까지에 해당하는 자가 대통령령으로 정하는 비율(100분의 50)을 초과하여 출자한 경우는 제외한다)]이 위(제5항)의 규정에 따라 도시개발구역의 지정을 제안하려는 경우에는 대상구역 토지면적의 3분의 2 이상에 해당하는 토지소유자(지상권자를 포함)의 동의를 받아야 한다(법 제11조제6항, 영 제23조제5항).

③ 특별자치도지사 · 시장 · 군수 또는 구청장은 제안자와 협의하여 도시개발구역의 지정을 위하여 필요한 비용의 전부 또는 일부를 제안자에게 부담시킬 수 있다(법 제11조제7항).

(2) 시장 · 군수 · 구청장의 지정요청

시장(대도시시장 제외) · 군수 또는 구청장(자치구의 구청장을 말한다)은 대통령령으로 정하는 바에 따라 시 · 도지사에게 도시개발구역의 지정을 요청할 수 있다(법 제3조제5항).

시장[지방자치법 제175조에 따른 서울특별시와 광역시를 제외한 인구 50만인 이상인 대도시의 시장(이하 "대도시시장"이라 한다)은 제외한다] · 군수 또는 구청장(자치구의 구청장을 말한다)이 특별시장 · 광역시장 · 도지사에게 도시개발구역의 지정을 요청하려면 도시계획위원회에 자문을 구한 후 국토해양부령으로 정하는 서류를 특별시장 · 광역시장 · 도지사에게 제출하여야 한다(법 제3조제4항, 영 제5조).

(3) 시 · 도지사 또는 국토해양부장관의 지정

① 특별시장 · 광역시장 · 도지사 · 특별자치도지사(이하 "시 · 도지사"라 한다) 또는 대도시 시장(서울특별시와 광역시를 제외한 인구 50만 이상의 대도시의 시장)은 계획적인 도시개발이 필요하다고 인정되는 때에는 도시개발구역을 지정할 수 있다(법 제3조제1항). 위(제1항) 규정에 따라 도시개발구역을 지정하거나 그 지정을 요청하는 경우 도시개발구역의 지정대상지역 및 규모, 요청절차, 제출서류 등에 필요한 사항은 대통령령으로 정한다(법 제3조제5항, 영 제2조).

■ 개발구역의 대상지역 및 규모 ■

<table>
<tr><th>용도지역</th><th colspan="2">도시개발구역의 지정대상(영 제2조)</th></tr>
<tr><td>① 도시지역</td><td>▸ 주거지역 · 상업지역 : 1만㎡ 이상
▸ 공업지역 : 3만㎡ 이상
▸ 자연녹지지역 : 1만㎡ 이상(광역도시계획 · 도시기본계획상 개발 가능지에 한함)
▸ 생산녹지지역(구역지정면적의 30/100 이하인 경우) : 1만㎡ 이상(광역도시계획 · 도시기본계획상 개발 가능지에 한함)</td><td rowspan="2">▸ 취락지구 · 개발진흥지구
▸ 지구단위계획구역 등/규모와 관계없이 지정 가능</td></tr>
<tr><td>② 관리지역
③ 농림지역
④ 자연환경보전지역</td><td>30만㎡ 이상(광역도시계획 · 도시기본계획상 개발 가능지에 한함). 다만, 아파트 · 연립주택의 건설계획이 포함된 경우 20만㎡ 이상</td></tr>
</table>

㉠ 도시개발법 제3조에 따라 도시개발구역으로 지정할 수 있는 대상지역 및 규모는 다음과 같다(영 제2조제1항, 규칙 제1조의2).

ⓐ 도시지역 안

- 주거지역 및 상업지역 : 1만㎡ 이상
- 공업지역 : 3만㎡ 이상
- 자연녹지지역 : 1만㎡ 이상
- 생산녹지지역(생산녹지지역이 도시개발구역 지정면적의 30/100 이하인 경우) : 1만㎡ 이상

ⓑ 도시지역 외의 지역 : 30만㎡ 이상

다만, 공동주택(건축법시행령 별표1 제2호) 중 아파트 또는 연립주택의 건설계획이 포함된 경우로서 다음 요건을 모두 갖춘 경우에는 20만㎡ 이상으로 한다.

- 도시개발구역 안에 초등학교용지를 확보하여 관할 교육청과 협의한 경우
- 도시개발구역에서 도로[도로법 제10조에서 제12조까지의 규정에 해당하는 도로 또는 국토해양부령으로 정하는 도로(도시계획시설의결정·구조및설치기준에관한규칙 제9조제3호가목 및 나목에 해당하는 도로)]와 연결되거나 4차로 이상의 도로를 설치하는 경우

㉡ 자연녹지지역, 생산녹지지역 및 도시지역 외의 지역에 도시개발구역을 지정하는 경우에는 광역도시계획 또는 도시기본계획에 의하여 개발이 가능한 용도로 지정된 지역에만 국토해양부장관이 정하는 기준에 따라 지정하여야 한다. 다만 광역도시계획 및 도시기본계획이 수립되지 아니한 지역인 경우에는 자연녹지지역 및 계획관리지역에서만 도시개발구역을 지정할 수 있다(영 제2조제2항).

㉢ 다음 각 호의 어느 하나에 해당하는 지역으로서 지정권자가 계획적인 도시개발이 필요하다고 인정하는 지역에 대하여는 위의 규정(제1항 및 제2항)에 따른 제한을 적용하지 아니한다(영 제2조제3항).

ⓐ 취락지구 또는 개발진흥지구로 지정된 지역(제1호)

ⓑ 지구단위계획구역으로 지정된 구역(제2호)

ⓒ 국토해양부장관이 국가균형발전을 위하여 중앙행정기관의 장과 협의하여 도시개발구역으로 지정하고자 하는 지역(자연환경보전지역 제외)(제3호)

② 도시개발사업이 필요하다고 인정되는 지역이 2 이상의 특별시·광역시·도·특별자치도(이하 "시·도"라 한다) 또는 대도시(서울특별시와 광역시를 제외한 인구 50만 이상의 대도시)의 행정구역에 걸치는 경우에는 관계 시·도지사 또는 대도시시장이 협의하여 도시개발구역을 지정할 자를 정한다(법 제3조제2항).

③ 국토해양부장관은 다음 각 호의 어느 하나에 해당하면 위의 규정(제1항 및 제2항)에 불구하고 도시개발구역을 지정할 수 있다(법 제3조제3항, 영 제4조).
㉠ 국가가 도시개발사업을 실시할 필요가 있는 경우
㉡ 관계중앙행정기관의 장이 요청하는 경우
㉢ 공공기관의 장(제11조제1항제2호) 또는 정부출연기관의 장(제11조제1항제3호)이 대통령령으로 정하는 규모(30만㎡) 이상으로서 국가계획과 밀접한 관련이 있는 도시개발구역의 지정을 제안하는 경우
㉣ 도시개발사업이 필요한 지역이 둘 이상의 시·도 또는 대도시에 걸치는 경우에 협의가 성립되지 아니하는 경우
㉤ 그 밖에 대통령령으로 정하는 경우(천재·지변, 그 밖의 사유로 도시개발사업을 긴급하게 할 필요가 있는 경우)

3) 구역의 지정절차

(1) 기초조사 등

(2) 공람·공청회개최(주민 등의 의견청취)

(3) 도시계획위원회의 심의

(4) 지정·고시 및 공람

① 지정권자는 도시개발구역을 지정하거나 개발계획을 수립(제4조제1항 단서)한 경우에는 대통령령으로 정하는 바에 따라 이를 관보나 공보에 고시하고 대도시시장인 지정권자는 관계서류를 일반에게 공람시켜야 하며, 대도시시장이 아닌 지정권자는 해당 도시개발구역을 관할하는 시장(대도시시장 제외)·군수 또는 구청장에게 관계서류의 사본을 보내야 하며, 지정권자인 특별자치도지사와 관계서류를 송부받은 시장(대도시시장 제외)·군수 또는 구청장은 해당 관계서류를 일반인에게 14일 이상 공람시켜야 한다(법 제9조제1항, 영 제15조).

② 지정권자는 도시개발구역을 지정한 때에는 다음 각 호의 사항을 관보 또는 공보에 고시하여야 한다. 다만, 토지 등의 세목(제7호)은 그 내용이 확정된 후에 고시할 수 있다(영 제15조제1항). 또한, 구역지정 후에 개발계획을 수립하는 경우(법 제4조제1항 단서)에는 일정한 사항(제1항제1호부터 제4호까지 및 제10호와 제9조제1항제5호 및 제6호)만을 고시할 수 있다(영 제15조제2항).
㉠ 도시개발구역의 명칭(제1호)
㉡ 도시개발구역의 위치 및 면적(제2호)

㉢ 도시개발구역의 지정목적(제3호)
㉣ 도시개발사업의 시행자(시행자가 지정되지 아니한 경우에는 그 제안자)와 그 주된 사무소의 소재지(제4호)
㉤ 도시개발사업의 시행기간 및 시행방법(제5호)
㉥ 토지이용계획 및 기반시설계획(제6호)
㉦ 토지 등의 세목과 그 소유자 및 공익사업을위한토지등의취득및보상에관한법률에 따른 관계인의 성명·주소(제7호)
㉧ 도시개발구역 밖의 기반시설계획에 관한 사항(제8호)
㉨ 실시계획의 인가신청기간(법 제11조제8항제4호)(제9호)
㉩ 관계도서의 열람방법(제10호)
㉪ 도시관리계획의 수립 또는 변경에 관한 사항
㉫ 그 밖에 국토해양부령으로 정하는 사항(제11호)

4) 구역지정의 효과

(1) 도시지역 및 지구단위계획구역의 지정의제

도시개발구역이 지정·고시된 경우 해당 도시개발구역은 국토의계획및이용에관한법률에 따른 도시지역과 대통령령으로 정하는 지구단위계획구역으로 결정되어 고시된 것으로 본다(법 제9조제2항 본문, 영 제15조제5항). 다만, 국토의계획및이용에관한법률 제51조제3항(도시지역 외의 지역을 지구단위계획구역으로 지정하는 경우)에 따른 지구단위계획구역 및 취락지구로 지정된 지역인 경우에는 그러하지 아니하다(법 제9조제3항 단서).

(2) 개발행위허가(구역 안에서의 행위제한)

① 도시개발구역 지정에 관한 주민의 의견청취를 위한 공고가 있는 지역 및 도시개발구역 안에서 건축물의 건축·공작물의 설치, 토지형질의 변경, 토석채취, 토지의 분할, 물건을 쌓아 놓는 행위 등 대통령령으로 정하는 행위를 하려는 자는 특별시장·광역시장·특별자치도지사·시장 또는 군수의 허가를 받아야 한다. 허가받은 사항을 변경하려는 경우에도 또한 같다(법 제9조제5항, 영 제16조).
② 다음 각 호의 어느 하나에 해당하는 행위는 위의 규정(제5항)에도 불구하고 허가를 받지 아니하고 할 수 있다(법 제9조제6항).
   ㉠ 재해복구 또는 재난수습에 필요한 응급조치를 위하여 하는 행위
   ㉡ 그 밖에 대통령령으로 정하는 행위

③ 위의 규정(제5항)에 따라 허가를 받아야 하는 행위로서 도시개발구역의 지정 및 고시 당시 이미 관계법령에 따라 행위허가를 받았거나 허가를 받을 필요가 없는 행위에 관하여 그 공사나 사업에 착수한 자는 대통령령으로 정하는 바에 따라 특별시장·광역시장·특별자치도지사·시장 또는 군수에게 신고한 후 이를 계속 시행할 수 있다(법 제9조제7항).

④ 위의 규정(제5항)에 따른 허가에 관하여 이 법으로 규정한 것 외에는 국토의계획및이용에관한법률(제57조~제60조 및 제62조)의 규정을 준용한다(법 제9조제8항). 위의 규정(제5항)에 따라 허가를 받으면 국토의계획및이용에관한법률(제56조)의 규정에 따라 허가를 받은 것으로 본다(법 제9조제9항).

(3) 구역지정의 해제의제

① 도시개발구역의 지정은 다음 각 호의 어느 하나에 규정된 날의 다음 날에 해제된 것으로 본다(법 제10조제1항).

㉠ 도시개발구역이 지정·고시된 날부터 3년이 되는 날까지 도시개발사업에 관한 실시계획의 인가를 신청하지 아니하는 경우에는 그 3년이 되는 날

㉡ 도시개발사업의 공사완료(환지방식에 따른 사업인 경우에는 그 환지처분)의 공고일

② 위의 규정(제1항)에도 불구하고 도시개발구역지정 후 개발계획을 수립하는 경우(제4조제1항 단서)에는 다음 각 호의 1에 규정된 날의 다음 날에 도시개발구역의 지정이 해제된 것으로 본다(법 제10조제2항, 영 제13조).

㉠ 도시개발구역이 지정·고시된 날부터 2년이 되는 날까지 개발계획을 수립·고시하지 아니하는 경우에는 그 2년이 되는 날, 다만, 도시개발구역의 면적이 대통령령으로 정하는 규모(330만㎡) 이상인 경우에는 5년으로 한다.

㉡ 개발계획을 수립·고시한 날부터 3년이 되는 날까지 실시계획의 인가를 신청하지 아니하는 경우에는 그 3년이 되는 날. 다만, 도시개발구역의 면적이 대통령령으로 정하는 규모(330만㎡) 이상인 경우에는 5년으로 한다.

(4) 국·공유지의 처분제한 등

(5) 구역의 분할 및 결합

제3절 사업의 시행자

1. 의 의

시행자(施行者)란 도시개발구역 안에서 이 법에 의하여 도시개발사업을 시행하는 자를 말한다.

도시개발사업의 시행자는 ① 국가 또는 지방자치단체, ② 대통령령이 정하는 공공기관 또는 정부출연기관, ③ 지방공사, ④ 토지소유자 또는 그들이 설립한 조합, ⑤ 이전법인, ⑥ 주택건설등록사업자, ⑦ 토목공사업 또는 토목건축공사업의 면허법인, ⑧ 부동산투자회사 등 중에서 시·도지사 등의 지정권자가 지정하도록 하고 있다(법 제11조제1항 본문). 다만, 도시개발구역의 전부를 환지방식으로 시행하는 경우에는 토지소유자 또는 조합을 시행자로 지정하도록 규정하고 있다(법 제11조제1항 단서).

2. 시행자의 지정

1) 시행자 지정대상

도시개발사업의 시행자는 다음 각 호의 자 중에서 지정권자가 이를 지정한다(법 제11조제1항 본문, 영 제18조).

(1) 행정청(공공사업주체)

(a) 국가나 지방자치단체(제1호)

(b) 다음과 같이 대통령령으로 정하는 공공기관(제2호, 영 제18조제1항)

① 한국토지주택공사(한국토지주택공사법)

② 한국수자원공사(한국수자원공사법)

③ 한국농어촌공사(한국농어촌공사및농지관리기금법)

④ 한국관광공사(한국관광공사법)

⑤ 한국철도공사(한국철도공사법)

⑥ 매입공공기관(종전부동산 및 그 주변을 개발하는 경우)(공공기관지방이전에따른혁신도시건설및지원에관한특별법)

(c) 대통령령으로 정하는 정부출연기관(제3호, 영 제18조제2항)

① 한국철도시설공단(역세권 개발사업을 시행하는 경우)

② 제주도국제자유도시개발센터(제주특별자치도 내의 개발사업을 시행하는 경우)

(d) 지방공사(지방공기업법)(제4호)

(2) 비행정청(민간사업주체)

(a) 도시개발구역의 토지소유자(공유수면관리매립법 제28조에 따라 면허를 받은 자를 해당 공유수면을 소유한 자로 보고, 그 공유수면을 토지로 보며, 제21조에 따른 수용 또는 사용방식의 경우에는 구역의 국·공유지를 제외한 토지면적의 3분의 2 이상을 소유한 자를 말한다)(제5호)

(b) 도시개발구역의 토지소유자(공유수면관리매립법 제28조의 규정에 따라 면허를 받은 자를 해당 공유수면을 소유한 자로 보고 그 공유수면을 토지로 본다)가 도시개발을 위하여 설립한 조합(도시개발사업의 전부를 환지방식으로 시행하는 경우에만 해당하며, 이하 "조합"이라 한다)(제6호)

(c) 과밀억제권역(수도권정비계획법)에서 수도권 외의 지역으로 이전하는 법인 중 과밀억제권역의 사업기간 등 대통령령으로 정하는 요건에 해당하는 법인(제7호, 영 제18조제3항)

① 수도권정비계획법(제6조제1항제1호)에 의한 과밀억제권역에 3년 이상 계속하여 공장시설을 갖추고 사업을 하고 있거나 본사(본점 또는 주사무소)를 두고 있는 법인으로서 그 공장시설의 전부 또는 본사를 수도권 외의 지역으로 이전하는 법인(이 경우 이전하는 종업원수가 500명 이상이어야 한다)

② 과밀억제권역에서 대학(대학원대학 제외)(고등교육법 제2조제1호)을 운영 중인 학교법인으로서 대학시설의 전부를 수도권 이외의 지역으로 이전하는 학교법인

(d) 주택건설등록사업자(주택법 제9조에 따라 등록한 자) 중 도시개발사업을 시행할 능력이 있다고 인정되는 자로서 대통령령으로 정하는 요건에 해당하는 자(주택법 제2조제6호에 따른 주택단지와 그에 수반되는 기반시설을 조성하는 경우에만 해당한다)(제8호, 영 제18조제4항)

(e) 토목공사업 또는 토목건축공사업의 면허(건설산업기본법)를 받는 등 개발계획에 맞게 도시개발사업을 시행할 능력이 있다고 인정되는 자로서 대통령령으로 정하는 요건에 해당하는 자(제9호, 영 제18조제5항)

① 건설산업기본법에 따라 종합공사를 시공하는 업종(토목공사업 및 토목건축공사업에 한한다)에 등록한 자로서 동법(제23조)에 따라 공시된 시공능력평가액이 당해 도시개발사업에 드는 연평균 사업비(보상비를 제외한다) 이상인 자

② 자본시장과금융투자업에관한법률에 따른 신탁업자 중 주식회사의외부감사에관

한법률시행령(제2조제1항)에 따른 외부감사대상이 되는 자

(f) 부동산개발업자(부동산개발업의관리및육성에관한법률 제4조제1항에 따라 등록한 자)로서 대통령령으로 정하는 요건에 해당하는 자(제9호의2)

(g) 자기관리 부동산투자회사 또는 위탁관리 부동산투자회사(부동산투자회사법)로서 대통령령으로 정하는 요건에 해당하는 자(제10호, 영 제18조제6항)

(h) 위(제1호~제9호, 제9호의2 및 제10호)에 해당하는 자(제6호에 따른 조합은 제외)가 도시개발사업을 시행할 목적으로 출자하여 설립한 법인(제11호)

(3) 환지방식의 경우

다만, 도시개발구역의 전부를 환지방식으로 시행하는 경우에는 토지소유자(제5호)나 조합(제6호)을 시행자로 지정한다(법 제11조제1항 단서).

지정권자는 위(제1항 단서)의 규정에도 불구하고 다음 각 호의 어느 하나에 해당하는 사유가 있으면 지방자치단체나 대통령령으로 정하는 자(한국토지주택공사, 지방공사 또는 신탁업자 : 이하 "지방자치단체 등"이라 한다)를 시행자로 지정할 수 있다. 이 경우 도시개발사업을 시행하는 자가 시·도지사 또는 대도시시장인 경우 국토해양부장관이 지정한다(법 제11조제2항, 영 제20조).

① 토지소유자나 조합이 대통령령으로 정하는 기간(개발계획의 수립·고시일부터 1년 이내)에 시행자지정을 신청하지 아니한 경우 또는 지정권자가 신청된 내용이 위법하거나 부당하다고 인정한 경우(제1호)

② 지방자치단체의 장이 집행하는 공공시설에 관한 사업과 병행하여 시행할 필요가 있다고 인정한 경우(제2호)

③ 도시개발구역 안의 국공유지를 제외한 토지면적의 2분의 1 이상에 해당하는 토지의 소유자 및 토지소유자 총수의 2분의 1 이상이 지방자치단체 등의 시행에 동의한 경우(제3호)

2) 시행자 지정신청

시행자로 지정받으려는 자는 사업시행자 지정신청서를 시장(대도시시장은 제외)·군수·구청장을 거쳐 지정권자에게 제출하여야 한다. 다만, 지정권자가 도시개발사업을 직접 시행하는 경우에는 그러하지 아니하며, 국토해양부장관·특별자치도지사 또는 대도시시장이 지정권자인 경우에는 직접 제출할 수 있다(법 제11조제1항, 영 제19조제1항).

3) 규약·시행규정의 작성

3. 시행자의 변경 등

1) 시행자의 변경

2) 사업시행의 위탁 등

4. 도시개발조합의 설립

1) 조합의 설립인가

(1) 조합의 설립인가

조합을 설립하려면 도시개발구역의 토지소유자 7인 이상이 대통령령으로 정하는 사항을 포함한 정관을 작성하여 지정권자에게 조합설립의 인가를 받아야 한다(법 제13조제1항).

(2) 토지소유자의 동의

조합설립의 인가를 신청하려면 해당 도시개발구역의 토지면적의 3분의 2 이상에 해당하는 토지소유자와 그 구역의 토지소유자 총수의 2분의 1 이상의 동의를 받아야 한다(법 제13조제3항).

2) 조합의 설립등기(성립)

(1) 조합의 구성

① 조합의 조합원은 도시개발구역의 토지소유자로 한다(법 제14조제1항).
② 조합의 임원은 그 조합의 다른 임원이나 직원을 겸할 수 없다(법 제14조제2항).

(2) 법적 성격 및 운영

① 조합은 법인으로 하며(법 제15조제1항), 조합에 관하여 이 법에 규정한 것 외에는 민법 중 사단법인에 관한 규정을 준용한다(법 제15조제4항).
② 조합은 그 주된 사무소의 소재지에서 등기를 하면 성립한다(법 제15조제2항). 조합의 설립인가를 받은 조합의 대표자는 설립인가를 받은 날로부터 30일 이내에 주된 사무소의 소재지에서 설립등기를 하여야 한다(영 제32조제1항).

제4절 사업실시계획의 인가

1. 의 의

시행자가 도시개발사업을 시행하고자 할 때에는 먼저 그 사업에 대한 실시계획을 작성하여 시 · 도지사 등 지정권자의 인가를 받아야 한다(법 제17조제1항 및 제2항). 실시계획에는 지구단위계획이 포함되어야 하며 사업시행에 필요한 설계도서, 자금계획, 시행기간, 그 밖에 대통령령으로 정하는 사항과 서류를 명시하거나 첨부하여야 한다(법 제17조제1항 및 제5항).

2. 실시계획의 작성 · 인가

1) 계획의 작성

시행자는 대통령령으로 정하는 바에 따라 도시개발사업에 관한 실시계획(이하 "실시계획"이라 한다)을 작성하여야 한다. 이 경우 실시계획은 개발계획에 맞게 작성하여야 하며, 실시계획에는 지구단위계획이 포함되어야 한다(법 제17제1항, 영 제38조제1항).

2) 계획의 인가 · 고시

시행자(지정권자가 시행자인 경우는 제외한다)는 작성된 실시계획에 관하여 지정권자의 인가를 받아야 한다(법 제17조제2항).

(1) **인가신청**

(2) **지방자치단체장의 의견청취**

(3) **인가 · 고시 및 공람**

3) 작성 · 인가의 효과

(1) **도시 · 군관리계획의 결정의제**

실시계획을 고시(제18조제1항)한 경우 그 고시된 내용 중 국토의계획및이용에관한법률에 따라 도시 · 군관리계획(지구단위계획을 포함한다)으로 결정하여야 하는 사항은 국토의계획및이용에관한법률에 따른 도시·군관리계획이 결정되어 고시된 것으로 본다. 이 경우 종전에 도시·군관리계획으로 결정된 사항 중 고시내용에 저촉되는 사항은 고시된 내용으로 변경된 것으로 본다(법 제18조제2항).

(2) 인·허가 등의 의제

(3) 공사의 감리

제5절 사업의 준비

1. 타인토지에의 출입 등

도시개발사업의 시행자로 지정될 수 있는 자(제11조제1항의 각 호의 어느 하나에 해당하는 자)는 도시개발구역의 지정, 도시개발사업에 관한 조사·측량 또는 사업의 시행을 위하여 필요하면 타인이 점유하는 토지에 출입하거나 타인의 토지를 재료로 쌓아두는 장소 또는 임시도로로 일시 사용할 수 있으며, 특히 필요하면 장애물 등을 변경하거나 제거할 수 있다(법 제64조제1항).

1) 타인토지에의 출입

2) 토지의 사용 및 장애물의 변경·제거

3) 손실보상 등

(1) 토지점유자의 수인의무

(2) 시행자의 손실보상

2. 관계서류의 열람 등

제6절 수용방식에 의한 사업시행

1. 의 의

도시개발사업은 시행자가 도시개발구역의 토지 등을 수용 또는 사용하는 방식이나 환지방식 또는 이를 혼용하는 방식으로 시행할 수 있다(법 제21조제1항).

수용방식은 보상을 전제로 타인의 재산권을 강제적으로 취득하는 방식으로서, 이 방식에 의하는 경우에 시행자는 도시개발사업에 필요한 타인의 토지·건축물 또는 그 토지에 정착한 물건이나 그 토지·건축물 또는 물건에 관한 소유권 이외의 권리를 수용 또는 사용하게 된다.

이러한 수용방식은 공익을 위하여 법률의 힘(권력적 단독행위)에 의하여 타인의 재산권을 강제적으로 원시취득함으로써 사업을 효율적으로 추진할 수는 있으나, 토지소유자 등의 사유재산권 침해의 문제를 야기하게 된다. 따라서 사권보호의 문제가 제기되는데, 이러한 사권보호의 문제는 ① 공공성개념에서 이익형량의 원칙(적합성, 필요성, 상당성), ② 목적물의 범위에 있어서 필요한 최소한의 원칙(비대체성, 필요성, 최소한성)에 의하여서도 해결될 수 있지만, 궁극적으로는 ③ 손실보상에 있어서 완전보상의 원칙(시가보상, 사전보상, 금전보상)에 의하여 해소될 수 있을 것이다.

2. 토지 등의 수용·사용

1) 공익사업을위한토지등의취득및보상에관한법률의 적용

도시개발사업은 공용수용방식에 의하여 시행할 수 있다.

① 시행자는 도시개발사업에 필요한 토지 등을 수용하거나 사용할 수 있다. 다만, 토지소유자, 이전법인 등(제11조제1항제5호 및 제7호부터 제11호까지, 다만 제11호에서 제1호부터 제4호까지 해당하는 자가 100분의 50비율을 초과하여 출자한 경우는 제외한다)인 시행자는 사업대상 토지면적의 3분의 2 이상에 해당하는 토지를 소유하고 토지소유자 총수의 2분의 1 이상에 해당하는 자의 동의를 얻어야 한다(법 제22조제1항, 영 제44조).

② 도시개발사업에 필요한 토지 등의 수용 또는 사용에 관하여 이 법에 특별한 규정이 있는 경우 외에는 공익사업을위한토지등의취득및보상에관한법률을 준용한다(법 제22조제2항).

2) 공익사업을위한토지등의취득및보상에관한법률에 대한 특례

도시개발법은 사업인정 · 재결신청기간 등에 대하여 공익사업을위한토지등의취득및보상에관한법률에 대한 특례를 규정하고 있다.

(1) 사업인정 의제

공익사업을위한토지등의취득및보상에관한법률을 준용할 때 수용 또는 사용의 대상이 되는 토지의 세부목록(제5조제1항제14호)을 고시한 경우에는 공익사업을위한토지등의취득및보상에관한법률(제21조제1항 및 제22조)에 따른 사업인정 및 그 고시가 있었던 것으로 본다(법 제22조제3항 본문).

(2) 재결신청기간

다만, 재결신청은 공익사업을위한토지등의취득및보상에관한법률(제23조제1항 및 제28조제1항)의 규정에도 불구하고 개발계획에서 정한 도시개발사업의 시행기간종료일까지 하여야 한다(법 제22조제3항 단서).

3) 손실보상

(1) 토지상환채권의 발행

① 시행자는 토지소유자가 원하는 경우에는 토지 등의 매수대금의 일부를 지급하기 위하여 대통령령으로 정하는 바에 따라 사업시행으로 조성된 토지 · 건축물로 상환하는 채권(이하 "토지상환채권"이라 한다)을 발행할 수 있다. 토지상환채권의 발행규모는 그 토지상환채권으로 상환할 토지 · 건축물이 그 도시개발사업으로 조성되는 분양토지 또는 분양건축물 면적의 2분의 1을 초과하지 아니하도록 하여야 한다(법 제23조제1항 본문, 영 제45조). 다만, 토지소유자 · 조합 등(제11조제1항제5호부터 제11호까지)인 시행자는 대통령령으로 정하는 금융기관 등(은행과 보험회사)으로부터 지급보증을 받은 경우에만 이를 발행할 수 있다(법 제23조제1항 단서, 영 제46조).

② 시행자(지정권자가 시행자인 경우는 제외)는 토지상환채권을 발행하려면 대통령령으로 정하는 바에 따라 토지상환채권의 발행계획을 작성하여 미리 지정권자의 승인을 받아야 한다(법 제23조제2항)

토지상환채권의 이율은 발행 당시의 은행의 예금금리 및 부동산수급상황을 고려하여 발행자가 정한다. 토지상환채권은 기명식 증권으로 한다(영 제49조제1항, 제2항).

(2) 이주대책 등

4) 조성토지 등의 공급

(1) 선수금

① 시행자는 조성토지 등(도시개발사업으로 조성된 토지 · 건축물 또는 공작물 등)과 원형지(도시개발사업으로 조성되지 아니한 상태의 토지)를 공급받거나 이용하려는 자로부터 대통령령으로 정하는 바에 따라 해당 대금의 전부 또는 일부를 미리 받을 수 있다(법 제25조제1항).

② 시행자(지정권자가 시행자인 경우는 제외)는 해당 대금의 전부 또는 일부를 미리 받으려면 지정권자의 승인을 받아야 한다(법 제25조제2항).

(2) 조성토지 등의 공급계획

(a) 원형지의 공급과 개발

(b) 조성토지 등의 공급계획

시행자(지정권자가 시행자인 경우를 제외)는 조성토지 등을 공급하려고 할 때에는 조성토지 등의 공급계획을 작성하거나 변경하여 지정권자에게 제출하여야 한다. 이 경우 행정청이 아닌 시행자는 시장(대도시시장 제외) · 군수 또는 구청장을 거쳐 제출하여야 한다(법 제26조제1항).

(3) 조성토지 등의 공급방법 등

① 시행자는 조성토지 등을 수립된 개발계획에서 정한 용도에 따라 공급하여야 한다. 이 경우 시행자는 기반시설의 원활한 설치를 위하여 필요하면 공급대상자의 자격을 제한하거나 공급조건을 부여할 수 있다(영 제57조제1항).

② 조성토지 등의 공급은 경쟁입찰의 방법에 따른다. 다만, 주택법(제2조제3호)에 따른 국민주택 규모 이하의 주택건설용지(임대주택건설용지 포함), 주택법(제2조제5호)에 따른 공공택지, 국토해양부령으로 정하는 면적(330㎡) 이하의 단독주택용지 및 공장용지에 대하여는 추첨의 방법으로 분양할 수 있다(영 제57조제2항).

③ 시행자는 다음 각 호의 어느 하나에 해당하는 경우에는 위(제2항)의 규정에도 불구하고 수의계약의 방법으로 조성토지 등을 공급할 수 있다(영 제57조제4항).

㉠ 학교용지, 공공청사용지 등 일반에게 분양할 수 없는 공공용지를 국가, 지방자치단체, 그 밖의 법령에 따라 해당 시설을 설치할 수 있는 자에게 공급하는 경우

㉡ 고시한 실시계획(법 제18조제1항)에 따라 존치하는 시설물의 유지관리에 필요한 최소한의 토지를 공급하는 경우

㉢ 공익사업을위한토지등의취득및보상에관한법률에 따른 협의를 하여 그가 소유하

는 도시개발구역 안의 조성토지 등의 전부를 시행자에게 양도한 자에게 국토해양부령으로 정하는 기준에 따라 토지를 공급하는 경우

㉣ 토지상환채권에 의하여 토지를 상환하는 경우

㉤ 토지의 규모 및 형상, 입지조건 등에 비추어 토지이용가치가 현저히 낮은 토지로서 인접토지소유자 등에게 공급하는 것이 불가피하다고 시행자가 인정하는 경우

㉥ 공공사업주체(법 제11조제1항제1호～제4호)가 도시개발구역 안에서 도시발전을 위하여 복합적이고 입체적인 개발이 필요하여 국토해양부령으로 정하는 절차와 방법에 따라 선정된 자에게 토지를 공급하는 경우

㉦ 지식경제부장관이 외국인투자기업(외국인투자촉진법)에게 조성토지 등을 공급할 필요가 있다고 인정하는 경우

㉧ 그 밖에 관계법령의 규정에 따라 수의계약으로 공급할 수 있는 경우

제7절 환지방식에 의한 사업시행

1. 의 의

도시개발사업은 시행자가 도시개발구역 안의 토지 등을 수용 또는 사용하는 방식이나 환지방식 또는 이를 혼용하는 방식으로 시행할 수 있다(법 제21조제1항).

환지방식은 타인의 토지재산권을 강제적으로 교환·변경하는 방식으로서, 이 방식에 의하는 경우에 시행자는 도시개발사업에 관한 공사가 완료된 후에 환지계획에 따라 종전의 토지에 갈음하여 새로운 환지를 교부하고 그 과부족분에 대하여 금전으로 차액을 청산하게 된다.

이 경우 종전토지 중 일부분은 체비지(공사대금충당)와 공공용지를 확보하기 위한 감보분(減步分)으로 남겨두고 나머지 부분만 토지소유자 등에게 환지로서 교부하게 된다. 감보율(減步率)은 시행자가 토지소유자들과의 협의를 거쳐 사업실시계획의 인가를 받을 때에 확정된다.

$$\left(\text{감보율} = \frac{\text{감보분}}{\text{종전토지의 면적}} = \frac{\text{종전토지의 면적} - \text{환지받는 면적}}{\text{종전토지의 면적}}\right)$$

이러한 환지방식은 법률의 힘에 의하여 타인의 재산권을 강제적으로 교환·변경하면서도 토지소유자 등의 재산가치는 오히려 증가된다는 점에서 개발이익의 사유화 문제가 제기될 수 있다.

2. 환지계획의 작성 · 인가

1) 환지계획의 의의

환지계획(換地計劃)이란 환지방식에 의한 도시개발사업이 완료된 후 행하게 될 환지처분의 내용을 정하는 계획을 말한다. 시행자는 도시개발구역 안의 토지에 관한 환지처분을 행하기 위하여 환지계획을 정하여야 하는데, 환지계획에는 다음 각 호의 사항이 포함되어야 한다(법 제28조제1항).

① 환지설계
② 필지별(筆地別)로 된 환지명세
③ 필지별(筆地別)과 권리별로 된 청산대상토지 명세
④ 체비지 또는 보류지의 명세
⑤ 입체환지를 계획하는 경우 입체환지용 건축물의 명세와 주택공급 등의 방법과 규모
⑥ 그 밖에 국토해양부령이 정하는 사항

2) 환지계획의 작성 · 인가

(1) 환지계획의 작성

시행자는 도시개발사업의 전부 또는 일부를 환지방식으로 시행하려면 일정한 사항이 포함된 환지계획을 작성하여야 한다(법 제28조제1항).

(2) 환지계획의 인가

행정청이 아닌 시행자가 환지계획을 작성한 경우에는 특별자치도지사 · 시장 · 군수 또는 구청장의 인가를 받아야 한다(법 제29조제1항, 영 제60조).

① 공람
② 의견서 제출

3) 환지계획의 기준

환지계획의 기준에는 ① 면적주의(위치, 지목, 면적)와 ② 평가주의(토질, 수리, 이용상황, 환경)가 있으나, 현행법은 ③ 절충주의(적응환지)에 의하여 양자를 종합적으로 고려하고 있다. 다만, 면적의 적정화를 위하여 규모를 조정하거나 입체환지 또는 환지부지정을 인정하는 예외를 두고 있다.

(1) 적응환지의 원칙

환지계획은 종전의 토지와 환지의 위치 · 지목 · 면적 · 토질 · 수리 · 이용상황 · 환경, 그 밖의 사항을 종합적으로 고려하여 합리적으로 정하여야 한다(법 제28조제2항).

① 시행자는 환지방식이 적용되는 도시개발구역에 있는 조성토지 등의 가격을 평가할 때에는 토지평가협의회의 심의를 거쳐 결정하되, 그에 앞서 대통령령으로 정하는 공인평가기관(감정평가업자)이 평가하게 하여야 한다(법 제28조제3항, 영 제59조).

② 공익사업을위한토지등의취득및보상에관한법률(제4조 각 호의 어느 하나)에 해당하는 공공시설의 용지에 대하여는 환지계획을 정할 때 그 위치 · 면적 등에 관하여 위(제28조제2항)의 규정에 따른 적응환지의 기준(제27조제2항)을 적용하지 아니할 수 있다(법 제33조제1항).

(2) 면적의 적정화(규모의 조정)

시행자는 토지면적의 규모를 조정할 특별한 필요가 있으면 면적이 작은 토지는 과소토지가 되지 아니하도록 면적을 늘려 환지를 정하거나 환지대상에서 제외할 수 있고, 면적이 넓은 토지는 그 면적을 줄여서 환지를 정할 수 있다(제31조제1항).

① 증환지(增換地)

시행자는 토지면적의 규모를 조정할 특별한 필요 있으면 면적이 작은 토지는 과소토지가 되지 아니하도록 면적을 늘려 환지를 정할 수 있다(법 제31조제1항).

② 감환지(減換地)

시행자는 토지면적의 규모를 조정할 특별한 필요가 있으면 면적이 넓은 토지는 그 면적을 줄여서 환지를 정할 수 있다(법 제31조제1항).

③ 입체환지(立体換地)

시행자는 도시개발사업을 원활히 시행하기 위하여 특히 필요한 경우에는 토지 또는 건축물 소유자의 신청을 받아 건축물의 일부와 그 건축물이 있는 토지의 공유지분을 부여할 수 있다. 다만, 토지 또는 건축물이 대통령령으로 정하는 기준 이하인 경우에는 시행자가 규약 · 정관 또는 시행규정으로 신청대상에서 제외할 수 있다(법 제32조제1항).

④ 환지부지정(換地不指定) 및 환지지정 등의 제한

㉠ 시행자는 토지면적의 규모를 조정할 특별한 필요가 있으면 면적이 작은 토지는 과소토지가 되지 아니하도록 환지대상에서 제외할 수 있다(법 제31조제1항).

㉡ 토지소유자가 신청하거나 동의하면 해당 토지의 전부 또는 일부에 대하여 환지

를 정하지 아니할 수 있다. 다만, 해당 토지에 관하여 임차권자 등이 있는 경우에는 그 동의를 받아야 한다(법 제30조).

㉢ 시행자가 도시개발사업의 시행으로 국가 또는 지방자치단체가 소유한 공공시설과 대체되는 공공시설을 설치하는 경우 종전의 공공시설의 전부 또는 일부의 용도가 폐지되거나 변경되어 사용하지 못하게 될 토지는 공공시설의 귀속 등(제67조)의 규정에도 불구하고 환지계획에 있어서 환지를 정하지 아니하며, 이를 다른 토지에 대한 환지의 대상으로 하여야 한다(법 제33조제2항).

㉣ 시행자는 구역지정절차상의 주민의견청취를 위한 공람공고일 등 또는 지정권자가 정하는 기준일의 다음 날부터 다음 각 호의 어느 하나에 해당하는 경우에는 해당 토지 또는 건축물에 대하여 금전으로 청산하거나 환지지정을 제한할 수 있다(법 제32조의2).

- 한 필지의 토지가 여러 개의 필지로 분할되는 경우
- 단독주택 또는 다가구주택이 다세대주택으로 전환되는 경우
- 하나의 대지범위 안에 속하는 동일인 소유의 토지와 주택 등 건축물을 각각 분리하여 소유하는 경우
- 나대지에 건축물을 새로 건축하거나 기존건축물을 철거하고 구분소유권의 대상이 되는 건축물을 건축하여 토지 또는 건축물의 소유자가 증가하는 경우

⑤ 과소토지의 기준

과소토지의 기준이 되는 면적은 대통령령으로 정하는 범위에서 시행자가 규약 · 정관 또는 시행규정으로 정한다(법 제31조제2항). 과소토지의 기준이 되는 면적은 환지계획상 환지의 면적이 건축법시행령 제80조(건축물이 있는 대지의 분할제한)에서 정하는 면적으로 한다. 다만, 기존건축물이 없는 토지에 대하여는 과소토지의 기준이 되는 면적을 국토해양부령으로 달리 정할 수 있다(영 제62조제1항).

(3) 체비지(替費地) 등

시행자는 도시개발사업에 필요한 경비에 충당하거나 규약 · 정관 · 시행규정 또는 실시계획으로 정하는 목적을 위하여 일정한 토지를 환지로 정하지 아니하고 보류지(保留地)로 정할 수 있으며, 그중 일부를 체비지로 정하여 도시개발사업에 필요한 경비에 충당할 수 있다(법 제34제1항).

3. 환지예정지의 지정

1) 환지예정지지정의 의의

환지예정지지정(換地豫定地指定)이란 환지계획인가 후 환지처분 전에 토지소유자에 대하여 앞으로 받게 될 환지를 예정지로서 미리 지정하여 종전토지 대신에 그 환지예정지를 사용·수익할 수 있도록 하는 행정처분을 말한다.

2) 환지예정지의 지정절차

시행자는 도시개발사업의 시행을 위하여 필요하면 도시개발구역의 토지에 대하여 환지예정지를 지정할 수 있다. 이 경우 종전의 토지에 대한 임차권자 등이 있으면 해당 환지예정지에 대하여 해당 권리의 목적인 토지 또는 그 부분을 아울러 지정하여야 한다(법 제35조제1항).

(1) 공람 및 의견서 제출

(2) 통 지

3) 환지예정지지정의 효과

(1) 환지예정지지정 전의 토지사용(법 제35조의2)

(2) 사용·수익권의 이동

환지예정지가 지정되면 종전의 토지의 소유자와 임차권자 등은 환지예정지의 지정의 효력발생일로부터 환지처분이 공고되는 날까지 환지예정지나 해당 부분에 대하여 종전과 같은 내용의 권리를 행사할 수 있으며 종전의 토지는 사용하거나 수익할 수 없다(법 제36조제1항). 즉, 토지소유자 등의 사용·수익권이 이동하여, 종전토지에 대한 사용·수익권은 정지되고 환지예정지에 대하여 사용·수익할 수 있는 권리가 발생하게 된다. 다만, 종전토지에 대한 소유권(처분권)은 그대로 존속하며, 환지예정지를 처분할 수 있는 권리가 생기는 것은 아니다.

① 효력발생시기

시행자가 환지예정지를 지정하고자 할 때에는 환지예정지의 위치·면적과 함께 예정지지정의 효력발생시기를 토지소유자 등에게 통지하게 되어 있다(법 제36조제2항).

② 토지소유자 등의 수인의무(受忍義務)

환지예정지지정의 효력이 발생하거나 위(제2항)의 규정에 따라 그 토지의 사용 또는 수익을 시작하는 경우에 해당 환지예정지의 종전의 소유자 또는 임차권자 등은 환지예정지 지정의 효력발생일부터 환지처분공고일까지(제1항 또는 제2항에서 규정하는 기간에) 그 토지를 사용 · 수익할 수 없으며, 환지예정지로 지정받은 자의 권리(제1항)의 행사(사용 · 수익)를 방해할 수 없다(법 제36조제3항).

③ 환지부지정된 토지에 대한 사용 · 수익정지

④ 체비지의 사용 · 수익 및 처분

체비지의 용도로 환지예정지가 지정된 경우 시행자는 도시개발사업의 비용에 충당하기 위하여 체비지를 사용 · 수익하게 하거나 처분할 수 있다(법 제35조제4항).

⑤ 사용 · 수익할 자가 없는 토지의 관리

(3) 용익권자(用益權者)의 보호

임차권 등의 목적인 토지에 관하여 환지예정지가 지정된 경우에는 임대료 등의 증감청구 또는 권리의 포기 등이 인정될 수 있다.

① 임대료 등의 증감청구

② 권리의 포기 및 계약의 해지

(4) 장애물 등의 이전 · 제거

4. 환지처분

1) 환지처분의 의의

환지처분(換地處分)이란 도시개발사업의 시행자가 도시개발구역에 대하여 공사가 완료된 후에 환지계획에 따라 종전의 토지에 갈음하여 새로운 환지를 교부하고 그 과부족분에 대하여 금전으로 차액을 청산하는 행정처분을 말한다.

이러한 환지처분에 의하여 종전토지에 대한 소유권 등의 권리관계가 새로이 교부되는 환지로 이동되게 된다. 환지처분은 시행자가 환지계획구역의 전부에 대하여 공사가 완료된 후에 환지계획에 따라 환지교부 등을 하는 처분(대판 1982. 11.29, 81다카215)으로서 권리의 득실변경은 법률의 규정에 의하여 생기는 것이다(대판 1991.6.14, 90다카22575).

2) 환지처분의 절차

(1) 공사완료공고 및 공람

(2) 준공검사 및 공사완료

(3) 환지처분 · 공고

① 시행자는 지정권자에 의한 준공검사를 받은 경우(지정권자가 시행자인 경우에는 공사완료공고가 있는 때)에는 60일 이내에 환지처분을 하여야 한다(법 제40조제4항, 영 제65조).

② 시행자는 환지처분을 하려는 경우에는 환지계획에서 정한 사항을 토지소유자에게 알리고 대통령령으로 정하는 바에 따라 이를 공고하여야 한다(법 제40조제5항).

3) 환지처분의 효과

(1) 권리변동(소유권의 내용변환)

환지처분의 공고가 있는 경우에는 환지계획에서 정하여진 환지(換地)는 그 환지처분이 공고된 날의 다음 날(익일)부터 종전의 토지(土地)로 본다(법 제42조제1항 전단).

즉, 환지처분에 의하여 토지소유자는 종전토지에 대한 소유권(所有權)을 상실함과 동시에 새로이 환지에 대한 소유권을 취득하고 종전토지에 존재하던 권리관계(지상권 · 전세권 · 저당권 · 임차권 등)는 원칙적으로 종전과 같은 내용으로 환지 위에 존속하게 된다. 다만, 환지부지정된 토지에 존재하던 권리, 행정상 · 재판상의 처분 또는 지역권 등에 대하여는 다음과 같이 예외가 인정된다.

① 효력발생시기

환지처분이 공고된 날의 다음 날부터 소유권 기타 권리관계의 변동(교환 · 분합)이 발생한다.

② 환지부지정된 토지에 존재하던 권리

환지계획에서 환지를 정하지 아니한 종전의 토지에 있던 권리는 그 환지처분이 공고된 날이 끝나는 때에 소멸한다(법 제42조제1항 후단).

③ 행정상 · 재판상의 처분

환지처분에 의한 권리변동의 효과는 행정상 처분이나 재판상 처분으로서 종전의 토지에 전속하는 것에 관하여는 영향을 미치지 아니한다(법 제42조제2항). 즉 용도지역 · 지구의 지정, 수용처분 등은 환지처분에 의하여 환지로 이전되지 않고, 종전토지에 그대로 존속하게 된다.

④ 지역권

도시개발구역의 토지에 대한 지역권은 환지처분에 의하여 환지로 이전되지 않고 종전의 토지에 그대로 존속한다. 다만, 도시개발사업의 시행으로 행사할 이익이 없어진 지역권은 환지처분이 공고된 날이 끝나는 때에 소멸한다(법 제42조제3항).

⑤ 입체환지처분

환지계획에 의하여 입체환지처분(立体換地處分)을 받은 자는 환지처분이 공고된 날의 다음 날에 환지계획으로 정하는 바에 따라 건축물의 일부와 해당 건축물이 있는 토지의 공유지분을 취득한다. 이 경우 종전의 토지에 대한 저당권(抵當權)은 입체환지처분이 공고된 날의 다음 날로부터 해당 건축물의 일부와 해당 건축물이 있는 토지의 공유지분에 존재하는 것으로 본다(법 제42조제4항).

⑥ 체비지 등의 귀속 · 처분

체비지는 시행자가, 보류지는 환지계획에서 정한 자가 각각 환지처분이 공고된 날의 다음 날에 해당 소유권을 취득한다. 다만 환지예정지지정(제36조제4항)에 따라 이미 처분된 체비지는 그 체비지를 매입한 자가 소유권이전등기를 마친 때에 소유권을 취득한다(법 제42소제5항).

(2) 환지등기

① 등기신청 · 촉탁

시행자는 환지처분이 공고되면 공고 후 14일 이내에 관할 등기소에 이를 알리고 토지와 건축물에 관한 등기를 촉탁하거나 신청하여야 한다(법 제43조제1항).

② 다른 등기의 금지

(3) 용익권자(用益權者)의 보호

① 임대료 등의 증감청구
② 권리의 포기 및 계약의 해지
③ 청구의 제한

(4) 청 산

환지를 정하거나 그 대상에서 제외한 경우 그 과부족분은 종전의 토지(입체환지방식의 경우에는 환지대상건축물을 포함) 및 환지의 위치 · 지목 · 면적 · 토질 · 수리 · 이용상황 ·

환경, 그 밖의 사항을 종합적으로 고려하여 금전으로 청산(淸算)하여야 한다(법 제41조 제1항).

청산금은 환지처분을 하는 때에 결정하여야 하나, 환지대상에서 제외한 토지 등(제30조, 제31조)에 대하여는 청산금을 교부하는 때에 결정할 수 있다(법 제41조제2항). 즉, 청산금(淸算金)은 환지처분시 결정하여야 하며(법 제41조제2항 전단), 시행자는 환지처분이 공고된 후에 확정된 청산금을 징수하거나 교부하여야 한다(법 제46조제1항 전단). 다만, 환지부지정된 토지(제30조, 제31조)에 대하여는 환지처분 전이라도 청산금을 결정·교부할 수 있다(법 제41조제2항 단서, 법 제46조 및 제1항 후단).

① 청산금의 확정시기

청산금은 환지처분이 공고된 날의 다음 날에 확정된다(법 제42조제6항).

② 청산금의 징수·교부

청산금은 원칙적으로 일괄징수 또는 일괄교부하여야 하지만, 예외적으로 대통령령으로 정하는 바에 따라 이자를 붙여 분할징수하거나 분할교부할 수 있다(법 제46조제2항).

③ 환지부지정된 토지

(5) 감가보상금

제8절 공사의 완료 기타

1. 공사완료공고

1) 준공검사

2) 공사완료공고

2. 비 용

1) 시행자부담의 원칙

2) 수익자부담의 경우

(1) 지방자치단체의 부담

(2) 공공시설관리자의 부담

3) 보조 및 융자 등

(1) 보조 · 융자

(2) 도시개발특별회계

(3) 도시개발채권

지방자치단체의 장은 도시개발사업 또는 도시계획시설사업에 필요한 자금을 조달하기 위하여 도시개발채권을 발행할 수 있다(법 제62조제1항).

① 도시개발채권의 소멸시효는 상환일부터 기산하여 원금은 5년, 이자는 2년으로 한다(법 제63조제3항).

② 다음 각 호의 어느 하나에 해당하는 자는 도시개발채권을 매입하여야 한다(법 제63조제1항).

㉠ 수용 또는 사용방식으로 시행하는 도시개발사업의 경우 국가 · 지방자치단체, 공공기관 등(제11조제1항제1호부터 제4호까지)과 공사의 도급계약을 체결하는 자(제1호)

㉡ 위(제1호)에 해당하는 시행자 외에 도시개발사업을 시행하는 자 : 토지소유자 · 조합, 이전법인 등(제11조제1항제5호부터 제11호까지)으로서 도시개발사업을 시행하는 자(제2호)

㉢ 개발행위허가(국토의계획및이용에관한법률 제56조제1항)를 받은 자 중 대통령령으로 정하는 자(제3호)

3. 공공시설의 귀속 등

1) 공공시설의 귀속

2) 공공시설의 관리

3) 행정심판

이 법에 따라 시행자가 행한 처분에 불복하는 자는 행정심판법에 따라 행정심판을 제기할 수 있다. 다만, 행정청이 아닌 시행자가 한 처분에 관하여는 다른 법률에 특별한 규정이 있는 경우 외에는 지정권자에게 행정심판을 제기하여야 한다(법 제77조).

【부칙】

〈법률 제6242호, 2000.1.28〉

시행일
이 법은 2000년 7월 1일부터 시행한다.

〈법률 제9862호, 2009.12.29 일부개정〉

〈법률 제10580호, 2011.4.12 타법개정〉

〈법률 제11186호, 2012.1.17 일부개정〉

이 법은 공포 후 6개월이 경과한 날부터 시행한다.

연습문제 | 제4장 도시개발법

■ 주관식 문제 ■

01 도시개발구역의 지정대상지역에 대하여 설명하시오

02 도시개발사업의 시행자 중 도시개발조합의 설립요건과 절차에 대하여 설명하시오.

03 도시개발사업의 시행방식과 절차에 대하여 설명하시오.

04 도시개발법상 도시개발사업을 수용방식에 의하여 시행하는 경우 공익사업을 위한 토지등의취득및보상에관한법률에 대한 특례에 대하여 설명하시오.

05 도시개발법상 환지계획의 기준에 대하여 설명하시오.

■ 단답식 문제 ■

01 도시개발사업은 도시개발구역 안에서 ( )·( )·산업·유통·정보통신·생태·문화·보건·복지 등의 기능을 가지는 단지 또는 시가지를 조성하기 위하여 시행하는 사업을 말한다.

02 도시개발구역으로 지정할 수 있는 규모는 도시지역 안에서 주거지역 및 상업지역은 ( ), 공업지역은 ( ), 자연녹지지역은 10,000㎡ 이상, 생산녹지지역(구역지정면적의 30/100 이하인 경우)은 ( )이고, 도시지역 외의 지역은 ( )이다(다만, 공동주택 중 아파트·연립주택건설 계획이 포함된 경우에는 200,000㎡ 이상).

03 ( ), ( ) 및 도시지역 외의 지역에 도시개발구역을 지정하는 경우에는 광역도시계획 또는 도시기본계획에 의하여 개발이 가능한 용도로 지정된 지역에 한하여 국토해양부장관이 정하는 기준에 따라 지정하여야 한다.

04 도시개발구역이 지정·고시된 경우 그 도시개발구역은 도지지역과 ( )으로 결정·고시된 것으로 본다.

05 토지소유자가 설립한 조합은 도시개발사업의 전부를 (　　　　　)으로 시행하는 경우에 한하여 시행자가 될 수 있다.

06 도시개발사업의 (　　　　　)을 고시한 경우 그 고시내용 중 도시관리계획(지구단위계획을 포함)으로 결정하여 하는 사항은 도시관리계획이 결정 · 고시된 것으로 본다.

단답식 정 답

01 주거, 상업
02 10,000㎡ 이상, 30,000㎡ 이상, 10,000㎡ 이상, 300,000㎡ 이상
03 자연녹지지역, 생산녹지지역
04 지구단위계획구역
05 환지방식
06 실시계획

■ 객관식 문제 ■

01 다음 중 도시개발사업에 포함될 수 없는 것은?
① 주거단지조성사업
② 농지조성사업
③ 산업단지조성사업
④ 정보통신단지조성사업
⑤ 시가지조성사업

02 도시개발조합에 관한 설명 중 틀린 것은?
① 도시개발구역 안에 있는 토지소유자는 도시개발조합의 조합원이 된다.
② 조합을 설립하고자 하는 때에는 도시개발구역 안의 토지소유자 7인 이상이 정관을 작성하여 지정권자에게 조합설립의 인가를 받아야 한다.
③ 도시개발조합의 설립인가를 신청하는 때에는 토지면적의 2분의 1 이상에 해당하는 토지소유자의 동의를 얻어야 한다.
④ 도시개발사업은 당해 구역 안의 토지 등을 수용 · 사용하거나 교환 · 변경하는 방식에 의하여 시행할 수 있다.
⑤ 도시개발조합은 정관이 정하는 바에 의하여 조합원에게 부과금을 부과 · 징수할 수 있다.

풀이 ③ 도시개발조합설립의 인가를 신청하고자 하는 때에는 그 도시개발구역 안의 토지면적 2/3 이상에 해당하는 토지소유자와 토지소유자 총수의 1/2 이상의 동의를 얻어야 한다(법 제13조제3항).

정답 **01** ② **02** ③

03 조합이 시행자인 도시개발사업에 관한 설명 중 바른 것은?

① 수용방식에 의하는 경우 조합이 실시계획인가를 받은 경우에는 공익사업을위한토지등의취득및보상에관한법률에 의한 사업인정을 함께 받은 것으로 본다.

② 정관 또는 실시계획을 변경하고자 하는 경우 조합은 지정권자의 인가를 받아야 한다.

③ 환지방식에 의하는 경우 환지예정지지정을 위하여 필요한 경우에는 조합은 건축물 기타 장애물 등을 직접 제거할 수 있다.

④ 환지방식에 의하는 경우 사업시행 후의 전체 토지가액이 사업시행 전보다 감소한 경우에는 조합은 그 차액을 감가보상금으로 지급하여야 한다.

⑤ 조합의 처분에 대한 이의는 민사절차에 의하여 제기하여야 한다.

풀이 ① 도시개발사업은 수용방식이나 환지방식 또는 혼용방식에 의하여 시행할 수 있다. 수용방식에 의하는 경우 수용·사용할 토지 등의 세목을 고시한 때에는 사업인정 및 그 고시가 있은 것으로 본다(법 제22조제3항). ② 조합이 정관 또는 실시계획을 변경하거나 폐지하는 경우에는 지정권자의 인가를 받아야 한다(법 제13조제1항, 제17조). ③ 시행자가 환지예정지 지정에 따라 건축물·장애물 등을 이전·제거하고자 할 때에는 소유자·점유자에게 미리 통지하여야 하며(법 제38조제2항), 시행자가 행정청이 아닌 경우에는 미리 관할 시장·군수·구청장의 허가도 받아야 한다(법 제38조제1항). ④ 시행자가 비행정청인 경우에는 감가보상금을 지급할 필요가 없다. ⑤ 시행자의 처분에 이의가 있을 때에는 행정심판법에 의하여 행정심판을 제기할 수 있다. 다만, 행정청이 아닌 시행자의 처분에 관하여는 지정권자에게 행정심판을 제기하여야 한다.

04 환지계획에 정하는 사항이 아닌 것은?

① 환지설계 ② 필지별로 된 환지명세

③ 토지이용계획 ④ 체비지 또는 보류지의 명세

⑤ 필지별과 권리별로 된 청산대상 토지명세

풀이 환지계획에는 ① 환지설계, ② 필지별 환지명세, ⑤ 필지별·권리별 청산대상토지명세, ④ 체비지·보류지명세, 입체환지용 건축물의 명세와 주택공급 등의 방법과 규모, 기타 국토해양부령으로 정하는 사항 등이 포함되어야 한다.

05 도시개발법상 환지계획에 관한 다음의 기술 중 틀린 것은?

① 환지계획은 시행자가 작성한 것만으로 효력을 발생하는 것이 아니고 시장·군수·구청장의 인가를 받아야 하나, 행정청이 시행자인 경우에는 예외이다.

② 환지대상에서 제외한 토지에 대해서는 환지계획인가 후 청산금을 교부할 수 있다.

③ 환지계획의 인가 또는 결정된 사실에 관하여는 이를 공고하도록 하는 규정이 없다.

정답 03 ② 04 ③ 05 ④

④ 환지계획을 정함에 있어 그 기준을 면적에 두는가 가격에 두는가에 따라 면적주의와 평가주의의 방식이 있으나, 우리나라는 평가주의를 택하고 있다.

⑤ 사업시행자가 시행구역 안의 조성 토지 등의 가격을 평가하고자 할 때에는 토지평가협의회의 심의를 거쳐야 한다.

풀이 ④ 환지계획의 작성기준은 면적주의와 평가주의가 및 절충주의가 있는데, 우리나라는 면적주의와 평가주의를 종합적으로 고려하는 절충주의를 취하고 있다.

06 환지예정지의 지정에 관한 설명 중 옳지 않은 것은?

① 환지예정지의 지정은 토지의 소유권을 임시적으로 이전시키는 것을 목적으로 한다.

② 환지예정지의 종전의 토지소유자는 당해 토지를 사용·수익할 수 없다.

③ 환지예정지의 종전의 토지소유자 또는 임차권자 등은 환지예정지를 지정받은 자의 권리행사를 방해할 수 없다.

④ 종전의 토지에 관한 임차권자 등이 있을 때에는 그 환지예정지에 대하여 당해 권리의 목적인 토지 또는 그 부분을 아울러 지정하여야 한다.

⑤ 시행자는 환지를 정하지 아니하기로 결정된 토지에 관한 토지소유자 또는 임차권자 등에게 기일을 정하여 그 날로부터 당해 토지 또는 그 부분의 사용 또는 수익을 정지시킬 수 있다.

풀이 ① 환지예정지의 지정은 사용·수익권을 이동시키는 것이며, 소유권을 이전시키는 것이 아니다.

07 도시개발사업의 시행자가 토지 또는 건축물 소유자의 신청을 받아 환지의 목적인 토지에 갈음하여 건축물의 일부와 그 건축물이 있는 토지의 공유지분을 지정·교부해주는 환지처분은?

① 적응환지처분 ② 증환지처분

③ 감환지처분 ④ 입체환지처분

⑤ 환지부지정처분

풀이 ④ 환지계획에 의하여 입체환지처분을 받은 자는 환지처분공고일의 다음 날에 환지계획에서 정하는 바에 따라 해당 건축물의 일부와 그 건축물이 있는 토지의 공유지분을 취득한다(법 제42조제4항).

08 환지처분에 의한 권리변동의 효과에 관한 다음 기술 중 가장 타당한 것은?

① 인도나 등기를 요하지 않고 바로 권리변동의 효과가 발생하나 등기를 마친 뒤가 아니면 취득한 토지를 처분할 수 없다.

정답 **06** ① **07** ④ **08** ①

② 등기는 요하지 않으나 인도를 하여야만 권리변동의 효과가 발생한다.

③ 인도는 요하지 않으나 등기를 하여야만 권리변동의 효과가 발생한다.

④ 종전의 토지소유자가 새로운 소유자에게 토지를 인도하고 등기를 마쳐야 권리변동의 효과가 발생한다.

⑤ 인도나 등기를 요하지 않고 바로 권리변동의 효과가 발생하므로 언제든지 취득한 토지를 처분할 수 있다.

풀이 ① 환지처분에 의한 권리의 변동은 법률의 규정에 의한 물권변동(민법 제187조)으로서, 등기를 하지 않고 물권변동의 효력이 발생한다. 다만, ⑤ 등기를 하지 아니하면 처분을 할 수 없다.

09 도시개발구역의 지정 등에 관한 다음 설명 중 틀린 것은?

① 도시개발구역은 원칙적으로 시·도지사(특별시장·광역시장·도지사·특별자치도지사) 또는 대도시시장이 지정하며, 그 면적이 100만㎡ 이상인 때에는 국토해양부장관의 승인을 얻어야 한다.

② 그 면적이 330만㎡ 이상인 도시개발구역에 관한 개발계획을 수립함에 있어서는 복합기능을 갖는 도시가 되도록 하여야 한다.

③ 지정대상구역 안의 토지소유자는 토지면적의 4/5 이상에 해당하는 토지소유자와 토지소유자 총수의 2/3 이상의 동의를 얻어 도시개발구역의 지정을 요청할 수 있다.

④ 도시개발사업이 필요하다고 인정되는 지역이 2 이상의 시·도(특별시·광역시·도·특별자치도) 또는 대도시의 행정구역에 걸치는 경우에는 관계 시·도지사 또는 대도시시장이 협의하여 도시개발구역을 지정할 자를 정한다.

⑤ 도시개발구역이 지정·고시된 날부터 3년이 되는 날까지 도시개발사업에 관한 실시계획의 인가를 신청하지 아니하는 경우에는 그 3년이 되는 날의 다음 날에 도시개발구역의 지정은 해제된 것으로 본다.

풀이 ③ 시행자가 될 수 있는 자(국가·지방자치단체 제외)는 특별자치도지사·시장·군수 또는 구청장에게 도시개발구역의 지정을 제안할 수 있다. 이 경우 토지소유자·조합 등은 대상구역의 토지면적의 2/3 이상에 해당하는 토지소유자(지상권자 포함)의 동의를 얻어야 한다.

10 다음은 도시개발사업의 시행에 관한 설명이다. 틀린 것은?

① 도시개발사업의 시행방식에는 도시개발구역 안의 토지 등을 수용·사용하는 방식과 환지방식 외에도 이를 혼용하는 방식이 있다.

정답 09 ③ 10 ④

② 수용 · 사용할 토지 등의 세목을 고시한 때에는 공익사업을위한토지등의취득및보상에관한법률에 의한 사업인정 및 고시가 있는 것으로 간주한다.

③ 재결신청은 공익사업을위한토지등의취득및보상에관한법률의 관계규정에 불구하고 도시개발사업의 시행기간 종료일까지 행하여야 한다.

④ 지정권자가 아닌 시행자가 토지상환채권을 발행하고자 하는 경우에는 미리 국토해양부장관의 승인을 얻어야 한다.

⑤ 시행자는 도시개발사업의 시행에 필요한 토지 등을 제공함으로 인하여 생활의 근거를 상실하게 되는 자에 대한 이주대책을 수립 · 시행하여야 한다.

풀이 ④ 시행자는 토지소유자가 원하는 경우에는 토지 등의 매수대금의 일부를 지급하기 위하여 토지상환채권(사업시행으로 조성된 토지 · 건축물로 상환하는 채권)을 발행할 수 있다. 토지상환채권을 발행하고자 하는 때에는 발행계획을 작성하여 미리 지정권자의 승인을 얻어야 한다.

11 다음 중 도시개발사업의 시행자로 지정받을 수 없는 자는?

① 지방공기업법에 의하여 설립된 지방공사

② 건설산업기본법에 의한 토목공사업 또는 토목건축공사업의 면허를 받는 등 개발계획에 적합하게 도시개발사업을 시행할 능력이 있다고 인정되는 자로서 대통령령이 정하는 요건에 해당하는 자

③ 도시개발구역 안의 거주자들이 도시재개발 사업을 위하여 설립한 조합

④ 건설산업기본법에 의한 토목건축공사업의 면허를 받는 등 개발계획에 적합하게 도시개발사업을 시행할 능력이 있다고 인정되는 자로서 대통령령이 정하는 요건에 해당하는 자

⑤ 수도권정비계획법에 의한 과밀억제권역에서 수도권 외의 지역으로 이전하는 법인 중 과밀억제권역 안의 사업기간 등 대통령령이 정하는 요건에 해당하는 법인

풀이 도시개발사업의 시행자는 ① 국가 · 지방자치단체, ② 공공기관(토주공, 관공, 수공, 농공, 철공, 매입공공기관), 정부출자기관, ③ 지방공사, ④ 토지소유자 · 조합, ⑤ 토목건축면허법인, 주택건설등록사업자, 공장 · 대학 이전법인, 부동산개발업자, 부동산투자회사, 출자법인 중에서 지정권자(국토해양부장관 또는 시 · 도지사)가 지정한다. 따라서, ③ 도시개발구역 안의 토지소유자(수용방식의 경우에는 토지면적의 2/3 이상을 소유한 자) 또는 이들이 도시개발사업을 위하여 설립한 조합은 시행자로 지정받을 수 있으나, 구역 안의 거주자는 시행자로 지정받을 수 없고, 더구나 재개발사업을 위하여 설립한 조합은 더욱 해당되지 않는다.

정답 11 ③

12 도시개발사업 중 환지방식에 관한 다음 설명 중 맞는 것은?

① 시행자는 환지방식으로 시행하는 경우 조성토지 등의 가격을 평가하고자 할 때 공인평가기관이 평가한 경우에는 토지평가심의회의 심의를 거치지 않을 수 있다.

② 시행자는 면적이 작은 토지에 대하여는 과소토지가 되지 않도록 면적을 증가하여 환지를 정할 수 있으나, 면적이 넓은 토지에 대하여는 그 면적을 감소하여 환지를 정할 수 없다.

③ 토지소유자의 신청이나 동의가 있는 때에는 당해 토지의 전부 또는 일부에 대하여 환지를 정하지 아니할 수 있다. 다만, 당해 토지에 관하여 임차권자 등이 있는 때에는 그 동의를 얻어야 한다.

④ 시장·군수는 환지계획을 작성한 때에는 도지사의 인가를 받아야 한다.

⑤ 시행자는 토지소유자의 신청이 없어도 환지의 목적인 토지에 갈음하여 시행자에게 처분할 권한이 있는 건축물의 일부와 당해 건축물이 있는 토지의 공유지분을 부여할 수 있다.

풀이 ③ 토지소유자의 신청·동의에 의한 환지 부지정의 경우에는 임차권자 등의 동의를 얻어야 한다. ⑤ 입체환지의 경우에는 임차권자 등의 동의는 필요 없으나 토지 또는 건축물 소유자의 신청을 받아야 한다.

13 다음 중 도시개발법(都市開發法)의 목적 또는 내용과 가장 관계가 적은 것은?

① 계획적·체계적인 도시개발 ② 건축물 및 그 부지의 정비

③ 토지의 교환·분합·구획변경 ④ 토지의 수용·사용

⑤ 쾌적한 도시환경의 조성

풀이 ①③④⑤ 도시개발법은 도시개발에 필요한 사항을 규정함으로써 계획적이고 체계적인 도시개발을 도모하고 쾌적한 도시환경의 조성과 공공복리의 증진에 기여함을 목적으로 하며(법 제1조), 도시개발사업은 수용방식(토지 등의 수용·사용) 또는 환지방식(토지의 교환·분합 등)에 의하여 시행할 수 있다. ② 정비사업이란 고도이용과 도시기능을 회복하기 위하여 정비구역 안에서 기반시설을 정비하고 주택 등 건축물을 개량하거나 건설하는 사업을 말한다.

14 도시개발법상 도시개발구역의 지정에 관한 설명 중 틀린 것은?

① 도시개발구역은 원칙적으로 시·도지사 또는 대도시시장이 지정하지만, 이 경우 지정하고자 하는 도시개발구역의 면적이 33만㎡ 이상인 때에는 국토해양부장관의 승인을 얻어야 한다.

정답 12 ③ 13 ② 14 ①

② 도시개발사업이 필요한 지역이 2 이상의 시 · 도의 행정구역에 걸치는 경우에는 관계 시 · 도지사 또는 대도시시장이 협의하여 도시개발구역을 지정할 자를 정한다.

③ 국가가 도시개발사업을 시행할 필요가 있는 경우 또는 2 이상의 시 · 도 또는 대도시에 걸치는 경우에 협의가 성립되지 아니하는 경우에는 국토해양부장관이 지정할 수 있다.

④ 시장 · 군수 · 구청장이 개발계획을 수립할 수 있는 경우는 없다.

⑤ 구역의 지정절차에는 기초조사, 공람 또는 공청회개최(주민 및 관계전문가의 의견청취) 도시계획 위원회의 심의, 지정 · 고시 및 공람 등이 포함되어 있다.

풀이 ① 도시개발구역은 원칙적으로 시 · 도지사 또는 대도시시장이 지정하지만, 이 경우 지정하고자 하는 구역의 면적이 100만 ㎡ 이상인 때에는 국토해양부장관의 승인을 얻어야 한다. ③ 개발계획은 지정권자(시 · 도지사, 대도시시장 또는 국토해양부장관)가 수립하여야 한다.

15 도시개발법상 도시개발구역의 지정대상 및 그 규모에 관한 설명 중 틀린 것은?

① 도시지역 안의 주거지역에서는 1만㎡ 이상이어야 한다.

② 도시지역 안의 공업지역에서는 3만㎡ 이상이어야 한다.

③ 도시지역 안의 자연녹지지역에서는 1만㎡ 이상이어야 한다.

④ 도시지역 안의 보전녹지지역으로서 광역도시계획 · 도시기본계획상 개발이 가능한 경우에는 5천㎡ 이상이어야 한다.

⑤ 도시지역 밖의 생산관리지역으로서 광역도시계획 · 도시기본계획상 개발이 가능한 경우에는 30만㎡ 이상이어야 한다.

풀이 ① 도시개발구역의 규모는 도시지역 안의 주거지역 · 상업지역에서는 1만㎡ 이상, ② 공업지역에서는 3만㎡ 이상, ③ 자연녹지지역과 생산녹지지역(구역지정면적의 30/100 이하인 경우)에서는 1만㎡ 이상이어야 하며, ⑤ 관리지역 · 농림지역 · 자연환경보전지역에서는 30만㎡(아파트 · 연립주택건설계획이 포함된 경우에는 20만㎡) 이상이어야 한다. 다만, 자연녹지지역, 생산녹지지역 및 도시지역 외의 지역에서는 광역도시계획 · 도시기본계획상 개발이 가능한 지역에 한한다(법 제3조제5항, 영 제2조). 그러나 취락지구 · 개발진흥지구 및 지구단위계획구역 등에서는 위와 같은 용도지역별 규모와 관계없이 구역지정이 가능하다(영 제2조).

16 도시개발사업(都市開發事業)의 시행자가 될 수 있는 자로서 가장 타당하지 않은 것은?

① 토지소유자 · 조합 ② 한국관광공사

③ 지방공사 ④ 건축물 및 그 부속토지 소유자

⑤ 국가 · 지방자치단체

정답 15 ④ 16 ④

풀이 ①②③⑤ 도시개발사업은 ⓐ 국가 · 지방자치단체, ⓑ 대통령령이 정하는 공공기관(토주공, 수공, 농공, 관공, 철공, 매입공공기관), 정부출연기관, ⓓ 지방공사, ⓔ 토지소유자 또는 그들이 설립한 조합, ⓕ 과밀억제 권역에서 이전하는 법인, ⓖ 건설업면허소지자(사업시행능력자), 주택건설등록사업자, 부동산개발업자, 부동산투자회사, ⓗ 출자법인 등 중에서 지정권자의 지정을 받으면 시행자가 될 수 있다. ④ 정비사업은 ⓐ 토지등소유자 · 조합, ⓑ 시장 · 군수, 지정개발자 또는 토지주택공사 등(토주공, 지공)이 시행자가 될 수 있다. 여기서 토지등소유자란 토지 또는 건축물의 소유자 또는 그 지상권자를 말한다(다만 주택재건축사업에서는 건축물 및 그 부속토지의 소유자를 말한다).

17 도시개발조합에 관한 설명으로서 틀린 것은?

① 토지소유자가 도시개발조합의 설립인가를 신청하는 경우, 도시개발구역 안의 토지소유자 총수의 2분의 1 이상과 토지면적의 2분의 1 이상에 해당하는 토지소유자의 동의를 얻어야 한다.

② 조합의 조합원은 도시개발구역 안의 토지소유자로 한다.

③ 조합을 설립하고자 하는 때에는 도시개발구역 안의 토지소유자 7인 이상이 정관을 작성하여 지정권자에게 조합설립의 인가를 받아야 한다.

④ 조합은 법인으로 한다.

⑤ 조합은 등기함으로써 성립한다.

풀이 ① 토지소유자가 도시개발조합의 설립인가신청을 하는 경우, 도시개발구역 안의 토지면적 2/3 이상에 해당하는 토지소유자와 토지소유자 총수의 1/2 이상의 동의를 얻어야 한다(법 제13조제3항).

18 도시개발구역지정(고시)의 효과와 가장 관계가 적은 것은?

① 도시지역의 지정의제
② 지구단위계획구역의 지정의제
③ 도시 · 군관리계획의 결정의제
④ 개발행위허가
⑤ 지구단위계획의 결정의제

풀이 ①②③ 도시개발구역이 지정 · 고시되면 그 구역은 국토의계획및이용에관한법률에 따른 도시지역과 대통령령으로 정하는 지구단위계획구역으로 결정 · 고시된 것으로 보지만(법 제9조제3항), ⑤ 실시계획에 포함된 지구단위계획은 실시계획의 작성 · 인가를 고시한 때에 지구단위계획으로 결정 · 고시된 것으로 본다(법 제18조제2항). ④ 도시개발구역 안에서 건축물의 건축 · 공작물의 설치, 토지형질의 변경, 토석채취, 토지의 분할, 물건을 쌓아놓는 행위 등 대통령령이 정하는 행위를 하고자 하는 자는 시장 · 군수의 허가를 받아야 한다(법 제9조제5항). 이러한 개발행위허가에 관하여 이 법에 규정된 것을 제외하고는 국토의계획및이용에관한법률(제57조 내지 제60조 및 제62조)의 규정을 준용한다(법 제9조제9항).

정답 17 ① 18 ⑤

19 환지계획에 관한 설명으로서 틀린 것은?
① 환지계획이란 환지처분의 내용을 정하는 계획이다.
② 환지계획은 사업시행자가 작성하여야 한다.
③ 환지계획을 작성한 때에는 시·도지사의 인가를 받아야 한다.
④ 환지계획의 내용에는 환지설계, 환지명세, 청산대상토지명세 등이 포함되어야 한다.
⑤ 환지계획은 종전의 토지 및 환지의 위치, 지목, 면적, 토질, 수리, 이용상황, 환경 기타의 사항을 종합적으로 고려하여 합리적으로 정하여야 한다.

풀이 ③ 도시개발사업에 있어서 환지계획의 인가권자는 특별자치도지사·시장·군수·구청장이다. 정비사업에 있어서 관리처분계획의 인가권자는 시장·군수 또는 구청장("시장·군수"라 한다)이다.

20 환지계획의 기준에 관한 설명 중 틀린 것은?
① 토지소유자의 신청 또는 동의에 의하여 환지를 지정하지 않는 경우에는 시행자는 임차권자 등의 동의를 얻어야 한다.
② 시행자는 환지계획에 있어서 면적이 작은 토지에 대하여 과소토지가 되지 않도록 면적을 증가하여 환지를 정할 수 있다.
③ 과소토지가 되는 경우에는 환지부지정을 할 수 있으며, 과소토지의 기준면적은 국토의계획및이용에관한법률상의 건폐율·용적률 등의 기준을 고려하여 시행자가 정한다.
④ 도시개발사업에 필요한 경비에 충당하기 위하여 일정한 토지를 환지로 정하지 아니하고 이를 체비지로 정할 수 있다.
⑤ 환지부지정된 토지에 대하여 시행자는 환지처분 이전이라도 환지계획의 인가 후에는 청산금을 지급할 수 있다.

풀이 ③ 과소토지의 기준면적은 대통령령이 정하는 범위(건축법시행령 제80조에 의한 건축물이 있는 대지의 분할제한기준) 안에서 시행자가 규약·정관·시행규정으로 정한다(법 제31조제2항, 영 제62조).

21 환지예정지지정의 효과에 관한 기술로서 틀린 것은?
① 환지예정지가 지정되면 종전 토지에 대한 사용·수익권은 상실된다.
② 종전 토지의 소유자 및 임차권자 등은 환지예정지지정의 효력발생일로부터 환지처분 공고일까지 환지예정지에 대한 사용·수익·처분권을 취득한다.
③ 시행자는 환지예정지를 지정한 때에 그 토지에 사용·수익의 장애가 될 물건이 있는

정답 **19** ③ **20** ③ **21** ②

등 특별한 사유가 있는 경우에는, 환지예정지의 사용 · 수익의 개시일을 따로 정할 수 있다.

④ 시행자는 환지를 정하지 아니하기로 결정된 토지에 대하여 토지소유자 또는 임차권자 등에게 기일을 정하여 사용 · 수익을 정지시킬 수 있다.

⑤ 환지예정지가 지정되면 시행자는 체비지를 사용 · 수익하게 하거나 처분할 수 있다.

풀이 ② 환지예정지가 지정되면, 종전토지의 소유자 · 임차권자 등은 환지예정지에 대한 사용 · 수익권을 취득하며, 종전토지에 대하여는 사용 · 수익할 수 없다. 다만, 종전토지에 대한 소유권은 그대로 존속하며, 환지예정지에 대한 처분권이 생기는 것은 아니다.

22 환지처분에 대한 설명으로서 타당하지 않은 것은?

① 시행자는 지정권자에 의한 준공검사를 받은 때(지정권자가 시행자인 경우에는 공사완료공고가 있는 때)에는 60일 이내에 환지처분을 하여야 한다.

② 시행자는 환지처분을 하고자 할 때에는 환지계획에서 정한 사항을 토지소유자에게 통지하고 이를 공고하여야 한다.

③ 환지처분에 의하여 소유권이 당연히 취득 · 변경되는 것이 아니고 환지계획에 따라 별도로 소유권이전등기 절차를 밟아야 한다.

④ 체비지의 소유권은 시행자에게 귀속된다.

⑤ 환지처분에 의하여 종전토지에 설정되어 있던 저당권은 새로운 환지 위에 이전 · 존속하게 된다.

풀이 ③ 환지처분의 공고가 있는 경우에는 환지계획에서 정하여진 환지는 환지처분의 공고가 있은 날의 다음 날부터 종전의 토지로 본다(법 제41조제1항). 따라서, 별도의 소유권이전등기 절차를 거치지 않고도 법률의 규정에 의하여 환지에 대한 소유권을 취득하게 된다(민법 제187조).

정답 22 ③

05 도시및주거환경정비법

제1절 서 론

1. 법의 목적

이 법은 도시기능의 회복이 필요하거나 주거환경이 불량한 지역을 계획적으로 정비하고 노후·불량건축물을 효율적으로 개량하기 위하여 필요한 사항을 규정함으로써 도시환경을 개선하고 주거생활의 질을 높이는데 이바지함을 목적으로 한다(법 제1조).

2. 법체계상의 지위

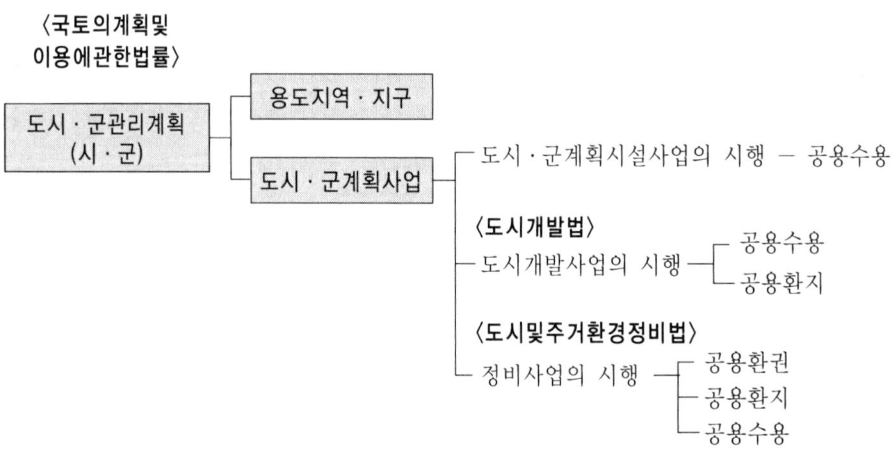

정비사업은 도시·군관리계획에 의한 도시·군계획사업의 하나로서 도시및주거환경정비법에 의하여 정비구역을 지정하고 이 법에 의한 집행절차와 방법에 따라 사업을 시행하게 된다.

3. 법의 적용범위

1) 적용대상지역

도시및주거환경정비법은 일정한 지역에 대하여 정비구역을 지정하여 그 구역을 적용대상으로 주거환경개선사업·주택재개발사업·주택재건축사업 및 도시환경정비사업 등 정비사업을 시행한다. 즉, 도시및주거환경정비법은 정비구역 안에서만 적용된다.

다만, 주택재건축사업은 정비구역 밖에서도 대통령령이 정하는 주택 및 그 부속토지 등에 적용될 수 있다.

2) 적용대상사업

도시및주거환경정비법은 정비사업 및 그 부대시설을 적용대상으로 한다.

정비사업은 물석 공용부담 중 주로 공용환권(公用換券)이라는 방식에 의하지만 사업의 종류에 따라 공용환지방식 또는 공용수용방식도 인정된다.

공용환권이란 공용환지의 변형으로서 정비구역 안에 토지 및 건축물에 관한 권리를 강제적으로 교환·변경하는 방식을 말하며, 토지뿐만아니라 건축물에 관한 권리도 그 대상으로 한다는 점에서 공용환지와 구별된다.

도시및주거환경정비법은 구 도시재개발법상의 재개발사업[(노후·불량)주택재개발사업, 도심재개발사업, (노후·불량)공장재개발사업]과 구 주택건설촉진법상의 (노후·불량)주택재건축사업 및 구 도시저소득주민의주거환경개선을위한임시조치법상의 주거환경개선사업을 통폐합하여 정비사업으로 단일화하면서 사업의 종류를 주거환경개선사업, 주택재개발사업, 주택재건축사업 및 도시환경정비사업으로 구분하고 있다.

이 중 주거환경개선사업은 자력, 수용 또는 환지방식에 의하여, 주택재개발사업은 환권(관리처분계획) 또는 환지방식에 의하여, 주택재건축사업은 환권방식에 의하여, 도시환경정비사업은 환권 또는 환지방식에 의하여 시행하도록 규정하고 있다(법 제6조제1항).

4. 법의 주요내용

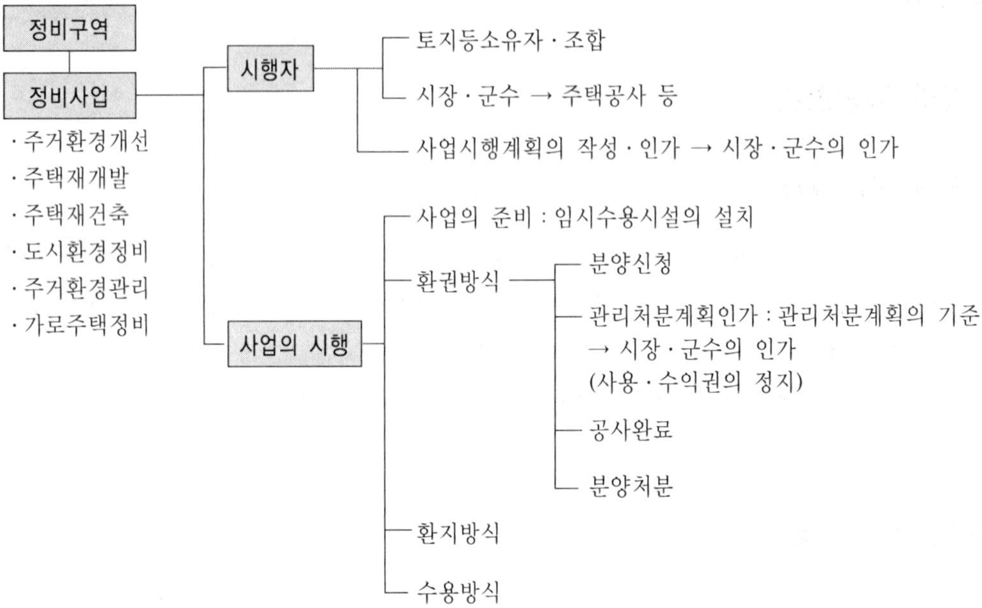

5. 정비사업 등

1) 정비사업

(1) 의 의

"정비사업"이란 이 법에서 정한 절차에 따라 도시기능을 회복하기 위하여 정비구역 또는 가로구역(정비구역이 아닌 대통령령으로 정하는 구역을 말하며 바목의 사업에 한정한다) 안에서 정비기반시설을 정비하거나 주택 등 건축물을 개량하거나 건설하는 다음 각 목의 사업을 말한다. 다만, 주택재건축사업(다목)의 경우에는 정비구역이 아닌 구역에서 시행하는 주택재건축사업을 포함한다(법 제2조제2호).

(2) 종 류

정비사업은 다음(각 목)과 같이 주거환경개선사업 · 주택재개발사업 · 주택재건축사업 · 도시환경정비사업으로 구분된다(법 제2조제2호).

① 주거환경개선사업

도시저소득주민이 집단으로 거주하는 지역으로서 정비기반시설이 극히 열악하고 노후 ·

불량건축물이 과도하게 밀집한 지역에서 주거환경을 개선하기 위하여 시행하는 사업(가목)

② 주택재개발사업

정비기반시설이 열악하고 노후·불량건축물이 밀집한 지역에서 주거환경을 개선하기 위하여 시행하는 사업(나목)

③ 주택재건축사업

정비기반시설은 양호하나 노후·불량건축물이 밀집한 지역에서 주거환경을 개선하기 위하여 시행하는 사업(다목)

④ 도시환경정비사업

상업지역·공업지역 등으로서 토지의 효율적 이용과 도심 또는 부도심 등 도시기능의 회복이나 상권활성화 등이 필요한 지역에서 도시환경을 개선하기 위하여 시행하는 사업(라목)

⑤ 주거환경관리사업

단독주택 및 다세대주택 등이 밀집한 지역에서 정비기반시설과 공동이용시설의 확충을 통하여 주거환경을 보전·정비·개량하기 위하여 시행하는 사업(마목)

⑥ 가로주택정비사업

노후·불량건축물이 밀집한 가로구역에서 종전의 가로를 유지하면서 소규모로 주거환경을 개선하기 위하여 시행하는 사업(바목)

(3) 사업의 시행방식

① 주거환경개선사업 : 자력, 수용 또는 환지

주거환경개선사업은 다음 각 호의 어느 하나에 해당하는 방법 또는 이를 혼용하는 방식에 의한다(제6조제1항).

㉠ 사업시행자(제7조)가 정비구역 안에서 정비기반시설을 새로이 설치하거나 확대하고 토지등소유자가 스스로 주택을 개량하는 방법(제1호)

㉡ 사업시행자(제7조)가 정비구역의 일부 또는 전부를 수용(제38조)하여 주택을 건설한 후 토지등소유자에게 우선 공급하는 방법(제2호)

㉢ 사업시행자(제7조)가 환지(제43조제2항)로 공급하는 방법(제3호)

㉣ 사업시행자(제7조)가 정비구역에서 인가받은 관리처분계획(제48조)에 따라 주택 및 부대시설·복리시설을 건설하여 공급하는 방법(제4호)

② 주택재개발사업 : 환권 또는 환지

주택재개발사업은 정비구역 안에서 인가받은 관리처분계획(제48조)에 따라 주택 및 부대·복리시설을 건설하여 공급하거나, 환지(제43조제2항)로 공급하는 방법에 의한다(법 제6조제2항).

③ 주택재건축사업 : 환권

주택재건축사업은 정비구역 안 또는 정비구역이 아닌 구역에서 인가받은 관리처분계획(제48조)에 따라 공동주택 및 부대·복리시설을 건설하여 공급하는 방법에 의한다. 다만, 주택단지 안에 있지 아니하는 건축물의 경우에는 지형여건·주변의 환경으로 보아 사업시행상 불가피한 경우와 정비구역 안에서 시행하는 사업에 한한다(법 제6조제3항).

④ 도시환경정비사업 : 환권 또는 환지

도시환경정비사업은 정비구역 안에서 인가받은 관리처분계획(제48조)에 따라 건축물을 건설하여 공급하는 방법 또는 환지(제43조제2항)로 공급하는 방법에 의한다(법 제6조제4항).

⑤ 주거환경관리사업

주거환경관리사업은 사업시행자가 정비구역에서 정비기반시설 및 공동이용시설을 새로 설치하거나 확대하고 토지등소유자가 스스로 주택을 보전·정비하거나 개량하는 방법으로 한다(법 제6조제5항).

⑥ 가로주택정비사업

가로주택정비사업은 사업시행자가 가로구역에서 인가받은 관리처분계획에 따라 주택등을 건설하여 공급하거나 보전 또는 개량하는 방법으로 한다(법 제6조제6항).

⑦ 순환정비방식

㉠ 사업시행자는 주거환경개선사업·주택재개발사업·주택재건축사업·도시환경정비사업(제2조제2호가목 내지 라목)의 정비사업을 원활히 시행하기 위하여 정비구역의 내·외에 새로 건설한 주택 또는 이미 건설되어 있는 주택에 그 정비사업의 시행으로 철거되는 주택의 소유자 또는 세입자(정비구역 안에서 실제 거주하는 자에 한한다)가 임시로 거주하게 하는 등의 방식으로 그 정비구역을 순차적으로 정비하는 등 주택의 소유자 또는 세입자의 이주대책을 수립하여야 한다(법 제35조제1항).

㉡ 사업시행자는 위의 규정(제1항)에 의한 방식으로 정비사업을 시행하는 경우에는 그 임시로 거주하는 주택(이하 "순환용 주택"이라 한다)을 주택법(제38조)의 규정에 불구하고 임시수용시설(제36조)로 사용하거나 임대할 수 있으며, 대통령령으로 정하는 방법과 절차에 따라 토지주택공사 등이 보유한 공공임대주택을 순환용 주택으로 우선 공급할 것을 요청할 수 있다(법 제35조제2항).

㉢ 순환용 주택에 거주하는 자가 정비사업이 완료된 후에도 순환용 주택에 계속 거주하기를 희망하는 때에는 대통령령으로 정하는 바에 따라 이를 분양하거나 계속 임대할 수 있다. 이 경우 사업시행자가 소유하는 순환용 주택은 인가받은 관리처분계획(제48조)에 따라 토지등소유자에게 처분된 것으로 본다(법 제35조제3항).

(4) 적용의 제외

가로주택정비사업에 대하여는 제3조(도시 · 주거환경정비기본계획)와 제4조(정비구역)를 적용하지 아니한다(법 제2조의2).

2) 노후 · 불량건축물

"노후 · 불량건축물"이란 다음 각 목의 어느 하나에 해당하는 건축물을 말한다(법 제2조제3호, 영 제2조).

① 건축물이 훼손되거나 일부가 멸실되어 붕괴 그 밖의 안전사고의 우려가 있는 건축물(가목)

② 다음의 요건에 해당하는 건축물로서 대통령령으로 정하는 바에 따라 시 · 도 조례[특별시 · 광역시 · 도 · 특별자치도 또는 대도시(특별시 · 광역시 및 특별자치시를 제외한 인구 50만명 이상 대도시)의 조례]로 정하는 건축물(나목)

㉠ 주변 토지의 이용상황 등에 비추어 주거환경이 불량한 곳에 소재할 것

㉡ 건축물을 철거하고 새로운 건축물을 건설하는 경우 그에 소요되는 비용에 비하여 효용의 현저한 증가가 예상될 것

③ 도시미관의 저해, 건축물의 기능적 결함, 부실시공 또는 노후화로 인하여 구조적 결함이 있는 건축물로서 대통령령으로 정하는 바에 따라 시 · 도 조례로 정하는 건축물(다목)

■ 노후 · 불량건축물의 범위 ■

법 제2조제3호	영 제2조
① 건축물이 훼손되거나 일부가 멸실되어 붕괴 그 밖의 안전사고의 우려가 있는 건축물(가목)	
② 다음 요건에 해당하는 건축물로서 대통령령이 정하는 바에 따라 시 · 도 조례로 정하는 건축물(나목) ㉠ 주변토지의 이용상황 등에 비추어 주거환경이 불량한 곳에 소재할 것 ㉡ 건축물을 철거하고 새로운 건축물을 건설하는 경우 그에 소요되는 비용에 비하여 효용의 현저한 증가가 예상될 것	다음 각 호의 어느 하나에 해당하는 건축물을 말한다(제1항). ▸ 건축법(제57조제1항)에 따라 당해 지방자치 단체의 조례가 정하는 면적에 미달되거나 국토계획법(제2조제7호)에 의한 도시계획시설 등의 설치로 인하여 효용을 다할 수 없게 된 대지에 있는 건축물 ▸ 공장의 매연 · 소음 등으로 위해를 초래할 우려가 있는 지역 안에 있는 건축물 ▸ 당해 건축물을 준공일 기준으로 40년까지 사용하기 위하여 보수 · 보강하는 데 드는 비용이 철거 후 새로운 건축물을 건설하는 데 드는 비용보다 클 것으로 예상되는 건축물
③ 도시미관의 저해, 건축물의 기능적 결함, 부실시공 또는 노후화로 인한 구조적 결함 등으로 인하여 철거가 불가피한 건축물로서 대통령령이 정하는 바에 따라 시 · 도 조례로 정하는 건축물(다목)	다음 각 호의 어느 하나에 해당하는 건축물을 말한다(제2항). ▸ 준공된 후 20년 이상의 범위에서 조례로 정하는 기간이 지난 건축물 ▸ 국토의계획및이용에관한법률(제19조제1항제8호)에 의한 도시기본계획상의 경관에 관한 사항에 저촉되는 건축물 ▸ 건축물의 급수 · 배수 · 오수설비 등이 노후화되어 수선만으로는 그 기능을 회복할 수 없게 된 건축물

3) 정비기반시설 · 대지 등

(1) 정비기반시설

"정비기반시설"이라 함은 도로 · 상하수도 · 공원 · 공용주차장 · 공동구(국토의계획및이용에관한법률 제2조제9호의 규정에 의한 공동구를 말한다) 그 밖에 주민의 생활에 필요한 가스 등의 공급시설로서 대통령령이 정하는 시설을 말한다(법 제2조제4호).

(2) 공동이용시설

(3) 대 지

"대지"라 함은 정비사업에 의하여 조성된 토지를 말한다(법 제2조제6호).

(4) 주택단지

주택단지란 주택 및 부대 · 복리시설을 건설하거나 대지로 조성되는 일단의 토지로서 다음 각 목의 어느 하나에 해당하는 일단의 토지를 말한다(법 제2조제7호).

- 주택법(제16조)에 따른 사업계획승인을 받아 주택과 부대 · 복리시설을 건설한 일단의 토지(가목)
- 위 규정(가목)에 따른 일단의 토지 중 도시 · 군계획시설인 도로나 그 밖에 이와 유사한 시설로 분리되어 각각 관리되고 있는 각각의 토지(나목)
- 위 규정(가목)에 따른 일단의 토지 2 이상이 공동으로 관리되고 있는 경우 그 전체 토지(다목)
- 주택재건축사업의 범위에 관한 특례규정(법 제41조)에 따라 분할된 토지 또는 분할되어 나가는 토지(라목)
- 건축법(제11조)에 따라 건축허가를 얻어 아파트 또는 연립주택을 건설한 일단의 토지(마목)

(5) 정관 등

4) 정비구역 및 정비사업의 시행

	정비구역		정비사업의 시행		
	기반시설	노후불량 건축물 밀집지역	토지등 소유자	시행자	시행방식
주거환경개선사업	열악	노후불량건축물 밀집지역의 주거환경개선 • 무허가 · 위법의 노후불량건축물 • 개발제한구역 • 철거민정착, 인구의 과도한 밀집지역 ※도시저소득주민의 집단적 거주지역	구역 안의 토지 또는 건축물의 소유자 또는 그 지상권자	시장 · 군수	자력, 수용 또는 환지
주택 재개발 사업	열악	노후불량건축물 밀집지역의 주거환경개선 • 건축대지로서의 효용 저하 • 건축물의 노후불량으로 인한 기능저하 • 철거민정착, 인구의 과도한 밀집지역	구역 안의 토지 또는 건축물의 소유자 또는 그 지상권자	조합(토지등 소유자로 구성된 조합)	환권 또는 환지/(수용)
주택 재건축 사업	양호	노후불량건축물 밀집지역의 주거환경개선 • 건축물의 멸실 · 붕괴 등 안전사고의 우려 * 단독주택 200호, 공동주택 300세대 이상, 부지면적 1만 ㎡ 이상	구역 안의 건축물 및 그 부속토지 소유자(다만, 구역 안이 아닌 경우 대통령령이 정하는 주택 및 그 부속토지소유자등)	조합(토지등 소유자로 구성된 조합)	환권

	정비구역		정비사업의 시행		
	기반시설	노후불량 건축물 밀집지역	토지등 소유자	시행자	시행방식
도시환경정비사업	열악	도심·부도심 등 도시기능의 회복·상권 활성화 등이 필요한 지역의 도시환경개선 • 건축대지로서의 효용저하 • 건축물의 노후불량으로 인한 기능저하 • 인구·산업의 과도한 집중으로 인한 도시기능의 저하 • 최저고도지구 * 상업지역·공업지역	구역 안의 토지 또는 건축물의 소유자 또는 그 지상권자	조합 또는 토지등 소유자	환권 또는 환지/(수용)
주거환경관리사업	열악	주거환경 보전·정비·개량 * 단독주택·다세대주택 등 밀집 •정비기반시설·공동이용시설 확충	구역 안에 소재한 토지 또는 건축물의 소유자 또는 그 지상권자	시장·군수	자력
가로주택정비사업		소규모주거환경개선 * 가로구역 • 종전의 가로유지	구역에 있는 토지 또는 건축물의 소유자 및 그 지상권자	조합	환권

제2절 정비구역의 지정

1. 기본계획의 수립

1) 기본계획의 의의

(1) 도시·주거환경정비기본계획의 의의

특별시장·광역시장 또는 시장은 일정한 사항이 포함된 도시·주거환경정비기본계획(이하 "기본계획"이라 한다)을 10년 단위로 수립하여야 한다(법 제3조제1항 본문).

(2) 기본계획의 수립권자 및 대상지역

기본계획은 특별시장·광역시장 또는 시장이 관할구역에 대하여 수립한다(법 제3조제1항 본문).

다만, 대도시(서울특별시와 광역시를 제외한 인구 50만명 이상 대도시)가 아닌 경우 도지사가 기본계획의 수립이 필요하다고 인정하는 시를 제외하고 기본계획을 수립하지 아니할 수 있다(법 제3조제1항 단서).

(3) 기본계획의 내용

(a) 기본계획의 내용

기본계획에는 다음 각 호의 사항이 포함되어야 한다(법 제3조제1항 본문).

① 정비사업의 기본방향(제1호)

② 정비사업의 계획기간(제2호)

③ 인구 · 건축물 · 토지이용 · 정비기반시설 · 지형 및 환경 등의 현황(제3호)

④ 주거지 관리계획(제4호)

⑤ 토지이용계획 · 정비기반시설계획 · 공동이용시설설치계획 및 교통계획(제5호)

⑥ 녹지 · 조경 · 에너지공급 · 폐기물처리 등에 관한 환경계획(제6호)

⑦ 사회복지시설 및 주민문화시설 등의 설치계획(제7호)

⑧ 도시의 광역적 재정비를 위한 기본방향(제7호의2)

⑨ 제4조에 따라 정비구역으로 지정할 예정인 구역(이하 "정비예정구역"이라 한다)의 개략적 범위(제8호)

⑩ 단계별 정비사업추진계획(정비예정구역별 정비계획의 수립시기를 포함하여야 한다)(제9호)

⑪ 건폐율 · 용적률 등에 관한 건축물의 밀도계획(제10호)

⑫ 세입자에 대한 주거안정대책(제11호)

⑬ 그 밖에 주거환경 등을 개선하기 위하여 필요한 사항으로서 대통령령이 정하는 사항(제12호)

(b) 기본계획의 생략

특별시장 · 광역시장 또는 시장은 기본계획에 다음 각 호의 사항을 포함하는 경우에는 위 기본계획의 내용 중 정비예정구역의 범위 등(제1항제8호 및 제9호)의 사항을 생략할 수 있다(법 제3조제9항).

① 생활권의 설정, 생활권별 기반시설 설치계획 및 주택수급계획

② 생활권별 주거지의 정비 · 보전 · 관리의 방향

(4) 기본계획의 작성기준 · 방법

기본계획의 작성기준 및 작성방법은 국토해양부장관이 이를 정한다(법 제3조제8항).

2) 기본계획의 수립절차

(1) 시장의 수립

특별시장·광역시장 또는 시장은 위의 규정(제1항)에 의한 기본계획을 수립 또는 변경하고자 하는 때에는 14일 이상 주민에게 공람하고 지방의회의 의견(60일 이내에 의견 제시)을 들은 후 국토의계획및이용에관한법률(제113조제1항 및 제2항)에 따른 지방도시계획위원회(이하 "지방도시계획위원회"라 한다)의 심의(대도시의 시장이 아닌 시장이 수립하는 경우는 제외)를 거쳐야 한다. 다만, 대통령령이 정하는 경미한 사항을 변경하는 경우에는 그러하지 아니하다(법 제3조제3항, 영 제9조).

(2) 도지사의 승인

① 대도시의 시장이 아닌 시장은 위의 규정(제1항 및 제3항)에 의한 기본계획을 수립 또는 변경한 때에는 도지사의 승인을 얻어야 하며, 도지사가 이를 승인함에 있어서는 지방도시계획위원회의 심의를 거쳐야 한다. 다만, 경미한 사항(제3항 단서)의 규정에 해당하는 변경의 경우에는 그러하지 아니하다(법 제3조제4항).

② 특별시장·광역시장 또는 도지사(이하 "시·도지사"라 한다)는 지방도시계획위원회의 심의를 거치기 전에 관계 행정기관의 장과 협의하여야 한다(법 제3조제5항).

(3) 고시·보고

특별시장·광역시장 또는 시장은 기본계획이 수립 또는 변경된 때에는 이를 지체 없이 당해 지방자치단체의 공보에 고시하여야 한다(법 제3조제6항).

3) 기본계획의 효력

(1) 타당성 검토·정비

특별시장·광역시장 또는 시장은 기본계획에 대하여 5년마다 그 타당성 여부를 검토하여 그 결과를 기본계획에 반영하여야 한다(법 제3조제2항).

(2) 도시·주거환경정비기금의 설치

2. 정비구역의 지정

1) 정비구역의 의의

"정비구역"이란 정비사업을 계획적으로 시행하기 위하여 제4조의 규정에 의하여 지정 · 고시된 구역을 말한다(법 제2조제1호).

2) 구역의 지정권자 및 대상지역

(1) 정비계획의 입안제안

토지등소유자는 다음 각 호의 어느 하나에 해당하는 경우에 시장 · 군수에게 정비계획(제1항)의 입안을 제안할 수 있으며, 이 경우 정비계획의 제안을 위한 토지등소유자의 동의, 제안서의 처리 등에 관하여 필요한 사항은 대통령령으로 정한다(법 제4조제3항).

① 단계별 정비사업추진계획상 정비계획의 수립시기가 1년 이상 경과하였음에도 불구하고 정비계획이 수립되지 아니한 경우

② 토지등소유자가 주택공사 등을 시행자로 요청하고자 하는 경우

③ 대도시가 아닌 시 · 군으로서 시 · 도 조례로 정하는 경우

(2) 시장 · 군수의 정비계획 수립 및 지정신청

① 시장 · 군수는 기본계획에 적합한 범위 안에서 노후 · 불량건축물이 밀집하는 등 대통령령으로 정하는 요건에 해당하는 구역에 대하여 다음 각 호의 사항이 포함된 정비계획을 수립하여 이를 주민에게 서번으로 통보한 후 주민설명회를 하고, 30일 이상 주민에게 공람하며 지방의회의 의견(60일 이내에 의견 제시)을 들은 후 이를 첨부하여 시 · 도지사에게 정비구역지정을 신청하여야 하고, 정비계획의 내용을 변경할 필요가 있을 때에는 같은 절차를 거쳐 변경지정을 신청하여야 한다(법 제4조제1항, 영 제10조제1항 및 별표 1). 다만, 대통령령으로 정하는 경미한 사항을 변경하는 경우에는 주민에 대한 서면통보, 주민설명회, 주민공람 및 지방의회의 의견청취절차를 거치지 아니할 수 있다(법 제4조제1항 단서, 영 제12조제1항).

㉠ 정비사업의 명칭(제1호)

㉡ 정비구역 및 그 면적(제2호)

㉢ 국토의계획및이용에관한법률(제2조제7호)의 규정에 의한 도시 · 군계획시설(이하 "도시 · 군계획시설"이라 한다)의 설치에 관한 계획(제3호)

㉣ 공동이용시설 설치계획(제4호)

㉤ 건축물의 주용도 · 건폐율 · 용적률 · 높이 · 층수 및 연면적에 관한 계획(제5호)

㉥ 환경보전 및 재난방지에 관한 계획(제6호)

㉦ 정비구역 주변의 교육환경보호에 관한 계획(제6호의2)

㉧ 세입자 주거대책(제6호의3)

㉨ 정비사업시행 예정시기(제7호)

ⓩ 지구단위계획(국토계획법 제52조제1항 각 호)에 관한 사항(필요한 경우에 한한다) : 용도지역 · 지구의 세분 및 변경(국토계획법 영 제45조제1항) 등 지구단위계획의 내용에 해당하는 사항(제7호의3)

ⓚ 그 밖에 정비사업의 시행을 위하여 필요한 사항으로서 대통령령이 정하는 사항(제8호)(영 제13조)

② 위(제1항)의 규정에도 불구하고 대도시시장[자치구가 아닌 구(지방자치법 제3조제3항)에 설치된 시(이하 "대도시"라 한다)의 시장]은 시 · 도지사에게 정비구역 지정(변경)을 신청하지 아니하고 직접 정비구역을 지정한다(법 제4조제2항).

■ 정비계획 수립대상구역 ■

정비사업의 종류	정비구역의 대상지역(영 제10조제1항 및 [별표 1]
① 주거환경개선사업	① 주거환경개선사업을 위한 정비계획은 다음 각 목의 1에 해당하는 지역에 수립한다(제1호). ㉠ 정비구역 안에 1985년 6월 30일 이전에 건축된 특정건축물정리에관한특별조치법(제2조)의 규정에 의한 무허가건축물 또는 위법시공건축물로서 노후 · 불량건축물에 해당되는 건축물의 수가 당해 대상구역 안의 건축물 수의 50% 이상인 지역(가목) ㉡ 개발제한구역으로서 그 구역지정 이전에 건축된 노후 · 불량건축물의 수가 당해 정비구역 안의 건축물 수의 50% 이상인 지역(나목) ㉢ 주택재개발사업을 위한 정비구역 안의 토지면적의 50% 이상의 소유자와 토지 또는 건축물을 소유하고 있는 자 50% 이상이 각각 주택재개발사업의 시행을 원하지 아니하는 지역(다목) ㉣ 철거민이 50세대 이상 규모로 정착한 지역이거나 인구가 과도하게 밀집되어 있고 기반시설의 정비가 불량하여 주거환경이 열악하고 그 개선이 시급한 지역(라목) ㉤ 정비기반시설이 현저히 부족하여 재해발생시 피난 및 구조활동이 곤란한 지역(마목) ㉥ 노후 · 불량건축물이 밀집되어 있어 주거지로서의 기능을 다하지 못하거나 도시미관을 현저히 훼손하고 있는 지역(바목)
② 주택재개발사업	② 주택재개발사업을 위한 정비계획은 다음 각 목의 1에 해당하는 지역에 대하여 수립한다(제2호). ㉠ 정비기반시설의 정비에 따라 토지가 대지로서의 효용을 다할 수 없게 되거나 과소토지로 되어 도시의 환경이 현저히 불량하게 될 우려가 있는 지역(가목) ㉡ 건축물이 노후 · 불량하여 그 기능을 다할 수 없거나 건축물이 과도하게 밀집되어 있어 그 구역 안의 토지의 합리적인 이용과 가치의 증진을 도모하기 곤란한 지역(나목) ㉢ 제1호 라목 또는 마목에 해당하는 지역(다목)

정비사업의 종류	정비구역의 대상지역(영 제10조제1항 및 [별표 1]
③ 주택재건축사업	③ 주택재건축사업을 위한 정비계획은 주거환경개선사업·주택재개발사업 및 도시환경정비사업의 대상지역(제1호·제2호 및 제4호)에 해당하지 아니하는 지역으로서 다음 각 목의 어느 하나에 해당하는 지역에 대하여 수립한다(제3호). ㉠ 기존의 공동주택을 재건축하고자 하는 경우에는 다음의 1에 해당하는 지역(가목) ⓐ 건축물의 일부가 멸실되어 붕괴 그 밖의 안전사고의 우려가 있는 지역(1) ⓑ 재해 등이 발생할 경우 위해의 우려가 있어 신속히 정비사업을 추진할 필요가 있는 지역(2) ⓒ 노후·불량 건축물로서 기존 세대수 또는 재건축사업 후의 예정세대수가 300세대 이상이거나 그 부지면적이 1만㎡ 이상인 지역(3) ⓓ 3 이상의 아파트 또는 연립주택이 밀집되어 있는 지역으로서 안전진단(제20조)실시결과 2/3 이상의 주택 및 주택단지가 재건축판정을 받은 지역으로서 시·도 조례로 정하는 면적 이상인 지역(4) ㉡ 기존의 단독주택(나대지 및 단독주택이 아닌 건축물을 일부 포함할 수 있다)을 재건축하고자 하는 경우에는 기존 단독주택이 200호 이상 또는 그 부지면적이 1만㎡ 이상인 지역으로서 다음에 해당하는 지역 다만, 부지면적이 5천㎡ 이상인 지역으로서 시·도의 조례로 따로 정하는 지역은 다음에 해당하지 아니하더라도 정비계획을 수립할 수 있다(나목)
③ 주택재건축사업	ⓐ 당해 지역의 주변에 도로 등 정비기반시설이 충분히 갖추어져 있어 당해 지역을 개발하더라도 인근지역에 정비기반시설을 추가로 설치할 필요가 없을 것. 다만, 추가로 설치할 필요가 있는 정비기반시설을 정비사업시행자가 부담하여 설치하는 경우는 그러하지 아니하다(1). ⓑ 노후·불량건축물이 당해 지역에 있는 건축물 수의 3분의 2 이상이거나 노후불량건축물이 당해 지역 안에 있는 건축물 수의 1/2 이상으로서 준공 후 15년 이상이 경과한 다세대주택 및 다가구주택이 당해 지역 안에 있는 건축물 수의 3/10 이상일 것(2)
④ 도시환경정비사업	④ 도시환경정비사업을 위한 정비계획은 다음 각 목의 1에 해당하는 지역에 대하여 수립한다(제4호). ㉠ 제2호 가목 또는 나목에 해당하는 지역(가목) ㉡ 인구·산업 등이 과도하게 집중되어 있어 도시기능의 회복을 위하여 토지의 합리적인 이용이 요청되는 지역(나목) ㉢ 당해 지역 안의 최저고도지구의 토지(정비기반시설용지를 제외한다)면적이 전체토지면적의 50%를 초과하고, 그 최저고도에 미달하는 건축물이 당해 지역 안의 건축물의 바닥면적합계의 3분의 2 이상인 지역(다목) ㉣ 공장의 매연·소음 등으로 인접지역에 보건위생상 위해를 초래할 우려가 있는 공업지역 또는 산업집적활성화및공장설립에관한법률에 의한 도시형 업종이나 공해발생정도가 낮은 업종으로 전환하고자 하는 공업지역(라목)
비 고	※ 무허가 건축물의 수, 노후·불량건축물의 수, 호수밀도, 토지의 형상 또는 주민의 소득수준 등 정비계획 수립대상구역의 요건은 필요한 경우 제1호 내지 제4호에 규정된 범위 안에서 시·도 조례로 따로 정할 수 있다(제5호). ※ 건축물의 상당수가 붕괴나 그 밖의 안전사고의 우려가 있거나 상습침수, 홍수, 산사태, 해일, 토사 또는 제방붕괴 등으로 재해가 생길 우려가 있는 지역에 대하여는 정비계획을 수립할 수 있다(제6호).

(3) 주택의 규모 및 건설비율

(4) 시 · 도지사의 지정

① 시 · 도지사는 시장 · 군수의 신청에 의하여 정비구역을 지정할 수 있다.

② 대도시의 시장은 시 · 도지사에게 정비구역 지정을 신청하지 아니하고 직접 정비구역을 지정할 수 있다.

3) 정비구역의 지정 절차

(1) 도시계획위원회의 심의

(2) 지정 · 고시 및 보고

4) 구역지정의 효력

(1) 지구단위계획구역 및 지구단위계획의 결정의제 등

① 위의 규정(제5항)에 따라 정비구역의 지정 또는 변경지정에 대한 고시가 있는 경우 당해 정비구역 및 정비계획 중 국토의계획및이용에관한법률(제52조제1항 각 호의 1)의 규정에서 지구단위계획의 내용에 해당하는 사항은 지구단위계획 및 지구단위계획구역으로 결정 · 고시(제49조 및 제51조제1항)된 것으로 본다(법 제4조제6항).

② 국토의계획및이용에관한법률에 의한 지구단위계획구역에 대하여 위 정비계획의 내용(제1항 각 호의 사항)을 모두 포함한 지구단위계획을 결정 · 고시하는 경우 당해 지구단위계획구역은 정비구역으로 지정 · 고시된 것으로 본다(법 제4조제7항).

(2) 구역 안에서의 행위제한(개발행위 허가)

(3) 국공유재산의 처분제한

(4) 정비구역의 분할 및 결합

(5) 정비구역 등의 해제(법 제4조의3)

제3절 사업의 시행자

1. 의 의

1) 사업시행자의 의의

"사업시행자"라 함은 정비사업을 시행하는 자를 말한다(법 제2조제8호).

2) 사업시행자의 내용

사업시행자에는 시장·군수, 주택공사 등, 토지 등의 소유자 및 조합이 있는데, 이 중 토지등소유자와 주택공사 등에 대하여 이 법은 다음과 같이 그 개념을 정의하고 있다.

(1) 토지등소유자

"토지등소유자"라 함은 다음 각 목의 자를 말한다(법 제2조제9호).

① 주거환경개선사업·주택재개발사업·도시환경정비사업·주거환경관리사업

주거환경개선사업·주택재개발사업, 도시환경정비사업 또는 주거환경관리사업의 경우에는 정비구역 안에 소재한 토지 또는 건축물의 소유자 또는 그 지상권자를 말한다(가목).

② 주택재건축사업

주택재건축사업의 경우에는 다음의 어느 하나에 해당하는 자를 말한다(나목).

㉠ 정비구역 안에 소재한 건축물 및 그 부속토지의 소유자

㉡ 정비구역이 아닌 구역 안에 소재한 대통령령이 정하는 주택 및 그 부속토지의 소유자와 부대·복리시설 및 그 부속토지의 소유자

③ 가로주택정비사업

가로주택정비사업의 경우에는 가로구역에 있는 토지 또는 건축물의 소유자 또는 그 지상권자를 말한다(다목).

정비사업의 종류	토지등소유자의 개념(법 제2조제9호, 영 제6조)
① 주거환경개선사업 ② 주택재개발사업 ③ 도시환경정비사업 ④ 주거환경관리사업	정비구역 안에 소재한 토지 또는 건축물의 소유자 또는 그 지상권자를 말한다.
⑤ 주택재건축사업	다음에 해당하는 자를 말한다. ㉠ 정비구역 안에 소재한 건축물 및 그 부속토지의 소유자 ㉡ 정비구역이 아닌 구역 안에 소재한 대통령령이 정하는 주택 및 그 부속토지의 소유자와 부대·복리시설 및 그 부속토지의 소유자 ※ 대통령령이 정하는 주택이란 주택법에 의한 사업계획승인 또는 건축법에 따른 건축허가(사업계획승인 등)를 받아 건설한 아파트 또는 연립주택 중 노후·불량건축물에 해당하는 것으로서 다음 각 호의 어느 하나에 해당하는 것을 말한다. 다만, 건축허가를 받아 주택 외의 시설과 주택을 동일건축물로 건축한 것은 제외한다(영 제6조). • 기존세대수가 20세대 이상인 것. 다만 지형여건 및 주변환경으로 보아 사업시행상 불가피하다고 시장·군수가 인정하는 경우에는 아파트 및 연립주택이 아닌 주택을 일부 포함시킬 수 있다. • 기존세대수가 20세대 미만으로서 20세대 이상으로 재건축 하고자 하는 것. 이 경우 사업계획승인 등에 포함되지 아니하는 인접대지의 세대수를 포함하지 아니한다.
⑥ 가로구역정비사업	가로구역에 있는 토지 또는 건축물의 소유자 또는 그 지상권자

(2) 주택공사 등

"주택공사 등"이라 함은 한국토지주택공사법에 의하여 설립된 한국토지주택공사 또는 지방공기업법에 의하여 주택사업을 수행하기 위하여 설립된 지방공사를 말한다(법 제2조제10호).

2. 사업의 종류와 시행자

1) 정비사업별 시행자의 범위

정비사업의 종류	사업의 시행자(법 제7조 및 제8조)
① 주거환경개선사업	시장·군수의 시행 등 토지등소유자 2/3 이상의 동의와 세입자 과반수의 동의를 얻어 시장·군수가 직접 시행하거나 주택공사 등을 시행자로 지정하여 시행하게 할 수 있다.
② 주택재개발사업 ③ 주택재건축사업	① 조합의 시행 등 조합이 시행하거나 조합이 조합원 과반수의 동의를 얻어 시장·군수 또는 주택공사 등과 공동으로 시행할 수 있다.

정비사업의 종류	사업의 시행자(법 제7조 및 제8조)
④ 도시환경정비사업	① 조합 또는 토지등소유자의 시행 등 조합 또는 토지등소유자가 시행하거나 조합 또는 토지등소유자가 조합원 또는 토지등소유자의 과반수의 동의를 얻어 시장 · 군수 또는 주택공사 등과 공동으로 시행할 수 있다.
	② 시장 · 군수의 시행 등 시장 · 군수는 다음에 해당하는 때에는 직접 사업(주거환경개선사업 제외)을 시행하거나 지정개발자 또는 주택공사 등을 시행자로 지정하여 사업을 시행하게 할 수 있다. • 천재 · 지변 기타 불가피한 사유로 긴급히 사업을 시행할 필요가 있는 경우 • 정비계획에서 정한 사업시행예정일부터 2년 이내에 사업시행인가 신청을 하지 아니하는 경우 등(주택재건축사업 제외) • 추진위원회가 시장 · 군수의 구성 승인을 얻은 날부터 3년 이내에 조합설립인가를 신청하지 아니한 때 • 지자체의 장이 도시 · 군계획사업과 병행하여 정비사업을 시행할 필요가 있는 때 • 순환정비방식으로 사업을 시행할 필요가 있는 때 • 사업시행인가가 취소된 때 • 구역 안의 국 · 공유지 면적이 전체 토지면적의 1/2 이상인 때 • 구역 안의 토지면적 1/2 이상의 토지소유자와 토지등소유자의 2/3 이상에 해당하는 자의 요청이 있는 때
⑤ 주거환경관리사업	시장 · 군수가 직접 시행하되, 주택공사 등을 사업시행자로 지정하여 시행하게 하려는 경우에는 공람공고일(제4조제1항) 현재 토지등소유자 과반수의 동의를 얻어야 한다.
⑥ 가로주택정비사업	조합이 시행하거나 조합이 조합원 과반수의 동의를 받아 시장 · 군수, 주택공사 등 또는 대통령령으로 정하는 요건을 갖춘 자와 공동으로 할 수 있다.

(1) 주거환경개선사업의 시행자 : 시장 · 군수의 시행 등

① 주거환경개선사업은 정비계획공람공고일(제14조제1항) 현재 정비구역 안의 토지 또는 건축물의 소유자 또는 지상권자의 3분의 2 이상(제6조제1항제1호 자력방식의 경우 과반수) 동의와 세입자(제4조제1항에 의한 공람공고일 3월 전부터 당해 정비구역 안에 3월 이상 거주하고 있는 자를 말한다) 세대수 과반수의 동의를 각각 얻어 시장 · 군수가 직접 이를 시행하거나 주택공사 등을 사업시행자로 지정하여 시행하게 할 수 있다. 다만, 세입자의 세대수가 토지등소유자의 1/2 이하인 경우 등 대통령령이 정하는 사유가 있는 경우에는 세입자의 동의절차를 거치지 아니할 수 있다(법 제7조제1항, 영 제13조의6).

② 시장 · 군수는 천재 · 지변 그 밖의 불가피한 사유로 인하여 건축물의 붕괴 우려가

있어 긴급히 정비사업을 시행할 필요가 있다고 인정하는 경우에는 위의 규정(제1항)에 불구하고 토지등소유자 및 세입자의 동의 없이 자신이 직접 시행하거나 토지주택공사 등을 사업시행자로 지정하여 시행하게 할 수 있다. 이 경우 시장·군수는 지체 없이 토지등소유자에게 긴급한 정비사업의 시행사유·시행방법·시행시기 등을 통보하여야 한다(법 제7조제2항).

(2) 주택재개발사업·주택재건축사업·도시환경정비사업 등의 시행자

① 주택재개발사업 : 조합의 시행 등

주택재개발사업은 조합이 이를 시행하거나, 조합이 조합원 과반수의 동의를 얻어 시장·군수 또는 주택공사 등, 건설업자(건설산업기본법 제9조에 의한 건설업자), 등록사업자(주택법 제12조제1항에 의하여 건설업자로 보는 등록사업자) 또는 대통령령이 정하는 요건을 갖춘 자(신탁업자와 한국감정원)와 공동으로 이를 시행할 수 있다(법 제8조제1항, 영 제14조제1항).

② 주택재건축사업 : 조합의 시행 등

주택재건축사업은 조합이 이를 시행하거나 조합이 조합원 과반수의 동의를 얻어 시장·군수 또는 주택공사 등과 공동으로 이를 시행할 수 있다(법 제8조제2항).

③ 도시환경정비사업 : 조합 또는 토지등소유자의 시행 등

도시환경정비사업은 조합 또는 토지등소유자가 시행하거나, 조합 또는 토지등소유자가 조합원 또는 토지등소유자의 과반수의 동의를 얻어 시장·군수, 주택공사 등, 건설업자, 등록사업자 또는 대통령령이 정하는 요건을 갖춘 자(신탁업자와 한국감정원)와 공동으로 이를 시행할 수 있다(법 제8조제3항, 영 제14조제1항).

④ 시장·군수의 시행 등

시장·군수는 정비사업이 다음 각 호의 어느 하나에 해당하는 때에는 위의 규정(제1항~제3항)에 불구하고 직접 정비사업(주거환경개선사업을 제외한다)을 시행하거나, 시장·군수가 토지등소유자·민관합동법인 또는 신탁업자로서 대통령령으로 정하는 요건을 갖춘 자(제1호 및 제2호의 경우에 한하며, 이하 "지정개발자"라 한다) 또는 주택공사 등을 사업시행자로 지정하여 정비사업을 시행하게 할 수 있다(법 제8조제4항, 영 제14조제2항).

지정개발자의 요건	지정개발자는 다음 각 호의 1에 해당하는 자를 대상으로 지정한다(영 제14조제2항). ① 정비구역(정비구역이 아닌 구역 안에서 주택재건축사업이 시행되는 경우에는 그 구역을 말한다) 안의 토지면적의 50% 이상을 소유한 자로서 토지등소유자 50% 이상의 추천을 받은 자 ② 사회기반시설에대한민간투자법(제2조제12호)에 의한 민관합동법인(민간투자사업의 부대사업으로 시행하는 경우)으로서 토지등소유자의 50% 이상의 추천을 받은 자 ③ 자본시장과금융투자업에관한법률(제8조제7항)에 따른 신탁업자로서 정비구역의 토지면적의 1/3 이상의 토지를 신탁받은 자

㉠ 천재 · 지변 그 밖의 불가피한 사유로 인하여 긴급히 정비사업을 시행할 필요가 있다고 인정되는 때(제1호)

㉡ 고시된 정비계획(제4조제5항)에서 정한 정비사업시행예정일부터 2년 이내에 사업시행인가(제28조 이하 "사업시행인가"라 한다)를 신청하지 아니하거나 사업시행인가를 신청한 내용이 위법 또는 부당하다고 인정되는 때(주택재건축사업의 경우를 제외한다)(제2호)

㉢ 설립추진위원회가 시장 · 군수의 구성승인을 얻을 날부터 3년 이내에 조합설립인가를 신청하지 아니하거나 조합설립인가를 얻은 날부터 3년 이내에 사업시행인가를 신청하지 아니한 경우(이 경우 시장 · 군수는 시행자 시성 고시일 다음 날에 추진위원회의 구성승인 또는 조합설립인가는 취소된 것으로 본다)

㉣ 지방자치단체의 장이 시행하는 국토의계획및이용에관한법률(제2조제11호)의 규정에 의한 도시 · 군계획사업과 병행하여 정비사업을 시행할 필요가 있다고 인정되는 때(제3호)

㉤ 순환정비방식(제35조제1항)에 의하여 정비사업을 시행할 필요가 있다고 인정되는 때(제4호)

㉥ 사업시행인가가 취소(제77조)된 때

㉦ 당해 정비구역 안의 국 · 공유지면적 또는 국공유지와 주택공사 등이 소유한 토지를 합한 면적이 전체 토지면적의 2분의 1 이상으로서 토지등소유자의 과반수가 시장 · 군수 또는 주택공사 등을 시행자로 지정하는 것에 동의하는 때(제6호)

㉧ 당해 정비구역 안의 토지면적 2분의 1 이상의 토지소유자와 토지등소유자의 3분의 2 이상에 해당하는 자가 시장 · 군수 또는 주택공사 등을 사업시행자로 지정할 것을 요청하는 때(이 경우 토지등소유자가 정비계획수립에 대한 입안을 제안한 경우 입안제안에 동의한 토지소유자 등은 토지주택공사 등의 시행자 지정에 동의한 것으로 본다)(제7호)

⑤ 주거환경관리사업 : 시장 · 군수의 시행 등

주거환경관리사업은 시장 · 군수가 직접 시행하되, 주택공사 등을 사업시행자로 지정하여 시행하게 하려는 경우에는 정비계획공람공고일(제4조제1항) 현재 토지등소유자 과반수의 동의를 받아야 한다(법 제8조제6항).

⑥ 가로주택정비사업 : 조합의 시행 등

가로주택정비사업은 조합이 시행하거나 조합이 조합원 과반수의 동의를 받아 시장 · 군수, 주택공사 등 또는 대통령령으로 정하는 요건을 갖춘 자와 공동으로 시행할 수 있다(법 제8조제7항).

⑦ 시공자의 선정

시장 · 군수가 직접 정비사업을 시행하거나 주택공사 등을 시행자로 지정한 경우 시행자 지정 · 고시 후 건설업자 또는 등록사업자를 시공자로 선정하여야 한다. 이 경우 주민대표회의는 대통령령으로 정하는 경쟁입찰의 방법에 따라 시공자를 추천할 수 있으며, 주민대표회의가 시공자를 추천한 때에는 시장 · 군수 또는 주택공사 등은 추천한 자를 시공자로 선정하여야 한다(법 제11조제3항).

2) 사업의 대행과 관리

(1) 대행자(사업의 대행)

(2) 사업의 공공관리(법 제77조의4)

(3) 정비사업전문관리업

① 정비사업전문관리업의 등록과 업무범위

정비사업의 시행을 위하여 필요한 다음 각 호의 사항을 추진위원회 또는 사업시행자로부터 위탁받거나 이와 관련된 자문을 하고자 하는 자는 대통령령이 정하는 자본 · 기술인력 등의 기준을 갖춰 시 · 도지사에게 등록 또는 변경(대통령령이 정하는 경미한 사항의 변경을 제외한다)등록하여야 한다. 다만, 주택의 건설 · 감정평가 등 정비사업관련 업무를 하는 정부투자기관 등으로 대통령령이 정하는 기관의 경우에는 그러하지 아니하다(법 제69조제1항).

㉠ 조합 설립의 동의 및 정비사업의 동의에 관한 업무의 대행
㉡ 조합 설립인가의 신청에 관한 업무의 대행
㉢ 사업성 검토 및 정비사업의 시행계획서의 작성
㉣ 설계자 및 시공자 선정에 관한 업무의 지원

ⓜ 사업시행인가의 신청에 관한 업무의 대행
ⓑ 관리처분계획의 수립에 관한 업무의 대행

② 전문관리업자의 업무제한

정비사업전문관리업자는 동일한 정비사업에 대하여 다음 각 호의 업무를 병행하여 수행할 수 없다(법 제70조).

㉠ 건축물의 철거
㉡ 정비사업의 설계
㉢ 정비사업의 시공
㉣ 정비사업의 회계감사
㉤ 그 밖에 정비사업의 공정한 질서유지에 필요하다고 인정하여 대통령령이 정하는 업무

③ 전문관리업자와 위탁자와의 관계

(4) 권리 · 의무의 승계

3. 조합의 설립

1) 조합의 설립대상

시장 · 군수 또는 주택공사 등이 아닌 자가 정비사업을 시행하고자 하는 경우에는 토지등소유자로 구성된 조합을 설립하여야 한다. 다만, 토지등소유자가 도시환경정비사업을 단독으로 시행(제8조제3항)하고자 하는 경우에는 그러하지 아니하다(법 제13조제1항).

2) 조합설립추진위원회의 구성

(1) 추진위원회의 구성

① 위의 규정(제1항)의 규정에 따라 조합을 설립하고자 하는 경우에는 정비구역 지정고시[정비구역이 아닌 구역에서의 주택재건축사업의 경우에는 재건축사업의 시행결정(제12조제5항)을 말한다] 후 위원장을 포함하여 5인 이상의 위원 및 운영규정(제15조제2항)에 대한 토지등소유자 과반수의 동의를 얻어 조합설립을 위한 추진위원회를 구성하여 국토해양부령으로 정하는 방법 및 절차에 따라 시장 · 군수의 승인을 얻어야 한다. 다만, 가로주택정비사업의 경우에는 추진위원회를 구성하지 아니하였다(법 제13조제2항).

② 추진위원회의 구성에 동의한 토지등소유자(추진위원회 동의자)는 조합의 설립에 동의한 것으로 본다(법 제13조제3항).

(2) 추진위원회의 기능

(3) 추진위원회의 조직 및 운영

3) 조합의 설립인가

(1) 주택재개발사업 · 도시환경정비사업

주택재개발사업 및 도시환경정비사업의 추진위원회(추진위원회를 구성하지 아니하는 경우에는 토지등소유자를 말한다)가 조합을 설립하고자 하는 때에는 토지등소유자의 4분의 3 이상 및 토지면적의 2분의 1 이상(가로주택정비사업의 경우에는 토지등소유자 9/10 이상 및 토지면적 2/3 이상)의 토지등소유자의 동의를 얻어 정관, 공사비 등 정비사업에 드는 비용(정비사업비)과 관련된 자료 등, 그 밖에 시 · 도 조례로 정하는 서류를 첨부하여 시장 · 군수의 인가를 받아야 한다(법 제16조제1항).

(2) 주택재건축사업

① 주택재건축사업의 추진위원회(추진위원회를 구성하지 아니하는 경우에는 토지등소유자를 말한다)가 조합을 설립하고자 하는 때에는 집합건물의소유및관리에관한법률(제47조제1항 및 제2항)의 규정에 불구하고 주택단지 안의 공동주택의 각 동(복리시설의 경우에는 주택단지 안의 복리시설 전체를 하나의 동으로 본다)별 구분소유자의 3분의 2 이상 및 토지면적의 2분의 1 이상의 토지소유자의 동의(공동주택의 각 동별 구분소유자가 5 이하인 경우는 제외)와 주택단지 안의 전체 구분소유자의 4분의 3 이상 및 토지면적의 4분의 3 이상의 토지소유자의 동의를 얻어 정관, 정비사업비 등의 서류를 첨부하여 시장 · 군수의 인가를 받아야 한다(법 제16조제2항).

② 위의 규정(제2항)에 불구하고 주택단지가 아닌 지역이 정비구역에 포함된 때에는 주택단지가 아닌 지역 안의 토지 또는 건축물 소유자의 4분의 3 이상 및 토지면적의 3분의 2 이상의 토지소유자의 동의를 얻어야 한다(법 제16조제3항).

(3) 설립인가의 절차

위의 규정(제1항부터 제2항까지)에 따른 토지등소유자에 대한 동의의 대상 및 절차, 조합설립신청 및 인가절차 등에 관하여 필요한 사항은 대통령령으로 정한다(법 제16조제5항).

(4) 토지등소유자의 동의 등

① 토지등소유자의 동의방법

토지등소유자의 동의는 서면동의서에 토지등소유자의 지장을 날인하고 자필로 서명하는 서면동의의 방법에 의하며, 주민등록증, 여권 등 신분증명서의 사본을 첨부하여야 한다. 토지등소유자의 동의자수 산정방법 및 절차 등에 관하여 필요한 사항은 대통령령으로 정한다(법 제17조, 영 제28조제1항).

② 주택재건축사업 등 : 매도청구

사업시행자는 주택재건축사업 또는 가로주택정비사업을 시행함에 있어서 다음 각 호의 어느 하나에 해당하는 자의 토지 또는 건축물에 대하여는 집합건물의소유및관리에관한법률(제48조)의 규정을 준용하여 매도청구를 할 수 있다(법 제39조).

㉠ 조합설립의 동의를 하지 아니한 자

㉡ 건축물 또는 토지만 소유한 자(주택재건축사업의 경우)

㉢ 시장 · 군수 또는 주택공사 등의 시행자 지정에 동의하지 아니한 자

③ 주택재건축사업 : 토지분할청구

④ 주택법과의 관계

(5) 시공자의 선정

조합은 조합설립인가를 받은 후 조합총회에서 국토해양부장관이 정하는 경쟁입찰의 방법으로 건설업자 또는 등록사업자를 시공자로 선정하여야 한다. 다만, 대통령령으로 정하는 규모 이하의 정비사업(조합원이 100명 이하인 정비사업)의 경우에는 조합총회에서 정관으로 정하는 바에 따라 선정할 수 있다(법 제11조제1항, 영 제19조의2).

(6) 조합설립인가 등의 취소(법 제16조의2)

4) 조합의 설립등기(성립)

(1) 조합의 구성

① 조합원의 자격 등

ⓐ 정비사업(시장 · 군수 또는 주택공사 등이 시행하는 정비사업을 제외한다)의 조합원은 토지등소유자(주택재건축사업과 가로주택정비사업의 경우에는 주택재건축사업에 동의한 자에 한한다)로 하되, 다음 각 호의 어느 하나에 해당하는 때에

는 그 수인을 대표하는 1인을 조합원으로 본다(법 제19조제1항).

㉠ 토지 또는 건축물의 소유권과 지상권이 수인의 공유에 속하는 때

㉡ 수인의 토지등소유자가 1세대에 속하는 때

㉢ 조합설립인가 후 1인의 토지등소유자로부터 토지 또는 건축물의 소유권이나 지상권을 양수하여 수인이 소유하게 된 때

ⓑ 투기과열지구(주택법 제41조)로 지정된 지역 안에서의 주택재건축사업의 경우 조합설립인가(제16조)후 당해 정비사업의 건축물 또는 토지를 양수(매매 · 증여 그 밖의 권리의 변동을 수반하는 일체의 행위를 포함하되, 상속 · 이혼으로 인한 양도 · 양수의 경우를 제외한다) 한 자는 위(제1항)의 규정에 불구하고 조합원이 될 수 없다. 다만, 양도자가 다음 각 호의 1에 해당하는 경우 그 양도자로부터 그 건축물 또는 토지를 양수한 자는 그러하지 아니하다(법 제19조제2항).

- 세대원(세대주가 포함된 세대의 구성원을 말한다)의 근무 또는 생업상의 사정이나 질병치료 · 취학 · 결혼으로 인하여 세대원 전원이 당해 사업구역에 위치하지 아니한 특별시 · 광역시 · 시 또는 군으로 이전하는 경우(제1호)
- 상속에 의하여 취득한 주택으로 세대원 전원이 이전하는 경우(제2호)
- 세대원 전원이 해외로 이주하거나 2년 이상의 기간 동안 해외에 체류하고자 하는 경우(제3호)
- 그 밖에 불가피한 사정으로 양도하는 경우로서 대통령령이 정하는 경우(제4호)

ⓒ 사업시행자는 조합설립인가 후 당해 정비사업의 건축물 또는 토지를 양수한 자로서 조합원의 자격을 취득할 수 없는 자에 대하여는 제47조를 준용하여 현금으로 청산하여야 한다(법 제19조제3항).

② 임원

③ 총회

④ 대의원회

(2) 조합의 법적 성격 및 운용

① 조합은 법인으로 한다(법 제18조제1항).

② 조합은 조합 설립의 인가를 받은 날부터 30일 이내에 주된 사무소의 소재지에서 대통령령이 정하는 사항을 등기함으로써 성립한다(법 제18조제2항).

③ 조합은 그 명칭 중에 "정비사업조합"이라는 문자를 사용하여야 한다(법 제18조제3항).

④ 조합에 관하여는 이 법에 규정된 것을 제외하고는 민법 중 사단법인에 관한 규정을 준용한다(법 제27조).

5) 주민대표회의

정비구역(정비구역이 아닌 구역에서 재건축사업을 하는 경우 그 구역을 포함) 안의 토지등소유자가 시장·군수 또는 주택공사 등의 사업시행을 원하는 경우 사업시행을 원활하게 하기 위한 주민대표기구(주민대표회의)를 정비구역 지정 고시 후 구성하여야 한다. 주민대표회의는 5인 이상 25인 이하로 한다(법 제26조).

6) 주택재건축사업 : 안전진단

① 시장·군수는 정비계획의 수립 또는 주택재건축사업의 시행 여부를 결정하기 위하여 다음 각 호의 어느 하나에 해당하는 경우 안전진단을 실시하여야 한다(법 제12조제1항).

㉠ 주택재건축사업의 정비예정구역별 정비계획의 수립시기가 도래한 때(제1호)

㉡ 정비계획의 입안을 제안하고자 하는 자가 입안을 제안하기 전에 해당 정비예정구역 안에 소재한 건축물 및 부속토지의 소유자 1/10 이상의 동의를 얻어 안전진단실시를 요청하는 때(제2호)

㉢ 정비구역이 아닌 구역에서의 주택재건축사업을 시행하고자 하는 자가 추진위원회의 구성승인을 신청하기 전에 해당 사업예정구역 안에 소재한 건축물 및 그 부속토지 소유자 1/10 이상의 동의를 얻어 안전진단 실시를 요청하는 때(제3호)

㉣ 정비예정구역을 지정하지 아니한 지역에서 주택재건축사업을 시행하려는 자가 사업예정구역에 있는 건축물 및 그 부속토지의 소유자 1/10 이상의 동의를 얻어 안전진단을 요청하는 경우(제4호)

② 주택재건축사업의 안전진단은 주택단지 내의 건축물을 대상으로 한다. 다만, 대통령령으로 정하는 주택단지 내 건축물의 경우에는 안전진단대상에서 제외할 수 있다(법 제12조제3항, 영 제20조제1항).

안전진단의 대상에서 제외되는 건축물	안전진단대상에서 제외할 수 있는 주택단지 내의 건축물이란 다음 각 호의 어느 하나를 말한다(영 제20조제1항). ㉠ 천재·지변 등으로 주택이 붕괴되어 신속히 재건축을 추진할 필요가 있다고 시장·군수가 인정하는 것 ㉡ 주택의 구조안전상 사용금지가 필요하다고 시장·군수가 인정하는 것 ㉢ 별표1 제3호 가목(4) 및 제3호 나목(2)의 규정에 의한 노후불량건축물 수에 관한 기준을 충족한 경우 잔여건축물 ㉣ 진입도로 등 기반시설 설치를 위하여 불가피하게 정비구역에 포함된 것으로 시장·군수가 인정하는 건축물

③ 시장·군수는 현지조사 등을 통하여 해당 건축물의 구조안전성, 건축마감, 설비노후도 및 주거환경적합성 등을 심사하여 안전진단 실시 여부를 결정하여야 하며, 안

전진단의 실시가 필요하다고 결정한 경우에는 대통령령으로 정하는 안전진단기관에 안전진단을 의뢰하여야 한다(법 제12조제3항).

④ 시장 · 군수는 안전진단의 결과(제4항)와 도시계획 및 지역여건 등을 종합적으로 검토하여 정비계획의 수립 또는 주택재건축사업의 시행여부를 결정하여야 한다(법 제12조제6항).

7) 주택재개발사업 : 시행방식의 전환

시장 · 군수는 사업대행자를 지정(제9조제1항)하거나, 토지등소유자의 5분의 4 이상의 요구가 있어 주택재개발사업의 시행방식(제6조제2항)의 전환이 필요하다고 인정하는 경우에는 정비사업이 완료되기 전이라도 대통령령이 정하는 범위에서 정비구역의 전부 또는 일부에 대하여 시행방식의 전환을 승인할 수 있다(법 제80조제1항).

제4절 사업의 시행인가

1. 의 의

사업시행자(제8조제1항 내지 제3항의 규정에 의한 공동시행의 경우를 포함하되, 사업시행자가 시장 · 군수인 경우를 제외한다)는 정비사업을 시행하고자 하는 경우에는 제30조의 규정에 의한 사업시행계획서(이하 "사업시행계획서"라 한다)에 정관 등과 그 밖에 국토해양부령이 정하는 서류를 첨부하여 시장 · 군수에게 제출하고 사업시행인가를 받아야 한다. 인가받은 내용을 변경하거나 정비사업을 중지 또는 폐지하고자 하는 경우에도 또한 같다. 다만, 대통령령이 정하는 경미한 사항을 변경하고자 하는 때에는 시장 · 군수에게 이를 신고하여야 한다(법 제28조제1항).

2. 사업시행계획의 작성 · 인가

1) 사업시행인가의 절차

(1) 사업시행계획서의 작성

사업시행자는 제4조제5항에 따라 고시된 정비계획에 따라 일정한 사항을 포함하여 사업시행계획서를 작성하여야 한다.

(2) 인가신청(토지등소유자의 동의)

① 사업시행자(시장 · 군수 또는 주택공사 등을 제외한다)는 사업시행인가를 신청(인가받은 내용을 변경하거나 사업을 중지 · 폐지하고자 하는 경우를 포함한다)하기 전에 미리 총회를 개최하여 조합원의 동의를 얻어야 한다. 다만, 시행자가 지정개발자인 경우에는 정비구역 안의 토지면적 50% 이상 토지소유자의 동의와 토지등소유자 과반수의 동의를 각각 얻어야 하며 경미한 사항인 경우에는 총회의결을 필요로 하지 아니한다(법 제28조제5항).

② 도시환경정비사업을 토지등소유자가 시행하고자 하는 경우(제8조제3항)에는 사업시행인가를 신청하기 전에 사업시행계획서(제30조)에 대하여 토지등소유자 3/4 이상의 동의를 얻어야 한다. 다만, 인가받은 사항을 변경하고자 하는 경우에는 규약이 정하는 바에 따라 토지등소유자 과반수의 동의를 얻어야 하며, 경미한 변경인 경우에는 토지등소유자의 동의를 필요로 하지 아니한다(제28조제7항).

(3) 공람 및 의견제출

(4) 인가 · 고시

(5) 주택재건축사업 등의 소형주택 건실의무 등

(6) 인가절차의 특례

① 주택재건축사업 : 건축위원회의 심의
② 도시환경정비사업 : 사업비의 예치 등
③ 일부 건축물의 존치 · 리모델링

2) 사업시행인가의 효력

(1) 시공자의 선정 등

① 시공자의 선정

도시환경정비사업사업을 토지등소유자가 시행하는 경우에는 사업시행인가를 받은 후 규약(제2조제11호나목)으로 정하는 바에 따라 건설업자 또는 등록사업자를 시공자로 선정하여야 한다(법 제11조제2항).

② 시공보증

(2) 인 · 허가 등의 의제

① 모든 정비사업의 경우
② 도시환경정비사업의 경우

(3) 사업시행인가 등의 시기조정(법 제77조의5)

제5절 정비사업의 시행

1. 임시수용시설의 설치 등

1) 임시수용시설의 설치 : 주거환경개선사업 · 주택재개발사업의 경우

(1) 철거주택주민의 임시수용

사업시행자는 주거환경개선사업 및 주택재개발사업의 시행으로 철거되는 주택의 소유자 또는 세입자에 대하여 당해 정비구역 내 · 외에 소재한 임대주택 등의 시설에 임시로 거주하게 하거나 주택자금의 융자알선 등 임시수용에 상응하는 조치를 하여야 한다. 이 경우 사업시행자는 그 임시수용을 위하여 필요한 때에는 국가 · 지방자치단체 그 밖의 공공단체 또는 개인의 시설이나 토지를 일시 사용할 수 있다(법 제36조제1항).

(2) 손실보상

2) 임시상가의 설치 : 도시환경정비사업의 경우(법 제36조의2)

2. 수용방식에 의한 시행

1) 의 의

정비사업은 수용방식에 의하여 시행할 수 있다. 즉, 사업시행자는 정비구역 안에서 정비사업을 시행하기 위하여 필요한 경우에는 타인의 토지 등을 수용 · 사용할 수 있다.

2) 토지 등의 수용 · 사용 : 공익사업을위한토지등의취득및보상에관한법률의 적용

① 사업시행자는 정비구역 안에서 정비사업(주택재건축사업의 경우에는 제8조제4항제

1호에 해당하는 사업에 한한다. 즉, 천재 · 지변 등 불가피한 사유로 긴급히 정비사업을 시행할 필요가 있어서 시장 · 군수가 직접 사업을 시행하거나 지정개발자 또는 주택공사 등을 시행자로 지정하여 사업을 시행하게 하는 경우에 한한다)을 시행하기 위하여 필요한 경우에는 공익사업을위한토지등의취득및보상에관한법률(제3조)의 규정에 의한 토지 · 물건 또는 그 밖의 권리를 취득하거나 사용할 수 있다. 다만, 가로주택정비사업의 경우에는 그러하지 아니하다(법 제38조).

② 정비구역 안에서 정비사업의 시행을 위한 토지 또는 건축물의 소유권과 그 밖의 권리에 대한 수용 또는 사용에 관하여는 이 법에 특별한 규정이 있는 경우를 제외하고는 공익사업을위한토지등의취득및보상에관한법률을 준용한다. 다만, 정비사업의 시행에 따른 손실보상의 기준 및 절차에 관하여는 대통령령으로 따로 정할 수 있다(법 제40조제1항).

3) 공익사업을위한토지등의취득및보상에관한법률에 대한 특례

(1) 사업인정고시 의제

위의 규정(제1항)에 의하여 공익사업을위한토지등의취득및보상에관한법률을 준용함에 있어서 사업시행인가의 고시(시장 · 군수가 직접 정비사업을 시행하는 경우에는 제28조제4항의 규정에 의한 사업시행계획서의 고시를 말한다)가 있은 때에는 공익사업을위한토지등의취득및보상에관한법률(제20조제1항 및 제22조제1항)의 규정에 의한 사업인정 및 그 고시가 있은 것으로 본다(법 제40조제2항).

(2) 재결신청

위의 규정(제1항)에 의한 수용 또는 사용에 대한 재결의 신청은 공익사업을위한토지등의취득및보상에관한법률(제23조 및 동법 제28조제1항)의 규정에 불구하고 사업시행인가를 할 때 정한 사업시행기간 이내에 이를 행하여야 한다(법 제40조제3항).

(3) 사후현물보상

대지 또는 건축물을 현물보상하는 경우에는 공익사업을위한토지등의취득및보상에관한법률(제42조)의 규정에 불구하고 준공인가(제52조) 이후에 그 현물보상을 할 수 있다(법 제40조제4항).

3. 환지방식에 의한 시행

1) 의 의

정비사업(주거환경개선사업 · 주택재개발사업 · 도시환경정비사업)은 환지방식에 의하여 시행할 수 있다. 즉, 사업시행자는 정비구역 안에서 정비사업을 시행하기 위하여 타인의 토지재산권을 강제적으로 교환 · 변경할 수 있다.

2) 도시개발법의 적용

도시개발법상의 환지방식에 의한 사업시행(제28조부터 제49조까지)의 규정은 정비사업과 관련된 환지에 관하여 이를 준용한다. 이 경우 청산금(제41조제2항 : 청산금은 환지처분을 하는 때에 결정하여야 한다)의 규정에 의한 "환지처분을 하는 때"는 이를 "사업시행인가를 하는 때"로 본다(법 제43조제2항).

4. 환권방식에 의한 시행

1) 의 의

정비사업(주택재개발사업 · 주택재건축사업 · 도시환경정비사업 및 가로주택정비사업)은 주로 환권방식에 의하여 시행한다. 즉, 사업시행자는 정비구역 안에서 정비사업을 시행하기 위하여 타인의 토지 및 건축물에 관한 권리를 강제적으로 교환 · 변경할 수 있다.

2) 도시및주거환경정비법의 적용

도시및주거환경정비법은 정비사업을 환권방식에 의하는 경우에 대하여 관리처분계획 등 그 절차와 방법 등에 대하여 구체적으로 규정하고 있다.

5. 용익권자의 보호 등

1) 지상권 등 계약의 해지

① 정비사업의 시행으로 인하여 지상권 · 전세권 또는 임차권의 설정목적을 달성할 수 없는 때에는 그 권리자는 계약을 해지할 수 있다(법 제44조제1항).

② 위의 규정(제1항)에 의하여 계약을 해지할 수 있는 자가 가지는 전세금 · 보증금 그

밖에 계약상의 금전의 반환청구권은 사업시행자에게 이를 행사할 수 있다(법 제44조제2항).

2) 소유자 미확인 건축물 등에 대한 처분

① 소유자의 확인의 곤란한 건축물 등
② 주택재건축사업 : 조합원 전체의 공동소유인 토지 등

6. 다른 법령의 적용 등에 대한 특례

1) 다른 법령의 적용배제 : 주거환경개선사업의 경우

(1) 주거지역의 지정의제

주거환경개선구역은 당해 정비구역의 지정고시가 있은 날부터 국토의계획및이용에관한법률(제36조제1항제1호가목 및 제2항)에 따라 주거지역을 세분하여 정하는 지역 중 대통령령이 정하는 지역(제2종 일반주거지역)으로 결정·고시된 것으로 본다. 다만, 당해 정비구역이 개발제한구역의지정및관리에관한특별조치법(제3조제1항)의 규정에 의하여 결정·고시된 개발제한구역인 경우 등의 경우에는 그러하지 아니하다(법 제43조제1항, 영 제47조).

(2) 공익사업을위한토지등의취득및보상에관한법률의 적용배제

2) 건축규제의 완화 등에 관한 특례

(1) 주거환경개선사업의 경우

① 국민주택채권의 매입
② 도시·군계획시설의 결정 등
③ 건축제한의 완화

(2) 가로주택정비사업의 경우

제6절 환권방식에 의한 시행

관리처분 계획 등

1. 의 의

도시및주거환경정비법은 정비사업 중 주거환경개선사업을 제외하고 주택재개발사업·주택재건축사업 및 도시환경정비사업에 대하여 주로 환권방식에 의하여 사업을 시행하도록 규정하고 있다(법 제6조제1항).

2. 분양신청

1) 분양공고

사업시행자는 사업시행인가의 고시(제28조제4항)가 있은 날(사업시행인가 이후 시공자를 선정한 경우에는 시공자와 계약을 체결한 날)부터 60일 이내에 개략적인 부담금내역 및 분양신청기간 그 밖에 대통령령이 정하는 사항을 토지등소유자에게 통지하고 분양의 대상이 되는 대지 또는 건축물의 내역 등 대통령령이 정하는 사항을 해당 지역에서 발간되는 일간신문에 공고하여야 한다. 이 경우 분양신청기간은 그 통지한 날부터 30일 이상 60일 이내로 하여야 한다. 다만, 사업시행자는 관리처분계획의 수립(제48조제1항)에 지장이 없다고 판단하는 경우에는 분양신청기간을 20일의 범위 이내에서 연장할 수 있다(법 제46조제1항).

2) 분양신청

(1) 분양신청

대지 또는 건축물에 대한 분양을 받고자 하는 토지등소유자는 위의 규정(제1항)에 의한 분양신청기간 이내에 대통령령이 정하는 방법 및 절차에 의하여 사업시행자에게 대지 또는 건축물에 대한 분양신청을 하여야 한다(법 제46조제2항).

(2) 청 산

① 사업시행자는 토지등소유자가 다음 각 호의 어느 하나에 해당하는 경우에는 다음 각 호의 구분에 따른 날부터 150일 이내에 대통령령으로 정하는 절차에 따라 토지·건

축물 또는 그 밖의 권리에 대하여 현금으로 청산하여야 한다(법 제47조제1항).

㉠ 분양신청을 하지 아니한 자 또는 분양신청기간 종료 이전에 분양신청을 철회한 자 : 분양신청기간 종료일의 다음 날

㉡ 인가된 관리처분계획(제48조)에 의하여 분양대상에서 제외된 자 : 그 관리처분계획의 인가를 받은 날의 다음 날

② 사업시행자는 위(제1항)의 규정에 따른 기간 내에 현금으로 청산하지 아니하는 경우에는 정관 등으로 정하는 바에 따라 해당 토지등소유자에게 이자를 지급하여야 한다(법 제47조제1항).

3. 관리처분계획인가

– 주거환경개선사업 제외 –

1) 관리처분계획의 의의

(1) 의 의

관리처분계획이란 정비사업이 완료된 후에 행하게 될 분양처분의 내용(토지 및 건축물에 관한 권리의 교환)과 기준을 정하는 계획을 말한다.

시행자는 분양신청기간이 종료한 때에는 관리처분계획을 수립하여 시장·군수의 인가를 받아야 한다. 이러한 관리처분계획이 인가·고시되면 종전의 토지 및 건축물에 대하여 사용·수익권이 정지된다.

(2) 관리처분계획의 내용

사업시행자(주거환경개선사업 및 주거환경관리사업을 제외한다)는 제46조에 따른 분양신청기간이 종료된 때에는 제46조에 따른 분양신청의 현황을 기초로 다음 각 호의 사항이 포함된 관리처분계획을 수립하여 시장·군수의 인가를 받아야 하며, 관리처분계획을 변경·중지 또는 폐지하고자 하는 경우에는 또한 같으며, 이 경우 조합은 관리처분계획의 수립 및 변경의 사항(제24조제3항제10호)을 의결하기 위한 총회의 개최일부터 1개월 전에 제3호~제5호의 사항을 각 조합원에게 문서로 통지하여야 한다. 다만, 대통령령이 정하는 경미한 사항을 변경하고자 하는 때에는 시장·군수에게 신고하여야 한다(법 제48조제1항).

㉠ 분양설계(제1호)

㉡ 분양대상자의 주소 및 성명(제2호)

㉢ 분양대상자별 분양예정인 대지 또는 건축물의 추산액(제3호)

ⓔ 분양대상자별 종전의 토지 또는 건축물의 명세 및 사업시행인가의 고시가 있은 날을 기준으로 한 가격(사업시행인가 전에 철거된 건축물의 경우에는 시장 · 군수에게 허가받은 날을 기준으로 한 가격)(제4호)

ⓜ 정비사업비의 추산액(주택재건축사업의 경우에는 재건축부담금에 관한 사항 포함) 및 그에 따른 조합원 부담규모 및 부담시기(제5호)

ⓑ 분양대상자의 종전의 토지 또는 건축물에 관한 소유권 외의 권리명세(제6호)

ⓢ 세입자별 손실보상을 위한 권리명세 및 그 평가액(제7호)

ⓞ 그 밖에 정비사업과 관련한 권리 등에 대하여 대통령령이 정하는 사항(제8호, 영 제50조)

- 현금으로 청산하여야 하는 토지등소유자별 기존의 토지 · 건축물 또는 그 밖의 권리의 명세와 청산방법
- 새로이 설치되는 정비기반시설의 명세와 용도가 폐지되는 정비기반시설의 명세
- 보류지 등의 명세와 추산가액 및 처분방법
- 비용의 부담비율에 의한 대지 및 건축물의 분양계획과 비용부담의 한도 · 방법 및 시기
- 기존 건축물의 철거예정시기

2) 관리처분계획의 작성 · 인가

(1) 관리처분계획의 작성

시행자는 분양신청기간이 종료한 때에는 관리처분계획을 작성하여 시장 · 군수의 인가를 받아야 한다.

(2) 관리처분계획의 인가

① 공람 및 의견청취

② 인가 · 고시 및 통지

3) 관리처분계획의 기준

위의 규정(제1항)에 의한 관리처분계획의 내용은 다음 각 호의 기준에 의한다(법 제48조제2항).

(1) 적응환권의 원칙

종전의 토지 또는 건축물의 면적 · 이용상황 · 환경 그 밖의 사항을 종합적으로 고려하

여 대지 또는 건축물이 균형 있게 분양신청자에게 배분되고 합리적으로 이용되도록 한다(제48조제2항제1호).

(2) 면적의 적정화(규모의 조정)

① 증환권, 감환권

지나치게 좁거나 넓은 토지 또는 건축물에 대하여 필요한 경우에는 이를 증가(증환권)하거나 감소(감환권)시켜 대지 또는 건축물이 적정 규모가 되도록 한다(제2호).

② 증환지, 환지부 지정, 입체환지

재해 또는 위생상의 위해를 방지하지 위하여 토지의 규모를 조정할 특별한 필요가 있는 때에는 너무 좁은 토지를 증가(증환지)시키거나 토지에 갈음하여 보상(환지부 지정)을 하거나 건축물의 일부와 그 건축물이 있는 대지의 공유지분을 교부(입체환지)할 수 있다(제4호).

③ 환권부 지정

너무 좁은 토지 또는 건축물이나 정비구역 지정 후 분할된 토지를 취득한 자에 대하여는 현금으로 청산할 수 있다(제3호).

④ 1세대2주택 등의 경우

㉠ 1세대 또는 1인이 하나 이상의 주택 또는 토지를 소유한 경우 1주택을 공급하고, 같은 세대에 속하지 아니하는 2인 이상이 1주택 또는 1토지를 공유한 경우에는 1주택만 공급한다(제6호 본문).

㉡ 다만, 2인 이상이 1토지를 공유한 경우로서 시 · 도 조례로 주택공급에 대하여 따로 정하고 있는 경우에는 시 · 도 조례로 정하는 바에 따라 주택을 공급할 수 있고, 다음의 어느 하나에 해당하는 토지등소유자에 대하여는 소유한 주택 수만큼 공급할 수 있다(제6호 단서).

- 과밀억제권역(수도권정비계획법 제6조제1항제1호)에 위치하지 아니하는 주택재건축사업의 토지등소유자
- 근로자(공무원인 근로자 포함) 숙소 · 기숙사 용도로 주택을 소유하고 있는 토지등소유자
- 국가 · 지방자치단체 및 주택공사 등

(3) 일반분양 등

사업시행자는 분양신청(제46조)을 받은 후 잔여분이 있는 경우에는 정관 등 또는 사업

시행계획이 정하는 목적을 위하여 보류지(건축물을 포함한다)로 정하거나 조합원 외의 자에게 분양할 수 있다(법 제48조제3항).

(4) 기타 구체적 기준

① 분양설계

분양설계에 관한 계획은 분양신청기간(제46조)이 만료되는 날을 기준으로 하여 수립한다(제5호).

② 토지 · 건축물의 평가 : 주택재개발사업 · 주택재건축사업 등의 경우

㉠ 주택재개발사업 및 도시환경정비사업에서 분양예정 대지 · 건축물의 추산액 및 종전 토지 · 건축물의 명세 및 가격 및 세입자별 권리명세 및 그 평가액(제1항제3호 · 제4호 및 제7호의 규정에 의한 재산 또는 권리)을 평가할 때에는 감정평가업자 중 시장 · 군수가 선정 · 계약한 감정평가업자 2인 이상이 평가한 금액을 산술평균하여 산정한다(법 제48조제5항).

㉡ 주택재건축사업 및 가로주택정비사업에서 사업시행자가 분양예정 대지 · 건축물 및 종전토지 · 건축물(제1항제3호 및 제4호의 규정에 의한 재산)에 대하여 감정평가업자의 평가를 받고자 하는 경우에는 위(제5항)의 방법을 준용하여 할 수 있다(법 제48조제6항).

4) 관리처분계획인가의 효력

(1) 관리 · 처분의 기준

정비사업의 시행으로 조성된 대지 및 건축물은 관리처분계획에 의하여 이를 처분 또는 관리하여야 한다(법 제48조제4항).

(2) 건축물의 철거 등

① 사업시행자는 관리처분계획의 인가(제48조제1항)를 받은 후 기존의 건축물을 철거하여야 한다(법 제48조의2제1항).

② 위(제1항)의 규정에도 불구하고 재난및안전관리기본법 · 주택법 · 건축법 등 관계법령에 따라 기존 건축물의 붕괴 등 안전사고의 우려가 있는 경우 등의 경우에는 시행자는 기존 건축물 소유자의 동의 및 시장 · 군수의 허가를 얻어 그 건축물을 철거할 수 있다(법 제48조의2제2항).

(3) 사용 · 수익권의 정지

① 종전토지 · 건축물의 사용 · 수익 금지

관리처분계획의 인가 · 고시(제3항)가 있은 때에는 종전의 토지 또는 건축물의 소유자 · 지상권자 · 전세권자 · 임차권자 등 권리자는 소유권이전고시(제54조)가 있은 날까지 종전의 토지 또는 건축물에 대하여 이를 사용하거나 수익할 수 없다. 다만, 사업시행자의 동의를 받거나 손실보상이 완료되지 아니한 권리자의 경우에는 그러하지 아니하다(법 제49조제6항).

② 분양권(환권)발생

토지등소유자는 관리처분계획의 인가 · 고시가 있은 때에는 법률적으로 종전 토지 또는 건축물 대신에 새로운 대지 및 건축물을 교부받을 수 있는 권리를 취득하게 된다.

(4) 주택의 공급 등

① 관리처분계획에 의한 공급

사업시행자는 정비사업(주거환경개선사업 및 주거환경관리사업은 제외한다)의 시행으로 건설된 건축물은 인가된 관리처분계획(제48조)에 따라 토지등소유자에게 공급하여야 한다(법 제50조제1항).

② 주택 등 건축물의 분양받을 권리 산정 기준일

③ 토지등소유자에 대한 주택의 공급방법과 절차(주택법에 대한 특례)
　　— 주거환경개선사업의 공급조건 등 —

사업시행자가 정비구역 안에 주택을 건설하는 경우에는 입주자 모집조건 · 방법 · 절차, 입주금(계약금 · 중도금 및 잔금을 말한다)의 납부방법 · 시기 · 절차, 주택공급방법 · 절차 등에 관하여는 주택법(제38조)의 규정에 불구하고 대통령령이 정하는 범위 안에서 시장 · 군수의 승인을 얻어 사업시행자가 이를 따로 정할 수 있다(법 제50조제2항, 영 제54조제1항 및 별표 2).

④ 임대주택의 공급방법(임대주택법에 대한 특례)

⑤ 일반분양의 방법과 절차(주택법의 적용)(법 제50조제4항)

⑥ 지분형 주택의 공급 등(법 제50조의3)

4. 분양처분(권리이전고시)

1) 의 의

분양처분이란, 환지방식에 의한 도시개발사업의 환지처분에 대응하는 것으로서, 정비사업의 공사가 완료된 후 종전의 토지 및 건축물에 갈음하여 시행자가 작성한 관리처분계획의 내용에 따라 새로운 대지 및 건축물을 교부하고 그 과부족분을 금전으로 청산하는 행정처분을 말한다.

2) 분양처분의 절차

(1) 준공인가 및 공사완료고시

(2) 분양통지 및 소유권이전 · 고시 등

① 사업시행자는 준공인가 및 공사완료고시(제52조제3항 및 제4항)의 규정에 의한 고시가 있은 때에는 지체 없이 대지확정측량을 하고 토지의 분할절차를 거쳐 관리처분계획에 정한 사항을 분양을 받을 자에게 통지하고 대지 또는 건축물의 소유권을 이전하여야 한다(법 제54조제1항).

② 사업시행자는 위의 규정(제1항)에 의하여 대지 및 건축물의 소유권을 이전하고자 하는 때에는 그 내용을 당해 지방자치단체의 공보에 고시한 후 이를 시장 · 군수에게 보고하여야 한다. 이 경우 대지 또는 건축물을 분양받을 자는 고시가 있은 날의 다음 날에 그 대지 또는 건축물에 대한 소유권을 취득한다(법 제54조제2항).

3) 분양처분의 효력

(1) 권리변동(대지 · 건축물에 대한 권리의 확정)

① 소유권 이외의 권리변동

대지 또는 건축물을 분양받을 자에게 소유권이전 · 고시(제54조제2항)의 규정에 의하여 소유권을 이전한 경우 종전의 토지 또는 건축물에 설정된 지상권 · 전세권 · 저당권 · 임차권 · 가등기담보권 · 가압류 등 등기된 권리 및 주택임대차보호법(제3조제1항)의 대항요건을 갖춘 임차권은 소유권을 이전받은 대지 또는 건축물에 설정된 것으로 본다(법 제55조제1항).

② 권리의 교환 등(환지, 보류지, 체비지 의제)

위의 규정(제1항)에 의하여 취득하는 대지 또는 건축물 중 토지등소유자에게 분양하는 대지 또는 건축물은 도시개발법(제40조)의 규정에 의하여 행하여 진 환지로 보며, 보류지와 일반에게 분양하는 대지 또는 건축물(제48조제3항)은 도시개발법(제34조)의 규정에 의한 보류지 또는 체비지로 본다(법 제55조제2항).

(2) 분양등기

① 등기신청 · 촉탁

사업시행자는 소유권이전의 고시(제54조제2항)가 있은 때에는 지체 없이 대지 및 건축물에 관한 등기를 지방법원지원 또는 등기소에 촉탁 또는 신청하여야 한다(법 제56조제1항).

② 다른 등기의 금지

(3) 청 산

대지 또는 건축물을 분양받은 자가 종전에 소유하고 있던 토지 또는 건축물의 가격과 분양받은 대지 또는 건축물의 가격사이에 차이가 있은 경우에는 사업시행자는 소유권이전의 고시(제54조제2항)가 있은 후에 그 차액에 상당하는 금액(이하 "청산금"이라 한다)을 분양받은 자로부터 징수하거나 분양받은 자에게 지급하여야 한다. 다만, 정관 등에서 분할징수 및 분할지급에 대하여 정하고 있거나 총회의 의결을 거쳐 따로 정한 경우에는 관리처분계획인가후부터 소유권이전의 고시일(제54조제2항)까지 일정기간별로 분할징수하거나 분할지급할 수 있다(법 제57조제1항).

① 청산금의 산정

② 청산금의 징수방법 등

③ 물상대위

제7절 공사의 완료 등

1. 공사완료고시

1) 준공인가

2) 공사완료고시

3) 준공인가 등의 효력

(1) 건축물의 사용

(2) 건축물의 유지관리

(3) 인·허가 등의 의제

2. 비용의 부담

1) 시행자부담의 원칙

2) 정비기반시설관리자의 부담 : 수익자부담의 경우

3) 보조 및 융자

3. 정비기반시설의 설치 등

1) 정비기반시설의 설치

2) 정비기반시설의 귀속

① 시행자가 행정청인 경우
② 시행자가 비행정청인 경우
③ 관리청의 의견청취
④ 법률의 규정에 의한 물권변동

4. 국·공유재산의 처분 등

1) 사업시행계획의 내용

시장·군수는 인가하고자 하는 사업시행계획 또는 직접 작성하는 사업시행계획서(제28조 및 제30조)에 국·공유재산의 처분에 관한 내용이 포함되어 있는 때에는 미리 관리청과 협의하여야 한다.

2) 국·공유재산의 처분제한 등

(1) 정비구역 안의 국·공유재산

(2) 주거환경개선구역의 경우

3) 국 · 공유재산의 임대

– 주거환경개선구역 · 주택재개발구역에서 임대주택을 건설하는 경우 –

【부칙】

〈법률 제6852호, 2002.12.30〉

① 시행일

이 법은 공포 후 6월이 경과한 날부터 시행한다(제1조).

② 폐지법률

도시재개발법 및 도시저소득주민의주거환경개선을위한임시조치법은 이를 폐지한다(제2조).

③ 일반적 경과조치

이 법 시행 당시 도시재개발법 · 도시저소득주민의주거환경개선을위한임시조치법 및 주택건설촉진법의 재건축 관련 규정(이하 "종전법률"이라 한다)에 의하여 행하여진 처분 · 절차 그 밖의 행위는 이 법의 규정에 의하여 행하여진 것으로 본다(제3조).

④ 투기과열지구 안에서의 주택재건축사업의 조합원 자격취득에 관한 특례

이 법 시행 전에 주택재건축정비사업조합의 설립인가를 받은 정비사업의 토지등소유자(2003년 12월 31일 전에 건축물 또는 토지를 취득한 자에 한한다)로부터 건축물 또는 토지를 양수한 자는 제19조제2항의 규정에 불구하고 조합원 자격을 취득할 수 있다.

〈법률 제10268호, 2010.4.15 일부개정〉

〈법률 제10599호, 2011.4.14 타법개정〉

〈법률 제11059호, 2011.9.16 일부개정〉

이 법은 공포한 날부터 시행한다.

〈법률 제11293호, 2012.2.1 일부개정〉

이 법은 공포 후 6개월이 경과한 날부터 시행한다. 다만, 일부개정규정은 공포한 날부터 시행하며, 제16조제6항의 개정규정은 공포 후 1년이 경과한 날부터 시행한다.

연습문제 | 제5장 도시및주거환경정비법

■ 주관식 문제 ■

01 도시및주거환경정비법상 주택재건축사업을 위한 정비구역의 지정요건(정비계획 수립대상구역)을 설명하시오.

02 도시및주거환경정비법상 정비사업에 대하여 그 종류별로 정비구역의 지정요건과 정비사업의 시행자, 시행방식 및 절차를 비교하여 설명하시오.

03 주택재건축사업의 시행방식과 절차에 대하여 설명하시오.

04 정비구역의 대상지역에 대하여 주택재개발사업의 경우와 주택재건축사업의 경우를 비교하여 설명하시오.

05 관리처분계획의 기준에 대하여 설명하시오.

■ 단답식 문제 ■

01 도시및주거환경정비법상 주거환경개산사업을 자력, (   ) 또는 환지방식에 의하여, 주택재개발사업과 도시환경정비사업은 환권 또는 (   ) 방식에 의하여, 주택재건축사업은 환권방식에 의하여 시행한다.

02 토지등소유자의 개념은 주택재개발사업 · 도시환경정비사업 및 주거환경개선사업에서는 정비구역 안에 소재한 토지 또는 건축물의 소유자 또는 그 (   )를 말하지만, 주택재건축사업에서는 정비구역 안에 소재한 (   ) 및 그 부속토지의 소유자 또는 정비구역이 아닌 구역 안에 소재한 대통령령이 정하는 (   ) 및 그 부속토지의 소유자를 말한다.

03 (   )을 시행하고자 하는 자는 시장 · 군수에게 안전진단을 신청하여야 하며, 안전진단은 (   )을 대상으로 한다.

04 사업시행자는 주거환경개선사업 및 (　　　　　　)의 시행으로 철거되는 주택의 소유자 또는 (　　　)에 대하여 당해 정비구역 내 · 외에 소재한 임대주택 등의 시설에 임시로 거주하게 하거나 주택자금의 융자알선 등 임시수용에 상응하는 조치를 하여야 한다.

05 사업시행자(주거환경개선사업 제외)는 (　　　　　　　　)이 종료한 때에는 분양신청의 현황을 기초로 하여 관리처분계획을 수립하여 시장 · 군수의 인가를 받아야 한다. 사업시행자는 관리처분계획의 인가를 받은 후 기존의 건축물을 (　　　　)하여야 한다.

단답식 정답

01 수용, 환지
02 지상권자, 건축물, 주택
03 주택재건축사업, 공동주택
04 주택재개발사업, 세입자
05 분양처분신청기간, 철거

■ 객관식 문제 ■

01 도시및주거환경정비법상 정비사업을 설명한 것 중 잘못된 것은?

① 정비사업의 종류는 주거환경개선사업, 주택재개발사업 및 주택재건축사업 그리고 도시환경정비사업으로 구분한다.

② 정비사업의 시행계획은 시행자가 입안하여 특별시장 · 광역시장 · 시장 또는 군수가 결정한다.

③ 정비구역의 지정 · 고시가 있으면 지구단위계획구역 및 지구단위계획으로 결정 · 고시된 것으로 본다.

④ 사업시행자는 주거환경개선사업 및 주택재개발사업의 시행으로 철거되는 주택의 소유자 또는 세입자의 임의수용을 위하여 필요한 때에는 국가 · 지방자치단체 그 밖의 공공단체 또는 개인의 시설이나 토지까지도 일시사용할 수 있다.

⑤ 시행자는 정비구역 안에서 그 사업을 위하여 필요한 토지 또는 건축물 기타의 권리를 수용 또는 사용할 수 있다.

풀이 ② 시행자(시장 · 군수 · 구청장 제외)는 규약(정관, 시행규정) 및 사업시행계획을 작성하여 시장 · 군수 또는 구청장("시장 · 군수"라 한다)의 인가를 받아야 한다(법 제28조, 제30조, 제31조). ③ 정비구역의 지정 · 고시가 있으면 그 정비구역 및 정비계획 중 지구단위계획의 내용에 해당하는 사항은 지구단위계획구역 및 지구단위계획으로 결정 · 고시된 것으로 본다(법 제4조).

정답 **01** ②

02 정비사업에 관한 설명 중 틀린 것은?

① 정비구역 안에서 도시기능을 회복하기 위하여 기반시설을 정비하고 주택 등 건축물을 개량하거나 건설하는 사업을 말한다.

② 정비사업은 도시·군계획사업의 일종이다.

③ 정비사업은 그 목적에 따라 도심재개발사업과 주택개량재개발사업 및 주거환경개선사업으로 구분된다.

④ 일정한 도시에 있어서는 정비구역의 지정에 앞서 도시·주거환경정비기본계획이 수립되어야 한다.

⑤ 정비사업은 주로 종전의 토지 및 건축물에 관한 권리관계를 새로운 대지 및 건축물에 이전하는 분양처분에 의하여 이루어진다.

풀이 ③ 정비사업은 주거환경개선사업, 주택재건축사업, 주택재개발사업 및 도시환경정비사업으로 구분된다. ② 특별시장·광역시장 또는 시장은 기본계획을 10년 단위로 수립하여야 한다. 다만 대통령령이 정하는 소규모 시(인구 50만명 미만)의 경우에는 그러하지 아니하다(법 제3조제1항, 영 제7조)

03 정비구역의 지정·고시내용(정비계획)의 성질 및 효력에 관한 다음 기술 중 가장 타당한 것은?

① 도시·군관리계획의 하위계획으로서 도시·군관리계획과 저촉되는 계획은 그 효력을 상실한다.

② 도시·군관리계획이 아니라 도시·군기본계획으로 간주되며, 따라서 이에 저촉되는 종전의 도시·군기본계획은 폐지된 것으로 본다.

③ 도시·군계획보다 상위의 계획으로서 이에 저촉되는 도시·군계획은 그 결정의 선후를 막론하고 효력이 없다.

④ 도시·군계획과는 전혀 별개의 계획이며, 효력의 우선문제는 생기지 않는다.

⑤ 도시·군관리계획의 일종이며, 따라서 이에 저촉되는 종전의 도시·군관리계획은 효력이 상실된다.

풀이 ⑤ 정비사업은 도시·군계획사업의 일종으로서 도시및주거환경정비법에 의하여 정비구역을 지정하고 이 법이 정한 집행절차와 방법에 따라 정비사업을 시행하게 된다. 시장·군수는 기본계획에 적합한 범위 안에서 노후·불량건축물이 밀집하는 등 대통령령이 정하는 구역에 대하여 정비계획을 수립하여 시·도지사에게 정비구역 지정을 신청하여야 하며, 시·도지사는 시장·군수의 신청을 받아 정비구역을 지정·변경할 수 있다(법 제4조제1항 및 제3항). 정비구역의 지정·고시내용(정비계획) 중 국토의계획및이용에관한법률에서 지구단위계획의 내용에 해당하는 사항은 지구단위계획 및 지구단위계획구역으로 결정·고시된 것으로 본다(법 제4조제4항).

정답 02 ③ 03 ⑤

04 도시및주거환경정비법상 주택재개발사업(환권방식)의 일련의 절차를 순서대로 배열한 것은?

① 사업계획 결정—기본계획의 수립—관리처분계획 작성인가—분양처분—청산

② 사업계획 결정—기본계획의 수립—시행인가신청기간 지정—분양신청—관리처분계획 작성인가

③ 기본계획의 수립—정비구역지정—사업시행인가—관리처분계획 작성인가—분양처분

④ 기본계획의 수립—사업계획 결정—관리처분계획 작성인가—분양신청—청산

⑤ 정비구역지정—기본계획의 수립—사업시행인가—분양처분—청산

풀이 ③ 정비사업의 하나인 주택재개발사업은 원칙적으로 환권방식에 의하여

ⓐ 도시 · 주거환경기본계획의 수립 ⓑ 정비구역의 지정
ⓒ 사업시행인가 ⓓ 분양신청
ⓔ 관리처분계획의 인가 ⓕ 공사완료
ⓖ 분양처분의 순서에 따라 시행한다.

05 다음은 정비구역의 지정에 관한 설명이다. 옳지 않은 것은?

① 정비구역은 시장 · 군수가 지정 · 고시한다.

② 정비구역은 기본계획에 적합한 범위 안에서 지정하여야 한다.

③ 시장 · 군수는 정비구역을 2 이상의 구역으로 분할할 수 있다.

④ 정비구역의 지정고시가 있으면 지구단위계획구역으로 지정 · 고시된 것으로 본다.

⑤ 정비구역의 지정 고시가 있는 경우 정비계획 중 지구단위계획의 내용에 해당하는 사항은 지구단위계획으로 결정 · 고시된 것으로 본다.

풀이 ①② 시장 · 군수는 기본계획에 적합한 범위 안에서 노후 · 불량건축물의 밀집지역에 대하여 정비계획을 수립하여 주민에 대한 서면통보, 주민설명회, 주민공람 및 지방의회의 의견청취를 거쳐 시 · 도지사에게 정비구역 지정을 또는 변경을 신청하여야 하며, 특별시장 · 광역시장 또는 도지사는 시장 · 군수의 신청을 받아 지방 도시계획위원회의 심의를 거쳐 정비구역을 지정 또는 변경할 수 있다(법 제4조제1항). 다만, 대도시시장은 시 · 도지사에게 정비구역 지정을 신청하지 아니하고 지방도시계획위원회의 심의를 거쳐 직접 구역을 지정할 수 있다(법 제14조제2항).

06 주택재개발정비사업으로 조성되는 대지 또는 건축물을 분양받을 권리를 양도하고자 한다. 옳은 것은?

① 임의로 양도할 수 있으나 시행자에게 통지를 하지 않으면 그 효력이 발생하지 아니한다.

② 양도하고 시행자에게 통지하여야 그 효력이 발생하며 시행자에게도 대항할 수 있다.

정답 04 ③ 05 ① 06 ⑤

③ 임의로 양도할 수 있으나 시행자에게 그 양도의 통지를 하지 않으면 시행자에게 대항할 수 없다.
④ 정비사업에 착수한 후에는 양도할 수 없다.
⑤ 임의로 양도할 수 있고, 시행자에게 통지하지 않아도 시행자에게 대항할 수 있다.

풀이 ③⑤ 종전의 도시재개발법에 있던 대지 또는 건축물을 분양받을 권리는 관리처분계획의 인가·고시일로부터 임의로 양도할 수 있으나, 시행자에게 양도의 통지를 하지 아니하면 시행자에게 대항할 수 없다는 규정은 삭제되었다. 다만, 현행 도시및주거환경정비법에서도 투기과열지구 안에서의 주택재건축사업의 경우 조합설립인가 후 그 정비사업의 건축물 또는 토지를 양수한 자는 조합원이 될 수 없고 이러한 자에게는 현금으로 청산하도록 규정하고 있다(법 제19조제2항 및 제3항).

07 정비사업의 관리처분계획의 기준을 정함에 있어서 필수적으로 고려할 사항과 가장 거리가 먼 것은?
① 종전의 토지 또는 건축물의 이용상황
② 종전의 토지 또는 건축물의 위치
③ 종전의 토지 또는 건축물의 면적
④ 종전의 토지 또는 건축물의 지목
⑤ 종전의 토지 또는 건축물의 환경

풀이 ④ 정비사업에 있어서 시행자가 관리처분계획을 작성하고자 할 때에는 원칙적으로 종전의 토지 또는 건축물의 면적, 이용상황, 환경 기타의 사항을 종합적으로 고려하여 대지 또는 건축시설이 균형있게 분양신청자에게 배분되고 합리적으로 이용되도록 하여야 한다(법 제48조제2항). 도시개발사업에 있어서 환지계획의 기준에는 위와 같은 면적, 이용상황, 환경 이외에도 위치, 지목, 토질, 수리 등도 포함된다. 다만, 명문규정상으로는 위치, 지목, 토질, 수리는 환지계획에서만 고려할 사항이나, 해석상 위치는 지목보다는 관리처분계획에서도 고려될 사항에 해당된다 할 것이다.

08 관리처분계획에 관한 설명으로 옳은 것은?
① 정비사업의 시행자는 사업시행고시가 있는 날부터 30일 이내에 분양신청기간을 공고하여야 한다.
② 토지 등의 소유자는 사업시행고시가 있는 날부터 30일 이상 90일 이내에 분양신청을 할 수 있다.
③ 분양신청의 철회는 시행자의 동의 없이는 불가능하다.

정답 07 ④ 08 ④

④ 시장 · 군수 또는 구청장 외의 시행자는 반드시 사업시행인가를 얻어야만 사업을 시행할 수 있다.

⑤ 분양설계는 관리처분계획의 내용에 포함되지 아니한다.

풀이 ①② 정비사업의 시행자는 사업시행고시가 있는 날(사업시행인가 이후에 시공사를 선정한 경우에는 시공자와 계약을 체결한 날)로부터 60일 이내에 토지 등의 소유자에게 개략적인 부담금내역 및 분양신청기간 등의 사항을 통지하고 일간신문에 공고하여야 한다. 이경우 분양신청기간은 그 통지한 날로부터 30일 이상 60일 이내로 하여야 한다(법 제46조제1항). ③ 토지 등의 소유자가 분양신청을 철회하고자 하는 때에는 시행자의 동의를 얻어야 한다는 종전의 규정은 삭제되었다.

⑤ 관리처분계획의 내용에는 ⓐ 분양설계, ⓑ 분양대상자의 주소 및 성명, ⓒ 분양대상자별 분양예정의 대지 · 건축물의 추산액과 종전토지 · 건축물의 명세 및 사업시행인가 고시일 기준의 가격 ⓓ 정비사업비의 추산액, ⓔ 분양대상자의 종전토지 · 건축물에 관한 소유권 외의 권리명세, ⓕ 기타 정비사업과 관련한 권리 등에 대하여 대통령령이 정하는 사항이 포함되어야 한다(법 제48조제4항).

09 관리처분계획에 관한 설명으로 맞는 것은?

① 정비사업 중 주거환경개선사업의 경우에는 관리처분계획을 정하지 않아도 된다.

② 기존건축물을 철거하고 정비사업에 관한 공사를 완료한 후에 시행자가 정한다.

③ 정비구역 안의 소유권 이외의 권리에 관한 계획이다.

④ 국 · 공유지는 관리처분계획의 대상이 아니다.

⑤ 토지 또는 건축물 소유자의 동의를 얻어야 한다.

풀이 ③ 관리처분계획은 정비구역 안의 소유권 및 소유권 이외의 권리에 관한 계획으로서, ① 시행자(주거환경개선사업 제외)는 분양신청기간이 종료한 때에는 대지 및 건축시설에 관한 관리처분계획을 정하여 시장 · 군수 · 구청장의 인가를 받아야 한다(법 제48조제1항). ②⑤ 관리처분계획은 분양신청기간이 종료한 때에 기존건축물을 철거하기 전에 시행자가 정하여 시장 · 군수 · 구청장의 인가를 받는다(법 제48조 및 제48조의2).

10 정비구역 안에서 원칙적으로 종전의 토지 또는 건축물의 사용 · 수익이 금지되는 시기는?

① 관리처분계획의 인가 · 고시일

② 정비사업시행의 인가신청일

③ 정비구역 지정 · 고시일

④ 분양처분이 있은 날의 다음 날

⑤ 정비사업시행 결정 · 고시일

정답 09 ① 10 ①

풀이 ① 관리처분계획의 인가 · 고시가 있는 때에는 종전토지의 소유자, 지상권자, 전세권자, 임차권자 등은 분양처분고시(소유권이전고시)일까지 종전토지 등을 사용 · 수익할 수 없다. 다만, 시행자의 동의를 얻은 경우에는 그러하지 아니하다(법 제49조제6항).

11 정비사업에 있어서 분양신청자가 분양대상지 또는 건축물의 소유권을 취득하는 시기는?

① 관리처분계획의 고시가 있은 날
② 분양처분(소유권이전)의 고시가 있은 날의 다음 날
③ 관리처분계획의 인가 · 고시가 있은 날의 다음 날
④ 분양처분에서 정한 날
⑤ 분양처분(소유권이전)이 고시된 날

풀이 ② 종전의 도시재개발법에서는 관리처분계획에 따라 대지 또는 건축물을 분양받은 자는 분양처분의 고시가 있은 날의 다음 날에 그 대지 또는 건축시설에 대한 소유권을 취득한다(법 제39조제1항)라고 규정하였으나, 최근까지 새로운 도시및주거환경정비법에서는 시행자는 준공인가 및 공사완료고시가 있은 때에는 지체 없이 대지확정측량을 하고 토지분할절차를 거쳐 관리처분계획에서 정한 사항을 분양받을 자에게 통지하고 대지 또는 건축물의 소유권을 이전하여야 하고(법 제54조제1항), 시행자는 대지 및 건축물의 소유권을 이전하고자 하는 때에는 그 내용을 공보에 고시한 후 시장 · 군수에게 보고하여야 한다(법 제54조제2항 전단)라고 규정하고 있었다. 따라서 「그 다음 날」에 소유권을 취득하는지 해석상 의문이 있었다. 다만, 새로운 법에서도 토지등소유자에게 분양하는 대지 · 건축물은 도시개발법에 의한 환지로 본다(법 제55조제2항)라고 규정하고 있는 점에 비추어 보면, 「그 다음 날」에 소유권을 취득한다고 해석할 수 있었다. 그런데, 최근에 대지 또는 건축물을 분양받을 자는 고시가 있은 날의 다음 날에 그 대지 또는 건축물에 대한 소유권을 취득한다(법 제54조제2항 후단)라는 규정을 두어 입법적으로 해결하고 있다.

12 다음은 주택재개발사업의 시행주체에 관한 설명이다. 틀린 것은?

① 원칙적으로 지방자치단체가 시행한다.
② 한국토지주택공사가 시행주체가 될 수 있다.
③ 지방공사도 시행주체가 될 수 있다.
④ 정비구역 안의 토지등소유자의 조합도 시행주체가 될 수 있다.
⑤ 시장 · 군수는 지정개발자를 지정하여 시행하게 할 수 있다.

풀이 ①②③④ 주택재개발사업은 원칙적으로 구역 안의 토지 또는 건축물의 소유자 또는 그 지상권자가 설립한 조합이 시행하거나 조합이 조합원 과반수의 동의를 얻어 시장 · 군

정답 11 ② 12 ①

수 · 구청장 또는 주택공사 등(한국토지주택공사, 지방공사), 건설업자, 등록사업자 또는 대통령령으로 정하는 요건을 갖춘 자와 공동으로 시행한다. 다만, 시장 · 군수 · 구청장은 조합이 고시된 정비계획에서 정한 사업시행예정일로부터 2년 이내에 사업시행인가 신청을 하지 아니하는 경우 등 일정한 사유가 있을 때에는 직접 사업을 시행하거나 지정개발자 또는 주택공사 등을 시행자로 지정하여 사업을 시행하게 할 수 있다.

13 토지등소유자가 설립하는 정비사업조합에 관한 설명으로 틀린 것은?

① 조합을 설립하고자 할 때에는 정비구역지정고시 후 위원장을 포함하여 5인 이상의 위원 및 운영규정에 대한 토지등소유자 과반수의 동의를 얻어 조합설립추진위원회를 구성하여 시장 · 군수의 승인을 얻어야 한다.

② 주택재개발사업 및 도시환경정비사업의 추진위원회가 조합을 설립하고자하는 때에는 토지등소유자 3/4 이상 및 토지면적의 1/2 이상의 토지등소유자의 동의를 얻어 정관 및 국토해양부령이 정하는 서류 등을 첨부하여 시장 · 군수의 인가를 받아야 한다.

③ 시장 · 군수 또는 주택공사 등이 아닌 자가 정비사업을 시행하고자 하는 때에는 토지등소유자로 구성된 조합을 설립하여야 한다. 다만, 토지등소유자가 도시환경정비사업을 단독으로 시행하고자 하는 경우에는 그러하지 아니한다.

④ 조합원은 조합이 시행하는 정비구역 안의 토지등소유자(주택재건축사업의 경우에는 사업에 동의한 자에 한함)로 하되, 토지 또는 건축물의 소유권과 지상권이 수인의 공유에 속할 때에는 그 각각을 1인의 조합원으로 본다.

⑤ 조합의 임원은 같은 목적의 정비사업을 하는 다른 조합의 임원 또는 직원을 겸할 수 없다.

풀이 ④ 조합원은 토지등소유자(주택재건축사업의 경우에는 사업에 동의한 자에 한함)로 하되, 토지 또는 건축물의 소유권과 지상권이 여러 사람의 공유에 속하는 때 등의 경우에는 그 수인을 대표하는 1인을 조합원으로 본다.

14 도시및주거환경정비법상 정비사업의 시행자로 볼 수 없는 자는?

① 정비사업조합　　② 시장 · 군수 또는 구청장

③ 한국토지주택공사　　④ 지정개발자

⑤ 특별시장 · 광역시장 또는 도지사

풀이 ① 정비사업(주거환경개선사업 제외)은 원칙적으로 구역 안의 토지등소유자로 구성된 정비사업 조합이 시행한다. ②③ 다만, 일정한 사유가 있는 때에는 시장 · 군수(시장 · 군수 · 구청장)가 직접 시행하거나 주택공사 등 또는 ④ 지정개발자를 지정하여 시행하게 할 수 있는 경우도 있다. 그러나, ⑤ 국토해양부장관이나 시 · 도지사가 정비사업의 시행자가 될 수 있는 경우는 없다.

정답 **13** ④ **14** ⑤

15 도시및주거환경정비법상 노후·불량건축물에 해당하지 않는 경우는?

① 건축물이 훼손되어 붕괴 기타 안전사고의 우려가 있는 경우

② 건축물의 일부가 멸실되어 붕괴 기타 안전사고의 우려가 있는 경우

③ 건축물을 준공일 기준으로 40년까지 사용하기 위한 보수비용이 철거 후 신축비용보다 클 것으로 예상되는 경우

④ 건축물이 준공된 후 20년이 경과되고 부근토지의 이용상황 등에 비추어 주거환경이 불량한 경우 또는 건축물을 철거하고 새로 건설하면 그에 소요되는 비용에 비하여 현저한 효용의 증가가 예상되는 경우

⑤ 도시미관의 저해, 건축물의 기능적 결함 또는 부실시공 또는 노후화로 인한 구조적 결함 등으로 철거가 불가피한 건축물로서 준공된 후 20년(조례로 그 이상의 연수를 정하는 경우에는 그 연수로 한다)을 지난 경우

풀이 ③④ 주변토지의 이용상황에 비추어 주거환경이 불량한 곳에 소재하고 건축물을 철거하고 새로운 건축물을 건설하는 경우 소요비용에 비하여 현저한 효용의 증가가 예상되는 건축물로서 건축물을 40년까지 사용하기 위하여 보수·보강에 소요되는 비용이 철거 후 새로운 건축물을 건설하는데 드는 비용보다 클 것으로 예상되는 건축물 또는 건축물이 있는 대지의 분할제한 기준면적(건축법 제57조제1항)에 미달되어 효용을 다할 수 없게 된 대지에 있는 건축물 등은 노후·불량건축물에 속한다(법 제2조제3호, 영 제2조).

16 노후·불량건축물의 소유자들이 재건축조합을 결성하여 주택을 건설하고자 하는 경우에 대한 설명 중 틀린 것은?

① 주택재건축사업을 시행하고자 하는 자는 시장·군수에게 당해 건축물에 대한 안전진단을 신청하여야 한다.

② 재건축조합원 중 1세대가 2 이상의 주택을 소유한 경우에는 2 이상의 주택을 공급할 수 있으나, 2인 이상이 1주택을 공유하고 있는 경우 1주택만 공급하여야 한다.

③ 정비구역 안에 소재한 건축물 및 그 부속토지의 소유자뿐만 아니라 정비구역이 아닌 구역 안에 소재한 주택(20세대 이상의 아파트 또는 연립주택) 및 그 부속토지의 소유자와 부대·복리시설 및 그 부속토지의 소유자도 토지등소유자로서 재건축조합을 구성하여 사업을 시행할 수 있다.

④ 주택재건축사업의 추진위원회가 조합을 설립하고자 하는 때에는 주택단지 안의 공동주택의 각 동(복리시설의 경우에는 주택단지 안의 복리시설 전체를 하나의 동으로 본다)별 구분소유자의 3분의 2 이상 및 토지면적의 1/2 이상의 토지소유자의 동의(공동주택의 각 동별 구분소유자가 5 이하인 경우는 제외)와 단지 안의 전체 구분소유자

정답 15 ④ 16 ②

의 4분의 3 이상 및 토지면적의 3/4 이상의 토지소유자의 동의를 얻어 시장 · 군수의 인가를 받아야 한다.

⑤ 다만, 주택단지가 아닌 지역이 정비구역으로 포함된 때에는 주택단지가 아닌 지역 안의 토지 또는 건축물 소유자의 3/4 이상 및 토지면적의 2/3 이상의 토지소유자의 동의를 얻어야 한다.

풀이 ② 관리처분계획에 있어서 1세대 또는 1인이 1 이상의 주택 또는 토지를 소유한 경우 1주택을 공급하고, 같은 세대에 속하지 아니하는 2인 이상이 1주택 또는 1토지를 공유하는 경우에는 1주택만 공급한다. 다만, 과밀억제권역 안에 위치하지 아니한 주택재건축사업의 토지등소유자 등에 대하여는 소유한 주택 수만큼 공급할 수 있다(법 제48조제2항). ③ 여기서 정비구역이 아닌 구역 안에 소재한 주택이란 주택법에 의한 사업계획 승인 또는 건축법에 의한 건축허가를 받아 건설한 아파트 또는 연립주택으로서 기존세대수가 20세대 이상인 것 또는 기존세대수가 20세대 미만으로서 20세대 이상으로 재건축하고자 하는 것을 말한다(영 제6조).

17 도시및주거환경정비법상 주택재개발사업 시행인가에 관한 설명으로 옳은 것은?

① 조합이 재개발사업을 시행하고자 할 때에는 규약 및 사업시행계획을 작성하여 특별시장 · 광역시장 · 도지사의 인가를 받아야 한다.

② 조합이 재개발사업시행인가를 신청하고자 할 때에는 미리 총회를 개최하여 토지등소유자 2/3 이상의 동의를 얻어야 한다.

③ 시장 · 군수 또는 구청장은 재개발사업의 시행을 인가하거나 그 사업을 변경 · 중지 또는 폐지한 때에는 국토해양부령이 정하는 바에 의하여 그 내용을 지방자치단체의 공보에 고시하여야 한다.

④ 토지등소유자가 정당한 사유 없이 동의에 불응한 때에는 토지등소유자 과반수의 동의를 얻어 신청할 수 있다.

⑤ 시장 · 군수 또는 구청장은 사업시행인가를 하고자 할 때에는 관계서류의 사본을 10일 이상 일반인 및 당해 토지 등의 소유자에게 공람하여야 한다(단, 시 · 도의 조례가 정하는 경미한 사항 제외).

풀이 ① 조합이 주택재개발사업을 시행하고자 하는 경우에는 사업시행계획서에 정관 그 밖의 서류를 첨부하여 시장 · 군수(시장 · 군수 · 구청장)에게 제출하고 사업시행인가를 받아야 한다.

② 조합은 사업시행인가를 신청하기 전에 미리 총회를 개최하여 조합원 과반수)의 동의를 얻어야 한다. ⑤ 시장 · 군수는 사업시행인가를 하고자 하는 때에는 관계서류의 사본을 14일 이상 일반인이 공람하게 하여야 한다.

정답 **17** ③

18 도시 · 주거환경정비기본계획에 관한 설명 중 틀린 것은?

① 기본계획은 특별시 · 광역시 또는 시(市)를 대상으로 수립한다.

② 시장 · 군수는 기본계획에 적합한 범위 안에서 노후 · 불량건축물 밀집지역에 대하여 정비계획을 수립하여 시 · 도지사에게 정비구역 지정을 신청하여야 한다. 다만, 대도시시장은 시 · 도지사에게 구역지정을 신청하지 아니하고 직접 정비구역을 지정한다.

③ 지방도시계획위원회의 심의를 거쳐야 한다.

④ 시장(대도시시장 제외)이 기본계획을 수립한 때에는 도지사의 승인을 얻어야 한다.

⑤ 기본계획은 20년 단위로 수립하여야 한다.

풀이 ③ 기본계획은 특별시장 · 광역시장 또는 시장이 관할구역에 대하여 지방도시계획위원회의 심의를 거쳐 수립한다. ⑤ 기본계획은 10년 단위로 수립하여 5년마다 타당성을 검토하여야 한다.

19 다음 중 정비구역의 지정대상지역(정비계획수립대상구역)에 관한 설명으로서 타당하지 않은 것은?

① 건축물이 노후 · 불량하여 그 기능을 다할 수 없거나 건축물이 과도하게 밀집되어 있어 그 구역 안의 토지의 합리적인 이용과 가치의 증진을 도모하기 곤란한 지역은 주택재개발사업 또는 도시환경정비사업을 위한 정비구역으로 지정된다.

② 인구 · 산업 등이 과도하게 집중되어 있어 도시기능의 회복을 위하여 토지의 합리적인 이용이 요청되는 지역은 도시환경정비사업을 위한 정비구역으로 지정된다.

③ 기존의 단독주택(나대지 및 단독주택이 아닌 건축물을 일부 포함할 수 있다)이 200호 이상 또는 그 부지면적이 1만㎡ 이상인 지역으로서 노후불량건축물이 당해 지역 안에 있는 건축물수의 2/3 이상이거나 노후불량건축물이 당해지역 안에 있는 건축물의 1/2 이상으로서 준공 후 15년 이상이 경과한 다세대주택 및 다가구 주택이 당해 지역 안에 있는 건축물수의 3/10 이상인 지역은 주택재건축사업을 위한 정비구역으로 지정된다.

④ 정비기반시설의 정비에 따라 토지가 건축대지로서의 효용을 다할 수 없게 되거나 과소토지(過小土地)로 되어 도시의 환경이 현저히 불량하게 될 우려가 있는 지역은 주택재개발사업 또는 도시환경정비사업을 위한 정비구역으로 지정된다.

⑤ 그 지역 안의 최고고도지구의 토지면적이 전체 토지면적의 50%를 초과하고 그 최고고도에 미달하는 건축물이 당해 지역 안의 건축물의 바닥면적의 3분의 2 이상인 지역은 도시환경정비사업을 위한 정비구역으로 지정된다.

풀이 ⑤ 도시환경정비사업을 위한 정비구역은 최고고도지구가 아니라 일정한 최저고도지구에 지정될 수 있다.

정답 18 ⑤ 19 ⑤

20 조합의 정비사업의 시행에 관하여 틀린 것은?

① 도시환경정비사업 및 주택재개발사업의 추진위원회가 조합을 설립하고자 하는 경우에는 토지등소유자 3/4 이상 및 토지면적의 1/2 이상의 토지등소유자의 동의를 얻어야 한다.

② 주택재건축사업의 추진위원회가 조합을 설립하고자 하는 경우에는 주택단지 안 공동주택의 동별 구분소유자의 2/3 이상 및 토지면적의 1/2 이상의 토지소유자의 동의와, 전체 구분소유자의 3/4 이상 및 토지면적의 3/4 이상의 토지소유자의 동의를 얻어야 한다.

③ 조합인 시행자가 사업시행인가를 신청하고자 하는 때에는 사업시행계획서의 내용에 대하여 구역 안의 토지면적의 3분의 2 이상의 토지소유자의 동의와 토지소유자 총수 및 건축물소유자 총수의 각 2분의 1 이상에 해당하는 자의 동의를 얻어야 한다.

④ 시장 · 군수는 주택재건축사업의 정비예정구역별 정비계획의 수립시기가 도래한 때에는 주택재건축사업의 시행여부를 결정하기 위하여 주택단지 내의 건축물을 대상으로 안전진단을 실시하여야 한다.

⑤ 주택재건축사업의 경우에는 시행자가 조합설립의 동의를 하지 아니한 자의 토지 또는 건축물에 대하여 매도청구를 할 수 있다.

풀이 ③ 사업시행자(시장 · 군수 또는 주택공사 등 제외)는 사업시행인가를 신청하기 전에 미리 총회를 개최하여 조합원 과반수의 동의를 얻어야 한다(법 제28조제4항).

21 정비사업에 있어서의 수용(收用)에 관한 설명 중 틀린 것은?

① 정비구역 안의 토지 · 건축물 기타의 권리는 수용 · 사용할 수 있다.

② 주택재건축사업의 경우에는 천재 · 지변 등 불가피한 사유로 긴급히 정비사업을 시행할 필요가 있어서 시장 · 군수가 직접 사업을 시행하거나 지정개발자 또는 주택공사 등을 시행자로 지정하여 사업을 시행하는 경우에 한하여 수용 · 사용할 수 있다.

③ 재결신청은 사업의 시행기간 내에 하면 된다.

④ 대지 또는 건축물의 분양을 보상조건으로 수용할 수 있으나 수용의 시기까지 보상이 완료되어야 한다.

⑤ 사업시행인가고시를 사업인정고시로 본다.

풀이 ④ 대지 또는 건축물을 현물보상하는 경우에는 공익사업을위한토지등의취득및보상에관한법률(제42조)의 규정에도 불구하고 준공인가 이후에 그 현물보상을 할 수 있다.

정답 20 ③ 21 ④

22 분양처분에 관한 설명 중 타당하지 아니한 것은?

① 분양처분은 공사완료공고 후 시행자가 관리처분계획에 따라 행하는 행정처분이다.

② 분양처분의 효력은 종전토지 · 건축물에 설정된 지상권 · 전세권 · 저당권 · 임차권 등의 권리에는 그 영향을 미치지 않는다.

③ 대지 · 건축물을 분양받은 자는 분양처분(권리이전)고시가 있으면 등기 없이도 그 대지 · 건축물에 대한 소유권을 취득한다.

④ 분양처분의 효력으로서 취득하는 대지 · 건축물 중 토지등소유자에게 분양하는 대지 또는 건축물은 도시개발법에 의한 환지로 본다.

⑤ 청산금에 대한 권리는 분양처분(권리이전)고시일의 다음 날부터 5년간 행사하지 아니하면 소멸한다.

풀이 ② 대지 · 건축물을 분양받을 자에게 소유권을 이전 · 고시하면, 종전토지 · 건축물에 설정된 지상권 · 전세권 · 저당권 · 임차권 · 가등기담보권 · 가압류 등 등기된 권리 및 주택임대차보호법상 대항요건을 갖춘 임차권은 소유권을 이전 받은 대지 · 건축물에 설정된 것으로 본다(법 제55조).

정답 **22** ②

06 주 택 법

제1절 서 론

1. 법의 목적

이 법은 쾌적한 주거생활에 필요한 주택의 건설 · 공급 · 관리와 이를 위한 자금의 조달 · 운용 등에 관한 사항을 정함으로써 국민의 주거안정과 주거수준의 향상에 이바지함을 목적으로 한다(법 제1조).

2. 법 체계상의 지위

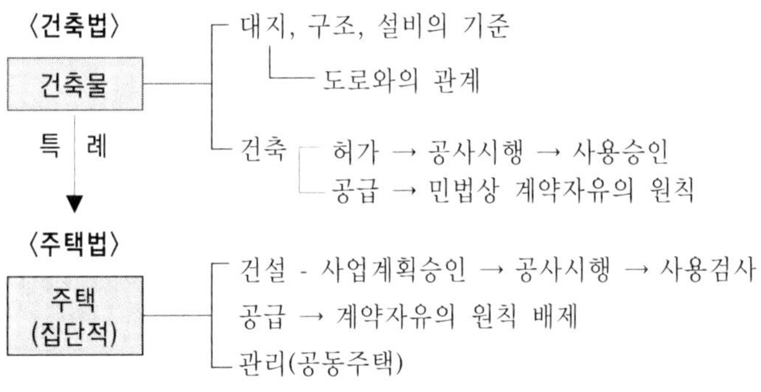

3. 법의 적용범위

주택법은 주택을 집단적(단독주택 20호 이상, 공동주택 20세대 이상)으로 건설 · 공급하는 경우에 적용된다.

4. 법의 주요내용

- 주택
  - 건설
    - 주택건설사업
      - 사업주체
        - 단독사업주체
          - 공공사업주체 : 국가, 지방자치단체, 공사(주공, 토공, 지공)
          - 민간사업주체 : 등록사업자
        - 공동사업주체
          - 토지소유자 · 주택조합 · 고용자
          - 등록사업자
      - 사업의 시행
        - 사업계획승인(시 · 도지사 등)
        - 공공사업주체(국민주택의 건설) : 토지 등의 수용 · 사용
        - 기타 : 사법상의 계약에 의한 토지 등의 취득
  - 공급
    - 공급대상(입주자저축)
      - 청약예금 : 민영주택 및 민간건설중형국민주택
      - 청약저축 : 국민주택 등(85㎡ 이하)
      - 청약부금 : 민영주택(85㎡ 이하) 및 민간건설중형국민주택
    - 공급방법
      - 일반공급
      - 특별공급
        - 청약예금 : 민영주택 및 민간건설중형국민주택
        - 청약저축 : 국민주택 등(85㎡ 이하)
        - 청약부금 : 민영주택(85㎡ 이하) 및 민간건설중형국민주택
    - 공급질서 : 입주자저축증서 등의 양도금지
  - 관리(공동주택)
    - 관리주체
      - 입주자(자치관리)
      - 주택관리업자(위탁관리)
    - 관리업무

5. 주택 등

1) 주 택

"주택"이란 세대의 세대원이 장기간 독립된 주거생활을 영위할 수 있는 구조로 된 건축물의 전부 또는 일부 및 그 부속토지를 말하며, 이를 단독주택과 공동주택으로 구분한다(법 제2조제1호).

"준주택"이란 주택 외의 건축물과 그 부속토지로서 주거시설로 이용 가능한 시설 등을 말하며, 그 범위와 종류는 대통령령으로 정한다(법 제2조제1의2호)

준주택의 범위와 종류는 다음 각 호와 같다(영 제2조의2).

㉠ 고시원(건축법시행령 별표1 제4호파목 및 제15호다목)

㉡ 노인복지시설(건축법시행령 별표1 제11호나목) 중 노인복지주택(노인복지법 제32조제1항제3호)

㉢ 오피스텔(건축법시행령 별표1 제14호나목)

2) 주택의 종류

(1) 구조에 의한 분류

① 단독주택

단독주택은 주거용도의 구조로 된 하나의 건축물로서 다음과 같이 구분된다(건축법 영 제3조의4, 별표1제1호).

㉠ 단독주택

㉡ 다중주택 : 학생 또는 직장인 등의 여러 사람이 장기간 거주할 수 있는 구조로 된 주택으로서 연면적이 330㎡ 이하이고 층수가 3개층 이하이며 독립된 주거의 형태를 갖추지 아니한 것

㉢ 다가구주택 : 주택으로 쓰는 층수가 3개층 이하이고 1개동의 주택으로 쓰는 바닥면적의 합계가 660㎡ 이하이며, 19세대 이하가 거주할 수 있는 주택으로서 공동주택에 해당하지 아니하는 것

㉣ 공관

② 공동주택

"공동주택"이란 건축물의 벽·복도·계단이나 그 밖의 설비 등의 전부 또는 일부를 공동으로 사용하는 각 세대가 하나의 건축물 안에서 각각 독립된 주거생활을 영위할 수 있는 구조로 된 주택을 말하며, 그 종류와 범위는 대통령령으로 정한다(법 제2조제2호, 영 제2조). 즉, 공동주택의 종류와 범위는 건축법 시행령이 정하는 바에 따라 다음과 같이 구분된다(영 제2조, 건축법 영 제3조의4, 별표1 제2호).

㉠ 아파트 : 주택으로 쓰는 층수가 5개층 이상인 주택

㉡ 연립주택 : 주택으로 쓰는 1개동의 바닥면적 합계가 660㎡를 초과하고 층수가 4개층 이하인 주택

㉢ 다세대주택 : 주택으로 쓰는 1개동의 바닥면적 합계가 660㎡ 이하이고 층수가 4개층 이하인 주택

㉣ 기숙사

(2) 자금지원에 의한 분류

① 국민주택

"국민주택"이라 함은 국민주택기금(제60조)으로부터 자금을 지원받아 건설되거나 개량되는 주택으로서 주거전용면적(주거의 용도로만 쓰이는 면적)이 1호 또는 1세대당 85㎡ 이하인 주택(수도권을 제외한 도시지역이 아닌 읍 또는 면 지역은 100㎡ 이하를 말한다.

이하 "국민주택규모"라 한다)을 말한다. 이 경우 주거전용면적의 산정방법은 국토해양부령으로 정한다(법 제2조제3호).

다만, 국민주택 등이란 이러한 국민주택과 국가 · 지방자치단체 · 한국토지주택공사 또는 지방공사가 건설하는 주택 및 공공임대주택 중 주거전용면적이 85㎡ 이하의 주택을 말한다(법 제2조제3의2호 및 공급규칙 제2조제5호).

또한, 민간건설 중형국민주택이란 국민주택 중 국가 · 지방자치단체 · 한국토지주택공사 또는 지방공사 이외의 사업주체가 건설하는 주거전용면적이 60㎡ 초과 85㎡ 이하의 주택을 말한다(법 제2조제3의3호).

② 민영주택

민영주택이란 국민주택 등을 제외한 주택을 말한다(법 제2조제3의4호).

③ 도시형 생활주택

도시형 생활주택이란 300세대 미만의 국민주택 규모에 해당하는 주택으로서 대통령령으로 정하는 주택(단지형 연립주택, 단지형 다세대주택, 원룸형 주택)을 말한다(법 제2조제4호, 영 제3조).

(3) 공업화주택 등

① 공업화주택

국토해양부장관은 주요구조부의 전부 또는 일부를 국토해양부령이 정하는 성능기준 및 생산기준에 따라 조립식 등 공업화공법으로 건설하는 주택을 공업화주택으로 인정할 수 있다(법 제35조제1항).

② 에너지절약형 친환경주택

3) 주택규모의 제한

주택법에 의한 사업주체가 건설 · 공급하는 주택은 주거전용면적 기준으로 다음과 같이 단위 규모의 제한을 받는다(법 제2조 및 제21조제1항제4호, 영 제21조제1항).

① 단독주택 : 1호당 330㎡ 이하

② 공동주택 : 1세대당 297㎡ 이하

4) 부대시설

"부대시설"이란 주택에 딸린 다음 각 목의 시설 또는 설비를 말한다(법 제2조제6호).

㉠ 주차장, 관리사무소, 담장 및 주택단지 안의 도로
㉡ 건축설비(건축법 제2조제1항제4호)
㉢ 위(가목 및 나목)의 시설 · 설비에 준하는 것으로서 대통령령으로 정하는 시설 또는 설비

5) 복리시설

"복리시설"이란 주택단지의 입주자 등의 생활복리를 위한 다음 각 목의 공동시설을 말한다(법 제2조제9호).

㉠ 어린이놀이터 · 근린생활시설 · 유치원 · 주민운동시설 및 경로당
㉡ 그 밖에 입주자 등의 생활복리를 위하여 대통령령으로 정하는 공동시설

6) 공공택지

"공공택지"란 다음 각 목의 어느 하나에 해당하는 공공사업의 의하여 개발 · 조성되는 공동주택이 건설되는 용지를 말한다(법 제2조제5호).

① 공공사업주체(국가 · 지방자지단체 · 대한주택공사 · 한국토지공사 및 지방공사)가 국민주택을 건설하거나 국민주택을 건설하기 위한 대지를 조성하는 경우(제18조제2항)의 국민주택건설사업 또는 대지조성사업
② 택지개발사업(택지개발촉진법)
③ 산업단지개발사업(산업입지및개발에관한법률)
④ 보금자리주택지구조성사업(보금자리주택건설등에관한특별조치법)
⑤ 도시개발사업(국가 · 지방자치단체, 공공기관 · 정부출연기관 및 지방공사인 시행자가 수용 또는 사용의 방식으로 시행하는 사업과 혼용방식 중 수용 또는 사용의 방식이 적용되는 구역에서 시행하는 사업만 해당한다)(도시개발법)
⑥ 경제자유구역개발사업(수용 또는 사용의 방식으로 시행하는 사업과 혼용방식 중 수용 또는 사용의 방식이 적용되는 구역에서 시행하는 사업에 한한다)(경제자유구역의지정및운영에관한법률)
⑦ 혁신도시개발사업
⑧ 행정중심복합도시건설사업
⑨ 공익사업으로서 대통령령으로 정하는 사업

7) 주택단지

"주택단지"란 주택건설사업계획 또는 대지조성사업계획의 승인(제16조)을 받아 주택과

그 부대시설 및 복리시설을 건설하거나 대지를 조성하는 데 사용되는 일단의 토지를 말한다. 다만, 다음 각 목의 시설로 분리된 토지는 각각 별개의 주택단지로 본다(법 제2조제6호).

㉠ 철도 · 고속도로 · 자동차전용도로

㉡ 폭 20m 이상인 일반도로

㉢ 폭 8m 이상인 도시계획예정도로

㉣ 위(가목 내지 다목)의 시설에 준하는 것으로서 대통령령으로 정하는 시설 : 보행자 및 자동차의 통행이 가능한 도로로서 다음 각 호의 어느 하나에 해당하는 도로(영 제4조)

- 국토의계획및이용에관한법률에 의한 도시계획시설인 도로로서 국토해양부령이 정하는 도로(제1호)
- 도로법에 의한 일반국도 · 특별시도 · 광역시도 또는 지방도(제2호)
- 그 밖에 관계법령에 의하여 설치된 도로로서 위(제1호 및 제2호)에 준하는 도로

8) 간선시설

"간설시설"이란 도로 · 상하수도 · 전기시설 · 가스시설 · 통신시설 및 지역난방시설 등 주택단지(둘 이상의 주택단지를 동시에 개발하는 경우에는 각각의 주택단지를 말한다) 안의 기간시설을 당해 주택단지 밖에 있는 같은 종류의 기간시설에 연결시키는 시설을 말한다. 다만, 가스시설 · 통신시설 및 지역난방시설의 경우에는 주택단지 안의 기간시설을 포함한다(법 제2조제8호).

6. 국가 등의 의무 등

1) 국가 등의 의무

2) 주택정책에 대한 협의

3) 주거실태조사

4) 주거최저기준의 설정 등

7. 주택종합계획

1) 주택종합계획의 의의

2) 주택종합계획의 수립

(1) 주택종합계획의 수립 · 시행

① 국토해양부장관은 국민의 주거안정과 주거수준의 향상을 도모하기 위하여 다음 각 호의 사항이 포함된 주택종합계획을 수립 · 시행하여야 한다(법 제7조제1항).

㉠ 주택정책의 기본목표 및 기본방향에 관한 사항

㉡ 국민주택 · 임대주택의 건설 및 공급에 관한 사항

㉢ 주택 · 택지의 수요 · 공급 및 관리에 관한 사항

㉣ 주택자금의 조달 및 운용에 관한 사항

㉤ 저소득자 · 무주택자 등 주거복지차원에서 지원이 필요한 계층에 대한 주택지원에 관한 사항

㉥ 건전하고 지속 가능한 주거환경의 조성 및 정비에 관한 사항

㉦ 주택의 리모델링에 관한 사항

② 주택종합계획은 연도별 계획과 10년 단위의 계획으로 구분하여, 연도별 계획은 10년 단위의 계획을 토대로 해당 연도 2월말까지 수립하여야 한다(법 제7조제2항).

(2) 시 · 도 주택종합계획의 수립

3) 주택정책심의회

(1) 주택정책심의위원회의 설치

(2) 시 · 도 주택정책심의위원회의 설치

제2절 주택의 건설

1. 사업주체

1) 의 의

(1) 사업주체

"사업주체"란 주택건설사업계획 또는 대지조성사업계획의 승인(제16조)을 받아 그 사업을 시행하는 다음 각 목의 자를 말한다(법 제2조제7호).

① 국가 · 지방자치단체

② 한국토지주택공사법에 의한 한국토지주택공사(이하 "한국토지주택공사"라 한다)

③ 등록(제9조)한 주택건설사업자 또는 대지조성사업자

④ 그 밖에 이 법에 따라 주택건설사업 또는 대지조성사업을 시행하는 자

(2) 주택조합

① "주택조합"이란 많은 수의 구성원이 주택을 마련하거나 리모델링하기 위하여 결성하는 다음 각 목의 조합을 말한다(법 제2조제9호).

㉠ 지역주택조합 : 같은 특별시 · 광역시 · 특별자치도 · 시 또는 군(광역시의 관할구역에 있는 군은 제외한다)에 거주하는 주민이 주택을 마련하기 위하여 설립한 조합

㉡ 직장주택조합 : 같은 직장의 근로자가 주택을 마련하기 위하여 설립한 조합

㉢ 리모델링주택조합 : 공동주택의 소유자가 당해 주택을 리모델링하기 위하여 설립한 조합

② "리모델링"이란 건축물의 노후화 억제 또는 기능향상 등을 위하여 대수선을 하거나 대통령령으로 정하는 범위에서 증축을 하는 행위[법 제29조에 따른 사용검사일 또는 건축법 제22조에 따른 사용승인일부터 15년(15년 이상 20년 미만의 연수 중 시 · 도의 조례가 정하는 경우 그 연수)이 경과된 공동주택을 각 세대의 주거전용면적(집합건축물대장의 전유부분의 면적)의 3/10 이내에서 전유부분을 증축을 하는 행위]를 말한다. 이 경우 공동주택의 기능향상을 위하여 공용부분에 대하여도 별도로 증축할 수 있다(법 제2조제15호, 영 제4조의2).

(3) 주택건설사업 등의 등록

연간 대통령령으로 정하는 호수[단독주택의 경우에는 20호, 공동주택의 경우에는 20세대(도시형 생활주택 등의 경우에는 30세대)] 이상의 주택건설사업을 시행하려는 자 또는 연간 대통령령으로 정하는 면적(1만㎡) 이상의 대지조성사업을 시행하려는 자는 국토해양부장관에게 등록하여야 한다. 다만, 다음 각 호의 사업주체의 경우에는 그러하지 아니하다(법 제9조제1항, 영 제10조).

㉠ 국가 · 지방자치단체

㉡ 한국토지주택공사

㉢ 지방공사

㉣ 공익법인설립 · 운영에관한법률(제4조)에 따라 주택건설사업을 목적으로 설립된 공익법인(이하 "공익법인"이라 한다)

㉤ 인가(제32조)를 받아 설립된 주택조합(등록사업자와 공동으로 주택건설사업을 하는 주택조합만 해당한다)

㉥ 근로자를 고용하는 자(등록사업자와 공동으로 주택건설사업을 하는 고용자만 해당하며, 이하 "고용자"라 한다)

2) 사업주체의 종류

(1) 단독사업주체

(a) 공공사업주체

① 국가 · 지방자치단체

② 한국토지주택공사

③ 지방공사

④ 공익법인

(b) 민간사업주체(등록사업자)

① 등록사업자

연간 20호 이상의 단독주택 또는 20세대 이상의 공동주택(30세대 이상의 도시형 생활주택)을 건설하려는 주택건설사업자와 연간 1만㎡ 이상의 대지를 조성하려는 대지조성사업자는 대통령령으로 정하는 등록기준(자본, 기술인력) · 등록방법 및 절차에 따라 국토해양부장관에게 등록하여야 한다(법 제9조, 영 제10조).

② 등록사업자의 시공

등록사업자가 사업계획승인(건축법에 의한 공동주택건축허가를 포함한다)을 얻어 분양 또는 임대를 목적으로 주택을 건설하는 경우로서 기술능력 · 주택건설실적 및 주택규모 등이 대통령령으로 정하는 기준에 해당하는 경우에는 건설산업기본법(제9조)에 따른 건설업자로 보며 주택건설공사를 시공할 수 있다(법 제12조제1항).

(2) 공동사업주체

① 토지소유자

토지소유자가 주택을 건설하는 경우에는 주택건설사업 등의 등록(제9조제1항)의 규정에도 불구하고(스스로 등록하지 않고) 대통령령으로 정하는 바에 따라 위(제9조)의 규정에 따라 등록을 한 자(이하 "등록사업자"라 한다)와 공동으로 사업을 시행할 수 있다. 이 경우 토지소유자와 등록사업자를 공동사업주체로 본다(법 제10조제1항).

② 주택조합

주택조합의 설립 등(제32조)의 규정에 따라 설립된 주택조합(리모델링주택조합을 제외한다)은 그 구성원의 주택을 건설하는 경우에는 대통령령으로 정하는 바에 따라 등록사업자(지방자치단체 · 한국토지주택공사 및 지방공사를 포함한다)와 공동으로 사업을 시행할 수 있다. 이 경우 주택조합과 등록사업자를 공동사업주체로 본다(법 제10조제2항).

③ 고용자

고용자가 그 근로자의 주택을 건설하는 경우에는 대통령령으로 정하는 바에 따라 등록사업자와 공동으로 사업을 시행하여야 한다. 이 경우 고용자와 등록사업자를 공동사업주체로 본다(법 제10조제3항).

3) 주택조합의 설립 등

(1) 주택조합의 설립인가

① 시장 · 군수 · 구청장의 인가

많은 수의 구성원이 주택을 마련하거나 리모델링하기 위하여 주택조합을 설립하려는 경우(제3항의 규정에 따른 직장주택조합의 경우를 제외한다)에는 관할 시장 · 군수 · 구청장의 인가를 받아야 한다. 인가받은 내용을 변경하거나 주택조합을 해산하려는 때에도 또한 같다(법 제32조제1항, 영 제37조).

주택조합의 설립인가를 받으려는 자는 인가신청서에 일정한 관련서류와 해당주택건설대지의 80/100 이상의 토지에 대한 사용승낙서(지역 · 직장주택조합의 경우에 한한다)를 첨부하여 주택조합의 주택건설대지(리모델링조합의 경우에는 해당 주택의 소재지)를 관할하는 시장(특별자치도의 경우에는 특별자치도지사를 말한다) · 군수 또는 구청장(자치구의 구청장)에게 제출하여야 한다(영 제37조제1항).

② 직장주택조합의 설립신고

국민주택을 공급받기 위하여 직장주택조합을 설립하려는 자는 관할 시장 · 군수 · 구청장에게 신고하여야 한다. 신고한 내용을 변경하거나 직장주택조합을 해산하려는 경우에도 또한 같다(법 제32조제3항).

(2) 조합의 설립방법 · 절차 및 구성원의 자격

인가를 받는 주택조합(제1항)의 설립방법 · 설립절차, 주택조합 구성원의 자격기준 및 주택조합의 운영 · 관리 등에 관하여 필요한 사항과 직장주택조합(제3항)의 설립요건 및 신고절차 등에 필요한 사항은 대통령령으로 정한다. 다만, 투기과열지구(제41조제1항)에서 설립인가를 받은 지역주택조합(제1항)이 구성원을 선정하는 경우에는 신청서의 접수순서에 따라 조합원의 지위를 인정하여서는 아니 된다(법 제32조제5항).

① 구성원의 수

주택조합은 주택건설예정 세대수(설립인가 당시의 사업계획서에 따른 세대수)의 1/2 이상의 조합원으로 구성하되, 조합원은 20인 이상이어야 한다. 다만, 리모델링주택조합의 경우에는 그러하지 아니하다(영 제37조제3항).

② 구성원의 자격

㉠ 주택조합의 조합원이 될 수 있는 자는 다음 각 호의 자로 한다(영 제38조제1항).

ⓐ 지역주택조합 조합원의 경우 다음 각 목의 요건에 적합한 자(제1호)

ⓘ 조합설립인가신청일(투기과열지구 안에 있는 경우에는 주택조합설립인가신청일 1년 전의 날)로부터 그 조합주택의 입주 가능일까지 주택을 소유(주택의 유형, 입주자선정방법 등을 고려하여 국토해양부령이 정하는 지위에 있는 경우 포함)하지 아니하거나 주거전용면적 60㎡ 이하의 주택 1채를 소유한 세대주인 자[세대주를 포함한 세대원(세대주와 동일한 세대별 주민등록표상에 등재되어 있지 아니한 세대주의 배우자 및 배우자와 동일한 세대를 이루고 있는 세대원을 포함한다) 전원이 주택을 소유하고 있지 아니하거나 세대원 중 1인에 한하여 60㎡ 이하의 주택 1채를 소유한 세대의 세대주를 말하며, 이에 해당하는지 여부에 관한 구체적 기준은 국토해양부령으로 정한다]일 것(가목), ⓘⓘ 조합설립인가신청일 현재 그 조합설립인가 지역과 동일한 시 · 군(법 제2조제11호 가목의 같은 특별시 · 광역시 · 특별자치도 · 시 또는 군 지역)

안에 6개월 이상 거주하여 온 자일 것(나목)

ⓑ 직장주택조합 조합원의 경우 다음 각 목의 요건에 적합한 자(제2호)

위 지역조합의 ⅰ 요건(제1호가목에 해당하는 자 일 것. 다만, 법 제32조제3항 전단에 의한 설립신고의 경우에는 무주택자에 한한다) 이외에(가목), ⅱ 조합설립인가신청일 현재 동일한 시 · 군 안에 소재하는 동일한 국가기관 · 지방자치단체 또는 법인에 근무하는 자일 것(나목)

ⓒ 리모델링주택조합 조합원의 경우에는 다음 각 목의 어느 하나에 해당하는 자(제3호)

ⅰ 사업계획승인(법 제16조)을 얻어 건설한 공동주택의 소유자, ⅱ 복리시설을 함께 리모델링하는 경우에는 복리시설의 소유자, ⅲ 건축법 제8조에 의한 건축허가를 받아 분양을 목적으로 건설한 공동주택의 소유자와 그 건축물 중 공동주택 외의 시설의 소유자

ⓛ 주택조합의 조합원이 근무 · 질병치료 · 유학 · 결혼 등 부득이한 사유로 인하여 세대주 자격을 일시적으로 상실한 경우로서 시장 · 군수 · 구청장이 인정하는 경우에는 위(제1항)의 규정에 의한 조합원 자격이 있는 것으로 본다(영 제38조제2항).

③ 구성원의 교체

주택조합의 구성원의 교체 또는 신규가입에는 다음과 같은 제한이 따른다.

지역주택조합 또는 직장주택조합은 그 설립인가를 받은 후에는 해당 조합원을 교체하거나 신규로 가입하게 할 수 없다. 다만, 조합원의 수가 주택건설예정세대수를 초과하지 아니하는 범위에서 시장 · 군수 또는 구청장으로부터 국토해양부령으로 정하는 바에 따라 조합원 추가모집의 승인을 받은 경우와 ⅰ 조합원의 사망, ⅱ 주택건설사업계획승인 이후에 입주자로 선정된 지위가 양도 · 증여 또는 판결 등으로 변경된 경우(다만, 법 제41조의2에 따라 투기과열지구 안에서 전매가 금지되는 경우를 제외한다) ⅲ 조합원 탈퇴 등으로 조합원 수가 주택건설예정세대수의 1/2 미만이 되는 경우, ⅳ 조합원이 무자격자로 판명되어 자격을 상실하는 경우 등의 사유로 결원이 발생한 범위에서 충원하는 경우에는 그러하지 아니하다(영 제39조제1항).

④ 사업계획승인 신청

주택조합은 조합설립인가를 받은 날로부터 2년 이내에 사업계획승인(리모델링주택조합의 경우에는 허가를 말한다)을 신청하여야 한다(영 제40조제1항).

(3) 조합주택의 공급 등

① 주택의 우선공급

주택조합(리모델링주택조합을 제외한다)은 그 구성원을 위하여 건설하는 주택을 그 조합원에게 우선 공급할 수 있으며, 직장주택조합(제3항)에 대하여는 사업주체가 국민주택을 그 직장주택 조합원에게 우선 공급할 수 있다(법 제32조제4항).

② 등록사업자의 책임

주택조합과 등록사업자가 공동으로 사업을 시행(제10조제2항)하면서 시공할 경우 등록사업자는 시공자로서의 책임뿐만 아니라 자신의 귀책사유로 사업추진이 불가능하게 되거나 지연됨으로 인하여 조합원에게 입힌 손해를 배상할 책임이 있다(법 제32조제2항).

2. 주택건설자금 및 용지취득의 지원

1) 주택건설자금의 조달 · 운용

(1) 국민주택기금

(a) 기금의 설치

정부는 주택종합계획을 효율적으로 실시하기 위하여 필요한 자금을 확보하고, 이를 원활히 공급하기 위하여 국민주택기금을 설치한다(법 제60조제1항).

(b) 기금의 재원

① 재원의 조성

위(제1항)의 규정에 따른 국민주택기금은 다음 각 호의 재원으로 조성한다(법 제60조제2항).

㉠ 정부의 출연금 또는 예탁금
㉡ 공공자금관리기금법에 따른 공공자금관리기금으로부터의 예수금
㉢ 재건축초과이익환수에관한법률에 따른 재건축부담금 중 국가 귀속분
㉣ 국민연금법에 의하여 조성된 기금 등(제61조 : 국민연금기금, 공무원연금기금, 군인연금기금, 사립학교교원연금자금)의 예탁금
㉤ 국민주택채권의 발행(제67조)으로 조성된 자금
㉥ 복권및복권기금법(제23조제1항)에 따라 배분된 복권수익금

ⓢ 입주자저축자금(제75조제2항) 중 청약저축 및 주택청약종합저축으로 조성된 자금(영 제83조)

ⓞ 출자기관의 배당수익의 및 대출자산의 매각자금

ⓙ 주택건설사업 또는 대지조성사업을 위하여 외국으로부터 차입하는 자금

ⓒ 국민주택기금의 회수금 · 이자수입금과 국민주택기금운용으로 생기는 수익

ⓚ 국민주택사업의 시행에 따른 부대수익

② 자금의 차입

③ 자금의 예탁

(c) 기금의 운용 · 관리 등

① 기금의 운용 · 관리

ⓐ 국민주택기금은 국토해양부장관이 운용 · 관리한다(법 제62조제1항).

ⓑ 국토해양부장관은 국민주택기금의 운용 · 관리에 관한 사무의 전부 또는 일부를 금융기관 등 국토해양부장관이 지정하는 자(이하 "기금수탁자"라 한다)에게 위탁할 수 있다(법 제62조제2항).

② 기금의 운용제한

국민주택기금은 다음 각 호의 용도가 아닌 용도로는 운용할 수 없다(법 제63조제1항).

ⓐ 국민주택의 건설

ⓑ 국민주택을 건설하기 위한 대지조성사업

ⓒ 위(제1호 및 제2호)의 사업을 위한 기자재의 구입 및 비축

ⓓ 공업화주택(대통령령으로 정하는 규모 이하의 주택으로 한정한다)의 건설

ⓔ 예탁금 및 차입금(제60조제2항제1호 · 제4호 · 제7호 · 제9호 및 동조 제3항)의 원리금 상환

ⓕ 국민주택채권(제67조)의 원리금 상환

ⓖ 공공자금관리기금법에 따른 공공자금관리기금으로부터의 예수금의 원리금 상환

ⓗ 국민주택 규모 이하의 주택을 개량하거나 구입 또는 임차하는 자에 대한 융자

ⓘ 정부시책으로 추진하는 주택사업

ⓙ 도시및주거환경정비법에 따른 도시 · 주거환경정비기금, 도시재정비촉진을위한특별법에 따른 재정비촉진특별회계 또는 이 법(주택법)에 따른 국민주택사업특별회계 지원

ⓚ 국민주택기금의 조성 · 운용 및 관리를 위한 경비
ⓛ 대한주택보증주식회사에서의 출자 및 융자
ⓜ 한국주택금융공사법(제56조제3항)에 따른 주택금융신용보증기금에의 출연
ⓝ 주택저당채권유동화회사법에 따른 주택저당채권유동화회사 및 한국주택금융공사법에 따른 한국주택금융공사에의 출자
ⓞ 한국토지주택공사에의 출자
ⓟ 국민주택을 건설하기 위한 자재 및 기술의 연구 · 개발
ⓠ 준주택의 건설 · 개량 또는 구입에 필요한 자금의 융자
ⓡ 국민주택의 리모델링
ⓢ 도시및주거환경정비법(제2조제2호가목 및 나목)에 따른 주거환경개선사업 및 주택재개발사업
ⓣ 한국토지주택공사가 분양가 상한제 적용주택을 우선매입(제41조의2제2항)한 비용
ⓤ 도시재정비촉진을위한특별법(제2조제6호)에 따른 기반시설 중 같은 법(제29조제2항)에서 정하는 일부 기반 시설의 설치에 드는 비용
ⓥ 경제자유구역의지정및운영에관한법률(제4조)에 따라 지정된 경제자유구역의 활성화를 위한 임대주택의 건설 및 이와 관련된 기반시설 등의 설치에 필요한 자금의 융자
ⓦ 그 밖에 국민주택의 건설을 촉진하기 위하여 대통령령이 정하는 사업

(2) 국민주택채권

(a) 채권의 발행

① 정부는 국민주택사업에 필요한 자금을 조달하기 위하여 국민주택기금의 부담으로 국민주택채권을 발행할 수 있다(법 제67조제1항).
② 국민주택채권은 국토해양부장관의 요청에 따라 기획재정부장관이 발행한다(법 제67조제2항).
③ 국민주택채권에 관하여 이 법에 특별한 규정이 있는 경우 외에는 국채법을 적용한다(법 제67조제3항).
④ 국민주택채권의 종류 · 이율, 발행의 방법 · 절차 및 상환과 발행사무취급에 관하여 필요한 사항은 대통령령으로 정한다(법 제67조제4항).
  ㉠ 국민주택채권은 다음 각 호로 구분하여 발행한다(영 제91조제1항).
    • 제1종 국민주택채권 : 국가 · 지방자치단체로부터 인 · 허가를 받거나 등기 · 등록을 신청하는 자 및 국가 · 지방자치단체 또는 정부투자기관과 도급계약을 체

결하는 자(제68조제1항제1호 및 제2호)가 매입하는 경우
- 제2종 국민주택채권 : 이 법에 의하여 건설 · 공급하는 주택을 공급받는 자(제68조제1항제3호)가 매입하는 경우

㉡ 국민주택채권의 발행기간은 1년을 단위로 하고, 발행일은 매출한 달의 말일로 한다(영 제91조제2항).

㉢ 국민주택채권은 증권을 발행하지 아니하고 증권예탁원(증권거래법 제17조)에 등록하여 발행한다. 이 경우 채권자는 이미 등록된 국민주택채권에 대하여 그 증권의 교부를 청구할 수 없다(영 제91조제3항).

㉣ 제1종 국민주택채권의 원리금은 발행일로부터 5년이 되는 날에 상환한다(영 제92조제2항). 제2종 채권의 이자율 · 상환일 · 상환조건 등은 기획재정부 장관이 국토해양부장관과 협의하여 따로 정한다. 이 경우 원리금의 상환일은 발행일로부터 20년을 초과할 수 없다(영 제92조제5항).

(b) 채권의 매입

① 다음 각 호의 어느 하나에 해당하는 자는 국민주택채권을 매입하여야 한다(법 제68조제1항, 영 제95조).

㉠ 국가 · 지방자치단체의 장이 면허 · 허가 또는 인가(건축허가 등)를 하거나 등기 또는 등록(부동산등기, 건설업등록 · 주택건설사업등록 · 주택관리업등록 등)을 하게 하는 경우 및 국가 · 지방자치단체 또는 공공기관이 건설공사의 도급계약을 체결하는 때에는 그 상대방에게 1종채권을 매입하게 하여야 한다(영 제95조제1항, 제2항 및 별표12).

㉡ 국토해양부장관은 주거전용면적이 85㎡를 초과하는 분양가 상한제 적용 주택을 공급받고자 하는 자에 대하여 제2종 채권을 매입하도록 할 수 있다(영 제95조제4항).

② 국민주택채권을 매입하는 자의 매입금액 및 절차 등에 관하여 필요한 사항을 대통령령으로 정한다(법 제68조제2항).

(3) 주택상환사채

(a) 사채의 발행

① 한국토지주택공사와 등록사업자는 대통령령으로 정하는 바에 따라 주택으로 상환하는 사채(이하 "주택상환사채"라 한다)를 발행할 수 있다. 이 경우 등록사업자는 자본금 · 자산평가액 및 기술인력 등이 대통령령으로 정하는 기준에 맞고 금융기관 또는 대한주택보증주식회사의 보증을 받은 경우에만 주택상환사채를 발행할 수 있다(법 제69조제1항).

② 주택상환사채를 발행하려는 대통령령으로 정하는 바에 의하여 주택상환사채발행계획을 수립하여 국토해양부장관의 승인을 받아야 한다(법 제69조제2항).

③ 주택상환사채의 발행요건 및 상환기간 등은 대통령령으로 정한다(법 제69조제3항).

㉠ 주택상환사채는 액면 또는 할인의 방법으로 발행한다(영 제98조제1항).

㉡ 주택상환사채의 상환기간은 3년을 초과할 수 없으며, 주택상환사채는 이를 양도하거나 중도에 해약할 수 없다(영 제101조).

(b) 발행책임과 조건 등

① 주택상환사채를 발행한 자는 발행조건에 따라 주택을 건설하여 사채권자에게 상환하여야 한다(법 제70조제1항).

② 주택상환사채는 기명증권으로 하고, 사채권자의 명의변경은 취득자의 성명과 주소를 사채원부에 기록하는 방법으로 하며, 취득자의 성명을 채권에 기록하지 아니하면 사채발행자 및 제3자에게 대항할 수 없다(법 제70조제2항).

(4) 국민주택사업특별회계 등

지방자치단체는 국민주택사업을 시행하기 위하여 국민주택사업특별회계를 설치·운용하여야 한다(법 제73조제1항).

(5) 입주자 저축

① 이 법에 따라 주택을 공급받으려는 자에게는 미리 입주금의 전부 또는 일부를 저축(이하 "입주자저축"이라 한다)하게 할 수 있다(법 제75조제1항).

② 입주자저축은 청약저축, 청약예금과 주택청약종합저축으로 구분되고, 그 밖에 주택부금으로서 청약부금이 있다(법 제75조제2항, 영 제105조, 공급규칙 제5조, 제5조의2, 제5조의3, 제5조의4 및 제5조의5).

입주자저축은 은행(은행법) 중 입주자저축 취급기관(국토해양부장관이 입주자저축의 취급기관으로 지정하는 은행)이 취급한다(공급규칙 제5조제2항). 입주자저축은 1인1구좌에 한하여 가입할 수 있다(공급규칙 제5조제3항).

㉠ 청약저축

국민주택 등을 공급받기 위하여 무주택세대주가 가입하는 저축으로서 국토해양부장관이 지정하는 은행(입주자저축 취급기관)이 이를 취급한다.

㉡ 청약예금

민영주택과 민간건설 중형국민주택을 공급받기 위하여 20세 이상의 자(세대주인 경우에는 20세 미만인 자 포함)가 가입하는 예금으로서 국토해양부장관이 지정하는 은행이 이를 취급한다.

㉢ 청약부금

주거전용면적 85㎡ 이하의 민영주택과 민간건설 중형국민주택을 공급받기 위하여 20세 이상의 자(세대주인 경우에는 20세 미만인 자 포함)가 가입하는 부금으로서 국토해양부장관이 지정하는 은행이 이를 취급한다.

㉣ 주택청약종합저축

국민주택 등과 민영주택을 공급받기 위하여 누구든지 가입할 수 있는 저축으로서 국토해양부장관이 지정하는 은행이 이를 취급한다.

㉤ 명의변경

입주자저축의 가입자명의는 다음에 해당하는 경우에 한하여 변경할 수 있다.

- 청약저축 : ⅰ 가입자가 사망한 경우로서 그 상속인명의로 변경하는 경우, ⅱ 가입자가 혼인한 경우로서 그 배우자명의로 변경한 경우 ⅲ 가입자의 배우자 또는 세대원인 직계존·비속으로 세대주가 변경된 경우로서 그 변경된 세대주명의로 변경된 경우
- 청약예금·청약부금·주택청약종합저축 : 위 ⅰ에 해당하는 경우에 한한다.

③ 그 밖에 입주자저축의 납입방식·금액 및 조건 등에 필요한 사항은 국토해양부령으로 정한다(법 제75조제3항).

2) 대한주택보증주식회사 등

(1) 대한주택보증주식회사

주택건설에 대한 각종 보증을 함으로써 주택분양계약자를 보호하고 주택건설을 촉진하며 국민의 주거복지향상 등에 기여하기 위하여 대한주택보증주식회사를 둔다(법 제76조제1항).

(2) 주택사업자단체

등록사업자는 주택건설사업 및 대지조성사업의 전문화와 주택산업의 건전한 발전을 도모하기 위하여 주택사업자단체를 설립할 수 있다(법 제81조제2항).

3) 주택건설용지의 취득

(1) 국·공유지 등의 우선매각 및 임대

국가 또는 지방자치단체는 그가 소유하는 토지를 매각하거나 임대할 때 다음 각 호의

어느 하나의 목적으로 그 토지의 매수 또는 임차를 원하는 자가 있으면 그에게 우선적으로 그 토지를 매각하거나 임대할 수 있다(법 제25조제1항).

㉠ 국민주택규모의 주택을 대통령령으로 정하는 비율(50%) 이상으로 건설하는 주택의 건설(영 제31조)

㉡ 인가를 받아 설립된 주택조합(이하 "조합주택"이라 한다)이 건설하는 주택의 건설

㉢ 위(제1호 또는 제2호)의 주택을 건설하기 위한 대지의 조성

(2) 도시개발사업(환지방식)에 의한 조성대지의 활용

사업주체가 국민주택용지로 사용하기 위하여 도시개발사업시행자(도시개발법에 따른 환지방식에 의하여 사업을 시행하는 도시개발사업의 시행자를 말한다)에게 체비지의 매각을 요구한 경우 그 도시개발사업시행자는 대통령령으로 정하는 바에 따라 체비지의 총면적의 2분의 1의 범위에서 이를 우선적으로 사업주체에게 매각할 수 있다(법 제26조제1항).

3. 사업계획의 승인

1) 사업계획승인의 대상

① 다음과 같이 대통령령으로 정하는 호수 이상의 주택건설사업을 시행하려는 자 또는 대통령령으로 정하는 면적 이상의 대지조성사업을 시행하려는 자는 사업계획승인신청서에 주택과 부대시설 및 복리시설의 배치도, 대지조성공사설계도서 등 대통령령으로 정하는 서류를 첨부하여 시·도지사 등 사업계획승인권자에게 제출하고 그 사업계획승인을 얻어야 한다. 다만, 주택 외의 시설과 주택을 동일건축물로 건축하는 경우 등 대통령령으로 정하는 경우에는 그러하지 아니하다(법 제16조제1항, 영 제15조, 규칙 제9조).

㉠ 20호 이상의 단독주택 또는 20세대 이상의 공동주택(도시형 생활주택 등의 경우에는 30세대 이상)을 건설하는 경우. 다만, 도시지역 중 상업지역(유통상업지역 제외) 또는 준주거지역에서 300세대 미만의 주택과 주택 외의 시설을 동일건축물로 건축하는 경우로서 다음 각 호의 요건을 충족하는 경우와 농어촌주거환경개선사업(농어촌주택개량촉진법) 중 농업은행(농업협동중앙회)이 조달하는 자금으로 시행하는 사업에 대하여는 사업계획승인 대상에서 제외한다(영 제15조제2항).

- 1세대당 주택의 규모가 297㎡ 이하인 경우(제21조제1항에 의한 공동주택의 규모에 적합한 경우)

• 당해 건축물의 연면적에 대한 주택연면적 합계의 비율이 90% 미만인 경우

㉡ 1만㎡ 이상인 일단의 대지를 조성하는 경우

② 주택건설사업계획의 승인(제1항)을 받으려는 자는 해당 주택건설대지의 소유권을 확보하여야 한다. 다만, 다음 각 호의 어느 하나에 해당하는 경우에는 그러하지 아니하다(법 제16조제2항).

㉠ 국토의계획및이용에관한법률(제49조)에 따른 지구단위계획의 결정(의제)이 필요한 주택건설사업의 해당 대지면적의 80/100 이상을 사용할 수 있는 권원[등록사업자와 공동으로 사업을 시행하는 주택조합(리모델링 주택조합은 제외)의 경우에는 95/100 이상의 소유권을 말한다]을 확보하고, 확보하지 못한 대지가 매도청구(제18조의2 및 제18조의3) 대상이 되는 대지에 해당하는 경우(제1호)

㉡ 사업주체가 주택건설대지의 소유권을 확보하지 못하였으나 당해 대지를 사용할 수 있는 권원을 확보한 경우(제2호)

㉢ 국가 · 지방자치단체 · 한국토지주택공사 또는 지방공사가 주택건설사업을 하는 경우(제3호)

2) 사업계획승인권자

위와 같이 대통령령으로 정하는 호수[단독주택 20호, 공동주택 20세대(도시형 생활주택 30세대)] 이상의 주택건설사업 또는 대통령령으로 정하는 면적(1만㎡) 이상의 대지조성사업을 시행하려는 자는 사업계획승인신청서에 소정의 서류를 첨부하여 다음 각 호의 사업계획승인권자(이하 "사업계획승인권자"라 한다. 국가 · 한국토지주택공사가 시행하는 경우와 대통령령으로 정하는 경우에는 국토해양부장관을 말한다)에게 제출하고 사업계획승인을 받아야 한다(법 제16조제1항, 영 제15조).

㉠ 주택건설사업 또는 대지조성사업으로서 대지면적이 10만㎡ 이상인 경우 : 시 · 도지사(특별시장 · 광역시장 · 도지사 또는 특별자치도지사) 또는 서울특별시와 광역시를 제외한 인구 50만 이상의 대도시의 시장(제1호)

㉡ 주택건설사업 또는 대지조성사업으로서 대지면적이 10만㎡ 미만인 경우 : 특별시장 · 광역시장 · 특별자치도지사 또는 시장 · 군수(제2호)

3) 사업계획승인의 절차

(1) 승인신청

(a) 사업계획의 내용

① 위(제1항)의 사업계획은 쾌적하고 문화적인 주거생활을 하는 데 적합하도록 수립되

어야 하며, 그 사업계획에는 부대시설 및 복리시설의 설치에 관한 계획 등이 포함되어야 한다(법 제16조제4항).

② 사업계획승인권자는 사업계획을 승인할 때 사업주체가 제출하는 사업계획에 해당 주택건설사업 또는 대지조성사업과 직접적으로 관련이 없는 공공청사 등의 용지의 기부채납이나 간선시설 등의 설치에 관한 계획을 포함하도록 요구하여서는 아니된다(법 제16조제5항).

(b) 공동사업주체의 사업시행

토지소유자 · 주택조합(리모델링조합 제외) 또는 고용자(이하 "토지소유자등"이라 한다)와 등록사업자(주택조합의 경우에는 지방자치단체, 대한주택공사 및 지방공사를 포함)가 공동으로 주택을 건설하고자 하는 경우에는 다음 각 호의 요건을 갖추어 사업계획승인을 신청하여야 한다(영 제12조).

① 등록사업자가 주택건설공사 시공기준(제13조제1항 각 호의 요건)을 갖춘 자이거나 건설산업기본법(제9조)에 의한 건설업(건축공사업 또는 토목건축공사업)의 등록을 한 자일 것. 다만, 지방자치단체 · 한국토지주택공사 및 지방공사의 경우에는 그러하지 아니하다.

② 토지소유자등이 주택건설 대지의 소유권을 확보하고 있을 것(지역주택조합 · 직장주택조합이 등록사업자와 공동으로 사업을 시행하는 경우에는 95/100 이상의 소유권을 말한다)

③ 주택건설대지(토지소유자등이 소유권을 확보한 대지)가 저당권 · 가등기담보권 · 가압류 · 전세권 · 지상권 등의 목적으로 되어있는 경우에는 그 저당권 등을 말소할 것. 다만, 저당권 등의 권리자로부터 해당 사업의 시행에 대한 동의를 얻은 경우에는 그러하지 아니하다.

④ 토지소유자등과 등록사업자 간에 대지 및 주택(부대시설 및 복리시설 포함)의 사용 · 처분, 사업비의 부담, 공사기간 그 밖에 사업추진상의 각종 책임 등에 관하여 법 및 이 영이 정하는 범위 안에서 협약이 체결되어 있을 것

(2) 승인 · 고시

4) 사업계획승인의 효과

(1) 사업시행의무

사업계획승인을 얻은 사업주체는 승인을 받은 사업계획대로 사업을 시행하여야 하며 승인을 받은 날부터 2년 이내에 공사를 시작하여야 한다. 다만, 사업계획승인권자는 대통령

령으로 정하는 정당한 사유가 있다고 인정하는 경우에는 사업주체의 신청을 받아 그 사유가 없어진 날부터 1년의 범위에서 그 공사의 착수기간을 연장할 수 있다(법 제16조제7항).

(2) 다른 법률에 의한 인·허가 등의 의제

사업계획승인권자가 사업계획을 승인할 때 다음 각 호의 허가·인가·결정·승인 또는 신고 등(이하 "인·허가 등"이라 한다)에 관하여 관계 행정기관의 장과 협의(제3항)한 사항에 대하여는 해당 인·허가 등을 받은 것으로 보며, 사업계획의 승인고시가 있은 때에는 관계 법률에 따른 고시가 있은 것으로 본다(법 제17조제1항).

4. 주택건설사업의 시행

1) 토지에의 출입 등

(1) 타인토지에의 출입 및 장애물 변경·제거권

국가·지방자치단체·한국토지주택공사 및 지방공사인 사업주체가 사업계획의 수립을 위한 조사 또는 측량을 하려는 경우와 국민주택사업을 시행하기 위하여 필요한 경우에는 타인의 토지에 출입하는 행위, 특별한 용도로 이용되지 아니하고 있는 타인의 토지를 재료적치장 또는 임시도로로 일시 사용하는 행위 또는 특히 필요한 경우 죽목·토석 그 밖의 장애물을 변경하거나 제거하는 행위를 할 수 있다(법 제18조제1항).

(2) 손실보상의무

2) 서류의 열람

3) 토지 등의 수용·사용

(1) 공익사업을위한토지등의취득및보상에관한법률의 적용

① 국가·지방자치단체·한국토지주택공사 및 지방공사인 사업주체(제1항)가 국민주택을 건설하거나 국민주택을 건설하기 위한 대지를 조성하는 경우에는 토지나 토지에 정착한 물건 및 그 토지나 물건에 관한 소유권 외의 권리(이하 "토지 등"이라 한다)를 수용하거나 사용할 수 있다(법 제18조제2항).

② 위(제18조제2항)의 규정에 따라 토지 등을 수용하거나 사용하는 경우에는 이 법에 규정된 것 외에는 공익사업을위한토지등의취득및보상에관한법률을 준용한다(법 제27조제1항).

(2) 공익사업을위한토지등의취득및보상에관한법률에 대한 특례

① 사업인정의제

위(제1항)의 규정에 의하여 공익사업을위한토지등의취득및보상에관한법률을 준용하는 경우에는 사업계획승인(제16조)을 공익사업을위한토지등의취득및보상에관한법률(제20조제1항)의 규정에 의한 사업인정으로 본다(법 제27조제2항 본문).

② 재결신청

다만, 재결신청은 공익사업을위한토지등의취득및보상에관한법률(제23조제1항 및 제28조제1항)의 규정에 불구하고 사업계획승인을 얻은 주택건설사업기간 내에 할 수 있다(법 제27조제2항 단서).

4) 매도청구 등

① 주택건설사업계획승인을 얻은 사업주체

사업계획승인(제16조제2항제1호)을 받은 사업주체는 다음 각 호에 따라 해당 주택건설대지 중 사용할 수 있는 권원을 확보하지 못한 대지(건축물 포함)의 소유자에게 그 대지를 시가로 매도할 것을 청구할 수 있다. 이 경우 매도청구 대상이 되는 대지의 소유자와 매도청구를 하기 전에 3개월 이상 협의를 하여야 한다(법 제18조의2제1항).

㉠ 주택건설대지면적 중 95/100 이상에 대하여 사용권원을 확보한 경우 : 사용권원을 확보하지 못한 대지의 모든 소유자에게 매도청구 가능(제1호)

㉡ 위(제1호) 외의 경우 : 사용권원을 확보하지 못한 대지의 소유자 중 지구단위계획구역 결정고시일 10년 이전에 해당 대지의 소유권을 취득하여 계속 보유하고 있는 자를 제외한 소유자에게 매도청구 가능

② 리모델링주택조합

인가받아 설립된 리모델링주택조합은 그 리모델링결의에 찬성하지 아니한 자의 주택 및 토지에 대하여 매도청구를 할 수 있다(법 제18조의2제2항).

5) 건설공사의 시행

(1) 주택건설사업의 시공제한

사업계획승인을 받은 주택의 건설공사는 건설산업기본법(제9조)의 규정에 의한 건설업자로서 대통령령으로 정하는 자 또는 건설업자로 간주하는 등록사업자(제12조)가 아니면 이를 시공할 수 없다(법 제20조제1항).

(2) 주택의 건설기준

사업주체가 건설·공급하는 주택의 건설 등에 관한 다음 각 호의 기준(이하 "주택건설기준 등"이라 한다)은 대통령령으로 정한다(법 제21조제1항).

① 주택의 배치·세대간 경계벽·구조내력 등에 관한 주택건설기준

② 부대시설의 설치기준

③ 복리시설의 설치기준

④ 주택의 규모 및 규모별 건설비율(영 제21조)

사업주체가 건설·공급할 수 있는 주택의 규모(법 제21조제1항제4호)는 주거전용면적 기준으로 단독주택은 1호당 330㎡ 이하로 하고, 공동주택은 세대당 297㎡ 이하로 한다(영 제21조제1항 및 제3항).

⑤ 대지조성기준

⑥ 에너지절약형 친환경주택의 건설기준

(3) 주택의 설계 및 시공

(4) 공업화주택의 인정 등

(5) 간선시설의 설치

(6) 주택의 감리

6) 사용검사

(1) 주택 등에 대한 사용검사

① 사업주체는 사업계획승인을 받아 시행하는 주택건설사업 또는 대지조성사업을 완료한 경우에는 주택 또는 대지에 대하여 국토해양부령으로 정하는 바에 따라 시장·군수·구청장(국가 또는 한국토지주택공사가 사업주체인 경우와 대통령령으로 정하는 경우에는 국토해양부장관을 말한다)의 사용검사를 받아야 한다. 다만, 사업계획승인조건의 미이행 등 특별한 사유가 있어 사업을 완료하지 못하고 있는 경우에는 완공된 주택에 대하여 동별로 사용검사를 받을 수 있다(법 제29조제1항).

② 사용검사권자는 사용검사의 대상인 주택 또는 대지가 사업계획의 내용에 적합한지 여부를 확인하여야 하며, 사용검사는 그 신청일로부터 15일 이내에 하여야 한다(영 제34조제2항 및 제3항).

③ 사업주체가 파산 등으로 사용검사를 받을 수 없는 경우에는 해당 주택의 시공을 보증한 자 또는 입주예정자가, 사업주체가 정당한 이유 없이 사용검사를 위한 절차를

이행하지 아니하는 경우에는 해당주택의 시공을 보증한 자, 시공자 또는 입주예정자가 대통령령으로 정하는 바에 따라 사용검사를 받을 수 있다(법 제29조제3항).

(2) 사용검사의 효과

① 주택 등의 사용

사업주체 또는 입주예정자는 사용검사를 받은 후가 아니면 주택 또는 대지를 사용하게 하거나 이를 사용할 수 없다. 다만, 대통령령으로 정하는 경우(주택건설사업의 경우에는 건축물의 동별로 공사가 완료된 때, 대지조성사업의 경우에는 구획별로 공사가 완료된 때)로서 사용검사권자의 임시사용승인을 받은 경우에는 그러하지 아니하다. 이 경우 임시사용승인의 대상이 공동주택인 경우에는 세대별로 임시사용승인을 할 수 있다(법 제29조제4항, 영 제36조제1항 및 제3항).

② 준공검사 등의 의제

7) 공공시설의 귀속

제3절 주택의 공급

1. 주택공급의 기본원칙

1) 주택법상의 원칙(기준)

(1) 입주자모집 승인 및 방법과 절차 등

사업주체[건축법 제11조에 따라 건축허가를 받아 주택 외의 시설과 주택을 동일건축물로 하여 제16조제1항(사업계획승인)에 따른 호수(20호) 이상으로 건설·공급하는 건축주를 포함한다]는 다음 각 호에서 정하는 바에 따라 주택을 건설·공급하여야 한다(법 제38조제1항).

㉠ 사업주체(국가·지방자치단체·한국토지주택공사 및 지방공사는 제외한다)가 입주자를 모집하고자 하는 경우 : 국토해양부령으로 정하는 바에 따라 시장·군수·구청장의 승인(복리시설의 경우에는 신고를 말한다)을 받을 것(제1호).

㉡ 사업주체가 건설하는 주택을 공급하려는 경우 : 국토해양부령으로 정하는 입주

자모집의 조건 · 방법 · 절차, 입주금(입주예정자가 사업주체에게 납입하는 주택 가격을 말한다)의 납부방법 · 시기 · 절차, 주택공급계약의 방법 · 절차 등에 적합할 것(제2호).

㉢ 사업주체가 주택을 공급하려는 경우 : 국토해양부령으로 정하는 바에 따라 벽지 · 바닥재 · 주방용구 · 조명기구 등을 제외한 부분의 가격을 따로 제시하고, 이를 입주자가 선택할 수 있도록 할 것

(2) 입주자 자격 및 공급순위 등

주택을 공급받으려는 자는 국토해양부령으로 정하는 입주자자격, 재당첨제한 및 공급순위 등에 맞게 주택을 공급받아야 한다(법 제38조제2항).

2) 주택공급에관한규칙의 적용

이 규칙은 주택법의 규정(제38조, 제38조의3, 제41조 및 제41조의 2)에 의하여 주택 및 복리시설의 공급조건 · 방법 및 절차 등에 관한 사항을 규정함을 목적으로 한다(공급규칙 제1조).

① 이 규칙은 사업주체[건축법 제11조에 따른 건축허가를 받아 주택 외의 시설과 주택을 동일건축물로 법 제16조제1항에 따른 호수(20호) 이상으로 건설 · 공급하는 건축주를 포함한다]가 주택법 제16조에 따라 사업계획승인(건축법 제11조에 따른 건축허가를 포함한다)을 받아 건설하는 주택 및 복리시설의 공급에 적용한다(공급규칙 제3조제1항).

② 위(제1항)의 규정에 따른 주택 중 ㉠ 고용자가 근로자에게 주택을 공급하는 경우(제1호 및 제2호)에는 제4조제1항부터 제3항까지(주택의 공급대상), 제12조의2제6항(제2종국민주택채권매입) · 제21조의2(주택의 전산검색) · 제22조(당첨자의 관리) 및 제23조(재당첨제한)의 규정만을, ㉡ 주택상환사채를 매입한 자에게 주택을 공급하는 경우(제3호)에는, 제4조 · 제12조의2제6항 · 제22조 및 제23조의 규정만을, ㉢ 주택조합(지역조합, 직장조합)이 조합주택을 조합원에게 공급하는 경우(제6호)에는 제21조의2 · 제22조의 규정만을, ㉣ 정비사업으로 건설되는 주택으로서 토지 등의 소유자 또는 조합원에게 공급하는 경우(제9호 및 제10호)에는 제22조의 규정만을 적용한다. 즉, 이러한 주택에 대하여는 입주자자격, 입주자모집조건 · 방법 · 절차, 주택공급계약방법 · 절차 등에 관한 대부분의 규정이 적용되지 않는다. 다만, 이러한 주택을 해당자에게 공급하고 남은 주택이 20호 또는 20세대 이상인 경우 그 남은 주택을 공급하는 경우에는 그러하지 아니하다(공급규칙 제3조제2항).

③ 여기서 당첨자란 입주자로 선정된 자(제11조～제13조, 제19조, 제19조의3～제19조의

6 및 제20조의2제12항 본문. 다만 제10조제5항에 따라 계약을 체결하지 아니한 자와 제6항에 따라 주택을 공급받는 자를 제외한다) 또는 사업계획승인일(제3조제2항제1호·제2호 및 제6호) 또는 관리처분계획인가일(제3조제2항제9호) 당시 입주대상자로 확정된 자 등에 해당하는 자를 말하며 당첨 또는 공급계약이 취소되거나 공급신청이 무효로 된 자를 포함하되 분양전환되지 아니하는 임대주택의 입주자로 선정된 자는 제외한다(공급규칙 제2조제13호).

2. 주택의 분양가격제한 등

1) 분양가격규제(상한제)

사업주체가 제38조에 따라 일반인에게 공급하는 공동주택(도시형 생활주택 등은 제외)은 이 조에서 정하는 기준에 따라 산정되는 분양가격 이하로 공급(이에 따라 공급되는 주택을 "분양가상한제 적용주택"이라 한다)하여야 한다(법 제38조의2제1항).

위(제1항)의 분양가격은 택지비와 건축비로 구성되며, 구체적인 명세, 산정방식, 감정평가기관 선정방법 등은 국토해양부령으로 정한다(법 제38조의2제2항).

① 택지비

② 건축비

2) 분양가격공개(공시제)

(1) 공공택지의 경우

사업주체는 분양가상한제 적용주택으로서 공공택지에서 공급하는 주택에 대하여 입주자모집승인을 받았을 때에는 입주자모집공고 안에 다음 각 호(국토해양부령으로 정하는 세분류를 포함한다)에 대하여 분양가격을 공시하여야 한다(법 제38조의2제4항, 영 제42조의2).

① 택지비(제1호)

② 공사비(제2호)

③ 간접비(제3호)

④ 그 밖에 국토해양부령으로 정하는 비용(제4호)

(2) 공공택지 외의 택지의 경우

시장·군수·구청장이 공공택지 외의 택지에서 공급되는 분양가상한제 적용주택(수도권정비계획법(제2조제1호))에 따른 수도권 등 분양가상승 우려가 큰 지역으로서 대통령령으로 정하는 기준에 해당되는 지역에서 공급되는 주택만 해당한다)에 대하여 입주자모집승인(제38조)을 하는 경우에는 다음 각 호의 구분에 따라 분양가격을 공시하여야 한다(법 제38조의2제5항).

① 택지비(제1회)
② 직접공사비(제2호)
③ 간접공사비(제3호)
④ 설계비(제4호)
⑤ 감리비(제5호)
⑥ 부대비(제6호)
⑦ 그 밖에 국토해양부령으로 정하는 비용(제7호)

(3) 분양가심사위원회의 운영 등

① 분양가심사위원회의 운영
② 견본주택의 건축기준

3. 주택의 공급대상

1) 일반주택의 공급

(1) 주택공급의 일반원칙

국민주택 등(민간건설 중형국민주택 중 분양주택은 제외) 또는 공공택지 내 민간건설 임대주택과 고용자가 근로자에게 공급하는 주택 등(제3조제2항제1호 및 제2호)은 입주자모집공고일 현재 해당 주택건설지역에 거주하는 세대주에게 1세대 1주택의 기준으로 공급하고, ② 민간건설 중형국민주택 중 분양주택 및 민영주택은 입주자모집공고일 현재 그 주택건설지역에 거주하는 20세 이상인 자(세대주인 경우에는 20세 미만인 자 포함)에게 1인 1주택의 기준으로 공급한다(공급규칙 제4조제1항).

이 경우 세대주란 세대별 주민등록표상에 배우자 또는 직계존속 또는 직계비속인 세대원으로 이루어진 세대의 세대주를 말한다. 다만, 단독세대주(세대별 주민등록표상에 배우자 및 직계존·비속인 세대원이 없는 세대주)로서 20세 이상인 자는 세대주로 본다(공급규칙 제2조제8호).

(2) 국민주택 등의 공급대상

국민주택 등(민간건설 중형국민주택 중 분양주택은 제외), 고용자가 근로자에게 공급하는 주택 등(제3조제2항제1호 및 제2호)은 입주자모집공고일 등 다음 각 호의 어느 하나에 해당하는 날부터 입주시까지 무주택 세대주에게 공급한다. 다만, 입주자로 선정되거나 주택건설사업계획상의 입주대상자로 확정된 후 결혼 또는 상속으로 무주택세대주의 자격을 상실하게 되는 자와 공급계약후 입주할 수 있는 지위를 양수받은 자의 경우에는 예외로 한다(공급규칙 제4조제2항). 여기서 무주택세대주란 세대주를 포함한 세대원(세대주와 동일한 세대별 주민등록표상에 등재되어 있지 아니한 세대주의 배우자 및 배우자와 동일한 세대를 이루고 있는 세대원을 포함한다) 전원이 주택을 소유하고 있지 아니한 세대의 세대주를 말한다(공급규칙 제2조제9호).

① 일반공급하는 국민주택 등[제11조 · 제11조의2(민간건설 중형국민주택 중 임대주택)]은 입주자 모집공고일

② 고용자인 사업주체가 그 소속근로자에게 공급하는 주택 등(제3조제2항제1호 및 제2호)은 사업계획승인일

(3) 거주자 우선공급

2) 주택건설사업 등에 의한 임대주택의 건설 · 공급

4. 입주자 모집

1) 모집요건

(1) 모집시기 및 조건

사업주체가 입주자를 모집하기 위하여서는 다음과 같이 일정한 요건을 갖추어야 한다.

① 사업주체가 다음 각 호의 요건을 갖춘 경우에는 착공과 동시에 입주자를 모집할 수 있다(공급규칙 제7조제1항).

㉠ 주택이 건설되는 대지의 소유권을 확보할 것(제1호)

㉡ 대한주택보증주식회사 또는 보험회사로부터 분양보증(영 제106조제1항제1호)을 받을 것(제2호)

② 사업주체가 다음 각 호의 요건을 갖춘 경우 아파트는 전체 층수의 2/3 이상에 해당하는 층수의 골조공사가 완성된 때, 단독주택 · 연립주택 및 다세대주택은 조적공사가 완성된 때에 입주자를 모집할 수 있다(공급규칙 제7조제2항 및 별표2).

㉠ 주택이 건설되는 대지의 소유권을 확보할 것(제1호)

㉡ 그 주택의 사용검사에 대하여 시공권이 있는 등록사업자로서 전년도 또는 당해

연도의 주택건설실적이 100호 또는 100세대 이상인 자 중에서 시장 · 군수 · 구청장이 인정하는 자 2인 이상의 연대보증을 받아 이를 공증할 것(제2호)

③ 사업주체가 국가 · 지방자치단체(수도권) · 한국토지주택공사 및 지방공사(수도권)의 경우에는 위(제1항 및 제2항)의 규정에도 불구하고 건축공정이 전체공정의 40%에 달한 후에 입주자를 모집(도시 및 주거환경정비법 제50조제4항에 따라 주택을 공급하기 위한 경우 제외)할 수 있다(공급규칙 제7조제3항).

④ 사업주체가 주택이 건설되는 대지의 소유권을 확보하고 있으나 그 대지에 저당권 등(저당권, 가등기담보권, 전세권, 지상권 및 등기되는 부동산임차권)이 설정되어 있는 때에는 그 저당권 등을 말소한 후에 입주자를 모집하여야 한다(공급규칙 제7조제5항).

(2) 저당권설정 등의 제한

① 사업주체는 사업계획승인을 받아 시행하는 주택건설사업에 의하여 건설된 주택 및 대지에 대하여는 입주자모집공고승인 신청일 이후부터 입주예정자가 그 주택 및 대지의 소유권이전등기를 신청할 수 있는 날 이후 60일까지의 기간 동안 입주예정자의 동의 없이 다음 각 호의 어느 하나에 해당하는 행위를 하여서는 아니 된다. 다만, 당해 주택의 건설을 촉진하기 위하여 대통령령으로 정하는 경우에는 그러하지 아니하다(법 제40조제1항, 영 제44조제2항).

㉠ 해당 주택 및 대지에 저당권 또는 가등기담보권 등 담보물권을 설정하는 행위

㉡ 해당 주택 및 대지에 전세권 · 지상권 또는 등기되는 부동산임차권을 설정하는 행위

㉢ 해당 주택 및 대지를 매매 또는 증여 등의 방법으로 처분하는 행위

② 위(제1항)의 규정에서 "소유권이전등기를 신청할 수 있는 날"이란 사업주체가 입주예정자에게 통보한 입주 가능일을 말한다(법 제40조제2항).

③ 위(제1항)의 규정에 따른 저당권설정 등의 제한을 할 때 사업주체는 해당 주택 또는 대지가 입주예정자의 동의 없이는 양도하거나 제한물권을 설정하거나 압류 · 가압류 · 가처분 등의 목적물이 될 수 없는 재산임을 소유권등기에 부기등기하여야 한다. 다만, 사업주체가 국가 · 지방자치단체 및 한국토지주택공사 등 공공기관이거나 해당 대지가 사업주체의 소유가 아닌 경우 등 대통령령으로 정하는 경우에는 그러하지 아니하다(법 제40조제3항).

④ 사업주체의 재무상황 및 금융거래상황이 극히 불량한 경우 등 대통령령으로 정하는 사유에 해당되어 대한주택보증주식회사가 분양보증을 하면서 주택건설대지를 신탁하게 할 경우에는 위(제1항, 제3항)의 규정에도 불구하고 그 대지를 신탁할 수 있다(법 제40조제62항).

2) 모집방식 및 절차

(1) 입주자모집 승인

사업주체가 입주자를 모집하고자 할 때에는 공개모집을 하여야 한다. 이 경우 국가·지방자치단체·한국토지주택공사 또는 지방공사가 아닌 사업주체는 시장 등의 승인을 얻어야 하며, 국가·지방자치단체·한국토지주택공사 또는 지방공사인 사업주체는 입주자모집 내용을 국토해양부장관 및 전산관리지정기관에 통보하여야 한다(법 제38조제1항 제1호, 공급규칙 제8조제1항).

(2) 입주자모집 공고

사업주체가 입주자를 모집하고자 할 때에는 입주자모집 공고를 당해 주택건설지역 주민이 널리 볼 수 있는 일간신문, 관할 시·군·구의 인터넷 홈페이지 등에 게시공고하여야 한다. 다만 청약예금제도 실시지역 중 수도권 및 광역시에서 100호 또는 100세대 이상의 주택을 공급하거나 시장 등이 투기 및 과열경쟁의 우려가 있다고 인정하는 경우에는 사업주체는 일간신문에 공고하여야 하며, 시장 등은 인터넷에도 게시하게 할 수 있다(공급규칙 제8조제5항).

5. 주택의 공급방법

1) 일반공급

(1) 국민주택 등의 일반공급(공급규칙 제11조)

(2) 민간건설 중형국민주택의 일반공급(공급규칙 제11조의2)

(3) 민영주택의 일반공급(공급규칙 제12조)

(4) 민영주택 등의 우선공급

2) 특별공급(공급규칙 제19조)

(1) 국민주택 등의 특별공급

(2) 민영주택의 특별공급

3) 단체공급(공급규칙 제20조)

6. 주택의 공급계약

1) 당첨자의 명단관리 및 재당첨제한

(1) 당첨자의 명단관리

① 사업주체[국가 · 지방자치단체 · 한국토지주택공사 또는 등록사업자 외의 자(지역주택조합, 직장주택조합, 정비사업조합 등)인 경우에는 시장 등을 말한다]는 당첨자의 명단이 확정된 경우 그 명단을 별지서식(제5호)에 따라 지체 없이 전산관리지정기관에 통보하여야 한다(공급규칙 제22조제1항).

② 전산관리지정기관은 통보받은 당첨자명단을 청약제한기간 및 재당첨제한기간까지 전산관리하여야 하며, 사업주체가 당첨자를 선정하고 그 명단을 당첨자확정일로부터 30일 이내에 통보하지 아니하는 경우에는 통보를 촉구하여야 한다(공급규칙 제22조제3항).

(2) 재당첨 제한

고용자가 근로자에게 공급하는 주택 등을 공급받거나 분양가상한제 적용주택, 임대주택 또는 토지임대주택에 당첨된 자의 세대에 속한 자는 다음 각 호의 어느 하나에 해당하는 기간 동안 다른 분양주택의 입주자 및 입주예약자로 선정될 수 없다(공급규칙 제23조제1항).

㉠ 주거전용면적이 85㎡ 이하인 주택
- 과밀억제권역(수도권정비계획법 제6조제1항)에서 당첨된 경우 : 당첨일로부터 5년간(제1호)
- 위(과밀억제권역) 외의 지역에서 당첨된 경우 : 당첨일로부터 3년간(제2호)

㉡ 주거전용면적이 85㎡를 초과하는 주택
- 과밀억제권역 및 성장관리권역(수도권정비계획법 제6조제1항)에서 당첨된 경우 : 당첨일로부터 3년간
- 위(과밀억제권역 및 성장관리권역) 외의 지역에서 당첨된 경우 : 당첨일로부터 1년간

㉢ 토지임대주택의 경우에는 당첨일로부터 5년간

2) 주택의 공급계약(계약조건)

① 사업주체는 전산검색 및 세대주 등의 확인(제12조의2제4항, 제21조의2 및 제22조)결과에 따른 정당한 당첨자와 공급계약을 체결하여야 한다(공급규칙 제27조제1항).

② 공급계약체결시 사업주체와 공급계약을 체결한 자가 중도금과 잔금을 기한 내에 납부하지 아니한 때에 연체료를 납부할 것을 정하는 경우 그 연체료는 계약시 정한 금융기관에서 적용하는 금리의 범위 안에서 정한 연체료율에 따라 산출하는 연체료 이내이어야 한다(공급규칙 제27조제3항). 사업주체가 입주자모집공고에서 정한 입주예정일 내에 입주시키지 못한 경우에는 연체료율을 적용한 금액을 입주자에게 지체상금으로 지급하거나 주택잔금에서 해당액을 공제하여야 한다(공급규칙 제27조제4항).

3) 입주금의 납부

사업주체가 주택을 공급하는 경우 입주자로부터 받는 입주금은 청약금 · 계약금 · 중도금 및 잔금으로 구분한다(공급규칙 제26조제1항).

분양주택의 청약금은 주택가격의 10%, 계약금은 청약금을 포함하여 주택가격의 20%, 중도금은 주택가격의 60%의 범위 안에서 받을 수 있다(공급규칙 제26조제2항).

7. 주택공급질서

1) 공급질서교란행위 금지

(1) 주택을 공급받을 수 있는 지위의 양도금지

누구든지 이 법에 따라 건설 · 공급되는 주택을 공급받거나 공급받게 하기 위하여 다음 각 호의 어느 하나에 해당하는 증서 또는 지위를 양도 · 양수(매매 · 증여나 그 밖에 권리변동을 수반하는 모든 행위를 포함하되, 상속 · 저당의 경우는 제외한다) 또는 이를 알선하거나 이러한 목적으로 광고를 하여서는 아니 되며, 누구든지 거짓이나 그 밖의 부정한 방법으로 이 법에 따라 건설 · 공급되는 증서나 지위 또는 주택을 공급받거나 공급받게 하여서는 아니 된다(법 제39조제1항).

① 주택조합설립(제32조)에 따라 주택을 공급받을 수 있는 지위

② 주택상환사채(제69조)

③ 입주자저축증서(제75조)

④ 그 밖에 주택을 공급받을 수 있는 증서 또는 지위로서 대통령령이 정하는 것(영 제43조제1항)

- 시장 · 군수 · 구청장 등이 발행한 무허가건물확인서, 건물철거예정증명서, 건물철거확인서
- 공공사업의 시행으로 인한 이주대책에 의하여 주택을 공급받을 수 있는 지위 또는 이주대책 대상자확인서

(2) 위반의 효과

① 지위무효, 계약취소

국토해양부장관 또는 사업주체는 위(제1항)의 규정을 위반하여 증서 또는 지위를 양도하거나 양수한 자 또는 거짓이나 그 밖의 부정한 방법으로 증서나 지위 또는 주택을 공급받은 자에 대하여는 그 주택공급을 신청할 수 있는 지위를 무효로 하거나 이미 체결된 주택의 공급계약을 취소할 수 있다(법 제39조제2항).

② 환매, 퇴거명령

㉠ 사업주체가 위(제1항)의 규정을 위반한 자에 대하여 대통령령으로 정하는 바에 따라 산정한 주택가격에 해당하는 금액(입주금과 융자금의 상환원금 및 생산자물가 상승률을 곱한 금액을 합산한 금액에서 감가상각비를 공제한 금액)을 지급한 경우에는 그 지급한 날에 그 주택을 취득한 것으로 본다(법 제39조제3항, 영 제43조제2항).

㉡ 위(제3항)의 경우에 사업주체가 매수인에게 주택가격을 지급하거나 매수인을 알 수 없어 주택가격의 수령통지를 할 수 없는 경우 등 대통령령으로 정하는 사유에 해당하는 경우로서 주택가격을 그 주택이 있는 지역을 관할하는 법원에 공탁한 경우에는 그 주택에 입주한 자에 대하여 기간을 정하여 퇴거를 명할 수 있다(법 제39조제4항).

③ 입주자 자격제한

위(제1항)의 규정을 위반한 자에 대하여 10년의 범위에서 국토해양부령으로 정하는 바에 따라 주택의 입주자자격을 제한할 수 있다(법 제39조제5항).

④ 형사처벌

2) 투기과열지구에서의 분양권 전매제한

(1) 투기과열지구의 지정 및 해제

① 국토해양부장관 또는 시·도지사는 주택가격의 안정을 위하여 필요한 경우에는 주택정책심의위원회(시·도지사의 경우에는 시·도 주택정책심의위원회를 말한다)의 심의를 거쳐 투기과열지구로 지정하거나 이를 해제할 수 있다. 이 경우 투기과열지구의 지정은 그 지정목적을 달성할 수 있는 최소한의 범위로 한다(법 제41조제1항).

② 투기과열지구는 해당 지역의 주택가격의 상승률이 물가상승률보다 현저히 높은 지역으로서 그 지역의 청약경쟁률·주택가격·주택보급률 및 주택공급계획 등과 지

역주택시장여건 등을 고려하였을 때 주택에 대한 투기가 성행하고 있거나 성행할 우려가 있는 지역 중 국토해양부령으로 정하는 기준을 충족하는 곳이어야 한다(법 제41조제2항).

③ 국토해양부장관이 투기과열지구를 지정하거나 이를 해제할 경우에는 시 · 도지사의 의견을 들어야 하며, 시 · 도지사가 투기과열지구를 지정하거나 이를 해제할 경우에는 국토해양부장관과 협의하여야 한다(법 제41조제5항).

(2) 주택공영개발지구의 지정

① 국토해양부장관은 투기과열지구에서 조성되는 공공택지 중에서 주택에 대한 투기가 성행할 우려가 있거나 공공택지의 주택공급의 공공성을 강화하기 위하여 필요한 경우에는 주택정책심의위원회에서 주택공영개발지구의 지역적 범위, 주택공영개발의 대상이 되는 주택의 규모 및 종류 등에 대한 심의를 거쳐 주택공영개발지구를 지정할 수 있다(법 제41조의3제1항).

② 주택공영개발지구에서 주택공영개발의 대상이 되는 주택을 건설 · 공급하기 위하여 공급되는 공공택지는 공공기관(국가 또는 지방자치단체, 한국토지주택공사, 지방공사)에 양도하여야 하며, 이를 양수한 공공기관은 그 택지에서의 주택건설사업을 직접 시행하여야 한다(법 제41조의3제2항).

(3) 주택의 전매 행위제한(입주자로 선정된 지위의 전매제한) 등

(a) 주택 또는 입주자로 선정된 지위의 전매제한

① 사업주체가 건설 · 공급하는 주택 또는 주택의 입주자로 선정된 지위(입주자로 선정되어 당해 주택에 입주할 수 있는 권리 · 자격 · 지위 등을 말한다)로서 다음 각 호의 어느 하나에 해당하는 경우에는 10년 이내의 범위에서 대통령령으로 정하는 기간이 지나기 전에는 그 주택 또는 지위를 전매(매매 · 증여나 그 밖의 권리의 변동을 수반하는 모든 행위를 포함하되, 상속의 경우는 제외한다)하거나, 이의 전매를 알선할 수 없다. 이 경우 전매제한기간은 주택의 수급상황 및 투기우려 등을 고려하여 대통령령으로 지역별로 달리 정할 수 있다(법 제41조의2제1항).

㉠ 투기과열지구에서 건설 · 공급되는 주택의 입주자로 선정된 지위(제1호)
투기과열지구 안에서 건설 · 공급되는 주택(분양가 상한제 적용주택 제외)의 입주자로 선정된 지위의 경우에는 주택의 입주자모집을 하여 최초로 주택공급계약 체결이 가능한 날로부터 다음 각 호의 어느 하나의 기간에 도달한 때까지 전매할 수 없다(영 제45조의2제1항).

ⓐ 수도권(수도권정비계획법 제2조제1호), 충청권의 행정구역에 속하는 경우 : 당해 주택(건축물에 대하여만 소유권이전등기를 하는 경우에는 당해 건축물)에 대한 소유권이전등기를 완료한 때. 이 경우 전매제한기간은 5년을 초과하지 아니한다.

ⓑ 위 제1호(수도권, 충청권) 외의 지역의 경우 : 1년

㉡ 분양가상한제 적용주택 및 그 주택의 입주자로 선정된 지위(다만, 수도권 외의 지역으로서 투기과열지구가 지정되지 아니하거나 지정해제된 지역 중 공공택지 외의 택지에서 건설·공급되는 분양가상한제 적용주택 및 그 주택의 입주자로 선정된 지위에 대하여는 그러하지 아니하다)(제2호)

분양가상한제 적용주택의 경우에는 주택의 입주자 모집을 하여 최초로 주택공급계약체결이 가능한 날로부터 다음 각 호의 어느 하나의 기간에 도달한 때까지 전매할 수 없다(영 제45조의2제2항 및 별표2-2).

ⓐ 수도권(수도권정비계획법 제2조제1호)의 경우(제1호)

- 공공택지에서 공급되는 주택 : 과밀억제권역의 경우 주거전용면적 85㎡ 이하 5년, 85㎡ 초과 3년 / 과밀억제권역 외의 지역의 경우 주거전용면적 85㎡ 이하 3년, 85㎡ 초과 투기과열지구 3년, 비투기과열지구 1년
- 민간택지에서 공급되는 주택 : 과밀억제권역의 경우 주거전용면적 85㎡ 이하 3년, 85㎡ 초과 투기과열지구 3년, 비투기과열지구 1년 / 과밀억제권역 외의 지역의 경우 투기과열지구 3년, 비투기과열지구 1년

ⓑ 위(제1호 수도권) 외의 지역의 경우(제2호)

- 공공택지 안에서 공급되는 주택 : 투기과열지구 3년, 비투기과열지구 1년
- 민간택지에서 공급되는 주택 : 투기과열지구 1년(충청권 3년)

㉢ 주택공영개발지구에서 분양가격의 제한을 받지 아니하고 공공기관이 건설·공급하는 공동주택 및 그 주택의 입주자로 선정된 지위(제3호)

주택공영개발지구에서 분양가격의 제한을 받지 아니하고 공공기관이 건설·공급하는 공동주택의 경우에는 주택의 입주자모집을 하여 최초로 주택공급계약체결이 가능한 날부터 다음 각 호의 어느 하나의 기간에 도달한 때까지 전매할 수 없다(영 제45조의2제3항).

ⓐ 주거전용면적이 85㎡ 이하인 주택 : 5년

ⓑ 주거전용면적이 85㎡를 초과하는 주택 : 3년

② 위(제1항) 각 호의 어느 하나에 해당하여 입주자로 선정된 자 또는 위(제1항)제2호 또는 제3호에 해당하는 주택분양가상한제 적용주택 또는 주택공영개발지구에서 분양가격의 제한을 받지 아니하고 공공기관이 건설·공급하는 공동주택을

공급받은 자의 생업상의 사정 등으로 전매가 불가피하다고 인정되는 경우로서 대통령령으로 정하는 경우에는 위(제1항)의 규정을 적용하지 아니한다(법 제41조의2제2항 본문, 영 제45조의2제4항). 다만, 위 분양가상한제 적용주택 또는 주택공영개발지구에서 건설 · 공급하는 공동주택을 공급받은 자가 전매하는 경우에는 한국토지주택공사(사업주체가 지방공사인 경우에는 지방공사를 말한다)가 그 주택을 우선매입할 수 있다(법 제41조의2제2항 단서).

(b) 위반의 효과(환매, 형사처벌)

① 환매

위(제1항)의 규정을 위반하여 입주자로 선정된 지위의 전매가 이루어진 경우, 사업주체가 이미 납부된 입주금에 대하여 은행법에 따른 은행의 1년 만기 정기예금 평균이자율을 합산한 금액(매입비용)을 그 매수인에게 지급한 경우에는 그 지급한 날에 사업주체가 해당 입주자로 선정된 지위를 취득한 것으로 보며, 위(제2항 단서)의 규정에 따라 한국토지주택공사가 분양가상한제 적용주택을 우선매입하는 경우의 매입비용에 관하여도 이를 준용한다(법 제41조의2제3항).

② 형사처벌

(c) 부기등기

① 사업주체가 위 분양가상한제 적용주택 또는 주택공영개발지구에서 건설 · 공급하는 공동주택(제1항제2호 또는 제3호)을 공급하는 경우에는 그 주택의 소유권을 제3자에게 이전할 수 없음을 소유권에 관한 등기에 부기등기하여야 한다(법 제41조의2제4항).

② 이러한 부기등기는 주택의 소유권보존등기와 동시에 하여야 하며, 부기등기에는 "이 주택은 최초로 소유권이전등기가 된 후에는 주택법(제41조의2제1항)에서 정한 전매제한기간이 지나기 전에 한국토지주택공사 외의 자에게 소유권을 이전하는 어떠한 행위를 할 수 없음"을 명시하여야 한다(법 제41조의2제5항).

제4절 주택의 관리

1. 공동주택 관리의 기본원칙

1) 주택법상의 원칙(기준)

관리주체는 공동주택(부대시설과 복리시설을 포함한다)을 이 법 또는 이 법에 따른 명령에 따라 관리하여야 한다(법 제42조제1항). 주택의 관리에 대하여는 주택법 제5장 및 같은 법 시행령 제5장에서 공동주택의 관리에 관한 사항을 규정하고 있다.

2) 대통령령의 적용

① 주택법 제5장(제42조부터 제59조까지) 및 영 제5장(제46조부터 제82조까지)에서 정하는 공동주택의 관리에 관한 사항은 법 제16조에 따른 사업계획승인을 받아 건설한 공동주택(부대시설 및 복리시설을 포함한다)에 대하여 적용한다(영 제46조제1항 본문).

② 다만, ㉠ 임대를 목적으로 건설한 공동주택에 대하여는 행위허가 등의 기준(제47조), 의무관리대상(제48조), 관리주체의 업무 등(제52조, 제55조), 하자보수(제59조~제61조, 제62조의2~제62조의10) 및 안전관리(제64조, 제65조, 제72조 및 제73조) 등에 관한 규정만 적용하고(영 제46조제1항 단서) ㉡ 건축허가(건축법 제11조)를 받아 분양을 목적으로 건설한 공동주택에 대하여도 용도변경허가 및 리모델링 행위허가(제47조), 하자보수(제59조~제61조, 제62조의2~제62조의10) 등에 관한 규정을 적용하며(영 제46조제2항 단서), ㉢ 건축허가(건축법 제11조)를 받아 주택 외의 시설과 주택을 동일건축물로 건축한 건축물에 대하여도 용도변경허가 및 리모델링 행위허가, 의무관리대상, 관리비, 하자보수(제47조, 제48조~제62조, 제62조의2~제62조의10, 제63조~제67조 및 제72조) 등에 관한 규정을 적용한다(영 제48조제13항).

2. 관리주체

1) 관리주체 등의 의의

(1) 관리주체

① "관리주체"란 공동주택을 관리하는 다음 각 목의 자를 말한다(법 제2조제12호).

㉠ 자치관리기구(제43조제4항)의 대표자인 공동주택의 관리사무소장
㉡ 자치관리기구 또는 주택관리업자에게 관리업무를 인계(제43조제6항)하기 전의 사업주체
㉢ 위탁관리(제53조제1항)의 규정에 의한 주택관리업자
㉣ 임대주택법(제2조제4호)의 규정에 의한 임대사업자

(2) 입주자 · 사용자

① "입주자"란 다음 각 목에 규정된 자를 말한다(법 제2조제12호).
㉠ 주택을 공급받는 자(제13조 · 제38조 · 제86조 · 제89조 및 제98조)
㉡ 주택의 소유자(제54조 및 제57조)
㉢ 주택의 소유자 또는 그 소유자를 대리하는 배우자 및 직계존비속(제42조부터 제45조까지 · 제55조 및 제59조)
② "사용자"란 주택을 임차하여 사용하는 자 등을 말한다(법 제2조제13호).

2) 사업주체의 의한 의무관리

① 다음 각 호의 어느 하나에 해당하는 공동주택[건축법(제11조)에 따른 건축허가를 받아 주택 외의 시설과 주택을 동일건축물로 건축하는 경우와 부대시설 및 복리시설을 포함하되, 복리시설 중 일반에게 분양되는 시설은 제외한다]을 건설한 사업주체는 입주예정자의 과반수가 입주할 때까지 그 공동주택을 직접 관리하여야 하며, 입주예정자의 과반수가 입주하였을 때에는 입주자에게 그 사실을 알리고 그 공동주택을 다음(제2항)의 규정에 따라 관리(자치관리 또는 위탁관리)할 것을 요구하여야 한다(법 제43조제1항, 영 제48조).
㉠ 300세대 이상의 공동주택
㉡ 150세대 이상으로서 승강기가 설치된 공동주택
㉢ 150세대 이상으로서 중앙집중식 난방방식(지역난방방식 포함)의 공동주택
㉣ 건축허가를 받아 주택 외의 시설과 주택을 동일건축물로 건축한 건축물로서 주택이 150세대 이상인 건축물
② 입주자는 위(제1항)의 규정에 해당하는 공동주택을 자치관리(제4항)하거나 주택관리업자(제53조)에게 위탁관리하여야 한다(법 제43조제2항).
③ 입주자는 위(제1항)의 규정에 따른 요구를 받은 때에는 그 요구를 받은 날부터 3개월 이내에 입주자대표회의를 구성하고, 그 공동주택의 관리방법을 결정(주택관리업자에 의한 관리방법을 선택한 경우에는 그 주택관리업자의 선정을 포함한다)하여 이를 사업주체에게 통지하고, 관할 시장 · 군수 · 구청장에게 신고하여야 한다(법 제

43조제3항, 영 제52조).

④ 사업주체는 입주자대표회의로부터 관리방법결정의 통지(제3항)가 없거나 자치관리기구를 구성(제4항)하지 아니한 경우에는 주택관리업자를 선정하여야 한다. 이 경우 사업주체는 입주자에게 그 사실을 알려야 한다(법 제43조제5항).

⑤ 사업주체는 입주자대표회의로부터 주택관리업자의 선정을 통지(제3항)받은 경우, 자치관리기구가 구성된 경우(제4항) 또는 주택관리업자가 선정(제5항)된 경우에는 해당 관리주체에게 공동주택의 관리업무를 인계하여야 하며, 관리주체가 변경된 경우에도 또한 같다. 다만, 관리주체의 관리기간(제5항)은 대통령령으로 정한다(법 제43조제6항).

3) 입주자에 의한 자치관리

입주자대표회의가 공동주택을 자치관리하려는 경우에는 위(제1항)의 규정에 따른 요구가 있었던 날부터 6개월 이내에 공동주택의 관리사무소장을 자치관리기구의 대표자로 선임하고 대통령령으로 정하는 기술인력 및 장비를 갖춘 자치관리기구를 구성하여야 한다. 다만, 주택관리업자(제53조)에게 위탁관리하다가 자치관리로 관리방법을 변경할 경우에는 그 위탁관리의 종료일까지 자치관리기구를 구성하여야 한다(법 제43조제4항).

4) 주택관리업자에 의한 위탁관리

① 공동주택(제43조제1항)의 관리를 업으로 하려는 자는 시장 · 군수 · 구청장에게 등록하여야 하며, 등록사항이 변경된 경우에는 국토해양부령으로 정하는 바에 따라 변경신고를 하여야 한다(법 제53조제1항).

② 주택관리업자(위의 규정에 따라 등록을 한 자)의 지위에 관하여 이 법에 규정이 있는 것 외에는 민법 중 위임에 관한 규정을 준용한다(법 제53조제4항).

5) 관리사무소장의 업무

① 공동주택을 관리(제43조제1항)하는 입주자대표회의(자치관리의 경우에 한한다), 임대사업자(임대주택법 제2조제4호), 관리업을 인계하기 전의 사업주체 또는 주택관리업자는 주택관리사를 해당 공동주택의 관리사무소장으로 배치하여야 한다. 다만, 대통령령으로 정하는 세대수 미만의 공동주택에는 주택관리사를 갈음하여 주택관리사보를 배치할 수 있다(법 제55조제1항, 영 제72조).

㉠ 500세대 미만의 공동주택 : 주택관리사 또는 주택관리사보

㉡ 500세대 이상의 공동주택 : 주택관리사

② 관리사무소장은 공동주택을 안전하고 효율적으로 관리하여 공동주택의 입주자 및 사용자의 권익을 보호하기 위하여 공동주택의 운영, 관리 등에 관한 업무를 집행한다(법 제55조제2항).

③ 관리사무소장은 선량한 관리자의 주의로써 그 직무를 수행하여야 한다(법 제55조제3항).

④ 주택관리사 등은 관리소장의 업무를 집행하면서 고의 또는 과실로 입주자에게 재산상의 손해를 입힌 경우에는 그 손해를 배상할 책임이 있다(법 제55조의2제1항, 영 제72조의2).

3. 관리규약 및 입주자대표회의

1) 공동주택관리규약

시·도지사는 공동주택의 입주자 및 사용자의 보호와 주거생활의 질서유지를 위하여 대통령령으로 정하는 바에 따라 공동주택의 관리 또는 사용에 관하여 준거가 되는 공동주택관리규약(이하 "관리규약"이라 한다)의 준칙을 정하여야 한다(법 제44조제1항).

2) 입주자대표회의

(1) 입주자대표회의의 구성

입주자대표회의는 4명 이상으로 구성하되, 동별 세대수에 비례하여 공동주택관리규약으로 정한 선거구에 따라 선출된 대표자(이하 "동별 대표자"라 한다)로 구성한다(법 제43조제7항제2호, 영 제50조).

(2) 입주자대표회의의 의결사항

4. 관리업무

1) 관리주체의 업무 등

(1) 관리주체의 업무

관리주체는 다음 각 호의 업무를 행한다. 이 경우 필요한 범위 안에서 공동주택의 공용부분을 사용할 수 있다(법 제43조제7항제3호, 영 제55조).

① 공동주택의 공용부준의 유지·보수 및 안전관리

② 공동주택단지 안의 경비 · 청소 · 소독 및 쓰레기수거
③ 관리비 및 사용료의 징수와 공과금 등의 납부대행
④ 장기수선 충당금의 징수 · 적립 및 관리
⑤ 관리규약으로 정한 사항의 집행
⑥ 입주자 대표회의에서 의결한 사항의 집행
⑦ 그 밖에 국토해양부령이 정하는 사항

(2) 관리현황의 공개

2) 관리비

3) 담보책임 및 하자보수 등

(1) 담보책임

사업주체[건축허가(건축법 제11조)를 받아 분양을 목적으로 하는 공동주택을 건축한 건축주 및 공동주택을 신축 · 증축 · 개축 · 대수선 또는 리모델링하는 행위(제42조제2항 제2호)를 한 시공자를 포함한다]는 건축물의 분양에 따른 담보책임에 관하여 민법 제667조부터 제671조까지의 규정을 준용하도록 한 집합건물의소유및관리에관한법률 제9조의 규정에 불구하고 공동주택의 사용검사일(주택단지 안의 공동주택의 전부에 대하여 임시사용승인을 받은 경우에는 그 임시사용승인일을 말한다) 또는 건축법 제22조에 따른 공동주택의 사용승인일부터 공동주택의 내력구조부별 및 시설공사별로 10년 이내의 범위에서 대통령령으로 정하는 담보책임기간에 공사상 잘못으로 인한 균열 · 침하 · 파손 등 대통령령으로 정하는 하자가 발생한 경우에는 해당 공동주택의 입주자대표회의 등(입주자 · 입주자대표회의 · 관리주체 또는 집합건물법에 의한 관리단)의 청구에 따라 그 하자를 보수하여야 한다(법 제46조제1항, 영 제59조, 별표6 및 별표7).

(2) 하자보수

사업주체(건설산업기본법 제28조에 따라 하자담보책임이 있는 자로서 사업주체로부터 건설공사를 일괄 도급받아 건설공사를 수행한 자가 따로 있는 경우에는 그 자를 말한다)는 대통령령으로 정하는 바에 따라 하자보수보증금을 예치하여야 한다. 다만, 국가 · 지방자치단체 · 한국토지주택공사 및 지방공사인 사업주체의 경우에는 그러하지 아니하다(법 제46조제2항).

(3) 안전진단

4) 장기수선계획 등

(1) 장기수선계획

다음 각 호의 어느 하나에 해당하는 공동주택을 건설·공급하는 사업주체 또는 리모델링을 하는 자는 대통령령으로 정하는 바에 따라 그 공동주택의 공용부분에 대한 장기수선계획(이하 "장기수선계획"이라 한다)을 수립하여 사용검사(제29조)를 신청할 때에 사용검사권자에게 제출하고, 사용검사권자는 이를 그 공동주택의 관리주체에게 인계하여야 한다(법 제47조제1항, 영 제63조).

㉠ 300세대 이상의 공동주택
㉡ 승강기가 설치된 공동주택
㉢ 중앙집중식 난방방식의 공동주택

(2) 장기수선충당금

관리주체는 장기수선계획에 따라 공동주택의 주요시설의 교체 및 보수에 필요한 장기수선충당금을 해당 주택의 소유자로부터 징수하여 적립하여야 한다(법 제51조제1항).

5) 안전관리

(1) 안전관리계획 및 교육

관리주체는 해당 공동주택의 시설물로 인한 안전사고를 예방하기 위하여 대통령령으로 정하는 바에 따라 안전관리계획을 수립하고 이에 따라 시설물별로 안전관리자 및 안전관리책임자를 선정하여 이를 시행하여야 한다(법 제49조제1항).

(2) 안전점검

5. 공동주택에 대한 행위제한

1) 입주자·사용자의 의무

2) 입주자 등의 행위제한

(1) 허가대상행위

공동주택의 입주자·사용자 또는 관리주체가 다음 각 호의 어느 하나에 해당하는 행위를 하려는 경우에는 허가 또는 신고와 관련한 면적, 세대수 또는 입주자 등의 동의비율에 관하여 대통령령으로 정하는 기준 및 절차 등에 따라 시장 · 군수 · 구청장의 허가를 받거나 신고를 하여야 한다(법 제42조제2항, 영 제47조제1항 및 별표3). 다만, 리모델링의 경우에는 도시및주거환경정비법(제12조)을 준용하여 안전진단을 하여야 하며, 안전진단의 결과 건축물의 구조의 안전에 위험이 있다고 평가되어 주택재건축사업의 시행이 필요하다고 결정된 공동주택의 경우에는 리모델링(제2호, 증축을 위한 리모델링으로 한정한다)을 허가할 수 없다(법 제42조제2항 단서, 영 제47조제2항).

① 공동주택을 사업계획에 따른 용도 외의 용도에 사용하는 행위(제1호)
② 공동주택을 신축 · 증축 · 개축 · 대수선 또는 리모델링하는 행위(제2호)
③ 공동주택을 파손 또는 훼손하거나 당해 시설의 전부 또는 일부를 철거하는 행위(국토해양부령으로 정하는 경미한 행위는 제외한다)(제3호)
④ 그 밖에 공동주택의 효율적 관리에 지장을 주는 행위로서 대통령령으로 정하는 행위(공동주택의 용도폐지, 공동주택의 재축 및 비내력벽의 철거(제4호)

(2) 리모델링 행위의 허가

(a) 리모델링 행위의 허가기준

① 리모델링이란 제42조제2항 및 제3항의 규정에 의하여 건축물의 노후화 억제 또는 기능향상 등을 위하여 대수선하거나 대통령령으로 정하는 범위에서 증축을 하는 행위를 말한다(법 제2조제15호). 여기서 대통령령이 정하는 범위 내에서 증축을 하는 행위란 사용검사일(제29조) 또는 건축법(제22조)에 따른 사용승인일로부터 15년(15년 이상 20년 미만의 연수 중 시 · 도의 조례가 정하는 경우 그 연수)이 경과된 공동주택을 각 세대의 주거전용면적(건축법 제38조에 따른 건축물대장 중 집합건축물대장의 전유부분의 면적을 말한다)의 3/10 이내에서 증축을 하는 행위를 말한다(영 제4조의2).

② 공동주택의 리모델링에 관하여는 공동주택을 동 또는 주택단지 단위로 전체 소유자의 동의를 얻은 경우로서 별도의 동의 증축 등에 의하여 세대를 증가시키거나 복리시설을 분양하기 위한 것 또는 내력벽의 철거에 의하여 세대를 합치는 행위가 아니라면, 허가기준에 해당한다(법 제42조제2항, 영 제47조제1항 및 별표3).

(b) 리모델링행위에 대한 특례

① 위(제2항)의 규정에 불구하고 대통령령이 정하는 경우에는 리모델링주택조합이나 소유자 전원의 동의를 받은 입주자대표회의가 시장 · 군수 · 구청장의 허가를 받아 리모델링을 할 수 있다(법 제42조제3항).

즉, 다음 각 호의 어느 하나에 해당하는 자는 시장 · 군수 · 구청장의 허가(법 제42

조제3항)를 받아 리모델링을 할 수 있다. 다만, 다음 각 호에 따라 리모델링에 동의한 입주자는 리모델링조합 또는 입주자대표회의에서 시장·군수·구청장에게 허가신청서를 제출하기 전까지 서면으로 그 동의를 철회할 수 있다(영 제47조제4항).

㉠ 동별 또는 주택단지별로 설립된 리모델링조합(제1호). 이 경우 리모델링설계의 개요, 공사비, 조합원의 비용분담내역이 기재된 결의서에 다음과 같은 동의를 얻어야 한다.

ⓐ 주택단지 전체를 리모델링하고자 하는 경우 : 주택단지전체 구분소유자 및 의결권의 각 4/5 이상의 동의와 각 동별 구분소유자 및 의결권의 각 2/3 이상의 동의를 얻어야 한다.

ⓑ 동을 리모델링하고자 하는 경우 : 그 동의 구분소유자 및 의결권의 각 4/5 이상의 동의를 얻어야 한다.

㉡ 주택단지의 주택소유자 전원의 동의를 얻은 입주자대표회의(제2호)

② 위(제3항)의 규정에 따라 리모델링을 하는 경우 위 리모델링주택조합의 총회 또는 입주자대표회의에서 건설업자 또는 건설업자로 보는 등록사업자를 시공자로 선정하여야 한다(법 제42조제4항)

(3) 사용검사

6. 공동주택관리분쟁조정위원회

제5절 주택의 거래

1. 주택거래신고제의 의의

주택에 대한 투기가 성행하거나 성행할 우려가 있다고 판단되는 지역으로서 주택정책심의회의 심의를 거쳐 국토해양부장관이 지정하는 지역(이하 "주택거래신고지역"이라 한다)에 있는 주택(대통령령으로 정하는 공동주택에 한정한다)에 관한 소유권을 이전하는 계약(대가가 있는 경우만 해당하며, 신규로 건설·공급하는 주택을 신규로 취득하는 경우는 제외한다. 이하 "주택거래계약"이라 한다)을 체결한 당사자는 공동으로 주택거래가액 등 대통령령으로 정하는 사항을 주택거래계약의 체결일부터 15일 이내에 당해 주택소재지의 관할 시장·군수·구청장에게 신고하여야 한다(법 제80조의2제1항). 다만, 주택거래신고지역으로 지정되기 전에 체결한 계약은 부동산등기특별조치법(제3조) 또는 공인중개사의업무및부동산거래신고에관한법률에 따른다(법 제80조의2제1항 단서).

2. 주택거래 신고지역의 지정

1) 지정권자 및 대상지역

법 제80조의2제1항에 따라 국토해양부장관은 다음 각 호의 어느 하나에 해당하는 지역을 주택거래 신고지역으로 지정할 수 있다(영 제107조의2제1항).

① 지정하는 날이 속하는 달의 직전월의 아파트(건축법시행령 별표1제2호가목)의 매매가격상승률이 1.5% 이상인 지역

② 직전월로부터 소급하여 3개월간의 아파트의 매매가격상승률이 3% 이상인 지역

③ 직전월로부터 소급하여 1년간의 아파트의 매매가격상승률이 전국의 아파트 매매가격상승률의 2배 이상인 지역

④ 직전월로부터 소급하여 3개월간의 월평균 아파트거래량 증가율이 20% 이상인 지역

⑤ 관할시장 · 군수 또는 구청장이 주택에 대한 투기가 성행할 우려가 있다고 판단하여 지정을 요청하는 지역

2) 신고지역의 지정 · 고시

(1) 지정 · 고시

국토해양부장관은 위(제1항)의 규정에 따라 주택거래신고지역을 지정한 경우에는 다음 각 호의 사항을 관보에 고시하고, 지체 없이 관할 시장 · 군수 또는 구청장에게 통보하여야 한다(영 제107조의2제3항).

① 주택거래신고지역의 지역적 범위

② 신고대상 주택

(2) 열 람

시장 · 군수 또는 구청장은 위(제3항)의 규정에 의하여 통보받은 내용을 지체 없이 관할등기소의 장에게 통지하고, 일반인이 15일 이상 열람할 수 있도록 하여야 한다(영 제107조의2제4항).

3) 신고지역의 지정해제

3. 주택거래계약의 신고

1) 신고대상주택

법 제80조의2제1항에 따라 주택거래계약을 신고하여야 하는 공동주택은 아파트를 말한다(영 제107조의2제2항).

2) 신고사항

법 제80조의2제1항에 따라 주택거래계약에 관하여 신고하여야 하는 사항은 다음 각 호와 같다. 다만, 제5호에 따른 주택거래가액이 6억원 이하인 경우에는 제5호의2(자금조달계획) 및 제5호의3(입주여부계획)을 적용하지 아니한다(영 제107조의3).

① 매수인 및 매도인의 인적사항(제1호)
② 계약일, 중도금지급일 및 잔금지급일(제2호)
③ 거래대상 주택의 소재지, 지목 및 면적(제3호)
④ 거래대상 주택의 종류와 규모(제4호)
⑤ 주택거래가액(제5호)
⑥ 거래대상주택의 취득에 필요한 자금의 조달계획(제5호의2)
⑦ 거래대상주택에의 입주여부에 관한 계획(제5호의3)
⑧ 계약의 조건 또는 기한이 있는 때에는 그 조건 또는 기한(제8호)

3) 신고필증의 교부 등

(1) 부동산등기특별조치법과의 관계

위의 규정(제80조의2제1항이나 제2항)에 따라 신고를 받은 시장·군수·구청장은 그 신고내용을 확인한 후 신고증명서를 신고인에게 즉시 발급하여야 하며, 신고인이 신고증명서를 발급받은 경우에는 부동산등기특별조치법(제3조제1항)에 따른 검인을 받은 것으로 본다(법 제80조의2제3항, 제4항).

(2) 신고내용의 조사 등

① 시장·군수·구청장은 위의 규정(제80조의2제1항)에 따른 신고사항이 빠져 있거나 정확하지 아니하다고 판단되는 경우에는 신고인에게 신고내용을 보완하도록 하거나 신고한 사항의 사실여부를 확인하기 위하여 소속 공무원으로 하여금 신고인에게 계약서 및 대통령령으로 정하는 거래대금지급증명자료 등 관련자료의 제출을

요구하게 하는 등 필요한 조치를 할 수 있다(법 제80조의3제1항).

② 시장 · 군수 · 구청장은 신고증명서를 발급한 날부터 15일 이내에 해당 주택 소재지 관할 세무관서의 장에게 위(제1항)의 규정에 따른 신고사항을 통보하여야 하며, 통보를 받은 세무관서의 장은 그 신고사항을 국세 또는 지방세를 부과하기 위한 과세자료로 활용할 수 있다(법 제80조의3제2항).

주택거래신고의무에 위반한 경우에는 과태료가 부과된다(법 제101조 및 제102조의 2, 영 제122조, 별표13 및 부표).

【부칙】

〈법률 제6196호, 2003.5.29〉

시행일

이법은 공포 후 6월이 경과한 날부터 시행한다. 다만, 제7조, 제17조제1항제5호 및 제9호, 제79조, 제80조 및 부칙 제5조의 개정규정은 공포한 날부터 시행한다.

〈법률 제8383호, 제8384호, 2007.4.20〉

이 법은 공포한 날로부터 시행한다. 다만, 제38조제1항제3호 · 제38조의2, 제38조의4, 제38조의5, 제41조, 제97조제8호의2, 제97조의2 및 제102조제1호의2의 개정규정은 2007년 9월 1일부터 시행하고, 제43조, 제55조의2 및 제81조의 2의 개정규정은 공포 후 1년이 경과한 날로부터 시행한다.

〈법률 제10237호, 2010.4.5 일부개정〉

〈법률 제10331호, 2010.5.31 타법개정〉

〈법률 제10505호, 2011.3.30 일부개정〉

이 법은 공포한 날부터 시행한다. 다만, 제2조제4호의 규정(국민주택 등의 개념)은 공포 후 3개월이 경과한 날부터 시행한다.

〈법률 제10599호, 2011.4.14 타법개정〉

〈법률 제11061호, 2011.9.16 일부개정〉

이 법은 공포 후 6개월이 경과한 날부터 시행한다. 다만, 제39조(공급질서교란금지) 제1항의 개정규정은 공포한 날부터 시행하고 제5항의 개정규정은 3개월이 경과한 날부터 시행한다.

연습문제 | 제6장 주택법

■ 주관식 문제 ■

01 주택법상 주택의 종류와 구분(자금지원에 의한 분류)에 대하여 기술하시오.

02 주택법상 주택건설사업의 사업주체를 단독사업주체와 공동사업주체를 구분하여 설명하시오.

03 주택법상 주택건설사업의 방식과 절차에 대하여 설명하시오.

04 주택법상 주택조합의 설립요건과 절차에 대하여 설명하고, 주택조합이 사업주체로서 주택건설사업을 시행하고자 하는 경우 그 절차와 방식에 대하여 언급하시오.

05 투기과열지구에서의 분양권 전매제한에 대하여 설명하시오.

06 주택거래신고지역의 지정에 관하여 그 대상지역, 지정절차 및 그 효력에 대하여 설명하시오.

■ 단답식 문제 ■

01 주택법에 의한 사업주체가 건설 · 공급하는 주택은 주거전용면적 기준으로 단독주택은 1호당 (   ) 이하, 공동주택은 1세대당 (   ) 이하의 규모제한을 받는다.

02 주택법상 주택조합은 (   ), (   ) 및 리모델링주택조합으로 나누어진다.

03 (   ) 이상의 단독주택 또는 (   ) 이상의 공동주택을 건설하거나 (   ) 이상의 대지조성사업을 시행하고자 하는 자는 주택법상 시 · 도지사 등 사업계획승인권자의 사업계획승인을 얻어야 한다.

04 주택법상 사업계획승인을 얻은 사업주체는 주택건설대지면적 중 (   ) 이상에 대하여 사용할 수 있는 권원을 확보한 경우에는 사용권원을 확보하지 못한 대지의 모든 소

유자에게 그 대지를 시가에 따라 ( )할 것을 청구할 수 있다.

05 누구든지 주택법에 의하여 건설·공급되는 주택을 공급하거나 공급받게 하기 위하여 주택조합설립에 의하여 주택을 공급받을 수 있는 지위, ( ), ( ) 그 밖에 주택을 공급받을 수 있는 증서 또는 지위로서 대통령령이 정하는 것을 양도 또는 양수하거나 이를 알선하거나 광고하여서는 아니 된다. 여기서 양도 또는 양수란 매매·( ) 그 밖에 권리변동을 수반하는 모든 행위를 포함하되, 상속·( )의 경우를 제외한다.

06 주택거래신고지역 안에서 ( )에 관한 소유권을 이전하는 주택거래계약을 체결한 당사자는 공동으로 주택거래가액 등 대통령령이 정하는 사항을 주택거래계약의 계약체결일로부터 ( ) 이내에 시장·군수·구청장에게 신고하여야 한다. 여기서 소유권을 이전하는 계약이란 대가가 있는 경우에 한하며 신규로 건설·공급하는 주택을 신규로 취득하는 경우에는 이를 제외한다.

단답식 정답

01 330㎡, 297㎡
02 지역주택조합, 직장주택조합
03 20호, 20세대, 10,000㎡
04 95/100, 매도
05 주택상환사채, 입주자저축증서, 증여, 저당
06 아파트, 15일

■ 객관식 문제 ■

01 주택법에 의한 주택에 관한 설명 중 옳은 것은?

① 공동주택은 아파트·연립주택 및 다가구주택으로 구분된다.
② 아파트는 6층 이상인 공동주택을 말한다.
③ 연립주택의 동당 바닥면적의 합계는 660㎡를 초과하여야 한다.
④ 국민주택은 전용면적이 85㎡ 이하인 주택을 말한다.
⑤ 민영주택은 등록사업자가 건설하는 주택을 말한다.

풀이 공동주택의 종류와 범위는 건축법시행령(제3조의4 및 별표1)이 정하는 바에 따른다(법 제2조제12호, 영 제2조)

정답 **01** ③

① 공동주택은 아파트 · 연립주택 · 다세대주택 및 기숙사로 구분된다(법 제2조제2호, 영 제2조 및 건축법 영제3조의4 별표1).
② 아파트는 주택으로 쓰이는 층수가 5개층 이상인 주택을 말한다.
③ 연립주택은 주택으로 쓰이는 1개 동의 바닥면적의 합계가 660㎡를 초과하고 층수가 4개층 이하인 주택을 말하고, 다세대주택은 주택으로 쓰이는 1개동의 바닥면적의 합계가 660㎡ 이하이고 층수가 4개층 이하인 주택을 말한다.
④ 국민주택은 국민주택기금에 의한 자금을 지원받아 건설되거나 개량되는 주택으로서 주거전용면적이 85㎡ 이하인 주택을 말한다(법 제2조제3호). 국민주택 등이란 국민주택과 국가 · 지방자치단체 · 한국토지주택공사 · 지방공사가 건설하는 주택 및 공공임대주택 중 주거전용면적이 85㎡ 이하의 주택을 말한다(법 제2조제3호의2 및 공급규칙 제2조제5호).
⑤ 민영주택이란 국민주택 등을 제외한 주택을 말한다(법 제2조제3호의4 및 공급규칙 제2조제6호).

02 국민주택기금의 재원 또는 예탁되어야 할 기금에 관한 설명 중 옳지 않은 것은?
① 국민주택채권의 발행으로 조성된 자금
② 주택건설 또는 대지조성사업을 위하여 외국으로부터 차입하는 자금
③ 군인연금기금
④ 주택건설 등록사업자의 출연금 또는 예탁금
⑤ 국민연금기금

풀이 국민주택기금은 정부의 출연금 · 예탁금, ③⑤ 국민연금 · 공무원연금 · 군인연금 등의 기금, ① 국민주택채권의 발행으로 조성된 자금, 입주자저축(청약저축 및 주택청약종합저축)자금, ② 주택건설 · 대지조성사업을 위하여 외국으로부터 차입하는 자금 등의 재원으로 조성한다(법 제60조제2항).

03 국민주택채권을 매입하지 않아도 되는 것은?
① 국가 또는 지방자치단체로부터 면허 · 허가 · 인가를 받은 자
② 등기 · 등록을 신청하는 자
③ 국가 · 지방자치단체 또는 정부투자기관관리기본법에 의한 정부투자기관과 건설공사의 도급계약을 체결한 자
④ 주택법에 의하여 건설 · 공급하는 주택을 공급받는 자
⑤ 주택임대업자의 등록

풀이 ①②③ 국가 및 지방자치단체의 장이 건축허가 등 면허 · 허가 · 인가를 하거나 부동산등기 · 건설업등록, 주택건설사업등록 등 등기 · 등록을 하게 하는 경우 또는 국가 · 지방자치단체 · 공공기관이 건설공사도급계약을 체결하는 때에는 그 상대방에게 제1종 국민주

정답 02 ④ 03 ⑤

택채권을 매입하게 하여야 한다(법 제68조제1항, 영 제95조제1항, 제2항 및 별표12). ④ 국토해양부장관은 공공택지 안에서 건설·공급되는 주거전용면적이 85㎡를 초과하는 분양가 상한제 적용주택을 공급받고자 하는 자에 대하여 제2종 국민주택채권을 매입하도록 할 수 있다(법 제68조제1항, 영 제95조제4항).

04 주택법상 입주자저축에 관한 설명 중 잘못된 것은?

① 입주자저축 중 청약저축은 국민주택이나 국가, 지방자치단체, 한국토지주택공사 또는 지방공사에서 건설하는 85㎡ 이하의 주택을 공급받기 위하여 가입하는 저축이다.

② 입주자저축은 반드시 1세대 1구좌에 한하여 가입할 수 있는 것은 아니다.

③ 청약저축에 가입할 수 있는 자는 무주택세대주이어야 한다.

④ 입주자저축 중 청약예금의 가입자명의는 가입자가 결혼한 경우에 배우자명의로 변경할 수 있다.

⑤ 청약예금에 가입할 수 있는 자는 20세 이상의 자이어야 하지만, 세대주인 경우에는 20세미만인 자도 가입할 수 있다.

풀이 ① 국민주택 등(국민주택이나 국가, 지방자치단체, 한국토지주택공사 또는 지방공사가 건설하는 85㎡ 이하의 주택)을 공급받기 위하여 가입하는 입주자저축은 청약저축이며, 청약예금은 민영주택(국민주택 등이 아닌 주택)과 민간건설 중형국민주택을 공급받기 위하여 가입하는 입주자저축이다(공급규칙 제5조제1항제1호, 제2호). 청약부금은 85㎡ 이하의 민영주택과 민간건설 중형국민주택을 공급받기 위하여 가입하는 부금이다. 그 밖에 주택청약종합저축은 국민주택 등과 민영주택을 공급받기 위하여 누구든지 가입할 수 있는 저축이다(공급규칙 제5조제1항제3호, 제4호).

② 입주자저축은 1인 1구좌에 한하여 가입할 수 있다(공급규칙 제5조제2항). ④ 청약예금과 청약부금 및 주택청약종합저축은 가입자가 사망한 경우에 한하여 그 상속인 명의로 변경할 수 있다(공급규칙 제5조~제5조의5).

05 타인의 청약예금통장을 양도받아 주택공급계약을 체결한 경우에 관한 설명 중 타당하지 아니한 것은?

① 청약예금통장을 양도한 자와 양도받은 자는 형사처벌을 받는다.

② 청약예금통장의 양도를 알선한 자도 형사처벌을 받는다.

③ 청약예금통장을 양도한 자에 대하여는 주택을 공급받을 수 있는 지위를 무효로 할 수 있다.

④ 청약예금통장을 양도받은 자가 체결한 공급계약은 무효로 한다.

⑤ 이미 주택이 분양된 경우에는 사업주체가 소정의 금액을 지급하면 그 주택을 취득한 것으로 본다.

정답 04 ④ 05 ④

풀이 ①② 누구든지 주택법에 의하여 건설 · 공급되는 주택을 공급받거나 공급받게 하기 위하여 입주자저축증서 · 주택상환사채 등의 증서 또는 주택을 공급받을 수 있는 지위를 양도 또는 양수하거나 이를 알선 또는 광고하여서는 아니 되며, 누구든지 허위 기타 부정한 방법으로 이 법에 의하여 건설 · 공급되는 증서나 지위 또는 주택을 공급받거나 공급받게 하여서는 아니 된다(법 제39조제1항). ③④ 국토해양부장관 또는 사업주체는 위의 규정에 위반하여 증서 또는 지위를 양도하거나 양수한 자 또는 허위 기타 부정한 방법으로 증서나 지위 또는 주택을 공급받은 자에 대하여는 그 주택공급을 신청할 수 있는 지위를 무효로 하거나 이미 체결된 주택의 공급계약을 취소할 수 있다(법 제39조제2항). ⑤ 사업주체가 위의 규정을 위반한 자에 대하여 주택가격에 상당하는 금액을 지급한 때에는 그 지급한 날에 사업주체가 당해 주택을 취득한 것으로 보며, 사업주체가 매수인에게 주택가격을 지급하거나 공탁한 경우에는 입주자에게 퇴거를 명할 수 있다(법 제39조제3항, 제4항).

06 주택법상 복리시설의 범위에 속하지 않는 것은?

① 어린이놀이터　　② 일반목욕장
③ 의료시설　　④ 입주자집회소
⑤ 관리사무소

풀이 ①②③④ 복리시설이란 어린이놀이터, 근린생활시설, 유치원, 주민운동시설 및 경로당 또는 그 밖에 입주자의 생활복리를 위한 공동시설로서 대통령령이 정하는 것을 말한다(법 제2조제7호). ⑤ 부대시설이란 주차장, 관리사무소, 담장 및 주택단지 안의 도로 또는 건축설비(건축법 제2조제3호) 기타 이에 준하는 것으로서 대통령령으로 정하는 시설 또는 설비를 말한다(법 제2조제6호).

07 국민주택채권과 주택상환사채에 관한 다음의 설명 중 맞는 것은?

① 국민주택채권은 국토해양부장관의 요청에 의하여 행정안전부장관이 발행한다.
② 한국토지주택공사 및 등록사업자는 주택상환사채를 발행할 수 있는데 금융기관 혹은 대한주택보증주식회사의 보증을 받아 무기명으로 발행한다.
③ 국민주택채권은 증권을 발행하지 아니하고 증권예탁원에 등록하여 발행한다.
④ 제1종국민주택채권의 원리금은 발행일로부터 5년이 되는 날에 상환하며, 이자는 1년 단위로 복리로 계산한다.
⑤ 국민주택채권의 원리금 상환일은 20년을 초과할 수 없으며, 기명증권으로 발행하는데 발행기간은 1년이다.

풀이 ① 국민주택채권은 국토해양부장관의 요청에 의하여 기획재정부장관이 발행한다. 국민

정답 06 ⑤ 07 ④

주택채권은 제1종국민주택채권과 제2종국민주택채권으로 구분하여 발행하고, 발행기간은 1년을 단위로 한다. ③ 국민주택채권은 증권을 발행하지 아니하고 증권예탁원에 등록하여 발행하며, 이 경우 채권자는 이미 등록된 국민주택채권에 대하여 그 증권의 교부를 청구할 수 없다. ④⑤ 제1종채권의 원리금은 발행일로부터 5년이 되는 날에 상환하고, 제2종채권의 원리금의 상환일은 20년을 초과할 수 없다. ② 한국토지주택공사 및 등록사업자는 국토해양부장관의 승인을 얻어 주택상환사채를 발행할 수 있다. 다만, 등록사업자는 금융기관 또는 대한주택보증주식회사의 보증을 받은 때에 한하여 발행할 수 있다. 주택상환사채는 액면 또는 할인의 방법으로 발행하고 기명증권으로 하며 상환기간은 3년을 초과할 수 없다.

08 주택법령상 주택조합 구성원의 자격에 관한 설명 중에서 가장 타당하지 않은 것은?

① 조합설립인가 신청일 현재 동일한 시·군 안에 소재하는 동일한 국가기관·지방자치단체 또는 법인에 근무하는 자는 직장주택조합의 구성원이 될 수 있다.

② 지역주택조합은 그 설립인가를 받은 후에는 조합원이 확정판결 등의 사유로 다른 주택을 소유하게 되어 조합원 자격을 상실한 경우에도 조합원을 교체할 수 없다.

③ 주택조합설립인가신청일 현재 그 조합설립인가지역과 동일한 시·군 내에 6월 이상 거주하여 온 자는 지역주택조합의 구성원이 될 수 있다.

④ 지역 및 직장주택조합의 구성원의 자격은 조합설립인가신청일부터 입주 가능일까지 주택을 소유하지 아니하거나 60㎡ 이하의 주택 1채를 소유한 세대주인 자이어야 한다.

⑤ 위에서 세대주인자란 세대주를 포함한 세대원 전원이 주택을 소유하지 아니하거나 세대원 중 1인에 한하여 60㎡ 이하의 주택 1채를 소유한 세대의 세대주를 말한다.

풀이 ② 주택조합 중 지역조합·직장조합은 조합설립인가를 받은 후에는 해당 조합원을 교체하거나 신규로 가입하게 할 수 없다. 다만, 조합원의 수가 주택건설예정세대수를 초과하지 아니하는 범위 안에서 시장·군수·구청장으로부터 추가모집의 승인을 받은 경우와 조합원의 사망, 사업계획승인 이후에 입주자로 선정된 지위가 양도·증여·판결 등으로 변경된 경우(다만, 법제41조의2에 따라 투기과열지구 안에서 전매가 금지되는 경우를 제외한다), 조합원탈퇴 등으로 조합원의 수가 주택건설예정세대수의 1/2 미만이 되는 경우, 조합원이 무자격자로 판명되어 자격을 상실하는 경우 등의 사유로 결원이 발생한 범위 안에서 충원하는 경우에는 그러하지 아니하다.

09 주택법상 사용검사에 관한 다음 기술 중 틀린 것은?

① 주택건설사업의 경우에는 사업완료전이라도 건축물의 동별로 공사가 완료된 때 임시사용승인을 얻어 이를 사용할 수 있다.

정답 08 ② 09 ③

② 사업주체가 파산 등으로 사용검사를 받을 수 없는 경우에는 입주예정자 등이 대통령령이 정하는 바에 의하여 사용검사를 받을 수 있다.

③ 임시사용승인의 경우 공동주택을 세대별로 임시사용을 승인 받을 수는 없다.

④ 사업주체가 사용검사를 받으면 사업계획승인으로 의제되는 인 · 허가 등에 따른 준공검사 등을 받은 것으로 본다.

⑤ 사용검사를 받을 경우에는 건축법의 규정에 의한 사용승인을 받은 것으로 본다.

풀이 사업주체 또는 입주자는 사용검사를 받은 후가 아니면 주택, 부대시설, 복리시설 또는 대지를 사용하게 하거나 사용할 수 없다. 다만, ① 주택건설사업의 경우에는 동별로 공사가 완료된 때로서 사용검사권자의 임시사용승인을 얻는 경우에는 그러하지 아니하다(법 제29조제4항). ③ 이 경우 임시사용승인의 대상이 공동주택인 경우에는 세대별로 임시사용승인을 할 수 있다(영 제36조).

10 주택법상의 주택에 대한 설명으로서 옳지 않은 것은?

① 주택법령에 의하면, 공동주택의 종류와 범위는 건축법시행령이 정하는 바에 따르도록 하고 있다.

② 주택법령은 단독주택을 단독주택, 다중주택과 다가구주택 및 공관으로 구분하여 그 범위를 정하고 있다.

③ 공동주택 중 다세대주택과 연립주택은 4층 이하인 주택으로서, 다세대주택이란 동당 건축연면적이 660㎡ 이하인 주택이고, 연립주택은 동당 건축연면적이 660㎡를 초과하는 주택이다.

④ 국민주택의 단위규모는 원칙적으로 주거전용면적 기준으로 85㎡ 이하이어야 한다.

⑤ 수도권 외의 읍 · 면지역에 있어서 국민주택의 단위규모는 100㎡ 이하로 할 수 있다.

풀이 ①② 공동주택의 종류와 범위(규모)에 관하여는 주택법시행령(제2조)에서 건축법시행령(제3조의4, 별표1 제2호)에 따르도록 규정하고 있다. 단독주택의 종류와 범위(규모)에 관하여서는 주택법령에는 아무런 규정이 없고 건축법시행령(제3조의4, 별표1제1호)에서 규정하고 있다. 단독주택 중 다중주택은 학생 또는 직장인 등의 다수인이 장기간 거주할 수 있는 구조로 된 주택으로서 독립된 주거의 형태가 아니고, 연면적이 330㎡ 이하이고 층수가 3개층 이하인 것을 말하고, 다가구주택은 주택으로 쓰이는 층수가 3개층(1층의 바닥면적의 1/2 이상을 필로티구조로 하여 주차용으로 사용하고 나머지 부분을 주택 외의 용도로 쓰는 경우 층수에서 제외) 이하이고 1개동의 주택으로 쓰이는 바닥면적의 합계가 660㎡ 이하이며, 19세대 이하가 거주할 수 있는 주택으로서 공동주택에 해당하지 아니하는 것을 말한다(건축법시행령 별표1제1호).

④⑤ 주택의 단위규모는 단독주택은 1호당 330㎡ 이하, 공동주택은 1세대당 297㎡ 이하로 하되, 국민주택은 1호당 또는 1세대당 85㎡ 이하로 한다(법 제2조 및 제21조, 영제21

정답 10 ②

조)(다만, 수도권을 제외한 도시지역이 아닌 읍 또는 면 지역에 있어서의 국민주택의 단위규모는 100㎡ 이하로 한다).

11 주택조합(住宅組合)에 관한 설명 중 틀린 것은?

① 주택조합은 지역주택조합 · 직장주택조합 및 리모델링주택조합으로 구분된다.

② 주택조합은 주택건설예정 세대수의 1/2 이상의 조합원으로 구성하되, 조합원은 20인 이상이어야 한다.

③ 지역주택조합과 직장주택조합의 조합원은 무주택세대주이어야 한다.

④ 다수의 구성원이 주택을 마련하거나 리모델링하기 위하여 주택조합을 설립하고자 할 때에는 시장 · 군수 · 구청장의 인가를 받아야 한다.

⑤ 주택조합(리모델링주택조합 제외)이 그 구성원의 주택을 건설하는 경우에는 등록사업자(지자체 · 주공 · 지공 포함)와 공동으로 사업을 시행할 수 있다.

풀이 ③ 지역조합과 직장조합의 경우에도 무주택자를 조합원의 자격요건으로 요구하지 않는다. 즉, 주택조합설립인가 신청일로부터 그 조합주택의 입주 가능일까지 주택을 소유하지 아니하거나 주거전용면적 60㎡ 이하의 주택 1채를 소유한 세대주인 자이면 지역조합이나 직장조합의 구성원이 될 수 있다(법 제32조제5항, 영 제38조제1항).

12 주택법상 주택조합 구성원의 자격 및 교체 등에 관한 설명 중 틀린 것은?

① 지역조합과 직장조합의 구성원의 자격은 주택조합설립인가 신청일로부터 그 조합주택의 입주 가능일까지 주택을 소유하지 아니하거나 주거전용면적 60㎡ 이하의 주택 1채를 소유한 세대주이어야 한다.

② 지역조합의 구성원의 자격은 조합설립인가 신청일 현재 그 조합설립인가 지역과 동일 또는 인접한 시 · 군 내의 거주하는 자이어야 한다.

③ 지역조합과 직장조합은 그 조합설립인가를 받은 후에는 해당 조합원을 교체하거나 신규로 가입하게 할 수 없다.

④ 직장조합의 구성원의 자격은 조합설립인가 신청일 현재 동일한 시 · 군 안에 소재하는 동일한 국가기관 · 지방자치단체 또는 법인에 근무하는 자이어야 한다.

⑤ 조합원이 사망하거나 주택건설사업계획승인 이후에 입주자로 선정된 지위가 양도 · 증여 · 판결 등으로 변경된 경우(다만, 투기과열지구 안에서 전매가 금지되는 경우 제외)에는 조합원을 교체하거나 신규로 가입하게 할 수 있다.

풀이 ② 지역조합의 구성원의 자격은 조합설립인가 신청일 현재 그 조합설립인가지역과 동일한 시 · 군(같은 특별시 · 광역시 · 특별자치도 · 시 또는 군) 내에 6월 이상 거주하여 온 자이어야 한다.

정답 11 ③ 12 ②

13 국민주택(國民住宅) 등을 공급받을 수 있는 자는?

① 입주자모집공고일 현재 무주택인 세대주

② 입주자모집공고일부터 입주할 때까지 무주택인 세대주

③ 입주자모집공고일 현재 1년 이상 무주택인 세대주

④ 입주자모집공고일 1년 전부터 입주할 때까지 무주택인 세대주

⑤ 입주자모집공고일 현재 세대주인 자

풀이 ② 국민주택 등(민간건설 중형국민주택 제외)은 입주자모집공고일부터 입주시까지 무주택인 세대주에게 공급한다(공급규칙 제4조제2항).

14 주택공급에관한규칙상 주택의 일반공급에 관한 다음 설명 중 틀린 것은?

① 수도권에서 청약저축에 가입하여 2년이 경과한 자로서 월납입금을 24회 이상 납입한 자는 국민주택 등의 일반공급 또는 민간건설 중형국민주택의 일반공급에 있어서 제1순위에 해당한다.

② 수도권에서 청약예금에 가입하여 2년이 경과된 자로서 소정의 예치금액을 납입한 자는 민영주택의 일반공급에 있어서 제1순위에 해당한다.

③ 수도권에서 85㎡ 이하의 주택의 청약이 가능한 청약예금에 가입하여 2년이 경과된 자로서 소정의 예치금액을 납입한 자는 민간건설 중형국민주택의 일반공급에 있어서 제2순위에 해당한다.

④ 청약저축에 가입하지 않은 자도 국민주택 등의 일반공급에 있어서 제3순위에 속할 수 있다.

⑤ 청약예금에 가입하지 않은 자도 민영주택의 일반공급에 있어서 제3순위에 속할 수 있다.

풀이 ①③ 수도권에서 85㎡ 이하의 주택의 청약이 가능한 청약예금에 가입하여 2년이 경과된 자로서 소정의 예치금을 납입한 자는, 청약저축에 가입하여 2년이 경과한 자로서 월납입금을 24회 이상 납입한 자와 함께, 민간건설 중형국민주택의 일반공급에 있어서 제1순위에 해당한다(공급규칙 제11조 및 제11조의2).

15 공동주택의 리모텔링에 대한 설명 중 틀린 것은?

① 공동주택의 리모델링(증축) 행위에 관하여는 사용검사 후 15년(15년 이상 20년 미만의 연수 중 시·도의 조례가 정하는 경우 그 연수) 이상의 기간이 경과한 공동주택을 대상으로 한다.

② 공동주택의 증축행위에 관하여는 각 세대의 주거전용면적 3/10 이내에서 허용된다.

정답 13 ② 14 ③ 15 ③

③ 입주자대표회의가 동을 리모델링하고자 하는 경우에는 그 동의 구분소유자 및 의결권의 각 4/5 이상의 동의를 얻어야 한다.

④ 리모델링조합이 주택단지전체를 리모델링하고자 하는 경우에는 단지전체 구분소유자 및 의결권의 각 4/5 이상의 동의와 각 동별 구분소유자 및 의결권의 각 2/3 이상의 동의를 얻어야 한다.

⑤ 공동주택의 입주자·사용자 또는 관리주체가 공동주택을 동 또는 단지단위로 리모델링하고자 하는 경우에는 별도의 동의 증축 등에 의하여 세대를 증가시키거나 내력벽을 철거하여 세대를 합치는 행위는 할 수 없다.

풀이 ③ 리모델링조합이 동을 리모델링하고자 하는 경우 그 동의 구분소유자 및 의결권의 각 4/5 이상의 동의를 얻어야 하나, 입주자대표회의가 리모델링하고자 하는 경우에는 주택단지 소유자 전원의 동의를 얻어야 한다.

07 농 지 법

제1절 서 론

1. 법의 목적

1) 목 적

농지법(農地法)은 농지(農地)의 소유·이용 및 보전 등에 관하여 필요한 사항을 정함으로써 농지를 효율적으로 이용하고 관리하여 농업인의 경영안정과 농업 생산성 향상을 바탕으로 농업 경쟁력 강화와 국민경제의 균형 있는 발전 및 국토 환경보전에 이바지하는 것을 목적으로 한다(법 제1조).

2) 농지에 관한 기본이념

① 농지란 국민에게 식량을 공급하고 국토환경을 보전하는 데 필요한 기반이며 농업과 국민경제의 조화로운 발전에 영향을 미치는 한정된 귀중한 자원이므로 소중히 보전되어야 하고 공공복리에 적합하게 관리되어야 하며 농지에 관한 권리의 행사에는 필요한 제한과 의무가 따른다(법 제3조제1항).

② 농지는 농업 생산성을 높이는 방향으로 소유·이용되어야 하며, 투기의 대상이 되어서는 아니 된다(법 제3조제2항).

2. 법체계상의 지위

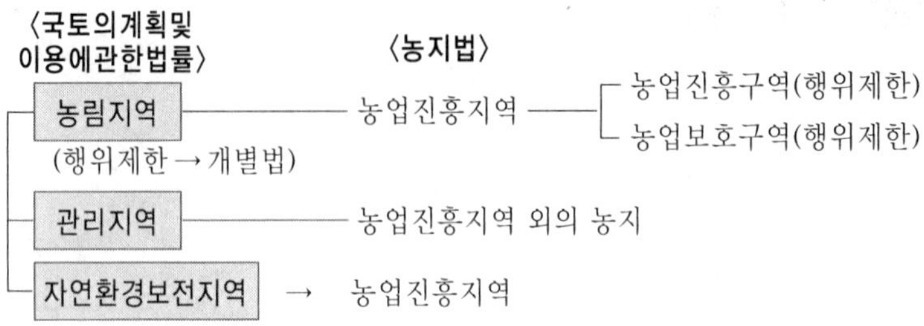

3. 법의 적용범위(대상물건)

농지법은 전국의 농지를 적용대상으로 한다.

4. 법의 주요내용

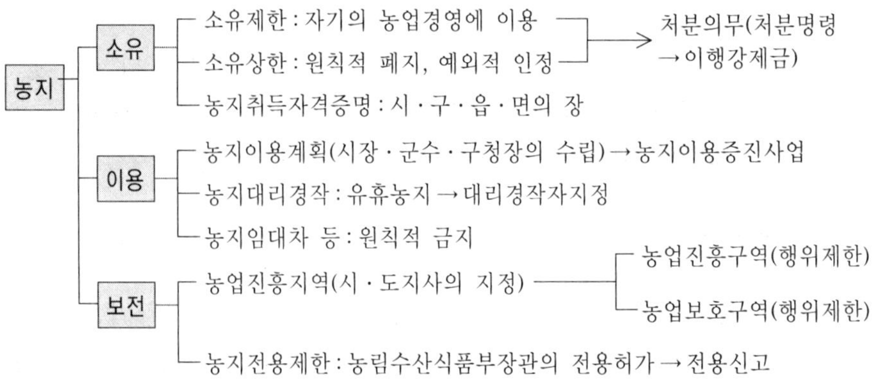

5. 농지에 관한 의무

1) 국가 등의 의무

① 국가와 지방자치단체는 농지에 관한 기본이념이 구현되도록 농지에 관한 시책을 수립하고 시행하여야 한다(법 제4조제1항).

② 국가와 지방자치단체는 농지에 관한 시책을 수립할 때 필요한 규제와 조정을 통하여 농지를 보전하고 합리적으로 이용할 수 있도록 함으로써 농업을 육성하고 국민경제를 균형 있게 발전시키는 데에 이바지하도록 하여야 한다(법 제4조제2항).

2) 국민의 의무

모든 국민은 농지에 관한 기본이념을 존중하여야 하며 국가 및 지방자치단체가 시행하는 농지에 관한 시책에 협력하여야 한다(법 제5조).

6. 농지 등

1) 농 지

농지란 전(田)·답(畓), 과수원 그 밖에 법적 지목(地目)을 불구하고, 실제로 농작물(農作物) 경작지(耕作地) 또는 다년생식물재배지로 이용되는 토지 또는 그 토지의 개량시설과 그 토지에 설치하는 농축산물생산시설로서 대통령령으로 정하는 부지를 말한다. 다만, 초지법에 따라 조성된 초지 등 대통령령으로 정하는 토지는 제외한다(법 제2조제1호, 영 제2조).

(1) 농지법상 농지에 해당하는 경우(영 제2조제1항)

① 농작물의 경작에 이용되는 토지
② 다년생식물의 재배지로 이용되는 다음 각 호의 토지
　㉠ 목초·종묘·인삼·약초·잔디 및 조림용 묘목
　㉡ 과수·뽕나무·유실수, 그 밖의 생육기간이 2년 이상인 식물
　㉢ 조경 또는 관상용 수목과 그 묘목(조경목적으로 식재한 것을 제외함)
③ 위의 토지의 개량시설(유지, 양·배수시설, 수로, 농로, 제방 그 밖에 농지의 보전이나 이용에 필요한 시설)의 부지와 고정식 온실, 버섯재배사 등 농업생산에 필요한 시설의 부지

(2) 농지법상 농지에 해당하지 않는 경우(영 제2조제2항)

① 측량·수로조사및지적에관한법률에 따른 지목이 전·답·과수원이 아닌 토지로서 농작물의 경작지 또는 다년생식물의 재배지로 계속하여 이용되는 기간이 3년 미만인 토지
② 측량·수로조사및지적에관한법률에 따른 지목이 임야인 토지로서 그 형질을 변경하지 아니하고 다년생식물의 재배에 이용되는 토지
③ 초지법에 의하여 조성된 초지

2) 농업인 등

(1) 농업인

농업인이란 농업에 종사하는 개인으로서 대통령령으로 정하는 자를 말한다(법 제2조 제2호, 영 제3조).

① 1,000㎡ 이상의 농지에서 농작물 또는 다년생식물을 경작 또는 재배하거나 1년 중 90일 이상 농업에 종사하는 자

② 농지에 330㎡ 이상의 고정식 온실·버섯재배사·비닐하우스, 그 밖의 농림수산식품 부령으로 정하는 농업생산에 필요한 시설을 설치하여 농작물 또는 다년생식물을 경작 또는 재배하는 자

③ 대가축 2두, 중가축 10두, 소가축 100두, 가금 1천수 또는 꿀벌 10군 이상을 사육하거나 1년 중 120일 이상 축산업에 종사하는 자

④ 농업경영을 통한 농산물의 연간판매액이 120만원 이상인 자

(2) 농업법인

농업법인이란 농어업경영체육성및지원에관한법률(제16조)에 따라 설립된 영농조합법인과 같은 법(제19조)에 따라 설립되고 업무집행권을 가진 자 중 1/3 이상이 농업인인 농업회사법인을 말한다(법 제2조제3호).

3) 농업경영

농업경영이란 농업인이나 농업법인이 자기의 계산과 책임으로 농업을 영위하는 것을 말한다(법 제2조제4호).

4) 자 경

자경(自耕)이란 농업인이 그 소유농지에서 농작물 경작 또는 다년생식물 재배에 상시 종사하거나 농작업의 1/2 이상을 자기의 노동력으로 경작 또는 재배하는 것과 농업법인이 그 소유농지에서 농작물을 경작하거나 다년생식물을 재배하는 것을 말한다(법 제2조 제5호).

제2절 농지의 소유

1. 농지의 소유제한

1) 경자유전(耕者有田)의 원칙

농지는 자기의 농업경영에 이용하거나 이용할 자가 아니면 이를 소유하지 못한다(법 제6조제1항).

2) 소유제한의 예외

(1) 다만, 다음 각 호의 어느 하나에 해당하는 경우에는 자기의 농업경영에 이용하지 아니할지라도 농지를 소유할 수 있다(법 제6조제2항).

① 국가나 지방자치단체가 농지를 소유하는 경우(제1호)

② 학교 · 공공단체 · 농업연구기관 · 농업생산자단체 또는 종묘나 그 밖의 농업기자재 생산자가 그 목적사업을 수행하기 위하여 필요로 하는 시험지 · 연구지 · 실습지 또는 종묘생산지로 쓰기 위하여 농지를 취득하여 소유하는 경우(제2호)

③ 주말 · 체험영농(농업인이 아닌 개인이 주말 등을 이용하여 취미 또는 여가활동으로 농작물을 경작하거나 다년생식물을 재배하는 것을 말한다)을 하려고 농지를 소유하는 경우(제3호)

④ 상속(상속인에게 한 유증을 포함)으로 농지를 취득하여 소유하는 경우(제4호)

⑤ 8년 이상 농업을 경영하던 자가 이농한 후에도 이농 당시 소유하고 있던 농지를 계속 소유하는 경우(제5호, 영 제조)

⑥ 농지의 저당권자로서 농업협동조합 · 축산업협동조합 · 수산업협동조합 · 산림조합, 한국농어촌공사, 은행이나 그 밖에 대통령령으로 정하는 일정한 금융기관, 한국자산관리공사, 유동화전문회사 등이 담보농지를 취득(제13조제1항)하여 소유하는 경우(제6호)

⑦ 농지전용허가를 받거나 농지전용신고를 한 자가 그 농지를 소유하는 경우(제7호)

⑧ 농지전용협의를 마친 농지를 소유하는 경우(제8호)

⑨ 농지의 개발사업지구(한국농어촌공사및농지관리기금법 제24조)에 있는 농지로서 1,500㎡ 미만의 농지나 농어촌정비법(제98조제3항)에 따른 농지를 취득하여 소유하는 경우(제9호)

⑩ 농업진흥지역 밖의 농지 중 평균경사율이 15% 이상인 농지로서 대통령령으로 정하는 농지를 소유하는 경우(제9호의2)

⑪ 다음 각 목의 어느 하나에 해당하는 경우(제10호)

- 한국농어촌공사가 농지를 취득하여 소유하는 경우
- 농어촌정비법(제16조 · 제25조 · 제43조 · 제82조 또는 제100조)에 따라 농지를 취득하여 소유하는 경우(가목)
- 공유수면매립법에 따른 매립농지를 취득하여 소유하는 경우(나목)
- 토지수용으로 농지를 취득하여 소유하는 경우(다목)
- 농림수산식품부장관과 협의를 마치고 공익사업을위한토지등의취득및보상에관한법률에 따라 농지를 취득하여 소유하는 경우(라목)
- 공공토지비축에관한법률(제2조제1호가목)에 해당하는 토지 중 공공토지비축위원회가 비축이 필요하다고 인정하는 토지로서 계획관리지역과 자연녹지지역 안의 농지를 한국토지공사가 취득하여 소유하는 경우(이 경우 취득한 농지를 전용하기 전까지는 한국농어촌공사에 지체 없이 위탁하여 임대하거나 사용대하여야 한다)(바목)

(2) 농지법의 규정(제23조제2호~제6호)에 따라 농지를 임대하거나 사용대하는 경우에는 자기의 농업경영에 이용하지 아니할지라도 그 기간 중에는 농지를 계속 소유할 수 있다(법 제6조제3항).

(3) 이 법에서 허용된 경우 외에는 농지의 소유에 관한 특례를 정할 수 없다(법 제6조제4항).

2. 농지의 소유상한

1) 소유상한의 원칙적 폐지

종전에는 농업진흥지역 밖의 농지는 5만㎡를 초과하여(농업인의 경우에는 그 세대원 전부가 소유하는 총면적이 5만㎡를 초과하는 것을 말한다) 소유하지 못한다라고 규정하였으나, 최근에 이러한 농지소유상한제는 폐지되었다(법 제7조).

2) 소유상한의 예외적 인정

다만, 다음에 해당하는 자의 경우에는 예외적으로 농지의 소유상한을 인정하고 있다(법 제7조).

① 상속으로 농지를 취득한 자로서 농업경영을 하지 아니하는 자는 그 상속농지 중에

서 1만㎡까지만 소유할 수 있다(제7조제1항).

② 8년 이상 농업경영을 한 후 이농한 자는 이농 당시의 소유농지 중에서 1만㎡까지만 소유할 수 있다(제7조제2항, 영 제4조).

③ 주말 · 체험영농을 하려는 자는 총 1천㎡ 미만의 농지를 소유할 수 있다. 이 경우 면적 계산은 그 세대원 전부가 소유하는 총면적으로 한다(제7조제3항).

④ 한국농어촌공사 등에게 상속농지 또는 자경농지를 위탁하여 임대하거나 사용대하는 경우(제23조제7호)에는 위(제1항 또는 제2항)의 규정에 불구하고 소유상한을 초과할지라도 그 기간 중에는 그 농지를 계속 소유할 수 있다(제7조제4항).

3. 농지취득자격증명

1) 자격증명의 발급대상

(1) 원 칙

농지를 취득하려는 자는 농지 소재지를 관할하는 시장 · 구청장 · 읍장 또는 면장(이하 "시 · 구 · 읍 · 면의 장"이라 한다)으로부터 농지취득자격증명을 발급받아야 한다(법 제8조제1항 본문).

(2) 예 외

다만, 다음(각 호의 어느 하나)에 해당하면 농지취득자격증명을 발급받지 아니하고 농지를 취득할 수 있다(법 제8조제1항 단서, 영 제6조).

① 국가 · 지방자치단체 등이 농지를 취득하는 경우와 상속농지 · 담보농지 등의 농지를 취득하는 경우, 농지전용협의에 의하여 농지를 소유하는 경우(제6조제2항제1호, 제4호, 제6호, 제8호)

② 한국농어촌공사가 농지를 취득하여 소유하는 경우, 농어촌정비법 · 공유수면매립법 · 공익사업을위한토지등의취득및손실보상에관한법률에 의한 토지수용 등 일정한 사유에 의하여 농지를 취득하여 소유하는 경우(제6조제2항제10호, 다만, 바목은 제외)

③ 농업법인의 합병으로 농지를 취득하는 경우

④ 공유농지의 분할이나 그 밖에 대통령령으로 정하는 원인으로 농지를 취득하는 경우

㉠ 시효의 완성으로 농지를 취득하는 경우

㉡ 공익사업을위한토지등의취득및보상에관한법률 등 법률의 규정에 따른 환매권자가 환매권에 의하여 농지를 취득하는 경우

㉢ 농지이용증진사업 시행계획에 의하여 농지를 취득하는 경우

2) 자격증명의 발급절차

(1) 농업경영계획서의 작성

위의 규정(제1항)의 규정에 따라 농지취득자격증명을 발급받으려는 자는 다음 각 호의 사항이 모두 포함된 농업경영계획서를 작성하여 농지 소재지를 관할하는 시·구·읍·면의 장에게 발급 신청을 하여야 한다. 다만, 학교·연구기관, 주말·체험영농, 농지전용허가·신고, 한계농지, 비축농지 등(제6조제2항제2호·제3호·제7호·제9호·제9호의2 또는 제10호바목)의 규정에 의하여 농지를 취득하는 자는 농업경영계획서를 작성하지 아니하고 발급 신청을 할 수 있다(법 제8조제2항).

농업경영계획서에는 다음 각 호의 사항이 모두 포함되어야 한다(법 제8조제2항).

① 취득대상농지의 면적(제1호)

② 취득대상농지에서 농업경영을 하는 데에 필요한 노동력 및 농업기계·장비·시설의 확보방안(제2호)

③ 소유농지의 이용실태(제3호)

(2) 농지취득자격증명의 신청 및 발급절차

위의 규정(제1항 본문 및 제2항)에 의한 신청 및 발급절차 등에 관하여 필요한 사항은 대통령령으로 정한다(법 제8조제3항).

① 농지취득자격증명의 신청

법 제8조제2항의 규정에 따라 농지취득자격증명을 발급받으려는 자는 농지취득자격증명신청서류를 농지의 소재지를 관할하는 시장(구를 두지 아니한 시의 시장을 말하며, 도농복합형태의 시에 있어서는 농지의 소재지가 동지역인 경우에 한한다)·구청장(도농복합형태의 시의 구에 있어서는 농지의 소재지가 동지역인 경우에 한한다)·읍장 또는 면장(이하 "시·구·읍·면의 장"이라 한다)에게 제출하여야 한다(영 제7조제1항).

② 농지취득자격의 확인기준

시·구·읍·면의 장은 위의 규정(제1항)에 따른 농지취득자격증명의 발급신청을 받은 때에는 그 신청을 받은 날부터 4일(법 제8조제2항단서에 따라 농업경영계획서를 작성하지 아니하고 농지취득자격증명의 발급신청을 할 수 있는 경우에는 2일) 이내에 다음 각 호의 요건에 적합한지의 여부를 확인하여 이에 적합한 경우에는 신청인에게 농지취득자격증명을 발급하여야 한다(영 제7조제2항).

㉠ 농지의 소유제한(법 제6조제1항이나 제2항제2호·제3호·제7호 또는 제9호)의 규정에 의한 취득요건에 적합할 것(제1호)

㉡ 농업인이 아닌 개인의 주말·체험영농에 이용하고자 농지를 취득하는 경우에는 신청 당시 소유하고 있는 농지의 면적에 취득하고자 하는 농지의 면적을 합한 면적이 농지의 소유상한(법 제7조제3항 : 1천㎡ 미만) 이내일 것(제2호)

㉢ 농업경영계획서(법 제8조제2항 각 호의 부분 본문)를 제출하여야 하는 경우에는 그 계획서에 위(동항 각 호)의 사항이 포함되어야 하고, 그 내용이 신청인의 농업경영능력 등을 참작할 때 실현 가능하다고 인정될 것(제3호)

㉣ 신청인의 소유농지의 전부를 타인에게 임대 또는 사용대하거나 농작업의 전부를 위탁하여 경영하고 있지 아니할 것. 다만 주말체험영농 등(법 제6조제2항제3호 또는 제9호)의 규정에 따라 농지를 취득하는 경우에는 그러하지 아니하다(제4호).

㉤ 신청 당시 농업경영을 하지 아니하는 자가 자기의 농업경영에 이용하고자 하여 농지를 취득하는 경우에는 해당 농지의 취득 후 농업경영에 이용하려는 농지의 총면적이 다음 각 목의 어느 하나에 해당할 것(제5호)

- 고정식온실·버섯재배사·비닐하우스·축사 그 밖의 농업생산에 필요한 시설로서 농림수산식품부령으로 정하는 시설이 설치되어 있거나 설치하려는 농지의 경우 : 330㎡ 이상(가목)
- 위(가목) 외의 농지의 경우 : 1천㎡ 이상(나목)

③ 등기신청

농지취득자격증명을 발급받아 농지를 취득하는 자가 그 소유권에 관한 등기를 신청할 때에는 농지취득자격증명을 첨부하여야 한다(법 제8조제4항).

4. 농지의 위탁경영

1) 위탁경영의 의의

위탁경영이란 농지 소유자가 타인에게 일정한 보수를 지급하기로 약정하고 농작업의 전부 또는 일부를 위탁하여 행하는 농업경영을 말한다(법 제2조제6호).

2) 위탁경영의 대상

농지의 소유자는 다음 각 호의 어느 하나에 해당하는 경우 외에는 소유농지를 위탁경영할 수 없다(법 제9조, 영 제8조제1항).

① 병역법에 따라 징집 또는 소집된 경우

② 3월 이상 국외여행 중인 경우
③ 농업법인이 청산 중인 경우
④ 질병, 취학, 선거에 따른 공직취임, 그 밖에 대통령령으로 정하는 사유로 자경할 수 없는 경우
⑤ 농지이용증진사업 시행계획에 따라 위탁경영하는 경우
⑥ 농업인이 자기노동력이 부족하여 농작업(農作業)의 일부를 위탁하는 경우

5. 농지의 처분

1) 농지의 처분의무

(1) 처분대상

농지의 소유자가 다음 각 호의 어느 하나에 해당하게 되면 그 사유가 발생한 날부터 1년 이내에 해당 농지를 처분하여야 한다(법 제10조제1항).

① 소유농지를 자연재해 · 농지개량 · 질병 등 대통령령으로 정하는 정당한 사유 없이 자기의 농업경영에 이용하지 아니하거나 이용하지 아니하게 되었다고 시장 · 군수 또는 구청장이 인정한 경우(제1호)
② 농지를 소유하고 있는 농업회사법인이 설립요건(제2조제3호)에 맞지 아니하게 된 후 3개월이 지난 경우(제2호)
③ 학교 · 공공단체 등으로서 농지를 취득한 자(제6조제2항제2호)가 그 농지를 당해 목적사업에 이용하지 아니하게 되었다고 시장 · 군수 또는 구청장이 인정한 경우(제3호)
④ 주말 · 체험영농(제6조제2항제3호)의 규정에 따라 농지를 취득한 자가 자연재해 · 농지개량 · 질병 등 대통령령으로 정하는 정당한 사유 없이 그 농지를 주말 · 체험영농에 이용하지 아니하게 되었다고 시장 · 군수 또는 구청장이 인정한 경우(제4호)
⑤ 농지전용허가를 받거나 신고를 하여 농지를 취득한 자(제6조제2항제7호)가 취득한 날로부터 2년 이내에 그 목적사업에 착수하지 아니한 경우(제5호)
⑥ 농림수산식품부장관과 협의(제6조제2항제10호마목)를 마치지 아니하고 공익사업을 위한토지등의취득및보상에관한법률에 따라 농지를 취득하여 소유하는 경우(제5호의2)
⑦ 비축토지(공공토지의비축에관한법률)(제6조제2항제10호바목)의 농지를 한국농어촌공사에 지체 없이 위탁하지 아니한 경우(제5호의3)

⑧ 농지의 소유상한(제7조)을 초과하여 농지를 소유한 것이 판명된 경우(초과하는 면적에 한함)(제5호)

⑨ 거짓이나 그 밖의 부정한 방법으로 농지취득자격증명을 발급받아 농지를 소유한 것이 판명된 경우(제6호)

⑩ 자연재해 · 농지개량 · 질병 등 대통령령이 정하는 정당한 사유 없이 농업경영계획서의 내용을 이행하지 아니하였다고 시장 · 군수 또는 구청장이 인정한 경우(제7호)

(2) 처분통지

시장 · 군수 또는 구청장은 농지의 처분의무가 생긴 농지의 소유자에게 처분대상농지 · 처분의무기간 등을 구체적으로 밝혀 그 농지를 처분하여야 함을 알려야 한다(법 제10조제2항).

2) 농지의 처분명령

(1) 처분명령

① 시장 · 군수 또는 구청장은 처분의무기간 내에 처분대상 농지를 처분하지 아니한 농지의 소유자에 대하여는 6월 이내에 그 농지를 처분할 것을 명할 수 있다(법 제11조제1항).

② 시장 · 군수 또는 구청장은 처분의무기간 내에 처분대상농지를 처분하지 아니한 농지의 소유자가 다음 각 호의 어느 하나에 해당하면 처분의무기간이 지난 날로부터 3년간 처분명령을 직권으로 유예할 수 있다(법 제12조).
- 해당 농지를 자기의 농업경영에 이용하는 경우
- 한국농어촌공사 그 밖에 대통령령으로 정하는 자와 해당 농지의 매도위탁계약을 체결한 경우

(2) 매수청구

① 농지의 소유자는 농지의 처분명령을 받으면 한국농어촌공사에게 그 농지의 매수를 청구할 수 있다(법 제11조제2항).

② 한국농어촌공사는 매수청구를 받으면 공시지가(당해 토지의 공시지가가 없는 경우에는 개별토지가격)를 기준으로 해당 농지를 매수할 수 있다. 이 경우 인근지역의 실제 거래가격이 공시지가보다 낮으면 실제거래가격을 기준으로 매수할 수 있다(법 제11조제3항).

(3) 이행강제금

① 시장 · 군수 또는 구청장은 처분명령을 받은 후 매수를 청구하여 협의 중인 경우(제1조제1항) 등 대통령령으로 정하는 정당한 사유없이 지정기간까지 그 처분명령을 이행을 하지 아니한 자에게 해당 농지의 토지가액의 100분의 20에 해당하는 이행강제금을 부과한다(법 제62조제1항).

② 시장 · 군수 또는 구청장은 이행강제금을 부과하기 전에 이행강제금을 부과 · 징수한다는 뜻을 미리 문서로써 알려야 한다(법 제62조제2항).

③ 시장 · 군수 또는 구청장은 최초로 처분명령을 한 날을 기준으로 하여 그 처분명령이 이행될 때까지 매년 1회 이행강제금을 부과 · 징수할 수 있다(법 제62조제4항).

④ 시장 · 군수 또는 구청장은 처분명령을 받은 자가 처분명령을 이행하면 새로운 이행강제금의 부과는 즉시 중지하되, 이미 부과된 이행강제금은 이를 징수하여야 한다(법 제62조제5항).

⑤ 이행강제금의 부과처분에 불복하는 자는 그 처분을 고지 받은 날부터 30일 이내에 시장 · 군수 또는 구청장에게 이의를 제기할 수 있다(법 제62조제6항).

6. 농지소유의 세분화방지

(1) 국가와 지방자치단체는 농업인이나 농업법인의 농지소유가 세분화되는 것을 막기 위하여 농지를 어느 한 농업인 또는 하나의 농업법인이 일괄하여 상속 · 증여 또는 양도받도록 필요한 지원을 할 수 있다(법 제22조제1항).

(2) 농어촌정비법에 따른 농업생산기반정비사업이 시행된 농지는 다음 각 호의 어느 하나에 해당하는 경우 외에는 분할할 수 없다(법 제22조제2항).

① 국토의계획및이용에관한법률에 따른 도시지역의 주거지역 · 상업지역 · 공업지역 또는 도시 · 군계획시설부지에 포함되어 있는 농지를 분할하는 경우(제1호)

② 농지전용허가(제34조제1항)를 받거나 농지전용신고(제35조, 제43조)를 하고 전용한 농지를 분할하는 경우(제2호)

③ 분할 후의 각 필지의 면적이 2천㎡를 넘도록 분할하는 경우(제3호)

④ 농지의 개량, 농지의 교환 · 분합 등 대통령령으로 정하는 사유로 분할하는 경우(제4호, 영 제23조)

- 농지를 개량하는 경우
- 인접 농지와 분합하는 경우
- 농지의 효율적인 이용을 저해하는 인접 토지와의 불합리한 경계를 시정하는 경우

- 농어촌정비법에 따른 농업생산기반정비사업을 시행하는 경우
- 농어촌정비법(제43조)에 따른 농지의 교환·분합을 시행하는 경우
- 농지이용증진사업(법 제15조)을 시행하는 경우

제3절 농지의 이용

1. 농지의 이용증진

1) 농지이용계획

(1) 농지이용계획의 수립

시장·군수 또는 구청장은 농지를 효율적으로 이용하기 위하여 대통령령으로 정하는 바에 따라 지역주민의 의견(공청회 개최)을 들은 후 시·군·구 농어업·농어촌및식품산업정책심의회의 심의를 거쳐 관할구역의 농지를 종합적으로 이용하기 위한 계획(농지이용계획)을 수립하여야 한다(법 제14조제1항).

(2) 농지이용계획의 내용

농지이용계획에는 다음 각 호의 사항이 포함되어야 한다(법 제14조제2항).

① 농지의 지대(地帶)별·용도별 이용계획
② 농지를 효율적으로 이용하고 농업경영을 개선하기 위한 경영규모 확대계획
③ 농지의 농업 외의 용도로 활용하는 계획

2) 농지이용증진사업

(1) 농지이용증진사업의 시행

시장·군수 또는 구청장, 한국농어촌공사, 그 밖에 대통령령으로 정하는 자(사업시행자)는 농지이용계획에 따라 농지 이용을 증진하기 위하여 다음 각 호의 사업(농지이용증진사업)을 시행할 수 있다(법 제15조).

① 농지의 매매·교환·분합 등에 의한 농지의 소유권이전을 촉진하는 사업
② 농지의 장기임대차·장기사용대차에 따른 농지의 임차권(사용대차에 따른 권리 포함)설정을 촉진하는 사업

③ 위탁경영을 촉진하는 사업
④ 농업인이나 농업법인이 농지를 공동으로 이용하거나 집단으로 이용하여 농업경영을 개선하는 농업경영체육성사업

(2) 농지이용증진사업의 요건

(3) 농지이용증진사업 시행계획의 수립

3) 대리경작

(1) 대리경작자의 지정요건

시장 · 군수 또는 구청장은 유휴(遊休)농지에 대하여 대통령령으로 정하는 바에 따라 당해 농지의 소유권자나 임차권자를 대신하여 농작물을 경작할 자(대리경작자)를 직권으로 지정하거나 농림수산식품부령으로 정하는 바에 따라 유휴농지를 경작하려는 자의 신청을 받아 대리 경작자를 지정할 수 있다(법 제20조제1항, 영 제18조).

① 유휴농지

유휴농지란 농작물의 경작 또는 다년생식물의 재배에 이용하지 아니하는 농지로서 다음의 어느 하나에 해당하지 아니하는 농지를 말한다(영 제18조).

㉠ 지력의 증진이나 토양의 개량 · 보전을 위하여 필요한 기간 동안 휴경하는 농지
㉡ 연작으로 인하여 피해가 예상되는 작목의 경작 또는 재배 전후에 지력의 증진 또는 회복을 위하여 필요한 기간 동안 휴경하는 농지
㉢ 농지전용허가를 받거나 농지전용협의를 거친 농지
㉣ 농지전용신고를 한 농지
㉤ 농지의 타용도일시사용 허가를 받거나 협의를 거친 농지
㉥ 그 밖에 농림수산식품부장관이 정하는 위의 농지에 준하는 농지

② 대리경작자

㉠ 시장 · 군수 또는 구청장은 대리경작자를 지정하고자 하는 경우에는 해당 농지의 인근지역에서 농업경영을 하는 농업인 또는 농업법인으로서 대리경작을 하려는 자 중 해당 농지를 효율적으로 경작할 능력이 있다고 인정되는 자를 대리경작자로 지정하여야 한다(영 제19조제1항).
㉡ 시장 · 군수 또는 구청장은 위와 같은 대리경작자를 지정하기가 곤란한 경우에는 인근지역의 농업생산자단체 · 학교나 그 밖에 해당 농지를 경작하려는 자를 대리경작자로 지정할 수 있다(영 제19조제2항).

③ 대리경작기간

대리경작기간은 따로 정하지 아니하면 3년으로 한다(법 제20조제3항).

(2) 지정절차

① 시장 · 군수 또는 구청장은 대리경작자를 지정하려면 그 농지의 소유권자 또는 임차권자에게 예고하여야 하며, 대리경작자를 지정하면 그 농지의 대리경작자와 소유권자 또는 임차권자에게 지정통지서를 보내야 한다(법 제20조제2항).

② 대리경작자의 지정예고에 대하여 이의가 있는 농지의 소유권자나 임차권자는 지정예고를 받은 날부터 10일 이내에 시장 · 군수 또는 구청장에게 이의를 신청할 수 있다. 시장 · 군수 또는 구청장은 이의신청을 받은 날부터 7일 이내에 이를 심사하여 그 결과를 신청인에게 알려야 한다(영 제20조제1항, 제2항).

(3) 지정효과

① 토지사용료 지급

대리경작자는 수확량의 100분의 10을 그 농지의 소유권자나 임차권자에게 토지사용료로 지급하여야 한다. 이 경우 수령을 거부하거나 지급이 곤란한 경우에는 공탁할 수 있다(법 제20조제4항, 규칙 제18조제1항).

② 지정의 중지 및 해지

2. 농지의 임대차 등

1) 의 의

농지는 원칙적으로 임대차 또는 사용대차할 수 없으나 예외적으로 일정한 사유에 해당하면 임대차하거나 사용대차할 수 있다.

2) 대상농지 등

(1) 대상농지

농지는 원칙적으로 임대차 또는 사용대차 할 수 없다. 즉, 다음 각 호에 어느 하나에 해당하는 경우 외에는 농지를 임대(賃貸)하거나 사용대(使用貸)할 수 없다(법 제23조, 영 제4조, 제25조).

① 국가 또는 지방자치단체가 소유하는 농지, 상속으로 취득한 농지 등 농지소유제한의 예외사유(제6조제2항제1호, 제4호~제9호, 제9호의2 및 제10호)에 해당하는 농지를 임대하거나 사용대하는 경우
② 농지이용증진사업시행계획에 따라 농지를 임대하거나 사용대하는 경우
③ 질병·징집·취학·선거에 의한 공직취임 기타 대통령령으로 정하는 부득이한 사유로 인하여 일시적으로 농업경영에 종사하지 아니하게 된 자가 소유하고 있는 농지를 임대하거나 사용대하는 경우
④ 60세 이상이 되어 더 이상 농업경영에 종사하지 아니하게 된 자로서 대통령령으로 정하는 자가 소유하고 있는 농지 중에서 자기의 농업경영에 이용한 기간이 5년을 넘은 농지를 임대하거나 사용대하는 경우
⑤ 자기의 농업경영에 이용하기 위하여(제6조제1항) 소유하고 있는 농지를 주말·체험영농을 하려는 자에게 임대하거나 사용대하는 경우, 또는 주말·체험영농을 하려는 자에게 임대하는 것을 업으로 하는 자에게 임대하거나 사용대하는 경우
⑥ 개인이 소유하고 있는 농지를 한국농촌공사 그 밖에 대통령령으로 정하는 자에게 위탁하여(제6조제1항) 임대하거나 사용대하는 경우
⑦ 다음 각 목의 어느 하나에 해당하는 농지를 한국농어촌공사 그 밖에 대통령령으로 정하는 자에게 위탁하여 임대하거나 사용대하는 경우
- 상속으로 농지를 취득한 자로서 농업경영을 하지 아니하는 자가 소유상한(제7조제1항 : 1만㎡ 이내)을 초과하여 소유하고 있는 농지
- 8년 이상 농업경영을 한 후 이농한 자가 소유상한(제7조제2항 : 1만㎡ 이내)을 초과하여 소유하고 있는 농지

(2) 임대차기간

① 임대차기간은 3년 이상으로 하여야 한다(법 제24조의2제1항).
② 임대차기간을 정하지 아니하거나 3년보다 짧은 경우에는 3년으로 약정된 것으로 본다(법 제24조의2제2항).
③ 위(제1항)의 규정에도 불구하고 임대인은 질병, 징집 등 불가피한 사유가 있는 경우에는 3년 미만으로 정할 수 있다(법 제24조의2제3항).

3) 계약방법 등

① 임대차계약(농업경영을 하려는 자에게 임대하는 경우만을 말한다)과 사용대차계약(농업경영을 하려는 자에게 사용대하는 경우만을 말한다)은 서면계약을 원칙으로 한다(법 제24조).

② 임대차계약은 그 등기가 없는 경우에도 임차인이 농지소재지를 관할하는 시·구·읍·면 장의 확인을 받고 해당 농지를 인도받은 경우에는 그 다음 날부터 제3자에게 효력이 생긴다(법 제24조제2항).

③ 임대인이 임대차기간이 끝나기 3개월 전까지 임차인에게 임대차를 갱신하지 아니한다는 뜻이나 임대차조건을 변경한다는 뜻을 통지하지 아니하면 그 기간이 끝난 때에 이전의 임대차와 같은 조건으로 다시 임대차계약을 한 것으로 본다(법 제25조).

제4절 농지의 보전

1. 농업진흥지역

1) 농업진흥지역의 지정

시·도지사는 농지를 효율적으로 이용하고 보전하기 위하여 농업진흥지역(農業振興地域)을 지정한다(법 제28조제1항).

(1) 농업진흥지역의 구분

농업진흥지역은 다음 각 호의 용도구역으로 구분하여 지정할 수 있다(법 제28조제2항).

① 농업진흥구역(農業振興區域)

농업의 진흥을 도모하여야 하는 다음 각 목의 어느 하나에 해당하는 지역으로서 농림수산식품부장관이 정하는 규모로 농지가 집단화되어 농업목적으로 이용할 필요가 있는 지역

㉠ 농지조성사업 또는 농업기반정비사업이 시행되었거나 시행 중인 지역으로서 농업용으로 이용하고 있거나 이용할 토지가 집단화되어 있는 지역

㉡ 위 지역 외의 지역으로서 농업용으로 이용하고 있는 토지가 집단화되어 있는 지역

② 농업보호구역(農業保護區域)

농업진흥구역의 용수원확보, 수질보전 등 농업환경을 보호하기 위하여 필요한 지역

(2) 농업진흥지역의 지정대상

농업진흥지역 지정은 국토의계획및이용에관한법률에 의한 녹지지역·관리지역·농림

지역 및 자연환경보전지역을 대상으로 한다. 다만 특별시의 녹지지역은 제외한다(법 제29조).

2) 지역의 지정절차

(1) 농업진흥지역의 지정

① 시 · 도지사는 시 · 도 농어업 · 농어촌및식품산업정책 심의회의 심의를 거쳐 농림수산식품부장관의 승인을 받아 농업진흥지역을 지정한다(법 제30조제1항).
② 시 · 도지사는 농업진흥지역을 지정하면 지체 없이 이 사실을 고시하고 관계기관에 통보하여야 하며, 시장 · 군수 또는 자치구청장으로 하여금 일반인에게 열람하게 하여야 한다(법 제30조제2항).
③ 농림수산식품부장관은 국토의계획및이용에관한법률에 따른 녹지지역이나 계획관리지역이 농업진흥지역에 포함되면 농업진흥지역 지정을 승인하기 전에 국토해양부장관과 협의하여야 한다(법 제30조제3항).

(2) 농업진흥지역의 변경 · 해제

3) 지역 안에서의 행위제한

(1) 농업진흥구역

① 농업진흥구역에서는 농업생산 또는 농지개량과 직접적으로 관련되지 아니한 토지이용행위를 할 수 없다. 농업진흥구역 안에서 허용되는 농업생산 또는 농지개량과 직접 관련되는 토지이용행위는 다음과 같다(법 제32조제1항 본문, 영 제29조제1항).
㉠ 농작물의 경작
㉡ 다년생식물의 재배
㉢ 고정식온실 · 버섯재배사 및 비닐하우스와 그 부속시설의 설치
㉣ 축사와 농림수산식품부령으로 정하는 그 부속시설의 설치
㉤ 농막 및 간이저온저장고 · 간이퇴비장 또는 간이액비저장소의 설치
㉥ 농지개량사업 또는 농업용수개발사업의 시행
② 다만, 다음의 토지이용행위는 농업진흥구역 안에서 할 수 있다(법 제32조제1항 단서, 영 제29조제2항).
㉠ 대통령령으로 정하는 농수산물(농산물 · 임산물 · 축산물 · 수산물)의 가공 · 처리시설 및 농수산업(농업 · 임업 · 축산업 · 수산업)관련 시험 · 연구시설의 설치

㉡ 어린이놀이터 · 마을회관, 그 밖에 대통령령으로 정하는 농업인의 공동생활에 필요한 편의시설 및 이용시설의 설치
㉢ 농업인 주택, 어업인 주택이나 그 밖에 대통령령으로 정하는 농업용 시설, 축산업용 또는 어업용 시설의 설치
㉣ 국방 · 군사시설의 설치
㉤ 하천 · 제방, 그 밖에 이에 준하는 국토보존시설의 설치
㉥ 문화재의 보수 · 복원 · 이전 또는 매장문화재의 발굴, 비석이나 기념탑, 그 밖에 이와 비슷한 공작물의 설치
㉦ 도로, 철도 그 밖에 대통령령으로 정하는 공공시설의 설치
㉧ 지하자원의 개발을 위한 탐사 또는 지하광물 채광과 광석의 선별 및 적치를 위한 장소로 사용하는 행위
㉨ 농어촌소득원의 개발 등 농어촌발전을 위하여 필요한 시설로서 대통령령으로 정하는 시설의 설치

(2) 농업보호구역

농업보호구역 안에서는 다음 각 호 외의 토지이용행위를 할 수 없다(법 제32조제2항, 영 제30조).

① 농업진흥구역 안에서 허용되는 토지이용행위(제32조제1항)
② 농업인 소득증대에 필요한 시설로서 대통령령으로 정하는 건축물 · 공작물, 그 밖의 시설의 설치
③ 농업인의 생활여건을 개선하기 위하여 필요한 시설로서 대통령령으로 정하는 건축물 · 공작물, 그 밖의 시설의 설치

(3) 행위제한의 특례

① 기존토지이용 행위

② 한 필지의 토지가 농업진흥구역과 농업보호구역에 걸치는 경우

한 필지의 토지가 농업진흥구역과 농업보호구역에 걸쳐 있으면서 농업진흥구역에 속하는 토지부분이 330㎡ 이하이면 그 토지부분에 대하여는 행위제한(제32조)을 적용할 때 농업보호구역에 관한 규정을 적용하며, 한 필지의 토지 일부가 농업진흥지역에 걸쳐 있으면서 농업진흥지역에 속하는 토지부분의 면적이 330㎡ 이하이면 그 토지부분에 대하여는 행위제한(제32조)을 적용하지 아니한다(법 제53조제1항, 제2항, 영 제73조).

2. 농지의 전용제한

1) 농지전용의 의의

농지의 전용(轉用)이란 농지를 농작물 경작이나 다년생식물의 재배 외의 용도로 사용하는 것을 말한다. 다만, 농지의 개량시설과 농축산물생산시설의 부지(제1호 나목)의 용도로 사용하는 경우에는 전용으로 보지 않는다(법 제2조제7호).

2) 농지전용의 허가

농지를 전용하려는 자는 대통령령으로 정하는 바에 따라 농림수산식품부장관의 허가를 받아야 한다(법 제34조제1항).

(1) 농지전용의 허가대상(제외되는 경우)

다음 각 호의 어느 하나에 해당하는 경우에는 농지전용허가를 받지 아니하고도 농지를 전용할 수 있다(법 제34조제1항).

① 다른 법률에 따라 농지전용허가가 의제되는 협의를 거쳐 농지를 전용하는 경우
② 국토의계획및이용에관한법률에 따른 도시지역 또는 계획관리지역에 있는 농지로서 농지전용협의를 거친 농지 등을 전용하는 경우
③ 농지전용신고를 하고 농지를 전용하는 경우
④ 산지관리법(제14조 · 제15조)에 따른 산지전용의 허가를 받지 아니하거나 신고를 하지 아니하고 불법으로 개간된 농지를 산림으로 복구하는 경우
⑤ 하천법에 따라 하천관리청의 허가를 받고 농지의 형질을 변경하거나 공작물을 설치하기 위하여 농지를 전용하는 경우

(2) 농지전용의 허가권자

농지전용의 허가권자는 원칙적으로 농림수산식품부장관이다. 다만, 농지전용의 허가 및 협의에 관한 권한 중 소규모의 전용에 대하여는 다음과 같이 시 · 도지사 또는 시장 · 군수 · 자치구청장에게 위임할 수 있다(법 제34조제1항, 영 제71조제1항, 제2항).

① 시 · 도지사의 전용허가

- 농업진흥지역 안의 3천㎡ 이상 3만㎡ 미만의 농지의 전용
- 농업진흥지역 밖의 3만㎡ 이상 20만㎡ 미만의 농지의 전용(다만, 계획관리지역과 자연녹지지역에서는 3만㎡ 이상)

- 농림수산식품부장관과 협의를 거쳐 지정된 산업단지, 택지개발예정지구, 제2종지구단위계획구역 등 안에서 10만㎡ 이상의 농지의 전용

② 시장 · 군수 · 구청장의 전용허가

- 농업진흥지역 안의 3천㎡ 미만의 농지의 전용
- 농업진흥지역 밖의 3만㎡ 미만의 농지의 전용
- 농림수산식품부장관과 협의를 거쳐 지정된 산업단지, 택지개발예정지구, 제2종지구단위계획구역 등 안에서 10만㎡ 미만의 농지의 전용

(3) 농지전용의 허가절차

① 농지전용의 허가를 받으려는 자가 농지전용허가신청서에 농림수산식품부령으로 정하는 서류를 첨부하여 해당 농지의 소재지를 관할하는 시장 · 군수 또는 자치구청장에게 제출하여야 한다(영 제32조제1항).

② 시장 · 군수 또는 자치구청장은 농지전용허가신청서 등을 제출받은 때에는 심사기준에 따라 심사한 후 농림수산식품부령으로 정하는 서류를 첨부하여 신청서를 제출받은 날부터 10일 이내에 시 · 도지사에게 보내야 하며, 시 · 도지사는 10일 이내에 종합적인 심사의견서를 첨부하여 농림수산식품부장관에게 제출하여야 한다(영 제33조제1항).

(4) 전용허가의 범위(제한)

농림수산식품부장관은 농지전용허가를 함에 있어서 국토의계획및이용에관한법률에 따른 도시지역 · 계획관리지역 및 개발진흥지구 안의 농지를 제외하고는 다음에 해당하는 시설의 부지로 사용하는 경우에는 그 전용을 허가할 수 없다(법 제37조제1항, 영 제44조).

① 대기오염배출시설(대기환경보전법 제2조)로서 대통령령이 정하는 시설
② 폐수배출시설(수질및수생태계보전에관한법률 제2조)로서 대통령령으로 정하는 시설
③ 농업의 진흥이나 농지의 보전을 해칠 우려가 있는 시설로서 대통령령이 정하는 시설

(5) 농지전용협의

3) 농지전용의 신고

(1) 농지전용의 신고대상

농지를 다음 각 호의 어느 하나에 해당하는 시설의 부지로 전용하려는 자는 대통령령으로 정하는 바에 따라 시장 · 군수 또는 자치구청장에게 신고하여야 한다. 신고한 사항

을 변경하고자 하는 경우에도 또한 같다(법 제35조제1항).

① 농업인 주택, 어업인 주택, 농축산업용 시설, 농수산물유통 · 가공시설
② 어린이놀이터 · 마을회관 등 농업인의 공동생활 편의시설
③ 농수산관련 연구시설과 양어장 · 양식장 등 어업용 시설

(2) 농지전용의 신고절차

① 농지전용신고를 하려는 자는 농지전용신고서에 농림수산식품부령으로 정하는 서류를 첨부하여 관할시장 · 군수 또는 구청장에게 제출하여야 한다(영 제35조제1항).
② 시장 · 군수 · 구청장은 농지전용허가신청서 등을 제출받은 때에는 신고내용이 법령에 적합하다고 인정되는 경우에는 농지전용신고증을 내주어야 하며, 적합하지 아니하다고 인정되는 경우에는 그 사유를 구체적으로 밝혀 제출받은 서류를 반려하여야 한다(영 제35조제4항).

3. 농지의 지목변경제한

농지는 다음의 경우를 제외하고는 전 · 답 또는 과수원 외의 지목(地目)으로 변경하지 못한다(법 제41조).

① 농지전용허가를 받거나 전용협의에 의하여 농지를 전용한 경우
② 다음(제34조제1항제4호 또는 제5호)에 해당하는 목적으로 농지를 전용한 경우
  ㉠ 산지전용 허가를 받지 아니하거나 산지전용 신고를 하지 아니하고 불법으로 개간한 농지를 산림으로 복구하는 경우
  ㉡ 하천관리청의 허가를 받아 농지를 형질변경하거나 공작물을 설치하기 위하여 농지를 전용하는 경우
③ 농지전용신고를 하고 농지를 전용한 경우
④ 농어촌정비법에 따른 농어촌용수개발사업이나 농업생산기반개량사업의 시행으로 농지의 개량시설과 농축산물생산시설의 부지로 변경되는 경우
⑤ 시장 · 군수 또는 구청장이 천재 · 지변 기타 불가항력의 사유로 그 농지의 형질이 현저히 달라져 원상회복이 거의 불가능하다고 인정하는 경우

4. 농지보전부담금

(1) 농지보전부담금의 납입대상

다음에 해당하는 자는 농지의 보전 · 관리 및 조성을 위한 부담금(농지보전부담금)을

농지관리기금을 운용·관리하는 자에게 납입하여야 한다(법 제38조제1항).

① 농지전용허가(제34조제1항)를 받는 자
② 도시지역에 주거지역·상업지역·공업지역을 지정하거나 도시계획시설을 지정할 때 농지전용협의(제34조제2항제1호)를 거친 지역예정지 또는 시설예정지에 있는 농지를 전용하려는 자
③ 계획관리지역에 제2종지구단위계획구역을 지정할 때 해당 구역예정지에서 농지전용협의(제34조제2항제1호의2)를 거친 농지를 전용하려는 자
④ 농지전용협의(제34조제2항제2호)를 거친 농지를 전용하려는 자
⑤ 다른 법률에 의하여 농지전용허가가 의제되는 협의를 거친 농지를 전용하려는 자
⑥ 농지전용신고(제35조, 제43조)를 하고 농지를 전용하고자 하는 자

(2) 농지보전부담금의 부과·징수

농림수산식품부장관은 한국농어촌공사및농지관리기금법에 따라 농지관리기금의 운용·관리업무를 위탁받은 자에게 농지보전부담금 수납업무를 대행하게 할 수 있다(법 제51조제3항).

농림수산식품부장관은 농지보전부담금의 수납업무를 한국농어촌공사로 하여금 대행하게 한다(영 제48조제1항).

(3) 농지보전부담금의 감면

(4) 농지보전부담금의 환급

【부칙】

〈법률 제8352호, 2007.4.11〉

이 법은 공포한 날부터 시행한다. 다만, 제2조제1호 나목, 제2조제7호, 제8조제2항제2호, 제35조제1항제1호, 제36조제1항제1호, 부칙 제15조제28항·제35항 및 제66항의 개정규정은 2007년 7월 4일부터 시행한다.

〈법률 제9758호, 2009.6.9 일부개정〉

〈법률 제10599호, 2011.4.14 타법개정〉

〈법률 제11171호, 2012.1.17 일부개정〉

이 법은 공포 후 6개월이 경과한 날부터 시행한다.

연습문제 | 제7장 농지법

■ 주관식 문제 ■

01 농지의 개념을 기술하시오.

02 농지의 소유제한 및 소유상한에 대하여 설명하시오.

03 농지취득자격증명의 발급대상 및 발급절차에 대하여 설명하시오.

04 농지의 처분의무 및 처분명령에 대하여 설명하시오.

05 농업진흥지역 안에서의 행위제한에 대하여 설명하시오.

06 농지전용허가의 대상과 절차에 대하여 설명하시오.

■ 객관식 문제 ■

01 농지법상 농지를 소유할 수 없는 자는?

① 자기의 농업경영에 이용하거나 이용할 목적으로 소유하는 자
② 국가 또는 지방자치단체
③ 상속에 의하여 농지를 취득하여 소유하게 된 자
④ 5년 이상 농업경영을 하던 자로서 이농 당시 소유하고 있던 농지를 계속 소유하고 있는 자
⑤ 실습지로 농지를 취득하는 교육법에 의한 학교

풀이 ① 농지는 자기의 농업경영에 이용하거나 이용할 자가 아니면 이를 소유하지 못한다. 다만, ① 국가 또는 지방자치단체가 소유하는 경우, ⑤ 학교·공공단체·농업연구기관 등이 시험·실습지 또는 종묘생산용지로 취득하는 경우, ③ 상속에 의하여 취득하는 경우 ④ 8년 이상 농업경영을 하던 자가 이농하는 경우, 주말·체험영농을 하고자 하는 경우, 농지의 저당권자로서 농협 등이 담보농지를 취득하는 경우, 농지전용허가를 받거나

정답 01 ④

신고한 경우, 한국농촌공사가 농지를 취득하는 경우 등 일정한 경우에는, 자기의 농업경영에 이용하지 아니하는 농지라도 소유할 수 있다(법 제6조).

02 농지의 대리경작제도에 관한 설명 중 틀린 것은?

① 대리경작자 지정권은 시장 · 군수 또는 자치구청장이 이를 행사한다.

② 대리경작자를 지정하고자 할 때에는 당해 농지의 소유권 또는 임차권을 가진 자에게 예고하여야 한다.

③ 지정권자는 인근지역의 농업생산자단체 · 학교 기타 당해 농지를 경작하고자 하는 자를 우선적으로 대리경작자로 지정하여야 한다.

④ 대리경작자가 지정된 때에는 당해 농지의 소유권 또는 임차권을 가진 자는 대리경작자의 경작을 방해하여서는 아니 된다.

⑤ 대리경작기간은 따로 정함이 없는 한 3년으로 한다.

풀이 ① 시장 · 군수 · 구청장은 유휴농지에 대하여 농지의 소유권 또는 임차권을 가진 자에 갈음하여 대리경작자를 지정할 수 있다(법 제19조). ③ 대리경작자를 지정하고자 하는 경우에는 인근지역에서 농업경영을 하는 농업인·농업법인으로서 당해 농지를 효율적으로 경작할 능력이 있다고 인정되는 자를 대리경작자로 지정하여야 한다. 다만, 대리경작자를 지정하기 곤란한 경우에는 인근지역의 농업생산자단체·학교 기타 당해 농지를 경작하고자 하는 자를 대리경작자로 지정할 수 있다(영 제21조).

03 농지보전부담금에 관한 기술 중 틀린 것은?

① 농지의 전용에 따른 대체농지의 조성에 필요한 재원을 확보하기 위한 것이다.

② 농지의 전용허가를 받고자 하는 자는 이에 상당하는 농지보전부담금을 농지관리기금을 운용 · 관리하는 자에게 납입하여야 한다.

③ 농지관리기금은 농림수산식품부장관이 운용 · 관리한다.

④ 농지의 전용신고를 하여 농지를 전용하고자 하는 자도 농지보전부담금을 납부하여야 한다.

⑤ 농림수산식품부장관은 국가 또는 지방자치단체가 공공용의 목적으로 농지를 전용하는 경우 농지보전부담금을 감면할 수 있다.

풀이 ①④ 농지전용허가를 받은 자, 농지전용협의를 거친 농지를 전용하려는 자 또는 농지전용신고를 하고 농지를 전용하고자 하는 자 등은 농지보전부담금(농지의 보전 · 관리 및 조성 등을 위한 부담금)을 농지관리기금을 운용 · 관리하는 자에게 납입하여야 한다(법 제38조). ③ 농지관리기금은 한국농촌공사가 운용 · 관리한다(한국농촌공사및농지관리기금법).

정답 02 ③ 03 ③

04 다음 중 농지취득자격증명을 발급 받아야 농지를 취득할 수 있는 경우는?

① 농업법인이 농지를 취득하는 경우

② 농업법인의 합병으로 농지를 취득하는 경우

③ 농지의 저당권자로서 농협 등이 담보농지를 취득하여 소유하는 경우

④ 농지전용협의를 완료한 농지를 소유하는 경우

⑤ 공유농지의 분할로 농지를 취득하는 경우

풀이 농지를 취득하고자 하는 자는 농지의 소재지를 관할하는 시장·구청장·읍장 또는 면장으로부터 농지취득자격증명을 발급받아야 한다. 다만, 국가·지방자치단체 등이 농지를 취득하는 경우, ② 농업법인의 합병이나 ⑤ 공유농지의 분할 또는 시효의 완성으로 농지를 취득하는 경우, ③ 농지의 저당권자로서 농협·수협·임협, 한국농어촌공사, 은행 기타 일정한 금융기관, 자산관리공사, 유동화 전문회사 등이 담보농지를 취득하는 경우 등의 경우에는 농지취득자격증명을 발급받지 아니하고 농지를 취득할 수 있다. 그러나 담보농지를 제3자가 경매에 의하여 취득하는 경우에는 농지취득자격증명을 발급받아야 한다.

05 다음 중 농지법상 농지전용신고에 의하여 시설부지로 전용하는 것이 불가능한 경우는?

① 농업인 주택, 어업인 주택, 농축산업용 시설의 설치를 위한 농지전용

② 농수산물유통·가공시설의 설치를 위한 농지전용

③ 농업생산기반시설이 정비되어 있는 지역에서의 농지전용

④ 양어장·양식장 등 어업용시설의 설치를 위한 농지전용

⑤ 어린이놀이터·마을회관 등 농업인의 공동생활편익시설의 설치를 위한 농지전용

풀이 농지를 전용하고자 하는 자는 농림수산식품부장관의 허가를 받아야 한다. 다만, ① 농업인주택, 농축산업용 시설, ② 농수산물 유통·가공시설, ④ 농수산관련시설과 양어장·양식장 등 어업용 시설, ⑤ 어린이 놀이터·마을회관 등 농업인의 공동생활편익시설 등의 부지로 전용하고자 하는 자는 시장·군수·구청장에게 신고하여야 한다.

06 농지법령상 농지소유제한 및 상한에 관한 다음 설명 중에서 가장 타당하지 않은 것은?

① 상속에 의하여 농지를 취득한 자로서 8년 이상 농업경영을 한 후 이농하는 경우에는 소유농지 중에서 2만㎡ 이내의 것에 한하여 소유할 수 있다.

② 상속에 의하여 농지를 취득하여 소유하는 경우 자기의 농업경영에 이용하지 아니하는 농지라도 이를 소유할 수 있다.

③ 영농조합법인은 농업인인 조합원의 수에 5만㎡를 곱한 면적을 초과하여도 소유할 수 있다.

정답 04 ① 05 ③ 06 ①

④ 농업인의 경우 농업진흥지역 밖의 농지도 그 세대원 전부가 소유하는 총면적이 5만㎡를 초과하여도 소유할 수 있다.

⑤ 토지수용에 의하여 농지를 취득하여 소유하는 경우 자기의 농업경영에 이용하지 아니하는 농지라도 이를 소유할 수 있다.

풀이 ③④ 농업진흥지역 밖의 농지는 5만㎡를 초과하여 소유하지 못한다는 농지소유상한제는 폐지되었다. 즉, 농업인의 경우에는 세대원전부가 소유하는 총면적이 5만㎡를 초과하여 소유할 수 없고, 영농조합법인은 농업인인 조합원의 수에 5만㎡를 곱한 면적을 초과하여 소유할 수 없다는 종전의 규정은 삭제되었다. 다만, ①② 상속에 의하여 농지를 취득한 자로서 농업경영을 하지 아니하는 자는 그 상속농지 중에서, 8년 이상 농업경영을 한 후 이농하는 자는 이농 당시의 소유농지 중에서 1만㎡ 이내의 것에 한하여 소유할 수 있다. 다만, 한국농어촌공사 등에게 상속농지 또는 자경농지를 위탁하여 임대하거나 사용대하는 경우에는 이러한 소유상한을 초과할지라도 그 기간 중에는 계속 소유할 수 있다. 또한 주말 · 체험 영농을 하고자 하는 자는 1천㎡ 미만의 농지에 한하여 소유할 수 있다.

07 반드시 농지법상의 농지(農地)에 해당된다고 보기 어려운 것은?

① 실제의 토지현상이 농작물의 경작에 이용되는 토지

② 지목(地目)이 전(田) · 답(畓) 또는 과수원인 토지

③ 농지개량시설의 부지

④ 목초 · 종묘 · 인삼 · 약초 · 잔디 및 조림용 묘목의 재배지

⑤ 판매를 목적으로 하는 조경 또는 관상용 수목의 재배지

풀이 ② 농지란 전 · 답 · 과수원 기타 법적 지목여하에 불구하고 실제의 토지현상이 농작물의 경작 또는 다년생식물의 재배지로 이용되는 토지를 말한다(법 제2조).

08 농지의 소유제한 및 상한에 관한 설명 중 틀린 것은?

① 농지는 원칙적으로 자기의 농업경영에 이용하거나 이용할 자가 아니면 이를 소유하지 못한다.

② 농지법(제23조)에 의하여 농지를 임대(賃貸) 하거나 사용대(使用貸)하는 경우에는 자기의 농업경영에 이용하지 아니하는 농지라도 그 기간 중에는 이를 계속하여 소유할 수 있다.

③ 8년 이상 농업경영을 한 후 이농하는 자는 이농 당시의 소유농지 중에서 3만㎡ 이내의 것에 한하여 소유할 수 있다.

④ 농업진흥지역 밖의 농지에 대하여도 소유상한이 적용되지 않는다.

⑤ 주말 · 체험영농을 하고자 하는 자는 1,000㎡ 미만의 농지에 한하여 소유할 수 있다.

정답 07 ② 08 ③

풀이 ③ 상속에 의하여 농지를 취득한 자로서 농업경영을 하지 아니하는 자는 그 상속농지 중에서, 8년 이상 농업경영을 한 후 이농하는 자는 이농 당시의 소유농지 중에서 1만㎡ 이내의 것에 한하여 소유할 수 있다(법 제7조제3항).

09 다음 중 농지취득자격증명에 관한 설명으로서 틀린 것은?

① 농지를 취득하고자 하는 자는 시장 · 군수로부터 농지취득자격증명을 발급 받아야 한다.

② 상속농지 및 담보농지 등의 농지를 취득하는 경우에는 농지취득자격증명을 발급받지 않고 농지를 취득할 수 있다.

③ 농지취득자격증명을 발급받고자 하는 자는 농업경영계획서를 작성하여 그 발급을 신청하여야 하나, 학교 · 연구기관, 주말 · 체험영농 등의 규정에 의한 경우에는 농업경영계획서를 작성하지 아니하고 그 발급을 신청할 수 있다.

④ 판결에 의해 농지를 취득하는 경우에는 농지취득자격증명을 발급받아야 한다.

⑤ 농지전용허가를 받은 자가 농지를 취득하는 경우에는 농업경영계획서를 작성하지 아니하고 그 발급을 신청할 수 있다.

풀이 ① 농지를 취득하고자 하는 자는 농지의 소재지를 관할하는 시장 · 구청장 · 읍장 또는 면장으로부터 농지취득자격증명을 발급받아야 한다(법 제8조제1항).

10 농지의 처분의무에 관한 설명으로서 옳지 않은 것은?

① 농지의 소유자가 소유농지를 정당한 사유 없이 자기의 농업경영에 이용하지 아니하거나 이용하지 아니하게 되었다고 시장 · 군수 · 구청장이 인정한 때에는 그 사유가 발생한 날로 부터 1년 이내에 당해 농지를 처분하여야 한다.

② 시장 · 군수 또는 구청장은 처분의무기간 내에 처분대상농지를 처분하지 아니할 때에는 6월 이내에 당해 농지를 처분할 것을 명할 수 있다.

③ 처분명령을 이행하지 아니하는 자에 대하여는 처분명령이 이행될 때까지 매년 1회 토지가액의 100분의 20에 상당하는 이행강제금을 부과한다.

④ 농지의 소유자는 처분명령을 받은 때에는 시장 · 군수 또는 구청장에게 당해 농지의 매수를 청구할 수 있다.

⑤ 매수가격은 공시지가를 기준으로 하되, 인근지역의 실제거래가격이 공시지가보다 낮은 때에는 실제 거래가격을 기준으로 매수할 수 있다.

풀이 ④ 농지의 소유자는 처분명령을 받은 때에는 한국농어촌공사에게 당해 농지의 매수를 청구할 수 있다(법 제11조제2항).

정답 09 ① 10 ④

11 농업진흥지역(農業振興地域)에 관한 설명 중 틀린 것은?

① 농업진흥지역은 농지를 효율적으로 이용·보전하기 위하여 지정한다.

② 농업진흥지역은 농림수산식품부장관이 녹지지역(특별시 제외)·관리지역·농림지역·자연환경보전지역을 대상으로 지정한다.

③ 농업진흥지역은 농업진흥구역과 농업보호구역으로 구분하여 지정할 수 있다.

④ 농업진흥구역은 농업의 진흥을 도모하여야 하는 지역으로서 농지가 집단화되어 농업목적으로 이용하는 것이 필요한 지역을 말한다.

⑤ 농업진흥지역의 지정은 농어업·농어촌및식품산업정책심의회의 심의를 거쳐야 한다.

풀이 ②⑤ 농업진흥지역은 시·도지사가 시·도 농어업·농어촌및식품산업정책심의회의 심의를 거쳐 농림수산식품부장관의 승인을 얻어 지정한다(법 제30조).

12 농지전용(農地轉用)에 관한 설명 중 틀린 것은?

① 농지를 전용하고자 하는 자는 농림수산식품부장관의 허가를 받아야 한다.

② 농업인주택의 부지로 전용하고자 하는 자는 시장·군수·구청장에게 신고하여야 한다.

③ 농업진흥지역 안에서 3천㎡ 이상 3만㎡ 미만의 농지를 전용하고자 하는 경우에는 시·도지사의 허가를 받아야 한다.

④ 농림수산식품부장관은 도시지역·계획관리지역 및 개발진흥지구 안의 농지를 농업의 진흥이나 농지의 보전을 저해할 우려가 있는 일정한 시설의 부지로 사용하는 경우에는 그 전용을 허가할 수 없다.

⑤ 농업진흥지역 밖에서 3만㎡ 이상 20만㎡ 미만(다만 계획관리지역과 자연녹지지역에서는 3만㎡ 이상)의 농지를 전용하려는 경우에는 시·도지사의 허가를 받아야 한다.

풀이 ④ 농림수산식품부장관은 도시지역·계획관리지역 및 개발진흥지구 안의 농지를 제외하고는 대기오염배출시설·폐수배출시설 또는 농업의 진흥이나 농지의 보전을 해칠 우려가 있는 시설(공동주택, 위락시설, 일반숙박시설 등)의 부지로 사용하는 경우에는 그 전용을 허가할 수 없다(법 제37조제1항).

정답 **11** ② **12** ④

08 토지이용규제기본법

제1절 서 론

1. 의 의

1) 법의 목적

이 법은 토지이용과 관련된 지역·지구 등의 지정과 관리에 관한 기본적인 사항을 규정함으로써 토지이용규제의 투명성을 확보하여 국민의 토지이용상의 불편을 줄이고 국민경제의 발전에 이바지함을 목적으로 한다(법 제1조).

2) 다른 부동산공법과의 관계

지역·지구 등의 지정(따로 지정절차 없이 법령 또는 자치법규에 따라 지역·지구 등의 범위가 직접 지정되는 경우를 포함한다)과 운영 등에 관하여 다른 법률에 제8조(지역·지구의 지정 등)와 다른 규정이 있는 경우에는 이 법에 따른다(법 제3조).

2. 토지이용규제의 투명성 확보

지역·지구 등을 규정하는 법령 또는 자치법규는 그 지정목적, 지정기준, 행위제한내용 등을 구체적이고 명확하게 규정하여야 한다(법 제4조).

3. 용도지역 · 지구 등의 신설제한 등

1) 지역 · 지구 등의 신설제한

지역 · 지구 등은 다음 각 호에 규정된 것 외에는 신설(지역 · 지구 등을 세분하거나 변경하는 것을 포함한다)할 수 없다(법 제5조).

① 별표에 규정된 지역 · 지구 등(제1호)

② 다른 법률의 위임에 따라 대통령령에 규정된 지역 · 지구 등으로서 이 법의 대통령령에 규정된 지역 · 지구 등(제2호)(영 제3조 및 별표)

③ 다른 법령의 위임에 따라 총리령, 부령 및 자치법규에 규정된 지역 · 지구 등으로서 국토해양부장관이 관보에 고시하는 지역 · 지구 등(제3호)

2) 지역 · 지구 등의 신설에 대한 심의

(1) 지역 · 지구 등의 신설 심의

(a) 토지이용규제심의위원회의 심의요청

중앙행정기관의 장이나 지방자치단체의 장은 지역 · 지구 등을 신설하는 내용으로 법령 또는 자치법규를 제정하거나 개정하려면 경우에는 해당 법령안 또는 자치법규안을 입법예고하기 전에 신설된 지역 · 지구 등이 다음 각 호의 기준에 부합하는 지에 대하여 토지이용규제심의위원회(제15조 이하 "위원회"라 한다)의 심의를 국토해양부장관에게 요청하여야 한다(법 제6조제1항).

① 기존의 지역 · 지구 등의 지정 목적 또는 명칭과 유사하거나 중복되지 아니할 것

② 지역 · 지구 등의 신설에 명확한 목적이 있을 것

③ 지역 · 지구 등의 지정기준과 지정요건 등이 구체적이고 명확할 것

④ 지역 · 지구 등에서의 행위제한내용이 그 지정목적에 비추어 다른 지역 · 지구 등과 균형을 유지할 것

⑤ 그 밖에 대통령령으로 정하는 사항

(b) 계획서의 작성 · 제출

① 중앙행정기관의 장이나 지방자치단체의 장은 위(제1항)의 규정에 따른 심의를 요청할 때에는 지역 · 지구 등의 지정 및 운영계획서(이하 "운영계획서"라 한다)를 작성하여 제출하여야 한다(법 제6조제2항).

② 국토해양부장관은 위(제1항)의 규정에 따른 심의결과 지역 · 지구 등의 신설이 위

(제1항) 각 호의 기준에 부합하지 아니한다고 인정하는 경우에는 운영계획서를 제출한 중앙행정기관의 장이나 지방자치단체의 장에게 운영계획서의 재검토 또는 수정을 요청할 수 있다(법 제6조제3항).

(2) 토지이용규제심의위원회

지역 · 지구 등의 신설 등에 관한 사항을 심의하기 위하여 국토해양부에 토지이용규제심의위원회를 둔다(법 제15조제1항).

위원회는 다음 각 호의 사항을 심의한다(법 제15조제2항).

① 지역 · 지구 등의 신설에 관한 사항
② 지역 · 지구 등의 지정과 운영실적 등에 대한 평가결과에 관한 사항
③ 지역 · 지구 등 안에서의 행위제한내용 평가결과에 관한 사항
④ 그 밖에 위원장이 필요하다고 인정하여 회의에 부치는 사항

3) 사업지구 안에서의 행위제한 등

(1) 개발행위허가사항의 규정

개발사업을 시행하기 위한 지역 · 지구 등(이하 이 조에서 "사업지구"라 한다)을 규정하는 법령 또는 자치법규는 해당 사업지구에서 개발사업에 지장을 초래할 수 있는 다음 각 호의 행위로서 관계 행정기관의 장의 허가 또는 변경허가를 받아야 하는 사항을 구체적으로 정하여야 한다(제7조제1항).

① 건축물의 건축
② 공작물의 설치
③ 토지의 형질변경
④ 토석의 채취
⑤ 토지분할
⑥ 물건을 쌓아놓는 행위
⑦ 그 밖에 위의 내용(제1호부터 제6호까지)과 유사한 행위로서 개발사업에 지장을 초래할 수 있는 행위

(2) 예외적 허용행위의 규정

사업지구를 규정하는 법령 또는 자치법규는 다음 각 호의 사항을 구체적으로 정하여야 한다(제7조제2항).

① 위(제1항)의 규정에 따른 허가 또는 변경허가를 받지 아니하고 할 수 있는 행위

② 사업지구의 지정 및 고시 당시 공사 또는 사업을 시작한 경우 공사 또는 사업의 계획 추진 등에 관한 사항

제2절 용도지역 · 지구 등의 지정 및 행위제한

1. 용도지역 · 지구 등의 의의

"지역 · 지구 등"이란 지역 · 지구 · 구역 · 권역 · 단지 · 도시 · 군계획시설 등 명칭에 관계없이 개발행위를 제한하거나 토지이용과 관련된 인가 · 허가 등을 받도록 하는 등 토지의 이용 및 보전에 관한 제한을 하는 일단의 토지(토지와 연접한 해수면으로서 토지와 같이 제한되는 경우에는 그 해수면을 포함한다)로서 제5조 각 호에 규정된 것을 말한다(법 제2조제1호제5조제1호 관련 별표1, 법 제5조제2호 및 영 제3조 관련 별표2 참조).

2. 용도지역 · 지구 등의 지정

1) 주민의 의견청취

(1) 주민의견청취 대상

중앙행정기관의 장이나 지방자치단체의 장이 지역 · 지구 등을 지정(변경을 포함한다)하려면 대통령령으로 정하는 바에 따라 미리 주민의 의견을 들어야 한다.

(2) 주민의견청취 절차

① 중앙행정기관의 장이나 도지사는 법 제8조제1항에 따라 지역 · 지구 등을 지정(변경을 포함한다)하기 위하여 주민의 의견을 들으려면 주민의 의견청취의 기한을 분명히 밝혀 지역 · 지구 등의 지정안을 관계 특별시장, 광역시장, 특별자치도지사, 시장 또는 군수(광역시의 관할구역 안에 있는 군의 군수를 제외한다)에게 보내야 한다. 다만, 중앙행정기관의 장은 지역 · 지구 등의 지정안을 관계 특별시장, 광역시장, 특별자치도지사, 시장 또는 군수에게 보내어 열람하게 할 수 없는 불가피한 사유가 있는 경우에는 직접 주민의 의견을 들을 수 있다(영 제6조제1항).

② 위(제1항)의 규정에 따라 지역 · 지구 등의 지정안을 송부 받은 특별시장, 광역시장, 특별자치도지사, 시장 또는 군수는 지역 · 지구 등의 지정안의 주요내용을 그 특별

시, 광역시, 특별자치도, 시 또는 군(광역시의 관할구역 안에 있는 군을 제외한다)의 지역을 보급지역으로 하는 둘 이상의 일간신문, 그 지방자치단체의 게시판 및 인터넷 홈페이지에 공고하고 지역 · 지구 등의 지정안을 14일 이상 주민이 열람하게 하여야 한다(영 제6조제2항).

③ 위(제2항)의 규정에 따라 공고된 지역 · 지구 등의 지정안에 대하여 의견이 있는 자는 열람기간 동안 특별시장, 광역시장, 특별자치도지사, 시장 또는 군수에게 의견서를 제출할 수 있다. 이 경우 특별시장, 광역시장, 특별자치도지사, 시장 또는 군수는 열람기간 종료 후 지체 없이 주민의견청취 결과를 중앙행정기관의 장이나 도지사에게 제출하여야 한다(영 제6조제3항).

④ 특별시장, 광역시장, 특별자치도지사, 시장 · 군수 또는 구청장은 법 제8조제1항에 따라 지역 · 지구 등을 지정하기 위하여 주민의 의견을 들으려면 지역 · 지구 등의 지정안의 주요내용을 그 특별시, 광역시, 특별자치도, 시 또는 군의 지역을 보급지역으로 하는 둘 이상의 일간신문, 그 지방자치단체의 게시판 및 인터넷 홈페이지에 공고하고 지역 · 지구 등의 지정안을 14일 이상 주민이 열람하게 하여야 한다(영 제6조제4항).

⑤ 위(제4항)의 규정에 따라 공고된 지역 · 지구 등의 지정안에 대하여 의견이 있는 자는 열람기간 동안 특별시장, 광역시장, 특별자치도지사, 시장 · 군수 또는 구청장에게 의견서를 제출할 수 있다(영 제6조제5항).

⑥ 중앙행정기관의 장이나 지방자치단체의 장은 위의 규정(제3항 및 제5항)에 따라 제출된 의견을 지역 · 지구 등의 지정안에 반영할 것인지를 검토하여 그 결과를 주민의견청취결과(제3항)를 접수한 날 또는 열람기간(제5항)이 끝난 날부터 60일 이내에 그 의견을 제출한 자에게 통보하여야 한다(영 제6조제6항).

2) 지형도면의 작성 · 고시 등

(1) 지형도면의 작성 · 고시

① 중앙행정기관의 장이 지역 · 지구 등을 지정하는 경우에는 지적이 표시된 지형도에 지역 · 지구 등을 명시한 도면(이하 "지형도면"이라 한다)을 작성하여 관보에 고시하고 지방자치단체의 장이 지역 · 지구 등을 지정하는 경우에는 지형도면을 작성하여 그 지방자치단체의 공보에 고시하여야 한다. 다만, 대통령령으로 정하는 경우에는 지형도면을 작성 · 고시하지 아니하거나 지적도 등에 지역 · 지구 등을 명시한 도면을 작성하여 고시할 수 있다(법 제8조제2항).

• 법 제8조제2항 본문에 따라 지적이 표시된 지형도에 지역 · 지구 등을 명시한 도

면(이하 “지형도면”이라 한다)을 작성할 때에는 축척 500분의 1 이상 1천500분의 1 이하(녹지지역의 임야, 관리지역, 농림지역 및 자연환경보전지역은 축척 3천분의 1 이상 6천분의 1 이하로 할 수 있다)로 작성하여야 한다(영 제7조제1항).

- 위의 규정(제1항)에 따라 작성하는 지형도면은 법 제12조에 따른 국토이용정보체계(이하 “국토이용정보체계”라 한다)상에 구축되어 있는 지적이 표시된 지형도의 데이터베이스를 사용하여야 한다(영 제7조제2항).

② 위(제2항)의 규정에 따라 지형도면 또는 지적도 등에 지역 · 지구 등을 명시한 도면(이하 “지형도면 등”이라 한다)을 고시하여야 하는 지역 · 지구 등의 지정의 효력은 지형도면 등의 고시를 함으로써 발생한다. 다만, 지역 · 지구 등을 지정하는 때에 지형도면 등의 고시가 곤란한 경우로서 대통령령으로 정하는 경우에는 그러하지 아니하다(법 제8조제3항).

③ 위(제3항 단서)의 규정에 해당되는 경우(지역 · 지구 등을 지정할 때에 지형도면 등의 고시가 곤란한 경우)에는 지역 · 지구 등의 지정일부터 2년이 되는 날까지 지형도면 등을 고시하여야 하며, 지형도면 등의 고시가 없는 경우에는 그 2년이 되는 날의 다음 날부터 그 지정의 효력을 잃는다(법 제8조제4항).

④ 위(제4항)의 규정에 따라 지역 · 지구 등의 지정이 효력을 잃은 때에는 그 지역 · 지구 등의 지정권자는 대통령령으로 정하는 바에 따라 지체 없이 그 사실을 관보 또는 공보에 고시하고 이를 관계 특별자치도지사 · 시장 · 군수(광역시의 관할구역 안에 있는 군의 군수를 포함한다) 또는 구청장(자치구의 구청장을 말하며, 이하 “시장 · 군수 또는 구청장”이라 한다)에게 통보하여야 한다. 이 경우 시장, 군수 또는 구청장은 그 내용을 국토이용정보체계(제12조 이하 “국토이용정보체계”라 한다)에 등재하여 일반 국민이 볼 수 있도록 하여야 한다(법 제8조제5항).

(2) 지형도면의 내용통보 및 등재

① 중앙행정기관의 장이나 지방자치단체의 장은 위(제2항)의 규정에 따라 지형도면 등의 고시를 하려면 관계 시장 · 군수 또는 구청장에게 관련 서류와 고시예정일 등 대통령령으로 정하는 사항을 미리 통보하여야 한다. 다만 위(제2항 단서)의 규정에 따라 지형도면을 작성 · 고시하지 아니하는 경우에는 지역 · 지구 등의 지정할 때에 대통령령으로 정하는 사항을 미리 통보하여야 하고, 위(제3항 단서)의 규정에 따라 지역 · 지구 등의 지정 후에 지형도면 등의 고시를 하는 경우에는 지역 · 지구 등을 지정할 때와 지형도면 등을 고시를 할 때(제4항)에 대통령령으로 정하는 사항을 미리 통보하여야 한다(법 제8조제8항).

② 위(제8항)의 규정에 따라 통보를 받은 시장 · 군수 또는 구청장은 그 내용을 국토이

용정보체계상에 등재하여 지역 · 지구 등의 지정 효력이 발생한 날부터 일반 국민이 볼 수 있도록 하여야 한다. 다만 위(제3항 단서)의 규정에 따라 지역 · 지구 등의 지정 후에 지형도면 등의 고시를 하는 경우에는 지형도면 등을 고시한 날(제4항)부터 일반국민이 볼 수 있도록 하여야 한다(법 제8조제9항).

3. 지역 · 지구별 행위제한의 확인

1) 국토이용정보체계의 제공

국토해양부장관과 지방자치단체의 장은 국토이용정보체계를 이용하여 필지별로 지역 · 지구 등의 지정여부 및 행위제한내용을 일반 국민에게 제공하여야 한다(법 제9조제1항).

2) 토지이용계획확인서의 발급 등

(1) 토지이용계획확인서의 기재사항

특별자치도지사, 시장 · 군수 또는 구청장은 다음 각 호의 사항을 확인하는 서류(이하 "토지이용계획확인서"라 한다)의 발급신청이 있는 경우에는 대통령령으로 정하는 바에 따라 토지이용계획확인서를 발급하여야 한다(법 제10조제1항, 영 제9조).

① 지역 · 지구 등의 지정내용

② 지역 · 지구 등에서 행위제한내용

③ 그 밖에 대통령령으로 정하는 사항(영 제9조제4항)

- 「국토의 계획 및 이용에 관한 법률」 제117조에 따라 지정된 토지거래계약에 관한 허가구역
- 그 밖에 일반 국민에게 그 지정내용을 알릴 필요가 있는 사항으로서 국토해양부령이 정하는 사항

(2) 토지이용계획확인서의 발급

① 법 제10조제1항에 따라 토지이용계획확인서의 발급을 신청하려는 자는 특별자치도지사, 시장 · 군수(광역시의 관할구역 안에 있는 군의 군수를 포함한다) 또는 구청장(자치구의 구청장을 말한다)에게 국토해양부령으로 정하는 토지이용계획확인신청서(전자문서로 된 신청서를 포함한다)를 제출하여야 한다(영 제9조제1항, 규칙 제2조 및 별지 제1호서식, 별표3 참조).

② 위의 규정(제1항)에 따라 토지이용계획확인서의 발급을 신청하려는 자는 법 제10조 제1항제2호의 사항(지역 · 지구 등의 행위제한내용)을 제외하고 확인하여 주도록 토지이용계획확인서를 작성하여 제출할 수 있다(영 제9조제2항).

③ 특별자치도지사, 시장 · 군수 또는 구청장은 위의 규정(제1항 및 제2항)에 따라 토지이용계획확인신청서를 제출 받았으면 국토이용정보체계를 활용하여 그 신청인에게 국토해양부령으로 정하는 토지이용계획확인서(전자문서로 된 확인서를 포함한다)를 발급하여야 한다(영 제9조제3항, 규칙 제2조 및 별지 제2호서식, 별표3 참조).

3) 규제안내서의 제공 등

(1) 규제안내서의 작성 · 제공 등

(a) 규제안내서의 의의

"규제안내서"란 국민이 주택 · 공장 등 대통령령으로 정하는 시설(아파트, 관광숙박시설, 공장 · 창고, 골프장, 스키장 등)을 설치하기 위하여 관계 법령 또는 자치법규에 따라 받아야 하는 인가 · 허가 등의 기준, 절차, 구비서류 등을 적은 안내서를 말한다(법 제2조 제2호, 영 제2호).

(b) 규제안내서의 적성 · 고시

① 국토해양부장관은 규제안내서를 작성할 수 있다(법 제11조제1항).

② 국토해양부장관이 규제안내서를 작성하려면 관계 행정기관의 장과 미리 협의하여야 한다. 이 경우 협의를 요청받은 관계 행정기관의 장은 특별한 사유가 없으면 그 요청을 받은 날부터 30일 이내에 의견을 제시하여야 한다(법 제11조제2항).

③ 국토해양부장관이 규제안내서를 작성한 경우에는 이를 관보에 고시하여야 하며, 국토이용정보체계를 이용하여 이를 일반 국민에게 제공하여야 한다(법 제11조제3항).

(c) 규제안내서의 기재사항

규제안내서에는 다음 각 호의 사항이 포함되어야 한다(법 제11조제4항).

① 대상사업을 위한 인가 · 허가 등의 명칭, 기준, 절차 및 구비서류

② 토지이용과 개발을 위한 · 허가 등의 명칭, 기준, 절차 및 구비서류

③ 건축물의 건축을 위한 인가 · 허가 등의 명칭, 기준, 절차 및 구비서류

④ 그 밖에 대통령령으로 정하는 사항

(d) 규제안내서의 내용변경

(2) 국토이용정보체계의 구축 · 운영 및 활용

(a) 국토이용정보체계의 운영

국토해양부장관, 특별시장, 광역시장, 도지사, 시장 · 군수 또는 구청장(이하 "정보체계 운영자"라 한다)은 국토의 이용 및 관리업무를 효율적으로 추진하기 위하여 국토이용정보체계를 구축하여 운영할 수 있다(법 제12조제1항).

(b) 국토이용정보체계의 내용

정보체계운영자는 국토이용정보체계를 통하여 다음 각 호의 사항을 일반 국민에게 제공할 수 있다(법 제12조제2항).

① 지역 · 지구 등의 지정내용
② 지역 · 지구 등에서의 행위제한내용
③ 규제안내서
④ 그 밖에 대통령령으로 정하는 사항

(c) 전담부서의 설치

(3) 지역 · 지구 등의 지정과 운영실적 등의 평가

(a) 토지이용규제보고서의 작성 등

① 지역 · 지구 등을 관장하는 중앙행정기관의 장 및 지방자치단체의 장은 2년마다 지역 · 지구 등의 지정과 운영실적 등을 포함한 토지이용규제보고서를 작성하여 국토해양부장관에게 제출하여야 한다(법 제13조제1항).

② 국토해양부장관은 토지이용규제의 적정성을 확보하기 위하여 토지이용규제평가단(제22조 이하 "평가단"이라 한다)으로 하여금 위(제1항)의 규정에 따라 제출된 토지이용규제보고서에 기초하여 지역 · 지구 등의 지정실태 등을 평가하게 하고, 위원회의 심의를 거쳐 국무회의에 보고한 후 중앙행정기관의 장 또는 지방자치단체의 장에게 그 지역 · 지구 등의 통합이나 폐합 등 제도개선을 요청할 수 있다(법 제13조 제2항).

(b) 행위제한내용에 대한 평가

(c) 토지이용규제심사위원회의 설치

(d) 토지이용규제평가단의 설치

【별표1】 토지이용규제를 하는 지역 · 지구 등(법 제5조제1호관련)

연번	근거법률	지역 · 지구 등 명칭
1	「가축분뇨의 관리 및 이용에 관한 법률」 제8조	가축사육제한구역
2	「개발제한구역의 지정 및 관리에 관한 특별조치법」 제3조	개발제한구역
3	「건축법」 제18조	건축허가 · 착공제한지역
4	「건축법」 제60조	가로구역별 최고높이 제한지역
5	「경제자유구역의 지정 및 운영에 관한 특별법」 제4조	경제자유구역
6	「고도 보존에 관한 특별법」 제8조제1항제1호	특별보존지구
7	「고도 보존에 관한 특별법」 제8조제1항제2호	역사문화환경지구
8	「고속국도법」 제8조	접도구역
9	「골재채취법」 제22조의2	골재채취금지구역
10	「골재채취법」 제34조	골재채취단지
11	「공공기관 지방이전에 따른 혁신도시 건설 및 지원에 관한 특별법」 제6조	혁신도시개발예정지구
12	「관광진흥법」 제52조	관광지
13	「관광진흥법」 제52조	관광단지
14	「보금자리주택건설 등에 관한 특별법」 제6조	보금자리주택지구
15	「국토의 계획 및 이용에 관한 법률」 제2조제7호	도시계획시설의 부지
16	「국토의 계획 및 이용에 관한 법률」 제36조제1항제1호	도시지역
17	「국토의 계획 및 이용에 관한 법률」 제36조제1항제2호	관리지역
18	「국토의 계획 및 이용에 관한 법률」 제36조제1항제3호	농림지역
19	「국토의 계획 및 이용에 관한 법률」 제36조제1항제4호	자연환경보전지역
20	「국토의 계획 및 이용에 관한 법률」 제36조제1항제1호가목	주거지역
21	「국토의 계획 및 이용에 관한 법률」 제36조제1항제1호나목	상업지역
22	「국토의 계획 및 이용에 관한 법률」 제36조제1항제1호다목	공업지역
23	「국토의 계획 및 이용에 관한 법률」 제36조제1항제1호라목	녹지지역
24	「국토의 계획 및 이용에 관한 법률」 제36조제1항제2호가목	보전관리지역
25	「국토의 계획 및 이용에 관한 법률」 제36조제1항제2호나목	생산관리지역
26	「국토의 계획 및 이용에 관한 법률」 제36조제1항제2호다목	계획관리지역
27	「국토의 계획 및 이용에 관한 법률」 제37조제1항제1호	경관지구
28	「국토의 계획 및 이용에 관한 법률」 제37조제1항제2호	미관지구
29	「국토의 계획 및 이용에 관한 법률」 제37조제1항제3호	고도지구
30	「국토의 계획 및 이용에 관한 법률」 제37조제1항제4호	방화지구
31	「국토의 계획 및 이용에 관한 법률」 제37조제1항제5호	방재지구
32	「국토의 계획 및 이용에 관한 법률」 제37조제1항제6호	보존지구
33	「국토의 계획 및 이용에 관한 법률」 제37조제1항제7호	시설보호지구
34	「국토의 계획 및 이용에 관한 법률」 제37조제1항제8호	취락지구
35	「국토의 계획 및 이용에 관한 법률」 제37조제1항제9호	개발진흥지구
36	「국토의 계획 및 이용에 관한 법률」 제37조제1항제10호	특정용도제한지구
37	「국토의 계획 및 이용에 관한 법률」 제38조의2	도시자연공원구역

연번	근거법률	지역 · 지구 등 명칭
38	「국토의 계획 및 이용에 관한 법률」 제39조	시가화조정구역
39	「국토의 계획 및 이용에 관한 법률」 제40조	수산자원보호구역
40	「국토의 계획 및 이용에 관한 법률」 제50조	지구단위계획구역
41	「국토의 계획 및 이용에 관한 법률」 제51조제1항	제1종지구단위계획구역
42	「국토의 계획 및 이용에 관한 법률」 제51조제3항	제2종지구단위계획구역
43	「국토의 계획 및 이용에 관한 법률」 제63조	개발행위허가제한지역
44	「국토의 계획 및 이용에 관한 법률」 제66조	개발밀도관리구역
45	「국토의 계획 및 이용에 관한 법률」 제67조	기반시설부담구역
46	「군사기지 및 군사시설 보호법」 제4조 및 제5조	군사기지 및 군사시설 보호구역
47	「군사기지 및 군사시설 보호법」 제4조 및 제5조	통제보호구역
48	「군사기지 및 군사시설 보호법」 제4조 및 제5조	제한보호구역
49	「군사기지 및 군사시설 보호법」 제4조 및 제6조	비행안전구역
50	「군사기지 및 군사시설 보호법」 제4조 및 제6조	비행안전 제1구역
51	「군사기지 및 군사시설 보호법」 제4조 및 제6조	비행안전 제2구역
52	「군사기지 및 군사시설 보호법」 제4조 및 제6조	비행안전 제3구역
53	「군사기지 및 군사시설 보호법」 제4조 및 제6조	비행안전 제4구역
54	「군사기지 및 군사시설 보호법」 제4조 및 제6조	비행안전 제5구역
55	「군사기지 및 군사시설 보호법」 제4조 및 제6조	비행안전 제6구역
56	「군사기지 및 군사시설 보호법」 제4조 및 제7조	대공방어협조구역
57	「금강수계 물관리 및 주민지원 등에 관한 법률」 제4조	수변구역
58	「금강수계 물관리 및 주민지원 등에 관한 법률」 제7조	상수원보호구역
59	「금강수계 물관리 및 주민지원 등에 관한 법률」 제15조	건축 등 허가제한지역
60	「금강수계 물관리 및 주민지원 등에 관한 법률」 제16조	폐수배출시설 설치제한지역
61	「금강수계 물관리 및 주민지원 등에 관한 법률」 제20조	폐기물매립시설 설치제한지역
62	「급경사지 재해예방에 관한 법률」 제6조	붕괴위험지역
63	「기업도시개발 특별법」 제5조	기업도시개발구역
64	「낙동강수계 물관리 및 주민지원 등에 관한 법률」 제4조	수변구역
65	「낙동강수계 물관리 및 주민지원 등에 관한 법률」 제7조	상수원보호구역
66	「낙동강수계 물관리 및 주민지원 등에 관한 법률」 제15조	건축허가제한지역
67	「낙동강수계 물관리 및 주민지원 등에 관한 법률」 제16조	폐수배출시설 설치제한지역
68	「낙동강수계 물관리 및 주민지원 등에 관한 법률」 제21조	폐기물매립시설 설치제한지역
69	「농어촌정비법」 제9조	농업생산기반 정비사업지역
70	「농어촌정비법」 제101조	마을정비구역
71	「농어촌정비법」 제82조	농어촌 관광휴양단지
72	「농어촌정비법」 제94조 및 제95조	한계농지 등 정비지구
73	「농지법」 제28조제1항	농업진흥지역
74	「농지법」 제28조제2항제1호	농업진흥구역
75	「농지법」 제28조제2항제2호	농업보호구역
76	「대덕연구개발특구 등의 육성에 관한 특별법」 제4조	연구개발특구
77	「대덕연구개발특구 등의 육성에 관한 특별법」 제35조제1항제1호	주거구역

연번	근거법률	지역 · 지구 등 명칭
78	「대덕연구개발특구등의육성에관한특별법」 제35조제1항제2호	상업구역
79	「대덕연구개발특구등의육성에관한특별법」 제35조제1항제3호	녹지구역
80	「대덕연구개발특구등의육성에관한특별법」 제35조제1항제4호	교육 · 연구 및 사업화시설구역
81	「대덕연구개발특구등의육성에관한특별법」 제35조제1항제5호	산업시설구역
82	「도로법」 제24조	도로구역
83	「도로법」 제49조	접도구역
84	「도로법」 제50조	입체적도로구역
85	「도로법」 제51조	도로보전입체구역
86	「도시개발법」 제3조	도시개발구역
87	「도시 및 주거환경정비법」 제4조	정비구역
88	「도시재정비 촉진을 위한 특별법」 제5조	재정비촉진지구
89	「도청이전을 위한 도시건설 및 지원에 관한 특별법」 제6조	도청이전신도시 개발예정지구
90	「독도 등 도서지역의 생태계 보전에 관한 특별법」 제4조	특정도서
91	「독도 등 도서지역의 생태계 보전에 관한 특별법」 제12조의3	시 · 도특정도서
92	「동 · 서 · 남해안 및 내륙권 발전 특별법」 제7조	동 · 서 · 남해안권개발구역
93	「무인도서의 보전 및 관리에 관한 법률」 제10조제1항제1호	절대보전무인도서
94	「무인도서의 보전 및 관리에 관한 법률」 제10조제1항제2호	준보전무인도서
95	「무인도서의 보전 및 관리에 관한 법률」 제10조제1항제3호	이용 가능 무인도서
96	「문화산업진흥 기본법」 제24조	문화산업단지
97	「문화예술진흥법」 제8조	문화지구
98	「문화재보호법」 제2조제2항	지정문화재구역
99	「문화재보호법」 제9조 및 제75조	문화재보호구역
100	「문화재보호법」 제14조 및 제75조	가지정문화재구역
101	「문화재보호법」 제47조	등록문화재구역
102	「물류시설의 개발 및 운영에 관한 법률」 제22조	물류단지
103	「백두대간 보호에 관한 법률」 제6조제2항	백두대간보호지역
104	「백두대간 보호에 관한 법률」 제6조제2항제1호	핵심구역
105	「백두대간 보호에 관한 법률」 제6조제2항제2호	완충구역
106	「사방사업법」 제4조	사방지
107	「산림문화 · 휴양에 관한 법률」 제13조	자연휴양림구역
108	「산림자원의 조성 및 관리에 관한 법률」 제19조	채종림구역
109	「산림보호법」 제7조	산림보호구역
110	삭제 〈2009.6.9〉	
111	「산림자원의 조성 및 관리에 관한 법률」 제47조	시험림구역
112	「산업기술단지 지원에 관한 특례법」 제2조	산업기술단지
113	「산업입지 및 개발에 관한 법률」 제6조	국가산업단지
114	「산업입지 및 개발에 관한 법률」 제7조	일반산업단지
115	「산업입지 및 개발에 관한 법률」 제7조의2	도시첨단산업단지
116	「산업입지 및 개발에 관한 법률」 제8조	농공단지
117	「산업입지 및 개발에 관한 법률」 제8조의3	준산업단지

연번	근거법률	지역 · 지구 등 명칭
118	「산업입지 및 개발에 관한 법률」 제39조	특수지역
119	「산업입지 및 개발에 관한 법률」 제40조의2	공장입지유도지구
120	「산업집적활성화 및 공장설립에 관한 법률」 제2조제2호	과밀억제지역
121	「산업집적활성화 및 공장설립에 관한 법률」 제2조제3호	성장관리지역
122	「산업집적활성화 및 공장설립에 관한 법률」 제2조제4호	자연보전지역
123	「산업집적활성화 및 공장설립에 관한 법률」 제33조	산업시설구역
124	「산업집적활성화 및 공장설립에 관한 법률」 제33조	지원시설구역
125	「산업집적활성화 및 공장설립에 관한 법률」 제33조	공공시설구역
126	「산업집적활성화 및 공장설립에 관한 법률」 제33조	녹지구역
127	「산지관리법」 제4조제1항제1호	보전산지
128	「산지관리법」 제4조제1항제1호가목	임업용산지
129	「산지관리법」 제4조제1항제1호나목	공익용산지
130	「산지관리법」 제9조	산지전용제한지역
131	「산지관리법」 제25조의2	토석채취제한지역
132	「새만금사업 촉진을 위한 특별법」 제2조제1호	새만금사업지역
133	「소하천정비법」 제2조제2호	소하천구역
134	「소하천정비법」 제4조	소하천예정지
135	「수도권정비계획법」 제6조제1항제1호	과밀억제권역
136	「수도권정비계획법」 제6조제1항제2호	성장관리권역
137	「수도권정비계획법」 제6조제1항제3호	자연보전권역
138	「수도법」 제7조	상수원보호구역
139	「수목원조성 및 진흥에 관한 법률」 제19조	국립수목원완충지역
140	「수질 및 수생태계 보전에 관한 법률」 제33조제5항	배출시설설치제한지역
141	「습지보전법」 제8조제1항	습지보호지역
142	「습지보전법」 제8조제1항	습지주변관리지역
143	「습지보전법」 제8조제2항	습지개선지역
144	「신발전지역 육성을 위한 투자촉진 특별법」 제8조	신발전지역발전촉진지구
145	「신항만건설촉진법」 제5조	신항만건설예정지역
146	「신행정수도 후속대책을 위한 연기 · 공주지역 행정중심복합도시 건설을 위한 특별법」 제2조제2호	예정지역
147	「신행정수도 후속대책을 위한 연기 · 공주지역 행정중심복합도시 건설을 위한 특별법」 제2조제3호	주변지역
148	「신행정수도 후속대책을 위한 연기 · 공주지역 행정중심복합도시 건설을 위한 특별법」 제8조	개발행위허가 및 건축허가제한지역
149	「야생동 · 식물보호법」 제27조	야생동 · 식물특별보호구역
150	「야생동 · 식물보호법」 제33조	시 · 도야생동 · 식물보호구역
151	「야생동 · 식물보호법」 제33조	야생동 · 식물보호구역
152	「어촌 · 어항법」 제17조	어항구역
153	「연안관리법」 제2조제3호	연안육역
154	「영산강 · 섬진강수계 물관리 및 주민지원 등에 관한 법률」 제4조	수변구역

연번	근거법률	지역 · 지구 등 명칭
155	「영산강 · 섬진강수계 물관리 및 주민지원 등에 관한 법률」 제7조	상수원보호구역
156	「영산강 · 섬진강수계 물관리 및 주민지원 등에 관한 법률」 제15조	건축 등 허가제한지역
157	「영산강 · 섬진강수계 물관리 및 주민지원 등에 관한 법률」 제16조	폐수배출시설 설치제한지역
158	「영산강 · 섬진강수계 물관리 및 주민지원 등에 관한 법률」 제20조	폐기물매립시설 설치제한지역
159	「온천법」 제4조	온천원보호지구
160	「온천법」 제5조	온천공보호구역
161	「2011대구세계육상선수권대회, 2014인천아시아경기대회, 2014인천장애인아시아경기대회 및 2015광주하계유니버시아드대회 지원법」 제25조	대회관련시설 설치 · 이용지역
162	「2012여수세계박람회 지원특별법」 제26조	박람회장 조성사업구역
163	「자연공원법」 제4조	국립공원
164	「자연공원법」 제4조	도립공원
165	「자연공원법」 제4조	군립공원
166	「자연공원법」 제18조제1항제1호	공원자연보존지구
167	「자연공원법」 제18조제1항제2호	공원자연환경지구
168	「자연공원법」 제18조제1항제3호	공원마을지구
169	삭제 〈2011.4.5〉	
170	삭제 〈2011.4.5〉	
170의2	「자연공원법」 제18조제1항제6호	공원문화유산지구
171	「자연재해대책법」 제12조	자연재해위험지구
172	「자연환경보전법」 제12조제1항	생태 · 경관보전지역
173	「자연환경보전법」 제12조제2항제1호	생태 · 경관핵심보전구역
174	「자연환경보전법」 제12조제2항제2호	생태 · 경관완충보전구역
175	「자연환경보전법」 제12조제2항제3호	생태 · 경관전이보전구역
176	「자연환경보전법」 제22조	자연유보지역
177	「자연환경보전법」 제23조	시 · 도 생태 · 경관보전지역
178	「자연환경보전법」 제39조	자연휴식지
179	「장사 등에 관한 법률」 제17조	묘지등설치제한지역
180	「재래시장 및 상점가 육성을 위한 특별법」 제37조	시장정비구역
181	「재해위험 개선사업 및 이주대책에 관한 특별법」 제6조	재해위험 개선사업지구
182	「저수지 · 댐의 안전관리 및 재해예방에 관한 법률」 제12조	위험저수지 · 댐 정비지구
183	「전원개발촉진법」 제5조	전원개발사업구역
184	「전원개발촉진법」 제11조	전원개발사업예정구역
185	「전통사찰의 보존 및 지원에 관한 법률」 제6조	전통사찰보존구역
186	「전통사찰의 보존 및 지원에 관한 법률」 제10조	전통사찰 역사문화보존구역
187	「전파법」 제52조제1항	무선방위측정장치보호구역
188	「제주특별자치도 설치 및 국제자유도시 조성을 위한 특별법」 제292조	절대보전지역
189	「제주특별자치도 설치 및 국제자유도시 조성을 위한 특별법」 제293조	상대보전지역
190	「제주특별자치도 설치 및 국제자유도시 조성을 위한 특별법」 제294조	관리보전지역
191	「제주특별자치도 설치 및 국제자유도시 조성을 위한 특별법」 제294조	지하수자원보전지구

연번	근거법률	지역 · 지구 등 명칭
192	「제주특별자치도 설치 및 국제자유도시 조성을 위한 특별법」 제294조	생태계보전지구
193	「제주특별자치도 설치 및 국제자유도시 조성을 위한 특별법」 제294조	경관보전지구
194	「제주특별자치도 설치 및 국제자유도시 조성을 위한 특별법」 제312조	지하수자원특별관리구역
195	「주차장법」 제12조제6항	노외주차장설치제한지역
196	「주한미군 공여구역주변지역 등 지원 특별법」 제2조제4호	반환공여구역주변지역
197	「지역균형개발 및 지방중소기업 육성에 관한 법률」 제9조	개발촉진지구
198	「지역균형개발 및 지방중소기업 육성에 관한 법률」 제26조의3	특정지역
199	「지역균형개발 및 지방중소기업 육성에 관한 법률」 제38조의2	지역종합개발지구
200	「지역특화발전 특구에 대한 규제특례법」 제9조	지역특화발전특구
201	「지하수법」 제12조	지하수보전구역
202	「철도안전법」 제45조	철도보호지구
203	「청소년활동진흥법」 제47조	청소년수련지구
204	「초지법」 제5조	초지
205	「택지개발촉진법」 제3조	택지개발예정지구
206	「토양환경보전법」 제17조	토양보전대책지역
207	「폐기물처리시설 설치촉진 및 주변지역지원 등에 관한 법률」 제10조	폐기물처리시설입지
208	「하천법」 제10조	하천구역
209	「하천법」 제11조	하천예정지
210	「하천법」 제12조	홍수관리구역
211	「학교보건법」 제5조	학교환경위생 정화구역
212	「한강수계 상수원수질개선 및 주민지원 등에 관한 법률」 제4조	수변구역
213	「한강수계 상수원수질개선 및 주민지원 등에 관한 법률」 제6조	오염행위 제한지역
213의2	「한강수계 상수원수질개선 및 주민지원 등에 관한 법률」 제8조의7	건축 등 허가제한지역
213의3	「한강수계 상수원수질개선 및 주민지원 등에 관한 법률」 제8조의8	폐수배출시설 설치제한지역
214	「한강수계 상수원수질개선 및 주민지원 등에 관한 법률」 제15조의4	폐기물매립시설 설치제한지역
215	「항공법」 제2조제9호	공항구역
216	「항공법」 제2조제16호	장애물 제한표면
217	삭제〈2010.3.22〉	
218	삭제〈2010.3.22〉	
219	「항만법」 제56조	항만재개발사업구역
220	「항만법」 제2조제4호	항만구역
221	삭제 〈2009.6.9〉	
222	「항만법」 제42조	항만배후단지
223	삭제 〈2009.6.9〉	
224	「해양생태계의 보전 및 관리에 관한 법률」 제25조	해양보호구역
225	「해양생태계의 보전 및 관리에 관한 법률」 제25조	해양생물보호구역
226	「해양생태계의 보전 및 관리에 관한 법률」 제25조	해양생태계보호구역
227	「해양생태계의 보전 및 관리에 관한 법률」 제25조	해양경관보호구역
228	「해양생태계의 보전 및 관리에 관한 법률」 제31조	긴급해양보호구역
229	「해양생태계의 보전 및 관리에 관한 법률」 제36조	시 · 도해양보호구역

연번	근거법률	지역 · 지구 등 명칭
230	「해양생태계의 보전 및 관리에 관한 법률」 제36조	시 · 도해양생물보호구역
231	「해양생태계의 보전 및 관리에 관한 법률」 제36조	시 · 도해양생태계보호구역
232	「해양생태계의 보전 및 관리에 관한 법률」 제36조	시 · 도해양경관보호구역
233	「해양환경관리법」 제15조	환경보전해역
234	「해양환경관리법」 제15조	특별관리해역
235	「환경정책기본법」 제22조	특별대책지역
236	「수목원 조성 및 진흥에 관한 법률」 제6조의2	수목원조성예정지
237	「농업생산기반시설 및 주변지역 활용에 관한 특별법」제7조	농업생산기반시설 및 주변지역 활용구역
238	「마리나항만의 조성 및 관리 등에 관한 법률」 제10조	마리나항만구역
239	「국가통합교통체계효율화법」 제45조	복합환승센터
240	「공항소음 방지 및 소음대책지역 지원에 관한 법률」 제5조	제1종 구역 및 제2종 구역
241	「공항소음 방지 및 소음대책지역 지원에 관한 법률」 제5조	제3종 구역
242	「역세권의 개발 및 이용에 관한 법률」제4조제1항	역세권개발구역
243	「친수구역 활용에 관한 특별법」 제4조	친수구역

【별표2】 토지이용규제를하는지역 · 지구등[법 제5조제2호 및 영 제3조관련]

연번	근거법률	지역 · 지구 등 명칭
1	「국토의 계획 및 이용에 관한 법률 시행령」 제30조제1호가목	전용주거지역
1-1	「국토의 계획 및 이용에 관한 법률 시행령」 제30조제1호가목(1)	제1종전용주거지역
1-2	「국토의 계획 및 이용에 관한 법률 시행령」 제30조제1호가목(2)	제2종전용주거지역
2	「국토의 계획 및 이용에 관한 법률 시행령」 제30조제1호나목	일반주거지역
2-1	「국토의 계획 및 이용에 관한 법률 시행령」 제30조제1호나목(1)	제1종일반주거지역
2-2	「국토의 계획 및 이용에 관한 법률 시행령」 제30조제1호나목(2)	제2종일반주거지역
2-3	「국토의 계획 및 이용에 관한 법률 시행령」 제30조제1호나목(3)	제3종일반주거지역
3	「국토의 계획 및 이용에 관한 법률 시행령」 제30조제1호다목	준주거지역
4	「국토의 계획 및 이용에 관한 법률 시행령」 제30조제2호가목	중심상업지역
5	「국토의 계획 및 이용에 관한 법률 시행령」 제30조제2호나목	일반상업지역
6	「국토의 계획 및 이용에 관한 법률 시행령」 제30조제2호다목	근린상업지역
7	「국토의 계획 및 이용에 관한 법률 시행령」 제30조제2호라목	유통상업지역
8	「국토의 계획 및 이용에 관한 법률 시행령」 제30조제3호가목	전용공업지역
9	「국토의 계획 및 이용에 관한 법률 시행령」 제30조제3호나목	일반공업지역
10	「국토의 계획 및 이용에 관한 법률 시행령」 제30조제3호다목	준공업지역
11	「국토의 계획 및 이용에 관한 법률 시행령」 제30조제4호가목	보전녹지지역
12	「국토의 계획 및 이용에 관한 법률 시행령」 제30조제4호나목	생산녹지지역
13	「국토의 계획 및 이용에 관한 법률 시행령」 제30조제4호다목	자연녹지지역
14	「국토의 계획 및 이용에 관한 법률 시행령」 제31조제2항제1호가목	자연경관지구
15	「국토의 계획 및 이용에 관한 법률 시행령」 제31조제2항제1호나목	수변경관지구
16	「국토의 계획 및 이용에 관한 법률 시행령」 제31조제2항제1호다목	시가지경관지구

연번	근거법률	지역 · 지구 등 명칭
17	「국토의 계획 및 이용에 관한 법률 시행령」 제31조제2항제2호가목	중심지미관지구
18	「국토의 계획 및 이용에 관한 법률 시행령」 제31조제2항제2호나목	역사문화미관지구
19	「국토의 계획 및 이용에 관한 법률 시행령」 제31조제2항제2호다목	일반미관지구
20	「국토의 계획 및 이용에 관한 법률 시행령」 제31조제2항제3호가목	최고고도지구
21	「국토의 계획 및 이용에 관한 법률 시행령」 제31조제2항제3호나목	최저고도지구
22	「국토의 계획 및 이용에 관한 법률 시행령」 제31조제2항제4호가목	문화자원보존지구
23	「국토의 계획 및 이용에 관한 법률 시행령」 제31조제2항제4호나목	중요시설물보존지구
24	「국토의 계획 및 이용에 관한 법률 시행령」 제31조제2항제4호다목	생태계보존지구
25	「국토의 계획 및 이용에 관한 법률 시행령」 제31조제2항제5호가목	학교시설보호지구
26	「국토의 계획 및 이용에 관한 법률 시행령」 제31조제2항제5호나목	공용시설보호지구
27	「국토의 계획 및 이용에 관한 법률 시행령」 제31조제2항제5호다목	항만시설보호지구
28	「국토의 계획 및 이용에 관한 법률 시행령」 제31조제2항제5호라목	공항시설보호지구
29	「국토의 계획 및 이용에 관한 법률 시행령」 제31조제2항제6호가목	자연취락지구
30	「국토의 계획 및 이용에 관한 법률 시행령」 제31조제2호제6호나목	집단취락지구
31	「국토의 계획 및 이용에 관한 법률 시행령」 제31조제2항제7호가목	주거개발진흥지구
32	「국토의 계획 및 이용에 관한 법률 시행령」 제31조제2항제7호나목	산업개발진흥지구
33	「국토의 계획 및 이용에 관한 법률 시행령」 제31조제2항제7호다목	유통개발진흥지구
34	「국토의 계획 및 이용에 관한 법률 시행령」 제31조제2항제7호라목	관광 · 휴양개발진흥지구
35	「국토의 계획 및 이용에 관한 법률 시행령」 제31조제2항제7호마목	복합개발진흥지구
36	「국토의 계획 및 이용에 관한 법률 시행령」 제31조제2항제7호바목	특정개발진흥지구
37	「대덕연구개발특구 등의 육성에 관한 특별법 시행령」 제29조	전용주거구역
38	「대덕연구개발특구 등의 육성에 관한 특별법 시행령」 제29조	일반주거구역
39	「대덕연구개발특구 등의 육성에 관한 특별법 시행령」 제29조	준주거구역
40	「학교보건법 시행령」 제3조	절대정화구역
41	「학교보건법 시행령」 제3조	상대정화구역

[별표3][규칙 제2조 및 별지 제1호서식]

(앞쪽)

<table>
<tr><td colspan="5">토지이용계획확인신청서</td><td>처리기간
1일</td></tr>
<tr><td rowspan="2">신청인</td><td rowspan="2">성 명</td><td rowspan="2"></td><td>주 소</td><td colspan="2"></td></tr>
<tr><td>전화번호</td><td colspan="2"></td></tr>
<tr><td rowspan="11">신청
토지</td><td>연 번</td><td>소재지</td><td>지 번</td><td>지 목</td><td>면 적(㎡)</td></tr>
<tr><td>1</td><td></td><td></td><td></td><td></td></tr>
<tr><td>2</td><td></td><td></td><td></td><td></td></tr>
<tr><td>3</td><td></td><td></td><td></td><td></td></tr>
<tr><td>4</td><td></td><td></td><td></td><td></td></tr>
<tr><td>5</td><td></td><td></td><td></td><td></td></tr>
<tr><td>6</td><td></td><td></td><td></td><td></td></tr>
<tr><td>7</td><td></td><td></td><td></td><td></td></tr>
<tr><td>8</td><td></td><td></td><td></td><td></td></tr>
<tr><td>9</td><td></td><td></td><td></td><td></td></tr>
<tr><td>10</td><td></td><td></td><td></td><td></td></tr>
<tr><td>확인
신청
사항</td><td colspan="5">1. 지역지구 등의 지정내용(「토지이용규제 기본법 시행령」 제9조제4항 각 호에 해당되는 사항 포함) (　　　)
2. 지정된 지역 · 지구 등 안에서의 행위제한내용 (　　　)

※ 확인 신청 부수 : (　　) 부</td></tr>
<tr><td colspan="4" rowspan="2">「토지이용규제 기본법」 제10조제1항에 따라 위 신청토지에 대한 현재의 토지이용계획의 확인을 신청합니다.

년　　월　　일

신청인　　(인)

○○○ 시장 · 군수 · 구청장 귀하</td><td colspan="2">수입증지 붙이는 곳</td></tr>
<tr><td colspan="2">수입증지 금액
(지방자치단체의
조례로 정함)</td></tr>
</table>

(뒤쪽)

<table>
<tr><td>유의사항</td><td>1. 토지이용계획확인서는 「토지이용규제 기본법」 제5조 각 호에 따른 지역 · 지구 등의 지정내용과 그 지역 · 지구 등 안에서의 행위제한내용, 그리고 동법 시행령 제9조제4항에서 정하는 사항을 확인하여 드리는 것으로서 지역 · 지구 · 구역 등의 명칭을 쓰는 모든 것을 확인하여 드리는 것은 아닙니다.

2. 「토지이용규제 기본법」 제8조제2항 단서에 따라 지형도면을 작성 · 고시하지 아니하는 경우로서 철도보호지구 · 하천구역 등과 같이 별도의 지정절차 없이 법령 또는 자치법규에 따라 지역 · 지구 등의 범위가 직접 지정되는 경우에는 해당 지역 · 지구 등의 지정여부를 확인하여 드리지 못합니다.

3. 「토지이용규제 기본법」 제8조제3항 단서에 따라 지역 · 지구 등의 지정 시 지형도면 등의 고시가 곤란한 경우로서 「토지이용규제 기본법 시행령」 제7조제4항 각 호에 해당되는 경우에는 그 지형도면 등의 고시 전에 해당 지역 · 지구 등의 지정여부를 확인하여 드리지 못합니다.

4. “토지이용계획확인서”는 지역 · 지구 등의 지정내용만을 확인 받거나, 지역 · 지구 등의 지정내용과 그 지역 · 지구 등 안에서의 행위제한내용을 함께 확인 받을 수 있으므로 신청인이 필요한 사항을 구분하여 신청하시기 바랍니다.
※ 지역 · 지구 등 안에서의 행위제한내용은 관계법령에 규정된 내용을 그대로 제공해 드리는 것으로서 발급 매수에 따라 수수료가 추가될 수 있으므로 필요한 경우에만 발급받으시기 바랍니다.

5. “토지이용계획확인신청서”에 수개의 필지를 기재하신 경우에도 “토지이용계획확인서”는 1개의 필지 단위로 발급되며, 수수료도 각각 계산됩니다.</td></tr>
</table>

이 신청서는 다음과 같이 처리됩니다.

신청인	처리기관(담당부서)
	시 · 군 · 구(민원발급 부서)

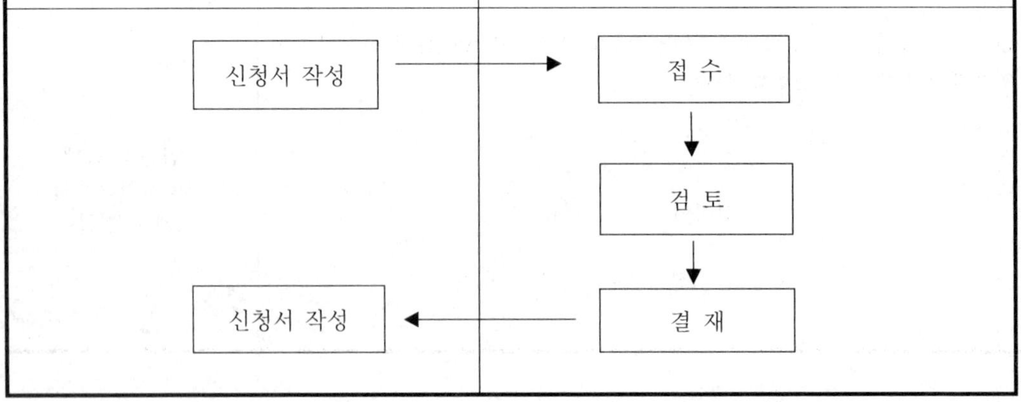

[규칙 제2조 및 별지 제2호서식]

발급번호 : 발행매수 : 0/0 발급일 : 0000/00/00 (앞 쪽)

<table>
<tr><td colspan="6" rowspan="2">토지이용계획확인서</td><td>처리기간</td></tr>
<tr><td>1일</td></tr>
<tr><td rowspan="2">신청인</td><td rowspan="2">성 명</td><td rowspan="2"></td><td>주 소</td><td colspan="3"></td></tr>
<tr><td>전화번호</td><td colspan="3"></td></tr>
<tr><td rowspan="2">신청토지</td><td colspan="2">소재지</td><td>지 번</td><td>지 목</td><td colspan="2">면 적(㎡)</td></tr>
<tr><td colspan="2"></td><td></td><td></td><td colspan="2"></td></tr>
<tr><td rowspan="3">지역 · 지구 등 지정여부</td><td colspan="2">「국토의 계획 및 이용에 관한 법률」에 따른 지역 · 지구 등</td><td colspan="4"></td></tr>
<tr><td colspan="2">다른 법령 등에 따른 지역 · 지구 등</td><td colspan="4"></td></tr>
<tr><td colspan="2">시행령 부칙 제3조에 따른 추가기재 확인내용</td><td colspan="4"></td></tr>
<tr><td colspan="3">「토지이용규제 기본법 시행령」 제9조제4항 각 호에 해당되는 사항</td><td colspan="4"></td></tr>
<tr><td rowspan="2">확인도면</td><td rowspan="2" colspan="4"></td><td colspan="2">범례</td></tr>
<tr><td colspan="2">축척 /</td></tr>
<tr><td colspan="5" rowspan="2">「토지이용규제 기본법」 제10조제1항에 따라 귀하의 신청토지에 대한 현재의 토지이용계획을 위와 같이 확인합니다.

년 월 일

시장 · 군수 · 구청장 (인)</td><td colspan="2">수입증지 붙이는 곳</td></tr>
<tr><td colspan="2">수입증지 금액
(지방자치단체의 조례로 정함)</td></tr>
</table>

발급번호 : 발행매수 : 0/0 발급일 : 0000/00/00 (뒤 쪽)

유의사항	1. 토지이용계획확인서는 「토지이용규제 기본법」 제5조 각 호에 따른 지역·지구 등의 지정내용과 그 지역·지구 등 안에서의 행위제한내용, 그리고 동법 시행령 제9조제4항에서 정하는 사항을 확인하여 드리는 것으로서 지역·지구·구역 등의 명칭을 쓰는 모든 것을 확인하여 드리는 것은 아닙니다. 2. 「토지이용규제 기본법」 제8조제2항 단서에 따라 지형도면을 작성·고시하지 아니하는 경우로서 철도보호지구·하천구역 등과 같이 별도의 지정절차 없이 법령 또는 자치법규에 따라 지역·지구 등의 범위가 직접 지정되는 경우에는 당해 지역·지구 등의 지정여부를 확인하여 드리지 못합니다. 3. 「토지이용규제 기본법」 제8조제3항 단서에 따라 지역·지구 등의 지정 시 지형도면 등의 고시가 곤란한 경우로서 「토지이용규제 기본법 시행령」 제7조제4항 각 호에 해당되는 경우에는 그 지형도면 등의 고시 전에 해당 지역·지구 등의 지정여부를 확인하여 드리지 못합니다. 4. "확인도면"은 해당필지에 지정된 지역·지구 등의 지정여부를 확인하기 위한 참고도면으로서 법적 효력이 없고, 측량, 그 밖의 목적으로 사용할 수 없습니다. 5. 지역·지구 등 안에서의 행위제한내용은 신청인의 편의를 도모하기 위하여 관계 법령 및 자치법규에 규정된 내용을 그대로 제공해 드리는 것으로서 신청인이 신청한 경우에 한하여 제공되며, 신청토지에 대하여 제공된 행위제한내용 외의 모든 개발행위가 법적으로 보장되는 것은 아닙니다.
지역·지구 등 안에서의 행위제한내용	※ 지역·지구 등 안에서의 행위제한내용은 신청인이 확인신청한 경우에만 기재되며, 지구단위계획구역에 해당하는 경우에는 담당과를 방문하여 토지이용과 관련한 계획을 별도로 확인하셔야 합니다.

【부칙】

〈법률 제7715호, 2005.12.7〉

시행일

이 법은 공포 후 6월이 경과한 날부터 시행한다.

다만, 제8조제2항 내지 제9항의 규정은 공포 후 1년이 경과한 날부터 시행한다.

〈법률 제9763호, 2009.6.9 일부개정〉

〈법률 제10335호, 2010.5.31 타법개정〉

〈법률 제10977호, 2011.7.28 타법개정〉

연습문제 | 제8장 토지이용규제기본법

■ 주관식 문제 ■

01 토지이용계획확인서의 법적성격 및 기재사항을 설명하고 그 효력에 관하여 언급하시오.

02 토지이용규제기본법상 지형도면의 개념과 작성대상 및 지형도면작성·고시의 효력에 대하여 설명하시오.

03 토지이용규제기본법과 다른 부동산공법과의 관계에 대하여 설명하시오.

■ 단답식 문제 ■

01 중앙행정기관의 장 또는 지방자치단체의 장이 지역 · 지구 등을 지정하는 때에는 지형도면 [(　　　)이 표시된 (　　　　)에 지역 · 지구 등을 명시한 도면]을 작성하는 관보 또는 공보에 고시하여야 한다. 다만, 대통령령이 정하는 경우에는 지형도면을 작성 · 고시하지 아니하거나 (　　　) 등에 지역 · 지구 등을 명시한 도면을 작성하여 고시할 수 있다.

02 지형도면을 고시하여야 하는 지역 · 지구 등의 지정의 효력은 지형도면 등의 고시를 함으로써 효력이 발생한다. 다만, 지역 · 지구 등을 지정하는 때에 지형도면 등의 고시가 곤란한 경우로서 대통령령이 정하는 경우에는 그러하지 아니하며, 이러한 경우에는 지역 · 지구 등의 지정일로부터 (　　　)년이 되는 날까지 지형도면 등을 고시하여야 하며, 지형도면 등의 고시가 없는 경우에는 그 (　　　)년이 되는 날의 (　　　)날부터 그 지정의 효력을 잃는다.

03 토지이용계획확인서는 ① 지역 · 지구 등의 지정내용, ② (　　　　　　　　　　　　), ③ 그 밖에 대통령령이 정하는 사항을 확인하는 서류를 말하며, 시장 · 군수 또는 구청장이 발급한다.

단답식 정답	
	01 지적, 지형도, 저적도
	02 2, 2, 다음
	03 지역 · 지구 등의 행위제한의 내용

제 II 편

부동산공법의 요해

- 주요내용의 비교분석 -

01 토지이용계획의 수립

1. 국토의계획및이용에관한법률

	도시 · 군관리계획	도시 · 군기본계획	광역도시계획
수립권자 및 지정대상 지역	(1) 입안권자 ① 시장 · 군수 ② 국토해양부장관 : 국가계획 또는 2 이상의 시 · 도에 걸친 용도지역 · 지구 · 구역 및 사업 ③ 도지사 : 2 이상의 시 · 군에 걸친 용도지역 · 지구 및 사업 (2) 결정권자 ① 시 · 도지사(또는 대도시시장) ② 국토해양부장관(농림수산식품부장관) : 국토해양부장관이 입안한 경우, 개발제한구역 · 시가화조정구역(수산자원보호구역) 지정 · 변경의 경우 ※ 도시 · 군관리계획은 시 · 군의 관할구역을 대상으로 수립한다.	수립권자 시장 · 군수 : 관할구역에 대하여 수립하여야 한다. 다만 광역도시계획이 수립되어 있는 경우와 인구 10만명 이하인 시 · 군의 경우에는 수립하지 아니할 수 있다. ※ 도시 · 군기본계획은 시 · 군의 관할구역을 대상으로 수립한다.	수립권자 ① 시장 · 군수 공동수립 : 광역계획권이 같은 도의 관할구역에 속한 경우 ② 시 · 도지사의 공동수립 : 광역계획권이 2 이상의 시 · 도에 걸치는 경우 ③ 국토해양부장관 또는 도지사 : 광역계획권지정일로부터 3년 이내에 승인신청이 없는 경우 등 ※ 광역도시계획은 광역계획권(2 이상의 시 · 군 : 국토해양부장관 또는 도지사가 지정)을 대상으로 수립한다.
내 용	시 · 군의 개발 · 정비 및 보전을 위한 토지이용 · 교통 · 환경 · 경관 · 안전 · 산업 · 정보통신 · 보건 · 후생 · 안보 · 문화 등에 관한 계획 ① 지역 · 지구의 지정 · 변경 ② 개발제한구역 · 도시자연공원구역 · 시가화조정구역 및 수산자원 보호구역의 지정 · 변경 ③ 기반시설의 설치 · 정비 · 개량 ④ 도시개발사업 · 정비사업 ⑤ 지구단위계획구역의 지정 · 변경 및 지구단위계획	시 · 군의 기본적인 공간구조와 장기발전방향(정책방향)을 제시하는 종합계획 ① 지역적 특성 및 계획의 방향 · 목표 ② 공간구조, 생활권 설정 및 인구배분 ③ 토지이용 · 개발 및 환경보전 ④ 기반시설 ⑤ 공원 및 녹지 ※ 도시 · 군기본계획에 의하여 용도지역 · 지구를 지정 · 변경할 수 없다.	광역계획권의 장기발전방향(정책방향)제시 ① 광역계획권의 공간구조와 기능분담 ② 광역계획권의 녹지관리체계 및 환경보전 ③ 광역시설 ④ 시 · 군상호간의 기능연계 ※ 광역도시계획에 의하여 용도지역 · 지구를 지정 · 변경할 수 없다.

	도시·군관리계획	도시·군기본계획	광역도시계획
수립절차	(1) 입안절차 ① 주민의 제안 : 기반시설의 설치, 지구단위계획구역의 지정·변경 및 지구단위계획의 수립·변경 ② 기초조사 ③ 주민 및 지방의회의 의견청취 : 주민의견청취를 거치지 않으면 무효(판례) (2) 결정절차 ① 행정기관의 장과의 협의 ② 도시계획위원회의 심의 ③ 결정·고시 ④ 열람 ※ 단위계획기간은 규정이 없다.	① 기초조사 ② 공청회 개최 및 지방의회의 의견청취 ③ 특별시·광역시 도시·군기본계획의 확정 ④ 시·군 도시·군기본계획에 대한 도지사의 승인 : 도시계획위원회의 심의 ⑤ 공고·열람 ※ 단위계획기간은 규정이 없다.	① 기초조사 ② 공청회 개최 및 지방자치단체의 의견청취 ③ 국토해양부장관 또는 도지사의 승인 : 도시계획위원회의 심의 ④ 공고·열람 ※ 단위계획기간은 규정이 없다.
효 력	국민구속적 계획 (1) 효력발생시기 결정·고시일로부터 5일 후 ※ 시장·군수는 5년마다 그 타당성을 검토·정비하여야 한다. (2) 일반적 행위제한(개발행위허가) (3) 용도지역·지구별 행위제한 ① 용도지역별 건축제한 ② 용도지구별 건축제한 ③ 용도구역별 행위제한 (4) 도시·군계획사업의 시행 ① 도시·군계획시설사업 ② 도시개발사업 ③ 정비사업	행정구속적 계획 ※ 시장·군수는 5년마다 그 타당성을 검토·정비하여야 한다. ※ 도시·군기본계획은 광역도시계획에 부합되어야 하며, 그 내용이 다른 때에는 광역도시계획이 우선한다.	행정구속적 계획 광역도시계획 ⇩ 적합 도시·군기본계획 ⇩ 적합 도시·군관리계획 ※ 타당성검토 기간은 규정이 없다.

	지구단위계획	개발제한구역관리계획	단계별진행계획
수립권자 및 수립대상 지역	도시·군관리계획에 의하여 수립한다. ※ 지구단위계획구역을 대상으로 수립한다.	수립권자 : 시·도지사 ※ 개발제한구역을 대상으로 수립한다.	수립권자 ① 시장·군수 ② 국토해양부장관 또는 도지사 : 직접 입안한 도시계획의 경우 ※ 도시·군계획시설사업을 대상으로 수립한다.
내 용	① 용도지역·지구의 세분 ② 기반시설 ③ 구획된 일단의 토지의 규모와 조성	① 구역의 관리의 목표와 기본방향 ② 구역의 현황 및 실태조사 ③ 구역의 토지이용 및 보전	도시·군계획시설사업을 구체적으로 집행하기 위한 계획 ① 재원조달계획 ② 보상계획

	지구단위계획	개발제한구역관리계획	단계별진행계획
내 용	④ 건축물의 용도제한, 건폐율·용적률 및 높이제한 ⑤ 건축물의 배치·형태·색채 등 ※ 지구단위계획에 의하여 용도지역·지구의 세분 및 세분된 자연·지구의 변경은 할 수 있으나, 지역·지구의 지정·변경은 할 수 없다.	④ 도시·군계획시설 ⑤ 취락지구의 지정·정비 등	1단계 집행계획 : 3년 이내에 시행하는 시설사업 2단계 집행계획 : 3년 후에 시행하는 시설사업
수립절차	도시관리계획결정절차에 의한다.	① 수립 ② 국토해양부장관의 승인 ③ 공고 ※ 5년 단위로 수립한다.	① 수립 ② 공고
효 력	지역·지구별 건축제한의 완화 ※ 지구단위계획구역 지정·고시일로부터 3년 이내에 지구단위계획이 결정·고시되지 않으면, 그 다음 날 구역지정의 효력이 상실된다.	시·도지사 및 시장·군수·구청장은 건축물의 설치허가, 토지형질변경허가, 취락지구의 지정 등 개발제한구역을 관리함에 있어서 관리계획에 위반하여서는 아니 된다.	※ 도시·군계획시설결정의 고시일로부터 2년 이내에 수립하여야 한다.

2. 도시개발법·도시및주거환경정비법

	개 발 계 획	도시주거환경정비기본계획
수립권자 및 수립대상 지역	지정권자(시·도지사, 국토해양부장관) : 도시개발구역을 지정하는 자는 구역을 지정하고자 할 때에는 개발계획(그 구역에 대한 도시개발사업에 대한 계획)을 수립하여야 한다. 다만, 자연녹지지역·생산녹지지역(구역지정 면적의 30/100 이하인 경우), 도시지역 외의 지역 등에 구역을 지정하는 때에는 구역지정 후에 개발계획을 수립할 수 있다.	시장 : 특별시장·광역시장 또는 시장은 관할구역에 대하여 도시주거환경기본계획을 10년 단위로 수립하여야 한다. (다만, 서울특별시와 광역시를 제외한 인구 50만명 이상의 대도시가 아닌 경우 도지사가 기본계획의 수립이 필요하다고 인정하는 시를 제외하고 기본계획을 수립하지 아니할 수 있다.)
내 용	① 도시개발구역의 명칭·위치·면적 및 지정목적 ② 도시개발사업의 시행기간·시행자 및 시행방식 ③ 인구수용계획·토지이용계획·교통처리계획 및 환경보전계획 ④ 기반시설설치계획 ⑤ 수용·사용의 대상이 되는 토지 등의 세목 ⑥ 기타 대통령령이 정하는 사항	① 정비사업의 기본방향, 계획기간 ② 인구·건축물·토지이용·정비기반시설·지형 및 환경 등의 현황 ③ 토지이용계획·정비기반시설설치계획 및 교통계획 ④ 정비구역예정구역의 개략적인 범위 ⑤ 건폐율·용적률 등에 관한 건축물의 밀도계획 ⑥ 기타 주거환경 등을 개선하기 위하여 필요한 사항으로서 대통령령이 정하는 사업

	개 발 계 획	도시주거환경정비기본계획
수립절차		① 공람 및 지방의회의 의견청취 ② 도지사의 승인 : 도시계획위원회의 심의 ③ 고시 · 보고
작성기준	① 광역도시계획 또는 도시 · 군기본계획에 부합하여야 한다. ② 면적 330만㎡ 이상인 구역에 대하여는 주거 · 생산 · 교육 · 유통 · 위락 등의 기능이 조화를 이루도록 하여야 한다. ※ 계획의 작성기준 및 방법은 국토해양부장관이 정한다.	※ 계획의 작성기준 및 방법은 국토해양부장관이 정한다.
효 력		시장은 5년마다 그 타당성을 검토 · 반영하여야 한다.

	개발구역지정·고시	정비계획수립및정비구역지정신청 → 정비구역지정·고시
지정권자 및 대상지역	시 · 도지사 등 지정권자는 도시개발구역을 지정한 때에는 일정한 사항을 고시하여야 한다. ① 시 · 도지사(특별시장 · 광역시장 · 도지사 · 특별자치도지사) 또는 대도시시장은 계획적인 도시개발이 필요한 경우 도시개발구역을 지정할 수 있다. ② 다만 국가가 도시개발사업을 실시할 필요가 있는 경우 등의 경우에는 국토해양부장관이 도시개발구역을 지정할 수 있다.	① 시장 · 군수 · 구청장은 기본계획에 적합한 범위안에서 노후불량건축물 밀집지역 등 요건에 해당하는 구역에 대하여 일정한 사항이 포함된 정비계획을 수립하여 시 · 도지사에게 정비구역 지정을 신청하여야 한다(다만, 대도시시장은 시 · 도지사에게 구역지정을 신청하지 아니하고 직접 지정한다). ② 시 · 도지사는 정비구역을 지정한 때에는 정비계획을 포함한 지정내용을 고시하여야 한다.
내 용	① 도시개발구역의 명칭 · 위치 · 면적 및 지정목적 ② 도시개발사업의 시행자, 시행기간 및 시행방법 ③ 토지이용계획 및 기반시설계획 ④ 토지 등의 세목 등 ⑤ 기타 도시 · 군관리계획수립 · 변경에 관한 사항 등	정비계획의 내용은 다음과 같다. ① 정비사업의 명칭 ② 정비구역 및 그 면적 ③ 도시계획시설의 설치 계획, 건축물의 주용도 · 건폐율 · 용적률 높이 및 연면적에 관한 계획 ④ 정비사업시행 예정시기 ⑤ 지구단위계획 : 용도지역 · 지구의 세분 → 변경 ⑥ 기타 사업의 시행에 필요한 사항 등
효 력	도시개발구역이 지정 · 고시되면 그 구역은 지구단위계획구역으로 결정 · 고시된 것으로 본다.	정비구역이 지정 · 고시되면 정비구역 및 정비계획 중 지구단위계획의 내용은 지구단위계획구역 및 지구단위계획으로 결정 · 고시된 것으로 본다.

	환 지 계 획	관리처분계획
작성·인가	① 시행자 작성 ② 시장·군수·구청장의 인가	① 시행자 작성 ② 시장·군수(시장·군수·구청장)의 인가
내 용	① 환지설계 ② 필지별 환지명세 ③ 필지별·권리별 청산대상 토지명세 ④ 체비지·보류지 명세 ⑤ 입체환지를 계획하는 경우 입체환지용 건축물의 명세와 주택공급 등의 방법과 규모 ⑤ 기타 국토해양부령이 정하는 사항	① 분양설계 ② 분양대상자의 주소·성명 ③ 분양대상자별 분양예정인 대지 및 건축물의 추산액 ④ 분양대상자별 종전토지 및 건축물의 명세와 가격 ⑤ 정비사업비의 추산액 및 조합원 부담규모 및 시기 ⑥ 분양대상자의 종전토지·건축물에 관한 소유권 외의 권리명세 ⑦ 세입자별 손실보상을 위한 권리명세 및 그 평가액 ⑧ 기타 대통령령이 정하는 사항 • 현금으로 청산하여야 하는 토지등소유자별 기존 토지·건축물 또는 그 밖의 권리의 명세와 청산방법 • 정비기반시설의 명세 • 보류지 등의 명세와 추산가액 및 처분방법 • 비용의 부담비율에 의한 대지·건축시설의 분양계획 및 비용부담의 한도·방법과 시기 • 기존건축물의 철거예정시기
기 준	① 위치 ② 지목 ③ 면적 ─ 증환지 / 감환지 / 입체환지 / 환지부지정 / 환지지정 등의 제한 ④ 토질 ⑤ 수리 ⑥ 이용상황 ⑦ 환경	① 면적 ─ 증환권 / 감환권 / 입체환지 / 환권부지정 ② 이용상황 ③ 환경
효 력	① 환지처분의 기준 ② 예외적 청산(환지부지정)	① 분양처분의 기준 → 분양권 ② 사용·수익의 정지 ③ 예외적 청산(환권부지정)

02 용도지역·지구별 지정목적 및 행위제한

1. 국토의계획및이용에관한법률

1) 용도지역별 지정목적 및 행위제한

(1) 용도지역별 지정목적

■ 용도지역별 지정목적 ■

용도지역	지정목적(법 제6조)
① 도시지역	인구와 산업이 밀집되어 있거나 밀집이 예상되어 당해 지역에 대하여 체계적인 개발·정비·관리·보전 등이 필요한 지역
② 관리지역	도시지역의 인구와 산업을 수용하기 위하여 도시지역에 준하여 체계적으로 관리하거나 농림업의 진흥, 자연환경 또는 산림의 보전을 위하여 농림지역 또는 자연환경보전지역에 준하여 관리가 필요한 지역
③ 농림지역	도시지역에 속하지 아니하는 농지법에 의한 농업진흥지역 또는 산지관리법에 의한 보전산지 등으로서 농림업의 진흥과 산림의 보전을 위하여 필요한 지역
④ 자연환경보전지역	자연환경·수자원·해안·생태계·상수원 및 문화재의 보전과 수산자원의 보호·육성 등을 위하여 필요한 지역

■ 용도지역의 지정 ■

용도지역	구분지정(법 제36조제1항)	
① 도시지역(제1호)	다음 각 목의 1로 구분하여 지정한다(제1호).	
	주거지역	거주의 안녕과 건전한 생활환경의 보호를 위하여 필요한 지역(가목)
	상업지역	상업 그 밖의 업무의 편익증진을 위하여 필요한 지역(나목)
	공업지역	공업의 편익증진을 위하여 필요한 지역(다목)
	녹지지역	자연환경·농지 및 산림의 보호, 보건위생, 보안과 도시의 무질서한 확산을 방지하기 위하여 녹지의 보전이 필요한 지역(라목)

<table>
<tr><th>용도지역</th><th colspan="2">구분지정(법 제36조제1항)</th></tr>
<tr><td rowspan="4">② 관리지역(제2호)</td><td colspan="2">다음 각 목의 1로 구분하여 지정한다(제2호).</td></tr>
<tr><td>보전관리지역</td><td>자연환경보호, 산림보호, 수질오염방지, 녹지공간 확보 및 생태계 보전 등을 위하여 보전이 필요하나, 주변의 용도지역과의 관계 등을 고려할 때 자연환경보전지역으로 지정하여 관리하기가 곤란한 지역(가목)</td></tr>
<tr><td>생산관리지역</td><td>농업 · 임업 · 어업생산 등을 위하여 관리가 필요하나, 주변의 용도지역과의 관계 등을 고려할 때 농림지역으로 지정하여 관리하기가 곤란한 지역(나목)</td></tr>
<tr><td>계획관리지역</td><td>도시지역으로의 편입이 예상되는 지역 또는 자연환경을 고려하여 제한적인 이용 · 개발을 하려는 지역으로서 계획적 · 체계적인 관리가 필요한 지역(다목)</td></tr>
<tr><td>③ 농림지역(제3호)</td><td colspan="2"></td></tr>
<tr><td>④ 자연환경보전지역(제4호)</td><td colspan="2"></td></tr>
</table>

■ 용도지역의 세분 ■

<table>
<tr><th>용도지역</th><th colspan="2">세분지정(영 제30조)</th></tr>
<tr><td rowspan="8">①
주거지역</td><td>㉠ 전용주거지역</td><td>양호한 주거환경을 보호하기 위하여 필요한 지역</td></tr>
<tr><td>• 제1종전용주거지역</td><td>단독주택 중심의 양호한 주거환경을 보호하기 위하여 필요한 지역</td></tr>
<tr><td>• 제2종전용주거지역</td><td>공동주택 중심의 양호한 주거환경을 보호하기 위하여 필요한 지역</td></tr>
<tr><td>㉡ 일반주거지역</td><td>편리한 주거환경을 조성하기 위하여 필요한 지역</td></tr>
<tr><td>• 제1종일반주거지역</td><td>저층주택을 중심으로 편리한 주거환경을 조성하기 위하여 필요한 지역</td></tr>
<tr><td>• 제2종일반주거지역</td><td>중층주택을 중심으로 편리한 주거환경을 조성하기 위하여 필요한 지역</td></tr>
<tr><td>• 제3종일반주거지역</td><td>중고층주택을 중심으로 편리한 주거환경을 조성하기 위하여 필요한 지역</td></tr>
<tr><td>㉢ 준주거지역</td><td>주거기능을 위주로 이를 지원하는 일부 상업기능 및 업무기능을 보완하기 위하여 필요한 지역</td></tr>
<tr><td rowspan="4">②
상업지역</td><td>㉠ 중심상업지역</td><td>도심 · 부도심의 상업기능 및 업무기능의 확충을 위하여 필요한 지역</td></tr>
<tr><td>㉡ 일반상업지역</td><td>일반적인 상업기능 및 업무기능을 담당하게 하기 위하여 필요한 지역</td></tr>
<tr><td>㉢ 근린상업지역</td><td>근린지역에서의 일용품 및 서비스의 공급을 위하여 필요한 지역</td></tr>
<tr><td>㉣ 유통상업지역</td><td>도시 내 및 지역 간 유통기능의 증진을 위하여 필요한 지역</td></tr>
<tr><td rowspan="3">③
공업지역</td><td>㉠ 전용공업지역</td><td>주로 중화학공업, 공해성 공업 등을 수용하기 위하여 필요한 지역</td></tr>
<tr><td>㉡ 일반공업지역</td><td>환경을 저해하지 아니하는 공업의 배치를 위하여 필요한 지역</td></tr>
<tr><td>㉢ 준공업지역</td><td>경공업 그 밖의 공업을 수용하되, 주거기능 · 상업기능 및 업무기능의 보완이 필요한 지역</td></tr>
<tr><td rowspan="3">④
녹지지역</td><td>㉠ 보전녹지지역</td><td>도시의 자연환경 · 경관 · 산림 및 녹지공간을 보전할 필요가 있는 지역</td></tr>
<tr><td>㉡ 생산녹지지역</td><td>주로 농업적 생산을 위하여 개발을 유보할 필요가 있는 지역</td></tr>
<tr><td>㉢ 자연녹지지역</td><td>도시의 녹지공간의 확보, 도시확산의 방지, 장래 도시용지의 공급 등을 위하여 보전할 필요가 있는 지역으로서 불가피한 경우에 한하여 제한적인 개발이 허용되는 지역</td></tr>
</table>

(2) 용도지역별 건축제한

(a) 용도지역별 건축물의 용도제한

(b) 용도지역별 건폐율

세분된 용도지역		건폐율의 최대한도(영 제84조제1항)
주거지역	제1종전용주거지역	50% 이하
	제2종전용주거지역	50% 이하
	제1종일반주거지역	60% 이하
	제2종일반주거지역	60% 이하
	제3종일반주거지역	50% 이하
	준주거지역	70% 이하
상업지역	중심상업지역	90% 이하
	일반상업지역	80% 이하
	근린상업지역	70% 이하
	유통상업지역	80% 이하
공업지역	전용공업지역	70% 이하
	일반공업지역	70% 이하
	준공업지역	70% 이하
녹지지역	보전녹지지역	20% 이하
	생산녹지지역	20% 이하
	자연녹지지역	20% 이하
관리지역	보전관리지역	20% 이하
	생산관리지역	20% 이하
	계획관리지역	40% 이하
농림지역		20% 이하
자연환경보전지역		20% 이하

(c) 용도지역별 용적률

세분된 용도지역		용적률의 최대한도(영 제85조제1항)
주거지역	제1종전용주거지역	50% 이상 100% 이하
	제2종전용주거지역	100% 이상 150% 이하
	제1종일반주거지역	100% 이상 200% 이하
	제2종일반주거지역	150% 이상 250% 이하
	제3종일반주거지역	200% 이상 300% 이하
	준주거지역	200% 이상 500% 이하

세분된 용도지역		용적률의 최대한도(영 제85조제1항)
상업지역	중심상업지역	400% 이상 1천 500% 이하
	일반상업지역	300% 이상 1천 300% 이하
	근린상업지역	200% 이상 900% 이하
	유통상업지역	200% 이상 1천 100% 이하
공업지역	전용공업지역	150% 이상 300% 이하
	일반공업지역	200% 이상 350% 이하
	준공업지역	200% 이상 400% 이하
녹지지역	보전녹지지역	50% 이상 80% 이하
	생산녹지지역	50% 이상 100% 이하
	자연녹지지역	50% 이상 100% 이하
관리지역	보전관리지역	50% 이상 80% 이하
	생산관리지역	50% 이상 80% 이하
	계획관리지역	50% 이상 100% 이하
농림지역		50% 이상 80% 이하
자연환경보전지역		50% 이상 80% 이하

2) 용도지구별 지정목적 및 행위제한

(1) 용도지구별 지정목적

■ 용도지구의 지정 ■

용도지구	지정목적(법 제37조제1항 및 영 제31조제1항)
① 경관지구	경관을 보호·형성하기 위하여 필요한 지구(제1호)
② 미관지구	미관을 유지하기 위하여 필요한 지구(제2호)
③ 고도지구	쾌적한 환경조성 및 토지의 효율적 이용을 위하여 건축물의 높이의 최저한도 또는 최고한도를 규제할 필요가 있는 지구(제3호)
④ 방화지구	화재의 위험을 예방하기 위하여 필요한 지구(제4호)
⑤ 방재지구	풍수해, 산사태, 지반의 붕괴 그 밖의 재해를 예방하기 위하여 필요한 지구(제5호)
⑥ 보존지구	문화재, 중요 시설물 및 문화적·생태적으로 보존가치가 큰 지역의 보호와 보존을 위하여 필요한 지구(제6호)
⑦ 시설보호지구	학교시설·공용시설·항만 또는 공항의 보호, 업무기능의 효율화, 항공기의 안전운항 등을 위하여 필요한 지구(제7호)
⑧ 취락지구	녹지지역·관리지역·농림지역·자연환경보전지역·개발제한구역 또는 도시자연공원구역의 취락을 정비하기 위한 지구(제8호)
⑨ 개발진흥지구	주거기능·상업기능·공업기능·유통물류기능·관광기능·휴양기능 등을 집중적으로 개발·정비할 필요가 있는 지구(제9호)

용도지구	지정목적(법 제37조제1항 및 영 제31조제1항)
⑩ 특정용도제한지구	주거기능 보호 또는 청소년 보호 등의 목적으로 청소년 유해시설 등 특정시설의 입지를 제한할 필요가 있는 지구(제10호)
⑪ 그 밖에 대통령령으로 정하는 지구	

■ 용도지구의 세분 ■

용도지구	세분지정(영 제31조제2항)	
① 경관지구	㉠ 자연경관지구	산지·구릉지 등 자연경관의 보호 또는 도시의 자연풍치를 유지하기 위하여 필요한 지구
	㉡ 수변경관지구	지역 내 주요 수계의 수변 자연경관을 보호·유지하기 위하여 필요한 지구
	㉢ 시가지경관지구	주거지역의 양호한 환경조성과 시가지의 도시경관을 보호하기 위하여 필요한 지구
② 미관지구	㉠ 중심지미관지구	토지의 이용도가 높은 지역의 미관을 유지·관리하기 위하여 필요한 지구
	㉡ 역사문화미관지구	문화재와 문화적으로 보존가치가 큰 건축물 등의 미관을 유지·관리하기 위하여 필요한 지구
	㉢ 일반미관지구	중심지미관지구 및 역사문화미관지구 외의 지역으로서 미관을 유지·관리하기 위하여 필요한 지구
③ 고도지구	㉠ 최고고도지구	환경과 경관을 보호하고 과밀을 방지하기 위하여 건축물높이의 최고한도를 정할 필요가 있는 지구
	㉡ 최저고도지구	토지이용을 고도화하고 경관을 보호하기 위하여 건축물높이의 최저한도를 정할 필요가 있는 지구
④ 보존지구	㉠ 문화자원보존지구	문화재·전통사찰 등 역사·문화적으로 보존가치가 큰 시설 및 지역의 보호와 보존을 위하여 필요한 지구
	㉡중요시설물보존지구	국방상 또는 안보상 중요한 시설물의 보호와 보존을 위하여 필요한 지구
	㉢ 생태계보존지구	야생동식물서식처 등 생태적으로 보존가치가 큰 지역의 보호와 보존을 위하여 필요한 지구
⑤ 시설보호지구	㉠ 학교시설보호지구	학교의 교육환경을 보호·유지하기 위하여 필요한 지구
	㉡ 공용시설보호지구	공용시설을 보호하고 공공업무기능을 효율화하기 위하여 필요한 지구
	㉢ 항만시설보호지구	항만기능을 효율화하고 항만시설을 관리·운영하기 위하여 필요한 지구
	㉣ 공항시설보호지구	공항시설의 보호와 항공기의 안전운항을 위하여 필요한 지구
⑥ 취락지구	㉠ 자연취락지구	녹지지역·관리지역·농림지역 또는 자연환경보전지역 안의 취락을 정비하기 위하여 필요한 지구
	㉡ 집단취락지구	개발제한구역 안의 취락을 정비하기 위하여 필요한 지구

용도지구	세분지정(영 제31조제2항)	
⑦ 개발진흥지구	㉠ 주거개발진흥지구	주거기능을 중심으로 개발 · 정비할 필요가 있는 지구
	㉡ 산업개발진흥지구	공업기능을 중심으로 개발 · 정비할 필요가 있는 지구
	㉢ 유통개발진흥지구	유통 · 물류기능을 중심으로 개발 · 정비할 필요가 있는 지구
	㉣ 관광 · 휴양개발진흥지구	관광 · 휴양기능을 중심으로 개발 · 정비할 필요가 있는 지구
	㉤ 복합개발진흥지구	주거기능, 공업기능, 유통 · 물류기능 및 관광 · 휴양기능 중 2 이상의 기능을 중심으로 개발 · 정비할 필요가 있는 지구
	㉥ 특정개발진흥지구	주거기능, 공업기능, 유통 · 물류기능 및 관광 · 휴양기능 외의 기능을 중심으로 특정한 목적을 위하여 개발 · 정비할 필요가 있는 지구

(2) 용도지구별 건축제한

<table>
<tr><th colspan="2">용도지구</th><th colspan="3">건축물의 건축제한(영 제72조 내지 제78조)</th></tr>
<tr><td colspan="2">경관지구</td><td colspan="3">도시 · 군계획조례에 의한다.</td></tr>
<tr><td colspan="2">미관지구</td><td colspan="3">도시 · 군계획조례에 의한다.</td></tr>
<tr><td colspan="2">고도지구</td><td colspan="3">도시 · 군관리계획으로 정하는 높이를 초과하거나 미달할 수 없다.</td></tr>
<tr><td colspan="2">방재지구</td><td colspan="3">도시 · 군계획조례에 의한다.</td></tr>
<tr><td colspan="2">보존지구</td><td colspan="3">도시 · 군계획조례에 의한다.</td></tr>
<tr><td rowspan="2">시설보호지구</td><td>학교 · 공용 · 항만 시설보호지구</td><td colspan="3">도시 · 군계획조례에 의한다.</td></tr>
<tr><td>공항시설보호지구</td><td colspan="3">항공법이 정하는 바에 의한다(다만, 용도 · 형태 등의 제한은 도시 · 군계획조례로 정한다).</td></tr>
<tr><td rowspan="3">취락지구</td><td rowspan="3">자연취락지구
[별표23]
※ 4층 이하</td><td colspan="2">허용되는 건축물</td><td rowspan="2">금지되는 건축물</td></tr>
<tr><td>령</td><td>조례</td></tr>
<tr><td>• 단독주택
• 제1종근린생활시설
• 제2종근린생활시설 (휴게음식점, 일반음식점, 단란주점, 안마시술소 제외)</td><td>• 공동주택(아파트제외)
• 제2종근린생활시설 중 휴게음식점, 일반음식점, 안마시술소
• 문화집회시설
• 종교시설
• 판매영업시설 중 농수산물공판장 등
• 의료시설 중 종합병원, 병원, 치과병원, 한방병원
• 교육연구시설
• 노유자시설
• 수련시설
• 숙박시설 (관광지, 관광단지)
• 공장 중 도정공장, 식품공장, 첨단공장 등)</td><td>• 아파트
• 위락시설
• 단란주점</td></tr>
<tr><td>취락지구</td><td>집단취락지구</td><td colspan="3">개발제한구역 특조법령이 정하는 바에 의한다.</td></tr>
</table>

용도지구	건축물의 건축제한(영 제72조 내지 제78조)
개발진흥지구	지구단위계획 또는 관계법률에 의한 개발계획에 위반할 수 없다. (다만, 이러한 계획이 수립되기 전에는 도시 · 군계획조례가 정하는 바에 의한다)
특정용도제한지구	도시 · 군계획조례에 의한다.
기타지구 (방화지구)	도시 · 군계획조례로 정한다.

3) 용도구역별 지정목적 및 행위제한

(1) 용도구역별 지정목적

용도구역	지정목적
① 개발제한구역	• 도시의 무질서한 확산방지 • 도시주변의 자연환경 보전 • 도시민의 건전한 생활환경 확보 • 보안상 도시개발의 제한
② 도시자연공원구역	• 도시의 자연환경 및 경관보호 • 도시민의 건전한 여가 · 휴식공간 제공 • 도시지역 안의 식생이 양호한 산지개발의 제한
③ 시가화조정구역	• 도시지역과 그 주변지역의 무질서한 시가화 방지 • 계획적 · 단계적인 개발도모 • 일정기간 시가화의 유보
④ 수산자원보호구역	• 수산자원의 보호 · 육성 • 공유수면 또는 그에 인접된 토지
⑤ 지구단위계획구역	• 도시 · 군계획수립대상지역의 일부 • 토지이용의 합리화 • 지역의 기능증진, 미관개선 및 양호한 환경확보 • 지역의 체계적 · 계획적 관리

(2) 용도구역별 행위제한

(a) 개발제한구역 안에서의 행위제한

개발제한구역의지정및관리에관한법률이 따로 정하고 있다.

■ 개발제한구역 안에서 허가받아 할 수 있는 행위 ■

동법 제11조제1항 및 제6항	영 제13조~제18조 및 [별표 1]
i) 다음 각 목의 1에 해당하는 건축물 또는 공작물로서 대통령령이 정하는 건축물의 건축 또는 공작물의 설치와 이에 따르는 토지의 형질변경 ㉠ 도로·철도 및 상·하수도 등 공공용시설 ㉡ 축사 및 창고 등 농림수산업을 영위하기 위한 건축물 및 공작물 ㉢ 주택 및 근린생활시설 ㉣ 농로·제방·마을회관 등 구역의 주민이 공동으로 이용하는 시설 ㉤ 실외체육시설 ㉥ 휴양림·수목원 등 도시민의 여가활용을 위한 시설 ㉦ 국방·군사에 관한 시설 ㉧ 학교·폐기물처리시설 및 전기공급시설 등 공익시설	• 철도, 도로 및 광장, 하천 및 운하, 수도 및 하수도, 주차장, 공공공지 및 녹지, 공동구 등 도시계획시설의 설치 • 구역 안에서 농림·수산업에 종사하는 자가 설치하는, 일정한 규모의 축사·퇴비사·잠실·창고·관리용 건축물 등의 설치 • 주택(단독주택)의 신축 : 구역지정 당시부터 지목이 대인 토지(이축된 건축물이 있었던 토지의 경우에는 구역지정 당시부터 그 토지의 소유자와 건축물의 소유자가 다른 경우)와 기존주택(건축물대장에 등재된 것)이 있는 토지에 한한다. • 근린생활시설의 증축 : 주택을 용도변경한 것 및 1999년 6월 24일 이후 신축된 것에 한한다. • 근린생활시설의 신축 : 위 주택의 신축이 가능한 토지에 한한다. • 주민공동이용시설의 설치(농로·제방, 마을공동회관, 농기계수리소 등의 설치)
ii) 구역 안의 건축물로서 취락지구 안으로의 이축	
iii) 구역 안에서의 공익사업(공취법 제3조)의 시행으로 인하여 철거된 건축물의 이축을 위한 이주단지의 조성	
iv) 건축물의 건축을 수반하지 아니하는 토지의 형질변경으로서 영농을 위한 경우 등 대통령령이 정하는 토지의 형질변경	• 농림·수산업을 위한 개간 또는 초지조성 • 농로·임도의 설치를 위한 토지형질변경 • 경작 중인 논·밭의 환토·객토용 토석의 채취 • 논을 밭으로 변경하기 위한 토지형질변경 • 주택 또는 근린생활시설 및 주민공동시설의 진입로 설치를 위한 토지형질변경 • 공익사업시행을 위한 토석의 채취
v) 벌채면적 및 수량 기타 대통령령이 정하는 규모 이상의 죽목의 벌채	• 벌채면적 500m^2 또는 수량 5m^3 이상의 죽목의 벌채
vi) 대통령령이 정하는 범위의 토지의 분할	• 분할 후 각 필지의 면적이 200m^2 이상(지목이 대인 토지를 주택·근린생활시설의 건축을 위하여 분할하는 경우에는 330m^2 이상)
vii) 모래·자갈·토석 등 대통령령이 정하는 물건을 대통령령이 정하는 기간 동안 쌓아놓는 행위	• 중량 50t 초과 또는 부피 50m^3 초과인 모래·자갈·토석·석재·목재·철재·컨테이너·콘크리트제품·드럼통·병 등의 적치
viii) 공공용시설·농림수산업용건축물 등(제1호) 또는 존속 중인 건축물 등(제12조)인 건축물 중 대통령령이 정하는 건축물을 근린생활시설 등 대통령령이 정하는 용도로 용도변경하는 행위	• 주택과 근린생활시설(제조업소 제외 : 주택에서 용도변경되었거나 1999년 6월 24일 이후 신축된 근린생활시설) 간의 용도변경 • 주택을 고아원·양로시설 또는 종교시설로의 용도변경 • 주택을 용도변경한 건축물을 다시 주택으로의 용도변경

■ 개발제한구역 안에서 신고하고 할 수 있는 행위 ■

동법 제11조제2항	영 제19조
주택 및 근린생활시설의 대수선 등 대통령령이 정하는 경미한 행위	• 주택 및 근린생활시설의 증축·개축 및 대수선되는 연면적의 합계가 85㎡ 이하인 경우 • 기존면적을 포함한 연면적의 합계 100㎡ 이하인 주택 및 근린생활시설의 증축·개축 및 대수선 • 일정한 농림수산업용 건축물 또는 공작물의 증축·개축 및 대수선되는 건축면적 또는 바닥면적의 합계가 50㎡ 이하인 경우 • 축사·퇴비사 등의 기존면적을 포함한 연면적의 합계 200㎡ 미만인 증축·개축 및 대수선 • 근린생활시설 상호간의 용도변경. 다만, 휴게음식점·일반음식점 또는 제조업소로 용도변경하는 경우를 제외

(b) 도시자연공원구역 안에서의 행위제한

도시공원및녹지등에 관한법률이 따로 정하고 있다.

(c) 시가화조정구역 안에서의 행위제한

국토의계획및이용에관한법률이 정하고 있다.

■ 시가화조정구역 안에서 허가받아 할 수 있는 행위 ■

법 제81조제2항	영 제88조 및 [별표24]
i) 농림어업용 건축물 그 밖의 시설의 건축	• 농림어업을 영위하는 자에 의한 축사·퇴비사·잠실·창고·생산시설·관리용건축물·양어장의 건축
ii) 마을공동시설, 공익시설·공공시설, 광공업 등 주민생활시설의 설치	• 주택의 증축(기존면적 포함 100㎡ 이하) 및 그 부속건축물의 건축(기존면적 포함 33㎡ 이하) • 농로·제방, 새마을회관의 설치 • 기존정비소의 증축·이축 • 공익사업을 위한 시설의 설치 • 광공업 등을 위한 건축물·공작물의 설치 • 기존건축물의 개축·재축 및 대수선(동일용도 및 동일규모안) • 일정한 용도변경(구역 안에서 신축이 허용되는 건축물로의 변경, 공장의 업종변경, 구역 안에서 신축이 금지된 시설의 용도를 근린생활시설·종교시설로의 변경)
iii) 입목의 벌채, 조림, 육림, 토석의 채취 등의 행위	• 입목의 벌채, 조림, 육림, 토석의 채취 • 위(제1호 및 제2호)의 건축 행위를 위한 토지의 형질변경 등 • 토지의 합병·분할

(d) 수산자원보호구역 안에서의 행위제한

수산업법이 따로 정하고 있다(수산자원관리법 제51조~제52조)

4) 개발행위허가

■ 개발행위허가의 대상행위 ■

법 제56조제1항	영 제51조
① 건축물의 건축	건축법 제2조제1항제2호의 규정에 의한 건축물의 건축
② 공작물의 설치	인공을 가하여 제작한 시설물(건축법 제2조제1항제2호의 규정에 의한 건축물을 제외한다)의 설치
③ 토지의 형질 변경	절토 · 성토 · 정지 · 포장 등의 방법으로 토지의 형상을 변경하는 행위와 공유수면의 매립(경작을 위한 토지의 형질변경을 제외한다)
④ 토석채취	흙 · 모래 · 자갈 · 바위 등의 토석을 채취하는 행위. 다만, 토지의 형질변경을 목적으로 하는 것을 제외한다.
⑤ 토지분할	다음 각 목의 1에 해당하는 토지의 분할(건축법 제57조의 규정에 의한 건축물이 있는 대지를 제외한다) • 녹지지역 · 관리지역 · 농림지역 및 자연환경보전지역 안에서 관계 법령에 의한 허가 · 인가 등을 받지 아니하고 행하는 토지의 분할 • 건축법 제57조제1항의 규정에 의한 분할제한면적 미만으로의 토지의 분할 • 관계 법령에 의한 허가 · 인가 등을 받지 아니하고 행하는 너비 5m 이하로의 토지의 분할
⑥ 물건을 쌓아놓는 행위	녹지지역 · 관리지역 또는 자연환경보전지역 안에서 건축물의 울타리 안(적법한 절차에 의하여 조성된 대지에 한한다)에 위치하지 아니한 토지에 물건을 1월 이상 쌓아놓는 행위

■ 개발행위허가의 규모 ■

용도지역	토지형질변경허가의 기준면적
① 도시지역	• 주거지역 · 상업지역 · 자연녹지지역 · 생산녹지지역 : 1만㎡ 미만 • 공업지역 : 3만㎡ 미만 • 보전녹지지역 : 5천㎡ 미만
② 관리지역	3만㎡ 미만
③ 농림지역	3만㎡ 미만
④ 자연환경보전지역	5천㎡ 미만

2. 산지관리법 및 농지법

1) 보전산지 및 농업진흥지역의 지정목적 및 행위제한

<table>
<tr><th>용도지역</th><th colspan="2">지역의 세분 및 지정목적</th><th>행위제한</th></tr>
<tr><td rowspan="3">보전산지
※ 산림청장이 지정 · 고시</td><td colspan="2">산지의 보전 · 관리</td><td>전용제한</td></tr>
<tr><td>임업용산지</td><td>산림자원의 조성, 임업경영기반 구축 등 임업생산기능 증진 / 요존국유림, 채종림, 시험림, 임업진흥권역</td><td>전용허가대상
• 농림어업용시설의 설치
• 농림어업용주택(부지 660㎡ 미만) 및 종교시설의 설치
• 산림경영관리사(부지 200㎡ 미만)의 설치
• 묘지 · 화장시설 · 봉안시설의 설치</td></tr>
<tr><td>공익용산지</td><td>임업생산과 함께 재해방지 · 수원보호 · 자연경관보전, 국민보건휴양증진 등 산림의 공익기능증진 /산림보호구역, 자연휴양림, 사방지, 산지전용제한지역, 공원, 문화재보호구역, 개발제한구역, 보전녹지지역, 상수원보호구역 등</td><td>전용허가대상
• 농림어업용시설의 설치
• 농림어업용주택 및 종교시설의 증 · 개축
• 산림경영관리사의 설치</td></tr>
<tr><td rowspan="3">농업진흥지역

※ 시 · 도지사가 농림수산식품부장관의 승인을 얻어 지정 · 고시</td><td colspan="2">농지의 효율적 이용 · 보전</td><td>전용제한</td></tr>
<tr><td>농업진흥구역</td><td>농업의 진흥도모, 농지가 집단화되어 농업목적으로 이용하는 것이 필요한 지역</td><td>① 농업생산 · 농지개량과 직접 관련되지 아니한 토지이용행위 금지
② 예외적 허용행위
• 농수산물가공처리시설
• 마을회관 등 농업인 공동편익 시설
• 농업인 주택, 어업인 주택
• 농업 · 축산업 · 어업용 시설
• 도로 기타 공공시설</td></tr>
<tr><td>농업보호구역</td><td>농업진흥구역의 용수원확보, 수질보전 등 농업환경의 보호</td><td>① 원칙적 금지
② 예외적 허용행위
• 농업진흥구역 안에서 허용되는 행위
• 농업인 소득증대, 생활여건개선을 위하여 필요한 시설의 설치</td></tr>
</table>

2) 산지 및 농지에서의 전용제한

<table>
<tr><td rowspan="4">산지 전용 등</td><td rowspan="2">산지 전용허가</td><td>허가대상</td><td>산지전용을 하고자 하는 자는 그 용도를 정하여 산림청장의 허가를 받아야 한다.</td></tr>
<tr><td>신고대상 행위</td><td>• 임도 · 산림경영관리사
• 수목원 · 자연휴양림 기타 산림공익시설
• 농림어업인 주택, 간이농림어업용시설</td></tr>
<tr><td rowspan="2">토석 및 토사채취 허가 및 신고</td><td>토석채취 허가</td><td>산지 안에서 토석을 굴취 · 채취하고자 하는 자는 산림청장의 허가를 받아야 한다.</td></tr>
<tr><td>토사채취 신고</td><td>산지에서 객토용 기타 토사를 굴취 · 채취하고자 하는 자는 산림청장에게 신고하여야 한다.</td></tr>
<tr><td>농지 전용</td><td>농지 전용허가</td><td>허가대상</td><td>농지를 전용하고자 하는 자는 농림수산식품부장관의 허가를 받아야 한다. 단, 규모에 따라 시 · 도지사(농업진흥지역 안 3천㎡ 이상 3만㎡ 미만, 농업진흥지역 밖 3만㎡ 이상 20만㎡ 미만) 또는 시장 · 군수 · 구청장(농업진흥지역 안 3천㎡ 미만, 농업진흥지역 밖 3만㎡ 미만)의 허가</td></tr>
<tr><td rowspan="2">농지 전용</td><td>농지 전용허가</td><td>허가의 범위 (제한)</td><td>도시지역 · 계획관리지역 및 개발진흥지구 안의 농지를 제외하고는 다음 시설의 부지로 사용하는 경우에는 그 전용을 허가할 수 없다.
• 대기오염물질배출시설, 폐수배출시설
• 농업진흥 · 농지보전저해시설</td></tr>
<tr><td>전용신고</td><td>신고대상 행위</td><td>농지를 다음 시설의 부지로 전용하고자 하는 자는 시장 · 군수 · 구청장에게 신고하여야 한다.
• 농업인 주택, 어업인 주택, 농축산업용 시설, 농수산물유통 · 가공시설
• 어린이놀이터 · 마을회관 등 농업인 공동편익시설
• 농수산관련연구시설, 양어장 · 양식장 등 어업용 시설</td></tr>
</table>

3. 2 이상의 용도지역 · 지구에 걸치는 경우

		국토의계획및이용에관한법률 (행위제한 → 개발행위허가)	건축법(건축제한)
원칙	요건	• 하나의 대지 둘 이상의 용도지역 · 지구 또는 구역에 걸치는 경우	• 대지가 둘 이상의 지역 · 지구(녹지지역 및 방화지구 제외) 또는 구역에 걸치는 경우
	효과	그 대지 중 그 부분의 규모가 330㎡ 이하(단, 도로변에 띠모양으로 지정된 상업지역에 걸쳐 있는 대지의 경우 660㎡)인 부분 → 가장 넓은 면적이 속하는 지역 · 지구 또는 구역에 관한 규정을 적용한다.	그 건축물 및 대지 전부 → 그 대지의 과반이 속하는 지역 · 지구 또는 구역 안의 건축물 및 대지 등에 관한 이 법의 규정을 적용한다.
예외	미관지구 · (고도지구)	• 건축물이 미관지구 또는 고도지구에 걸치는 경우	• 건축물이 미관지구에 걸치는 경우
		그 건축물 및 대지 전부 → 미관지구 또는 고도지구 안의 건축물 및 대지에 관한 규정 적용	건축물 및 대지 전부 → 미관지구 안의 건축물 및 대지 등에 관한 이 법의 규정 적용(다만, 건축조례에서 따로 정한 경우에는 예외)
	방화지구	• 하나의 건축물이 방화지구와 그 밖의 용도지역 · 지구 또는 구역에 걸치는 경우	• 하나의 건축물이 방화지구와 그 밖의 구역에 걸치는 경우
		그(건축물)전부 → 방화 · 지구 안의 건축물에 관한 규정 적용(다만, 경계가 방화벽으로 구획되는 경우에는 예외)	그(건축물) 전부 → 방화지구 안의 건축물에 관한 이 법의 규정 적용(다만, 경계가 방화벽으로 구획된 경우에는 예외)
	녹지지역	• 대지가 녹지지역과 그 밖의 용도지역 · 지구 또는 구역에 걸치는 경우	• 대지가 녹지지역과 그 밖의 용도지역 · 지구 또는 구역에 걸치는 경우
		각각의 지역 · 지구 또는 구역 안의 건축물 및 대지에 관한 규정 적용(다만, 녹지지역 안의 건축물이 미관지구 · 고도지구 또는 방화지구에 걸치는 경우에는 위의 규정에 의한다)	각 지역 · 지구 또는 구역 안의 건축물 및 대지에 관한 이 법의 규정 적용(다만, 녹지지역 안의 건축물이 미관지구 또는 방화지구에 걸치는 경우에는 위의 규정에 의한다)

03 부동산개발사업의 시행

1. 도시 · 군계획사업의 대상지역

	도시 · 군계획시설사업	도시개발사업	정비사업
	시 · 군(도시계획시설부지)	도시개발구역	정비구역
지정 권자		① 시 · 도지사(특별시장 · 광역시장 · 도지사 · 특별자치도지사) 또는 대도시시장 ② 국토해양부장관 : 국가가 도시개발사업을 실시할 필요가 있는 경우 등	시 · 도지사(특별시장 · 광역시장 또는 도지사) 또는 대도시시장
지정 대상 지역		① 도시지역 • 주거 · 상업지역 : 1만m² 이상 • 공업지역 : 3만m² 이상 • 자연녹지지역 : 1만m² 이상 • 생산녹지지역(구역면적의 30/100 이하인 경우) : 1만m² 이상 ② 도시지역 밖 : 30만m² 이상 ※ 단, 보전녹지지역에는 구역을 지정할 수 없고, 자연녹지지역 · 생산녹지지역 및 도시지역 외의 지역(관리지역, 농림지역, 자연환경보전지역)에는 원칙적으로 지정할 수 없다 : 자연녹지지역 · 생산녹지지역 및 도시지역 외의 지역은 광역도시계획 또는 도시기본계획상 개발 가능한 용도로 지정된 지역에 한한다(단, 자연녹지지역 및 계획관리지역은 광역 · 기본계획이 수립되지 아니한 경우에도 지정할 수 있다).	노후 · 불량건축물 밀집지역 • 건축물이 훼손되거나 일부가 멸실되어 붕괴 기타 안전사고의 우려가 있는 경우 • 주변토지의 이용상황 등에 비추어 주거환경이 불량한 곳에 소재하는 경우 • 건축물을 철거하고 새로운 건축물을 건설하면 소요비용에 비하여 효용의 현저한 증가가 예상되는 경우 • 도시미관의 저해, 건축물의 기능적 결함, 부실시공 · 노후화로 인하여 철거가 불가피한 경우
지정 절차	기반시설을 설치하기 위한 도시 · 군관리계획의 결정이 있어야 한다.	① 구역지정의 제안 ② 시장(대도시시장 제외) · 군수 · 구청장의 지정요청 ③ 시 · 도지사 또는 대도시시장의 지정	① 시장 · 군수 · 구청장의 정비계획수립 및 구역지정 신청(다만, 대도시 예외 : 구역지정신청 요하지 않는다) ② 시 · 도지사의 지정(다만, 대도시 → 대도시시장의 지정)
지정 의 효력	① 건축허가 금지 ② 장기미집행시설부지 → 매수청구	① 도시지역 및 지구단위계획구역의 지정의제 ② 개발행위허가 ③ 구역지정의 해제의제 구역지정 · 고시일로부터 3년 이내에 사업실시계획인가 신청을 하지 아니한 경우 등	① 지구단위계획구역 및 지구단위계획의 결정 의제 ② 정비계획에 의한 건축제한

2. 도시 · 군계획사업의 시행자 및 시행방법

	도시 · 군계획시설사업	도시개발사업	정비사업
시행자	(1) 행정청 ① 시장 · 군수 ② 국토해양부장관 : 국가계획과 관련되는 경우 ③ 도지사 : 광역계획과 관련되는 경우 (2) 비행정청 사인 등 : 시장 · 군수 등의 지정	(1) 행정청(공공사업주체) : 지정권자의 지정 ① 국가 · 지자체 ② 공공기관(토공, 농공, 수공, 관공, 철공), 정부출연기관 ③ 지방공사 (2) 비행정청(민간사업주체) : 지정권자의 지정 ① 토지소유자 · 조합 ② 수도권 외의 지역으로의 이전법인(공장, 대학) ③ 개발사업능력자(토목 · 토목건축면허법인, 신탁업자), 주택건설등록사업자, 부동산개발업자 ④ 부동산투자회사 (3) 출자법인	① 토지등소유자 · 조합 ② 지자체(시장 · 군수 · 구청장이 직접) ③ 지정개발자 또는 토공 등(토공 · 지공) : 시장 · 군수 · 구청장의 지정
시행방법 및 절차	① 사업실시계획작성 → 시 · 도지사 등의 인가 ② 토지 등의 수용 · 사용	① 사업실시계획작성 → 지정권자의 인가 ② 토지 등의 수용 · 사용 또는 환지	① 사업시행계획작성 → 시장 · 군수 · 구청장의 인가 ② 토지 · 건축물의 환권 또는 환지

3. 정비구역 및 정비사업의 시행

	정비구역		정비사업의 시행		
	기반시설	노후불량 건축물 밀집지역	토지등 소유자	시행자	시행방식
주거환경개선사업	열악	노후불량건축물 밀집지역의 주거환경개선 • 무허가 · 위법의 노후불량건축물 • 개발제한구역 • 철거민정착, 인구의 과도한 밀집지역 ※ 도시저소득주민의 집단적 거주지역	구역 안의 토지 또는 건축물의 소유자 또는 그 지상권자	시장 · 군수	자력, 수용 또는 환지
주택재개발사업	열악	노후불량건축물 밀집지역의 주거환경개선 • 건축대지로서의 효용 저하 • 건축물의 노후불량으로 인한 기능저하 • 철거민정착, 인구의 과도한 밀집지역	구역 안의 토지 또는 건축물의 소유자 또는 그 지상권자	조합(토지등 소유자로 구성된 조합)	환권 또는 환지 /(수용)

	정비구역		정비사업의 시행		
	기반시설	노후불량 건축물 밀집지역	토지등 소유자	시행자	시행방식
주택재건축사업	양호	노후불량건축물 밀집지역의 주거환경개선 • 건축물의 멸실 · 붕괴 등 안전사고의 우려 • 단독주택 200호, 공동주택 300세대 이상, 부지면적 1만㎡ 이상	구역 안의 건축물 및 그 부속토지소유자(다만, 구역 안이 아닌 경우 대통령령이 정하는 주택 및 그 부속토지 소유자 등)	조합(토지등소유자로 구성된 조합)	환권
도시환경정비사업	열악	상업지역 · 공업지역 등으로서 도심 · 부도심 등 도시기능의 회복 · 상권활성화 등이 필요한 지역의 도시환경개선 • 건축대지로서의 효용저하 • 건축물의 노후불량으로 인한 기능저하 • 인구 · 산업의 과도한 집중으로 인한 도시기능의 저하 • 최저고도지구 • 공업지역	구역 안의 토지 또는 건축물의 소유자 또는 그 지상권자	조합 또는 토지등소유자	환권 또는 환지

4. 도시개발조합과 정비사업조합

	도시개발조합	정비사업조합
조합의 설립인가 신청	① 도시개발구역 안의 토지소유자 7인 이상 ② 정관작성 ③ 구역 안의 토지면적 2/3 이상에 해당하는 토지소유자와 토지소유자 총수 1/2 이상의 동의	① 조합설립추진위원회의 구성 • 정비구역지정고시(정비구역이 아닌 구역에서 재건축사업의 경우 사업시행 결정) 후 • 5인 이상의 위원 • 토지등소유자 과반수의 동의 • 시장 · 군수 · 구청장의 승인 ② 정관작성 ③ 토지등소유자의 동의 • 주택재개발사업 · 도시환경정비사업 : 토지등소유자 3/4 이상 및 토지면적의 1/2 이상의 토지등소유자에 해당하는 자의 동의 • 주택재건축사업 : 주택단지 안의 공동주택의 각 동별 구분소유자의 2/3 이상 및 토지면적의 1/2 이상의 토지소유자의 동의와 주택단지 안의 전체 구분소유자의 3/4 이상 및 토지면적의 3/4 이상의 토지소유자의 동의(다만, 주택단지가 아닌 지역이 정비구역에 포함된 때에는 그 지역 안의 토지 또는 건축물 소유자의 3/4 이상 및 토지면적의 2/3 이상의 토지소유자의 동의)
설립인가권자	지정권자	시장 · 군수 · 구청장

	도시개발조합	정비사업조합
구성원의 자격	토지소유자	토지등소유자 • 주택재개발사업 · 도시환경정비사업 : 정비구역 안의 토지 또는 건축물의 소유자 또는 그 지상권자 • 주택재건축사업 : 구역 안의 건축물 및 그 부속토지의 소유자(다만, 정비구역 안이 아닌 구역 안의 경우에는 대통령령이 정하는 주택 및 그 부속토지의 소유자와 부대 · 복리시설 및 그 부속토지의 소유자)
조합의 성립시기	등기시(설립인가일로부터 30일 이내)	등기시(설립인가일로부터 30일 이내)
조합의 법적성격	사단법인	사단법인
비고		※ 사업시행인가 신청 : 미리 총회를 개최하여 조합원 과반수의 동의를 얻어야 한다.

5. 수용방식에 의한 사업시행

■ 공익사업을위한토지등의취득및보상에관한법률에 대한 특례 ■

	도시계획시설사업	도시개발사업	정비사업	주택건설사업
수용의 주체	시행자	시행자	시행자	공공사업주체
사업의 공공성 ① 공익사업 ② 사업인정의제	① 공익사업의제 ② 사업실시계획의 고시→사업인정 및 그 고시의제	① 공익사업의제 ② 토지세목의 고시→사업인정 및 그 고시의제 ※도시개발사업은 수용방식 또는 환지방식에 의한다.	① 공익사업의제 ② 사업시행인가의 고시→사업인정 및 그 고시의제 ※정비사업(주택재개발사업 · 주택재건축사업 · 도시환경정비사업)은 환권방식에 의하나 부분적으로 수용이 인정될 수 있다.	① 공익사업의제 : 공공사업주체가 국민주택을 건설하는 경우 ② 사업계획승인 → 사업인정의제 ※일반적으로 주택건설사업은 수용방식이 인정될 수 없으나, 공공사업주체가 국민주택을 건설하는 경우에는 수용이 인정된다.
목적물의 범위 ① 잔지 수용 · 사용 ② 지대사용	① 공익사업을위한토지등의취득및보상에관한법률에 의한 잔지수용 · 사용이 인정된다. ② 도시계획시설에 인접한 토지등→ 일시사용	① 공취법에 의한 잔지수용 · 사용이 인정될 수 있다.	① 공취법에 의한 잔지수용 · 사용이 인정될 수 있다.	① 공취법에 의한 잔지수용 · 사용이 인정될 수 있다.

	도시계획시설사업	도시개발사업	정비사업	주택건설사업
수용의 주체	시행자	시행자	시행자	공공사업주체
손실보상 ① 사후·현물보상 ② 재결신청기간	① 공익사업을위한토지등의취득및보상에관한법률에의한 사전·현금보상의 원칙에 의한다. ② 사업의 시행기간 내	① 토지상환채권에 의한 보상: 토지소유자가 원하는 경우 사후·현물보상이 인정된다. ② 사업의 시행기간 종료일까지	① 준공인가 이후에 대지·건축물로 현물보상 할 수 있다. ② 사업의 시행기간 내	① 사전·현금보상의 원칙에 의한다. ② 사업기간 내

6. 환지방식과 환권방식에 의한 사업시행

도시개발사업(환지방식)	정비사업(환권방식)
(1) 사업실시계획인가 시행자의 사업실시계획작성 → 지정권자의 인가	(1) 사업시행인가 시행자의 사업시행계획작성 → 시장·군수·구청장의 인가
	(2) 분양신청 ※ 시행자는 사업시행인가고시일(사업시행인가 이후에 시공자를 선정한 경우 시공자와의 계약체결일)부터 60일 이내에 토지등소유자에게 개략적인 부담금내역 및 분양신청기간 등을 통지하여야 한다.
(2) 환지계획인가 ① 환지계획의 의의 ② 시행자의 환지계획작성→시장·군수·구청장의 인가 ③ 환지계획의 기준(위치, 지목, 면적, 토질, 수리, 이용상황, 환경)→증환지, 감환지, 입체환지, 환지부지정 ※ 공공시설용지→기준부적용 ※ 입체환지-과소토지(소유자의 신청) ※ 환지부지정-불용공공시설, 과소토지, 소유자의 신청·동의 • 환지지정 등의 제한	(3) 관리처분계획인가 ① 관리처분계획의 의의 ② 시행자의 관리처분계획 작성→시장·군수·구청장의 인가 ③ 관리처분계획의 기준(면적, 이용상황, 환경)→증환권, 감환권, 입체환지, 환권부지정 ※ 보류지·창설환권 ※ 환권부지정-과소토지등, 구역지정 후 분할된 토지 ④ 관리처분계획인가의 효과 • 관리·처분의 기준 • 철거
④ 환지계획인가의 효력 • 환지처분의 기준 ※ 부지정 → 청산	▶ 사용·수익권의 정지 ※ 부지정 → 청산 • 지상권 등 계약의 해지

도시개발사업(환지방식)	정비사업(환권방식)
(3) 환지예정지 지정 ① 예정지지정의 의의 ② 예정지지정의 절차 ③ 예정지지정의 효력 ▶ 환지예정지지정 전의 토지사용 ▶ 사용수익권의 이동 • 토지소유자 등의 수인의무 ※ 체비지→사용수익 및 처분 • 용익권자와의 관계(임대료증감청구, 계약해지)	
(4) 환지처분 ① 환지처분의 의의 ② 환지처분의 절차 공사완료공고→환지처분 · 공고 ※ 시행자는 준공검사(공사완료공고)후 60일 이내에 환지처분을 하여야 한다. ③ 환지처분의 효과 ▶ 권리변동(소유권의 내용변환) 환지처분의 공고가 있는 경우에는 환지계획에서 정하여진 환지는 그 환지처분공고가 있은 날의 익일부터 종전의 토지로 본다. ※ 환지처분 · 공고일의 익일에 소유권 기타 권리관계의 변동이 발생한다. → 등기없이도 효력발생 ※ 종전토지에 관한 지상권 · 전세권 · 저당권 · 임차권 등은 그 동일성을 유지하면서 새로운 토지로 이동한다. • 행정상 · 재판상의 처분→종전토지에 존속(영향받지 않는다) • 지역권→종전토지에 존속 • 입체환지 : 종전토지에 관한 저당권 → 새로운 건축물로 이전 • 체비지→시행자에게 귀속 • 보류지→환지계획에서 정한 자에게 귀속 ▶ 환지등기 시행자는 환지처분공고일 후 14일 이내에 등기를 촉탁 또는 신청하여야 한다. • 다른 등기의 금지 • 용익권자의 보호 ▶ 청산 · 감가보상	(4) 분양처분 ① 분양처분의 의의 ② 분양처분의 절차 공사완료고시 →분양처분 · 고시 ※ 시행자는 준공인가 및 공사완료고시 후 지체 없이 대지 확정측량을 하고 토지분할절차를 거쳐 분양처분을 하여야 한다(관리처분계획에서 정한 사항을 분양받을 자에게 통지하고 대지 또는 건축물의 소유권을 이전하여야 한다). ③ 분양처분의 효과 ▶ 소유권기타 권리관계의 변동 토지등소유자에게 분양하는 대지 또는 건축물은 도시개발법에 의한 환지로 보며, 보류지와 일반에게 분양하는 대지 또는 건축물은 도시개발법에 의한 보류지 또는 체비지로 본다. ※ 분양처분 · 고시(이전고시)일의 익일에 대지 · 건축물에 대한 소유권을 취득한다. → 등기없이도 효력발생 ※ 종전토지 · 건축물에 관한 지상권 · 전세권 · 저당권 · 등기된 임차권 등은 그 동일성을 유지하면서 새로운 대지 · 건축물로 이전한다. ▶ 분양등기 시행자는 분양처분고시(이전고시) 후 지체 없이 등기를 촉탁 또는 신청하여야 한다. • 다른 등기의 금지 ▶ 청산 • 물상대위

7. 건축법 및 주택법

1) 건축물의 건축 및 주택건설사업의 시행

	건축물의 건축	주택건설사업의 시행
사업 주체	건축주	(1) 단독사업주체 ① 공공사업주체 : 국가 · 지자체 · 공사 등 ② 민간사업주체 : 등록사업자 (2) 공동사업주체 ┌ 토지소유자 · 주택조합 · 고용자 └ 등록사업자
방법 · 절차	(1) 건축허가 ① 특별자치도지사 또는 시장 · 군수 · 구청장의 허가 ② 특별시장 · 광역시장의 허가 : 특별시 · 광역시에서 21층 이상 또는 연면적 10만㎡ 이상의 건축물을 건축하는 경우 도지사의 승인 : 기타 지역에서 위와 같은 대형건축물을 건축하는 경우 등 → 시장 · 군수의 허가 (2) 건축공사의 시행 (3) 사용승인	(1) 사업계획승인 : 시 · 도지사 등의 승인 ※ 20호 이상의 단독주택(330㎡ 이하), 20세대 이상의 공동주택(297㎡ 이하)(도시형 생활주택 30세대 이상) 건설 또는 1만㎡ 이상의 대지조성 → 시 · 도지사의 사업계획승인 ① 대지면적 10만㎡ 이상 → 시 · 도지사(특별시장 · 광역시장 · 도지사 또는 특별자치도지사) 또는 대도시시장의 승인 ② 대지면적 10만㎡ 미만 → 시장 · 군수(특별시장 · 광역시장 · 특별자치도지사 또는 시장 · 군수)의 승인 다만, 도시지역 중 상업지역(유통상업지역 제외) · 준주거지역 안에서 300세대 미만의 주택과 주택 외의 시설을 동일 건축물(주택규모 297㎡ 이하, 주택면적의 비율 90% 미만)로 건축하는 경우 등 → 특별자치도지사 또는 시장 · 군수 · 구청장의 건축허가 (2) 토지 등의 수용 ① 공공사업주체가 국민주택을 건설하는 경우 → 토지 등의 수용 · 사용 ② 기타 → 민법(계약)에 의한 토지취득 (3) 사업의 시행 (4) 사용검사
	용 도 변 경	
	① 용도변경허가 어느 시설군에 속하는 건축물의 용도를 상위군에 해당하는 용도로 변경하는 경우 ② 예외적 신고대상 어느 시설군에 속하는 건축물의 용도를 하위군에 해당하는 용도로 변경하는 경우 ③ 건축물대장 기재사항 변경신청 동일한 시설군 내에서 용도를 변경하는 경우	

2) 건축법의 적용범위와 건축허가의 대상

	건축법(요건)의 적용범위	건축허가(절차)의 대상
지 역	(1) 전면적 적용 → 건축법 전부 적용 ① 도시지역, 지구단위계획구역 ② 동 또는 읍(다만, 섬의 경우 인구 500인 이상) (2) 일면적 적용 ※ 위 지역 이외의 지역 → 대지와 도로의 관계, 건축선에 의한 건축제한 등 일부 규정 배제	
물 건	① 건축물 • 문화재, 철도선로시설(운전보안시설, 플랫트홈), 고속도로통행료징수시설 등→ 건축법 부적용 ② 공작물 • 옹벽 · 굴뚝 · 광고탑 등→일부규정 적용 ③ 대지 ④ 건축설비	① 건축물 : 토지에 정착하는 공작물 중 지붕과 기둥 또는 벽이 있는 것과 부수시설물 등
행 위	① 건축 • 신축 • 증축 • 개축 : 내력벽 · 기둥 · 보 또는 지붕틀 중 3 이상 포함 • 재축 • 이전 ② 대수선 : 건축물의 기둥 · 보 · 내력벽 · 주계단 등의 구조 또는 외부형태에 대한 수선 · 변경 · 증설 • 내력벽의 증설 · 해체 또는 그 벽면적 30㎡ 이상 수선 · 변경 • 기둥, 보 또는 지붕틀 중 어느 것의 증설 · 해체 또는 기둥, 보 또는 지붕틀 중 어느 것 3개 이상의 수선 · 변경 • 방화벽, 주계단 등의 증설 · 해체 또는 수선 · 변경 • (미관지구)외부형태 · 담장의 변경 • 다가구 · 다세대주택의 가구 · 세대간 경계벽의 증설 · 해체 또는 수선 · 변경 ③ 리모델링 : 건축물의 노후화 억제 또는 기능향상 등을 위하여 대수선 또는 일부 증축하는 행위 ④ 용도변경 : 사용승인을 받은 건축물을 당초의 용도가 아닌 용도로 사용하는 것	① 건축 : 신축, 증축, 개축, 재축, 이전 → 허가를 받아야 한다. ② 대수선 → 허가 ③ 용도변경 → 허가 또는 신고 ※ 건축신고(신고하면 허가받은 것으로 보는 경우) • 바닥면적 합계 85㎡ 이내의 증축 · 개축 또는 재축 • 관리지역 · 농림지역 · 자연환경보전지역 안에서 연면적 200㎡ 미만, 3층 미만의 건축물의 건축 • 연면적 200㎡ 미만, 3층 미만인 건축물의 대수선 • 주요 구조부의 해체가 없는 등 대통령령으로 정하는 대수선 • 기타 소규모 건축물로서 대통령령이 정하는 건축물의 건축

3) 건축물 및 주택 등의 개념

건 축 물

토지에 정착하는 공작물 중 지붕과 기둥 또는 벽이 있는 것과 이에 부수되는 시설물(대문, 담장 등), 지하 · 고가의 사무소 · 공연장 · 점포 · 차고 · 창고 등

대 지

(1) 1필 1대의 원칙
　지적법에 의하여 각 필지로 구획된 토지
(2) 예외
　① 2 이상의 필지를 하나의 대지로 할 수 있는 경우
　　• 하나의 건축물을 건축하는 경우
　　• 합병이 불가능한 경우
　　• 도시계획시설결정 부지
　　• 주택법에 의한 주택단지
　　• 도로의 지표하
　　• 합필조건
　② 1 이상의 필지의 일부를 하나의 대지로 할 수 있는 경우
　　• 도시계획시설결정 부지
　　• 농지전용허가, 산지전용허가, 개발행위허가(토지형질변경허가)
　　• 분필조건

도 로

보행 및 자동차통행이 가능한 4m 이상의 도로
※ 대지와 도로와의 관계 : 미달도로(소요너비 4m미만) → 건축선(후퇴)→대지면적(축소)→건폐율 · 용적률 적용에 의한 건축물의 규모(축소)

주 택

세대의 세대원이 장기간 독립된 주거생활을 영위할 수 있는 구조로 된 건축물 또는 그 일부 및 그 부속토지
(1) 구조에 의한 분류
　① 단독주택
　※ 건축법령(영 제3조의4 및 별표1제1호)
　　• 단독주택
　　• 다중주택 : 학생 · 직장인 등 다수인이 장기간 거주할 수 있는 구조로 된 주택으로서 연면적 330㎡ 이하, 층수 3층 이하이며 독립된 주거형태가 아닌 것
　　• 다가구주택 : 주택으로 쓰이는 층수가 3개층 이하이고 바닥면적합계 660㎡ 이하이며 19세대 이하가 거주할 수 있는 것으로서 공동주택에 해당하지 않는 것
　　• 공관
　② 공동주택
　※ 건축법령(영 제3조의4 및 별표1제2호)
　　• 아파트 : 주택으로 쓰이는 층수가 5개층 이상인 주택
　　• 연립주택 : 주택으로 쓰이는 1개동의 바닥면적의 합계가 660㎡를 초과하고 층수가 4개층 이하인 주택
　　• 다세대주택 : 주택으로 쓰이는 1개동의 바닥면적의 합계가 660㎡ 이하이고 층수가 4개층 이하인 주택
　　• 기숙사
　※ 주택법령
　　공동주택의 종류와 범위는 건축법시행령(제3조의4 및 별표1제2호)이 정하는 바에 의한다(영 제2조).
(2) 자금지원에 의한 분류
　※ 주택법령
　① 국민주택 : 국민주택기금에 의한 자금을 지원받아 건설 · 개량되는 주택으로서 주거전용면적이 85㎡ 이하인 주택
　　• 국민주택 등 : 국민주택 + 공공사업주체가 건설하는 85㎡ 이하의 주택 및 공공건설임대주택
　　• 민간건설 중형국민주택
　② 민영주택 : 국민주택 등을 제외한 주택
　③ 도시형 생활주택 : 300세대 미만의 국민주택 규모에 해당하는 주택(단지형 연립주택, 단지형 다세대주택, 원룸형 주택)

8. 토지에의 출입 등

근거법령	출입권자	출입요건/절차	효력
국토의계획및이용에관한법률	행정청(국토해양부장관, 시·도지사, 시장·군수)	도시계획·광역도시계획에 관한 기초조사, 개발밀도관리구역, 기반시설부담구역, 기반시설설치계획에 관한 기초조사, 지가의 동향 및 토지거래의 상황에 관한 조사를 위하여 필요한 때/통지(3일 전)	(1) 타인 토지에의 출입 타인의 토지에 출입하거나 타인의 토지를 재료적치장 또는 임시통로로 일시 사용할 수 있다. → 토지점유자의 수인의무
		특히 필요한 경우/동의+통지	(2) 장애물변경·제거 나무·흙·돌 그 밖의 장애물을 변경·제거할 수 있다. → 토지점유자의 수인 의무
			(3) 손실보상 손실을 받은 자가 있는 때에는 그 행위자가 속한 행정청이 손실을 보상하여야 한다. ① 협의 : 손실을 보상할 자와 손실을 받은 자가 협의하여야 한다. ② 재결신청 : 협의가 성립되지 아니하거나 협의할 수 없을 때에는 • 손실을 보상할 자와 손실을 입은 자가 관할 토지수용위원회에 재결을 신청할 수 있다. • 관할 토지수용위원회에 재결에 불복할 때에는 중앙토지수용위원회에 이의신청을 할 수 있다. ③ 행정소송 : 중앙토지수용위원회의 재결에 불복할 때에는 행정소송을 제기할 수 있다.
	도시계획시설사업의 시행자	도시계획시설사업에 관한 조사·측량 또는 시행을 위하여 필요한 때/통지(단, 비행정청은 허가)	(1) 타인토지에의 출입 타인의 토지에 출입하거나 타인의 토지를 재료적치장 또는 임시통로로 일시 사용할 수 있다.
		특히 필요한 때, 동의+통지(단, 비행정청은 허가)	(2) 장애물변경·제거 나무·흙·돌 그 밖의 장애물을 변경·제거할 수 있다
			(3) 손실보상 사업의 시행자가 손실을 보상하여야 한다. ① 협의 ② 재결신청 • 관할 토지수용위원회 • 중앙토지수용위원회 ③ 행정소송
도시개발법	도시개발사업의 시행자(지정될 수 있는 자)	도시개발구역의 지정, 도시개발사업에 관한 조사·측량 또는 사업의 시행을 위하여 필요한 때	(1) 타인토지에의 출입
		특히 필요한 때	(2) 장애물변경·제거
			(3) 손실보상 시행자가 그 손실을 보상하여야 한다. ① 협의 ② 재결신청 ③ 행정소송
주택법	공공사업주체(국가, 지자체, 공사)	사업계획의 작성을 위한 조사·측량을 하거나 국민주택사업을 시행할 때	(1) 타인토지에의 출입 (2) 장애물·변경제거
			(3) 손실보상

9. 이의신청 · 행정심판

근거법령	내 용	
국토의계획및이용에관한법률(개발제한구역특조법)	① 도시관리계획결정	• 행정심판법에 의한 행정심판을 제기할 수 있다고 해석된다.
	② 토지거래허가신청에 대한 처분	• 이의가 있는 자는 그 처분을 받은 날로부터 1개월 이내에 시장 · 군수 · 구청장에게 이의를 신청할 수 있다.
	③ 도시계획시설사업시행자의 처분	• 행정심판법에 의하여 행정심판을 제기할 수 있다. 다만, 행정청이 아닌 시행자의 처분에 대하여는 시행자를 지정한 자에게 제기하여야 한다.
	④ 개발제한구역 내 토지의 매수청구 및 훼손부담금	• 매수여부의 결정 및 매수가격에 이의가 있거나 부담금의 부과징수에 대하여 이의가 있는 자는 중앙토지수용위원회에 이의신청을 할 수 있다.
도시개발법	도시개발사업시행자의 처분	• 불복이 있는 자는 행정심판법에 의하여 행정심판을 제기할 수 있다. 다만, 행정청이 아닌 시행자의 처분에 대하여는 지정권자에게 제기하여야 한다.
농지법	대리경작자지정 예고	• 이의가 있는 농지 소유권자 · 임차권자는 지정예고를 받은 날로부터 10일 이내에 시장 · 군수 · 구청장에게 이의를 신청할 수 있다.
국토의계획및이용에관한법률 · 도시개발법	타인토지에의 출입 등	• 타인토지에의 출입 또는 장애물변경 · 제거로 인한 손실보상에 대하여는 손실을 보상할 자와 손실을 받은 자가 협의하여야 한다. • 협의가 성립되지 아니하는 경우에는 당사자가 관할 토지수용위원회에 재결을 신청할 수 있다. • 관할 토지수용위원회의 재결에 불복할 때에는 중앙토지수용위원회에 이의신청을 할 수 있으며, 중앙토지수용위원회의 재결에 불복할 때에는 행정소송을 제기할 수 있다.
도시및주거환경정비법	임시수용시설의 설치 등	• 주거환경개선사업 · 주택재개발사업의 시행으로 철거되는 주택의 소유자 또는 세입자에 대하여 공공단체 또는 개인의 시설이나 토지를 일시 사용함으로써 손실을 받은 자가 있는 경우에는 시행자는 그 손실을 받은 자와 협의하여 손실을 보상하여야 한다. • 협의가 성립되지 아니하는 경우에는 관할 토지수용위원회에 재결을 신청할 수 있다.

04 부동산거래의 제한

■ 토지거래허가제와 주택거래신고제 ■

<table>
<tr><th colspan="2"></th><th>토지거래허가제</th><th>주택거래신고제</th></tr>
<tr><td colspan="2">대상구역</td><td>허가구역의 지정</td><td>신고지역의 지정</td></tr>
<tr><td rowspan="3">지정요건</td><td>지정권자</td><td>국토해양부장관</td><td>국토해양부장관</td></tr>
<tr><td>대상지역</td><td>① 토지의 투기적 거래 성행(우려)
② 지가의 급격한 상승(우려)</td><td>주택에 대한 투기의 성행(우려) → 아파트 거래 신고지역
• 직전월의 아파트의 매매가격 상승률이 1.5% 이상
• 직전월부터 소급하여 3개월간의 아파트의 매매가격상승률이 3% 이상
• 직전월부터 소급하여 1년간의 아파트의 매매가격상승률이 전국의 매매가격상승률의 2배 이상
• 직전월부터 소급하여 3개월간의 월평균 아파트거래량 증가율이 20% 이상인 지역
• 시장·군수·구청장이 주택투기가 성행할 우려가 있다고 판단하여 지정을 요청</td></tr>
<tr><td>지정기간</td><td>5년 이내의 기간</td><td></td></tr>
<tr><td colspan="2">지정절차</td><td>① 지가동향조사
② 중앙도시계획위원회의 심의
③ 지정·공고
④ 통지·열람</td><td>① 주택정책심의회의 심의
② 지정·고시
③ 통지·열람</td></tr>
<tr><td colspan="2">지정효과</td><td>지정·공고일로부터 5일 후에 효력이 발생한다 → 토지거래계약을 체결하고자 하는 자는 허가를 받아야 한다.</td><td>주택거래계약을 체결한 자는 계약 체결일로부터 15일 이내에 신고하여야 한다.</td></tr>
<tr><td colspan="2">거래계약</td><td>토지거래계약의 허가</td><td>주택거래계약의 신고</td></tr>
<tr><td rowspan="2">요건</td><td>허가·신고권자</td><td>시장·군수·구청장의 허가</td><td>시장·군수·구청장에게 신고</td></tr>
<tr><td>대상권리</td><td>토지에 관한 소유권·지상권 및 그러한 권리의 취득을 목적으로 하는 권리를 대가를 받고 이전 또는 설정하는 계약 및 그 예약 → 매매·교환은 해당되나, 증여·상속·수용 등은 포함되지 않으며, 지상권설정은 해당되나, 전세권·저당권설정, 임대차 등은 포함되지 않는다.</td><td>주택(공동주택 : 아파트)에 관한 소유권을 이전하는 계약(대가가 있는 경우에 한하며, 신규주택을 취득하는 경우를 제외한다) → 매매·교환은 해당되나, 증여·상속·수용 등은 포함되지 않으며, 전세권·저당권설정, 임대차 등도 포함되지 않는다.</td></tr>
</table>

		토지거래허가제	주택거래신고제
요건	대상물건(규모)	① 도시지역 • 주거지역 180㎡ 이하 • 상업지역 200㎡ 이하 • 공업지역 660㎡ 이하 • 녹지지역 100㎡ 이하 • 용도지역의 지정이 없는 구역 90㎡ 이하 ② 도시지역 외의 지역 250㎡ 이하. 다만, 농지 500㎡ 이하, 임야 1,000㎡ 이하	공동주택 중 아파트
요건	심사기준	① 실수요성 • 자기의 거주용 주택용지 • 지역주민의 복지 · 편익시설의 설치 • 농림어업인의 농업 · 축산업 · 임업 · 어업을 위한 경우 • 공익사업시행자가 그 사업의 시행을 위한 경우 • 공익사업용지로 협의양도 · 수용된 자의 대체토지 취득(3년 이내, 종전가격 이하)을 위한 경우 ② 토지이용계획에의 적합성 • 도시계획 등 토지의 이용 및 관리에 관한 계획 • 생태계보전 및 주민의 생활환경 보호 ③ 면적의 적정성	
절차		① 허가신청 → 허가신청서 기재사항 • 당사자의 성명 · 주소 • 토지의 지번 · 지목 · 면적 · 이용상황 및 권리설정현황 • 토지의 정착물인 건축물 · 공작물 및 입목 등에 관한 사항 • 이전 · 설정하고자 하는 권리의 종류 • 계약예정금액 • 토지의 이용에 관한 계획 • 토지취득에 필요한 자금조달계획 ② 허가 또는 불허가처분 시장 · 군수 · 구청장은 허가신청서를 받은 날로부터 민원사무처리기간(민원사무처리에관한법률) 이내에 허가 또는 불허가처분을 하고, 그 신청인에게 허가증을 교부하거나 불허가처분사유를 서면으로 통지하여야 한다(다만, 선매협의절차가 진행 중인 때에는 그 사실을 통지하여야 한다). → 기간 내에 허가 증의 교부 또는 불허가처분사유(또는 선매협의 사실)의 통지가 없으면 그 다음 날에 허가가 있은 것으로 본다.	① 신고사항 • 매수인 및 매도인의 인적사항 • 계약일, 중도금지급일 및 잔금지급일 • 거래대상 주택의 소재지, 지목 및 면적 • 거래대상주택의 종류와 규모 • 주택거래가액 • 거래대상 주택의 취득에 필요한 자금조달계획 • 거래대상 주택의 입주여부에 관한 계획 • 계약의 조건 또는 기한이 있는 경우 그 조건 또는 기한 ② 신고필증의 교부 신고를 받은 시장 · 군수 · 구청장은 그 신고내용 확인 후 신고필증을 신고인에게 즉시 교부하여야 한다. ③ 신고내역조사(보완) • 계약서 및 거래대금지급증명자료 등 관련자료의 제출요구

	토지거래허가제	주택거래신고제
효 과	① 허가거래계약 • 허가구역 안에 있는 토지에 대한 거래계약은 허가를 받고 계약을 체결하여야 그 계약은 물권적 · 채권적 효력이 발생한다. • 허가 받은 자는 그 토지를 허가 받은 목적대로 이용하여야 한다. * 허가받은 목적대로 이용하지 아니하면 이행명령(→이행강제금 : 토지취득가액의 10/100 범위 안 1년에 1회씩 반복부과) 또는 선매의 대상이 될 수 있다. ② 무허가거래계약 허가를 받지 아니하고 체결한 토지거래 계약은 그 효력을 발생하지 아니한다. 다만, 허가 받을 것을 전제로 하고 계약을 체결하고 사후에 허가를 받았다면, 계약체결시에 소급하여 효력을 발생한다(유동적 무효설) ③ 불복절차 • 처분에 대한 이의신청 • 불허가처분을 받은 자의 매수청구권 ④ 다른 법률과의 관계 • 부동산등기특별조치법과의 관계(검인의제) • 농지법과의 관계(농지취득자격증명 의제) ⑤ 불법거래계약 2년 이하의 징역 또는 벌금(계약체결 당시의 개별공시지가에 의한 토지가격의 30%)	① 과세자료로의 활용 시장 · 군수 · 구청장은 신고증명서 발급일로부터 15일 이내에 소재지 세무관서의 장에게 신고사항을 통보하여야 하며, 세무서의 장은 신고사항을 국세 또는 지방세 부과의 과세자료로 활용할 수 있다. ② 다른 법률과의 관계 • 부동산등기특별조치법과의 관계(검인의제) ③ 신고의무위반행위 → 과태료 부과

제 III 편

기출문제 연습

- 공인중개사 시험 -

2007년도 제18회 공인중개사 자격시험 문제
2008년도 제19회 공인중개사 자격시험 문제
2010년도 제21회 공인중개사 자격시험 문제
2011년도 제22회 공인중개사 자격시험 문제

2007년도 제18회 공인중개사 자격시험 문제

- 제3과목 : 부동산공법 -

81. 국토의 계획 및 이용에 관한 법령상 도시관리계획에 관한 설명 중 틀린 것은?

① 주민은 지구단위계획구역의 지정 및 변경에 관한 사항에 대하여 도시관리계획의 입안을 제안할 수 있다.
② 도시관리계획이 도시기본계획과 함께 입안될 수는 없다.
③ 시 · 도지사가 도시관리계획을 결정하고자 하는 때에는 관계행정기관의 장과 미리 협의하여야 한다.
④ 특별시장 · 광역시장 · 시장 또는 군수는 5년마다 관할구역의 도시관리계획에 대하여 그 타당성 여부를 전반적으로 재검토하여 이를 정비하여야 한다.
⑤ 도시관리계획결정은 그 고시가 있은 날부터 5일후에 그 효력이 발생한다.

82. 국토의 계획 및 이용에 관한 법령상 시가화조정구역의 지정에 관한 설명 중 틀린 것은?

① 1제곱킬로미터 이상의 시가화조정구역 지정에 대한 도시관리계획의 결정권자는 건설교통부장관이다.
② 시가화조정구역은 도시지역과 그 주변지역의 무질서한 시가화방지와 계획적 · 단계적인 개발을 도모하기 위하여 지정한다.
③ 시가화유보기간은 5년 이상 20년 이내이다.
④ 시가화조정구역의 지정에 관한 도시관리계획의 결정은 시가화유보기간이 만료된 날의 다음날부터 그 효력을 상실한다.
⑤ 시가화조정구역의 지정에 관한 도시관리계획 결정의 실효(失效)에 대하여는 별도의 고시를 요하지 않는다.

83. 국토의 계획 및 이용에 관한 법령상 용도지역 및 용도지구의 세분이 바르게 연결된 것은? (시 · 도 도시계획조례로 세분하는 경우는 제외함)

① 전용주거지역 - 제1종전용주거지역, 제2종전용주거지역, 제3종전용주거지역
② 보존지구 - 문화자원보존지구, 중요시설물보존지구, 생태계보존지구
③ 고도지구 - 최고고도지구, 최저고도지구, 적정고도지구
④ 경관지구 - 시가지경관지구, 역사문화경관지구, 일반경관지구
⑤ 상업지역 - 전용상업지역, 일반상업지역, 준상업지역

84. 국토의 계획 및 이용에 관한 법령상 용도지역 안에서 용적률 최대한도의 범위가 다르게 규정되어 있는 것은? (특별시 · 광역시 · 시 또는 군의 도시계획조례는 별도로 고려하지 아니함)

① 보전관리지역 ② 생산관리지역
③ 계획관리지역 ④ 농림지역
⑤ 자연환경보전지역

85. 국토의 계획 및 이용에 관한 법령상 개발행위허가의 제한에 관한 설명 중 옳은 것은?

① 제한하고자 하는 자가 건설교통부장관인 경우에는 관할 시장·군수의 의견청취를 요하지 않는다.
② 제한하고자 하는 자가 건설교통부장관인 경우에는 중앙도시계획위원회의 심의를 거치지 아니한다.
③ 제한기간을 연장하는 경우 2회에 한하여 3년 이내로 연장이 가능하다.
④ 지구단위계획구역으로 지정된 지역은 제한기간의 연장이 가능하다.
⑤ 녹지지역으로 수목이 집단적으로 생육하고 있어 보전할 필요가 있는 지역은 제한기간의 연장이 가능하다.

86. 국토의 계획 및 이용에 관한 법령상 지구단위계획 및 지구단위계획구역에 관한 설명 중 틀린 것은?

① 지구단위계획은 제1종과 제2종으로 구분된다.
② 지구단위계획은 도시관리계획으로 결정된다.
③ 관광진흥법에 따라 지정된 관광특구에 대하여 제1종지구 단위계획구역을 지정할 수 있다.
④ 계획관리지역에 위치한 산업개발진흥지구에 대하여 제2 종지구단위계획구역을 지정할 수 있다.
⑤ 택지개발예정지구의 경우 그 일부에 대하여 제1종지구단위계획구역을 지정할 수는 없다.

87. 국토의 계획 및 이용에 관한 법령상 관리지역에 관한 설명 중 틀린 것은?

① 관리지역은 도시지역의 인구와 산업을 수용하기 위해 도시지역에 준하여 체계적으로 관리하거나 농림업의 진흥, 자연환경 또는 산림의 보전을 위해 농림지역 또는 자연환경보전지역에 준하여 관리가 필요한 용도지역이다.
② 국토환경보전을 위하여 필요한 경우 보전관리지역은 자연환경보전지역과 중복하여 지정할 수 있다.
③ 관리지역안의 취락을 정비하기 위하여 취락지구로 지정할 수 있다.
④ 관리지역에서 창고를 건축하는 경우 특별시 · 광역시 · 시 또는 군의 조례가 정하는 높이로 규모 등을 제한할 수 있다.
⑤ 관리지역안에서 농지법에 의한 농업진흥지역으로 지정 · 고시된 지역은 농림지역으로 결정 · 고시된 것으로 본다.

88. 국토의 계획 및 이용에 관한 법령상 도시계획시설부지의 매수청구에 관한 설명 중 옳은 것은?

① 매수청구할 수 있는 토지의 지목은 대(垈)에 한정된다.
② 도시계획시설결정의 고시일부터 10년 이내에 당해 도시계획시설사업이 시행되지 않으면 그 사업의 실시계획인가가 행하여진 경우에도 매수청구할 수 있다.
③ 매수의무자는 매수청구가 있은 날부터 3개월 이내에 매수여부를 결정 · 통지하여야 한다.
④ 매수하기로 결정한 토지는 매수결정을 통지한 날부터 1년 이내에 매수하여야 한다.
⑤ 매수청구를 받은 토지의 매수대금으로 채권을 발행하여 지급할 수 없다.

89. 국토의 계획 및 이용에 관한 법령에 근거하여 실시하는 조사가 아닌 것은 ?

① 지가동향조사
② 주택담보대출 현황조사
③ 토지거래 상황조사
④ 광역도시계획의 수립을 위한 기초조사
⑤ 토지적성평가 등 도시관리계획 입안을 위한 기초조사

90. 국토의 계획 및 이용에 관한 법령상 도시계획시설사업에 관한 설명 중 틀린 것은?

① 도시계획시설사업은 도시계획시설을 설치 · 정비 또는 개량하는 사업을 말한다.
② 시행자는 도시계획시설사업의 효율적 추진을 위해 필요하다고 인정하는 때에는 사업시행대상지역을 2 이상으로 분할하여 시행할 수 있다.
③ 시행자는 도시계획시설사업에 필요한 토지 · 건축물 또는 그 토지에 정착된 물건을 수용 또는 사용할 수 있다.
④ 도시계획시설에 대한 도시관리계획결정의 고시가 있은 때에는 공익사업을 위한 토지 등의 취득 및 보상에 관한 법률에 의한 사업인정 및 그 고시가 있은 것으로 본다.
⑤ 건설교통부장관 또는 시 · 도지사는 시행자에게 기반시설에 필요한 용지확보 등의 조치를 할 것을 조건으로 실시계획을 인가할 수 있다.

91. 국토의 계획 및 이용에 관한 법령상 토지거래계약에 관한 허가구역으로 지정된 지역에서 용도지역별로 토지거래계약의 허가를 요하지 아니하는 면적을 바르게 연결한 것은? (건설교통부장관이 당해 기준면적의 3배의 범위 안에서 따로 정하여 공고한 경우를 제외함)

① 주거지역 : 200제곱미터 이하
② 상업지역 : 250제곱미터 이하
③ 녹지지역 : 100제곱미터 이하
④ 도시지역안에서 주거지역 · 상업지역 · 공업지역 및 녹지 지역의 지정이 없는 구역 : 180제곱미터 이하
⑤ 도시지역외의 지역으로서 농지의 경우 : 1천제곱미터 이하

92. 국토의 계획 및 이용에 관한 법령상 토지거래 계약 허가와 관련된 선매제도에 대한 설명 중 옳은 것은?

① 토지거래계약 허가를 받아 취득한 토지가 이용목적대로 이용되고 있는 경우 당해 토지는 선매 협의매수의 대상이 된다.
② 시장·군수·구청장은 토지거래계약 허가의 신청이 있는 날부터 2월 이내에 선매자를 지정하여 토지소유자에게 통지하여야 한다.
③ 선매자로 지정된 자는 그 지정일부터 15일 이내에 매수가격 등 선매조건을 기재한 서면을 토지소유자에게 통지하여 선매협의를 하여야 한다.
④ 선매자가 토지를 매수하는 경우의 가격은 토지소유자의 매입가격을 기준으로 한다.
⑤ 선매협의가 이루어지지 아니한 때에는 토지거래계약에 관한 허가신청에 대하여 불허가처분을 하여야 한다.

93. 도시개발법령상 토지상환채권에 관한 설명 중 틀린 것은?

① 토지상환채권이란 토지소유자가 원하는 경우 토지등의 매수대금의 일부를 지급하기 위하여 도시개발사업시행으로 조성된 토지·건축물로 상환하는 채권을 말한다.
② 토지상환채권의 발행규모는 그 토지상환채권으로 상환할 토지·건축물이 당해 도시개발사업으로 조성되는 분양토지 또는 분양건축물의 2분의 1을 초과하지 아니하여야 한다.
③ 토지상환채권은 기명식 증권으로 한다.
④ 토지상환채권의 이율은 발행당시의 금융기관의 예금금리 및 부동산 수급상황을 고려하여 발행자가 정한다.
⑤ 토지상환채권은 도시개발사업후 조성된 토지로 상환되므로 이전이 불가능하다.

94. 도시개발법령상 도시개발구역안에서 특별시장·광역시장·시장 또는 군수의 허가를 받아야 하는 행위는? (국토의 계획 및 이용에 관한 법령상 개발행위허가의 대상이 아님을 전제함)

① 농림수산물의 생산에 직접 이용되는 것으로서 비닐하우스의 설치
② 경작을 위한 토지의 형질변경
③ 도시개발구역의 개발에 지장을 주지 아니하고 자연경관을 손상하지 아니하는 범위 안에서의 토석의 채취
④ 도시개발구역 안에 존치하기로 결정된 대지 안에서 물건을 쌓아놓는 행위
⑤ 토지의 분할

95. 도시개발법령상 도시개발조합에 대한 설명 중 옳은 것은?

① 조합원은 도시개발구역안에 소재한 토지 또는 건축물의 소유자 또는 그 지상권자로 한다.
② 조합원의 수가 50인 이상인 조합은 총회의 권한을 대행하게 하기 위하여 대의원회를 두어야 한다.
③ 개발계획의 수립 및 변경은 대의원회가 총회의 권한을 대행할 수 없고 총회의 의결을 거쳐야 한다.
④ 조합의 설립시에는 토지등소유자 5분의 4이상의 동의를 얻어야 한다.
⑤ 도시개발구역안에 거주하는 주민들의 주민대표회의는 조합임원의 선임에 대한 승인권한을 갖는다.

96. 도시개발법령상 도시개발사업의 시행방식에 관한 설명 중 틀린 것은?

① 도시개발사업을 시행하는 지역의 지가가 인근의 다른 지역에 비하여 현저히 높아 환지방식으로 시행하기 어려운 경우에는 수용 또는 사용방식으로 시행하는 것이 일반적이다.
② 대지로서 효용증진과 공공시설의 정비를 위하여 토지의 교환·분합 기타의 구획변경, 지목 또는 형질의 변경이나 공공시설의 설치·변경이 필요한 경우에는 환지방식으로 시행방식을 정할 수 있다.
③ 당해 도시의 주택건설에 필요한 택지 등의 집단적인 조성 또는 공급이 필요한 경우에는 수용 또는 사용방식으로 시행방식을 정할 수 있다.
④ 시행자는 도시개발사업을 수용 또는 사용에 의한 방식과 환지에 의한 방식을 혼용하여 시행하고자 하는 경우에는 수용 또는 사용에 의한 방식이 적용되는 구역과 환지에 의한 방식이 적용되는 구역으로 구분하여 시행할 수 있다.

⑤ 수용 또는 사용에 의한 방식이 적용되는 구역과 환지에 의한 방식이 적용되는 구역으로 사업시행지구를 분할하여 시행하는 경우에는 각 사업지구에서 부담하여야 하는 기반시설의 설치비용 등을 명확히 구분하여 실시계획에 반영하여야 한다.

97. 도시개발법령상 수용 또는 사용방식에 의한 도시개발사업으로 조성된 토지 등을 수의계약의 방법으로 공급할 수 없는 경우는?

① 330제곱미터 이하의 단독주택용지를 공급하는 경우
② 고시된 실시계획에 따라 존치하는 시설물의 유지관리에 필요한 최소한의 토지를 공급하는 경우
③ 토지상환채권에 의하여 토지를 상환하는 경우
④ 토지의 규모 및 형상, 입지조건 등에 비추어 토지이용가치가 현저히 낮은 토지로서 인접토지소유자 등에게 공급하는 것이 불가피하다고 시행자가 인정하는 경우
⑤ 학교용지 · 공공청사용지 등 일반에게 분양할 수 없는 공공시설용지를 국가 · 지방자치단체 기타 법령에 의하여 당해 공공시설을 설치할 수 있는 자에게 공급하는 경우

98. 도시개발법령상 환지처분에 관한 설명 중 <u>틀린</u> 것은?

① 시행자는 환지방식에 의하여 도시개발사업에 관한 공사를 완료한 때에는 지체없이 이를 공고하고 공사관계서류를 일반에게 공람시켜야 한다.
② 도시개발구역안 토지소유자 또는 이해관계인은 공사완료 후 공사관계서류를 일반에게 공람시키는 기간내에 시행자에게 의견서를 제출할 수 있다.
③ 지정권자가 시행자가 아닌 경우에 시행자는 지정권자에 의해 준공검사를 받은 때에는 60일내에 환지처분을 하여야 한다.
④ 시행자가 환지처분을 하고자 하는 때에는 환지계획에서 정한 사항을 토지소유자에게 통지하고 관보 또는 공보에 의하여 이를 공고하여야 한다.
⑤ 입체환지의 처분을 받은 경우 종전의 토지에 대한 저당권은 환지처분의 공고가 있은 다음 날부터 종전의 토지에 존재하는 것으로 본다.

99. 도시 및 주거환경정비법령상 정비계획에 포함되어야 하는 필수적 사항이 <u>아닌</u> 것은? (시 · 도 조례로 정하는 사항이 있는 경우를 제외함)

① 정비사업의 명칭
② 정비구역 및 그 면적
③ 공동이용시설 설치계획
④ 정비사업시행 예정시기
⑤ 정비사업조합 조합원의 권리 · 의무

100. 도시 및 주거환경정비법령상 정비사업의 시행을 위한 조합설립추진위원회(이하 '추진위원회'라 함)에 관한 설명 중 <u>틀린</u> 것은?

① 추진위원회는 토지등소유자 과반수의 동의를 얻어 위원장을 포함한 5인 이상의 위원으로 구성한다.
② 추진위원회를 구성한 경우 건설교통부령이 정하는 방법 및 절차에 따라 시장 · 군수의 승인을 얻어야 한다.
③ 추진위원회는 정비사업전문관리업자를 선정할 수 없다.
④ 추진위원회가 행한 업무와 관련된 권리 · 의무는 조합이 포괄승계한다.
⑤ 토지등소유자는 추진위원회의 운영에 필요한 경비를 운영규정이 정하는 바에 따라 납부하여야 한다.

101. 도시 및 주거환경정비법령상 재건축임대주택의 공급에 관한 설명 중 ( )안에 알맞은 비율과 숫자를 순서대로 나열한 것은?

○ 수도권정비계획법상의 과밀억제권역에서 주택재건축사업을 시행하는 경우 사업시행자는 당해 주택재건축사업으로 증가되는 용적률의 ( ) 이하의 범위안에서 대통령령이 정하는 비율 이상에 해당하는 면적을 임대주택으로 공급하여야 한다. 다만, 건축물 층수 제한 등 건축제한으로 용적률의 완화가 사실상 불가능한 경우에는 증가되는 용적률의 100분의 10이상으로서 용적률 완화

가 가능한 범위까지로 할 수 있다.
○ 한편, 기존 세대수가 ( )세대 미만인 주택재건축사업의 경우에는 임대주택을 공급하지 아니하여도 된다.

① 100분의 25 - 30 ② 100분의 25 - 50
③ 100분의 25 - 100 ④ 100분의 50 - 50
⑤ 100분의 50 - 100

102. 도시 및 주거환경정비법령상의 정비사업시행자 甲은 사업비용과 시행과정에서 발생한 수입의 차액을 토지등소유자에게 부과금으로 부과하였으나 토지등소유자는 체납하였다. 이에 甲은 체납된 부과금 등에 대한 징수를 시장 乙에게 위탁하여 乙이 50억원을 징수한 경우, 법령상 甲이 乙에게 교부하여야 할 금액은?

① 1억원 ② 1억 5천만원 ③ 2억원
④ 2억 5천만원 ⑤ 5억원

103. 도시 및 주거환경정비법령상 아래의 사항을 모두 충족하는 정비사업은?

○ 정비기반시설은 양호하나 노후·불량건축물이 밀집한 지역에서 주거환경을 개선하기 위하여 시행하는 사업
○ 조합이 시행하거나 조합이 조합원 과반수의 동의를 얻어 시장·군수 또는 주택공사등과 공동으로 시행하는 사업

① 주택재건축사업 ② 주택재개발사업
③ 시장정비사업 ④ 주거환경개선사업
⑤ 도시환경정비사업

104. 도시 및 주거환경정비법령상 조합이 시행하는 주택재건축정비사업의 조합원 또는 조합임원의 자격, 직무 등에 관한 설명 중 옳은 것은?

① 토지등소유자는 의무적으로 주택재건축사업의 조합원이 된다.
② 조합장 또는 이사의 자기를 위한 조합과의 계약이나 소송에 관하여는 감사가 조합을 대표한다.
③ 금고 이상의 형의 집행유예를 받고 그 유예기간 중에 있는 자는 조합의 임원이 될 수 있다.
④ 주택법상 투기과열지구 안에서의 주택재건축사업을 위한 조합설립인가후 당해 정비사업의 건축물 또는 토지를 상속으로 인하여 양수한 자는 조합원이 될 수 없다.
⑤ 사업시행자는 조합설립인가후 당해 정비사업의 건축물 또는 토지를 양수한 자로서 조합원의 자격을 취득할 수 없는 자에 대하여는 현금으로 청산할 수 없다.

105. 주택법령상 국민이 쾌적하고 살기 좋은 생활을 영위하게 하기 위하여 건설교통부장관이 설정·공고하는 최저주거기준에 포함되어야 할 사항이 <u>아닌</u> 것은?

① 가구구성별 최소 주거면적
② 용도별 방의 개수
③ 전용부엌·화장실 등 필수적인 설비의 기준
④ 주택의 거래가격
⑤ 안전성·쾌적성 등을 고려한 주택의 구조·성능 및 환경기준

106. 주택법령상 주택건설사업 또는 대지조성사업의 등록에 관한 설명 중 옳은 것은?

① 지방자치단체가 주택건설사업을 시행하고자 하는 경우에는 건설교통부장관에게 등록하여야 한다.
② 한국토지공사가 대지조성사업을 시행하고자 하는 경우에는 건설교통부장관에게 등록하여야 한다.
③ 지방공사가 주택건설사업을 시행하고자 하는 경우에는 건설교통부장관에게 등록하지 않아도 된다.
④ 근로자를 고용하고 있는 고용자가 등록사업자와 공동으로 근로자의 주택을 건설하는 주택건설사업을 시행하고자 하는 경우에는 건설교통부장관에게 등록하여야 한다.
⑤ 대한주택공사가 주택건설사업을 시행하고자 하는 경우에는 건설교통부장관에게 등록하여야 한다.

107. 주택법령상 양도·양수 등이 금지된 증서 또는 지위에 해당하지 <u>않는</u> 것은?(상속·저당의 경우를 제외함)

① 대한주택공사가 발행한 주택상환사채
② 자본금 3억원의 법인으로서 최근 3년간 연평균 200세대의 공동주택 건설실적이 있는 등록사업자가 발행한 주택상환사채
③ 주택법에 의하여 건설·공급되는 주택을 공급받고자 하는 자가 미리 입주금의 일부 또는 전부를 저축한 건설교통부령에 따른 입주자저축의 증서
④ 군수가 발행한 무허가건물확인서 또는 건물철거확인서
⑤ 공공사업의 시행으로 인한 이주대책에 의하여 주택을 공급받을 수 있는 이주대책대상자 확인서

108. 주택법령상 '리모델링'에 관한 설명 중 옳은 것은?
① 리모델링은 건물의 자산가치 또는 기능을 향상시키기 위하여 대수선하거나 신축 또는 증축하는 행위를 말한다.
② 리모델링을 통한 건축물의 증축은 사용검사일로부터 15년이 경과된 국민주택에 대해서만 허용된다.
③ 리모델링을 위해 안전진단을 실시한 결과 주택재건축사업의 시행이 필요하다고 결정된 경우에는 사업시행의 인가 없이도 재건축이 가능하다.
④ 리모델링주택조합이 공동주택단지 전체를 리모델링하기 위해서는 전체 구분소유자 및 의결권의 각 3분의 2 이상의 동의만 얻으면 된다.
⑤ 대한주택공사가 행하는 리모델링에 대해 시·도지사는 감리자를 지정하지 않는다.

109. 주택법령상 공동주택 입주자대표회의의 의결사항에 해당하지 않는 것은?
① 공동주택의 관리규약의 개정
② 아파트단지 내의 주차장 및 승강기의 유지 및 운영기준
③ 공동주택에 대한 리모델링의 제안 및 리모델링의 시행
④ 비용의 지출을 수반하는 공동주택의 안전관리계획의 조정
⑤ 아파트단지 내의 전기·가스설비 및 냉난방설비의 유지 및 운영기준

110. 주택법령상 공동주택의 관리사무소장에 관한 설명 중 틀린 것은?
① 700세대의 아파트단지를 자치관리하고 있는 입주자대표회의는 주택관리사를 관리사무소장으로 배치하여야 한다.
② 400세대 임대주택의 임대사업자는 주택관리사 또는 주택관리사보를 관리사무소장으로 배치하여야 한다.
③ 600세대 공동주택의 주택관리업자는 주택관리사를 관리사무소장으로 배치하여야 한다.
④ 관리사무소장은 그 배치내용과 업무집행에 사용될 직인을 건설교통부장관에게 신고하여야 한다.
⑤ 관리사무소장은 비용지출을 수반하는 공동주택의 장기수선계획의 조정에 관한 업무의 집행을 위하여 입주자대표회의의 의결을 받아야 한다.

111. 주택법령상 주택거래의 신고에 관한 설명 중 틀린 것은?
① 아파트거래신고지역 내에서 주거전용면적이 100제곱미터인 아파트의 거래는 주택거래신고의 대상이 된다.
② 주택거래의 신고는 아파트의 신규분양의 경우를 제외하고는 주택거래계약의 체결일로부터 15일 이내에 관할 시장·군수·구청장에게 하여야 한다.
③ 건설교통부장관이 주택거래신고지역을 지정하기 위해서는 해당지역 관할 시장·군수·구청장의 신청이 있어야 한다.
④ 건설교통부장관은 주택거래신고지역으로 지정하는 날이 속하는 달의 직전월로부터 소급하여 3개월 동안 아파트 매매가격상승률이 3퍼센트 이상인 지역을 주택거래신고지역으로 지정할 수 있다.
⑤ 관할 시장·군수 또는 구청장은 주택에 대한 투기가 성행할 우려가 있다고 판단하는 경우, 그 지역을 주택거래신고지역으로 지정해 줄 것을 건설교통부장관에게 요청할 수 있다.

112. 건축법령상 건축허가에 관한 설명 중 틀린 것은?
① 특별시장의 허가를 받아야 하는 경우도 있다.

② 허가 전에 미리 다른 행정기관의 장과 협의를 하여야 하는 경우도 있다.
③ 위락시설 또는 숙박시설의 경우 주거환경 또는 교육환경 등을 감안하여 허가를 하지 아니할 수도 있다.
④ 건축허가에 앞서 도지사의 사전승인을 얻어야 하는 제도는 규제완화 차원에서 폐지되었다.
⑤ 건축허가를 받으면 다른 관련 법률의 인·허가 등이 의제되기도 한다.

113. 건축법령상 '주요구조부'에 해당되지 않는 것은?
① 내력벽 ② 사이기둥
③ 바닥(최하층바닥은 제외)
④ 지붕틀 ⑤ 주계단

114. 건축법령상 건축에 관한 용어 설명 중 틀린 것은?
① 건축물을 그 주요구조부를 해체하여 동일한 대지안의 다른 위치로 옮기는 것은 '이전'에 해당한다.
② 기존건축물이 있는 대지안에서 건축물의 높이를 증가시키는 것은 '증축'에 해당한다.
③ 기존건축물이 있는 대지안에서 건축물의 층수를 증가시키는 것은 '증축'에 해당한다.
④ 건축물이 재해로 멸실된 경우 그 대지안에 종전과 동일한 규모의 범위안에서 다시 축조하는 것은 '재축'에 해당한다.
⑤ 기존건축물의 전부를 철거하고 그 대지안에 종전과 동일한 규모의 범위안에서 건축물을 다시 축조하는 것은 '개축'에 해당한다.

115. 건축법령상 건축공사현장 안전관리에 관한 설명 중 틀린 것은?
① 건축허가를 받은 자는 건축물의 건축공사를 중단하고 장기간 공사현장을 방치할 경우에는 안전관리조치 등을 할 의무가 있다.
② 허가권자는 일정한 경우에는 장기간 공사현장 방치에 대비하여 미리 안전관리비용 등을 예치하게 할 수 있다.
③ 예치금을 대통령령이 정하는 보증서로 대신할 수 있다.
④ 허가권자는 안전에 위해하다고 판단되는 경우 안전관리를 위한 개선명령을 발할 수 있다.
⑤ 예치금은 반환하여야 하므로 이를 사용하여 대집행을 할 수 없다.

116. 건축법령상 '도로'와 관련된 설명 중 옳은 것은?
① 지형적 조건으로 자동차통행이 불가능하더라도 건축법상의 도로로 되는 경우가 있다.
② 건축법상 모든 도로는 도로라는 특성상 도로법에 의한 신설·변경 고시가 되어야 한다.
③ 주민이 장기간 통행로로 이용하는 사실상의 통로라도 건축법 상의 도로로 되기 위해서는 이해관계인의 동의가 필수적이다.
④ 건축허가권자가 도로의 위치를 지정·공고할 수는 없다.
⑤ 예정도로인 한 건축법상의 도로에 해당될 수 없다.

117. 건축법령상 건축허가의 제한 등에 관한 설명 중 틀린 것은?
① 국토관리상 특히 필요한 경우 허가권자의 건축허가나 허가받은 건축물의 착공이 제한될 수 있다.
② 국방·문화재보존·환경보전에 특히 필요한 경우 허가권자의 건축허가나 허가받은 건축물의 착공이 제한될 수 있다.
③ 국민경제상 특히 필요한 경우 허가권자의 건축허가나 허가받은 건축물의 착공이 제한될 수 있다.
④ 지역계획 또는 도시계획상 특히 필요한 경우 시장·군수·구청장의 건축허가나 허가받은 건축물의 착공이 제한될 수 있다.
⑤ 장기간의 건축제한을 방지하기 위하여 제한기간은 1년 이내로 하며, 이를 연장할 수 없다.

118. 건축법령상 건폐율, 용적률 및 높이제한에 관한 틀린 설명만을 고른 것은?

㉠ 건폐율은 대지면적에 대한 건축면적의 비율이다.
㉡ 용적률은 대지면적에 대한 연면적의 비율이다.
㉢ 건폐율·용적률의 최대한도는 국토의 계획

> 및 이용에 관한 법률에 따르되, 건축법이 그 기준을 완화 또는 강화하여 적용하도록 규정한 경우에는 그에 의한다.
> ㉣ 건축물의 높이제한은 법률과 시행령으로 정해지므로, 조례로 정할 수는 없다.
> ㉤ 240퍼센트의 용적률과 60퍼센트의 건폐율 최대한도를 적용받는다면, 4층을 초과하는 건축물을 건축할 수 없다.

① ㉠, ㉢ ② ㉡, ㉢ ③ ㉢, ㉣
④ ㉣, ㉤ ⑤ ㉢, ㉤

119. 농지법령상 농업진흥지역의 지정 및 운용에 관한 설명 중 틀린 것은?
① 농림부장관은 농지를 효율적으로 이용하고 보전하기 위하여 농업진흥지역을 지정한다.
② 농업진흥지역은 농업진흥구역과 농업보호구역으로 구분하여 지정할 수 있다.
③ 농업보호구역은 농업진흥구역의 용수원 확보, 수질보전 등 농업환경을 보호하기 위하여 필요한 지역에 대하여 지정할 수 있다.
④ 농업진흥지역의 지정은 국토의 계획 및 이용에 관한 법률에 따른 녹지지역 · 관리지역 · 농림지역 및 자연환경보전지역을 대상으로 한다. 다만, 특별시의 녹지지역은 제외한다.
⑤ 시 · 도지사는 국토의 계획 및 이용에 관한 법률에 따라 용도지역을 변경하는 경우(농지의 전용을 수반하는 경우에 한함)에는 농업진흥지역을 해제할 수 있다.

120. 농지법령상 농업진흥지역 밖에서 농지전용신고를 통하여 설치할 수 있는 시설이 아닌 것은?
① 어린이놀이터 · 마을회관
② 경로당 · 보육시설 · 유치원 등 노유자시설
③ 목욕탕 · 구판장 · 운동시설
④ 1가구 1주택인 세대주가 설치하는 세대당 660제곱미터 이하의 농업인 주택
⑤ 농업 · 농촌기본법에 따른 생산자단체가 그 구성원이 생산한 농수산물을 처리하기 위하여 설치하는 농수산물 유통 · 가공시설로 단체당 7천제곱미터 이하인 시설

□ 제3과목 : 부동산공법 해답

81	2	82	5	83	2	84	3	85	4
86	5	87	2	88	1	89	2	90	4
91	3	92	3	93	5	94	5	95	3
96	1	97	1	98	5	99	5	100	3
101	2	102	3	103	1	104	2	105	4
106	3	107	2	108	5	109	1	110	4
111	3	112	4	113	2	114	1	115	5
116	1	117	5	118	4	119	1	120	4

2008년도 제19회 공인중개사 자격시험 문제

- 제3과목 : 부동산공법 -

81. 국토의 계획 및 이용에 관한 법령상 광역도시계획에 관한 설명으로 틀린 것은?

① 광역도시계획은 10년 단위로 수립하여야 한다.
② 도지사가 광역도시계획을 수립하는 때에는 국토해양부장관의 승인을 얻어야 한다.
③ 광역계획권이 같은 도의 관할구역에 속한 경우에는 관할도지사가 광역도시계획을 수립하여야 한다.
④ 광역도시계획을 시 · 도지사가 공동으로 수립하는 경우 그 내용에 관해 서로 협의가 이루어지지 아니하는 때에는 공동 또는 단독으로 국토해양부장관에게 조정을 신청할 수 있다.
⑤ 광역도시계획에 관한 기초조사로 인하여 손실을 받은 자가 있는 때에는 그 행위자가 속한 행정청이 그 손실을 보상하여야 한다.

82. 국토의 계획 및 이용에 관한 법령상 도시기본계획에 관한 설명으로 틀린 것은?

① 도시기본계획은 도시관리계획 수립의 지침이 된다.
② 도시기본계획의 수립기준 등은 대통령령이 정하는 바에 따라 시 · 도지사가 정한다.
③ 시장 또는 군수가 도시기본계획을 수립하는 때에는 미리 당해 시 또는 군의 의회의 의견을 들어야 한다.
④ 특별시장 · 광역시장이 도시기본계획을 수립 또는 변경하는 때에는 국토해양부장관의 승인을 얻어야 한다.
⑤ 시장 또는 군수는 5년마다 관할구역의 도시기본계획에 대하여 그 타당성 여부를 전반적으로 재검토하여 이를 정비하여야 한다.

83. 국토의 계획 및 이용에 관한 법령상 도시관리계획의 수립 등에 관한 설명으로 틀린 것은?

① 도시관리계획의 입안권자는 국토해양부장관, 특별시장 · 광역시장 · 도지사 · 시장 또는 군수(광역시의 군수는 제외)이다.
② 주민은 도시관리계획도서와 계획설명서를 첨부하여 기반시설의 설치에 관한 도시관리계획의 입안을 제안할 수 있다.
③ 도시관리계획의 입안을 위한 절차로서 주민의 의견청취에 관하여 필요한 사항은 대통령령이 정하는 기준에 따라 당해 지방자치단체의 조례로 정한다.
④ 시가화조정구역의 지정에 관한 도시관리계획 결정 당시 이미 사업에 착수한 자는 당해 도시관리계획결정에 관계없이 그 사업을 계속할 수 있다.
⑤ 도지사가 지구단위계획 중 건축물의 배치에 관한 계획을 결정하는 때에는 도에 두는 건축위원회와 도시계획위원회가 공동으로 하는 심의를 거쳐야 한다.

84. 국토의 계획 및 이용에 관한 법령상 용도지역에 관한 설명으로 틀린 것은?

① 도시지역.관리지역.농림지역 또는 자연환경보전지역으로 용도가 지정되지 아니한 지역에 대하여는 건폐율 규정을 적용함에 있어서 자연환경보전지역에 관한 규정을 적용한다.
② 관리지역이 세부용도지역으로 지정되지 아니한 경우 용적률에 대하여는 계획관리지역에 관한 규정을 적용한다.
③ 관리지역 안에서 「농지법」에 의한 농업진흥지역으로 지정 · 고시된 지역은 국토의 계획 및 이용에 관한 법률에 의한 농림지역으로 결정 · 고시된 것으로 본다.
④ 공유수면의 매립목적이 당해 매립구역과 이웃하고 있는 용도지역의 내용과 다른 경우 그 매립구역이 속할 용도지역은 도시관리계획결정으로 지정하여야 한다.
⑤ 「택지개발촉진법」에 의한 택지개발예정지구로 지정 · 고시된 지역은 국토의 계획 및 이용에 관한 법률에 의한 도시지역으로 결정 · 고시된 것으로 본다.

85. 국토의 계획 및 이용에 관한 법령상 개발행위 허가를 요하는 것은?(단, 도시계획조례로 규정한 사항은 제외)
① 경작을 위한 토지의 형질변경
② 도시계획사업에 의한 개발행위
③ 재해복구 또는 재난수습을 위한 응급조치
④ 토지의 형질변경을 목적으로 하지 않는 토석의 채취
⑤ 조성이 완료된 기존 대지에서의 건축물 그 밖의 공작물의 설치를 위한 토지의 굴착

86. 국토의 계획 및 이용에 관한 법령상 토지거래계약허가제에 관한 설명으로 옳은 것은?
① 자기의 거주용 주택용지로 이용하고자 토지거래계약허가를 신청하는 경우에도 이를 허가해서는 안 된다.
② 도시관리계획 등 토지이용계획이 새로이 수립되는 지역은 토지의 투기적 거래나 지가의 급격한 상승이 우려되지 않아도 토지거래계약허가구역으로 지정할 수 있다.
③ 국토해양부장관은 관계 시·도지사로부터의 허가구역지정해제의 요청이 이유 있다고 인정되면 허가구역을 해제할 수 있다.
④ 허가구역안에서의 토지거래계약을 체결하고자 하는 당사자는 공동으로 시·도지사의 허가를 받아야 한다.
⑤ 국토해양부장관은 토지거래계약허가구역을 지정하기 전에 중앙도시계획위원회의 심의를 거쳐야 한다.

87. 국토의 계획 및 이용에 관한 법령상 자연환경보전지역 안에서 건축할 수 있는 건축물은?(단, 도시계획조례로 규정한 사항은 제외)
① 교정 및 군사시설 ② 의료시설
③ 종교시설 ④ 묘지관련시설
⑤ 교육연구시설 중 초등학교

88. 국토의 계획 및 이용에 관한 법령상 각 용도지역에 따른 건폐율과 용적률의 최대한도를 순서대로 바르게 연결한 것은?(단, 도시계획조례로 규정한 사항은 제외)
① 주거지역 : 60 % - 500 %
② 상업지역 : 90 % - 1,200 %
③ 녹지지역 : 20 % - 80 %
④ 계획관리지역 : 40 % - 100 %
⑤ 자연환경보전지역 : 20 % - 60 %

89. K시에 소재하고 있는 甲의 대지는 제2종일반주거지역과 생산녹지지역에 걸쳐 있으면서, 그 총면적은 1,000m^{2}이다. 이 경우 제2종일반주거지역의 건축 가능한 최대연면적이 1,200m^{2}일 때, 甲의 대지 위에 건축할 수 있는 건물의 최대연면적은?(단, K시의 도시계획조례상 생산녹지지역의 용적률은 50%, 제2종일반주거지역의 용적률은 200%, 기타 건축제한은 고려하지 아니함)
① 1,200m^2 ② 1,400m^2 ③ 1,500m^2
④ 1,600m^2 ⑤ 1,800m^2

90. 국토의 계획 및 이용에 관한 법령상 용도구역의 지정에 관한 설명으로 틀린 것은?
① 국토해양부장관은 개발제한구역의 지정을 도시관리계획으로 결정할 수 있다.
② 국토해양부장관은 도시자연공원구역의 지정을 도시관리계획으로 결정할 수 있다.
③ 도시자연공원구역의 지정에 관하여 필요한 사항은 따로 법률로 정한다.
④ 국토해양부장관은 직접 또는 관계 행정기관의 장의 요청을 받아 시가화조정구역의 지정을 도시관리계획으로 결정할 수 있다.
⑤ 농림수산식품부장관은 직접 또는 관계 행정기관의 장의 요청을 받아 수산자원보호구역의 지정을 도시관리계획으로 결정할 수 있다.

91. 국토의 계획 및 이용에 관한 법령에 의하면, 토지거래계약허가를 받은 자가 허가받은 목적에 따른 토지이용의무를 이행하지 아니하고 방치한 경우에는 연 1회씩 이행강제금을 부과한다. 이 경우 매년 신규로 부과하는 이행강제금의 토지취득가액에 대한 비율은?
① 100분의 5 ② 100분의 7 ③ 100분의 10
④ 100분의 12 ⑤ 100분의 15

92. 국토의 계획 및 이용에 관한 법령상 과태료부과 대상에 해당되지 않는 것은?
① 공동구에 수용하여야 하는 시설을 공동구에

수용하지 아니한 경우

② 정당한 사유 없이 광역도시계획에 관한 기초조사를 방해한 경우

③ 도시계획시설사업의 시행자가 감독상 필요한 보고를 허위로 한 경우

④ 개발행위허가를 받은 자가 소속공무원의 그 개발행위에 관한 업무상황의 검사를 거부한 경우

⑤ 공동구의 설치비용을 부담하지 아니한 자가 허가를 받지 않고 공동구를 사용하는 경우

93. 도시개발법령상 개발계획의 수립 등에 관한 설명으로 틀린 것은?

① 자연녹지지역에 도시개발구역을 지정할 때에는 도시개발구역을 지정한 후에 개발계획을 수립할 수 있다.

② 지정권자는 직접 개발계획을 변경할 수는 없고, 관계 중앙행정기관의 장이나 시장·군수·구청장 또는 사업시행자의 요청을 받아 이를 변경할 수 있다.

③ 시행자가 국가나 지방자치단체인 때에는 지정권자는 토지소유자의 동의를 받지 않고 환지방식의 도시개발사업시행을 위한 개발계획을 수립할 수 있다.

④ 문화재보호계획을 변경하는 개발계획의 변경에는 환지방식의 개발계획 수립에 관한 토지소유자의 동의요건이 적용되지 않는다.

⑤ 보건의료시설 및 복지시설의 설치계획도 개발계획에 포함되어야 한다.

94. 도시개발법령상 도시개발사업의 실시계획에 관한 설명으로 틀린 것은?

① 실시계획은 개발계획에 맞게 작성되어야 하고, 지구단위계획이 포함되어야 한다.

② 실시계획 인가신청서를 제출하는 때에는 계획평면도 및 개략설계도도 함께 첨부하여야 한다.

③ 실시계획을 고시한 경우 그 고시된 내용 중 「국토의 계획 및 이용에 관한 법률」에 따라 도시관리계획으로 결정되어야 하는 사항은 같은 법에 따른 도시관리계획이 결정·고시된 것으로 본다.

④ 지정권자가 실시계획을 작성 또는 인가할 때 그 내용에 인·허가등의 의제사항이 있으면 미리 관계 행정기관의 장과 협의하여야 한다.

⑤ 위 ④의 경우 관계 행정기관의 장은 협의 요청을 받은 날부터 60일 이내에 의견을 제출하여야 한다.

95. 도시개발법령상 환지계획에 관한 설명으로 틀린 것은?

① 필지별로 된 환지명세는 환지계획에 포함되어야 한다.

② 환지계획 작성에 따른 환지계획의 기준 등에 관하여 필요한 사항은 시행자가 정한다.

③ 토지평가협의회의 구성 및 운영 등에 필요한 사항은 해당 규약·정관 또는 시행규정으로 정한다.

④ 행정청이 아닌 시행자가 환지계획을 작성한 경우에는 특별자치도지사·시장·군수 또는 자치구청장의 인가를 받아야 한다.

⑤ 시행자는 환지방식이 적용되는 도시개발구역에 있는 조성토지등의 가격을 평가할 때에는 감정평가업자의 평가를 거친 후 토지평가협의회의 심의를 거쳐 결정한다.

96. 도시개발법령상 환지처분에 관한 설명으로 틀린 것은?

① 시행자는 환지방식의 도시개발사업 공사를 끝낸 때에는 지체없이 공사완료 공고를 관보 또는 공보에 하여야 한다.

② 공사완료 공고를 한 때에는 공사설계서·관련도면 등을 14일 이상 일반에게 공람시켜야 한다.

③ 지정권자인 시행자는 국토해양부장관의 준공검사를 받은 후 60일 이내에 환지처분을 하여야 한다.

④ 환지처분의 공고에는 사업비의 정산내역도 포함되어야 한다.

⑤ 환지계획에서 정해진 환지는 그 환지처분의 공고가 있은 날의 다음 날부터 종전의 토지로 본다.

97. 도시개발법령상 체비지에 관한 설명으로 틀린 것은?

① 시행자는 도시개발사업에 필요한 경비 충당을 위해 보류지 중 일부를 체비지로 정할 수 있다.
② 시행자는 도시개발사업에 드는 비용을 충당하기 위해 체비지 용도로 지정된 환지예정지를 사용·수익하게 하거나 처분할 수 있다.
③ 이미 처분된 체비지는 그 체비지를 매입한 자가 소유권 이전등기를 마친 때에 소유권을 취득한다.
④ 지정권자는 도시개발사업의 조성토지등(체비지는 제외)이 그 사용으로 인하여 사업시행에 지장이 없는 경우에는 준공 전에 사용허가를 할 수 있다.
⑤ 시행자는 준공 전에는 지정권자의 사용허가를 받지 아니하고는 조성토지인 체비지를 사용할 수 없다.

98. 도시개발법령상 도시개발사업에 필요한 비용에 관한 설명으로 틀린 것은?
① 원칙적으로 시행자가 부담한다.
② 이익을 받는 다른 지방자치단체가 비용의 일부를 부담할 수도 있다.
③ 이익을 받는 다른 공공시설관리자가 비용의 일부를 부담할 수도 있다.
④ 전부환지방식으로 도시개발사업을 시행하는 경우에는 전기시설공급자와 지중선로설치요청자가 각각 2분의 1의 비율로 부담한다.
⑤ 시행자가 행정청인 경우에는 그 비용의 전부를 국고에서 보조하거나 융자할 수 있다.

99. 도시 및 주거환경정비법령상 다음 ( )에 들어갈 내용으로 옳은 것은?

주거환경개선사업은 정비구역 지정고시일 현재 토지등 소유자의 (ㄱ) 이상의 동의와 세입자 세대수 (ㄴ)의 동의를 각각 얻어 시장·군수가 직접 시행하거나 주택공사 등을 사업시행자로 지정하여 이를 시행하게 할 수 있다. 다만, 세입자의 세대수가 토지등소유자의 (ㄷ) 이하인 경우 등 대통령령이 정하는 사유가 있는 경우에는 세입자의 동의절차를 거치지 아니할 수 있다.

(ㄱ) (ㄴ) (ㄷ)
① 2분의 1 - 과반수 - 2분의 1
② 2분의 1 - 3분의 2 - 3분의 1
③ 3분의 2 - 과반수 - 3분의 1
④ 3분의 2 - 과반수 - 2분의 1
⑤ 3분의 2 - 3분의 2 - 3분의 1

100. 도시 및 주거환경정비법령상 정비사업전문관리업자에 대한 필요적 등록취소사유는?
① 등록기준에 미달하게 된 때
② 다른 사람에게 자기의 성명을 사용하여 도시 및 주거환경정비법이 정한 업무를 수행하게 한 때
③ 국토해양부장관에게 업무감독상의 보고를 허위로 한 때
④ 고의 또는 과실로 조합에게 계약금액의 3분의 1 이상의 재산상 손실을 끼친 때
⑤ 최근 3년간 2회 이상의 업무정지처분을 받은 자로서 그 정지처분을 받은 기간이 합산하여 6월을 초과한 때

101. 도시 및 주거환경정비법령상 도시·주거환경정비기본계획(이하 '기본계획'이라 함)에 관한 설명으로 옳은 것은?
① 기본계획은 20년 단위로 수립하여야 한다.
② 산업의 유치업종 및 배치계획은 기본계획에 포함되어야 한다.
③ 기본계획의 작성기준 및 작성방법은 특별시장·광역시장 또는 시장이 이를 정한다.
④ 시장은 기본계획을 수립하거나 변경한 때에는 국토해양부령이 정하는 방법 및 절차에 따라 국토해양부장관에게 보고하여야 한다.
⑤ 시장은 기본계획에 대하여 10년마다 그 타당성 여부를 검토하여 그 결과를 기본계획에 반영하여야 한다.

102. 도시 및 주거환경정비법령상 정비사업시행을 위한 조치 등에 관한 설명으로 틀린 것은?
① 사업시행자는 주거환경개선사업의 시행으로 철거되는 주택의 소유자에 대하여 당해 정비구역 내·외에 소재한 임대주택 등의 시설에 임시로 거주하게 하거나 주택자금의 융자알선 등 임시수용에 상응하는 조치를 하여야 한다.

② 국가가 사업시행자로부터 위 ①의 임시수용시설에 필요한 건축물의 사용신청을 받았음에도 이미 그 건축물의 매매계약이 제3자와 체결되어 있는 때에는 그 사용신청을 거절할 수 있다.
③ 주거환경개선사업에 따른 건축허가를 받는 때에는 「주택법」 상의 국민주택채권 매입에 관한 규정이 적용된다.
④ 정비사업의 시행으로 인하여 전세권의 설정목적을 달성할 수 없는 때에는 그 권리자는 계약을 해지할 수 있다.
⑤ 주택재건축사업을 시행함에 있어 조합 설립인가일 현재 조합원 전체의 공동소유인 토지에 대하여는 조합 소유의 토지로 본다.

103. 도시 및 주거환경정비법령상 정비사업의 준공인가에 관한 설명으로 틀린 것은?
① 대한주택공사인 사업시행자가 다른 법률에 의하여 자체적으로 준공인가를 처리한 경우에는 준공인가를 받은 것으로 본다.
② 대한주택공사인 사업시행자는 다른 법률에 의하여 자체적으로 처리한 준공인가결과를 시장·군수에게 통보한 때에는 그 사실을 분양대상자에게 지체없이 통지하여야 한다.
③ 준공인가신청을 받은 시장·군수는 지체없이 준공검사를 실시하여야 한다.
④ 시장·군수는 효율적인 준공검사를 위하여 필요한 때에는 건축위원회의 심의를 거쳐 관계행정기관·정부투자기관·연구기관 등에 준공검사의 실시를 의뢰해야 한다.
⑤ 사업시행자가 아닌 시장·군수는 준공인가전이라도 완공된 건축물이 사용에 지장이 없는 경우에는 입주예정자가 그 건축물을 사용할 것을 사업시행자에 대하여 허가할 수 있다.

104. 도시 및 주거환경정비법령상 주택재건축사업에서의 건축물 안전진단에 관한 설명으로 옳은 것은?
① 주택재건축사업을 위한 안전진단은 단독주택도 그 대상으로 한다.
② 안전진단의 신청에는 토지등소유자의 동의를 요하지 않는다.
③ 안전진단을 신청한 자는 안전진단의 실시가 결정된 때에는 안전진단에 필요한 비용을 시·도지사에게 예치하여야 한다.
④ 시·도지사는 안전진단의 신청이 있는 때에는 신청일로부터 20일 이내에 안전진단의 실시여부를 결정하여 당해 신청인에게 통보하여야 한다.
⑤ 주택의 구조안전상 사용금지가 필요하다고 시·도지사가 인정하는 건축물은 안전진단에서 제외된다.

105. 주택법령상 주택건설사업의 등록을 할 수 없는 자는?
① 한정치산의 선고가 취소된 후 2년이 경과되지 아니한 자
② 파산선고를 받은 자로서 복권된 후 2년이 경과되지 아니한 자
③ 주택법을 위반하여 자격정지 이상의 형의 선고를 받고 그 집행이 면제된 날부터 2년이 경과된 자
④ 주택법을 위반하여 금고 이상의 형의 집행유예선고를 받고 그 유예기간이 종료된 자
⑤ 거짓으로 주택건설사업을 등록하여 그 등록이 말소된 후 2년이 경과되지 아니한 자

106. 주택법령상 주택정책심의위원회에 관한 설명으로 옳은 것은?
① 위원장 1인 외에 20인 이내의 위원으로 구성한다.
② 위원장이 부득이한 사유로 직무를 수행할 수 없는 때에는 위원회의 의결로 직무대행자를 정한다.
③ 간사는 국토해양부의 3급 공무원 중에서 위원회의 의결을 거쳐 국토해양부장관이 지명한다.
④ 긴급을 요하는 경우를 제외하고, 위원장이 위원회를 소집하고자 하는 경우에는 회의 개최 3일 전까지 회의일시·장소 및 심의안건을 각 위원에게 통지해야 한다.
⑤ 회의는 위원 과반수의 출석으로 개의하고, 출석위원 3분의 2 이상의 찬성으로 의결한다.

107. 주택법령상 국민주택기금에 관한 설명으로 옳은 것은?

① 한국토지공사는 국토해양부장관의 승인을 받아 국민주택기금에 자금을 예탁하여야 한다.
② 국토해양부장관은 국민주택기금의 운용에 관한 계획을 작성할 때 기획재정부장관의 승인을 받아야 한다.
③ 기금수탁자는 채무자의 무자력으로 인해 국민주택기금의 대출금 회수가 불가능한 경우 국토해양부령이 정하는 바에 의해 대출채권을 상각할 수 있다.
④ 국토해양부장관은 국민주택기금의 결산에서 이익이 생긴 때에는 이익금의 2분의 1 이상을 국민주택기금에 적립하여야 한다.
⑤ 매 사업연도에 국민주택기금의 결산에서 손실금이 생긴 때에는 정부가 일반회계에서 이를 우선 보전한다.

108. 주택법령상 사업주체는 사업의 대상이 된 주택 및 대지에 대하여는 '일정 기간' 동안 입주예정자의 동의없이 저당권 설정 등을 할 수 없는바, 이에 관한 설명으로 옳은 것은?

① '일정 기간' 이란, 입주자모집공고승인 신청일 이후부터 입주예정자가 소유권이전등기를 신청할 수 있는 날 이후 90일까지의 기간을 말한다.
② 위 ①에서 '소유권이전등기를 신청할 수 있는 날' 이란 사업주체가 입주예정자에게 통보한 잔금지급일을 말한다.
③ 사업주체가 저당권 설정제한의 부기등기를 하는 경우, 주택건설대지에 대하여는 입주자모집공고승인 신청과 동시에, 건설된 주택에 대하여는 소유권보존등기와 동시에 하여야 한다.
④ 대한주택보증주식회사의 신탁의 인수에 관하여는 「자본시장과 금융투자업에 관한 법률」을 적용한다.
⑤ 대한주택보증주식회사가 분양보증을 하면서 주택건설대지를 자신에게 신탁하게 할 경우 사업주체는 이를 신탁해야 한다.

109. 주택법령상 주택건설사업의 등록사업자에 관한 설명으로 옳은 것은?

① 사업주체가 한국토지공사인 경우에는 등록할 필요가 없다.
② 「임대주택법」에 따른 특수목적법인의 경우 사업자 등록기준 중 인적기준을 강화하여 적용할 수 있다.
③ 토지소유자가 등록사업자와 공동으로 주택건설사업을 시행하는 경우 토지소유자와 등록사업자는 공동사업주체로 추정된다.
④ 리모델링주택조합이 그 구성원의 주택을 건설하는 경우 등록사업자와 공동으로 사업을 시행해야 한다.
⑤ 판례에 의하면 '주택건설공사를 도급받아 시공하고자 하는 자' 는 주택건설사업을 시행하고자 하는 자에 해당하므로 등록의무가 있다.

110. 주택법령상 주택조합에 관한 설명으로 옳은 것은?

① 국민주택을 공급받기 위하여 직장주택조합을 설립하는 경우 관할 시장 · 군수 · 구청장의 인가를 받아야 한다.
② 주택조합과 등록사업자가 공동으로 사업을 시행 · 시공할 경우 등록사업자는 자신의 귀책사유로 사업추진이 지연됨으로 인해 조합원에게 발생한 손해를 배상해야 한다.
③ 리모델링주택조합은 그 구성원을 위하여 건설하는 주택을 조합원에게 우선 공급해야 하고, 직장주택조합에 대하여는 사업주체가 국민주택을 조합원에게 우선 공급해야 한다.
④ 투기과열지구 안에서 관할 시장의 설립인가를 받은 지역주택조합이 구성원을 선정하는 경우에는, 신청서의 접수순서에 따라 조합원 지위를 인정한다.
⑤ 시장 · 군수 · 구청장은 주택조합이 주택법에 의한 명령이나 처분에 위반한 때에는 그 설립인가를 취소해야 한다.

111. 주택법령상 주택상환사채에 관한 설명으로 옳은 것은?

① 등록사업자는 자본금 등이 대통령령이 정하는 기준에 부합하고 금융기관 또는 대한주택보증주식회사의 보증을 받은 때에 한하여 이를 발행할 수 있다.
② 주택상환사채를 발행하려는 자는 주택상환사채발행계획을 작성하여 기획재정부장관의 승인을 얻어야 한다.

③ 주택상환사채는 기명증권으로 하고, 사채권자의 명의변경은 취득자의 성명을 채권에 기재하는 방법으로 한다.
④ 등록사업자의 등록이 말소된 경우 그가 발행한 주택상환사채는 효력을 상실한다.
⑤ 주택상환사채의 발행에 관하여는 주택법보다 「상법」 중 사채발행에 관한 규정을 우선 적용한다.

112. 건축법령상 제1종근린생활시설에 해당되는 시설은? (단, 동일한 건축물 안에서 당해 용도에 쓰이는 바닥 면적의 합계는 $400m^2$임)
① 테니스장 ② 부동산중개업소
③ 골프연습장 ④ 일반음식점
⑤ 수퍼마켓

113. 건축법령상 건축허가 등에 관한 설명으로 틀린 것은?
① 21층 이상의 건축물 등 대통령령으로 정하는 용도 및 규모의 건축물을 광역시에 건축하려면 광역시장의 허가를 받아야 한다.
② 시장·군수는 21층 이상의 건축물의 건축을 허가하려면 미리 건축계획서와 기본설계도서를 첨부하여 도지사의 승인을 받아야 한다.
③ 건축허가나 건축물의 착공을 제한하는 경우 제한기간은 2년 이내로 하며, 2회에 한하여 1년 이내의 범위에서 제한기간을 연장할 수 있다.
④ 허가를 받으려는 자는 허가신청서에 국토해양부령으로 정하는 설계도서를 첨부하여 허가권자에게 제출하여야 한다.
⑤ 허가권자는 허가를 받은 자가 허가를 받은 날부터 1년 이내에 공사에 착수하였으나 공사의 완료가 불가능하다고 인정되는 경우에는 허가를 취소하여야 한다.

114. 건축법령상 지역 및 지구 안에서의 건축제한 등에 관한 설명으로 옳은 것은?(단, 조례로 규정한 사항은 제외)
① 건축물이 미관지구에 걸치는 경우에는 그 건축물과 대지의 전부에 대하여 미관지구 안의 건축물과 대지 등에 관한 건축법의 규정을 적용한다.
② 시장은 건축물의 용도 및 형태에 관계없이 동일한 가로구역(도로로 둘러싸인 일단의 지역) 안에서는 건축물의 높이를 동일하게 정해야 한다.
③ 최고 높이가 정하여지지 아니한 가로구역의 경우 건축물의 각 부분의 높이는 그 부분으로부터 전면도로의 반대쪽 경계선까지의 수평거리의 2배를 넘을 수 없다.
④ 3층 이하로서 높이가 12미터 이하인 건축물에는 일조 등의 확보를 위한 건축물의 높이제한에 관한 규정을 적용하지 아니할 수 있다.
⑤ 정북방향으로 도로 등 건축이 금지된 공지에 접하는 대지인 경우 건축물의 높이를 정북방향의 인접 대지경계선으로부터의 거리에 따라 대통령령으로 정하는 높이 이하로 해야 한다.

115. 건축법령상 특별건축구역에 관한 설명으로 옳은 것은?
① 「도시 및 주거환경정비법」에 따른 정비구역에는 특별건축구역을 지정할 수 없다.
② 「개발제한구역의 지정 및 관리에 관한 특별조치법」에 따른 개발제한구역에는 특별건축구역을 지정할 수 있다.
③ 특별건축구역 지정신청이 접수된 경우 시·도지사는 지정신청을 받은 날부터 15일 이내에 시·도건축위원회의 심의를 거쳐야 한다.
④ 특별건축구역에서는 「문화예술진흥법」에 따른 건축물에 대한 미술장식 관련 규정을 개별 건축물마다 적용하지 아니하고 특별건축구역 전부 또는 일부를 대상으로 통합하여 적용할 수 있다.
⑤ 특별건축구역을 지정하는 경우 「국토의 계획 및 이용에 관한 법률」에 따른 용도지역의 지정이 있는 것으로 본다.

116. 건축법령상 1년에 1회 이상 정기점검을 실시하여 건축물·대지 및 건축설비가 건축법령의 각 규정에 적합하도록 유지·관리하여야 하는 자는?
① 국토해양부장관 ② 시·도지사
③ 시장·군수·구청장 ④ 건축지도원
⑤ 건축물의 소유자 또는 관리자

117. 건축법령상 건축물을 건축하거나 대수선하는 경우에는 국토해양부령이 정하는 구조기준 및 구조계산에 따라 그 구조의 안전을 확인하여야 하는바, 이에 해당하지 않는 건축물은?

① 층수가 5층인 건축물
② 처마높이가 12m인 건축물
③ 높이가 15m인 건축물
④ 연면적이 1,500m^2인 건축물
⑤ 기둥과 기둥사이의 거리가 8m인 건축물

118. 건축법령상 건축통계 및 건축행정 전산화에 관한 설명으로 틀린 것은?

① 건축통계의 작성 등에 필요한 사항은 국토해양부령으로 정한다.
② 허가권자는 건축통계를 국토해양부장관이나 시·도지사에게 보고하여야 한다.
③ 허가권자는 전국단위의 전산자료를 국토해양부장관의 승인을 받아 그것을 이용하려는 자에게 무상으로 제공해야 한다.
④ 국토해양부장관은 건축법령에 따른 건축행정 관련 업무를 전산처리하기 위하여 종합적인 계획을 수립·시행할 수 있다.
⑤ 허가권자는 건축허가 업무 등의 효율적인 처리를 위하여 전자정보처리 시스템을 이용하여 건축법에 규정된 업무를 처리할 수 있다.

119. 농지법령상 농지취득자격증명에 관한 설명으로 틀린 것은?

① 국가나 지방자치단체가 농지를 소유하는 경우는 농지취득자격증명을 발급받지 않아도 된다.
② 농지소유상한을 위반하여 농지를 소유할 목적으로 부정한 방법에 의해 농지취득자격증명을 발급받은 자는 3년 이하의 징역 또는 1천만원 이하의 벌금에 처한다.
③ 농업법인의 합병으로 농지를 취득하는 경우 농지취득자격증명을 발급받지 않아도 된다.
④ 상속으로 농지를 취득하여 소유하는 경우 농지취득자격증명을 발급받지 않아도 된다.
⑤ 농지소재지를 관할하는 시장·군수·구청장은 농지취득자격증명을 발급할 수 있다.

120. 농지법령상 농지소유상한에 관한 설명으로 틀린 것은?

① 지방자치단체가 농지를 임대할 목적으로 소유하는 경우에는 총 1만 m^2까지 소유할 수 있다.
② 8년 이상 농업경영을 한 후 이농한 자는 이농당시 소유농지 중에서 총 1만 m^2까지만 소유할 수 있다.
③ 상속으로 농지를 취득한 자로서 농업경영을 하지 아니하는 자는 그 상속농지 중에서 총 1만 m^2까지만 소유할 수 있다.
④ 농지 소유에 관하여는 농지법에 정한 경우 외에는 특례를 정할 수 없다.
⑤ 농림수산식품부장관은 농지소유상한을 위반하여 농지를 소유할 목적으로 거짓으로 농지취득자격증명을 발급받은 자를 주무관청에 신고하는 자에게 포상금을 지급할 수 있다.

□ 제3과목 : 부동산공법 해답

81	1	82	2	83	4	84	2	85	4
86	5	87	5	88	4	89	2	90	2
91	3	92	1	93	2	94	5	95	2
96	3	97	5	98	4	99	4	100	2
101	4	102	3	103	4	104	2	105	5
106	4	107	3	108	3	109	1	110	2
111	1	112	5	113	3	114	1	115	4
116	5	117	5	118	3	119	5	120	1

2010년도 제21회 공인중개사 자격시험 문제

- 제3과목 : 부동산공법 -

81. 국토의 계획 및 이용에 관한 법령상의 용어에 관한 설명으로 틀린 것은?
① 도시계획은 도시기본계획과 도시관리계획으로 구분한다.
② 용도지역 · 용도지구의 지정 또는 변경에 관한 계획은 도시관리계획으로 결정한다.
③ 지구단위계획은 도시관리계획으로 결정한다.
④ 도시관리계획을 시행하기 위한 「도시개발법」에 따른 도시개발사업은 도시계획사업에 포함된다.
⑤ 기반시설은 도시계획시설 중 도시관리계획으로 결정된 시설을 말한다.

82. 국토의 계획 및 이용에 관한 법령상 도시관리계획의 입안에 관한 설명으로 틀린 것은?
① 주민은 개발제한구역의 변경에 대하여 입안권자에게 도시관리계획의 입안을 제안할 수 있다.
② 입안권자가 용도지역의 지정에 관한 도시관리계획을 입안하려면 해당 지방의회의 의견을 들어야 한다.
③ 도시관리계획의 입안을 제안받은 입안권자는 부득이한 사정이 있는 경우를 제외하고는 제안일부터 60일 이내에 그 제안의 반영여부를 제안자에게 통보하여야 한다.
④ 도시관리계획의 입안을 제안받은 입안권자는 제안자와 협의하여 제안된 도시관리계획의 입안 등에 필요한 비용의 전부 또는 일부를 제안자에게 부담시킬 수 있다.
⑤ 국가계획과 관련된 경우에는 국토해양부장관이 직접 도시관리계획을 입안할 수 있다.

83. 국토의 계획 및 이용에 관한 법령상 제1종지구단위계획의 내용에 반드시 포함되어야 하는 사항이 아닌 것은?
① 건축선에 관한 계획
② 건축물의 건폐율 또는 용적률
③ 건축물 높이의 최고한도 또는 최저한도
④ 건축물의 용도제한
⑤ 교통처리계획

84. A시에서 甲이 소유하고 있는 1,000m^{2}의 대지는 제1종일반주거지역에 800m^2, 제2종일반주거지역에 200m^{2}씩 걸쳐 있다. 甲이 대지위에 건축할 수 있는 최대 연면적이 1,200m^{2}일 때, A시 조례에서 정하고 있는 제1종일반주거지역의 용적률은?(다만, 조례상 제2종일반주거지역의 용적률은 200%이며, 기타 건축제한은 고려하지 않음)
① 100% ② 120% ③ 150%
④ 180% ⑤ 200%

85. 국토의 계획 및 이용에 관한 법령상 장기미집행 도시계획시설부지인 토지에 대한 매수 청구에 관한 설명으로 틀린 것은?
① 해당 부지 중 지목(地目)이 대(垈)인 토지의 소유자는 매수의무자에게 그 토지의 매수를 청구할 수 있다.
② 매수의무자는 매수 청구를 받은 날부터 6개월 이내에 매수 여부를 결정하여 통지하여야 한다.
③ 매수의무자가 매수하지 아니하기로 결정한 경우 매수청구자는 개발행위허가를 받아 4층의 다세대주택을 건축할 수 있다.
④ 매수의무자가 매수하기로 결정한 토지는 매수 결정을 알린 날부터 2년 이내에 매수하여야 한다.
⑤ 지방자치단체인 매수의무자는 토지소유자가 원하는 경우 토지매수대금을 도시계획시설채권을 발행하여 지급할 수 있다.

86. 국토의 계획 및 이용에 관한 법령상 용도지역 · 용도지구 · 용도구역에 관한 설명으로 틀린 것은?
① 용도지역과 용도지구는 중첩하여 지정될 수 있다.

② 녹지지역과 관리지역은 중첩하여 지정될 수 없다.
③ 관리지역이 세부 용도지역으로 지정되지 아니한 경우에 용적률과 건폐율은 생산관리지역에 관한 규정을 적용한다.
④ 시·도지사 또는 대도시 시장은 도시자연공원구역을 도시관리계획 결정으로 지정할 수 있다.
⑤ 농림수산식품부장관은 수산자원보호구역을 도시관리계획 결정으로 지정할 수 있다.

87. 국토의 계획 및 이용에 관한 법령상 비용부담 등에 관한 설명으로 틀린 것은?
① 행정청이 아닌 자가 도시계획시설사업을 시행하는 경우 그에 관한 비용은 원칙적으로 그 자가 부담한다.
② 행정청이 아닌 도시계획시설사업의 시행자는 당해 사업으로 인하여 현저한 이익을 받은 공공시설의 관리자에 대해서 그 사업비용의 일부를 부담시킬 수 있다.
③ 행정청이 아닌 자가 도시계획시설사업을 시행하는 경우 당해 사업비용의 일부를 국가 또는 지방자치단체가 보조하거나 융자할 수 있다.
④ 기반시설부담구역에서 200m^2(기존 건축물의 연면적을 포함함)를 초과하는 숙박시설을 증축하는 행위는 기반시설설치비용의 부과대상이다.
⑤ 타인 소유의 토지를 임차하여, 기반시설설치비용이 부과되는 건축행위를 하는 경우에는 그 건축행위자가 설치비용을 납부하여야 한다.

88. 국토의 계획 및 이용에 관한 법령상 용적률의 최대한도가 높은 지역부터 낮은 지역 순으로 나열한 것은? (다만, 도시계획조례는 고려하지 않음)

ㄱ. 중심상업지역	ㄴ. 일반상업지역
ㄷ. 근린상업지역	ㄹ. 유통상업지역

① ㄱ-ㄴ-ㄷ-ㄹ ② ㄱ-ㄴ-ㄹ-ㄷ
③ ㄱ-ㄹ-ㄴ-ㄷ ④ ㄹ-ㄱ-ㄴ-ㄷ
⑤ ㄹ-ㄱ-ㄷ-ㄴ

89. 국토의 계획 및 이용에 관한 법령에 의할 때 도시관리계획상 특히 필요한 경우 최장 5년간 개발행위허가를 제한할 수 있는 지역을 모두 고른 것은?

ㄱ. 녹지지역이나 계획관리지역으로서 수목이 집단적으로 자라고 있거나 조수류 등이 집단적으로 서식하고 있는 지역 또는 우량농지 등으로 보전할 필요가 있는 지역
ㄴ. 개발행위로 인하여 주변의 환경·경관·미관·문화재 등이 크게 오염되거나 손상될 우려가 있는 지역
ㄷ. 도시관리계획을 수립하고 있는 지역으로서 그 도시관리계획이 결정될 경우 용도지역·용도지구 또는 용도구역의 변경이 예상되고 그에 따라 개발행위허가의 기준이 크게 달라질 것으로 예상되는 지역
ㄹ. 지구단위계획구역으로 지정된 지역
ㅁ. 기반시설부담구역으로 지정된 지역

① ㄱ, ㄴ, ㄷ ② ㄱ, ㄴ, ㅁ ③ ㄴ, ㄷ, ㄹ
④ ㄴ, ㄷ, ㅁ ⑤ ㄷ, ㄹ, ㅁ

90. 국토의 계획 및 이용에 관한 법령상 토지거래계약허가를 받아야 하는 경우는?(다만, 각 토지의 면적은 3,300m^{2}임)
① 허가구역에 거주하는 농업인이 그 구역에서 농업을 경영하기 위하여 필요한 토지를 매수하는 경우
② 국세 체납처분에 따라 토지를 취득하는 경우
③ 「민사집행법」에 따른 경매를 통해 토지를 취득하는 경우
④ 공유재산 관리계획에 따라 일반경쟁입찰로 처분하는 공유재산인 토지를 취득하는 경우
⑤ 「공익사업을 위한 토지 등의 취득 및 보상에 관한 법률」에 따라 토지를 수용하는 경우

91. 국토의 계획 및 이용에 관한 법령상 도시계획시설사업의 시행에 관한 설명으로 틀린 것은?
① 「국토의 계획 및 이용에 관한 법률」 또는 다른 법률에 특별한 규정이 있는 경우 외에는 특별시장·광역시장· 시장 또는 군수가 관할 구역의 도시계획시설사업을 시행한다.

② 시행자는 사업시행을 위하여 특히 필요하다고 인정되면 도시계획시설에 인접한 건축물을 일시 사용할 수 있다.
③ 국토해양부장관이 지정한 시행자는 도시계획시설사업 실시계획에 대해 국토해양부장관의 인가를 받아야 한다.
④ 사업의 준공예정일을 변경하는 실시계획 변경인가를 하는 경우에는 공고 및 열람을 하지 아니할 수 있다.
⑤ 사업구역경계의 변경이 있더라도 건축물의 연면적 10% 미만을 변경하는 경우에는 실시계획 변경인가를 받을 필요가 없다.

92. 국토의 계획 및 이용에 관한 법령상 자기의 거주용 주택용지로 이용하기 위해 토지거래계약허가를 받은 자의 토지이용 의무기간은 토지취득시부터 몇 년간인가?(다만, 토지이용의무 적용배제사유는 고려하지 않음)

① 1년 ② 2년 ③ 3년
④ 4년 ⑤ 5년

93. 도시개발법령상 도시개발구역을 지정한 후에 개발계획에 포함시킬 수 있는 사항은?

① 환경보전계획
② 재원조달계획
③ 도시개발구역 밖의 지역에 기반시설을 설치하여야 하는 경우 그 시설의 설치에 필요한 비용의 부담 계획
④ 존치하는 기존 건축물 및 공작물 등에 관한 계획
⑤ 전시장 · 공연장 등의 문화시설계획

94. 도시개발법령상 토지부담률(환지계획구역안의 토지소유자가 도시개발사업을 위하여 부담하는 토지의 비율)에 관한 설명으로 옳은 것을 모두 고른 것은?

ㄱ. 토지부담률은 사업시행자가 산정한다.
ㄴ. 환지계획구역의 외부와 연결되는 환지계획구역 안의 도로로서 너비 25m 이상의 간선도로는 관할 지방자치단체가 도로의 부지를 부담한다.
ㄷ. 토지소유자 3분의 2 이상이 동의하는 경우에는 평균 토지부담률을 70%로 할 수 있다.
ㄹ. 해당 환지계획구역의 특성을 고려하여 지정권자가 인정하는 경우에는 평균 토지부담률을 60%까지로 할 수 있다.

① ㄱ, ㄴ ② ㄱ, ㄷ ③ ㄱ, ㄹ
④ ㄴ, ㄷ ⑤ ㄷ, ㄹ

95. 도시개발법령상 도시개발사업의 일부를 환지방식으로 시행하기 위하여 개발계획을 변경할 때 토지소유자의 동의가 필요한 경우는? (다만, 시행자는 국가나 지방자치단체가 아님)

① 너비가 15m인 도로의 변경
② 도시개발구역의 명칭 변경
③ 시행자의 변경
④ 수용예정인구의 100분의 10 미만의 변경
⑤ 보건의료시설면적 및 복지시설면적의 100분의 10 미만의 변경

96. 도시개발법령상 도시개발조합에 관한 설명으로 틀린 것은?

① 조합을 설립하려면 도시개발구역의 토지소유자 7명 이상이 정관을 작성하여 지정권자에게 조합설립의 인가를 받아야 한다.
② 조합설립인가를 받은 후 정관기재사항인 주된 사무소의 소재지를 변경하려는 경우에는 지정권자의 변경인가를 받아야 한다.
③ 조합의 임원은 그 조합의 다른 임원을 겸할 수 없다.
④ 조합에 대해 「도시개발법」에서 규정한 것 이외에는 「민법」 중 사단법인에 관한 규정을 준용한다.
⑤ 조합인 시행자가 행한 처분에 대하여 행정심판을 제기할 수 있다.

97. 도시개발법령상 환지계획 및 청산금에 관한 설명으로 옳은 것은?

① 시행자는 면적이 작은 토지라도 환지 대상에서 제외할 수는 없다.
② 시행자는 사업 대상 토지의 소유자가 신청하거나 동의하면 해당 토지에 관한 임차권자의

동의가 없어도 그 토지의 전부 또는 일부에 대하여 환지를 정하지 않을 수 있다.
③ 환지계획에서 정하여진 환지는 그 환지처분이 공고된 날부터 종전의 토지로 본다.
④ 환지를 정한 경우 그 과부족분에 대한 청산금은 환지처분을 하는 때에 결정하여야 하고, 환지처분이 공고된 날의 다음 날에 확정된다.
⑤ 청산금은 이자를 붙여 분할징수하거나 분할교부할 수 없다.

98. 도시개발법령상 도시개발채권에 관한 설명으로 옳은 것은?
① 도시개발조합은 토지등의 매수대금의 일부를 지급하기 위하여 사업시행으로 조성된 토지·건축물로 상환하는 도시개발채권을 발행할 수 있다.
② 도시개발채권을 발행하는 경우 발행총액에 대하여 국토해양부장관의 승인을 받아야 한다.
③ 도시개발채권의 소멸시효는 상환일부터 기산하여 원금은 5년, 이자는 3년으로 한다.
④ 도시개발채권의 상환은 5년부터 10년까지의 범위에서 기획재정부장관이 따로 정하여 고시한다.
⑤ 개발행위허가로서의 토지형질변경허가를 받은 자는 도시개발채권을 매입하여야 한다.

99. 도시 및 주거환경정비법령상 조합의 설립에 관한 설명으로 ( )에 들어갈 내용은?

○ 주택재건축사업의 추진위원회가 조합을 설립하고자 하는 때에는 주택단지안의 공동주택의 각 동별 구분소유자의 3분의 2 이상 및 토지면적의 (ㄱ) 이상의 토지소유자의 동의(공동주택의 각 동별 구분소유자가 5 이하인 경우는 제외)와 주택단지안의 전체 구분소유자의 4분의 3 이상 및 토지면적의 (ㄴ) 이상의 토지소유자의 동의를 얻어 시장·군수의 인가를 받아야 한다. ○ 주택재개발사업의 추진위원회가 조합을 설립하고자 하는 때에는 토지등소유자의 (ㄴ) 이상 및 토지면적의 (ㄱ) 이상의 토지소유자의 동의를 얻어 시장·군수의 인가를 받아야 한다.

① ㄱ : 3분의 2, ㄴ : 4분의 3
② ㄱ : 2분의 1, ㄴ : 3분의 2
③ ㄱ : 3분의 2, ㄴ : 2분의 1
④ ㄱ : 2분의 1, ㄴ : 4분의 3
⑤ ㄱ : 4분의 3, ㄴ : 3분의 2

100. 토지소유자인 甲은 조합설립추진위원회에 주택재개발사업을 위한 조합설립 동의를 하였으나, 조합설립인가 신청 전인 2010.10.1. 추진위원회와 인가권자인 시장에게 각각 동의철회서를 발송하였다. 시장은 甲의 철회서가 접수된 사실을 2010.10.5. 추진위원회에 통지하였고, 甲이 추진위원회에 발송한 철회서는 2010.10.7. 추진위원회에 도달하였다. 이 경우 동의 철회의 효력은 언제부터 발생하는가?(다만, 철회는 적법함을 전제함)
① 2010.10.1. ② 2010.10.5. ③ 2010.10.6.
④ 2010.10.7. ⑤ 2010.10.8.

101. 도시 및 주거환경정비법령상 시장·군수의 허가를 받지 않고 정비구역 안에서 할 수 있는 행위는?
① 경작을 위한 토지의 형질변경
② 공유수면의 매립
③ 토지분할
④ 「건축법」에 따른 건축물의 용도변경
⑤ 죽목의 식재

102. 도시 및 주거환경정비법령상 주택재건축사업의 관리처분계획에 관한 설명으로 틀린 것은?
① 사업의 시행으로 조성된 대지는 관리처분계획에 의하여 관리하여야 한다.
② 정비구역 지정 후 분할된 토지를 취득한 자에 대하여는 관리처분계획으로 현금 청산할 수 있다.
③ 관리처분계획에는 분양대상자별 분양예정인 대지 또는 건축물의 추산액이 포함되어야 한다.
④ 주택분양에 관한 권리를 포기하는 토지등소유자에게 임대주택을 공급함에 따라 관리처분계획을 변경하는 경우 조합총회의 의결을 거쳐야 한다.

⑤ 관리처분계획의 변경에 대하여 이해관계가 있는 토지등소유자 전원의 동의를 얻어 관리처분계획을 변경하는 경우에는 시장·군수에게 신고하여야 한다.

103. 도시 및 주거환경정비법령상 정비사업의 준공인가 및 이전고시에 관한 설명으로 옳은 것은?

① 정비사업의 시행자가 시장·군수인 경우에는 정비사업에 관한 공사를 완료한 때에 준공인가를 받아야 한다.
② 시장·군수는 준공인가 이전에는 입주예정자에게 완공된 건축물을 사용할 것을 사업시행자에게 허가할 수 없다.
③ 건축물을 분양받을 자는 사업시행자가 소유권 이전에 관한 내용을 공보에 고시한 날에 건축물에 대한 소유권을 취득한다.
④ 정비사업에 의하여 건축물을 분양받을 자에게 소유권을 이전한 경우 종전의 건축물에 설정된 저당권 등 등기된 권리는 소유권을 이전받은 건축물에 설정된 것으로 본다.
⑤ 한국토지주택공사인 사업시행자가 다른 법률에 의하여 자체적으로 준공인가를 처리한 경우에도 시장·군수가 필요하다고 인정하면 준공검사를 다시 실시할 수 있다.

104. 도시 및 주거환경정비법령상 정비사업의 청산금에 관한 설명으로 옳은 것은?

① 사업시행자는 정관이나 총회의 결정에도 불구하고 소유권 이전고시 이전에는 청산금을 분양대상자에게 지급할 수 없다.
② 청산금을 지급받을 권리는 소유권 이전고시일 다음 날부터 3년간 이를 행사하지 아니하면 소멸한다.
③ 사업시행자는 청산금을 일시금으로 지급하여야 하고 이를 분할하여 지급하여서는 안 된다.
④ 정비사업 시행지역 내의 건축물의 저당권자는 그 건축물의 소유자가 지급받을 청산금에 대하여 청산금을 지급하기 전에 압류절차를 거쳐 저당권을 행사할 수 있다.
⑤ 청산금을 납부할 자가 이를 납부하지 아니하는 경우 시장·군수인 사업시행자는 지방세체납처분의 예에 의하여 이를 징수할 수 없다.

105. 주택법령상 준주택에 해당하는 것은?

① 여관 및 여인숙
② 제2종 근린생활시설에 해당하지 않는 고시원
③ 주택에 해당하지 않는 지역아동센터
④ 「청소년활동진흥법」에 따른 유스호스텔
⑤ 「교육기본법」에 따른 학생복지주택

106. 주택법령상 주택건설사업계획의 승인을 받은 사업주체에게 인정되는 매도청구권에 관한 설명으로 <u>틀린</u> 것은?

① 매도청구권은 국민주택규모를 초과하는 주택의 주택건설사업에 대해서도 인정된다.
② 주택건설대지 중 사용권원을 확보하지 못한 대지는 물론 건축물에 대해서도 매도청구권이 인정된다.
③ 주택건설대지면적 중 100분의 95 이상에 대해 사용권원을 확보한 경우에는 사용권원을 확보하지 못한 대지의 모든 소유자에게 매도청구할 수 있다.
④ 사업주체는 매도청구대상 대지의 소유자에게 그 대지를 공시지가로 매도할 것을 청구할 수 있다.
⑤ 매도청구를 하기 위해서는 매도청구 대상 대지의 소유자와 3개월 이상 협의를 하여야 한다.

107. 주택법령상 주택의 분양가격 제한과 관련된 설명으로 <u>틀린</u> 것은?

① 사업주체가 일반인에게 공급하는 공동주택이라도 도시형 생활주택에 대해서는 분양가상한제가 적용되지 않는다.
② 「관광진흥법」에 따라 지정된 관광특구에서 55층의 아파트를 건설·공급하는 경우 분양가상한제는 적용되지 않는다.
③ 사업주체가 공공택지에서 공급하는 주택에 대하여 입주자모집 승인을 받은 경우에는 분양가상한제 적용주택이라도 입주자 모집공고에 분양가격을 공시할 필요가 없다.
④ 분양가상한제의 적용에 있어 분양가격 산정의 기준이 되는 기본형건축비는 시장·군수·구청장이 해당 지역의 특성을 고려하여 국토해양부령으로 정하는 범위에서 따로 정하여 고시할 수 있다.

⑤ 시장 · 군수 · 구청장은 분양가격의 제한 및 공시에 관한 사항을 심의하기 위하여 분양가심사위원회를 설치 · 운영하여야 한다.

108. 주택법령상 투기과열지구에 관한 설명으로 옳은 것은?

① 국토해양부장관이 투기과열지구를 지정하거나 해제할 경우에는 관할 시장 · 군수 · 구청장과 협의하여야 한다.
② 투기과열지구 지정 후 해당 지역의 주택가격이 안정되어 지정 사유가 없어진 경우 해당 지역에 거주하는 법령이 정한 수 이상의 토지소유자는 시 · 도지사에게 투기과열지구 지정의 해제를 요청할 수 있다.
③ 국토해양부장관은 1년마다 주택정책심의위원회의 회의를 소집하여 투기과열지구로 지정된 지역별로 투기과열지구 지정의 유지 여부를 재검토하여야 한다.
④ 투기과열지구에서 제한되는 전매는 상속의 경우를 포함하여 권리의 변동을 수반하는 모든 행위를 말한다.
⑤ 투기과열지구에서 주택의 입주자로 선정된 지위는 이혼으로 인하여 배우자에게 이전이 불가피하고 사업주체의 동의를 받은 경우에도 배우자에게 전매할 수 없다.

109. 주택법령상 하나의 주택단지로 보아야 하는 것은?

① 폭 12m의 일반도로로 분리된 주택단지
② 고속도로로 분리된 주택단지
③ 폭 10m의 도시계획예정도로로 분리된 주택단지
④ 자동차전용도로로 분리된 주택단지
⑤ 보행자 및 자동차의 통행이 가능한 도로로서 「도로법」에 의한 지방도로 분리된 주택단지

110. 주택법령상 주택거래신고에 관한 설명으로 옳은 것은?

① 주택거래신고의 대상은 공동주택으로서 아파트 및 연립주택에 한정된다.
② 신고대상인 거래는 대가에 의하여 소유권을 이전하는 계약으로서 신규로 건설 · 공급되는 주택의 신규취득을 포함한다.
③ 주택거래계약의 신고는 매수인 또는 매도인이 단독으로 하여야 한다.
④ 주택거래신고에 있어 주택거래가액이 5억원인 주택을 거래하는 경우에는 중도금.잔금 지급일을 신고하지 않아도 된다.
⑤ 관할 시장 · 군수 또 는 구청장이 주택에 대한 투기가 성행할 우려가 있다고 판단하여 지정을 요청하는 경우 주택거래신고지역으로 지정될 수 있다.

111. 甲은 50세대로 구성된 세대당 주거전용면적 80m²인 아파트 1채를 분양받아 소유하고 있는 세대주이다. 주택법령상 甲에 관한 설명으로 옳은 것은?(다만, 甲의 주택은「수도권정비계획법」상 수도권지역에 있고, 분양가상한제 적용 대상임)

① 甲의 주택은 도시형 생활주택에 해당한다.
② 甲은 지역주택조합의 조합원 자격이 있다.
③ 국민주택을 공급받기 위한 직장주택조합이 아닌 경우에도 甲은 직장주택조합의 조합원 자격이 없다.
④ 甲이 자신의 주택에 대한 소유권이전등기를 완료한 날부터 3년간 전매행위가 제한된다.
⑤ 甲의 주택 소재 지역이 주택거래신고지역으로 지정되어 있는 경우에도 甲의 주택의 매매시에는 신고의무가 적용되지 않는다.

112. 건축법령상 효율적인 에너지관리와 건축 폐자재의 활용을 위하여 국토해양부장관이 정하는 기준이 적용되는 건축물이 <u>아닌</u> 것은?(다만, 각 건축물의 연면적은 500m² 이상임)

① 제1종 근린생활시설 중 목욕장
② 교육연구시설 중 도서관
③ 운수시설
④ 운동시설 중 수영장
⑤ 종교시설

113. 건축법령상 피난층 또는 지상으로 통하는 직통계단을 2개소 이상 설치하여야 하는 건축물은?(다만, 각 시설이 위치한 층은 피난층이 아님)

① 거실의 바닥면적의 합계가 200m²인 노인복지시설이 2층에 있는 건축물

② 거실의 바닥면적의 합계가 200m²인 종교시설이 지하층에 있는 건축물
③ 거실의 바닥면적의 합계가 200m²인 입원실이 없는 치과병원이 3층에 있는 건축물
④ 거실의 바닥면적의 합계가 150m²인 학원이 3층에 있는 건축물
⑤ 거실의 바닥면적의 합계가 150m²인 지하층에 주점이 있는 건축물

114. 건축법령상 도시계획시설예정지에 건축하는 3층 이하의 가설건축물에 관한 설명으로 틀린 것은?(다만, 조례는 고려하지 않음)
① 가설건축물은 철근콘크리트조 또는 철골철근콘크리트조가 아니어야 한다.
② 가설건축물은 공동주택·판매시설·운수시설 등으로서 분양을 목적으로 하는 건축물이 아니어야 한다.
③ 가설건축물은 전기·수도·가스 등 새로운 간선 공급설비의 설치를 필요로 하는 것이 아니어야 한다.
④ 가설건축물의 존치기간은 2년 이내이어야 한다.
⑤ 가설건축물은 도시계획예정도로에도 건축할 수 있다.

115. 건축법령상 건축허가의 제한에 관한 설명으로 옳은 것은?
① 국토해양부장관은 문화체육관광부장관이 문화재보존을 위하여 특히 필요하다고 인정하여 요청한 경우 건 축허가를 받은 건축물의 착공을 제한할 수 있다.
② 국토해양부장관은 국토관리를 위하여 특히 필요하다고 인정하더라도 시장.군수.구청장의 건축허가를 제한할 수 없다.
③ 건축허가를 제한하는 경우 제한기간은 2년 이내로 하며, 그 기간은 연장할 수 없다.
④ 시·도지사가 시장·군수·구청장의 건축허가를 제한한 경우 국토해양부장관에게 보고하여야 하며, 국토해양부 장관은 보고받은 내용을 공고하여야 한다.
⑤ 시·도지사는 시장·군수·구청장의 건축허가 제한이 지나치다고 인정하면 직권으로 이를 해제할 수 있다.

116. 건축법령상 시장·군수가 건축허가를 하기 위해 도지사의 사전승인을 받아야 하는 건축물은?
① 연면적의 10분의 2를 증축하여 층수가 21층이 되는 공장
② 연면적의 합계가 100,000m²인 창고
③ 자연환경을 보호하기 위하여 도지사가 지정·공고한 구역에 건축하는 연면적의 합계가 900m²인 2층의 위락시설
④ 주거환경 등 주변환경을 보호하기 위하여 도지사가 지정·공고한 구역에 건축하는 숙박시설
⑤ 수질을 보호하기 위하여 도지사가 지정·공고한 구역에 건축하는 연면적의 합계가 900m²인 2층의 숙박시설

117. 건축법령상 대지A의 건축선을 고려한 대지면적은?(다만, 도로는 보행과 자동차 통행이 가능한 통과도로로서 법률상 도로이며, 대지A는 도시지역이 아님)

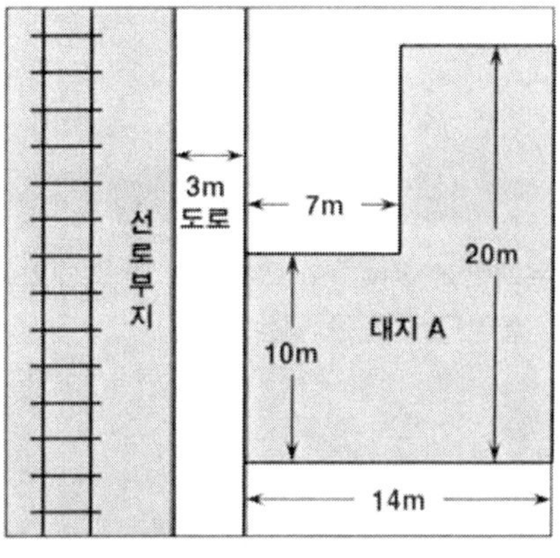

① 170m²　② 180m²　③ 200m²
④ 205m²　⑤ 210m²

118. 건축법령상 건축물의 면적, 층수 등의 산정방법에 관한 설명으로 틀린 것은?
① 건축물의 1층이 차량의 주차에 전용(專用)되는 필로티인 경우 그 면적은 바닥면적에 산입되지 아니한다.
② 층고(層高)가 2m인 다락은 바닥면적에 산입된다.
③ 용적률을 산정할 때에는 초고층 건축물의 피

난안전구역의 면적은 연면적에 포함시키지 아니한다.

④ 층의 구분이 명확하지 않은 건축물은 건축물의 높이 4m마다 하나의 층으로 보고 층수를 산정한다.

⑤ 주택의 발코니의 바닥은 전체가 바닥면적에 산입된다.

119. 농지법령상 농지소유상한에 관한 내용 중 ( )안에 들어갈 내용은?(다만, 농지 소유자가 농지법령에 따라 농지를 임대하거나 사용대(使用貸)하는 경우는 제외함)

> ㅇ 상속으로 농지를 취득한 자로서 농업경영을 하지 아니하는 자는 그 상속 농지 중에서 총 (ㄱ)m^2까지만 소유할 수 있다.
> ㅇ 8년 이상 농업경영을 한 후 이농한 자는 이농 당시 소유 농지 중에서 총 (ㄴ)m^2까지만 소유할 수 있다.

① ㄱ : 5,000 ㄴ : 5,000
② ㄱ : 10,000 ㄴ : 5,000
③ ㄱ : 10,000 ㄴ : 10,000
④ ㄱ : 30,000 ㄴ : 10,000
⑤ ㄱ : 30,000 ㄴ : 30,000

120. 농지법령상 농지의 대리경작 및 임대차에 관한 설명으로 <u>틀린</u> 것은?

① 유휴농지의 대리경작 기간은 따로 정하지 아니하면 1년으로 한다.

② 농업경영을 하려는 자에게 농지를 임대하는 경우 서면계약을 원칙으로 한다.

③ 임대 농지의 양수인은 「농지법」에 따른 임대인의 지위를 승계한 것으로 본다.

④ 지력의 증진을 위하여 필요한 기간 동안 휴경하는 농지에 대하여는 대리경작자를 지정할 수 없다.

⑤ 자기의 농업경영을 위해 농지를 소유하는 자는 주말·체험영농을 하려는 자에게 임대하는 것을 업(業)으로 하는 자에게 자신의 농지를 임대할 수 없다.

□ 제3과목 : 부동산공법 해답

81	5	**82**	1	**83**	1	**84**	2	**85**	3
86	3	**87**	2	**88**	2	**89**	5	**90**	1
91	5	**92**	3	**93**	3	**94**	3	**95**	1
96	2	**97**	4	**98**	1, 2, 3, 4, 5				
99	4	**100**	2						
101	1	**102**	4	**103**	4	**104**	4	**105**	2
106	4	**107**	3	**108**	3	**109**	1	**110**	5
111	3	**112**	2	**113**	2	**114**	4	**115**	1
116	4	**117**	3,5	**118**	5	**119**	3	**120**	5

2011년도 제22회 공인중개사 자격시험 문제

- 제3과목 : 부동산공법 -

81. 국토의 계획 및 이용에 관한 법령상 기반시설부담구역으로 지정하여야 하는 지역이 아닌 것은?(단, 해당 지역은 제2종 지구단위계획구역이 아님).

① 법령의 개정으로 인하여 행위 제한이 완화되거나 해제되는 지역
② 법령에 따라 지정된 용도지역 등이 변경되어 행위 제한이 완화되는 지역
③ 개발행위로 인하여 기반시설의 수용능력이 부족할 것이 예상되는 지역 중 기반시설의 설치가 곤란한 지역
④ 기반시설의 설치가 필요하다고 인정하는 지역으로서 해당 지역의 전년도 개발행위허가 건수가 전전년도 개발행위허가 건수보다 20% 이상 증가한 지역
⑤ 기반시설의 설치가 필요하다고 인정하는 지역으로서 해당 지역의 전년도 인구증가율이 그 지역이 속하는 특별시 · 광역시 · 시 또는 군(광역시의 관할 구역에 있는 군은 제외)의 전년도 인구증가율보다 20% 이상 높은 지역

82. 국토의 계획 및 이용에 관한 법령상 아파트를 건축할 수 있는 용도지역은?

① 제1종 전용주거지역
② 제1종 일반주거지역
③ 유통상업지역
④ 준주거지역
⑤ 일반공업지역

83. A시에 소재하고 있는 甲의 대지는 $1,200m^2$로 그림과 같이 준주거지역과 일반상업지역에 걸쳐 있으면서, 도로변에 띠 모양으로 지정된 일반상업지역은 일반 미관지구로 지정되어 있다. 甲이 대지 위에 하나의 건축물을 건축하고자 할 때, 건축할 수 있는 건축물의 최대 연면적은?(단, A시의 도시계획조례상 일반상업지역 용적률은 800%, 건폐율은 80%이며, 준주거지역 용적률은 500%, 건폐율은 60%이고, 일반미관지구에서는 건축물의 층수를 5층 이하로 제한하고 있으며, 이외의 기타 건축제한은 고려하지 않음)

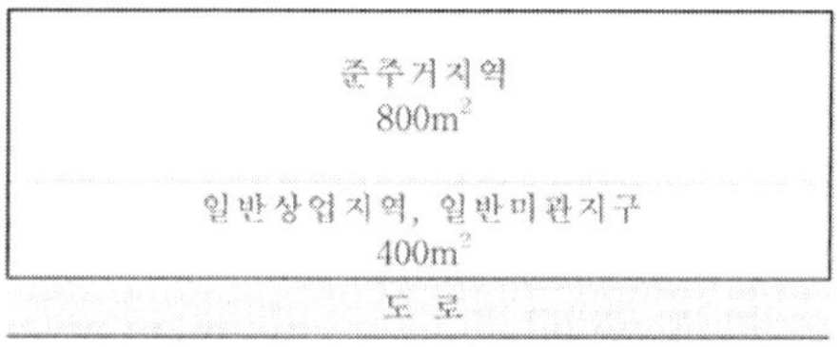

① $7,200m^2$ ② $6,000m^2$ ③ $4,800m^2$
④ $4,000m^2$ ⑤ $3,600m^2$

84. 국토의 계획 및 이용에 관한 법령상 매수의무자인 지방자치단체가 매수청구를 받은 장기미집행 도시계획시설 부지 중 지목이 대(垈)인 토지를 매수할 때에 관한 설명으로 옳은 것은?

① 토지소유자가 원하는 경우 매수의무자는 도시계획시설 채권을 발행하여 그 대금을 지급할 수 있다.
② 매수청구를 받은 토지가 비업무용 토지인 경우 그 대금의 전부에 대하여 도시계획시설채권을 발행하여 지급하여야 한다.
③ 매수의무자는 매수청구를 받은 날부터 2년 이내에 매수 여부를 결정하여 토지소유자에게 알려야 한다.
④ 도시계획시설채권의 상환기간은 10년 이상 20년 이내로 한다.
⑤ 매수청구된 토지의 매수가격은 공시지가로 한다.

85. 국토의 계획 및 이용에 관한 법령상 도시기본계획에 관한 설명으로 옳은 것은?

① 특별시장 · 광역시장이 수립한 도시기본계획의 승인은 국토해양부장관이 하고, 시장 · 군수가 수립한 도시기본계획의 승인은 도지사가 한다.

② 광역도시계획이 수립되어 있는 지역에 대하여 수립하는 도시기본계획의 내용이 광역도시계획의 내용과 다를 때에는 광역도시계획의 내용이 우선한다.
③ 이해관계자를 포함한 주민은 지구단위계획구역의 지정 및 변경에 관한 사항에 대하여 도시기본계획의 입안을 제안할 수 있다.
④ 특별시장 · 광역시장 · 시장 또는 군수는 도시기본계획을 수립할 때 주민의 의견청취를 위한 공청회는 생략할 수 있다.
⑤ 특별시장 · 광역시장 · 시장 또는 군수는 10년마다 관할구역의 도시기본계획에 대하여 그 타당성 여부를 전반적으로 재검토하여 정비하여야 한다.

86. 국토의 계획 및 이용에 관한 법령상 용도지역 및 용도구역에서의 행위 제한에 관한 설명으로 옳은 것은?
① 도시지역, 관리지역, 농림지역 또는 자연환경보전지역으로 용도가 지정되지 아니한 지역에 대하여는 도시지역에 관한 규정을 적용한다.
② 도시지역이 세부 용도지역으로 지정되지 아니한 경우에는 생산녹지지역에 관한 규정을 적용한다.
③ 관리지역이 세부 용도지역으로 지정되지 아니한 경우에는 보전관리지역에 관한 규정을 적용한다.
④ 시가화조정구역에서의 도시계획사업은「도시개발법」에 의한 민간제안 도시개발사업만 시행할 수 있다.
⑤ 시가화조정구역에서는 도시계획사업에 의한 행위가 아닌 경우 모든 개발행위를 허가할 수 없다.

87. 국토의 계획 및 이용에 관한 법령상 지구단위계획구역으로 지정하는 등의 도시관리계획을 입안하는 경우 환경성 검토를 하여야 하는 경우는?(단, 법령에서 정한 경미한 사항을 입안하는 경우가 아님)
① 개발제한구역안에 기반시설을 설치하는 경우
② 당해 지구단위계획구역안의 나대지면적이 구역면적의 2%에 미달하는 경우
③ 당해 지구단위계획구역의 지정목적이 당해 구역을 정비하고자 하는 경우로서 지구단위계획의 내용에 너비 12m 이상 도로의 설치계획이 없는 경우
④ 당해 지구단위계획구역이 다른 법률에 의하여 지역 · 지구 · 구역 · 단지 등으로 지정된 경우
⑤ 당해 지구단위계획구역이 도심지(상업지역과 상업지역에 연접한 지역)에 위치하는 경우

88. 국토의 계획 및 이용에 관한 법령상 토지거래계약에 관한 허가구역에서 허가를 요하지 아니하는 토지거래계약의 토지면적 기준으로 옳은 것은?(단, 국토해양부장관이 따로 정하는 기준면적은 고려하지 않음)
① 주거지역 : $330m^2$ 이하
② 상업지역 : $660m^2$ 이하
③ 녹지지역 : $250m^2$ 이하
④ 도시지역 외의 지역에 위치한 농지 : $800m^2$ 이하
⑤ 도시지역 외의 지역에 위치한 임야 : $1,000m^2$ 이하

89. 국토의 계획 및 이용에 관한 법령상 도시계획시설사업과 관련하여 허용되지 않는 것은?
①「지방공기업법」에 의한 지방공사 및 지방공단을 사업시행자로 지정하는 것
② 기반시설의 설치를 조건으로 도시계획시설사업에 관한 실시계획을 인가하는 것
③ 도시계획시설사업을 분할 시행하면서 분할된 지역별로 실시계획을 작성하는 것
④ 행정청이 아닌 사업시행자의 처분에 대하여 그 사업시행자를 피청구인으로 하여 행정심판을 제기하는 것
⑤ 사업시행자가 도시계획시설사업에 관한 조사 · 측량을 위해 토지의 소유자 · 점유자 또는 관리인의 동의를 받아 타인의 토지를 임시통로로 일시 사용하는 것

90. 국토의 계획 및 이용에 관한 법령상 개발제한구역 안에서만 지정할 수 있는 용도지구는?
① 집단취락지구 ② 자연취락지구
③ 역사문화미관지구 ④ 특정용도제한지구
⑤ 자연경관지구

91. 국토의 계획 및 이용에 관한 법령상 개발행위허가에 관한 설명으로 틀린 것은?
① 「도시개발법」에 따른 도시개발사업에 의해 건축물을 건축하는 경우에는 허가를 필요로 하지 않는다.
② 허가권자가 개발행위허가에 조건을 붙이려는 때에는 미리 개발행위허가를 신청한 자의 의견을 들어야 한다.
③ 토석의 채취에 대하여 개발행위허가를 받은 자가 개발행위를 마치면 준공검사를 받아야 한다.
④ 지구단위계획구역으로 지정된 지역으로서 도시관리계획상 특히 필요하다고 인정하는 지역에 대해서는 최장 5년의 기간 동안 개발행위허가를 제한할 수 있다.
⑤ 환경오염 방지, 위해 방지 등을 위하여 필요한 경우 지방자치단체가 시행하는 개발행위에 대해서 이행보증금을 예치하게 할 수 있다.

92. 甲은 행정청이 아닌 자로서 도시계획시설사업을 시행하는 자이다. 국토의 계획 및 이용에 관한 법령상 甲의 사업비용에 관한 설명으로 옳은 것은?
① 국가 또는 지방자치단체는 법령에서 정한 소요비용의 3분의 1 이하의 범위 안에서 甲의 사업비용을 보조 또는 융자할 수 있다.
② 甲이 현저한 이익을 받는 지방자치단체에게 비용을 부담하게 하는 경우 당해 사업의 설계비도 소요비용에 포함된다.
③ 甲의 사업이 다른 공공시설의 정비를 주된 내용으로 하는 경우에는 甲은 자신의 사업으로 현저한 이익을 받은 공공시설의 관리자에게 그 사업에 든 비용의 2분의 1까지 부담시킬 수 있다.
④ 국가 또는 지방자치단체는 甲의 도시계획시설사업에 소요되는 조사·측량비를 보조할 수 있다.
⑤ 甲은 자신의 사업으로 현저한 이익을 받는 지방자치단체에게 그 사업에 든 비용의 일부를 부담시킬 수 있다.

93. 도시개발법령상 환지 방식의 도시개발사업에 대한 개발계획의 수립·변경을 위한 동의자 수 산정방법으로 옳은 것은?
① 「집합건물의 소유 및 관리에 관한 법률」에 따른 구분소유자는 대표 구분소유자 1인만을 토지소유자로 본다.
② 개발계획 변경시 개발계획의 변경을 요청받기 전에 동의를 철회하는 사람이 있는 경우 그 사람은 동의자 수에서 제외한다.
③ 개발구역의 지정이 제안된 후부터 개발계획이 수립되기 전까지의 사이에 토지소유자가 변경된 경우 변경된 토지소유자의 동의서를 기준으로 한다.
④ 개발계획의 변경을 요청받은 후부터 개발계획이 변경되기 전까지의 사이에 토지소유자가 변경된 경우 변경된 토지소유자의 동의서를 기준으로 한다.
⑤ 도시개발구역의 토지면적을 산정하는 경우 국공유지는 제외한다.

94. 도시개발법령상 도시개발조합에 관한 설명으로 옳은 것은?
① 조합 설립의 인가를 신청하려면 해당 도시개발구역의 토지면적의 3분의 2 이상에 해당하는 토지소유자의 동의 또는 그 구역의 토지소유자 총수의 2분의 1 이상의 동의를 받아야 한다.
② 조합 설립인가에 동의한 자로부터 토지를 취득한 자는 조합 설립인가 신청 전에 동의를 철회할 수 없다.
③ 조합원은 보유토지의 면적에 비례하여 의결권을 갖는다.
④ 대의원회는 개발계획의 변경에 관한 총회의 권한을 대행할 수 있다.
⑤ 조합의 감사는 도시개발구역의 토지소유자이어야 한다.

95. 도시개발법령상 도시개발구역 지정권자가 도시개발사업 시행자를 변경할 수 있는 경우가 아닌 것은?
① 시행자가 도시개발사업에 관한 실시계획의 인가를 받은 후 2년 이내에 사업을 착수하지 아니한 경우
② 행정처분으로 시행자의 지정이 취소된 경우
③ 도시개발구역의 전부를 환지 방식으로 시행하

는 시행자가 도시개발구역 지정의 고시일로부터 6개월 이내에 실시계획 인가를 신청하지 아니한 경우
④ 시행자의 부도·파산으로 도시개발사업의 목적을 달성하기 어렵다고 인정되는 경우
⑤ 행정처분으로 실시계획의 인가가 취소된 경우

96. 도시개발법령상 도시개발구역으로 지정·고시된 이후에 개발계획을 수립할 수 있는 지역에 해당하지 않는 것은?
① 자연녹지지역
② 해당 도시개발구역에 포함되는 주거지역의 면적이 전체 도시개발구역 지정 면적의 100분의 50 이상인 지역
③ 농림지역
④ 보전관리지역
⑤ 생산녹지지역(도시개발구역 지정면적의 100분의 30 이하인 경우)

97. 도시개발법령상 조성토지의 공급에 관한 설명으로 틀린 것은?
① 도시개발사업 시행자는 「국토의 계획 및 이용에 관한 법률」에 따른 기반시설의 원활한 설치를 위하여 필요하면 공급대상자의 자격을 제한할 수 있다.
② 단독주택용지로서 330m^2 이하인 조성토지는 추첨의 방법으로 분양할 수 있다.
③ 일반에게 분양할 수 없는 공공용지를 지방자치단체에게 공급하는 경우에는 수의계약의 방법에 의할 수 있다.
④ 수의계약의 방법으로 조성토지를 공급하기로 하였으나 공급신청량이 공급 계획에서 계획된 면적을 초과하는 경우에는 경쟁입찰의 방법에 의한다.
⑤ 폐기물처리시설을 설치하기 위해 공급하는 조성토지의 가격은 「부동산 가격공시 및 감정평가에 관한 법률」에 따른 감정평가업자가 감정평가한 가격 이하로 정할 수 있다.

98. 도시개발법령상 다음 조건에서 환지계획구역의 평균 토지부담률은?

○ 환지계획구역 면적 : 120만m^2 ○ 보류지 면적 : 60만m^2 ○ 체비지 면적 : 30만m^2 ○ 시행자에게 무상귀속되는 공공시설 면적 : 20만m^2 ○ 청산 대상 토지 면적 : 10만m^2

① 10% ② 25% ③ 40% ④ 50% ⑤ 60%

99. 도시 및 주거환경정비법령상 정비구역 안에서 시장·군수의 허가를 받아야 하는 행위는?(단,「국토의 계획 및 이용에 관한 법률」에 따른 개발행위허가의 대상이 아님)
① 농산물의 생산에 직접 이용되는 탈곡장의 설치
② 농산물의 생산에 직접 이용되는 비닐하우스의 설치
③ 경작을 위한 토지의 형질변경
④ 경작지에서의 관상용 죽목의 임시식재
⑤ 농산물의 생산에 직접 이용되는 종묘배양장의 설치

100. 도시 및 주거환경정비법령상 주택재건축사업의 안전진단에 관한 설명으로 옳은 것은?
① 안전진단의 실시를 요청하려면 정비예정구역 안에 소재한 건축물 및 그 부속토지의 소유자 3분의 1 이상의 동의를 얻어야 한다.
② 주택의 구조안전상 사용금지가 필요하다고 시장·군수가 인정할 때에는 안전진단을 실시하여야 한다.
③ 「시설물의 안전관리에 관한 특별법」에 의한 한국시설안전공단은 주택재건축사업의 안전진단을 할 수 있다.
④ 천재·지변 등으로 주택이 붕괴되어 신속히 재건축을 추진할 필요가 있다고 시장·군수가 인정할 때에는 안전진단을 실시하여야 한다.
⑤ 시장·군수는 수익자부담의 원칙에 의하여 안전진단에 드는 비용을 원칙적으로 부담하지 않는다.

101. 도시 및 주거환경정비법령상 관리처분계획 및 관리처분에 관한 설명으로 옳은 것은?
① 관리처분계획의 인가·고시가 있은 때에는 종전 토지의 임차권자는 사업시행자의 동의를

받아도 종전의 토지를 사용할 수 없다.

② 재해 또는 위생상의 위해를 방지하기 위하여 토지의 규모를 조정할 특별한 필요가 있는 때에는 관리처분계획으로 건축물의 일부와 그 건축물이 있는 대지의 공유지분을 교부할 수 있다.

③ 주택재건축사업의 사업시행자는 관리처분계획을 수립하여 시장·군수의 인가를 받아야 하며, 당해 관리처분계획을 중지하는 경우에는 시장·군수에게 신고하여야 한다.

④ 도시환경정비사업의 관리처분은 정비구역안의 지상권자에 대한 분양을 포함한다.

⑤ 주택재건축사업의 경우 법령상 관리처분의 기준은 조합이 조합원 전원의 동의를 받아도 따로 정할 수 없다.

102. 도시 및 주거환경정비법령상 도시·주거환경정비기본계획(이하 '기본계획') 및 정비계획에 관한 설명으로 옳은 것은?

① 정비계획에 대한 주민공람의 대상에서 세입자는 제외된다.

② 건축물의 건축선에 관한 계획은 기본계획에 포함되어야 한다.

③ 시·군은 기본계획을 5년 단위로 수립하여야 한다.

④ 건폐율·용적률 등에 관한 건축물의 밀도계획은 기본계획에 포함되지 않는다.

⑤ 기본계획의 내용 중 공동이용시설에 대한 설치계획을 변경하는 경우에는 지방도시계획위원회의 심의를 거치지 않아도 된다.

103. 도시 및 주거환경정비법령상 사업시행자 등에 관한 설명으로 틀린 것은?

① 정비사업의 사업대행자는 사업시행자에게 청구할 수 있는 보수에 대한 권리로써 사업시행자에게 귀속될 건축물을 압류할 수 있다.

② 시장·군수가 아닌 사업대행자는 사업시행자에게 재산상의 부담을 가하는 행위를 하고자 하는 때에는 미리 시장·군수의 승인을 얻어야 한다.

③ 주거환경개선사업의 사업시행자가 임시수용을 위하여 지방자치단체의 건축물을 일시 사용하고자 신청한 경우, 그 지방자치단체는 제3자와 이미 매매계약을 체결하였더라도 이를 거절할 수 없다.

④ 사업시행자는 선정된 시공자와 공사에 관한 계약을 체결할 때에는 기존 건축물의 철거 공사에 관한 사항을 포함하여야 한다.

⑤ 도시환경정비사업에서 지정개발자의 정비사업비 예치금은 청산금의 지급이 완료된 때에 반환한다.

104. 도시 및 주거환경정비법령상 정비계획에 따른 사업시행계획서에 포함되어야 하는 사항이 아닌 것은?

① 정비기반시설 및 공동이용시설의 설치계획

② 정비구역으로부터 200m 이내에 교육시설이 설치되어 있는 경우 교육시설의 교육환경 보호에 관한 계획

③ 조합원이 아닌 일반분양대상자에 대한 입주대책

④ 임시수용시설을 포함한 주민이주대책

⑤ 건축물의 높이 및 용적률 등에 관한 건축계획

105. 주택법령상 용어에 관한 설명으로 틀린 것은?

① 주택단지의 입주자 등의 생활복리를 위한 유치원은 복리시설에 해당한다.

② 주택에 딸린 관리사무소는 부대시설에 해당한다.

③ 「건축법시행령」에 따른 숙박시설로서 제2종 근린생활시설에 해당하지 않는 고시원은 준주택에 해당한다.

④ 도시형 생활주택이란 300세대 미만의 국민주택규모에 해당하는 주택으로서 대통령령으로 정하는 주택을 말한다.

⑤ 수도권에 소재한 읍 또는 면 지역의 경우 국민주택규모의 주택이란 1호(戶) 또는 1세대당 주거전용면적이 $100m^2$ 이하인 주택을 말한다.

106. 주택법령상 주택의 공급 및 분양가상한제에 관한 설명으로 틀린 것은?

① 지방공사가 사업주체가 되어 입주자를 모집하려는 경우 시장·군수·구청장의 승인을 받아야 한다.

② 사업주체가 주택을 공급하려는 경우에는 국토

해양부령으로 정하는 바에 따라 벽지·바닥재·주방용구·조명기구 등을 제외한 부분의 가격을 따로 제시하여야 한다.

③ 도시형 생활주택은 분양가상한제의 적용을 받지 않는다.

④ 「관광진흥법」에 따라 지정된 관광특구에서 건설·공급하는 50층 이상의 공동주택은 분양가상한제의 적용을 받지 않는다.

⑤ 공공택지에서 주택을 공급하는 경우 분양가상한제 적용주택의 택지비는 해당 택지의 공급가격에 국토해양부령이 정하는 택지와 관련된 비용을 가산한 금액으로 한다.

107. 주택법령상 입주자저축에 관한 설명으로 옳은 것을 모두 고른 것은?

> ㄱ. 청약부금은 주거전용면적이 $85m^2$ 이상의 민영주택을 공급받기 위하여 가입하는 부금이다.
> ㄴ. 주택청약종합저축은 국민주택등과 민영주택을 공급받기 위하여 가입하는 저축이다.
> ㄷ. 입주자저축증서는 증여나 상속할 수 없다.
> ㄹ. 입주자저축자금 중 청약저축 및 주택청약종합저축으로 조성된 자금은 국민주택기금의 재원이 된다.

① ㄱ, ㄴ ② ㄱ, ㄷ ③ ㄴ, ㄷ
④ ㄴ, ㄹ ⑤ ㄷ, ㄹ

108. 주택법령상 주택거래의 신고에 관한 설명으로 틀린 것은?

① 주택거래신고지역에서 신규로 건설·공급하는 주택을 신규로 취득하는 경우는 신고대상이 아니다.

② 주택거래신고지역에 있는 주택을 대가 없이 취득하는 경우는 신고대상이 아니다.

③ 주택거래의 신고는 주택거래계약의 체결일부터 10일째 되는 날에 하여도 무방하다.

④ 주택거래신고지역에서 아파트의 거래가액이 3억원인 경우 신고를 하여야 한다.

⑤ 국토해양부장관이 주택거래신고지역을 지정하기 위해서는 해당 지역을 관할하는 시장·군수·구청장의 신청이 있어야 한다.

109. 세대주인 甲이 취득한 주택은 주택법령에 의한 전매제한 기간 중에 있다. 다음 중 甲이 이 주택을 전매할 수 있는 경우는?(단, 다른 요건은 충족됨)

① 세대원인 甲의 아들의 결혼으로 甲의 세대원 전원이 서울특별시로 이전하는 경우

② 甲은 상속에 의하여 취득한 주택으로 이전하면서, 甲을 제외한 나머지 세대원은 다른 새로운 주택으로 이전하는 경우

③ 甲의 세대원 전원이 1년 6개월 간 해외에 체류하고자 하는 경우

④ 세대원인 甲의 가족은 국내에 체류하고, 甲은 해외로 이주하고자 하는 경우

⑤ 甲이 이 주택의 일부를 배우자에게 증여하는 경우

110. 주택법령상 주택조합에 관한 설명으로 옳은 것은?

① 리모델링주택조합은 등록사업자와 공동으로 주택건설사업을 시행할 수 있다.

② 등록사업자와 공동으로 주택건설사업을 하려는 주택조합은 국토해양부장관에게 등록하여야 한다.

③ 리모델링주택조합은 그 리모델링 결의에 찬성하지 아니하는 자의 주택 및 토지에 대하여 매도청구를 할 수 있다.

④ 국민주택을 공급받기 위하여 직장주택조합을 설립하려는 자는 관할 시장·군수·구청장의 인가를 받아야 한다.

⑤ 리모델링주택조합은 주택건설예정세대수의 2분의 1 이상의 조합원으로 구성하되, 조합원은 20명 이상이어야 한다.

111. 주택법령상 원룸형 주택의 요건에 관한 설명으로 틀린 것은?(단, 다른 요건은 충족됨)

① 세대별로 독립된 주거가 가능하도록 욕실, 부엌을 설치하여야 한다.

② 주거전용면적이 $20m^2$인 경우 욕실 및 보일러실을 제외한 부분을 한 개의 공간으로 구성하여야 한다.

③ 주거전용면적이 $40m^2$인 경우 욕실 및 보일러실을 제외한 부분을 두 개의 공간으로 구성할 수 있다.

④ 세대별 주거전용면적이 60m^{2}인 경우 원룸형 주택에 해당한다.
⑤ 각 세대는 지하층에 설치하여서는 아니된다.

112. 건축법령상 건축법의 적용에 관한 설명으로 틀린 것은?
① 철도의 선로부지에 있는 플랫폼을 건축하는 경우에는 건축법상 건폐율 규정이 적용되지 않는다.
② 고속도로 통행료 징수시설을 건축하는 경우에는 건축법상 대지의 분할제한 규정이 적용되지 않는다.
③ 제2종 지구단위계획구역이 아닌 계획관리지역으로서 동이나 읍이 아닌 지역에서는 건축법상 대지의 분할제한규정이 적용되지 않는다.
④ 제2종 지구단위계획구역이 아닌 계획관리지역으로서 동이나 읍이 아닌 지역에서는 건축법상 건축선에 따른 건 축제한 규정이 적용되지 않는다.
⑤ 제2종 지구단위계획구역이 아닌 계획관리지역으로서 동이나 읍이 아닌 지역에서는 건축법상 용적률 규정이 적용되지 않는다.

113. 건축법령상 사용승인을 받은 건축물을 용도변경하기 위해 허가를 필요로 하는 경우는? (단, 조례는 고려하지 않음)
① 업무시설을 판매시설로 용도변경하는 경우
② 숙박시설을 제1종 근린생활시설로 용도변경하는 경우
③ 장례식장을 종교시설로 용도변경하는 경우
④ 수련시설을 공동주택으로 용도변경하는 경우
⑤ 공장을 관광휴게시설로 용도변경하는 경우

114. 1,000m^{2}의 대지가 그림과 같이 각 지역 · 지구에 걸치는 경우, 건축법령상 건축물 및 대지에 적용되는 규정으로 옳은 것은?(단, 빗금친 면은 대지, 검은 면은 건축물이며, 조례는 고려하지 않음)

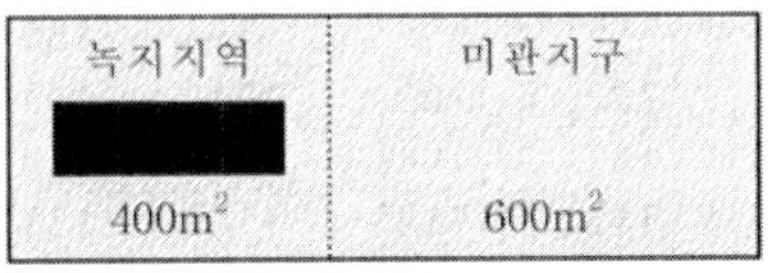

① 건축물 : 전부 미관지구에 관한 규정
대지 : 전부 미관지구에 관한 규정
② 건축물 : 전부 녹지지역에 관한 규정
대지 : 대지의 각 부분이 속한 지역 · 지구에 관한 규정
③ 건축물 : 전부 녹지지역에 관한 규정
대지 : 전부 미관지구에 관한 규정
④ 건축물 : 전부 미관지구에 관한 규정
대지 : 대지의 각 부분이 속한 지역 · 지구에 관한 규정
⑤ 건축물 : 전부 녹지지역에 관한 규정
대지 : 전부 녹지지역에 관한 규정

115. 건축법령상 건축허가와 건축신고에 관한 설명으로 틀린 것은?
① 허가 대상 건축물이라 하더라도 바닥면적의 합계가 85m^2 이내의 증축인 경우에는 건축신고를 하면 건축허가를 받은 것으로 본다.
② 시장 · 군수는 연면적의 합계가 10만m^2 이상인 공장의 건축을 허가하려면 미리 도지사의 승인을 얻어야 한다.
③ 국가가 건축물을 건축하기 위하여 미리 건축물의 소재지를 관할하는 허가권자와 협의한 경우에는 건축허가를 받았거나 신고한 것으로 본다.
④ 건축신고를 한 자가 신고일부터 1년 이내에 공사에 착수하지 아니하면 그 신고의 효력은 없어진다.
⑤ 시 · 도지사가 시장 · 군수 · 구청장의 건축허가를 제한하는 경우 제한기간은 2년 이내로 하되, 1회에 한하여 1년 이내의 범위에서 연장할 수 있다.

116. 건축법령상 건축물의 피난시설에 관한 설명으로 옳은 것은?
① 건축물의 3층에 있는 출입 가능한 노대(露臺)의 주위에는 높이 1.2m 이상의 난간을 설치하여야 한다.
② 건축물의 5층이 전시장의 용도로 쓰이는 경우에는 피난용도로 쓸 수 있는 광장을 옥상에 설치하여야 한다.
③ 층수가 12층인 건축물로서 10층 이상인 층의 바닥면적의 합계가 9,000m^{2}인 건축물의 옥상

에는 헬리포트를 설치하여야 한다.
④ 바닥면적의 합계가 2,000m^{2}인 전시장을 지하층에 설치하는 경우에는 지하층과 피난층 사이에 천장이 개방된 외부 공간을 설치하여야 한다.
⑤ 건축물의 5층이 판매시설의 용도로 쓰이는 층으로서 그 층 거실의 바닥면적의 합계가 1,000m^{2}인 경우에는 그 층으로부터 지상으로 통하는 옥외피난계단을 따로 설치하여야 한다.

117. 甲은 대지에 높이 4m, 연면적의 합계가 90m^{2}인 건축물을 신축하려 한다. 건축법령상 건축규제에 위반되는 것은?(단, 조례는 고려하지 않음)
① 甲은 건축을 위해 건축신고를 하였다.
② 甲의 대지는 인접한 도로면보다 낮으나, 대지의 배수에 지장이 없고 건축물의 용도상 방습의 필요가 없다.
③ 甲은 공개공지 또는 공개공간을 확보하지 않았다.
④ 甲의 대지는 보행과 자동차통행이 가능한 도로에 3m 접하고 있다.
⑤ 甲의 건축물은 창문을 열었을 때 건축선의 수직면을 넘어서는 구조로 되어 있다.

118. 면적이 1,000m^{2}인 대지에 건축물을 건축하는 경우, 건축법령상 대지의 조경 등의 조치가 면제될 수 있는 건축물이 <u>아닌</u> 것은?(단, 제2종 지구단위계획구역이 아니며, 조례는 고려하지 않음)
① 자연녹지지역인 대지에 건축하는 연면적이 800m^{2}인 수련시설
② 상업지역인 대지에 건축하는 연면적이 1,000m^{2}인 물류시설
③ 연면적이 1,000m^{2}인 공장
④ 연면적이 500m^{2}인 축사
⑤ 자연환경보전지역인 대지에 건축하는 연면적이 330m^{2}인 단독주택

119. 농지법령상 ( )안에 알맞은 것을 순서대로 나열한 것은?

> ○ 농림수산식품부장관은 농지보전부담금을 내야 하는 자가 납부기한까지 부담금을 내지 아니하면 체납된 부담금의 100분의 5에 해당하는 (ㄱ)을(를) 부과하여야 한다.
> ○ 시장·군수 또는 구청장은 농지처분명령을 받은 후 농지법령상의 정당한 사유 없이 지정기간까지 그 처분명령을 이행하지 아니한 자에게 해당 농지의 토지가액의 100분의 20에 해당하는 (ㄴ)을(를) 부과한다.

	ㄱ	ㄴ
①	가산금	이행강제금
②	가산금	과태료
③	과태료	가산금
④	과태료	이행강제금
⑤	이행강제금	과태료

120. 농지법령상 농업진흥지역에 관한 설명으로 옳은 것은?
① 농업보호구역의 용수원 확보, 수질보전 등 농업 환경을 보호하기 위하여 필요한 지역을 농업진흥구역으로 지정할 수 있다.
② 광역시의 녹지지역은 농업진흥지역의 지정 대상이 아니다.
③ 농업보호구역에서는 매장 문화재의 발굴행위를 할 수 없다.
④ 육종연구를 위한 농수산업에 관한 시험·연구시설로서 그 부지의 총면적이 3,000m^2 미만인 시설은 농업진흥구역 내에 설치할 수 있다.
⑤ 녹지지역을 포함하는 농업진흥지역을 지정하는 경우 국토해양부장관의 승인을 요한다.

□ 제3과목 : 부동산공법 해답

81	3	82	4	83	2	84	1	85	2
86	3	87	1	88	5	89	4	90	1
91	5	92	1	93	2	94	5	95	3
96	2	97	4	98	3	99	4	100	3
101	2	102	5	103	3	104	3	105	5
106	1	107	4	108	5	109	5	110	3
111	4	112	5	113	1	114	2	115	2
116	1	117	5	118	2	119	1	120	4

■ 공고 제2011-6호

제22회 공인중개사 자격시험 예정 공고

공인중개사의 업무 및 부동산 거래신고에 관한 법률 시행령 제7조 제2항 규정에 따라 다음과 같이 공고합니다.

□ **시험시행계획공고(예정)** : 2011. 7. 13(수)

□ **시험시행일** : 2011. 10. 23(일)

□ **응시자격** : 제한 없음

※ 단, 공인중개사의 업무 및 부동산 거래신고에 관한 법률 제6조 및 시행령 제12조에 따라 응시자격 결격사유에 해당하는 자와 시행규칙 제2조에 따른 기자격취득자는 제외

□ **시험과목별 시험범위 및 출제비율**

구 분	시 험 과 목	시 험 범 위	출제비율
1차 시험 (2과목)	- 부동산학개론 (부동산감정평가론 포함)	1. 부동산학개론(세부내역 하단 참조)	85%내외
		2. 부동산감정평가론(세부내역 하단 참조)	15%내외
	- 민법 및 민사특별법 중 부동산 중개에 관련되는 규정	1. 민법의 범위 1) 총칙 중 법률행위 2) 질권을 제외한 물권법 3) 계약법 중 총칙·매매·교환·임대차	85%내외
		2. 민사특별법의 범위 1) 주택임대차보호법 2) 집합건물의 소유 및 관리에 관한 법률 3) 가등기담보 등에 관한 법률 4) 부동산 실권리자명의등기에 관한 법률 5) 상가건물 임대차보호법	15%내외
2차 시험 (3과목)	- 공인중개사의 업무 및 부동산 거래신고에 관한 법령 및 중개실무	1. 공인중개사의 업무 및 부동산 거래신고에 관한 법령	70%내외
		2. 중개실무	30%내외
	- 부동산공시에 관한 법령(측량·수로조사 및 지적에 관한 법률, 부동산등기법) 및 부동산 관련 세법	1. 측량·수로조사 및 지적에 관한 법률 제2장제4절 및 제3장	30%내외
		2. 부동산등기법	30%내외
		3. 부동산 관련 세법 (상속세, 증여세, 법인세, 부가가치세 제외)	40%내외
	- 부동산공법 중 부동산중개에 관련되는 규정	1. 국토의 계획 및 이용에 관한 법률	30%내외
		2. 도시개발법 3. 도시 및 주거환경정비법	30%내외
		4. 주택법 5. 건축법 6. 농지법	40%내외

□ 「부동산학개론」의 시험범위 세부내역

<table>
<tr><th colspan="2">구 분</th><th>목 차</th></tr>
<tr><td colspan="2">1. 부동산학 총론</td><td>1) 부동산의 개념과 분류 2) 부동산의 특성(속성)</td></tr>
<tr><td rowspan="6">2. 부동산학 각론</td><td>1)부동산경제론</td><td>① 부동산의 수요와 공급 ② 부동산가격이론
③ 부동산의 경기변동</td></tr>
<tr><td>2)부동산시장론</td><td>① 부동산시장 ② 입지 및 공간구조론</td></tr>
<tr><td>3)부동산정책론</td><td>① 부동산정책의 의의 및 기능 ② 토지정책
③ 주택정책 ④ 부동산 조세정책</td></tr>
<tr><td>4)부동산투자론</td><td>① 부동산투자 이론 ② 부동산 투자분석 및 기법</td></tr>
<tr><td>5)부동산금융론</td><td>① 부동산 금융·증권론</td></tr>
<tr><td>6)부동산개발 및 관리론</td><td>① 부동산 이용 및 개발 ② 부동산 관리 ③ 부동산 마케팅</td></tr>
<tr><td colspan="2">3. 부동산 감정평가론</td><td>① 감정평가의 기초이론 ② 감정평가방식 ③ 부동산가격공시제도</td></tr>
</table>

□ 시험문제 출제기준일 : 시험시행계획 공고일

□ 시험방법

○ 제1차 및 제2차 시험을 모두 **객관식 5지 선택형**으로 출제(**매 과목당 40문항**)하고, 같은 날(1차시험 **100분**, 2차시험 **150분**)에 구분하여 시행

○ 제1차 시험에 불합격한 자의 제2차 시험은 무효로 함

□ 안내사항

○ 시험일시, 시험장소, 시험방법, 합격자 결정방법 및 응시수수료의 환불에 관한 사항 등은 '제22회 공인중개사 자격시험 시행공고'(7월 예정)시 고지

○ 원서접수방법 : **인터넷 원서접수**

※ 공인중개사 홈페이지(www.Q-net.or.kr/site/junggae)에 접속 ⇨ 회원가입 ⇨ 원서접수

○ 기타 사항은 공인중개사 홈페이지에 게재되며, 문의사항은 한국산업인력공단 고객지원센터(1644-8000)로 문의하시기 바랍니다. 끝.

2011. 2. 25

한국산업인력공단 이 사 장

저자 소개

■ 변 동 식(행정학박사)

〈학력 및 경력〉

- 성균관대학교 경영대학원 부동산학과(부동산공법 전공) 석사과정 졸업
- 성균관대학교 대학원 행정학과(부동산정책 · 공법 전공) 박사과정 졸업
- 성균관대학교 행정대학원(국정관리대학원) 부동산행정학과(석사과정) 강사
- 단국대 행정법무대학원, 중앙대 사회개발대학원 부동산학과(석사과정) 강사
- 단국대 · 경기대 · 한양대 평생교육원, MBN TV 공인중개사반 강사
- 한국생산성본부 · 한국경제신문 부동산컨설팅과정 지도교수
- 한국공인중개사협회 · 대한법무사협회 · 한국감정평가사협회 · 대한세무사협회 사전교육교수
- 서울사이버대학교 부동산학과 겸임교수
- 국토해양인재개발원 · 조달인력개발원 외래교수
- 성균관대 사회과학부 · 국정관리대학원 겸임교수
- 단국대학교 평생교육원 부동산개발컨설턴트과정 주임교수

〈저서 및 논문〉

- 《부동산공법 이론의 이해》, 부연사(2011.6)
- 《부동산공법 실무의 이해》, 부연사(2010.9)
- 대학교재 · 공인중개사 《부동산공법연습》, 부연사(2008.3)
- 공인중개사 《부동산공법 I, II》, 신양사(2006.8)
- 《부동산학의 기초이론》, 단국대 행정법무대학원(2006. 3)
- 〈부동산개발사업의 업무 FLOW〉, KOTRA(연구용역, 2004.11)

■ 이 옥 동(경영학박사)

〈학력 및 경력〉

- 동국대학교 대학원 부동산학과(경영학석사)
- De La Salle-Araneta University
- 부동산학전공(경영학박사)
- 세계부동산연맹 한국대표부 상임이사
- (사)대한부동산학회 운영위원
- 벽산그룹관재팀장
- 성결대학교 도시계획 · 부동산학부 교수

〈저서〉

- 《알기쉬운 부동산세법》(2012)
- 《부동산컨설팅론》(2009)
- 《공동주택관리론》(2009)
- 《부동산공법연습》(2008)
- 《자산관리》(2008)
- 《부동산학연습》
- 《부동산입지론》 외 다수

알기쉬운 **부동산공법** –이론과 연습–

1판 1쇄 발행 2012년 2월 20일

저 자 변동식 · 이옥동
발행인 남 승 우

발행처 **남두도서**

서울시 동작구 사당로9가길 6(사당동 220-43)
TEL : (02)595-1692~4
FAX : (02)595-1394
E-mail : namdoo6@unitel.co.kr

신고 : 5-76호 (1998. 11. 4)

정가 32,000 원

ISBN 978-89-5780-138-3 13320

〈디자인〉 편집 이선경 / 표지 나아기획